Andrei Pitten Velloso

O princípio da ISONOMIA TRIBUTÁRIA

DA TEORIA DA IGUALDADE AO CONTROLE DAS DESIGUALDADES IMPOSITIVAS

Porto Alegre, 2010

© Andrei Pitten Velloso, 2010

Capa, projeto gráfico e diagramação
Livraria do Advogado Editora

Revisão
Rosane Marques Borba

Direitos desta edição reservados por
Livraria do Advogado Editora Ltda.
Rua Riachuelo, 1338
90010-273 Porto Alegre RS
Fone/fax: 0800-51-7522
editora@livrariadoadvogado.com.br
www.doadvogado.com.br

Impresso no Brasil / Printed in Brazil

À Marta.

Aos meus pais.

Ao Professor Dr. D. Eusebio González García,
in memorian.

Agradecimentos

A extensa pesquisa realizada para elaborar esta tese, tanto na Espanha quanto na Itália e na Alemanha, só foi possível graças à ajuda de muitos, a quem estarei eternamente grato.

Gostaria de agradecer, em primeiro lugar, a cordial acolhida em Milão com que me brindaram os Professores Ordinários Gaspare Falsitta e Gianfranco Gaffuri, propiciando todas as condições necessárias para investigar a fundo a doutrina e a jurisprudência italianas, na *Università degli Studi di Milano*, durante o mês de outubro de 2006. Sou igualmente grato aos Professores Francesco Vicenzo Albertini e Maria Vittoria Cernigliaro, pela aprazível e edificante convivência no *Istituto de Scienze Economiche e Statistiche*.

Tampouco poderia deixar de expressar meu agradecimento ao Prof. Dr. Moris Lehner, que generosamente me ofereceu um *Arbeitsplatz* no seu instituto e amplo acesso a todas as fontes de investigação existentes na *Ludwig-Maximilians-Universität* de Munique e na *Bayerische Staatsbibliothek München*, durante o outono e o inverno de 2006-2007. Manifesto minha gratidão, outrossim, ao Dr. Roland Ismer, pelas extensas e proveitosas discussões relativas ao direito alemão, a Luís Greco, pela sua ajuda e companhia na Alemanha, e ao Prof. Dr. Humberto Ávila, pelo apoio na carreira acadêmica e, em especial, nesse período de investigação.

Agradeço ademais aos Desembargadores do Tribunal Regional Federal da 4ª Região, que, conscientes da importância dos estudos acadêmicos para a formação técnica e atualização dos Magistrados, consentiram com o afastamento para a realização do Curso de Doutorado em Salamanca. E em especial ao Desembargador Vladimir Passos de Freitas, pelo incentivo ao estudo na Espanha e por me fazer crer na possibilidade de realizar esse sonho acadêmico.

Obviamente, não poderia deixar de expressar minha profunda gratidão ao Prof. Dr. D. Eusebio González García, Catedrático de Direito Financeiro e Tributário da Universidade de Salamanca e orientador desta tese, pelas suas valiosas lições e, sobretudo, pelos inestimáveis conselhos relativos à sua estrutura, forma e conteúdo. Infelizmente, Don Eusebio já não está mais entre nós. Menos de dois meses após a defesa desta tese, lamentável acidente levou-o precocemente ao plano superior. Ainda tratávamos da publicação desta investigação em língua espanhola, a primeira que ele havia indicado na condição de responsável por audaz projeto editorial. Isso só evidencia a paixão com que o professor valenciano se entregava à vida acadêmica e que o fez alcançar singular reconhecimento internacional. Os projetos concluídos comprovam a sua inestimável contribuição para o desenvolvimento do Direito

Tributário. E os interrompidos, como o descrito, demonstram a vivacidade que, aos sessenta e seis anos, continuava a dedicar à vida acadêmica, fazendo-o entregar-se com ardor aos novos desafios que se apresentavam. Uma vida sem sonhos e realizações já não é uma vida plena. Don Eusebio viveu plenamente até os seus últimos dias e certamente poderá descansar em plena harmonia, junto aos que conquistou com a sua personalidade cativante ao largo da sua vida.

Por fim, meu agradecimento especial dirijo-o à Marta, que, mesmo estando tão longe da Espanha, Itália e Alemanha, sempre esteve tão próxima de mim durante os meus períodos de investigação nesses países. Marta, muito obrigado pela compreensão, pelo companheirismo e pelo carinho nessa árdua trajetória.

Prefácio à edição brasileira

Até o começo do século vinte, a doutrina jurídica italiana classificava a obrigação tributária entre as *"limitações"* dos direitos do cidadão e a sua regulação como direito *"excepcional"*. Classificação historicamente insustentável e conceitualmente absurda, pois não correspondia ao novo conceito de Estado e de contribuição que surgiu na Europa a partir de 1789 e na Itália a partir da Constituição monárquica de 1848 (Estatuto Albertino).

A denominada "Escola" de Pavia refuta, pelos seus principais expoentes (Griziotti, seguido dos "alunos" Mario Pugliese, Ezio Vanoni e Dino Jarach), essa "herança" da concepção do imposto como "exigência odiosa" e recupera plenamente a configuração "democrática" e "comunitária" da fiscalidade.

A exigência de repartição de ônus e encargos pecuniários – afirmam os mencionados estudiosos – está presente em todas as comunidades, das mais elementares, como a família e a tribo ou agrupamento de famílias, às mais complexas, de natureza política.

A contribuição fiscal – posta a serviço da função de repartição das despesas comuns nas associações políticas como o Estado, a região, os Municípios, etc. – chama-se tributo porque a sua raiz etimológica é o *tributum* e, por consequência, as tribos, ou seja, as circunscrições territoriais nas quais era dividida a *civitas* na Roma antiga, originalmente monárquica e posteriormente republicana. O tributo enquanto prestação pecuniária coativa nasce como elemento necessário e inextirpável na socialidade do ser humano, na sua vontade de viver em coletividade na cidade-estado. O viver na *civitas* invariavelmente gera despesas comuns, e o *tributum* é o instrumento que veicula os critérios para a repartição das despesas comuns ou públicas da organização social, sendo imprescindível à própria existência da organização.

É esse o caminho trilhado por Griziotti e pelos seus alunos referidos para negar o caráter odioso do tributo.

Em razão dessa radical metamorfose, o imposto enobrece-se, tornando-se a quota individual, *a ser calculada à luz de critérios de justiça*, com a qual se realiza o aporte de todos à contribuição pública para fazer frente aos encargos indispensáveis à satisfação das condições necessárias para uma pacífica e produtiva convivência social. As receitas angariadas por meio dos impostos representam o custo nacional dos serviços estatais destinados a assegurar as condições de tal convivência pacífica. Evadir-se à imposição torna-se deserção. No entanto, repisamos, as receitas são buscadas com estrito respeito aos critérios de justiça. Aqui o ponto e o posterior viés do giro copernicano. O tributo, que não mais é uma exação odiosa, deixa de ser uma exação arbitrária. Deve harmonizar-se a critérios de justiça. E a justiça que deve orientar o Direito Tributário como conjunto de regras da repartição dos custos comuns é a denominada "*distributiva*".

Também a justiça distributiva tem o seu pilar no *princípio da igualdade*. O símbolo que representa a justiça distributiva também é a *balança*. Mas a justiça tributária, como *species* do *genus* justiça distributiva, apresenta um caráter multifacetado que merece a máxima atenção.

a) *Dimensão da igualdade (ou do balanceamento ou da proporcionalidade) na relação estabelecida entre cada um dos sujeitos passivos e o ente titular do poder impositivo.*

Foi esclarecido, por insignes filósofos do passado (Ugo Grozio, Giovan Battista Vico), que a justiça distributiva concerne a relações *entre desiguais*. Contudo, também essas relações são justas apenas quando governadas pelo princípio fundamental da igualdade-proporcionalidade e, tratando-se de tributos, somente quando o sacrifício pecuniário imposto a cada um dos obrigados tributários é proporcional à sua capacidade contributiva. Pertencem a esse perfil da igualdade as investigações que almejam estabelecer o conceito de capacidade contributiva acolhido pela Constituição, a efetividade da capacidade contributiva, a exoneração do mínimo vital pessoal e familiar, bem como se há um limite máximo (denominado "*proibição de confisco*"), se é mais justo o imposto proporcional ou progressivo, etc., etc.

b) *Dimensão da igualdade dentro do universo dos sujeitos passivos do mesmo imposto.*

Essa dimensão implica que a universalidade dos interessados na existência do ente público se sujeite, sem exceções, ao financiamento das despesas públicas – e isso de modo isonômico para todos e para cada um dos contribuintes.

A incorreta repartição jamais será neutra. Sempre acarretará maior gravame para uns – e desoneração de outros. Por isso, a manifestações idênticas de força contributiva deve corresponder um tributo igual; e a manifestações díspares, contribuições diversas. Como esclarece Vico, no reino da justiça distributiva a paridade de tratamento também deve imperar entre os sujeitos passivos ("*inter rectos*"), de modo que, se não houver tal paridade, a própria justiça cairá por terra.[1]

Andrei Velloso ocupa-se de ambas as dimensões da justiça.

Grande virtude da acurada investigação realizada pelo autor reside na constante vinculação aos sistemas jurídico-positivos.

---

[1] Acerca da justiça distributiva, que ele denomina "*justitia rectrix*" G.VICO, *De universi juris uno principio et fine uno,* Napoli, Liguori ed., precisa que "Justitia autem rectrix poenas, praemia, onera honoresque et jura, quae Jurisconsulti appellant Juris beneficia, distribuit; ut jura sanguinis, adgnationis, civitatis, ordinis, et his similia; et ex sanguinis vel dignitatis juribus tribuit successiones; ex juribus civitatis, vel ordinis, munia honoresque dispensat". Entre os "praemia" e os "onera" a que Vico se refere, podem ser incluídos sem hesitação os incentivos fiscais (*praemia*) e os impostos (*onera*).

Ambos são distribuídos à luz da justiça. A respeito, o grande filósofo formula lição realmente esplêndida. Ele afirma que "ubi rectrix justitia regnat, ibi aequalitas inter rectos celebratur; et ubi exuitur aequalitas, rectrix tandem extinguitur".

Traduzimos com certa liberdade de expressão esse ensinamento fundamental. Diz o filósofo que lá onde reina a justiça distributiva, celebra-se a igualdade entre os súditos (no nosso caso: entre os contribuintes); e lá onde tal igualdade vem a cessar, então simultaneamente vem a falecer a justiça distributiva.

A igualdade de que se trata no livro é um conceito jurídico, não filosófico, sociológico ou político.

Os ordenamentos examinados são os da Espanha, Itália e Alemanha, além, naturalmente, do brasileiro. A propósito, cumpre frisar que Andrei Velloso demonstra um excepcional e incomum conhecimento da doutrina e da jurisprudência das Cortes Constitucionais dos quatro países estudados e comparados. Isso confere sólidos fundamentos à investigação e exime-a de matizes de abstração ou irrelevância jurídica. E torna-a obra de consulta obrigatória para toda pesquisa futura sobre o tema.

O debate acerca do caráter impositivo do princípio constitucional da igualdade tributária é daqueles fadados a não se concluírem jamais. Isso por inúmeros motivos, mas sobretudo porque a solução também é fruto de escolha condicionada por um *juízo de valor*.

Quem dá substância e força vinculante a tal princípio adota a tese, juridicamente mais vigorosa, segundo a qual as leis tributárias estão jungidas a princípios de repartição justa que *limitam* o poder do Estado, seja na fase em que a lei é criada, seja naquela posterior em que ela é aplicada aos cidadãos e às entidades jurídicas da "*sociedade civil*". Quem afirma que o princípio da isonomia é uma fórmula vazia, que se restringe a uma genérica vedação formal de disparidades injustificáveis, privilegia a *liberdade de ação* do legislador e o despotismo fiscal. Trata-se de duas concepções radicalmente contrapostas, em virtude de *duas visões políticas divergentes acerca do Direito Tributário*.

A tese niilista não é mais "*humana*" que a oposta, nem mais "*virtuosa*" e "*solidária*": é tão somente a mais "*cômoda*" porque faculta ao legislador ordinário toda forma de arbítrio e ao órgão de controle da legitimidade constitucional das leis "*lavar as mãos*" e abrigar-se no refúgio da "*discricionariedade do legislador*". Essa tese expressa uma preferência ideológica do Fisco como Leviatã.

O primado da justiça na busca e escolha das soluções possíveis para financiar as despesas públicas numa democracia constitucional e plural funda-se sobre razões inexpugnáveis, das quais a mais séria pode ser enunciada nestes termos: "*O bem- -estar – como afirmado por jurista de escol – não é um bem sem a justiça*",[2] de modo que o exercício da soberania fiscal sem regras de justiça é "*igual ao ato arbitrário e violento do bandido, que submete o viajante ao seu poder*".[3]

Gaspare Falsitta
Professor Emérito de Direito Tributário da
Universidade de Pavia (Itália)

---

[2] Assim expressamente, G. G. F. HEGEL, *Lineamenti di filosofia del diritto,* Bari, Laterza, 1954, trad. F. Messineo, parágrafo 130, p.119.

[3] Textualmente B. GRIZIOTTI, *Principi di politica diritto e scienza delle finanze,* Padova, Cedam, 1929, p. 50.

Prefácio à edição espanhola

La obra que tengo el honor de prologar está basada en la tesis doctoral defendida por Andrei Pitten Velloso en la Universidad de Salamanca bajo la dirección del profesor don Eusebio González García. Se trata de una obra de excepcional importancia, tanto desde el punto de vista dogmático, como de sus consecuencias prácticas, pero antes de abordar su comentario y referirme a su autor, quisiera dedicar unas palabras a Eusebio.

La primera vez que viajé al otro lado del Atlántico, hace unos ocho años, puede conocer a numerosos profesores e investigadores de gran categoría. Al presentarme como docente español de Derecho tributario era frecuente que comentaran: "¿Español? ¡Entonces usted será discípulo de don Eusebio! En efecto, sin que esto suponga desmerecimiento para otros colegas de gran fama, no resulta aventurado afirmar que – dentro del ámbito del Derecho tributario – Eusebio González es el profesor español que más esfuerzo ha dedicado al impulso de la disciplina en América Latina y uno de los más queridos y apreciados científica y personalmente.

Don Eusebio -como acostumbran a llamarle sus discípulos- dedicó un esfuerzo extraordinario y generoso a los investigadores de países hermanos al otro lado del charco. Tras ese primer viaje tuve ocasión de realizar otros muchos a México, Argentina, Brasil, Colombia, Perú, Ecuador y Costa Rica y en todos ellos tuve la alegría de encontrar ese enorme aprecio hacia la persona y la obra de Eusebio González (que, por cierto, no fue mi maestro). En realidad era algo natural, pues nuestros colegas al otro lado del charco son personas abiertas y agradecidas y Eusebio les dedicó gran parte de su vida. No es casual que, cuando el Señor le llamó junto a Él volviera de una agotadora gira por estos países. Eusebio no dudaba en acudir a las invitaciones que recibía de América Latina – desde universidades, altos órganos judiciales y ministerios de Hacienda – y dedicaba prolongadas y agotadoras sesiones a impartir formación y a intercambiar ideas y experiencias. Junto a esta labor, y a la difusión que ha alcanzado su extensa obra en Latinoamérica, debe destacarse otra faceta de su trabajo, que resulta impresionante: la formación de jóvenes investigadores latinoamericanos desde su Cátedra en Salamanca.

Quienes han dirigido una tesis doctoral saben perfectamente el esfuerzo y la dedicación que supone cumplir con dignidad esa labor. No me cabe ninguna duda que el mérito principal, con mucho, corresponde al doctorando. Y este mérito es aún más destacado cuando se trata de investigadores extranjeros que han de superar las dificultades que entraña adaptarse a trabajar en otro país – aunque próximo en la cultura- a adentrarse en los pliegues y relieves de otro ordenamiento y – en ocasiones- como sucede con los doctorandos brasileños, a superar las dificultades que supone trabajar en un idioma distinto del materno. Paradójicamente, si el doctorado es trabajador y brillante -y es el caso de Andrei- la labor de dirección se hace mucho más exigente y difícil. Por así decirlo -aunque la metáfora no sea del todo satisfactoria- es mucho más difícil pilotar un velero de competición que una barca de remos. Eusebio -siempre dispuesto a ayudar a todos- ha tenido muchos y excelentes discípulos y ha sabido conducirles a todos hasta el final de su singladura doctoral y más allá. Me viene ahora a la memoria, como prueba de ello, el excelente *Tratado* publicado hace pocos años por su "equipo" mexicano, capitaneado por Miguel Alvarado.

No me cabe duda de que Eusebio está en el Cielo muy cerca de Nuestro Señor. Desde allí sigue ayudando, sin duda, a su numeron familia, a sus discípulos, y a tantísimas personas a quienes trató: a aquellos que le miraron con simpatía y a los pocos que pudieran albergar algún recelo. Si el lector me permite un salto en el espacio y en el tiempo, recordaré cómo el maestro Sáinz de Bujanda, después de una tormentosa y poco grata reunión universitaria le preguntó a un joven profesor: "José Andrés, ¿tú crees que en el Cielo nos acordaremos de estas reuniones? Pienso que Eusebio se reirá desde el Cielo de las pequeñas miserias universitarias que en algún momento haya podido sufrir y estará desde allí pendiente de ayudar a todos.

Pero volvamos ahora a la tierra, donde el lector – gracias, en parte, a don Eusebio – puede tener dos encuentros sumamente estimulantes: la obra que tiene en sus manos y su autor, cuya personalidad se trasluce a través de estas páginas. Comencemos por el autor. Tuve la fortuna de conocer a Andrei hace unos cuantos años, cuando realizó una visita al Instituto de Estudios Fiscales con el fin de obtener bibliografía y realizar algunas labores preparatorias de su doctorado. Me causó una excelente impresión, pues su humildad intelectual – entusiasta y sin complejos – contrastaba con su impresionante preparación científica y su experiencia profesional como juez. Además, dominaba casi tantas lenguas como mi genial y admirado amigo Pascuale Pistone. Después de este encuentro tuvimos algún contacto ocasional – tuvo la gentileza de enviarme los artículos que iba publicando en Italia y Alemania- hasta que Eusebio me hizo el honor de proponerme que formara parte del Tribunal que juzgaría la tesis doctoral de Andrei en la Universidad de Salamanca.

La metodología utilizada por Andrei se caracteriza – entre otros rasgos – por la extraordinaria seriedad de sus razonamientos. Sobre este punto he de confesar algún pequeño desconcierto, pues Andrei me parece una persona sumamente espontánea en el trato. Sin embargo, cuando empuña la pluma – o el teclado del ordenador – se esfuerza por embridar su espontaneidad y hacerla cabalgar al estilo de la *Spanische Hofreitschule*, la Escuela española de equitación de Viena. Andrei se desenvuelve con asombrosa agilidad a través de la lógica y la dogmática jurídica sin dejar lugar a la improvisación. Al igual que sucede en la *Alta Escuela,* cada paso sigue las pautas de un largo entrenamiento, estudio, esfuerzo y reflexión. Creo que Andrei ha alcanzado ya tal soltura que podría moverse con más libertad y permitirse alguna ironía, alguna broma, alguna cabriola académica al margen de la estricta lógica jurídica (como lo hace con simpatía extramuros de su labor científica). En cualquier caso, resulta admirable su profundidad y su rigor intelectual.

Paso ahora a examinar su obra. Se trata de un trabajo que aborda la clave de arco de nuestra disciplina: *el principio de igualdad tributaria*. ¿No se trata – podríamos pensar – de un tema agotado? ¿No es una materia en la que no cabe avanzar más allá de algunas consideraciones generales: tratar de modo igual a los iguales y desigual a los desiguales? ¿No es un campo en el que los intentos de profundizar se pierden en reflexiones abstractas, en declaraciones ideológicas o, peor aún, en construcciones artificiosas?

A todos estos interrogantes hemos de contestar rotundamente "que no" y la mejor prueba de ello se encuentra en la obra de Andrei. Su trabajo maneja un sólido y operativo concepto de igualdad, destilado de un análisis crítico basado en la teoría general del Derecho, pero dicho concepto es sólo un punto de partida. A partir de él – y este es el aspecto más relevante de su obra – Andrei analiza el *control constitucional de las desigualdades en la imposición* y lo hace apoyando sus razonamientos no sólo en conceptos, sino en un impresionante despliegue de doctrina y jurisprudencia constitucional – alemana, italiana, española – que nos muestra la concreta realidad de los problemas abordados, el acierto o la deficiencia de las soluciones aportadas y la línea de razonamiento que permitiría avanzar hacia una mayor justicia tributaria.

En efecto, una idea que debe destacarse en la obra de Andrei es que "pese a la vaguedad e imprecisión del término justicia no pude renunciarse a él". En el caso concreto puede ser difícil determinar la solución justa, señalar los límites entre justicia y practicabilidad administrativa (pensemos en los regímenes estimativos o simplificados) o ponderar el conflicto entre *fines de estricta justicia* y *fines de utilidad social*. Todo esto es cierto, pero si prescindimos de la justicia todo el sistema se pervierte y pierde su sentido. ¿Cómo puede justificarse que el Estado detraiga parte de la riqueza de los ciudadanos *para fines de interés general* si renunciamos a la propia Justicia, quicio de la búsqueda del interés general.

Dicha renuncia puede adoptar múltiples formas. Así, en la doctrina española no resulta infrecuente afirmar la importancia de la Justicia tributaria en términos abstractos, renunciándose después a elaborar mecanismos que permitan su concreto control. También es frecuente situar la justicia en el centro del Derecho tributario para elaborar después construcciones casuísticas y artificiosas que responden a la defensa de ciertos intereses ideológicos. Por último es posible caer en el cinismo (se niega la Justicia para tener manos libres en la búsqueda de los propios intereses) o en el escepticismo: se parte de construcciones excesivamente rígidas o formalistas para terminar abandonando la búsqueda de la verdad ante la dificultad de llevarlas a la práctica.

Andrei sortea con serenidad estos mortales escollos. Por una parte, busca un concepto operativo de igualdad que no resulta excesivamente amplio: como afirma "hay medidas arbitrarias que no violan la igualdad, porque no conllevan comparaciones". Además no pretende construir castillos en el aire, sino que tiene muy en cuenta el contexto histórico y doctrinal (como advierte certeramente, el contexto histórico en el que se elabora la tesis de la interdicción de la arbitrariedad ya no existe). Además – este punto nos parece sumamente relevante – considera que el control de las desigualdades "no debe basarse en teorías desvinculadas del sistema constitucional, sino en la propia axiología de la Constitución". Suscribo plenamente el planteamiento de Andrei, pues de otro modo no resulta posible perseguir un control constitucional efectivo y dotado de una mínima objetividad. Al mismo tiempo estoy persuadido de que la "axiología" de la Constitución no es inmanente a su texto, sino que surge de factores históricos y – en un nivel más profundo – de la propia naturaleza humana.

Como demuestra Andrei con cita de abundante jurisprudencia constitucional comparada, el control de la desigualdad -más allá de los supuestos arbitrarios- requiere realizar una adecuada ponderación de los diversos principios o derechos constitucionales que se ven enfrentados. Considerar que esos límites son inmanentes al contenido de cada derecho – por ejemplo al derecho a la igualdad – constituye una vía muerta, pues negar la existencia de conflictos -la igualdad termina donde empiezan otros derechos o valores- impide el control de constitucionalidad. En palabras de Andrei, "la distinción entre el supuesto de hecho de los derechos fundamentales y las respectivas restricciones es de suma importancia, pues posibilita una expresión clara de los fundamentos de las decisiones atinentes a tales derechos".

En este punto el pensamiento de Andrei supera la construcción alemana sobre la interdicción de la arbitrariedad – que tanta fortuna ha hecho en otros países – e incluso la llamada "nueva fórmula" del Tribunal Constitucional alemán, que completaba el mero control de las arbitrariedades con un examen interno de proporcionalidad. Pues bien, como señala Andrei, la nueva fórmula no nos ofrece auténticos criterios materiales, sino más bien un mero instrumento metodológico.

Andrei encuentra una solución más elaborada en el planteamiento de Huster. El autor alemán distingue las aparentes diferencias de trato según respondan a la medida general de la igualdad que opere en determinado campo ("fines internos" a la igualdad) o a otras finalidades ajenas a dicha medida ("fines externos"). Así, las diferencias de trato fiscal basadas en la capacidad económica responderían a los *fines internos* de la tributación, mientras que los incentivos fiscales estarían justificados por *fines externos* (el desarrollo económico, la protección del medio ambiente) por lo que deberían someterse a un control de proporcionalidad. Basándose en esta construcción Andrei da un paso más y considera preferible distinguir entre "fines de justicia" y de "utilidad colectiva". La terminología propuesta por Andrei es más exacta que la de Huster, pues algunos fines "internos" al sistema tributario, como la practicabilidad o la suficiencia de la recaudación, son sin embargo ajenos a la justicia como tal, aunque se basan en la utilidad colectiva.

El trabajo de Andrei es particularmente ambicioso en cuanto no limita el principio de igualdad tributaria a los impuestos – cuya medida general de igualdad radica en la capacidad económica – sino que analiza también sus implicaciones sobre otras figuras tributarias como las tasas y las contribuciones especiales, basadas en criterios de equivalencia. A mi entender la precisión es correcta, aunque no apunta tanto a la existencia de un principio común, sino que pone de manifiesto la fragilidad del concepto de tributo. Quizá la verdadera clave esté en determinar la función y proporción que deben desempeñar impuestos y tasas en la financiación del conjunto de los gastos públicos.

En definitiva, el autor demuestra que "el principio de igualdad es relativo, como los demás principios constitucionales" en el sentido de que la constitución permite restringirlo para preservar otros principios, fines y valores constitucionales de mayor peso en la situación concreta. Esta afirmación – que suscribo plenamente- me parece esencial para llevar a la práctica un riguroso control de constitucionalidad. "Así – como señala Andrei- se podrá conferir al principio analizado el significado jurídico que él posee y que deriva de la noción jurídico-constitucional de igualdad y de las progresivas concreciones que asume en el proceso de construcción del ordenamiento jurídico; y, en consecuencia, será posible otorgarle una fuerza jurídica efectiva, más significativa que la consentida por la tesis de la interdicción de arbitrariedad".

Llegados a este punto solo me queda felicitar a Andrei por su excelente obra y aventurarme a formularle un ruego. Este trabajo sienta las bases teóricas del control de igualdad en materia tributaria y lo ilustra con numerosos ejemplos tomados de la jurisprudencia constitucional comparada. Quisiera animar a Andrei a redactar una segunda parte en la que aplique todos estos mecanismos de control a un concreto ordenamiento tributario, como puede ser el sistema fiscal brasileño. Así destacaría la relevancia práctica de esta obra y se ofrecería una importante guía a los legisladores – federal y estatales – así al Supremo Tribunal de la Federación.

Madrid, julho de 2009.

Pedro Manuel Herrera Molina
Professor Titular de Direito Financeiro e Tributário
da Universidade Complutense de Madri (Espanha)

Nota do autor

O livro que o leitor tem em mãos deriva da tese de doutorado defendida em setembro de 2008 na Universidade de Salamanca (Espanha), no bojo do programa de Doutorado em Direitos e Garantias do Contribuinte, sob a orientação do saudoso Prof. Dr. D. Eusebio González García.

Ideias fundamentais desta investigação já haviam sido divulgadas anteriormente, em artigos publicados primeiramente na Itália e, em seguida, no Brasil:

I – "Eguaglianza tributaria e proporzionalità". *Rivista di Diritto Tributario*, Giuffrè, v. XVI, n. 11, novembre 2006, p. 821-863, publicado no Brasil sob o título "A teoria da igualdade tributária e o controle de proporcionalidade das desigualdades de tratamento". *Revista Tributária e de Finanças Públicas*, Ano 15, n. 76, p. 36-72, set.-out./2007; e

II – "Fondamenti e limiti costituzionali della semplificazione tributaria: analisi sistematica alla luce degli apporti tedeschi di dottrina e giurisprudenza". *Rivista di Diritto Tributario*, Giuffrè, v. XVII, Ottobre 2007, p. 871-918, publicado no Brasil sob o título "Fundamentos e limites constitucionais da simplificação tributária: análise sistemática à luz dos aportes doutrinários e jurisprudenciais alemães". *Revista Fórum de* Direito Tributário, Belo Horizonte, ano 5, n. 30, p. 6-105, nov./dez. 2007.

O texto que segue é fruto da fiel tradução da versão espanhola à língua portuguesa. Em razão de termos objetivado empreender um estudo teórico centrado fundamentalmente nos aportes alemães, italianos e espanhóis, com a análise da jurisprudência do *Bundesverfassungsgericht*, da *Corte Costituzionale* e do Tribunal Constitucional espanhol no bojo do texto, reputamos conveniente manter a sua estrutura original e agregar-lhe um apêndice, dedicado exclusivamente à análise da jurisprudência do Supremo Tribunal Federal, que não poderia faltar em trabalho publicado no Brasil.

Tal qual no texto original, traduzimos as citações em alemão e italiano. Já as citações em espanhol foram mantidas inalteradas, dada a facilidade que nós, brasileiros, temos de ler textos hispânicos.

"non di solo pane vive l'uomo, ma anche di quell'ignoto quid che chiamasi 'giustizia'".

L. V. Berliri

Sumário

Introdução 31

Parte I. Teoria e significado da igualdade jurídica 33

Capítulo I. Teorias fundamentais da igualdade jurídica 33
1. Introdução 33
2. Igualdade como interdição de arbitrariedade 33
   2.1. As distintas *nuances* da Willkürtheorie na jurisprudência alemã 34
      2.1.1. Recondução do princípio da igualdade à interdição de arbitrariedade 35
      2.1.2. O recurso à noção de arbitrariedade para resolver a "questão da essencialidade" 37
      2.1.3. Conformação dos espaços legislativos à luz do conceito de arbitrariedade 38
      2.1.4. Desenvolvimento mediante a exigência de coerência sistêmica 39
   2.2. A proibição de *irragionevolezza* na jurisprudência da Corte *Costituzionale* 40
   2.3. A teoria no Tribunal Constitucional espanhol 42
   2.4. Acolhida doutrinária e em matéria tributária 44
   2.5. Análise crítica 46
      2.5.1. Aspectos metodológicos 46
      2.5.2. Aspectos materiais 48
      2.5.3. Especial impropriedade da teoria em matéria tributária 49
   2.6. Conclusões parciais 52
3. Da igualdade formal à igualdade-proporcionalidade 53
   3.1. A igualdade estritamente formal 53
      3.1.1. Caráter acessório da igualdade jurídica 53
      3.1.2. Igualdade como coerência sistêmica 55
   3.2. Igualdade como paridade 56
      3.2.1. Inclinação pela paridade de tratamento 56
      3.2.2. Imposição de paridade 59
   3.3. A *neue Formel* e a integração da proporcionalidade à igualdade 59
      3.3.1. Significado da nova fórmula 60
      3.3.2. Análise crítica 62
4. Concretização teleológica e relativização da igualdade 66
   4.1. Concretização à luz do fim da regulação 66
   4.2. A relativização do princípio da igualdade 68
      4.2.1. O caráter absoluto do princípio da igualdade no modelo dogmático tradicional 68
         4.2.1.1. Reflexos na estrutura normativa do princípio e nos respectivos direitos subjetivos 70
         4.2.1.2. Análise crítica 72

4.2.2. Construção do modelo de intervenção 73
    4.2.2.1. Reflexos na estrutura normativa do princípio e nos respectivos direitos subjetivos 75
    4.2.2.2. Análise crítica 76
4.2.3. Desenvolvimento mediante a distinção entre fins 76
    4.2.3.1. Contribuição de Rüfner 76
    4.2.3.2. Aporte de Huster 77

Capítulo II. Delineamento de uma teoria constitucional da igualdade 81
1. Noção de igualdade jurídica 81
  1.1. Justiça e igualdade 81
  1.2. Igualdades, desigualdades e juízos de igualdade 83
    1.2.1. Noção de igualdade jurídica 83
    1.2.2. Os juízos de igualdade 84
    1.2.3. A consequente formação de categorias ou grupos 85
2. Dimensões normativas da igualdade 86
  2.1. Dimensão de sobreprincípio 87
  2.2. O princípio da igualdade e as suas exigências fundamentais 88
    2.2.1. Mandados gerais 89
    2.2.2. Igualdade normativa 91
        2.2.2.1. Igualdade na interpretação jurídica 93
        2.2.2.2. Igualdade das leis 94
    2.2.3. Igualdade na aplicação fática do Direito 95
  2.3. As regras de igualdade 96
    2.3.1. Interdições de diferenciações 96
    2.3.2. Interdições de desfavorecimento 99
3. Concretização do princípio da igualdade 99
  3.1. Concretização constitucional 101
    3.1.1. Especificações constitucionais expressas 101
    3.1.2. Concretização teleológica à luz de fins de justiça 102
        3.1.2.1. O princípio da igualdade enquanto um mandado de justiça 103
        3.1.2.2. A vinculação do princípio da igualdade à noção constitucional de justiça .. 105
        3.1.2.3. A justiça relacional 108
    3.1.3. A imprescindível concretização específica do princípio 110
  3.2. Concretização infraconstitucional 112
    3.2.1. Igualdade na lei à luz do próprio sistema legislativo 112
    3.2.2. A igualdade à luz da lei 114
  3.3. As inter-relações entre as noções constitucional e legislativa de igualdade 115

Parte II. Significado e exigências do princípio da igualdade tributária 117

Capítulo I. Dimensão geral do princípio da igualdade tributária 117
1. Doutrinas específicas da igualdade tributária 117
  1.1. Igualdade geral e tributária: a autonomia normativa do princípio da isonomia tributária .. 117
  1.2. O ceticismo com respeito à igualdade tributária 119
  1.3. Negação de uma função específica ao princípio da igualdade tributária 121
  1.4. Dissolução da igualdade tributária na financeira 122
  1.5. A restrição da exigência de igualdade ao sistema 123
  1.6. Síntese conclusiva 124

2. A igualdade entre o Fisco e os contribuintes 125
  2.1. Debate doutrinário 125
  2.2. Igualdade de partes na lei 127
  2.3. Igualdade de partes perante a lei 129
  2.4. Igualdade de partes na omissão legislativa 130
  2.5. Consequências específicas da exigência de igualdade entre o Fisco e os contribuintes ... 131
3. Mandados gerais e projeções específicas da igualdade tributária 132
  3.1. Igualdade tributária horizontal e vertical 132
  3.2. Projeções específicas 134
    3.2.1. Princípio da generalidade 134
      3.2.1.1. Significado e conteúdos fundamentais 134
      3.2.1.2. Inter-relação com a igualdade 136
      3.2.1.3. Inter-relação com a capacidade contributiva 137
      3.2.1.4. Compatibilidade com as isenções extrafiscais 138
    3.2.2. As projeções setoriais são princípios autônomos? 140

Capítulo II. Igualdade na criação e modificação dos tributos 142
1. Igualdade segundo critérios de justiça tributária 142
  1.1. Especificações constitucionais e fins de justiça tributária 143
    1.1.1. Especificações constitucionais 143
    1.1.2. Fins de justiça tributária 144
    1.1.3. Fins de justiça comutativa no Direito Tributário 146
  1.2. Teorias fundamentais da justiça tributária 147
    1.2.1. Teorias do benefício e da equivalência 147
      1.2.1.1. Origem e aspectos gerais 148
      1.2.1.2. Análise crítica 149
      1.2.1.3. Variantes das teorias do benefício: benefício econômico e equivalência ... 150
      1.2.1.4. A autonomia do critério do benefício e a proposta de integrá-lo no da capacidade contributiva 151
      1.2.1.5. Integração do critério da equivalência no da capacidade contributiva 152
    1.2.2. Teoria do interesse 153
    1.2.3. Teorias do sacrifício 154
      1.2.3.1. Exposição 154
      1.2.3.2. Análise crítica 155
    1.2.4. Teoria da capacidade contributiva 157
      1.2.4.1. Origem e desenvolvimento 157
      1.2.4.2. Inter-relação com a igualdade tributária 160
      1.2.4.3. Conclusões parciais 164
  1.3. A igualdade no âmbito dos impostos 164
    1.3.1. Critério da capacidade contributiva 165
      1.3.1.1. Justificação como critério de graduação dos impostos 165
      1.3.1.2. Aplicação às normas e impostos extrafiscais 168
      1.3.1.3. Conteúdo fundamental 169
    1.3.2. A igualdade dos impostos à luz de fins não fiscais 172
    1.3.3. Progressividade 173
      1.3.3.1. Fundamento 173
      1.3.3.2. Conteúdo 174
      1.3.3.3. Formas de progressividade 175
      1.3.3.4. Autonomia perante o princípio da capacidade contributiva 178

1.4. A igualdade nas taxas 179
    1.4.1. Graduação das taxas conforme a capacidade contributiva 180
    1.4.2. A problemática à luz dos sistemas constitucionais espanhol e italiano 181
    1.4.3. Critério da equivalência 183
        1.4.3.1. Fundamentação do critério da equivalência *lato sensu* a partir do princípio constitucional da igualdade 183
        1.4.3.2. Âmbito de aplicação da equivalência *stricto sensu* 184
        1.4.3.3. Equivalência a quê? 186
    1.4.4. Rigidez da equivalência 186
        1.4.4.1. Interdição de superação dos custos 187
        1.4.4.2. Exigência de custeio integral 188
1.5. A igualdade nas contribuições de melhoria 189
1.6. A igualdade nas contribuições especiais 190
1.7. Harmonização dos critérios de diferenciação à luz da igualdade 191
    1.7.1. Capacidade contributiva e progressividade 192
    1.7.2. Equivalência, benefício e capacidade contributiva 193
2. Imposições específicas ao legislador 194
    2.1. Igualdade na determinação das hipóteses de incidência e dos sujeitos passivos 196
        2.1.1. Determinação das hipóteses de incidência 196
            2.1.1.1. Impostos 196
            2.1.1.2. Taxas 199
            2.1.1.3. Contribuições de melhoria 200
        2.1.2. Determinação dos sujeitos passivos 200
    2.2. Igualdade na graduação da carga tributária 201
        2.2.1. Impostos 201
            2.2.1.1. Igualdade horizontal 201
            2.2.1.2. Igualdade vertical 203
        2.2.2. Taxas 206
            2.2.2.1. Igualdade horizontal 206
            2.2.2.2. Igualdade vertical 207
        2.2.3. Contribuições de melhoria 208
    2.3. Igualdade nos tributos indiretos 209
    2.4. A igualdade à luz do sistema 210
    2.5. Igualdade do sistema tributário 212

Capítulo III. Igualdade na aplicação das leis tributárias 212
1. Teses fundamentais 212
    1.1. Igualdade como exigência de impessoalidade 212
    1.2. Igualdade como preeminência legislativa 213
2. A concretização da igualdade na aplicação legislativa 216
    2.1. Critérios constitucionais 216
    2.2. Critérios legislativos 217
3. Igualdade na concretização normativa da lei tributária 218
    3.1. Diretrizes interpretativas derivadas do princípio da igualdade 219
        3.1.1. Interpretação legislativa conforme o princípio da igualdade 219
        3.1.2. Imposição de interpretação literal? 220
        3.1.3. Fundamentação da interpretação econômica 220
    3.2. Desenvolvimento do Direito à luz da igualdade 221
        3.2.1. Analogia 222

   3.2.1.1. Noção 222
   3.2.1.2. A igualdade como fundamento da analogia jurídica 224
  3.2.2. Redução teleológica 225
  3.2.3. Argumentum a *contrario sensu* 225
4. Igualdade na imposição fática 226
 4.1. A exigência de igualdade na aplicação efetiva das leis tributárias 226
  4.1.1. A obrigação de o legislador promover a igualdade na aplicação legislativa 227
  4.1.2. Superação da rígida dicotomia entre a igualdade "na lei" e "perante a lei" 229
 4.2. Pressupostos para se realizar a igualdade na imposição fática 229
 4.3. Igualdade na fiscalização, no lançamento e na arrecadação 230
  4.3.1. Desigualdades na fiscalização em razão da possível expressão econômica do débito tributário: o critério da relevância fiscal 230
  4.3.2. São legítimos os lançamentos e julgamentos apressados, displicentes? 231
  4.3.3. Desigualdades nas estimativas das bases imponíveis 232

Parte III. Controle dos atos estatais à luz do princípio da igualdade tributária. 235

Capítulo I. Conflitos e critérios gerais para solucioná-los 235
1. Formas de afetação da igualdade tributária 235
 1.1. Intervenção, restrição e violação 236
 1.2. Formas básicas de intervenção 236
2. Soluções em abstrato da relação de tensão 238
 2.1. Preponderância *a priori* da igualdade: as regras de igualdade 238
  2.1.1. Interdições de discriminação 238
  2.1.2. Proibições de tratos desfavoráveis 239
 2.2. Predeterminações constitucionais contrárias à igualdade 239
  2.2.1. Limitações das competências tributárias 239
  2.2.2. Reserva de lei tributária e preeminência legislativa 240
3. Controles de constitucionalidade das disparidades de trato à luz da igualdade 242
 3.1. Controle de arbitrariedade 243
  3.1.1. Conceito de arbitrariedade 243
  3.1.2. Manifestações fundamentais da arbitrariedade 244
  3.1.3. Alcance do controle 245
 3.2. Controle de proporcionalidade *lato sensu* 248
  3.2.1. O mandado de proporcionalidade 249
  3.2.2. Condições para o controle 249
  3.2.3. Adequação do meio ao fim 251
  3.2.4. Necessidade da medida 252
  3.2.5. Proporcionalidade *stricto sensu* 254
   3.2.5.1. Conflitos entre direitos e bens coletivos 256
   3.2.5.2. A "lei de colisão" e a igualdade nas valorações jurídico-constitucionais ... 257
 3.3. Interdição de leis para casos particulares 258
  3.3.1. Fundamento constitucional 258
  3.3.2. Significado jurídico 259
 3.4. Garantia do conteúdo essencial 260

Capítulo II. Peculiaridades dos conflitos concretos 263
1. Conflitos internos ao Direito Tributário 263
 1.1. Simplificação tributária 263

1.1.1. Relações de apoio recíproco e de conflito entre a simplificação e o princípio da igualdade tributária 264
 1.1.1.1. Relação de apoio recíproco 265
 1.1.1.2. Relações de conflito 266
 1.1.1.3. Paradoxo de igualdade 267
1.1.2. Possibilidades de harmonização das exigências contrapostas 269
 1.1.2.1. A autorização a provar o contrário 269
 1.1.2.2. Decisões de equidade 270
1.2. Princípios da legalidade e segurança jurídica 273
 1.2.1. Analogia jurídica 274
 1.2.2. Princípio da juridicidade 275
  1.2.2.1. Conflitos entre os princípios da juridicidade e da igualdade 276
  1.2.2.2. A afirmação da igualdade em detrimento de preceitos constitucionais específicos 277
  1.2.2.3. A igualdade na ilegalidade 277
1.3. Autonomia dos entes estatais 280
 1.3.1. Tensão com a igualdade tributária 280
 1.3.2. Controle das desigualdades 282
 1.3.3. Jurisprudência constitucional 282
1.4. Evolução do Direito e independência judicial 284
 1.4.1. A unidade da jurisprudência 284
 1.4.2. Mudanças de interpretações judiciais 285
 1.4.3. Mudanças de interpretações administrativas 289
 1.4.4. Alterações legislativas 290
1.5. Fim arrecadatório 291
2. Os conflitos intersistêmicos: o controle das desigualdades geradas pela extrafiscalidade 292
2.1. Noção de extrafiscalidade 292
2.2. Tributos e normas extrafiscais 294
2.3. Admissibilidade da extrafiscalidade 295
 2.3.1. Reconhecimento do conflito entre a extrafiscalidade e a igualdade tributária 296
 2.3.2. Tese da inadmissibilidade 301
2.4. Controle de constitucionalidade das desigualdades resultantes da extrafiscalidade 305
 2.4.1. Identificação de uma efetiva busca de fins não fiscais 306
 2.4.2. Teorias sobre o âmbito de controle 307
  2.4.2.1. O controle restrito à arbitrariedade 307
  2.4.2.2. O controle dos fins e dos meios 308
  2.4.2.3. A irrelevância da igualdade tributária nos benefícios extrafiscais 308
  2.4.2.4. A proposta de um controle de proporcionalidade 309
 2.4.3. Peculiaridades do controle de proporcionalidade da extrafiscalidade 310
  2.4.3.1. Adequação 311
  2.4.3.2. Necessidade 314
  2.4.3.3. Proporcionalidade *stricto sensu* 316
 2.4.4. Conflitos complexos 318
  2.4.4.1. Capacidade contributiva como pressuposto da tributação 318
  2.4.4.2. Praticabilidade tributária 320
  2.4.4.3. Liberdades 321
 2.4.5. A problemática da progressividade extrafiscal (redistributiva): a busca da igualdade de fato em detrimento da tributária 322
  2.4.5.1. Noção de progressividade redistributiva 322
  2.4.5.2. Conflito com a igualdade tributária 323
 2.4.6. O controle da extrafiscalidade à luz do princípio geral da igualdade 325

Conclusões 327

Apêndice. O princípio da igualdade tributária na jurisprudência do STF 339
   1. O princípio geral da isonomia 339
      1.1. Recepção da teoria da interdição de arbitrariedade 339
      1.2. Interdição de privilégios 341
      1.3. *Self-restraint* 343
      1.4. Igualdade e equidade 343
      1.5. Igualdade entre o Poder Público e os cidadãos 345
      1.6. Efeitos anti-isonômicos de medidas não discriminatórias 345
   2. Princípio da isonomia tributária 346
      2.1. Generalidade impositiva 346
      2.2. Privilégios tributários 347
      2.3. Igualdade e capacidade contributiva 348
      2.4. Isonomia no contexto de tributos interligados 349
      2.5. Igualdade na ilegalidade 351
      2.6. Impostos 352
      2.7. Taxas 352
      2.8. Contribuições especiais 354
         2.8.1. De seguridade social 354
            2.8.1.1. Patronais 354
            2.8.1.2. Dos segurados 355
         2.8.2. Cosip 357
      2.9. Extrafiscalidade 357
      2.10. Disparidades no tempo 359
      2.11. Aplicação analógica de imunidades 360
      2.12. Benefícios anti-isonômicos 360
         2.12.1. Supressão do benefício em sede de controle concentrado ... 360
         2.12.2. Pretensão à extensão 361
            2.12.2.1. Extensão mediante aplicação analógica 361
            2.12.2.2. Extensão mediante redução parcial do texto 364
      2.13. Igualdade na aplicação das leis tributárias 365
   3. Conclusões 366

Bibliografia 367

Introdução

A igualdade não é apenas *slogan* de revoluções e discursos políticos. Constitui um dos mais básicos direitos humanos. Elemento essencial de qualquer teoria séria da justiça. Princípio constitucional fundamental de todos os sistemas jurídicos contemporâneos.

Surpreende, pois, constatar que as desigualdades se ampliam e perpetuam sem sequer serem reconhecidas como tais.

Esse nefasto fenômeno, atribuimo-lo sobretudo à notável difusão da teoria que reconduz o princípio da isonomia a uma mera interdição de arbitrariedade, conjugada ou não com outras teses restritivas da tutela jurisdicional dos direitos de igualdade.

Tal contexto pode ser identificado com especial clareza no Direito Tributário. A despeito de os sistemas tributários conterem desigualdades manifestas, as Cortes constitucionais ou não as reconhecem como tais ou adotam posturas excessivamente restritivas com respeito ao âmbito de controle das leis impositivas. Por consequência, chancelam as mais variadas e severas desigualdades tributárias, ora mediante a concessão de vastos espaços de conformação discricionária ao legislador, ora com base em singelas alegações de busca de fins não fiscais ou de praticabilidade aplicativa.

Conscientes de a causa central da debilidade do princípio enfocado ser a transposição, ao Direito Tributário, de concepções inadequadas sobre a isonomia jurídica, concebemos que uma teoria apta a lhe permitir produzir a plenitude dos seus efeitos jurídicos tem de confrontá-las e superá-las, de modo a fornecer a base dogmática necessária para se lograr uma igualdade efetiva na tributação.

Portanto, nesta investigação almejamos tratar da isonomia tributária com supedâneo numa adequada teoria geral da igualdade, a fim de poder não só efetuar uma análise sistemática e coerente dos principais problemas suscitados pela exigência de uma imposição igual e justa, senão também contribuir à construção e aplicação de um sistema tributário permeado pelo valor fundamental da igualdade.

Para tanto, trataremos inicialmente do significado da igualdade jurídica (Parte I). Em seguida, ocupar-nos-emos do seu conteúdo e das suas exigências essenciais no âmbito tributário (Parte II). E, por fim, proporemos um modelo de controle das disparidades de trato à luz do princípio da isonomia tributária, destacando as peculiaridades dos mais relevantes conflitos que o envolvem (Parte III).

Parte I

Teoria e significado da igualdade jurídica

Capítulo I. Teorias fundamentais da igualdade jurídica

1. Introdução

Formularam-se as mais variadas concepções filosóficas, éticas, políticas e jurídicas acerca do significado da igualdade. Por nosso objeto ser o princípio constitucional da igualdade tributária, também denominado princípio da isonomia tributária, limitar-nos-emos a analisar as teorias acerca da igualdade *jurídica*, examinando as contribuições das demais ciências apenas quando sejam efetivamente relevantes para o desenvolvimento do tema. Ademais, devemos nos restringir, por ora, a investigar as teorias mais importantes para compreender o significado do princípio geral da isonomia, deixando para o segundo capítulo a análise das teorias específicas da igualdade tributária.[1]

Principiaremos pela teoria da isonomia enquanto interdição de arbitrariedade, com suas distintas nuances. Em seguida, debruçar-nos-emos sobre as concepções estritamente formais, bem como sobre a tese que vislumbra no princípio da igualdade uma imposição de tratamento paritário e, após analisar a proposta de incorporação do mandado de proporcionalidade na igualdade e a tese da concretização estritamente teleológica, trataremos detidamente da proposta de relativização do princípio da igualdade.

2. Igualdade como interdição de arbitrariedade

A teoria mais difundida sobre o princípio da igualdade é, sem sombra de dúvidas, a que o equipara à interdição de arbitrariedade. Apoia-se em uma noção de igualdade absoluta e, por isso, confere um significado acentuadamente restrito ao princípio correlato, reconduzindo-o a uma mera proibição de medidas estatais arbitrárias.

A maioria das Cortes Constitucionais perfilha tal teoria. Na Espanha, o Tribunal Constitucional só reconhece uma lesão ao princípio da igualdade quando se confe-

---
[1] Vide p. 117 ss.

re tratamento distinto aos sujeitos afetados pela norma "en razón a una conducta arbitraria o no justificada".² Na Itália, a *Corte Costituzionale* limita-se a identificar lesões ao princípio citado quando a discricionariedade legislativa se degenera em "arbitrariedade manifesta", em "irrazoabilidade (*irragionevolezza*) patente".³ Na Alemanha, a importância dessa teoria é tamanha que Dürig destaca a possibilidade de sintetizar a vasta jurisprudência do Tribunal Constitucional Federal (*Bundesverfassungsgericht*) com respeito à igualdade jurídica sob a expressão "proibição de arbitrariedade" (*Willkürverbot*).⁴ Também se nota uma clara influência da teoria no *Conseil Constitutionnel* francês, na *Cour de Cassation* belga[5] e no Tribunal Constitucional português.⁶ Ademais, inúmeros juristas sustentam-na – embora nem sempre de modo explícito –, pois defendem concepções materiais fundadas na premissa do caráter absoluto do princípio da igualdade, que geralmente se enquadram como especificações ou variações da teoria da interdição de arbitrariedade.

Dita teoria possui variadas e relevantes *nuances*, que justificam a detida análise empreendida nos epígrafes seguintes.

2.1. As distintas *nuances* da *Willkürtheorie* na jurisprudência alemã

Na jurisprudência do Tribunal Constitucional Federal alemão, a teoria analisada manifesta-se, fundamentalmente, em três variantes. Na primeira, reconduz-se efetivamente o princípio da igualdade a uma proibição de arbitrariedade ou, pelo menos, utiliza-se diretamente a noção de arbitrariedade para determinar a de igualdade; na segunda, não se recorre à arbitrariedade para determinar a igualdade, senão o seu caráter essencial; e, na terceira, distingue-se, corretamente, a problemática da igualdade daquela atinente à arbitrariedade, mas se definem os espaços de conformação do legislador com apoio nesta noção, o que implica a legitimação constitucional

---

² STC 23/1981, de 10 de julho, FJ 4.
³ *Corte Costituzionale, Sentenza* 16/1960.
⁴ DÜRIG, "Gleichheit", p. 1071. A afirmação é correta no que diz respeito ao período anterior ao desenvolvimento da denominada "nova fórmula". Vide a seção intitulada "A *neue Formel* e a integração da proporcionalidade à igualdade", na p. 59.
⁵ Steichen, em monografia sobre a justiça nos impostos, informa a existência de um "predomínio da fórmula de Leibholz" no *Conseil Constitutionnel* e a formação de uma orientação "comparável à jurisprudência da arbitrariedade de Leibholz" na *Cour de Cassation* (apud TIPKE, *Die Steuerrechtsordnung*, 2ª ed., v. 1, p. 308).
⁶ O Tribunal Constitucional português utiliza claramente a noção de arbitrariedade para determinar o âmbito de liberdade do legislador. Afirma que a teoria da proibição de arbitrariedade não define o significado da igualdade jurídica, mas expressa e limita a competência do órgão de controle. Vide, entre outros, os acórdãos 187/1990 e 381/93. Neles, o Tribunal esclarece que: "a 'teoria da proibição do arbítrio' não é um critério definidor do *conteúdo* do princípio da igualdade, antes expressa e limita a *competência de controlo judicial*. Trata-se de um critério de controlabilidade judicial do princípio da igualdade que não põe em causa a liberdade de conformação do legislador ou a discricionariedade legislativa. A *proibição do arbítrio* constitui um critério essencialmente negativo, com base no qual são censurados apenas os casos de flagrante e intolerável desigualdade. A interpretação do princípio da igualdade como *proibição do arbítrio* significa uma *autolimitação* do poder do juiz, o qual não controla se o legislador, num caso concreto, encontrou a solução mais adequada ao fim, mais razoável ou mais justa". Trata-se da variante da teoria que analisamos sob o título "Conformação dos espaços legislativos à luz do conceito de arbitrariedade", na p. 38.

de todas as desigualdades que não se qualifiquem rigorosamente como arbitrárias. Abordemo-las separadamente.

2.1.1. Recondução do princípio da igualdade à interdição de arbitrariedade

A difusão da tese que reconduz o princípio da igualdade a uma proibição de arbitrariedade deve-se, sobretudo, a Leibholz, que, sob a declarada influência da jurisprudência da *Supreme Court* dos Estados Unidos e do Tribunal Federal suíço, desenvolveu-a no seu clássico "Die Gleichheit vor dem Gesetz".

Nessa obra, defendia consistir a igualdade no tratamento não arbitrário (*nicht willkürlich*) dos sujeitos jurídicos, segundo a consciência jurídica vigente.[7] Transpunha, pois, o problema da concreção da igualdade ao da determinação da noção de "arbitrariedade". Consciente disso, Leibholz definia a arbitrariedade como o "conceito correlato e contrário ao de justiça" (*gegensätzliche Korrelatbegriff von Gerechtigkeit*), representativo da sua "radical e absoluta negação". Não se trataria de uma mera injustiça, senão de uma injustiça agravada, manifesta, evidente.[8]

Dita tese se funda na premissa de que os juízes não devem sobrepor suas ideias de igualdade e de justiça à do legislador, premissa essa que não só denota um claro relativismo com respeito ao conteúdo específico da justiça, mas também implica a concessão de amplos espaços de discricionariedade ao legislador, limitados exclusivamente pela interdição de arbitrariedade.[9]

O pensamento de Leibholz acerca da igualdade influenciou fortemente a jurisprudência do BVerfG, tribunal do qual foi um dos membros originários. Tão expressiva foi a influência que se chegou a adotar literalmente a sua fórmula.[10] De fato, até 1980 a Corte alemã aplicou reiteradamente a denominada "fórmula da arbitrariedade" (*Willkürformel*) ou "fórmula de Leibholz" (*leibholzschen Formel*),[11] segundo a qual o princípio da igualdade resulta ferido quando o trato paritário ou díspar é arbitrário. Eis a sua redação:

> Viola-se o princípio da igualdade quando, para a diferenciação legislativa ou para o tratamento paritário, não há um fundamento razoável (*vernünftiger*), resultante da natureza da coisa (*Natur*

---

[7] LEIBHOLZ, *Die Gleichheit vor dem Gesetz,* p. 87. Nesse sentido, cfr. STARCK, em: LINK, (Org.), *Der Gleichheitssatz im modernen Verfassungsstaat,* p. 110-111.
[8] LEIBHOLZ, "Die Gleichheit vor dem Gesetz und das Bonner Grundgesetz", p. 196; *idem, Die Gleichheit vor dem Gesetz,* p. 67.
[9] Vide ARNIM, *Staatslehre der Bundesrepublik Deutschland,* p. 158; TIPKE, *Die Steuerrechtsordnung,* v. 1, p. 329.
[10] Vide A. ARNDT, "Buchbesprechung", p. 2154. Nota-se que a concepção de Leibholz ostenta uma singular importância para a compreensão da jurisprudência do BVerfG, não só por ele ter sido o autor da teoria e membro da Corte de 1951 a 1971, mas também porque o Tribunal de Karlsruhe nunca fundamentou especificamente tal interpretação do princípio da igualdade. A respeito, vide MARTINI, *Art. 3 Abs. 1 GG als Prinzip absoluter Rechtsgleichheit,* p. 28.
[11] Cfr. OSTERLOH, "Art. 3. Gleichheit vor dem Gesetz", p. 187; RÜFNER, "Artikel 3. Gleichheitssatz", p. 16 ss.; VOGEL, "Der Verlust des Rechtsgedankens im Steuerrecht als Herausforderung an das Verfassungsrecht", p. 138; *idem, Verfassungsrechtsprechung zum Steuerrecht,* p. 15.

der Sache) ou que seja, ao menos, objetivo e de caráter evidente (*sachlich einleuchtender*), em suma, quando a determinação deva se qualificar como arbitrária *(willkürlich)*.[12] [13]

Os termos que consubstanciam essa fórmula foram complementados em outras decisões, nas quais se alude diretamente a critérios de justiça. Já em 1953 o BVerfG afirmava que o princípio da isonomia significa, para o legislador, a "ordem geral de uma orientação permanente pela ideia de justiça".[14] Concepção que também se expressa pela reiterada afirmação segundo a qual tal princípio tem de ser concretizado com base numa "análise orientada pela ideia de justiça" (*Gerechtigkeitsgedanke orientierte Betrachtungsweise*).[15] Dessa forma, o princípio da igualdade foi concebido em diversas decisões como um princípio de justiça,[16] com a peculiaridade de ostentar um conteúdo material significativamente reduzido.

Nessa variante teórica, a interdição de arbitrariedade desempenha um duplo papel, material e funcional. Materialmente, atua como conceito correlato e antagônico ao de justiça, como Leibholz refere de modo expresso. Funcionalmente, serve para delimitar a competência do Tribunal Constitucional e, desse modo, outorgar ao legislador amplíssima liberdade de conformação.[17]

Ante tal limitação funcional e a conotação de vício extremo atribuída à arbitrariedade, o Tribunal Constitucional não deveria averiguar se o Poder Legislativo elegeu a decisão mais adequada e justa, mas apenas se observou os limites externos da sua competência, estabelecidos pela noção de arbitrariedade[18]. Ao Tribunal seria reservado tão somente o controle de *injustiças evidentes* ou, dito em outros termos, um limitado *controle de evidência*.[19]

---

[12] Primeiramente em BVerfGE 1, 14 [52]: "Der Gleichheitssatz ist verletzt, wenn sich ein vernünftiger, sich aus der Natur der Sache ergebender oder sonstwie sachlich einleuchtender Grund für die gesetzliche Differenzierung oder Gleichbehandlung nicht finden läßt, kurzum, wenn die Bestimmung als willkürlich bezeichnet werden muß". Cfr. BVerfGE 12, 341 [348]; 38, 154 [166]; 47, 109 [124]; 51, 1 [23]; 60, 101 [108]; 76, 256 [329]. Cabe observar que o termo "Willkür" desempenha um papel central na teoria de Leibholz e que ele já havia utilizado as expressões "vernünftiger Grund" e "sachlich einleuchtender Grund" para compor a noção de arbitrariedade em artigo publicado no ano de 1931 (vide LEIBHOLZ, *Die Gleichheit vor dem Gesetz*, p. 216, n. 1 e p. 237).

[13] Apesar da expressa referência da fórmula aos tratos paritários, a interdição só se dirigia aos tratamentos arbitrários *díspares*. De fato, nesta decisão o Tribunal expôs claramente que "o princípio da igualdade só proíbe que os essencialmente iguais (*wesentlich Gleiches*) sejam tratados de forma desigual", sem impor que se tratem os essencialmente desiguais (*wesentliche Ungleiches*) de forma desigual, conforme as desigualdades existentes (BVerfGE 1, 14, 52). Mas já em 1955 o Tribunal de Karlsruhe reconheceu a possibilidade de se violar o princípio da igualdade ao se tratarem igual e arbitrariamente (*willkürlich gleich*) os essencialmente desiguais (BVerfGE 4, 144, 155). A referência à desigualdade essencial evidencia que nem todas as desigualdades fáticas são juridicamente relevantes, conforme constantemente ressaltado: "o legislador não deve considerar, na regulação de uma determinada matéria, todas as diferenças fáticas; decisivo é se, segundo uma consideração orientada pela ideia de justiça, as desigualdades fáticas no contexto analisado são tão significativas que devam ser consideradas pelo legislador em sua regulação" (BVerfGE 12, 341, 348).

[14] BVerfGE 3, 58 [135].

[15] BVerfGE 1, 264 [276]; 4, 219 [244]; 103, 310 [318], entre muitos outros.

[16] A respeito, vide p. 109 ss.

[17] HESSE, "Der Gleichheitssatz in der neueren deutschen Verfassungsentwicklung", p. 186. Vide OSTERLOH, "Art. 3. Gleichheit vor dem Gesetz", p. 187.

[18] HESSE, "Der Gleichheitssatz in der neueren deutschen Verfassungsentwicklung", p. 186-187.

[19] Vide OSTERLOH, "Art. 3. Gleichheit vor dem Gesetz", p. 188, que alude ao "problema da evidência" (*Problem der Evidenz*), gerado pela fórmula da interdição de arbitrariedade. Veja-se também

2.1.2. O recurso à noção de arbitrariedade para resolver a "questão da essencialidade"

A concepção da igualdade essencial pressupõe que haja uma efetiva distinção entre iguais e desiguais, estabelecida com base nas características tidas como fundamentais para um determinado tratamento jurídico. Segundo tal concepção, os mandados de isonomia na lei poderiam ser formulados nestes termos, expressos pelo BVerfG:

> O legislador não pode tratar desigualmente os essencialmente iguais (*wesentlich Gleiches ungleich*);
>
> O legislador não pode tratar igualmente os essencialmente desiguais (*wesentlich Ungleiches gleich*).[20]

Ditas fórmulas se distinguem da *leibholzschen Formel*, pois nelas não há qualquer referência à arbitrariedade. À luz de suas redações, seria prescindível que o trato fosse arbitrário para se configurar uma violação ao princípio da igualdade, bastando que contrariasse os seus termos. Tal princípio seria violado sempre que se tratassem de forma díspar os essencialmente iguais ou de forma paritária os essencialmente desiguais.

Sem embargo, o conceito de "igualdade essencial" é altamente indeterminado, e as fórmulas expressas pelo Tribunal de Karlsruhe não oferecem qualquer critério para concretizá-lo.

Coloca-se, pois, a "questão da essencialidade" (*Wesentlichkeitsfrage*),[21] para cuja resolução a jurisprudência do BVerfG recorreu justamente ao conceito de arbitrariedade, consagrando-o como um elemento necessário e suficiente para se identificar a similaridade essencial entre pessoas, fatos ou situações. Mesmo sem compor a redação das fórmulas, o conceito de arbitrariedade ingressa nos seus conteúdos materiais, em um segundo nível argumentativo. A assertiva "o legislador não pode tratar desigualmente os essencialmente iguais" especifica-se mediante a concepção de que "essencialmente iguais são os possuidores de identidades parciais que imponham tratamentos iguais, sob pena de se caracterizar a arbitrariedade legislativa".[22]

Essa especificação nada diz sobre a identidade essencial. Simplesmente remete à noção de arbitrariedade. Permanece a recondução da noção de igualdade à de arbitrariedade e, por consequência, a restrição do princípio da isonomia a uma mera interdição de arbitrariedade.

Disso se infere que tal concepção implica a vinculação da teoria da igualdade essencial à da interdição de arbitrariedade ou, mais precisamente, faz daquela uma variante específica desta.

KOKOTT, "Gleichheitssatz und Diskriminierungsverbote in der Rechtsprechung des Bundesverfassungsgerichts", p. 131.

[20] Cfr. BVerfGE 1, 14 [52]; 45, 376 [386]; 47, 109 [124]; 90, 145 [195-196]; 93, 319 [348]; 108, 186 [233]. Adotando a fórmula da igualdade essencial, vide, entre muitos outros: HESSE, *Grundzüge des Verfassungsrechts der Bundesrepublik Deutschland*, p. 178; ARNDT, *Grundzüge des Allgemeinen Steuerrechts*, p. 67; PÉREZ DE AYALA, *Las cargas públicas: principios constitucionales para su distribución*, p. 94.

[21] HUSTER, *Rechte und Ziele. Zur Dogmatik des allgemeinen Gleichheitssatzes*, p. 34.

[22] Como explicita Alexy ao analisar essa concepção: "Há uma igualdade *essencial* precisamente quando um tratamento desigual seria *arbitrário*" (*Theorie der Grundrechte*, p. 367).

Não obstante o raciocínio se identifique, no seu conteúdo, com a aplicação direta da fórmula de Leibholz, tem uma peculiaridade de relevo. Vincula a noção de arbitrariedade ao mandado de igualdade, mantendo a referência do princípio a pares de comparação (*Vergleichspaar*) e evitando, por conseguinte, a sua incorreta recondução à interdição *geral* de arbitrariedade, aplicável inclusive em situações que não envolvem problemas de isonomia.

2.1.3. Conformação dos espaços legislativos à luz do conceito de arbitrariedade

A concepção da igualdade essencial também admite outra formulação, à luz da qual as exigências do princípio correlato são aparentemente mais débeis. O BVerfG expressou-as desta forma:

O legislador não pode tratar arbitrária e igualmente os essencialmente desiguais (*wesentlich Ungleiches willkürlich gleich*);

O legislador não pode tratar arbitrária e desigualmente os essencialmente iguais (*wesentlich Gleiches willkürlich ungleich*).[23]

A aplicação dessas fórmulas aparenta envolver três etapas, ao exigir que: a) constate-se a existência de uma igualdade (ou desigualdade) fática parcial, na qual possa se basear o exame de isonomia; b) examine-se a essencialidade da igualdade (ou desigualdade) fática parcial; e c) averigue-se se o tratamento é arbitrário.[24] A terceira etapa resulta do fato de tal concepção admitir tanto tratos paritários dos essencialmente desiguais quanto díspares dos essencialmente iguais, proibindo tão somente que se estabeleçam tratamentos *arbitrários*. Por consequência, a segunda etapa revela-se desnecessária para o controle de constitucionalidade efetuado pelo *Bundesverfassungsgericht*, notadamente porque, qualificado o tratamento como arbitrário, torna-se irrelevante que exista uma igualdade ou desigualdade essencial: as medidas arbitrárias são invariavelmente ofensivas à Constituição.[25]

Conquanto suas redações não sejam unívocas, denota-se que em tais fórmulas a noção de arbitrariedade desempenha uma função específica, não propriamente a de determinar o conteúdo do princípio da igualdade, senão os espaços do legislador. Interpretadas dessa forma, não implicam a recondução do princípio da igualdade à interdição de arbitrariedade e apoiam-se em concepção distinta, segundo a qual, apesar de o legislador estar plenamente subordinado ao princípio enfocado (que não se confunde com a interdição de arbitrariedade), o *controle de constitucionalidade* limita-se aos casos de arbitrariedade.[26]

---

[23] BVerfGE 4, 144 [155]; 51, 1 [23], 57, 250 [271]; 76, 256 [329]. A *Corte Costituzionale* já expressou concepção similar, ao se referir ao princípio da igualdade como "interdição da disparidade de tratamento de situações similares e como exclusão de discriminações irrazoáveis" (*Sentenza* 96/1980).

[24] ALEXY, *Theorie der Grundrechte*, p. 365-366.

[25] Como observa Lothar Michael, o BVerfG nunca pretendeu definir o que é a igualdade essencial. Pelo contrário, ao analisar a legitimidade dos tratamentos díspares sempre considerou as diferenças, para tentar identificar o seu fundamento (*Der allgemeine Gleichheitssatz als Methodennorm komparativer Systeme*, p. 226).

[26] Essa é a posição predominante no Tribunal Constitucional português, como exposto na nota 6. Nessa senda, Hesse sustenta que, embora a Corte Constitucional só possa analisar casos de discriminações arbitrárias, o legislador está efetivamente obrigado a observar plenamente o princípio da igualdade,

À luz dessas ponderações, poder-se-ia decompor o mandado formalizado anteriormente em uma determinação e uma regra de competência,[27] que explicitariam com clareza solar o seu significado:

> O legislador deve tratar igualmente os essencialmente iguais e desigualmente os essencialmente desiguais.
>
> Os tratamentos iguais ou desiguais não estão sujeitos ao controle de constitucionalidade, desde que não sejam arbitrários.

A vantagem dessa teoria consiste em reconhecer um conteúdo próprio ao princípio da igualdade, distinto da interdição de arbitrariedade. Em contrapartida, além de não oferecer critérios para determinar tal conteúdo (esforço que careceria de resultados práticos com respeito ao controle de constitucionalidade dos atos legislativos),[28] restringe drasticamente o âmbito de controle e concede ao legislador ampla liberdade para tratar de modo díspar os iguais e paritário os desiguais, tal qual ocorre com a teoria básica da arbitrariedade.

2.1.4. Desenvolvimento mediante a exigência de coerência sistêmica

O *Bundesverfassungsgericht* desenvolveu a jurisprudência referida mediante o reconhecimento da possibilidade de incoerências sistêmicas violarem o princípio da isonomia, por denotarem contradições valorativas[29] e consequentemente a arbitrariedade da medida legislativa. Aplicando essa concepção, o Tribunal germânico já pronunciou a inconstitucionalidade de normas em virtude de o legislador ter se "afastado do seu próprio princípio" sem que "para essa contradição sistêmica" hou-

---

criando regras que, além de não serem arbitrárias, sejam justas e adequadas, pois o respeito à Constituição não é tarefa exclusiva do Tribunal Constitucional (*Grundzüge des Verfassungsrechts der Bundesrepublik Deutschland*, p. 179). Dürig também distingue o conteúdo do princípio da isonomia (o tratamento igual dos essencialmente iguais e desigual dos essencialmente desiguais) do âmbito de controle das desigualdades, haja vista que o controle, segundo expõe, não deve versar sobre a igualdade ou desigualdade essencial, senão tão somente sobre o caráter arbitrário das diferenciações (*Grundgesetz Kommentar*, art. 3, I, mrgs. 332-333, p. 156). O próprio Leibholz expõe com nitidez essa concepção. Não obstante defenda que o princípio da igualdade impõe ao legislador tratar igualmente os essencialmente iguais e desigualmente os essencialmente desiguais, ressalta que a relação de igualdade essencial há de ser definida livremente pelo legislador. Ou seja, distingue as questões do controle e do conteúdo do princípio da igualdade e assevera que aquele deve se limitar à averiguação da arbitrariedade (*Die Gleichheit vor dem Gesetz*, p. 237). Cfr. MICHAEL, *Der allgemeine Gleichheitssatz als Methodennorm komparativer Systeme*, p. 230-231.

[27] Em um caso esclarecedor, intitulado "mandado de determinação" (*Bestimmtheitsgebot*), o Tribunal de Karlsruhe, após expor que o princípio da igualdade proíbe que se tratem desigualmente os essencialmente iguais e impõe o tratamento desigual dos essencialmente desiguais, enfatizou que compete ao legislador decidir quais elementos fáticos "são tão essenciais" a ponto de poderem justificar um tratamento desigual e que tem de se limitar o controle de constitucionalidade à averiguação do respeito aos limites externos impostos pela interdição de arbitrariedade (BVerfGE 47, 109, 124-125). Vale esclarecer que, apesar de utilizar a fórmula básica da teoria da igualdade essencial, o BVerfG expressou nitidamente o conteúdo da fórmula ora analisada, destacando servir a arbitrariedade para determinar o âmbito de controle da constitucionalidade dos atos legislativos.

[28] Alexy reputa somente ser viável compreender adequadamente a noção de igualdade essencial à luz do conceito de arbitrariedade, o que torna supérfluo esse elemento da fórmula. Por conseguinte, a fórmula seria equivalente à que se refere exclusivamente à igualdade essencial (*Theorie der Grundrechte*, p. 367-369).

[29] BVerfGE 7, 129 [153].

vesse "razões adequadas (*hinreichenden*) ou objetivamente justificáveis (*sachlich vertretbaren*)".[30]

Em matéria tributária, o BVerfG chega a falar de um "mandado, derivado do artigo 3.1 GG [princípio geral da igualdade], de conformação das hipóteses de incidência em harmonia com as decisões fundamentais da tributação".[31] Mesmo concedendo ampla liberdade ao legislador para determinar o objeto da imposição, dele exige que após tomar uma decisão fundamental estabeleça uma regulação coerente, sob pena de violar o princípio da isonomia. Somente admite exceções quando haja um "especial fundamento objetivo" (*besonder sachlicher Grund*).[32]

A Corte alemã destaca o caráter relativo da exigência de coerência sistêmica. Ao se afastar dos princípios em que se baseou para estabelecer a regulação, o legislador cria uma contradição valorativa, que constitui um *indício* de arbitrariedade (*ein Indiz für Willkür*) ou de irracionalidade. Indicia a existência de arbitrariedade, mas não a configura inexoravelmente, porquanto a contradição será constitucionalmente legítima sempre que existam fundamentos aptos a sustentá-la.[33]

2.2. A PROIBIÇÃO DE *IRRAGIONEVOLEZZA* NA JURISPRUDÊNCIA DA *CORTE COSTITUZIONALE*

Nas primeiras manifestações da *Corte Costituzionale* acerca do princípio constitucional da igualdade, evidenciou-se nítida influência da teoria liberal de Esposito, segundo a qual tal princípio exigiria simplesmente a universalidade subjetiva das leis. A Corte destacava que a valoração da igualdade ou desigualdade juridicamente relevante deveria ser reservada à discricionariedade do legislador, contanto que se respeitasse a cláusula de interdição de discriminação do art. 3.1.[34] Portanto, "sempre que se respeitem tais limites e se editem normas para categorias de destinatários e não *ad personam*, toda investigação sobre a correspondência da diversidade da regulação com a das situações reguladas implicaria valorações de natureza política, ou ao menos um controle sobre o uso do poder discricionário do Parlamento, que não cabe à Corte realizar".[35] O legislador poderia diferenciar livremente, estando vinculado somente pela cláusula de interdição de discriminação.

A *Corte Costituzionale* superou rapidamente essa posição, restritiva ao extremo, passando a realizar o controle de coerência interna da legislação, proposto doutrinariamente por Paladin. Reconheceu que "não realiza valorações de natureza política reservadas ao poder discricionário do legislador, nem controla o uso de tal poder, se declara violado o princípio da igualdade quando o legislador sujeita a uma

---

[30] BVerfGE 13, 31 [38].
[31] BVerfGE 105, 73 [112]: "aus Art. 3 Abs. 1 GG abgeleitete allgemeine Gebot folgerichtiger tatbestandlicher Ausgestaltung steuerlicher Belastungsgrundentscheidungen".
[32] BVerfG, 1 BvL 10/02, de 7.11.2006, Absatz-Nr. 97, com referência a BVerfGE 99, 88 [95]; 99, 280 [290]; 107, 27 [47].
[33] BVerfGE 18, 315 [334].
[34] *Corte Costituzionale, Sentenza* 3/1957.
[35] *Corte Costituzionale, Sentenza* 28/1957.

regulação indiscriminada situações que ele mesmo considera e declara distintas na lei tachada de inconstitucional".[36]

Na jurisprudência posterior, nota-se uma clara e sólida inclinação pela teoria da interdição de arbitrariedade. A *Corte Costituzionale* passou a afirmar somente lhe ser dado declarar uma violação ao princípio da isonomia quando "a lei, sem um motivo razoável, estabelece um tratamento distinto para cidadãos que se encontram em situações iguais",[37] isto é, quando a discricionariedade legislativa se degenera em "manifesta arbitrariedade", em "irrazoabilidade patente".[38] Isso porque o "artigo 3 da Constituição permite ao legislador valorar as situações objetivas e adotar as regulações correspondentes, com o limite de dever disciplinar de modo igual as situações iguais e de modo diverso aquelas diferentes, sempre que em contrário não haja justificativas lógicas e racionais".[39]

Verifica-se ter a Corte esposado a concepção do princípio da isonomia como "interdição da disparidade de tratamento de situações similares e exclusão de discriminações irrazoáveis (*irragionevoli*)",[40] evoluindo de uma concepção de igualdade-universalidade à de igualdade-razoabilidade.

Tal qual na Alemanha, tinha-se por respeitado o princípio da isonomia sempre que houvesse um fundamento minimamente plausível para o tratamento diferenciado. Em inúmeros precedentes, a *Corte Costituzionale* limitou-se a realizar um controle da existência de fundamentos para a diferenciação, pronunciando a violação do princípio apenas nas hipóteses extremas em que a diferenciação carecesse de toda e qualquer justificativa.

Não obstante, sob a influência de Paladin (que foi Presidente da Corte italiana) a *Corte Costituzionale* seguiu uma via distinta da germânica em diversas decisões, vindo a expressar uma peculiar concepção do princípio da isonomia concretizado à luz da noção de arbitrariedade. Segundo essa concepção, o juízo triádico em que se funda tal princípio não é consubstanciado pelos dois fatos, situações ou sujeitos comparados (pares de comparação) e um critério de comparação (como a doutrina não italiana expressa de forma harmônica), senão pela norma questionada, uma norma constitucional ou legislativa à qual aquela se contrapõe e o princípio da interdição de arbitrariedade. O reconhecimento da violação do princípio da isonomia sempre careceria da concomitante violação de outra norma jurídica, de modo a evidenciar a "ruptura do ordenamento".[41] A norma jurídica que atua como *tertium comparationis*

---

[36] *Corte Costituzionale, Sentenza* 53/1958. Tradução livre deste trecho: "non compie valutazioni di natura politica riservate al potere discrezionale del legislatore ne' controlla l'uso di tale potere se dichiara violato il cennato principio dell'eguaglianza, quando il legislatore assoggetta ad una indiscriminata disciplina situazioni che esso stesso considera e dichiara diverse nella legge impugnata di incostituzionalità".

[37] *Corte Costituzionale, Sentenza* 15/1960. Referindo-se a essa decisão, Ghera assinala que "a evolução da jurisprudência constitucional concluiu-se definitivamente: o princípio da igualdade torna-se, efetivamente, *princípio de razoabilidade* (ragionevolezza) *das diferenciações legislativas*" (*Il principio di eguaglianza nella Costituzione italiana e nel diritto comunitário*, p. 34), o que representou uma ampliação do seu conteúdo, âmbito de aplicação e, por conseguinte, força normativa.

[38] *Corte Costituzionale, Sentenza* 16/1960.

[39] *Corte Costituzionale, Sentenza* 62/1972.

[40] *Corte Costituzionale, Sentenza* 96/1980.

[41] Como sintetiza Zagrebelsky, diversamente "do normal caso da inconstitucionalidade material, a qual deriva de uma relação binária entre a norma constitucional e a ordinária, no juízo de racionalidade o

constituiria um "parâmetro do qual o juízo de igualdade nunca deveria prescindir".[42] Em precedente relatado por Paladin, afirmou-se expressamente que o controle de constitucionalidade das leis à luz do princípio da isonomia exige "por definição que a regulação impugnada seja confrontada com outra ou outras regulações (estendendo a análise às previsões defeituosas ou às lacunas do ordenamento jurídico), para estabelecer, dessa forma, se o legislador editou disposições tão pouco razoáveis (*ragionevoli*) que devam ser consideradas constitucionalmente ilegítimas".[43]

Em matéria tributária se utilizam os princípios da generalidade e uniformidade da tributação como *tertium comparationis* para formar a relação triádica,[44] quando é evidente que tais princípios não são senão manifestações específicas do próprio princípio da isonomia e por consequência não podem se qualificar como *tertium*.[45]

A impossibilidade de sustentar essa concepção é tão clara que, para tentar remediá-la, o próprio Paladin se viu obrigado a recorrer a uma ficção jurídica, expondo poder o *tertium* ser constituído por uma norma implícita negativa, derivada do próprio preceito impugnado.[46]

2.3. A teoria no Tribunal Constitucional espanhol

Na Espanha, a tese da interdição de arbitrariedade teria as mais débeis condições para receber guarida doutrinária e jurisprudencial, sobretudo em matéria tributária. Isso porque a Constituição de 1978 prevê expressamente tanto o princípio geral da igualdade (arts. 1.1, 9.2 e 14) quanto o da interdição de arbitrariedade (art. 9.3),[47] tratando-os, indubitavelmente, como princípios distintos. Ademais, consagra explicitamente os princípios da capacidade contributiva e da progressividade como

---

esquema é triádico: a norma legislativa objeto de valoração, outra norma jurídica em confronto e o princípio da racionalidade que impõe eliminar a norma irracional. O que lhe é característico é a existência de um *tertium comparationis* representado por uma norma que, usada como paradigma (*pietra di paragone*), permita identificar a 'ruptura' do ordenamento'" (*La giustizia costituzionale*, p. 151).

[42] *Corte Costituzionale, Sentenza* 166/1982. Conforme refere Paladin, a Corte não só considera ser a razoabilidade inerente aos juízos de igualdade, mas também "costuma ir à busca de um *tertium comparationis*" ("Il principio di eguaglianza tributaria nella giurisprudenza costituzionale italiana", p. 307).

[43] *Corte Costituzionale, Sentenza* 10/1980.

[44] Vide PALADIN, "Il principio di eguaglianza tributaria nella giurisprudenza costituzionale italiana", p. 310.

[45] Vide p. 134 ss.

[46] Vide MORRONE, *Il custode della ragionevolezza*, p. 125; GHERA, *Il principio di eguaglianza nella Costituzione italiana e nel diritto comunitário*, p. 48-49.

[47] Vale transcrever os preceitos referidos: "Artículo 1.[Principios básicos] 1. España se constituye en un Estado social y democrático de Derecho, que propugna como valores superiores de su ordenamiento jurídico la libertad, la justicia, la *igualdad* y el pluralismo político. [...] Artículo 9. [Principios constitucionales] 1. Los ciudadanos y los poderes públicos están sujetos a la Constitución y al resto del ordenamiento jurídico. 2. Corresponde a los poderes públicos promover las condiciones para que la libertad y la *igualdad* del individuo y de los grupos en que se integran sean reales y efectivas; remover los obstáculos que impidan o dificulten su plenitud y facilitar la participación de todos los ciudadanos en la vida política, económica, cultural y social. 3. La Constitución garantiza el principio de legalidad, la jerarquía normativa, la publicidad de las normas, la irretroactividad de las disposiciones sancionadoras no favorables o restrictivas de derechos individuales, la seguridad jurídica, la responsabilidad y *la interdicción de la arbitrariedad* de los poderes públicos [...] Artículo 14. [Principio de igualdad] Los españoles son *iguales ante la ley*, sin que pueda prevalecer discriminación alguna por razón de nacimiento, raza, sexo, religión, opinión o cualquier otra condición o circunstancia personal o social" (grifos nossos).

critérios de divisão das cargas tributárias, ao dispor que a contribuição de todos ao financiamento dos gastos públicos deverá ser estabelecida "de acuerdo con su capacidad económica mediante un sistema tributario justo inspirado en los principios de igualdad y progresividad" (art. 31.1).

Não obstante, a referida tese prevaleceu no Tribunal Constitucional espanhol. Como a própria Corte registra: "De acuerdo con la doctrina de este Tribunal, desarrollada a través de una larga serie de Sentencias, tal principio no excluye naturalmente la posibilidad de un trato diferente, pero sí las diferenciaciones injustificadas o arbitrarias (STC 23/1981), carentes de una justificación objetiva y razonable (STC 19/1982), de acuerdo con criterios y juicios de valor generalmente aceptados (STC 49/1982)".[48]

A recepção da teoria da interdição de arbitrariedade também se denota de conhecida e reiterada fórmula do Tribunal Constitucional que se apoia na noção de arbitrariedade para realizar os juízos de igualdade ou desigualdade: utiliza-a para definir a igualdade essencial ou juridicamente relevante. De acordo com essa fórmula: "no toda desigualdad de trato en la ley supone una infracción del art. 14 de la Constitución, sino que dicha infracción la produce sólo aquella desigualdad que introduce una diferencia entre situaciones que pueden considerarse iguales y que carece de una *justificación objetiva y razonable* [...] el principio de igualdad exige que a iguales supuestos de hecho se apliquen iguales consecuencias jurídicas, debiendo considerarse iguales dos supuestos de hecho cuando la utilización o introducción de elementos diferenciadores sea *arbitraria* o carezca de *fundamento racional* [...] el principio de igualdad no prohíbe al legislador cualquier desigualdad de trato, sino sólo aquellas desigualdades que resulten artificiosas, o injustificadas por no venir fundadas en *criterios objetivos y suficientemente razonables* de acuerdo con criterios o juicios de valor generalmente aceptados".[49] Destarte, o "que debe enjuiciarse

---

[48] STC 50/1991, de 11 de março, FJ 4. Reiterando o que já fora destacado por Palao Taboada e Herrera Molina, notam Martín Queralt, Lozano Serrano, Tejerizo López e Casado Ollero que "la concepción acogida por el TC español es la propuesta por el constitucionalista alemán Gerhard Leibholz" (*Curso de Derecho Financiero y Tributario*, p. 110). A respeito, há de se esclarecer que, embora o Tribunal espose essa concepção, em algumas decisões diferencia o princípio da igualdade (concretizado fundamentalmente à luz da teoria de Leibholz) da interdição de arbitrariedade. Por exemplo, na *Sentencia* 96/2002, após declarar que a lei impugnada não era arbitrária, o Tribunal afirmou expressamente que: "distinto es si además establece una discriminación injustificada, aspecto este cuyo análisis se efectuará al contrastar la norma con el principio constitucional de igualdad" (FJ 6). Após, acrescentou que a peculiaridade do juízo de igualdade está na necessidade de realizar não só um exame de razoabilidade, mas também de proporcionalidade entre a medida de diferenciação e o resultado produzido (FJ 7). Cabe destacar que este exame não se confunde com o de proporcionalidade *stricto sensu*, como expomos na nota 49.

[49] STC 76/1990, de 26 de abril, FJ 9 e STC 214/1994, de 14 de julho, FJ 8, grifamos. O TC destaca, em seguida, a necessidade de efetuar um juízo de proporcionalidade das diferenciações: "Para que la diferenciación resulte constitucionalmente lícita no basta con que lo sea el fin que con ella se persigue, sino que es indispensable además que las consecuencias jurídicas que resultan de tal distinción sean adecuadas y proporcionadas a dicho fin, de manera que la relación entre la medida adoptada, el resultado que se produce y el fin pretendido por el legislador superen un juicio de proporcionalidad en sede constitucional, evitando resultados especialmente gravosos o desmedidos" (*sentencias* e fundamentos jurídicos citados). Sem embargo, tal juízo de proporcionalidade não constitui um verdadeiro controle de proporcionalidade, pois nele não se procede ao exame imposto pela regra de proporcionalidade *stricto sensu*, qual seja, o balanceamento dos princípios em conflito. Neste juízo, não se leva em consideração o peso do princípio da igualdade, mas tão somente as inter-relações entre a medida legislativa, o fim almejado e os resultados produzidos. São poucos os casos em que se realiza uma efetiva ponde-

en cada caso es [apenas, acrescentamos] la objetividad y razonabilidad del criterio de diferenciación empleado".⁵⁰

Da análise dessas decisões, infere-se facilmente ser a igualdade determinada com base na noção de arbitrariedade, pois segundo a fórmula referida devem ser considerados iguais dois fatos jurígenos "cuando la utilización o introducción de elementos diferenciadores sea arbitraria o carezca de fundamento racional". Não se concretiza a igualdade à luz de um critério jurídico determinado (por exemplo, a capacidade contributiva), senão em vista da noção de arbitrariedade.

É evidente a recepção da teoria da interdição de arbitrariedade pelo Tribunal Constitucional espanhol, na linha da jurisprudência alemã.

2.4. Acolhida doutrinária e em matéria tributária

A força da tese analisada não se manifesta apenas na jurisprudência, mas também na doutrina. Na realidade, há uma expressiva influência recíproca entre as concepções doutrinária e jurisprudencial, evidenciada com especial nitidez pela obra e pela atividade jurisdicional de Leibholz. Após escrever o seu clássico livro sob a influência da jurisprudência constitucional suíça e norte-americana, teve a oportunidade de aplicar a sua concepção diretamente no Tribunal Constitucional Federal alemão, formando uma robusta jurisprudência cujo influxo sobre a das demais cortes se estende até os dias de hoje.

Essa concepção, amplamente aceita na doutrina alemã,⁵¹ influencia de forma significativa até mesmo a dogmática do princípio da isonomia tributária. Nos primórdios do desenvolvimento científico do Direito Tributário, Enno Becker já identificava em tal princípio uma "proteção externa e direta contra a arbitrariedade" (*äußerster unmittelbarer Schutz gegen Willkür*) do legislador.⁵² Paulick também foi claro ao defender que o legislador não está vinculado ao princípio da igualdade, senão

---

ração entre o princípio da igualdade e os interesses contrapostos e, até mesmo nesses, o Tribunal não a efetua de forma expressa.
⁵⁰ STC 16/1994, de 20 de janeiro (FJ 5).
⁵¹ De fato, na Alemanha destacados juristas seguem a doutrina de Leibholz e do BVerfG. Kriele expõe ser correta a interpretação do princípio da igualdade perfilhada pelo BVerfG, que o identifica à interdição de arbitrariedade ("Freiheit und Gleichheit", p. 134). Forsthoff é claro e conclusivo com respeito ao significado do princípio da igualdade: "É interdição de arbitrariedade" (*Lehrbuch des Verwaltungsrechts*, v. I, p. 97). Alexy utiliza a noção de arbitrariedade para determinar o conteúdo específico dos mandados de igualdade (a respeito da sua teoria da igualdade jurídica, vide *infra* o capítulo "Inclinação pela paridade de tratamento", na p. 56). Vide também HESSE, "Der Gleichheitssatz in der neueren deutschen Verfassungsentwicklung", p. 177 ss. e na doutrina mais recente LINDNER, *Theorie der Grundrechtsdogmatik*, p. 419, que almeja concretizar o princípio da igualdade com base na noção de "justiça objetiva" (*Sachgerechtigkeit*), que equipara à "liberdade perante a arbitrariedade" (*Willkürfreiheit*). Dürig também esposa a tese fundamental de Leibholz, porém a aplica à determinação do âmbito de *controle* da igualdade e a retifica por meio de uma concepção de justiça fundada nos princípios constitucionais fundamentais e, sobretudo, na dignidade humana (MAUNZ; DÜRIG, *Grundgesetz Kommentar*, art. 3, I, mrgs. 28 ss, p. 23 ss.; DÜRIG, "Gleichheit", p. 1071-1072).
⁵² BECKER, "Die Entwicklung des deutschen Steuerrechts durch die Rechtsprechung seit 1928", p. 948. Sem embargo, Enno Becker atribuía um papel extremamente relevante ao princípio da igualdade, sobretudo na interpretação jurídica. Era justamente tal princípio que fundava a sua conhecida tese da interpretação econômica.

à interdição de arbitrariedade e abuso (*Willkür- und Mißbrauchsverbot*).⁵³ E Isensee sustenta categoricamente que "a igualdade na criação jurídica (*Rechtssetzungsgleichheit*) é o mesmo que a interdição de arbitrariedade".⁵⁴

Na Espanha, parte significativa da doutrina adota a teoria analisada, inclusive em matéria tributária. Paradigmáticas são as ponderações de Palao Taboada, que acolhe explicitamente a teoria da interdição de arbitrariedade ao sustentar residir a razão do fracasso das teorias clássicas sobre a capacidade contributiva "en el intento, metodológicamente erróneo, de hallar en el concepto de capacidad contributiva un criterio exclusivo para determinar la igualdad o diversidad de las situaciones a efectos de la imposición", visto tal critério não conter "todos los posibles datos de la realidad que pueden inducir al legislador fiscal a tratar de modo dispar a los diferentes supuestos". E citando expressamente a teoria de Leibholz assevera que o "verdadero significado" do princípio da igualdade é "la interdicción de arbitrariedad", vinculando-o ao Direito Natural e destacando a "imposibilidad de delimitar rígidamente de antemano su contenido material y sus posibilidades de utilización".⁵⁵

Na Itália, expressa-se tal concepção em termos análogos. A *Corte Costituzionale* concebe não ser dado "ao juiz da legitimidade das leis valorar a importância (*entità*) e a proporcionalidade do gravame tributário, por se tratar de uma tarefa reservada ao legislador, salvo no que concerne ao controle sob a perspectiva da absoluta arbitrariedade (*assoluta arbitrarietà*) ou irracionalidade (*irrazionalità*) das normas".⁵⁶

---

⁵³ PAULICK, "Der Grundsatz der Gleichmässigkeit der Besteuerung – Sein Inhalt und seine Grenzen", p. 135. Tipke critica a sua posição, destacando que o *Bundesverfassungsgericht* a rechaçou desde o início da sua jurisprudência, consolidada no sentido da subordinação do legislador ao princípio da igualdade (*Die Steuerrechtsordnung*, 1ª ed., v. 1, p. 332), apesar de que, acrescentamos, o BVerfG tenha reconduzido o princípio analisado a uma mera interdição de arbitrariedade – e continue a fazê-lo em determinadas matérias.

⁵⁴ ISENSEE, *Die typisierende Verwaltung*, p. 137. Nessa linha, Nipperdey e Schneider concebem que o princípio da igualdade não impede todas e quaisquer diferenciações, mas somente as "diferenciações arbitrárias", isto é, aquelas diferenciações que não estejam baseadas em "argumentos razoáveis e ponderáveis" (*Die Steuerprivilegien der Sparkassen*, p. 15 e 17). F. Kirchhof expressa categoricamente que para o legislador o princípio da igualdade é uma "interdição de arbitrariedade" (*Die Höhe der Gebühr*, p. 42-43). Arndt, ademais de adotar a teoria (*Grundzüge des Allgemeinen Steuerrechts*, p. 68), nega a existência de critérios determinados para a concretização da igualdade. Exemplificando com a questão da simplificação tributária, leciona que os fins de tipificação não servem apenas para concretizar o conteúdo do princípio da igualdade: para tal finalidade, ostentam a mesma importância que o critério da capacidade contributiva ("Gleichheit im Steuerrecht", p. 794). Vide também: FRIAUF, *Verfassungsrechtliche Grenzen der Wirtschaftslenkung und Sozialgestaltung durch Steuergesetze*, p. 37; WENDT, *Die Gebühr als Lenkungsmittel*, p. 150-151.

⁵⁵ PALAO TABOADA, "Apogeo y crisis del principio de capacidad contributiva", p. 410-411. Conclui: "La tesis de la igualdad en sentido material, prohibición de discriminaciones arbitrarias a la luz de la común conciencia jurídica, es, por tanto, la única que permite atribuir al principio correspondiente un contenido propio, independiente y supraordinado a sus posibles especificaciones positivistas" (ob. cit., p. 415). Em trabalhos posteriores, reitera o seu posicionamento: idem, "En torno a la jurisprudencia reciente del Tribunal Constitucional en materia financiera y tributaria", p. 446; "Nueva visita al principio de capacidad contributiva", p. 776 ss. Assim também pensa Lozano Serrano: "lo que caracteriza al principio es la prohibición de discriminaciones arbitrarias, irrazonables o infundadas", acrescentando deverem ser qualificadas como tais "aquellas que no encuentren respaldo ni apoyo en criterios o principios acogidos por el ordenamiento jurídico". Arremata: "la igualdad como mandato al legislador tiene un evidente alcance de 'interdicción de la arbitrariedad'" (*Consecuencias de la jurisprudencia constitucional sobre el Derecho Financiero y Tributario*, p. 28-29).

⁵⁶ *Corte Costituzionale, Sentenza* 92/1972. Essa fórmula da *assoluta arbitrarietà* e da *irrazionalità* foi repetida em diversos outros precedentes, como nas *Sentenze* 120/1972, 144/1972 e 201/1975. Em deci-

Apoiados nesses pronunciamentos, importantes juristas defendem que a Corte "pode reconhecer se é ou não racional tomar um determinado evento ou uma determinada situação como fato gerador de um tributo ou se é racional vincular aquele fato àquela base imponível [...] ou àquele tipo de imposto (fixo, proporcional, progressivo, etc.), mas não pode controlar a alíquota e tampouco o modo de verificação do fato gerador ou a valoração do parâmetro".[57]

2.5. Análise crítica

São inúmeros os aspectos criticáveis da teoria exposta. Do ponto de vista metodológico, confunde a concretização do princípio com a determinação do âmbito do controle de constitucionalidade, desconsidera a problemática específica da igualdade e chega a estender a aplicação do princípio da isonomia a casos que não envolvem problemas de igualdade, senão de pura arbitrariedade. Sob uma perspectiva material, a teoria mostra-se incompatível com as especificações constitucionais expressas do princípio da igualdade, legitima atos estatais injustos e conduz a uma nefasta degeneração do princípio, transformando-o num mero mandado de fundamentação, carente de conteúdo material específico.

Analisemos tais questões detida e separadamente.

2.5.1. Aspectos metodológicos

A primeira crítica geral a ser feita à teoria da interdição de arbitrariedade concerne à *confusão entre duas questões patentemente distintas*: a concretização do conteúdo do princípio da igualdade e a determinação do âmbito de controle da atividade estatal à luz desse princípio.

Ao utilizar fórmulas como "*viola-se* o princípio da igualdade quando...", a doutrina e a jurisprudência não costumam esclarecer qual é o conteúdo do princípio, quais são as suas exigências e tampouco quais são as restrições específicas que suporta. Tampouco negam a distinção entre a determinação do significado jurídico do princípio e as restrições resultantes das exigências contrapostas. Tais fórmulas não expressam teorias relacionadas diretamente ao significado jurídico da igualdade e tampouco colocam, de forma expressa, questões concernentes aos espaços do legislador ou às tensões entre a igualdade e os demais valores ou bens jurídico-constitucionais. Por consequência, na fundamentação das sentenças constitucionais essas questões se mesclam aos juízos de igualdade.

Disso resulta intensa imprecisão na dogmática da igualdade, que não se mostra apta a dissociar o que é juridicamente distinto, a fim de identificar problemas específicos e, assim, analisar as distintas nuances da problemática do significado e das exigências do princípio da isonomia. Como se denota dos pronunciamentos jurisprudenciais, a consequência de tamanha vagueza dogmática é a supressão da força jurídica do princípio, pois a falta de uma teoria clara e coerente costuma conduzir à adoção de posturas restritivas por parte dos órgãos de controle da constitucionalidade.

---

sões posteriores, a Corte utiliza uma fórmula menos restritiva do âmbito de controle e limita-se a aludir à arbitrariedade e à irracionalidade, sem qualificar aquela de absoluta (*Sentenze* 62/1977 e 336/1992).
[57] A. BERLIRI, *Corso istituzionale di Diritto Tributario*, v. I, p. 128.

Além dessa lacuna analítica, a teoria padece de um segundo problema metodológico, consistente na *desconsideração da própria essência da problemática da igualdade*, mediante a perda da referência a critérios e pares de comparação. Ao dispensar a comparação de pessoas, fatos e situações, olvida o essencial, o característico da igualdade e dos respectivos juízos: a similitude juridicamente relevante,[58] estabelecida a partir de pontos de vista (*tertium comparationis*) determinados à luz de fins específicos.[59]

Essa desconsideração resulta manifesta quando se formaliza o vínculo que, à luz da teoria analisada, resulta do princípio da igualdade: "Os Poderes Públicos não podem estabelecer tratamentos jurídicos paritários ou díspares que sejam *arbitrários*" ou, mais sucintamente, é-lhes proibido estabelecer "tratamentos jurídicos arbitrários". Esta fórmula não proporciona qualquer especificação acerca da similitude ou disparidade entre pessoas, situações ou fatos – e não se destina a isso,[60] senão a reconduzir a problemática da isonomia à da arbitrariedade, deixando em segundo plano a noção de igualdade.

Tal inadequação da teoria implica a terceira impropriedade metodológica, a *extensão do alcance do princípio a hipóteses de mera arbitrariedade*. Ao suprimir a referência a pares de comparação, reconduz efetivamente o princípio da isonomia a uma interdição *geral* de arbitrariedade (*allgemeines Willkürverbot*), desvinculada da questão da igualdade.[61]

Essa recondução é flagrantemente inadequada. Há medidas arbitrárias que não violam a igualdade, pois o seu vício não advém de comparações.[62] Trata-se de me-

---

[58] Isso configura o que Sachs denomina "dilema metodológico" (*methodisches Dilemma*) ("Die Maβstäbe des allgemeinen Gleichheitssatzes – Willkürverbot und sogenannte neue Formel", p. 124-125). Willi Geiger também insiste no fato de a aplicação do princípio da isonomia supor a possibilidade de serem construídos pares de comparação, pois a sua origem reside precisamente na racionalização das diferenças e igualdades. Quando tal construção é inviável, não se deve aplicar o princípio da igualdade, senão a interdição de arbitrariedade, derivada diretamente da ideia de justiça (in LINK, *Der Gleichheitssatz im modernen Verfassungsstaat, Symposion zum 80. Geburstag Gerhard Leibholz*, p. 100-101).

[59] Vale a pena recordar a fórmula dos juízos de igualdade apresentada por Alexy: "*a* é igual a *b* relativamente à propriedade *P* [propriedade $P_1, P_2, ..., P_3$]" (*Theorie der Grundrechte*, p. 362). A respeito, Guibourg expressa uma fórmula que evidencia, com nitidez, a necessária vinculação do princípio da igualdade a condições e critérios determinados e propõe um conceito de critérios de diferenciação nos seguintes termos: "K = (df) [(C1.C2...Cn) > D T]". "K" corresponde ao critério; "C", às características; "D", a uma variável que pode ser substituída por qualquer modalidade normativa (proibido, obrigatório, etc.); e "T", ao tratamento jurídico ("Igualdad y discriminación", p. 89). Todos os tratamentos jurídicos (paritários ou díspares) estão baseados em critérios (e nas características correlatas), que têm de ser considerados ao se aplicar o princípio da igualdade: são eles que lhe dão conteúdo.

[60] Como bem nota Rüfner, a interdição de arbitrariedade é materialmente independente dos elementos de comparação essenciais ao princípio da igualdade ("Artikel 3. Gleichheitssatz", mrg. 21, p. 21). Vide também SCHOLLER, *Die Interpretation des Gleichheitssatzes als Willkürverbot oder als Gebot der Chancengleichheit*, p. 33-34.

[61] Vide BVerfGE 1, 14 [52]; 42, 64 [72 ss] e também MÜLLER, "Der Gleichheitssatz", p. 43. Quando se refere ao preceito constitucional que consagra a igualdade, o BVerfG chega a aludir a uma *proibição de arbitrariedade* ("*Willkürverbots des Art. 3 Abs. 1 GG*") (BVerfGE 42, 64, 74).

[62] Geiger destacou esse fato ao divergir no precedente *Zwangsversteigerung I* (BVerfGE 42, 64, 79 ss.). Não criticou a interpretação do preceito de igualdade à luz da teoria da interdição de arbitrariedade, senão a desvinculação de tal interdição do princípio, ou seja, de casos que implicam a comparação de duas ou mais situações (BVerfGE 42, 64, 81). Sobre a impossibilidade de equiparar o princípio da igualdade à interdição de arbitrariedade, vide GARCÍA DE ENTERRIA, "¿Es inconveniente o inútil la proclamación de la interdicción de arbitrariedad?", p. 225; SACHS, "Die Maβstäbe des allgemei-

didas *absolutamente arbitrárias*, cuja adjetivação resulta da injustiça, da manifesta inadequação do tratamento, e não da comparação de situações, pessoas ou fatos.⁶³

2.5.2. Aspectos materiais

Dentre as impropriedades materiais da *Willkürtheorie*, sobressai a sua *incompatibilidade com as interdições de discriminação*⁶⁴ e com as demais concretizações expressas do princípio da isonomia. Nelas, a Constituição estabelece critérios de comparação específicos, já preestabelecendo o conteúdo do princípio para determinadas regulações, do que resultam mandados e interdições específicos.⁶⁵ Não se limita a proibir tratamentos arbitrários: impede todas as medidas contrárias aos seus ditames, ainda que não sofram do vício extremo da arbitrariedade.

Embora esta crítica possa ser evitada mediante a restrição do âmbito de aplicação da teoria às regulações para as quais a Constituição não introduz especificações expressas, a sua ilegitimidade material persistiria em virtude da *excessiva limitação da noção de arbitrariedade e da consequente legitimação de injustiças*.

O próprio Leibholz sublinha a legitimação de injustiças advinda da teoria examinada ao expor que, a despeito de a arbitrariedade ser uma forma de injustiça, não se identifica com esta, pois constitui uma injustiça especialmente flagrante, que seria identificada de forma pacífica por todos os homens razoáveis. Quando contrapõe a incorreção do Direito (*Unrichtigkeit des Rechtes*) à arbitrariedade (*Willkür*), assinala haver atos fundados de forma incorreta, mas objetiva (*sachlich*, que não são arbitrários), e atos que nenhum homem razoável poderia considerar justos (estes sim, arbitrários).⁶⁶ Apenas estes violariam o princípio da igualdade.⁶⁷

Por outro lado, a variante da teoria que utiliza a noção de arbitrariedade para determinar os espaços do legislador implica uma restrição excessiva do controle jurisdicional. Isso porque "a investigação da arbitrariedade deve, por definição, limitar-se a verificar os vícios mais graves e evidentes, deixando, dessa forma, um amplo espaço livre à discricionariedade"⁶⁸ e o significado fundamental do princí-

---

nen Gleichheitssatzes – Willkürverbot und sogenannte neue Formel", p. 125; e ALEXY, *Theorie der Grundrechte*, p. 364.

⁶³ Acerca da distinção entre arbitrariedade absoluta e relativa, vide KLOEPFER, *Gleichheit als Verfassungsfrage*, p. 60.

⁶⁴ Vide SCHOLLER, *Die Interpretation des Gleichheitssatzes als Willkürverbot oder als Gebot der Chancengleichheit*, p. 36 ss.; ECKHOFF, *Rechtsanwendungsgleichheit im Steuerrecht*, p. 140.

⁶⁵ Vide p. 101 ss.

⁶⁶ LEIBHOLZ, "Die Gleichheit vor dem Gesetz und das Bonner Grundgesetz", p. 196.

⁶⁷ A respeito, Klein nota ter sido a expressiva restrição do significado da igualdade jurídica que propiciou ao Nazismo o meio adequado para justificar desigualdades com base em diferenças "pseudocientíficas" entre espécies e raças (*Gleichheitssatz und Steuerrecht*, p. 82) e, desse modo, a criação de tributos nitidamente discriminatórios. Leibholz, contudo, atribui a aberrante concepção da igualdade nessa época à desqualificação da doutrina anterior como formalista e à sua concretização a partir de um conceito material de "justiça" construído à luz de uma concepção de raças (*Rassebewußtsein*) ("Die Gleichheit vor dem Gesetz und das Bonner Grundgesetz", p. 197).

⁶⁸ PALADIN, *Il principio costituzionale d'eguaglianza*, p. 90. Acrescenta que, na Suíça, "a já clássica definição de arbitrariedade como 'besonders qualifizierte Ungerechtigkeit' [injustiça especialmente qualificada] ou como lesão de um 'qualifiziertes materielles Rechtsgut' [bem jurídico-material qualificado]" objetiva esta finalidade específica de restringir o âmbito do controle judicial, ao contrário de, como ocorre na Alemanha, fundar-se em "preocupações de ordem dogmática ou até filosófica" (ob. cit., p. 90).

pio jurídico-constitucional de igualdade não pode ser mutilado mediante uma tese demasiado restritiva, taxada justamente de "interpretação minimalista do princípio da igualdade" (*Minimal-Interpretation des Gleichheitssatzes*).[69] Interpretação que implica uma supressão ilegítima do seu significado jurídico e da sua força normativa, impedindo a realização de um efetivo controle das desigualdades, haja vista transformar qualquer argumento minimamente plausível num fundamento apto e suficiente a justificá-las. Suprime quase todo o significado e a relevância jurídica da igualdade, fazendo com que desapareça num passe de mágica, como argumento observado por von Armin.[70]

Enfim, a incorreção jurídica, a desigualdade e a injustiça não podem ser legitimadas *a priori*. Especialmente ante o princípio da igualdade, que constitui um "mandado de justiça", exigindo de todos os agentes estatais o estabelecimento de tratamentos justos entre os cidadãos.[71]

2.5.3. Especial impropriedade da teoria em matéria tributária

A ilegitimidade da tese analisada não se anula e tampouco se atenua na seara tributária. Ao contrário, revela-se ainda mais patente, manifesta, gritante, porquanto o desenvolvimento dos estudos financeiros, econômicos e tributários levou ao reconhecimento de critérios claros para estabelecer uma divisão justa da carga tributária, critérios esses que se encontram positivados em inúmeros textos constitucionais.[72] Há um amplíssimo consenso acerca da necessidade de que a instituição e a graduação dos impostos estejam baseadas na capacidade contributiva[73] – e, outrossim, convergências significativas a respeito da exigência de se estabelecerem critérios de equivalência *lato sensu* para a instituição e arrecadação das taxas e contribuições de melhoria.[74]

Quando se considera que, à luz da teoria referida, o legislador está autorizado a tratar de forma díspar situações equivalentes e de forma paritária situações díspares, sempre que se apoie em uma *justificação razoável ou objetiva*, percebe-se que os critérios de discrímen tributário (como a capacidade contributiva, a equivalência

---

[69] ARNIM, *Staatslehre der Bundesrepublik Deutschland*, p. 158. Em trabalho publicado em 1968, Zacher já criticava o *Minimalismus* do BVerfG, representado pela recepção da teoria da interdição de arbitrariedade ("Soziale Gleichheit", p. 351-352). E Eckhoff chega a afirmar que, com a teoria de Leibholz, "o efeito vinculante do princípio da igualdade se reduz ao mínimo imaginável" (*Rechtsanwendungsgleichheit im Steuerrecht*, p. 136).

[70] ARNIM, *Staatslehre der Bundesrepublik Deutschland*, p. 158.

[71] Vide *infra*, p. 103 ss.

[72] Albert Hensel já refutava a teoria da interdição de arbitrariedade à luz da Constituição de Weimar. Comentando o preceito do artigo 134 que, ao consagrar expressamente os princípios da generalidade tributária ("Alle Staatsbürger") e capacidade contributiva ("im Verhältnis ihrer Mittel"), determinava a instituição de uma tributação igual, fundada no critério da capacidade contributiva, o Professor de Königsberg destacava que dito preceito continha "mais que uma interdição de arbitrariedade": introduzia dois "postulados da justiça" (*Postulate der Gerechtigkeit*) e, por isso, até mesmo uma lei tributária não arbitrária poderia ser inconstitucional, por violar os "princípios de justiça do art. 134" (*Gerechtigkeitsgrundsätze des Art. 134*). A interdição de tributação arbitrária teria, pois, um conteúdo extremamente limitado ("Verfassungsrechtliche Bindungen des Steuergesetzgebers. Besteuerung nach der Leistungsfähigkeit – Gleichheit vor dem Gesetz", p. 446, especialmente a nota 3).

[73] Vide p. 157 ss.

[74] Vide p. 184 ss.

e o benefício econômico) reduzem-se a meros *topoi* argumentativos que *podem* (e não devem) orientar a atividade legislativa. Desse modo, sob o pretexto de objetivar respeitar a divisão dos poderes e os espaços do legislador democraticamente eleito, permite-se que o legislador desconsidere completamente as exigências do princípio da isonomia tributária e, por conseguinte, as da justiça impositiva: exige-se, tão somente, que proporcione uma "justificação razoável" ou "objetiva", ou seja, um argumento objetivo, que só em raras hipóteses não poderá ser apresentado.

Assim, parte da doutrina identifica na teoria da interdição de arbitrariedade a redução do princípio da igualdade a um "débil mandado de fundamentação" (*bloßen Begründungsgebot*)", que sequer veicula exigências acerca do conteúdo da justificação da sua inobservância.[75] Desprovido de um conteúdo material, o princípio analisado exigiria somente a existência de um fundamento objetivo ou razoável para a diferenciação jurídica.[76]

Identifica-se, portanto, um *processo de degeneração* do princípio da igualdade, que se inicia com a sua recondução à interdição de arbitrariedade (mais precisamente, de flagrante injustiça) e se acentua sensivelmente, para culminar na sua mutilação, na sua transmutação em uma limitada e débil exigência de um fundamento objetivo (ou, melhor dito, de qualquer argumento objetivo) para a diferenciação estabelecida ou, simplesmente, na sua transformação em um mero *topoi*.[77]

Exemplo eloquente dessa degeneração do princípio da isonomia tributária é a decisão do BVerfG sobre a tributação diferenciada do café tostado perante o café solúvel,[78] na qual, como destaca Herrera Molina, "el mecanicismo con que se aplica la interdicción de arbitrariedad adquiere acentos cômicos", haja vista que o Tribunal de Karlsruhe declarou a legitimidade da desigualdade tributária com base em elementos claramente impertinentes ao juízo acerca da igualdade jurídico-tributária, centrando o controle de constitucionalidade da norma tributária em questões atinentes ao modo de preparar o café para o seu consumo, por parte do próprio consumi-

---

[75] ECKHOFF, *Rechtsanwendungsgleichheit im Steuerrecht*, p. 136. Como Schreckenberger sublinhou ao examinar a fórmula da interdição de arbitrariedade do BVerfG, "el aquí presentado uso del principio general de igualdad demuestra ser una 'regla pragmática acerca de la obligación jurídica general de fundamentación'. Por así decirlo, el mandato implícito de argumentación adquiere la función de una 'regla básica de la retórica jurídica'" (*Semiótica del discurso jurídico*, p. 216).

[76] Vide HUSTER, "Gleichheit und Verhältnismäßigkeit", p. 541-542. A afirmação de García de Enterría com respeito ao conteúdo da interdição de arbitrariedade exemplifica este posicionamento: "Lo que la prohibición de arbitrariedad condena es, justamente, la falta de un fundamento objetivo" ("¿Es inconveniente o inútil la proclamación de la interdicción de arbitrariedad?", p. 225).

[77] A respeito, Kruse nota que a aplicação da fórmula da interdição de arbitrariedade implica a degeneração do mandado de tributação conforme a capacidade contributiva – derivado do princípio da igualdade e concebido como um elemento da ideia de justiça que deve orientar a concretização do princípio – a um mero fundamento razoável (*topoi*), como todos os demais ("Grundfragen der Liebhaberei", p. 232). Também se pode acolher outro ponto de vista, a partir do qual a teoria não restringe o conteúdo do princípio, senão o *controle* de constitucionalidade dos atos estatais. Nesse sentido, Herrera Molina identifica na teoria da arbitrariedade como técnica de controle constitucional um simples controle *formal*. Nas suas palavras, à luz dessa teoria o princípio da igualdade: "tiende a degenerar en el mero control formal de que exista algún 'motivo' para la diferencia de trato, remitiendo la valoración de tal motivo a la discrecionalidad del legislador" (*Capacidad económica y sistema fiscal*, p. 88). Assim, não obstante o princípio da igualdade exija mais do legislador, a inconstitucionalidade somente poderá ser pronunciada quando não se encontre, de forma alguma, um fundamento apto a justificar a desigualdade (vide ARNIM, *Staatslehre der Bundesrepublik Deutschland*, p. 157-158).

[78] BVerfGE 19, 64 [68 ss].

dor.⁷⁹ Com base em elementos completamente irrelevantes para a tributação e até mesmo para a regulação geral da vida em sociedade, o Tribunal alemão declarou a legitimidade constitucional das normas impugnadas, desconsiderando completamente a função normativa do princípio da igualdade tributária.

Na Espanha, também se percebe essa situação com nitidez, notadamente nas decisões mais antigas do Tribunal Constitucional, que rechaçaram os princípios da capacidade contributiva e progressividade como os únicos critérios da igualdade tributária (e por vezes até como critérios da igualdade) e admitiram os mais variados fundamentos para justificar tratamentos jurídicos claramente contrários ao princípio da isonomia tributária. E até mesmo quando aplica o princípio da capacidade contributiva em decisões relativas à extrafiscalidade, o Tribunal costuma limitar-se a considerar apenas a sua função de pressuposto da tributação e, por consequência, a negar que os fins não fiscais o afetem.

Cometem-se e aceitam-se desigualdades nítidas, sem se identificar sequer uma perturbação da igualdade jurídica.

Essa situação implica uma verdadeira e expressiva debilitação do fundamental princípio da igualdade, o qual perde quase que a integralidade do seu significado normativo. Como bem indica Tipke, quando qualquer fundamento objetivo serve para qualificar a desigualdade tributária como não arbitrária e, desse modo, justificá-la, torna-se demasiado fácil ao legislador adequar-se às débeis exigências do princípio da igualdade, pois "na prática, quase sempre se pode descobrir ou afirmar algum fundamento objetivo para uma carga desigual". A consequência da teoria da interdição de arbitrariedade em matéria tributária é a inferioridade valorativa do princípio da igualdade frente a fins político-financeiros, econômico-financeiros, sócio-políticos ou de técnica-impositiva, o que não é compatível com o Estado de Direito.⁸⁰

Em suma, a consequência do processo de degeneração analisado é a mutilação da força normativa do princípio da isonomia tributária, que deixa o legislador livre para cometer desigualdades manifestas.⁸¹

---

⁷⁹ Como sintetiza Herrera Molina: "El Tribunal advierte una diferencia esencial entre ambos productos que justifica la tributación diferenciada: el añadir agua caliente al café soluble tiene la mera función de que el café se mezcle con el agua, mientras que en el caso del café tostado debe extraerse la esencia del café mediante agua hirviendo. El Tribunal aporta otro argumento de peso: el consumo de café tostado exige más 'cuidado, esfuerzo y tiempo' que el de café soluble. No se comprende muy bien la relevancia del agua hirviendo o de la paciencia del contribuyente en relación con la justicia tributaria" (*Capacidad económica y sistema fiscal,* p. 34). No entanto, é imprescindível destacar que tais considerações eram relevantes para a questão da igualdade de condições de concorrência, abordada pelo Tribunal na decisão.

⁸⁰ TIPKE, *Die Steuerrechtsordnung,* 2ª ed., v. 1, p. 306-307.

⁸¹ Friauf afirma que a aceitação da "velha fórmula" implica uma ampla debilitação da função corretiva (*Korrektivfunktion*) do princípio da igualdade, pois quase sempre será possível encontrar um fundamento político-financeiro, econômico, político ou técnico-tributário ("Verfassungsrechtliche Anforderungen an die Gesetzgebung über die Steuern vom Einkommen und vom Ertrag", p. 27). Leisner, referindo-se às fórmulas utilizadas pelo BVerfG para expressar o conteúdo da interdição de arbitrariedade ["interdição de arbitrariedade" (*Willkürverbot*), "mandado de justiça", (*Gerechtigkeitsgebot*) e outras similares], nota que elas conferem ao legislador uma liberdade de conformação tão ampla que suprimem do princípio da igualdade a sua "eficácia vinculante" (*Bindungswirkung*) ("Die Unzulässigkeit steuerlicher Fiskalprivilegien", p. 410). Essa crítica de Leisner, que se mostra excessiva com relação à jurisprudência contemporânea do BVerfG, pode ser compreendida à luz do contexto em que foi tecida, no qual a jurisprudência do Tribunal alemão ainda era demasiado tímida em matéria tributária.

2.6. Conclusões parciais

A tese da interdição de arbitrariedade representa fundamentalmente a redução do princípio da igualdade a uma proibição de tratos arbitrários (ou flagrantemente injustos), seja no seu conteúdo (tese da recondução *stricto sensu*), seja na sua eficácia como princípio constitucional realmente vinculante (tese da delimitação dos espaços do legislador).

Representa uma concepção extremamente restritiva da igualdade e, por isso, denomina-se "interpretação minimalista". Desconsidera a própria essência do princípio da igualdade, visto que sua aplicação pressupõe a realização de provas de igualdade, e não de débeis exames de arbitrariedade.[82] Consiste, em certa medida, na *negação do princípio da isonomia*, pois suprime a exigência de que as leis respeitem a igualdade, limitando-se a demandar que não sejam arbitrárias. E, na acepção que impõe ao legislador o respeito ao conteúdo efetivo do princípio da igualdade, nega as consequências jurídicas que deveriam ser extraídas da violação de tal obrigação, dado que o controle jurisdicional se limita aos casos evidentemente arbitrários.

Sem embargo, não obstante seja inadequado equiparar o princípio da igualdade à interdição de arbitrariedade, tal proibição continua sendo relevante. Expressa, sem dúvidas, um conteúdo (parcial) do princípio analisado. Constitui uma garantia mínima sua[83] ou, sob outra ótica, o seu núcleo mais interno (*innersten Kern*), não o seu conteúdo total. Por isso, "o tratamento diferenciado e arbitrário implica sempre uma violação da igualdade (*Gleichheitsverstoß*), mas nem toda a violação da igualdade é arbitrária".[84]

Respeitar a proibição de arbitrariedade é uma exigência necessária, mas não suficiente para que se respeite o princípio da igualdade. Esse demanda do legislador mais que a criação de leis não arbitrárias: requer que trate igualmente os iguais e desigualmente os desiguais, desde pontos de vista juridicamente válidos. A determinação de tais pontos de vista (ou critérios de diferenciação) é nevrálgica para a nossa investigação, razão pela qual será estudada com vagar a seguir, com respeito ao Direito Tributário.[85]

Pode-se afirmar, portanto, que a concepção de Leibholz foi importante no contexto histórico em que se desenvolveu, quando ainda se discutia acerca da sujeição do legislador ao princípio da igualdade. Também é compreensível a sua adoção nos primórdios da construção do princípio da igualdade pelo BVerfG, pois ainda não estava claro como ela deveria ocorrer e, após a experiência do Nazismo e num contexto de forte influência do socialismo, a preocupação fundamental era garantir os direitos de liberdade concedidos, originariamente, pela Lei Fundamental de Bonn, ainda que para isso se devesse sacrificar a igualdade jurídica. Esse contexto, sem embargo, já não está presente e atualmente nada justifica tão expressiva mutilação

---

[82] ALEXY, *Theorie der Grundrechte*, p. 364.
[83] BIRK, *Das Leistungsfähigkeitsprinzip als Maßstab der Steuernormen*, p. 156. Vide HERRERA MOLINA, *Capacidad económica y sistema fiscal*, p. 43.
[84] RÜFNER, "Artikel 3. Gleichheitssatz", mrg. 19, p. 19, que citando Kloepfer, Wendt e Müller sublinha constituir a interdição de arbitrariedade tão somente uma "vinculação mínima" (*minimale Bindung*) do princípio da igualdade, sem abarcá-lo e nem se identificar com ele.
[85] Vide p. 142 ss.

do princípio da igualdade.[86] Por consequência, dita teoria passou a representar um anacronismo, como bem destacado por von Arnim.[87]

De sua aplicação advém o amplo quadro de ineficácia do princípio fundamental da igualdade tributária, que restou relegado a um plano marginal, secundário, na prática impositiva. Quadro que somente poderá ser alterado quando os tribunais constitucionais começarem a levá-lo a sério e passarem a realizar, em todos os casos de igualdade, comparações baseadas em critérios determinados, sem aceitar todo e qualquer argumento não arbitrário para justificar desigualdades tributárias.[88]

3. Da igualdade formal à igualdade-proporcionalidade

As tentativas de concretizar o princípio da igualdade sem a ajuda da noção de arbitrariedade levaram a concepções desvinculadas da ideia de justiça, ou melhor, de critérios de comparação determinados à luz de tal ideia. Concepções que, em essência, são incompatíveis com a célebre fórmula aristotélica, segundo a qual a igualdade impõe que se estabeleçam tratos paritários para os iguais e tratos díspares para os desiguais, segundo a desigualdade existente.

Trata-se de teorias que preconizam fundamentalmente uma noção estritamente formal de igualdade (de caráter acessório ou restrita à coerência sistemática), orientada pela paridade de tratamento, ou uma igualdade-proporcional, conceitualmente vinculada à exigência de proporcionalidade. Analisemo-las detidamente.

3.1. A IGUALDADE ESTRITAMENTE FORMAL

O rechaço às propostas de vincular a noção de igualdade à de justiça, das quais são exemplos a tese de Leibholz e a *Willkürformel* do BVerfG, conduziu à antítese, que suprime todo o conteúdo material do princípio da igualdade, convolando-o em uma norma formal, carente de significado autônomo ou limitada a uma mera imposição de coerência ao legislador e aos órgãos de aplicação legislativa. Trata-se das teorias que preconizam o caráter acessório da igualdade jurídica ou limitam-na a uma exigência de coerência sistemática.

3.1.1. Caráter acessório da igualdade jurídica

Na dogmática geral da igualdade, a crítica à vinculação do princípio correlato a uma concepção metajurídica de justiça conduziu à formação de uma antítese radical, que vincula rigidamente o conteúdo e as hipóteses de violação do princípio da igualdade aos demais preceitos constitucionais, negando-lhe, desse modo, todo o seu conteúdo jurídico autônomo. Dita antítese representa a teoria do caráter "acessório" do princípio da igualdade.[89]

---

[86] ECKHOFF, *Rechtsanwendungsgleichheit im Steuerrecht*, p. 136-137.
[87] ARNIM, *Staatslehre der Bundesrepublik Deutschland*, p. 158.
[88] Cfr. TIPKE, *Die Steuerrechtsordnung*, 2ª ed., v. 1, p. 309.
[89] Vide SACHS, "Der Gleichheitssatz als eigenständiges subjektives Grundrecht", p. 315 ss, que, ao tratar dos direitos fundamentais de igualdade, analisa e critica detidamente a suposta *Akzessorietät* do princípio da igualdade, entendida, numa acepção estrita, como a sua dependência perante outras posi-

Ipsen elucida essa posição ao criticar o controle geral da arbitrariedade das desigualdades, fundado numa noção de justiça desvinculada do sistema jurídico-positivo. Defende a necessidade de limitar tal controle à verificação do respeito aos princípios constitucionais fundamentais (*grundgesetzlichen Verfassungsprinzipien*). Por consequência, as desigualdades apenas poderiam ser declaradas inconstitucionais quando se contrapusessem às cláusulas da interdição de discriminação ou aos princípios constitucionais democrático, do Estado de Direito, do Estado Social, do Estado Federal ou da separação dos poderes.[90][91]

Em matéria tributária, Paulick acolheu claramente essa teoria já em 1954. No seu conhecido artigo sobre o princípio da isonomia tributária, sustenta que a arbitrariedade do legislador somente pode afetar a validade da lei tributária se violar conjuntamente algum dos princípios constitucionais referidos por Ipsen.[92] Também na clássica monografia de F. Klein se identifica uma construção que suprime todo o conteúdo autônomo da igualdade, pois nela se sustenta que o princípio da isonomia não é judiciável por si só, assumindo relevância jurídica unicamente através de outras valorações e decisões constitucionais.[93]

Na Itália, Maffezzoni chega a conceber o princípio da igualdade como um "sistema de princípios", cujo conteúdo seria determinado necessariamente por princípios constitucionais específicos. Por consequência, nunca poderia ser violado insularmente, senão tão só de forma consociada com algum outro princípio que consubstancie tal "sistema de princípios". A violação desse outro princípio seria uma "condizione necessaria e suficiente" para configurar uma violação à igualdade.[94] O próprio Maffezzoni reconhece a supressão do conteúdo jurídico autônomo do princípio da isonomia, mas afirma que ela corresponde à "pura e semplice realtà".[95]

Essa concepção é visivelmente inadequada. Suprime do princípio da igualdade todo o seu conteúdo autônomo e, por conseguinte, torna-o absolutamente prescindível no sistema jurídico. Aniquila um dos mais fundamentais pilares dos Estados Constitucionais de Direito.

A refutação da concretização da igualdade jurídica à luz de uma concepção metajurídica de justiça não impossibilita que se utilize a noção de justiça para tanto, desde que se a conceba a partir do sistema constitucional, isto é, que se leve em

---

ções jurídicas, levando a que somente se possa reconhecer a sua violação quando esteja caracterizada a violação simultânea de outros direitos ou princípios constitucionais.

[90] IPSEN, "Gleichheit", p. 183-184. Braczyk é ainda mais radical, ao afirmar categoricamente que o princípio da igualdade não possui um conteúdo jurídico-constitucional próprio, constituindo tão somente um "momento estrutural" ou "conceitual da liberdade" (*Rechtsgrund und Grundrecht. Grundlegung einer systematischen Grundrechtstheorie*, p. 143 e 165).

[91] Dürig adotou expressamente a teoria de Ipsen, com a peculiaridade de que busca, como reputamos ser correto, determinar as especificações do princípio da igualdade fundamentalmente a partir dos direitos fundamentais (MAUNZ; DÜRIG, *Grundgesetz Kommentar*, art. 3, I, mrg. 28, p. 23).

[92] PAULICK, "Der Grundsatz der Gleichmässigkeit der Besteuerung – Sein Inhalt und seine Grenzen", p. 184.

[93] KLEIN, *Gleichheitssatz und Steuerrecht*, p. 25 e 253. Cabe esclarecer que o seu ceticismo não se denota dessa constatação, senão do contexto da sua obra, do qual se infere que Klein não busca determinar o conteúdo específico do princípio da igualdade e centra a sua investigação na procura por limitações a diferenciações extraídas diretamente de *outros* preceitos constitucionais. Com isso, o princípio da isonomia tributária perde o seu conteúdo autônomo.

[94] MAFFEZZONI, *Il principio di capacità contributiva nel diritto finanziario*, p. 371-372.

[95] *Ibidem*, p. 372.

conta a noção de "justiça jurídico-constitucional", derivada dos valores positivados constitucionalmente e, sobretudo, dos direitos fundamentais.[96]

Mesmo que fosse absolutamente inviável concretizar o princípio da igualdade a partir da noção de justiça, não se poderia sustentar que ele carece de significado e força jurídica autônoma, esvaziando-o completamente, tornando-o um nada jurídico. É consabido que a interpretação constitucional jamais pode levar à anulação do significado de preceitos plasmados expressamente no texto constitucional, notadamente quando tais preceitos positivam direitos fundamentais de importância extrema.

3.1.2. Igualdade como coerência sistêmica

Com respeito à exigência de coerência sistêmica, identificam-se na dogmática da igualdade jurídica duas posições fundamentais. Há quem limite as imposições do princípio da isonomia a tal exigência, reconduzindo-o a um mandado formal de coerência valorativo-sistemática. E há outros que vislumbram em tal exigência uma mera expressão específica do princípio da igualdade. No que segue, analisaremos a primeira posição, deixando para desenvolver a abordagem da outra no segundo capítulo, ao propor um modelo teórico para a construção do princípio da isonomia.[97]

A teoria da igualdade como coerência sistêmica apoia-se no conceito de "autovinculação mediante a justiça sistêmica" (*Selbstbindung durch Systemgerechtigkeit*) e nas premissas fundamentais de que o princípio da igualdade é vazio, carente de conteúdo,[98] e é impossível extrair critérios constitucionais implícitos para concretizá-lo. Portanto, dever-se-ia concebê-lo como uma imposição de autovinculação dos agentes estatais.

Essa tese outorga uma ampla liberdade ao legislador para escolher os fins da regulação, vinculando-o somente com respeito ao estabelecimento dos meios, que deverão ser adequados para alcançá-los e compatíveis com a Constituição. Dessa forma, o legislador não estaria vinculado materialmente ao princípio da igualdade ou a diretrizes valorativas constitucionais, sendo plenamente livre para estabelecer tratos paritários ou díspares, desde que atue em conformidade com as suas premissas.

Em matéria tributária, La Rosa expressa com clareza essa posição teórica: "A igualdade tributária exaure-se na exigência de coerência interna das regulações normativas" e não é "violada pelo fato de manifestações de riqueza objetivamente iguais se sujeitarem a tratamento tributário distinto".[99] Essa concepção também pode ser identificada no conhecido artigo de Tipke concernente à racionalidade na aplicação do princípio da igualdade tributária, onde o mencionado jurista critica a concretização, pelo BVerfG, de tal princípio à luz de concepções de justiça e afirma que o legislador deve proporcionar a medida de comparação para isso, resultando o vínculo de igualdade da ideia de sistema e das decisões legislativas fundamentais.[100]

---

[96] Vide p. 105 ss.
[97] Vide p. 112 ss.
[98] GUZY, "Der Gleichheitsschutz des Grundgesetzes", p. 2508.
[99] LA ROSA, "Riflessioni sugli 'interventi guida' della Corte Costituzionale in tema di eguaglianza e capacità contributiva", p. 189. Contudo, La Rosa refere-se em seguida a uma "redução da igualdade à mera e geral necessidade de razoabilidade da discriminação" (ob. cit., p. 190).
[100] TIPKE, "Anwendung des Gleichheitssatzes im Steuerrecht – Methode oder irrationale Spekulation", p. 158 e 160. Deve-se esclarecer que, posteriormente, Tipke desenvolveu uma concepção mate-

Antes de tudo, impende destacar que a autovinculação mediante a exigência de coerência sistemática denota certa sujeição a valorações pretéritas, que somente se poderia exigir do criador do Direito quando ele não pretenda proceder a uma efetiva modificação valorativa.[101] No entanto, tal crítica pode ser facilmente evitada, por meio da restrição da vinculação ao sistema e aos valores vigentes.

O que escancara a ilegitimidade da tese analisada é o fato de não impedir o estabelecimento de valorações fundamentais ofensivas à noção de igualdade ou, sob outra perspectiva, de valorações manifestamente injustas. Em tal hipótese, a aplicação da tese seria até mesmo contraproducente, pois outorgaria um "efeito multiplicador" à injustiça: imporia a concretização de um sistema *coerentemente injusto*, ao exigir que a injustiça valorativa se estenda a todos os preceitos do sistema. É fácil concluir que tal exigência não realiza a igualdade, antes a ofende, a malfere, a viola escancaradamente.

Ademais, dita vinculação será tanto mais débil quanto mais assistemática seja a regulação,[102] sobretudo quando existam contradições efetivas entre as valorações fundamentais. Em um "sistema" assistemático, ou melhor, em uma regulação assistemática, a exigência de coerência sistêmica perde o seu objeto, haja vista as contradições axiológicas serem tão expressivas que impedem a identificação de valores fundamentais, a partir dos quais se possam extrair imposições específicas para alcançar uma regulação efetivamente sistemática (e, à luz da teoria, igual). Por consequência, quando mais se necessita de coerência valorativa, o princípio da igualdade nada (ou muito pouco) poderia oferecer.

Considerando que o Direito Tributário costuma se caracterizar justamente pela sua acentuada assistematicidade, resulta claro que a restrição do significado do princípio da isonomia tributária à exigência formal de coerência sistemática representaria uma nefasta mutilação do seu conteúdo normativo e levaria, por conseguinte, à legitimação de desigualdades manifestas na conformação do sistema tributário e na sua aplicação à realidade social.

3.2. IGUALDADE COMO PARIDADE

Certas teses equiparam a igualdade à paridade de trato. Rechaçam a sua vinculação a exigências de tratamentos díspares ou identificam na paridade a essência da igualdade e, por consequência, preconizam uma fundamental inclinação desta àquela. Ocupemo-nos primeiramente dessa última variante da teoria da igualdade como paridade.

3.2.1. Inclinação pela paridade de tratamento

Exemplo claro de inclinação pela paridade de trato é fornecido pela concepção da igualdade de Tammelo. Além de considerar tão somente a exigência de trato paritário ao enunciar o princípio da igualdade,[103] expõe (com base na lição de Perelman)

---

rial do princípio da igualdade, sistematizando-a e defendendo-a com segurança, sobretudo no primeiro volume do seu *Steuerrechtsordnung*.

[101] Vide GUZY, "Der Gleichheitsschutz des Grundgesetzes", p. 2508.

[102] BIRK, *Das Leistungsfähigkeitsprinzip als Maßstab der Steuernormen*, p. 160.

[103] "Sem um fundamento suficiente (*hinreichender Grund*), ninguém deve ser tratado favorável ou desfavoravelmente perante qualquer outro que esteja na mesma situação" (TAMMELO, *Theorie der Gerechtigkeit*, p. 88).

que a igualdade como paridade de trato não atua como um elemento conceitual da justiça senão como uma "presunção relativa", segundo a qual "quando não se pode justificar um tratamento desigual, então a justiça requer o tratamento paritário".[104]

Podlech desenvolveu esse pensamento ao expor que o princípio da igualdade determina o estabelecimento de tratos paritários, sempre que não haja um fundamento suficiente (*zureichender Grund*) para justificar tratos díspares. Por isso, dito princípio determinaria ao legislador e aos órgãos de aplicação das leis que se apoiem necessariamente em fundamentos idôneos para estabelecer tratos diferenciados, abstendo-se de estabelecê-los quando tais fundamentos não existam. Destarte, Podlech extrai do princípio da igualdade (art. 3.1 da *Grundgesetz*) uma "regra de carga argumentativa" (*Argumentationslastregel*) que pesa a favor dos tratos paritários – e, obviamente, contra os díspares[105] –, e nega expressamente a possibilidade de se derivar do princípio analisado um mandado de trato diferenciado.[106] Limita-o a uma simples carga argumentativa a favor dos tratamentos paritários.

Alexy, que desenvolveu a concepção de Podlech, buscou conciliar tal carga argumentativa com o reconhecimento de mandados de tratos díspares – e, outrossim, com a teoria da interdição de arbitrariedade. O Professor da Universidade de Kiel também interpreta o princípio da igualdade como uma regra de carga de argumentação[107] e afirma que, para estabelecer uma diferenciação, é imprescindível haver um fundamento apto a suportá-la. Se não há um fundamento suficiente, então há de se estabelecer um trato paritário, pois a carga de argumentação pesa contra os tratos díspares.[108] De tais premissas, extrai essa fórmula: "Se não há um fundamento suficiente para permitir um tratamento desigual, então está ordenado um tratamento igual".[109] Ademais, utiliza o conceito de arbitrariedade para atribuir conteúdo à permissão de tratamento díspar, que formula nestes termos: "Um fundamento é um fundamento suficiente para permitir um tratamento desigual quando, em razão deste fundamento, a desigualdade não é arbitrária".[110] Portanto, se a desigualdade não se mostrar arbitrária, o legislador poderia estabelecer tanto tratos iguais (paritários) como desiguais (ou, melhor dito, díspares): não poderia estabelecer tratamentos diferenciados unicamente quando fossem arbitrários. Tampouco um tratamento paritário arbitrário seria legítimo. Constata-se facilmente que a tese de Alexy representa um desenvolvimento da de Podlech, obtido mediante a aplicação, com algumas nuances, da teoria da interdição de arbitrariedade.

No âmbito do Direito Tributário, Eckhoff defende essa posição com certos matizes. Citando Alexy, afirma que o princípio da igualdade estabelece apenas um mandado de trato paritário (e não de trato díspar) e uma carga argumentativa para os tratamentos diferenciados gravosos, ou seja, estabelece uma preferência para os tratos paritários. Por isso, apenas poderia se configurar uma violação ao princípio

---

[104] TAMMELO, *Zur Philosophie der Gerechtigkeit*, p. 69, conclui que o princípio da igualdade constitui um dos critérios da justiça, servindo como um *topoi* argumentativo nas decisões de justiça.
[105] PODLECH, *Gehalt und Funktion des allgemeinen verfassungsrechtlichen Gleichheitssatzes*, p. 85-87.
[106] *Ibidem*, p. 57 ss.
[107] ALEXY, *Theorie der Grundrechte*, p. 373.
[108] *Ibidem*, p. 371-373.
[109] *Ibidem*, p. 370.
[110] *Ibidem*, p. 375.

analisado quando os tratos fossem diferenciados e carentes de fundamentação idônea.[111]

Diversas razões evidenciam a ilegitimidade da concepção exposta. Em primeiro lugar, trata-se de teoria eminentemente formal, que se resume a uma regra de carga de argumentação e, portanto, não confere conteúdo material ao princípio da igualdade, convertendo-o em um princípio meramente formal.[112] Em segundo lugar, implica a contraposição de todo o Direito ao princípio da igualdade, já que todas as normas jurídicas diferenciam. A ordem jurídica implicaria um verdadeiro "paradoxo global de igualdade".[113] Em terceiro lugar, ao outorgar preferência aos tratos paritários frente aos díspares, tal teoria se funda na paridade de trato (igualdade aritmética) como ponto de partida, o que é claramente incorreto, pois aqueles não são necessariamente mais justos que estes e, ademais, não se criticam as leis porque diferenciam, senão porque equiparam ou diferenciam indevidamente.[114] Por consequência, a teoria desconsidera a inerente vinculação do princípio da igualdade a critérios de diferenciação (à luz dos quais hão de se estabelecer tratamentos paritários ou díspares) e a sua vinculação aos valores constitucionais fundamentais (como a dignidade humana, a garantia do livre desenvolvimento da personalidade, a solidariedade, etc.) que concretizam o princípio da igualdade e exigem diferenciações jurídicas.[115]

É precisamente no Direito Tributário que se pode visualizar com clareza solar a correção dessa crítica. Seria um desatino afirmar que o princípio constitucional da igualdade determina a redução do sistema tributário (ou de todos os impostos) a um único "imposto por cabeças" (uma única e idêntica soma paga por todos os cidadãos, sem exceções), que constitui o paradigma de uma imposição paritária, de uma igualdade tributária aritmética[116]. Também beiraria o absurdo defender que o legislador deve suportar uma carga argumentativa para estabelecer uma tributação conforme a capacidade contributiva, na qual a carga tributária varia conforme a variação desta. São os desvios perante a capacidade contributiva que devem ser justificados, e não a instituição de impostos que se harmonizem rigorosamente com esse critério fundamental de justiça impositiva.[117]

---

[111] ECKHOFF, *Rechtsanwendungsgleichheit im Steuerrecht*, p. 71 ss. Por conseguinte, o princípio da igualdade é considerado a "expressão do mandado constitucional de tipificação e generalização", que determina a "renúncia a diferenciações, sempre que estas não estejam adequadamente fundamentadas" (ob. cit., p. 82). Tratamentos paritários somente poderiam violar a igualdade quando outras normas constitucionais ou a natureza da coisa proporcionassem critérios de diferenciação (*idem*, p. 74-75).

[112] HUSTER, *Rechte und Ziele. Zur Dogmatik des allgemeinen Gleichheitssatzes*, p. 419.

[113] Cfr. HUSTER, *idem*, p. 419.

[114] Vide HUSTER, "Gleichheit und Verhältnismäßigkeit", p. 547. Paulick já ressaltava que os mandados de trato igual e desigual possuem valor e *status* idênticos ("Der Grundsatz der Gleichmässigkeit der Besteuerung – Sein Inhalt und seine Grenzen", p. 167). Em sentido contrário, Rüfner defende que o trato paritário dos desiguais não é tão injusto quanto o trato díspar dos iguais ("Artikel 3. Gleichheitssatz", mrg. 8, p. 14).

[115] DÜRIG, "Gleichheit", p. 1068.

[116] No sentido da ilegitimidade da paridade absoluta representada pelo "imposto por cabeças", vide, entre muitos outros, LANG, *Die Bemessungsgrundlage der Einkommensteuer*, p. 124.

[117] A respeito, Vogel e Waldhoff lecionam que o princípio da capacidade contributiva (o qual orienta a concretização do princípio da igualdade) exclui a validade dos princípios contrapostos no âmbito dos impostos, sobretudo a do "princípio do imposto por cabeças" (*Kopfsteuerprinzip*) (*Grundlagen des Finanzverfassungsrechts: Sonderausgabe des Bonner Kommentars zum Grundgesetz*, p. 347).

3.2.2. Imposição de paridade

Na concepção que extrai do princípio da igualdade uma exigência de paridade absoluta, verifica-se a radicalização das teses analisadas anteriormente, orientadas pela paridade de trato.

P. Martini defende abertamente dita concepção, ao retomar o antigo pensamento de Eugen Curti (expresso, já em 1888, na obra "Das Princip der Gleichheit vor dem Gesetz") a fim de sustentar que o princípio da igualdade garante uma "absoluta igualdade jurídica, pessoal e real" (*absolute persönliche und sachliche Rechtsgleichheit*), exigindo do legislador o estabelecimento de tratos uniformes entre todos os cidadãos, independentemente das suas características pessoais, das situações em que se encontrem, etc.[118] Em outros termos, tal princípio demandaria uma rigorosa e invariável igualdade aritmética.

A nítida impossibilidade de se observar tal exigência poderia ser evitada mediante o reconhecimento de uma reserva de lei não escrita, segundo a qual o legislador poderia diferenciar, contanto que respeitasse o mandado de proporcionalidade. Destarte, o princípio da igualdade seria um mandado absoluto e definitivo de paridade.[119]

No Direito Tributário, La Rosa defende que o princípio da igualdade não se refere ao conteúdo da disciplina jurídica, porquanto se limita a impor uma "paridade formal de tratamento" (*formale parità di trattamento*). A vinculação da regulação a critérios de diferenciação e a consequente exigência de proporcionalidade entre os elementos da realidade fática e a medida dos benefícios e sacrifícios tributários não resultariam do princípio da isonomia tributária, senão dos princípios de justiça distributiva.[120]

Nessa teoria se agudizam os fundamentais equívocos da concepção anteriormente examinada, notadamente o "paradoxo de igualdade" e a desconsideração de que a igualdade jurídica depende de critérios de diferenciação. Ademais, é evidentemente inadequado sujeitar a um controle de proporcionalidade diferenciações provenientes do estabelecimento de uma tributação conforme a capacidade contributiva e excluir as demais desse controle, porquanto tais diferenciações representam justamente uma imposição da igualdade – mais precisamente, da igualdade vertical.[121]

3.3. A *NEUE FORMEL* E A INTEGRAÇÃO DA PROPORCIONALIDADE À IGUALDADE

Até 1980, o BVerfG expressava o princípio da igualdade fundamentalmente através da mencionada fórmula da arbitrariedade (*Willkürformel*).[122] Porém, essa

---

[118] MARTINI, *Art. 3 Abs. 1 GG als Prinzip absoluter Rechtsgleichheit*, p. 119-120 e 185. Nessa linha, Luhmann refere-se ao princípio da igualdade como um "princípio de generalização do direito subjetivo", que, embora não impeça o estabelecimento de tratos díspares, exige a especificação de "fundamentos universalmente aplicáveis" (*universell anwenderbaren Gründe*) para eles (*Grundrechte als Institution*, p. 165 e 179).

[119] MARTINI, *Art. 3 Abs. 1 GG als Prinzip absoluter Rechtsgleichheit*, p. 124 ss.

[120] LA ROSA, *Eguaglianza tributaria ed esenzioni fiscali*, p. 17, que restringe a relevância do princípio da isonomia tributária aos casos em que o princípio da capacidade contributiva não vincula o legislador (ob. cit., p. 20).

[121] Vide p. 203 ss.

[122] Vide p. 34 ss.

fórmula se mostrava cada vez mais inadequada, por dificultar sobremodo o reconhecimento de violações ao princípio da igualdade. Postulava-se, por consequência, que se fortalecesse o princípio e se especificasse devidamente o seu conteúdo.[123]

Na decisão do Primeiro Senado de 7 de outubro de 1980, o BVerfG ofereceu uma resposta às constantes críticas doutrinárias, ao expressar uma tendência à substituição ou restrição do âmbito aplicativo da fórmula mencionada por outra, mais rigorosa e denominada justamente *neue Formel*.[124] Segundo a "nova fórmula", o princípio da igualdade é violado quando:

> (...) se trata um grupo de destinatários normativos (*Normadressaten*) de forma distinta de outros destinatários normativos, embora entre ambos grupos não haja diferenças de tal índole (*Art*) e de tal peso (*Gewicht*) que possam justificar o tratamento desigual.[125]

Para esclarecer a fórmula, o BVerfG destacou que "entre o tratamento desigual e o fundamento justificador (*rechtfertigender Grund*) tem de haver uma relação adequada (*angemesse Verhältnis*)".[126] Mesmo com essa especificação, a fórmula permanece vaga, suscitando questionamentos acerca do seu significado específico.

3.3.1. Significado da nova fórmula

A nova fórmula do Tribunal Constitucional Federal alemão possui uma amplitude demasiado restrita, sendo insuficiente para explicitar todos os mandados de igualdade. Compreende apenas os tratos díspares, sem abarcar os paritários, que também podem violar o princípio da igualdade. Limita-se, outrossim, aos tratos estabelecidos entre grupos de indivíduos, sem alcançar os relativos a indivíduos isolados ou a situações fáticas determinadas.

A falta de referência a tratos paritários poderia ser suprida mediante a formulação de outra hipótese de violação do princípio da igualdade, referente à situação oposta, isto é, à hipótese em que "se trata um grupo de destinatários normativos de forma igual a outros destinatários normativos, apesar de que entre ambos grupos haja diferenças de tal índole e de tal peso que imponham um tratamento díspar". Contudo, o BVerfG não utiliza tal fórmula e tampouco qualquer outra análoga, limitando-se a aplicar a *neue Formel* aos tratamentos díspares.

---

[123] Vide STERN, "Das Gebot zur Ungleichbehandlung", p. 211-212, com ampla referência bibliográfica. Cf. também HUSTER, "Gleichheit und Verhältnismäßigkeit", p. 542.

[124] Vide HESSE, "Der Gleichheitssatz in der neueren deutschen Verfassungsentwicklung", p. 188; RÜFNER, "Artikel 3. Gleichheitssatz", p. 23 ss.; KOKOTT, "Gleichheitssatz und Diskriminierungsverbote in der Rechtsprechung des Bundesverfassungsgerichts", p. 129. Atualmente, as duas fórmulas convivem, possuindo âmbitos de aplicação distintos na jurisprudência do BVerfG. Sobre a questão, vide especialmente OSTERLOH, "Art. 3. Gleichheit vor dem Gesetz", p. 188-190, que indica a relação de complementariedade entre as fórmulas e rechaça a revogação da *Willkürformel*.

[125] Primeiramente em BVerfGE 55, 72 [88]: "ist dieses Grundrecht [Gleichheit] vor allem dann verletzt, wenn eine Gruppe von Normadressaten im Vergleich zu anderen Normadressaten anders behandelt wird, obwohl zwischen beiden Gruppen keine Unterschiede von solcher Art und solchem Gewicht bestehen, daß sie die ungleiche Behandlung rechtfertigen könnten". Cfr. BVerfGE 60, 123 [133], 65, 104 [113]; 85, 191 [209]; 88, 87 [97]. Vide também: VOGEL, "Der Verlust des Rechtsgedankens im Steuerrecht als Herausforderung an das Verfassungsrecht", p. 138-139.

[126] BVerfGE 82, 126 [146].

No que concerne à segunda limitação, nitidamente ilegítima, o próprio Tribunal superou-a parcialmente, ao estender a aplicação da fórmula aos tratos diferenciados entre situações fáticas que impliquem disparidades entre grupos de pessoas ou restrições ao exercício das liberdades protegidas por direitos fundamentais.[127] Só às demais relações a interdição de arbitrariedade se aplica como critério único, outorgando ampla margem de liberdade ao legislador.[128]

Portanto, a tormentosa questão prévia (*Vorfrage*) relativa a qual critério utilizar nos casos concretos não se reveste de importância no Direito Tributário, haja vista que os tratos díspares entre situações fáticas sempre repercutirão diretamente em grupos de pessoas[129] – e, além disso, sempre que a lei tributária não tenha sido criada para casos concretos o trato de pessoas redundará, pelo caráter geral das normas jurídicas, em trato de *grupos* de pessoas.

Com respeito ao conteúdo da fórmula, dois fatores são levados em consideração: a índole e o peso das diferenças. É certo que a consideração da índole das diferenças é imprescindível para se aplicar o princípio da igualdade, mas elas não ostentam uma dimensão de peso: as diferenças possuem, tão somente, graus. Não se pode dizer que uma capacidade contributiva, por exemplo, é mais pesada que outra, senão que é mais expressiva. O termo *Gewicht* também poderia ser traduzido como "importância", hipótese em que a fórmula teria mais sentido: exigiria diferenças "de tal índole e importância" que pudessem justificar o trato díspar, isto é, diferenças juridicamente relevantes.[130]

À luz dessa interpretação da *neue Formel*, o mandado da igualdade poderia ser formulado nestes termos: "O legislador deve tratar igualmente os grupos de pessoas, sempre que entre eles não haja diferenças de tal índole e importância que possam justificar um trato díspar".

Também se poderia entender que a referência da fórmula ao "peso" não concerne às diferenças, senão aos princípios em conflito. Não obstante essa interpretação, a nosso juízo, distancie-se da dicção da fórmula, é amplamente aceita na Alemanha.

---

[127] BVerfGE 88, 87 [96]; 92, 53 [69]. Vide BOROWSKI, *Grundrechte als Prinzipen*, p. 372.

[128] BVerfGE 55, 72 [89]; 92, 53 [69].

[129] Borowski destaca ser questionável até mesmo a existência de um âmbito de aplicação específico da interdição de arbitrariedade, porque em geral as distinções entre situações implicam, direta ou indiretamente, distinções entre pessoas (*Grundrechte als Prinzipen*, p. 372). Sobre a indefinição das hipóteses de aplicação da fórmula, vide OSTERLOH, "Art. 3. Gleichheit vor dem Gesetz", p. 190; SACHS, "Die Maβstäbe des allgemeinen Gleichheitssatzes – Willkürverbot und sogenannte neue Formel", p. 126. A respeito, Vogel propõe, com base na *neue Formel*, que se diferencie entre: a) o mandado de igualdade pessoal como direito fundamental (*personalen Gleichheitsgebot als Grundrecht*), aplicável às distinções entre pessoas (que consideram as suas características pessoais); e b) a interdição de arbitrariedade objetivo-constitucional (*objektiv-verfassungsrechtlichen Willkürverbot*), aplicável às demais hipóteses. Assim, poder-se-iam exigir pressupostos mais rígidos para as disparidades fundadas em critérios pessoais ("Der Verlust des Rechtsgedankens im Steuerrecht als Herausforderung an das Verfassungsrecht", p. 140). Contudo, tal proposta não se revela adequada, porquanto levaria a que as distinções tributárias mais expressivas (isto é, aquelas apoiadas em fins não fiscais) restassem excluídas do controle de proporcionalidade.

[130] Assim, Martini observa que a fórmula não parece tratar de um controle de proporcionalidade *stricto sensu* e tampouco da relação entre meio e fim (*Zweck-Mittel-Relation*), ou seja, do tratamento díspar com o fim a ser alcançado, senão de uma relação adequada entre tal tratamento e a diferença fática que o justifica. No entanto, em seguida acrescenta que a fórmula também exige a consideração da importância de realizar o fim e das suas consequências, concluindo se tratar efetivamente de um controle de proporcionalidade (*Art. 3 Abs. 1 GG als Prinzip absoluter Rechtsgleichheit*, p. 55-56).

A doutrina expressou-a, primeiramente, ao destacar que a *neue Formel* envolve um exame de proporcionalidade, exigindo a justificação dos tratos desiguais com base em considerações atinentes ao peso e à importância dos princípios em conflito.[131] Posteriormente, o próprio BVerfG declarou expressamente que a nova fórmula significou uma expansão do controle de constitucionalidade, pois exige a observância do princípio de proporcionalidade (*Verhältnismäßigkeitsgrundsatz*).[132] Esta concepção consolidou-se e, atualmente, o Tribunal fala com clareza, no âmbito do controle de igualdade, de uma "rígida vinculação às exigências da proporcionalidade" (*Verhältnismäßigkeitserfordernisse*) imposta pela nova fórmula[133] e de um mandado de "igual tratamento proporcional" (*Gebot verhältnismäßiger Gleichbehandlung*), enquanto segue aplicando a interdição de arbitrariedade para as situações nas quais não sejam afetadas as liberdades fundamentais.[134]

Pois bem, à luz dessa concepção, o princípio da igualdade, aplicado às distinções entre grupos de pessoas (ou às distinções que afetam as liberdades fundamentais), incorpora o mandado de proporcionalidade. Enquanto a fórmula da interdição de arbitrariedade estabelece um mero "problema de evidência", a nova fórmula coloca um "problema de ponderação jurídico-constitucional" (*Problem verfassungsgerichtlicher Abwägung*).[135]

Conclui-se ser a *neue Formel* indubitavelmente mais rigorosa que a *Willkürformel* com respeito aos fundamentos necessários para justificar os tratos díspares, haja vista compreender o exame de proporcionalidade e demandar justificações baseadas em considerações atinentes ao peso e à importância dos princípios em conflito. Funcionalmente, a nova fórmula amplia a competência do BVerfG em questões de igualdade e, por conseguinte, restringe o âmbito de liberdade de conformação do legislador.

3.3.2. Análise crítica

As críticas que podem ser feitas à *neue Formel* estendem-se de aspectos específicos de sua concepção na jurisprudência do Tribunal Constitucional Federal alemão à complexa questão da integração do mandado de proporcionalidade no princípio da igualdade.

Em primeiro lugar, vale destacar que dita fórmula *constitui mais um instrumento metódico que uma prescrição material*, sobretudo porque não proporciona

---

[131] HESSE, "Der Gleichheitssatz in der neueren deutschen Verfassungsentwicklung", p. 189; ROBBERS, "Der Gleichheitssatz", p. 751-752; OSTERLOH, "Art. 3. Gleichheit vor dem Gesetz", p. 188; KOKOTT, "Gleichheitssatz und Diskriminierungsverbote in der Rechtsprechung des Bundesverfassungsgerichts", p. 129 ss.; WENDT, "Der Gleichheitssatz", p. 785; MARTINI, *Art. 3 Abs. 1 GG als Prinzip absoluter Rechtsgleichheit*, p. 56. Sobre as primeiras manifestações doutrinárias, vide BOROWSKI, *Grundrechte als Prinzipen*, p. 372.

[132] BVerfGE 70, 230 [240 ss.]; 71, 146 [156]; 74, 9 [30]. Em razão de esta ser a exegese predominante da *neue Formel*, no que segue faremos referência a ela, e não às demais interpretações possíveis.

[133] BVerfGE 105, 73 [110], com referência a BVerfGE 88, 5 [12]; 88, 87 [96]; 101, 54 [101].

[134] BVerfGE 105, 73 [110-111].

[135] OSTERLOH, "Art. 3. Gleichheit vor dem Gesetz", p. 188. Kokott indica a evolução da *Willkürformel* rumo a uma "interdição de tratamentos desiguais e desproporcionais" (*Verbot unverhältnismäßiger Ungleichbehandlung*) ("Gleichheitssatz und Diskriminierungsverbote in der Rechtsprechung des Bundesverfassungsgerichts", p. 129 ss.).

qualquer critério material para determinar a igualdade e a desigualdade[136] – e chega a dispensar a prévia determinação da igualdade (ou desigualdade) jurídica das pessoas ou situações comparadas. Orienta-se fundamentalmente pela busca de uma razão para o tratamento díspar e prescinde da existência de uma relação de similitude juridicamente relevante entre os elementos comparados e até mesmo da distinção entre iguais e desiguais.[137] Assim, olvida a essência da igualdade.[138]

Por outro lado, a fórmula examinada *restringe o controle de proporcionalidade às desigualdades que afetam as liberdades fundamentais*. De fato, segundo a jurisprudência recente do BVerfG, a aplicação da *neue Formel* depende da "medida em que o tratamento desigual de pessoas ou situações possa produzir consequências prejudiciais ao exercício de liberdades garantidas por direitos fundamentais".[139] Quando o trato desigual não afeta liberdades fundamentais, não se aplica a nova fórmula, senão a da interdição de arbitrariedade, limitando-se o controle de constitucionalidade ao débil exame de "evidência".

Por consequência, à luz de tal jurisprudência, é impossível afirmar que o princípio geral da igualdade incorpora as exigências do mandado de proporcionalidade. Em razão da restrição do controle de proporcionalidade aos casos em que as liberdades fundamentais sejam afetadas de modo expressivo, a aplicação de tal mandado parece resultar das liberdades aludidas, e não do princípio constitucional da igualdade, notadamente porque a afetação das liberdades fundamentais sempre está sujeita ao controle de proporcionalidade.

Interpretada dessa forma, a nova fórmula não parece expressar o conteúdo do princípio da igualdade, mas sim o alcance do controle das desigualdades que afetam liberdades fundamentais. Não se trata de uma teoria sobre o significado de tal princípio, senão de uma teoria sobre o controle de constitucionalidade de intervenções desiguais nas liberdades fundamentais ou, sob outra perspectiva, de uma "norma de controle" (*Kontrollnorm*) de tais disparidades, que não explicita nem concretiza o conteúdo do princípio da igualdade.[140]

---

[136] Cfr. VOGEL; WALDHOFF, *Grundlagen des Finanzverfassungsrechts: Sonderausgabe des Bonner Kommentars zum Grundgesetz*, p. 341.

[137] Lothar Michael chega a elogiar a *neue Formel* por superar a "fórmula vazia" da igualdade essencial e tornar secundária a distinção entre iguais e desiguais ("Die drei Argumentationsstrukturen des Grundsatzes der Verhältnismäßigkeit – Zur Dogmatik des Über –und Untermaβverbotes und der Gleichheitssätze", p. 152), sobretudo por considerar que a "busca pela igualdade essencial", como uma diretriz, é "inadequada e enganosa" (*Der allgemeine Gleichheitssatz als Methodennorm komparativer Systeme*, p. 224).

[138] SACHS, "Die Maβstäbe des allgemeinen Gleichheitssatzes – Willkürverbot und sogenannte neue Formel", p. 129.

[139] BVerfGE 105, 73 [110-111], com referência a BVerfGE 82, 126 [146]; 88, 87 [96]; 95, 267 [316 s].

[140] Vide MARTINI, *Art. 3 Abs. 1 GG als Prinzip absoluter Rechtsgleichheit*, p. 47. Gubelt, ao tratar do esquema de controle da igualdade à luz da *neue Formel*, expõe que esse se reparte em dois exames, relativos à constatação de uma diferença de trato (e das suas peculiaridades) e da respectiva justificação jurídico-constitucional. Nas hipóteses às quais a *neue Formel* se aplica, as diferenças de tratamento somente podem ser admitidas quando haja um fundamento de tal índole (*Art*) e peso (*Gewicht*) que se revele apto a justificá-las ("Art. 3 – Gleichheit", p. 209-210). A primeira etapa (se efetivamente realizada), poderia ser concebida como a determinação das exigências da igualdade na situação concreta e a segunda, como a justificação da desigualdade constatada. Isto é, trata-se, sobretudo com respeito à análise do peso, de um controle de proporcionalidade, e não da determinação da igualdade à luz da proporcionalidade.

Não obstante, muitos autores consideram que a nova fórmula do BVerfG efetivamente expressa o conteúdo do princípio da igualdade, nele integrando o mandado de proporcionalidade, o que torna recomendável a análise dos questionamentos metodológicos gerados por tal posicionamento.

Para identificar com clareza a problemática oriunda dessa concepção, tem de se compreender, inicialmente, que *a igualdade não se confunde com a proporcionalidade*. Conquanto ambas se refiram a relações, a igualdade concerne a equivalências, similitudes, semelhanças, analogias, enquanto a proporcionalidade diz respeito a relações entre meios e fins, demandando a adequação, necessidade e proporcionalidade *stricto sensu* daqueles para atingir estes.

Costuma contribuir para a confusão entre igualdade e proporcionalidade a noção de "igualdade proporcional" (*verhältnismäßige Gleichheit*). Sem embargo, dita noção possui um significado específico, inconfundível com o da proporcionalidade, pois designa a adequação das consequências normativas às peculiaridades da situação regulada, à luz de outra situação, adotada como parâmetro. Não se trata da proporcionalidade entre os fundamentos da medida e as suas consequências, exigida pelo mandado de proporcionalidade, senão de uma proporção *relacional*, que supõe necessariamente a existência de pares de comparação[141] e é interna ao princípio da igualdade.

Portanto, nos juízos de igualdade não se deve realizar propriamente uma análise de adequação a um fim e tampouco uma ponderação entre princípios ou bens jurídicos,[142] senão um exame de equivalência (*Entsprechensprüfung*). Há de se investigar a similitude juridicamente relevante entre pares de comparação, e não a aptidão de meios para alcançar fins e tampouco a dimensão de peso das exigências contrapostas. Por isso, o mandado de proporcionalidade não integra os juízos de igualdade (e tampouco pode incorporar-se a eles), haja vista não servir para estabelecer relações de igualdade ou desigualdade juridicamente relevantes. Poder-se-ia aplicar ao controle das desigualdades apenas *após* a realização dos juízos de igualdade, para justificar constitucionalmente tratos desiguais.[143]

Não obstante seja inviável a integração do mandado de proporcionalidade aos juízos de igualdade, seria possível cogitar de inseri-lo no *princípio* da igualdade ou, dito em outros termos, na norma jurídico-constitucional de igualdade, de modo a conformar a sua hipótese ou os seus mandados. Isso implicaria a sujeição do princípio da igualdade a uma *prévia* ponderação de princípios, realizada para determinar o

---

[141] Vide LERCHE, *Übermaß und Verfassungsrecht*, p. 30, o qual acrescenta que Robinson Crusoé jamais pode ser tratado por um poder estatal de forma igual e tampouco desigual, senão tão só de modo desproporcional. Esposando a sua posição, cfr. RÜFNER, "Artikel 3. Gleichheitssatz", mrg. 96, p. 57; KIRCHHOF, "Gleichmaß und Übermaß", p. 133. Com base na (discutível) premissa de que o mandado de proporcionalidade (também denominado "interdição de excesso", *Übermaßverbot*) só se aplica aos direitos de liberdade, Kirchhof nota: "Igualdade assegura a similitude no Direito; a interdição de excesso, liberdade suficiente. O critério da igualdade exige a comparação jurídica; o critério do excesso limita a intensidade de uma intervenção na liberdade. O princípio da igualdade demanda a comparação de dois fatos, para incorporar a sua similitude ou diversidade na regra jurídica. A interdição de excesso pondera o fim e o meio da medida, analisa as vantagens e os efeitos desfavoráveis de um tratamento" ("Gleichmaß und Übermaß", p. 134).
[142] ROBBERS, "Der Gleichheitssatz", p. 752.
[143] Vide SACHS, "Die Maßstäbe des allgemeinen Gleichheitssatzes – Willkürverbot und sogenannte neue Formel", p. 129.

seu conteúdo sempre que haja princípios em conflito – e, por consequência, inviabilizaria a colisão do princípio analisado com outros princípios constitucionais.

Logicamente, a ponderação realizada no âmbito do princípio da igualdade pressupõe a prévia determinação do conteúdo do princípio ou, pelo menos, do tratamento que ele, isoladamente considerado, exige no caso concreto; caso contrário, seria impossível identificar qualquer forma de colisão de bens ou princípios. Mesmo sendo claro que, na prática jurisdicional, se determina intuitivamente o tratamento adequado à luz da igualdade, a ausência de uma determinação consciente e expressa implica a inadequada valoração da restrição imposta ao princípio da igualdade. Ademais, costuma-se negar a restrição que dito princípio sofre e identificar nela uma mera conformação, o que não só conduz à debilitação do princípio, senão também torna problemática a própria aplicação do mandado de proporcionalidade, que supõe a existência de uma intervenção prévia.[144]

Para reconhecer a viabilidade teórica da *neue Formel* seria imprescindível reinterpretá-la, concebendo-se que, na realidade, se trata de um modelo que compreende âmbitos de proteção e admite a possibilidade de intervenções e colisões de princípios.[145] Com isso, a fórmula resultaria tão somente inadequada, por não proporcionar critérios para a determinação dos âmbitos de proteção.

De todas essas ponderações, pode-se inferir que, apesar de ser atrativa a proposta de integrar o controle de proporcionalidade no princípio da igualdade, ela deveria vir acompanhada, ao menos, de uma prévia distinção entre o âmbito de proteção e as respectivas intervenções, que posteriormente seriam consideradas na determinação do mandado de igualdade. Essa distinção, contudo, levaria a uma modelo dogmático distinto, que ainda parece demasiado inovador para a doutrina predominante.[146]

---

[144] Vide HUSTER, "Gleichheit und Verhältnismäßigkeit", p. 542 ss. Heun é muito claro nesse sentido. Após criticar a posição sustentada por Huster, afirma que o mandado de justificação objetiva das desigualdades de trato (*Gebot sachgerechter Rechtfertigung einer Ungleichbehandlung*) permite uma ponderação entre o desvio perante o critério justo de igualdade e o fim que tal desvio persegue, embora dita "ponderação não siga exatamente a forma do controle de proporcionalidade". Um controle rígido de proporcionalidade não seria possível, pois não existiriam medidas para determinar a intensidade da "intervenção" no direito à igualdade ("Artikel 3. Gleichheit", p. 246).

[145] Rüfner defende claramente essa posição. Apesar de considerar ser inviável distinguir entre o âmbito de proteção e as intervenções no princípio da igualdade, afirma que o princípio da proporcionalidade (*Prinzip der Verhältnismβïgkeit*) está inserido no "controle de igualdade" (*Gleichheitsprüfung*) e que as medidas que se distanciam da igualdade (note-se que, como exemplo, indica justamente os benefícios fiscais, *Steuervergünstigung*) devem ser consideradas "intervenções na igualdade" (*Eingriffe in die Gleichheit*) e ser submetidas ao controle de proporcionalidade, isto é, aos controles de adequação, necessidade e proporcionalidade *stricto sensu* ("Artikel 3. Gleichheitssatz", p. 57-58). Para um exame mais detido da sua concepção, vide as páginas 76 ss.

[146] A expressiva resistência da doutrina alemã em aceitar o modelo de intervenção na igualdade pode ser atribuída, facilmente, a certo conservadorismo teórico (ou a uma mera comodidade acadêmica), como Georg Müller evidencia no seu debate com Klopfer. Após defender a necessidade de um controle de proporcionalidade "dentro" do princípio da igualdade ("Der Gleichheitssatz", p. 49 ss.), Müller justifica a sua posição apenas com o argumento de que se deve ser "cauteloso" e não aplicar "demasiado depressa" ao princípio da igualdade o modelo de intervenção desenvolvido no âmbito do "Direito de intervenção", concluindo com a afirmação de que ainda se sentia "inibido" para utilizar o conceito de proporcionalidade ("Diskussionsbeitrage", p. 89).

4. Concretização teleológica e relativização da igualdade

4.1. Concretização à luz do fim da regulação

Já na filosofia ética e política de Aristóteles estava presente a concepção segundo a qual a igualdade deve ser concretizada de modo teleológico. O filósofo grego rechaçava expressamente a utilização de um único critério de diferenciação para determinar o significado da igualdade, defendendo o estabelecimento de tratos diferenciados à luz da finalidade da medida. As disparidades não deveriam se fundar em "qualquer tipo de desigualdade", mas tão somente em desigualdades relevantes à distinção estabelecida: na distribuição de flautas, tem de se dar a melhor flauta ao melhor flautista, mesmo que seja inferior em nobreza e beleza (e essas qualidades sejam consideradas mais relevantes que a arte de tocar flauta); na distribuição do poder político, não devem ser consideradas qualidades atléticas, como a rapidez, etc.[147]

Também na dogmática da igualdade jurídica e na jurisprudência constitucional há um amplo consenso (mas não uma unanimidade) com respeito à necessidade de concretizar o princípio da igualdade em vista da finalidade da regulação. A consideração de tal finalidade não é, pois, elemento suficiente para individualizar uma teoria específica da igualdade jurídica.

O que permite identificar uma teoria estritamente "teleológica" da igualdade jurídica é o fato de só considerar os fins da regulação para concretizá-la, agregando elementos adicionais, como a legitimidade constitucional dos meios e dos fins, tão somente para compatibilizar o tratamento estabelecido com *outros* preceitos constitucionais. De acordo com essa concepção, os juízos de igualdade têm de ser efetuados à luz do fim do tratamento estabelecido, sendo irrelevante o seu conteúdo.

Dita posição teórica pode ser vislumbrada em determinadas lições de Radbruch.[148] O jurista alemão afirmava que, apesar de a essência da justiça consistir no tratamento igual dos iguais e desigual dos desiguais, tal fórmula só determina a relação (*Verhältnis*), e não a forma do tratamento, que apenas pode ser estabelecida à luz da finalidade do Direito, isto é, mediante a análise da "adequação ao fim" (*Zweckmäßigkeit*). Portanto, o conceito de justiça (e de igualdade) seria sempre relativo, variável de acordo com as distintas concepções políticas, jurídicas e estatais.[149] A igualdade é, ademais, generalizadora: exige a generalização dos preceitos jurídicos e sempre consiste em "abstração de desigualdades existentes desde um determinado ponto de vista". Assim, *todas as desigualdades são essenciais* sob a perspectiva da adequação ao fim.[150]

---

[147] ARISTÓTELES, *Política*, p. 91-92.

[148] É de se destacar que a interpretação da dogmática da igualdade em Radbruch é controversa. Uma interpretação sistemática que procurasse superar contradições aparentes da sua obra provavelmente impediria qualificar a teoria da justiça e da igualdade da *Rechtsphilosophie* de Radbruch como meramente formal e teleológica, pois, como notam R. Dreyer e S. Paulson, tal conclusão seria contrária, por exemplo, à interdição de tribunais de exceção e de leis particulares que Radbruch preconiza ("Einführung in die Rechtsphilosophie Radbruchs", p. 244, do *Studienausgabe*). Aqui, contudo, interessa-nos mais a ideia que em determinado momento se expôs do que a obtenção de uma interpretação unívoca do pensamento de Rabruch em vista da totalidade da sua obra.

[149] RADBRUCH, *Rechtsphilosophie*, 3ª ed., p. 70.

[150] *Ibidem*, p. 71.

Pois bem, já que ninguém defenderia a possibilidade de se buscar realizar fins inconstitucionais, o controle de constitucionalidade das disparidades de trato à luz de uma teoria estritamente teleológica da igualdade jurídica seria consubstanciado por dois exames fundamentais: a) de compatibilidade da medida adotada com o fim da regulação (controle de igualdade); e b) de constitucionalidade dos meios e dos fins (controle de compatibilidade com outras normas constitucionais). Desse modo, o significado do princípio da igualdade restringir-se-ia essencialmente à exigência de coerência estatal,[151] o que aproxima essa tese da teoria da igualdade como coerência sistêmica.[152]

Há de se reconhecer que a premissa da teoria é correta. É perfeitamente possível afirmar que "toda comparação começa [ou deve começar] com uma definição do fim da comparação, que determina a medida de comparação – o *tertium comparationis* –"[153] e que todo exame de igualdade deve, por conseguinte, basear-se no fim da regulação.[154] E também é certo que o legislador está obrigado a estabelecer meios aptos a alcançar tal fim.[155]

O problema é que a tese analisada *limita* as imposições do princípio da igualdade a essa débil exigência de adequação do meio ao fim escolhido, exigência que representa a primeira imposição do mandado de proporcionalidade (regra da adequação).[156] Em consequência dessa limitação, o conceito jurídico da igualdade passa a carecer de um conteúdo específico, pois as relações de igualdade e desigualdade seriam estabelecidas pelo quase completo arbítrio do legislador, que as determinaria mediante a escolha do fim que deseja alcançar.

Tal restrição do princípio da igualdade a uma mera imposição de aptidão do meio resulta da falta de critérios heterônomos para concretizá-lo, ou seja, de critérios que se imponham forçosamente ao legislador, por meio da atribuição de um conteúdo material ao princípio da igualdade com base em valorações constitucionais. Visto que as relações de igualdade são determinadas exclusivamente com fundamento no fim da regulação, escolhido livremente pelo legislador, ele resulta livre para esta-

---

[151] Nesse sentido, Stein e Frank propõem um controle de igualdade (*Gleichheitsprüfung*) relativo a três aspectos: a) constitucionalidade dos critérios de diferenciação (ou melhor, compatibilidade com as interdições de discriminação); b) constitucionalidade dos fins; e c) adequação dos critérios de diferenciação aos fins (*Staatsrecht*, p. 394 ss.). Gusy também propõe um controle de igualdade centrado no fim da regulação, que sempre poderia ser deduzido da hipótese das normas jurídicas. Considerando que o princípio da igualdade não determina e tampouco proíbe a adoção de qualquer fim, afirma que a constitucionalidade dos atos legislativos depende apenas: a) da compatibilidade do fim com as demais determinações constitucionais, sobretudo com os preceitos específicos de igualdade, as determinações de fins estatais e os direitos de liberdade; e b) uma adequada relação entre o fim e o meio escolhido. Acrescenta a tarefa de determinar a igualdade ou a desigualdade cabe primordialmente ao legislador, traduzindo-se a vinculação constitucional basicamente em uma autovinculação (*Selbstbindung*) relativa à eleição do meio adequado à realização do fim escolhido ("Der Gleichheitsschutz des Grundgesetzes", p. 2507 ss.).
[152] Com respeito à tese referida, vide p. 50 ss.
[153] KIRCHHOF, *Die Verschiedenheit der Menschen und die Gleichheit vor dem Gesetz*, p. 11.
[154] BÖCKENFÖRDE, *Der allgemeine Gleichheitssatz und die Aufgabe des Richters*, p. 71-72.
[155] O Tribunal Constitucional espanhol expressa tal exigência ao afirmar que "tampoco puede el legislador cuando adopte una regulación especial o excepcional, singularizar sin fundamento entre aquellos que, atendido el fin de la diferenciación, se encuentran en una posición igual" (STC 45/1989, de 20 de fevereiro, FJ 10).
[156] Vide p. 251 ss.

belecê-las e, obviamente, não se sujeita a um princípio *material* de igualdade, com conteúdo constitucional vinculante, mas tão somente a um mandado formal, de coerência na regulação legislativa.

Sem embargo, a constatação dessa inadequação teórica não conduz à refutação completa da tese, sobretudo porque, como se expôs, as suas premissas são inteiramente corretas. O que se deve fazer é retificá-la parcialmente, integrá-la e agregar-lhe elementos que ela não considera, isto é, diretrizes para a concretização fundamentalmente constitucional do princípio da isonomia, as quais permitam construir um princípio material que de fato vincule os agentes estatais à igualdade jurídica.

Mas antes de nos voltarmos à determinação de tais diretrizes, devemos repensar o modelo teórico do princípio estudado, de modo a superar o incorreto dogma do seu caráter absoluto.

4.2. A RELATIVIZAÇÃO DO PRINCÍPIO DA IGUALDADE

As teses analisadas apoiam-se no dogma do caráter absoluto do princípio da igualdade, característico do modelo teórico tradicional e, por consequência, conferem-lhe um significado extremamente débil. De fato, é absolutamente impraticável outorgar-lhe um significado material robusto e extrair dele exigências rigorosas quando se concebe que tais exigências são absolutas, que jamais poderão deixar de prevalecer, que nunca se poderá ponderá-las com princípios e bens jurídicos contrapostos. Por isso, os modelos teóricos que se fundam no mencionado dogma não atribuem ao princípio da igualdade um conteúdo material efetivo (ou, se o fazem, impõem severa restrição ao controle jurisdicional) ou, dito em outros termos, jamais conferem ao fundamental princípio dos Estados de Direito um significado minimamente equivalente ao que ostenta nas constituições contemporâneas.

Não obstante essa clara inadequação, a relevância de tal modelo dogmático recomenda que o analisemos minuciosamente, antes de expormos uma concepção alternativa.

4.2.1. O caráter absoluto do princípio da igualdade no modelo dogmático tradicional

À luz do modelo dogmático tradicional, o princípio da igualdade é absoluto. Não está sujeito a exceções, a restrições e tampouco à ponderação com princípios ou valores contrapostos. Teoricamente, deve ser observado invariável e integralmente. Todas as desigualdades são inconstitucionais. E, se são reconhecidas como legítimas, é porque não constituem desigualdades efetivas.

Tampouco se estabelece nesse modelo uma distinção entre o âmbito de proteção (*Schutzbereich*) ou irradiação, o âmbito de garantia efetiva (*effektive Garantiebereich*) e as intervenções (*Eingriffe*). O teor do tratamento igual não é formulado expressamente, e todas as possíveis intervenções no princípio reconduzem-se a conformações (se justificadas) ou a violações (se injustificadas). Ou seja, não são identificadas como verdadeiras intervenções, já que não há diferença entre os âmbitos de proteção e de garantia efetiva e, portanto, tais intervenções são tidas como elementos que servem para determinar o conteúdo concreto do princípio da igualdade.[157]

As ponderações de Lübbe-Wolff constituem exemplo esclarecedor. Não obstante proponha o reconhecimento dos direitos fundamentais como direitos de defesa contra intervenções (*Eingriffsabwehrrechte*), exclui expressamente a igualdade desse modelo e critica a proposta contrária de Kloepfer. O princípio da igualdade não introduziria uma proteção *prima facie*, senão definitiva. Não haveria diferença entre o âmbito de proteção, o de garantia efetiva e as intervenções: todo o âmbito de proteção da igualdade constituiria simultaneamente o seu âmbito de garantia efetiva, pois ela traria as restrições em si.[158]

Isso é o que ocorre com a teoria da interdição de arbitrariedade. Não permite construir um efetivo âmbito de proteção (ou de irradiação) do princípio da igualdade. Tampouco extrai dele um mandado de tratamento paritário dos iguais e díspar dos desiguais. Limita-se a impor ao legislador que não trate "nem os essencialmente iguais desigual e arbitrariamente (*wesentlich Gleiches willkürlich ungleich*), nem os essencialmente desiguais igual e arbitrariamente (*wesentlich Ungleiches willkürlich gleich*)".[159] E, recorde-se, a aplicação de tal interdição não está centrada na determinação da igualdade essencial (embora seja, teoricamente, uma questão prévia); ao contrário, centra-se na determinação do caráter arbitrário do tratamento, na busca de um fundamento objetivo e adequado, momento em que as intervenções são consideradas.[160]

Idêntica situação se verifica na variante que utiliza a noção de arbitrariedade para determinar a igualdade essencial. Sempre que haja um fundamento não arbitrário para a diferenciação, as pessoas ou situações tratadas de forma desigual não se qualificarão como "essencialmente iguais" (*wesentlich gleich*). A justificação da disparidade do tratamento é analisada antes da determinação da igualdade (ou desigualdade) e, cabe assinalá-lo, em substituição a ela. Se há um fundamento adequado para a disparidade de trato, não se reconhecerá uma "igualdade essencial" e, na situação oposta, se há um fundamento para a paridade de trato, não se identificará uma "desigualdade essencial". Nunca se reconhecerá, portanto, a legitimidade de tratamentos paritários dos essencialmente desiguais ou díspares dos essencialmente iguais, porquanto a essencialidade está indissociavelmente vinculada à presença de um fundamento jurídico apto a justificar a diferenciação ou a equiparação,[161] o que faz com que perca o seu significado específico. Paradoxalmente, a igualdade torna-se irrelevante (ou, ao menos, uma questão secundária, acessória) para a aplicação do princípio da igualdade.

---

[157] Vide HUSTER, "Gleichheit und Verhältnismäβigkeit", p. 541-542.

[158] LÜBBE-WOLFF, *Die Grundrechte als Eingriffsabwehrrechte*, p. 27 e 258-260. Nesse sentido, Rüfner, citando Pieroth e Schlink, afirma que a amplitude do âmbito de aplicação do princípio da igualdade obsta a determinação de uma área limitada de proteção e, por consequência, a distinção entre a área de proteção (*Schutzbereich*) e as intervenções (*Eingriffe*) ("Artikel 3. Gleichheitssatz", p. 57). Scheuner expressa que o conteúdo positivo do princípio da igualdade só pode ser determinado pela legislação, a qual não restringiria o princípio, antes efetuaria ajustes necessários para a sua concretização ("Die Funktion der Grundrechte im Sozialstaat", p. 510).

[159] BVerfGE 4, 144 [155]. Vide também BVerfGE 51, 1 [23], 57, 250 [271]; 76, 256 [329].

[160] Vide p. 37 ss.

[161] HUSTER, *Rechte und Ziele. Zur Dogmatik des allgemeinen Gleichheitssatzes*, p. 167-168.

Vale enfatizar a *orientação por uma opção disjuntiva* que há em tais fórmulas. Um tratamento paritário ou díspar só pode ter ou carecer de justificação com base em um fundamento objetivo e adequado. Se se conclui que o tratamento está justificado, não se considera eventual colisão com bens ou princípios jurídicos contrapostos. Tal conflito foi considerado (ou pelo menos deveria sê-lo) na determinação da razoabilidade da medida estabelecida.

Em virtude de não se reconhecer a existência de intervenções no princípio da igualdade, ele *não pode ser objeto de uma verdadeira ponderação de princípios*. A ponderação, se for realizada, sê-lo-á para determinar o seu mandado, ao se averiguar a existência de razões que justifiquem o trato igual ou desigual estabelecido,[162] e nunca após a conformação do seu conteúdo.

4.2.1.1. *Reflexos na estrutura normativa do princípio e nos respectivos direitos subjetivos*

Sob um ponto de vista normativo, a *Willkürtheorie* leva à inserção do "princípio da igualdade" na categoria das regras, dado representar um mandado *definitivo* de tratos jurídicos não arbitrários. Definitivo porque nunca poderá ser excepcionado: arbitrariedades jamais podem ser admitidas. E, ainda que se utilize a noção de arbitrariedade exclusivamente para definir os espaços do legislador, a norma continuaria a qualificar-se como regra, com a peculiaridade de que a hipótese seria ampla, abarcando o âmbito de liberdade do legislador como uma cláusula restritiva.

Isso também está presente na *neue Formel* interpretada à luz da concepção dominante. Ao aplicá-la, o guardião da Constituição não determina o conteúdo do mandado de igualdade para, posteriormente, ponderá-lo com os princípios contrapostos; pelo contrário, realiza uma ponderação de princípios para determiná-lo. Dito em outros termos, o mandado de igualdade depende de uma prévia ponderação de princípios (sempre que haja uma relação de conflito, obviamente) que determinará o seu conteúdo – ou, ao menos, a justificação da desigualdade de trato no âmbito do princípio da igualdade. Por tal razão, a igualdade na expressão da *neue Formel* representa uma exigência absoluta e definitiva, que nunca poderá ser desconsiderada, mesmo que haja relevantes exigências opostas à igualdade. O caráter absoluto da igualdade torna-se possível mediante a introdução de uma "cláusula de reserva" ou de "exceção", que convola o "princípio" da igualdade numa "regra" (pois não se sujeita à ponderação com exigências contrapostas) ou, pelo menos, faz com que se aplique como tal, de um modo "tudo ou nada", após a prévia ponderação de prin-

---

[162] Alexy defende essa posição com relativa clareza. Após examinar a possibilidade de construir a norma de igualdade segundo a teoria externa e rechaçá-la, em consequência da amplitude do princípio geral da igualdade, afirma ser viável efetuar a ponderação de princípios para determinar a sua hipótese normativa, ao se averiguar a existência de uma razão suficiente para a diferenciação. Constrói, assim, o mandado e a interdição de tratos (des)iguais com a ajuda do conceito de "fundamento suficiente" (*zureichender Grund*) e utiliza o mandado de proporcionalidade, com as suas três regras parciais, para determiná-lo, pois um fundamento jamais será suficiente se não superar tal exame (*Theorie der Grundrechte*, p. 390-391, n. 91). Não haveria restrições aos direitos de igualdade, mas apenas determinações dos seus conteúdos. Percebe-se facilmente que Alexy defende, para o princípio da igualdade, um modelo igual ao que propõe para o direito geral de liberdade, baseado na teoria ampla da hipótese, à luz da qual ela já abarca as restrições. Em suma, insere o controle de proporcionalidade no próprio conteúdo do princípio da igualdade.

cípios efetuada no seu âmbito.[163] A inegável consequência é a impossibilidade de ocorrerem colisões entre o princípio (ou regra) da igualdade e outros princípios ou bens jurídico-constitucionais.

A exposição da teoria ampla da hipótese normativa dos direitos fundamentais esclarecerá essas assertivas. Segundo ela, a hipótese não é constituída tão somente pela hipótese *stricto sensu*, mas também pelas restrições, de modo que abarca a totalidade das condições de uma consequência jurídica definitiva.[164]

Obviamente, a consequência jurídica somente poderá ser implementada caso a hipótese *stricto sensu* esteja caracterizada e a "cláusula de restrição" não. Com base no esquema formulado por Alexy para as liberdades de ação,[165] podemos apresentar um esquema do princípio da igualdade à luz da teoria ampla da hipótese normativa nestes termos:

Hipótese normativa *lato sensu*	Consequência jurídica
(1) Hipótese *stricto sensu* (+), restrição (+):	não está determinado x
(2) Hipótese *stricto sensu* (+), restrição (−):	está determinado x

Se há uma relação de igualdade, que configura a hipótese normativa *stricto sensu*, um tratamento paritário só estará determinado pelo princípio da isonomia se a restrição (representada pelos fundamentos que possam justificar a desigualdade de trato) não estiver caracterizada (situação 2); na situação oposta, o princípio em foco não exigiria dito tratamento (situação 1). Destarte, resulta teoricamente impossível identificar restrições ou inobservâncias constitucionalmente justificadas do princípio da igualdade.

Tal fato pode ser identificado na variante da *Willkürtheorie* atinente à restrição do controle de constitucionalidade e, com acentuada nitidez, na *neue Formel*. Naquela, é viável reconhecer que o âmbito de liberdade do legislador constitui a restrição, haja vista que, não obstante o princípio da igualdade imponha ao legislador o estabelecimento de tratos iguais, o controle de constitucionalidade restringe-se à arbitrariedade, isto é, às injustiças evidentes. Quando a hipótese normativa *stricto sensu* se verifica no plano fenomênico, deverá determinar-se um trato paritário, sempre que a regulação não esteja dentro do âmbito de liberdade de conformação do legislador. A implicação prática dessa tese é que o tratamento paritário somente estará determinado de modo vinculante se houver uma igualdade essencial cuja desconsideração configure um tratamento arbitrário.[166] E na *neue Formel* a restrição é

---

[163] A respeito, Alexy nota que "todo princípio pode transformar-se em uma norma tudo-ou-nada mediante uma cláusula geral de reserva tal como 'e quando algo distinto não seja determinado por um princípio contraposto e com peso superior'" ("Zur Struktur der Rechtsprinzipien", p. 44).

[164] Sobre as teorias ampla e estreita da hipótese normativa (*enge und weite Tatbestandstheorie*), vide ALEXY, *Theorie der Grundrechte*, p. 278 ss.

[165] ALEXY, *Theorie der Grundrechte*, p. 279.

[166] Vide KLOEPFER, *Gleichheit als Verfassungsfrage*, p. 64. Cumpre esclarecer a viabilidade de efetuar individualização normativa distinta, mediante o reconhecimento de que tal variante teórica compreende duas normas, uma relativa à imposição do princípio da igualdade e outra ao âmbito de competência da corte constitucional. Sobre o reconhecimento da liberdade de conformação legislativa como restrição aos direitos fundamentais, vide a nota 177.

composta pelas razões, bens e princípios contrapostos, determinando-se *in concreto* após a da ponderação.[167]

Tais considerações, pertinentes ao mandado de trato paritário, aplicam-se perfeitamente ao de trato díspar. A consequência jurídica seria sempre definitiva, não se sujeitando à ponderação com outros princípios, já considerados na cláusula de restrição da hipótese normativa ampla. Os mandados de trato paritário e díspar qualificar-se-iam, portanto, como *regras* e sempre conduziriam a direitos subjetivos *definitivos*: o cidadão tem direito a não ser tratado igual ou desigualmente de forma arbitrária (teoria da interdição de arbitrariedade) ou desproporcional (teoria da interdição de tratos desproporcionais).

Com respeito aos direitos que geram, tanto a *Willkürformel* quanto a *neue Formel* configuram modelos análogos à teoria interna (*Innentheorie*) dos direitos fundamentais, teoria essa que não reconhece a existência do direito e das suas restrições, senão tão só daquele, com os seus limites.[168] As restrições são tidas por imanentes e servem para determinar o seu conteúdo e os seus limites, e não para restringi-lo. Nas palavras de Häberle, todas as restrições integram a "determinação do conteúdo" (*Inhaltsbestimmung*) e, por conseguinte, o legislador, ao limitar o direito fundamental, também determina o seu conteúdo. Não há espaço para restrições de direitos, que são definitivos. E, consequentemente, todas as tentativas de intervenção no direito seriam ilegítimas, por se qualificarem como violações.[169]

4.2.1.2. Análise crítica

O dogma do caráter absoluto do princípio da igualdade implica a negação da sua dimensão de peso,[170] fazendo com que ceda perante qualquer outra exigência minimamente fundada. Por isso, constitui a razão fundamental da sua anemia jurídica, da sua carência de conteúdo e força jurídica vinculante.

Ademais, é inconveniente "incorporar" o mandado de proporcionalidade no princípio da igualdade, mediante a inserção de uma "cláusula de reserva" como se faz na *neue Formel*, porquanto as ponderações com as exigências externas (isto é, com os princípios e bens jurídicos contrapostos), alheias ao significado específico

---

[167] Essa afirmação pode ser elucidada por meio da peculiar teoria que atribui caráter absoluto ao princípio da isonomia e dele deriva um mandado de igualdade absoluta (aritmética); mandado que convive com os tratos díspares justamente através da criação de uma reserva implícita, segundo a qual tais tratos são legítimos, contanto que sejam proporcionais (MARTINI, *Art. 3 Abs. 1 GG als Prinzip absoluter Rechtsgleichheit*, p. 168). Ou seja, introduz, de forma nítida, o controle de proporcionalidade no conteúdo do princípio da igualdade. A respeito dessa teoria, vide p. 59. Nessa linha, Wendt também inclui, com apoio na jurisprudência do BVerfG, as exigências do mandado de proporcionalidade no "controle de igualdade" (*Gleichheitsprüfung*) ("Der Gleichheitssatz", p. 781 ss.).

[168] A respeito da teoria da interdição de arbitrariedade, vide MARTINI, *Art. 3 Abs. 1 GG als Prinzip absoluter Rechtsgleichheit*, p. 36 ss.

[169] HÄBERLE, *Die Wesengehaltgarantie des Art. 19 Abs. 2 Grundgesetz*, p. 179, que analisa o desenvolvimento da *Innentheorie* e da *Außentheorie* no Direito Civil e, mais precisamente, nos estudos relativos ao instituto do abuso do direito. Vide também ALEXY, *Theorie der Grundrechte*, p. 250-251; BOROWSKI, *Grundrechte als Prinzipen*, p. 29 ss.

[170] A propósito, Alexy destaca que não só a "ideia da otimização é necessária para se poder diferenciar a dimensão de peso de uma norma perante a sua validade", mas também que é inviável "uma adequada teoria das limitações de um direito sem a teoria dos princípios" ("Zur Struktur der Rechtsprinzipien", p. 37-38).

das normas jurídicas, não devem ser realizadas "dentro" dos princípios envolvidos, senão "entre" eles, após se determinarem as suas exigências *prima facie*. A respeito, Alexy nota que os objetos de ponderação "somente podem ser reconstruídos racionalmente como princípios no sentido de mandados de ponderação"[171] e que "quem rechaça a teoria dos princípios também deve, por isso, rechaçar o mandado de proporcionalidade".[172] Dito em outros termos, quem rejeita o princípio da igualdade como um "princípio" efetivo também tem de rechaçar o controle de proporcionalidade, que integra a nova fórmula do BVerfG.

Mesmo que fosse concebível aplicar a "teoria ampla da hipótese normativa" à igualdade, tal proposta teórica deveria ser rejeitada pela sua falta de clareza e pela sua debilidade analítica, que constitui um perigo efetivo para a eficácia jurídica do princípio analisado, pois obscurece o fato de que há exigências contrapostas à igualdade jurídica.

De fato, a distinção entre a hipótese normativa dos direitos fundamentais (*Grundrechtstatbestand*) e as respectivas restrições (*Grundrechtsschranken*) é de suma relevância, pois possibilita que se expressem de forma clara os fundamentos das decisões atinentes a tais direitos, ao exigir que se: a) construa a hipótese normativa do direito fundamental, outorgando-lhe um significado próprio e determinado; b) identifique a restrição ao direito e a sua intensidade, pondo em relevo o conflito entre princípios ou entre o princípio afetado e interesses coletivos; e c) sujeite tal restrição a limitações específicas, denominadas na dogmática alemã "limitações de restrições" (*Schranken-Schranken*).[173]

Cabe repisar que a importância fundamental dessa distinção decorre de possibilitar o estabelecimento de uma separação nítida entre os elementos em conflito, sobretudo porque em geral os interesses individuais sustentam a determinação da hipótese normativa enquanto os coletivos (ou interesses individuais de terceiros) apoiam as restrições. O tratamento conjunto da hipótese normativa e das respectivas restrições dificulta severamente a identificação da tensão jurídica, levando à adoção de interpretações ilegítimas, que restringem demasiadamente os direitos fundamentais.[174]

4.2.2. Construção do modelo de intervenção

O modelo de intervenção na igualdade implica a aplicação de um esquema de controle similar ao desenvolvido no âmbito dos direitos de liberdade, que compreende três etapas essenciais: a determinação do âmbito de proteção; a identificação das

---

[171] ALEXY, "Zur Struktur der Rechtsprinzipien", p. 45.

[172] ALEXY, "Zur Struktur der Rechtsprinzipien", p. 35. O peculiar é que o Professor da Universidade de Kiel o afirma para refutar a crítica que Atienza e Ruiz Manero dirigem à sua teoria dos princípios, na qual utilizam justamente uma construção do princípio da igualdade análoga à que Alexy defende no seu livro "Teoria dos direitos fundamentais". Vide também ALEXY, "Rechtsregeln und Rechtsprinzipien", p. 18.

[173] Vide KLOEPFER, *Gleichheit als Verfassungsfrage*, p. 59; J. BECKER, *Transfergerechtigkeit und Verfassung*, p. 71.

[174] KLOEPFER, "Grundrechtstatbestand und Grundrechtsschranken in der Rechtsprechung des Bundesverfassungsgerichts", p. 407; *idem, Gleichheit als Verfassungsfrage*, p. 56. A importância de diferenciar interesses individuais e coletivos na dogmática da igualdade foi ressaltada por Huster, ao estabelecer uma dicotomia entre "fins internos" e "fins externos", da qual nos ocuparemos em seguida.

intervenções (tratamentos contrários à igualdade); e o controle (justificação) de tais intervenções com base no mandado de proporcionalidade. Por isso, também é denominado na Alemanha de esquema "âmbito de proteção-intervenção-justificação" (*Schutzbereich-Eingriff-Rechtfertigung*).[175]

Plenamente consciente da importância de distinguir entre as hipóteses normativas dos direitos fundamentais e as respectivas intervenções, Michael Kloepfer propôs a aplicação do modelo de intervenção e restrição (*Eingriffs-Schrankenmodell*) para o princípio geral da igualdade.[176] Diferenciou claramente o bem protegido pelo princípio (a igualdade essencial, assim como a desigualdade essencial, entre dois fatos regulados juridicamente) e as respectivas intervenções (os tratamentos iguais dos essencialmente desiguais e desiguais dos essencialmente iguais).[177][178] E postulou a sujeição destas às limitações gerais às intervenções nos direitos fundamentais.[179]

Essa construção impõe reconhecer que os desvios perante o princípio da isonomia baseados em fins constitucionalmente legítimos implicam, metodologicamente, colisões entre distintos princípios constitucionais (*Kollision verschiedener Principien des Verfassungsrechts*).[180] Consequentemente, da igualdade essencial resulta tão somente um mandado *prima facie* de trato igual, assim como a desigualdade essencial conduz a um mandado *prima facie* de trato díspar.

O problema central da construção de Kloepfer reside na definição da igualdade juridicamente relevante ou essencial, pois não proporciona critérios adequados para tanto, limitando-se a aludir à finalidade da lei e à contrariedade ao sistema,[181]

---

[175] Vide BRYDE; KLEINDIEK, "Der allgemeine Gleichheitssatz", p. 37.

[176] Vide KLOPFER, *Gleichheit als Verfassungsfrage*, cuja primeira versão foi divulgada sob a forma de artigo, denominado "Gleichheit als Verfassungsproblem" e publicado em 1982, numa coletânea de estudos apresentados na Universidade de Trierer no inverno de 1979/1980.

[177] Kloepfer refere-se especificamente à "hipótese normativa do direito fundamental" (*Grundrechtstatbestand*), à "intervenção (*Eingriff*) mediante um desigual (ou igual) tratamento essencial", às "limitações do direito fundamental" (*Grundrechtsschranken*), representadas pelos âmbitos de liberdade de conformação do legislador e dos aplicadores das leis e às "limitações das limitações" (*Schranken-Schranken*) (*Gleichheit als Verfassungsfrage*, p. 64). Com respeito à identificação das limitações ao direito à igualdade com o âmbito de liberdade de conformação do legislador, a sua posição se mostra altamente criticável, porquanto os espaços do legislador não limitam o princípio da igualdade, antes resultam dos limites desse princípio ou, segundo a concepção adotada, dos limites do controle de constitucionalidade dos atos legislativos. Alexy também critica essa tese, afirmando que "a liberdade de conformação legislativa não é nunca, como tal, um argumento suficiente para uma diferenciação" (*Theorie der Grundrechte*, p. 391, n. 91).

[178] Jarass também identifica nos tratamentos desiguais afetações do âmbito de proteção da igualdade (*Grundgesetz für die Bundesrepublik Deutschland. Kommentar*, p. 24). Em termos análogos, Sachs refere-se a um "objeto de proteção" (*Schutzgegenstand*) dos direitos de igualdade ("Der Gleichheitssatz als eigenständiges subjektives Grundrecht", p. 319) e, ademais, à "intervenção no direito fundamental à igualdade" ("Die Maßstäbe des allgemeinen Gleichheitssatzes – Willkürverbot und sogenannte neue Formel", p. 129). A posição contrária, segundo a qual o princípio da igualdade não possui um âmbito de proteção determinado, não protege interesses específicos e, por consequência, não é suscetível a intervenções (BLECKMANN, *Die Struktur des allgemeinen Gleichheitssatzes*, p. 37), não pode ser aceita, haja vista olvidar a autonomia e a essência do princípio.

[179] KLOEPFER, *Gleichheit als Verfassungsfrage*, p. 56 ss. Kloepfer destaca que a distinção entre o âmbito de proteção e as intervenções no princípio da igualdade tem importância prática justamente por permitir que se lhes apliquem as limitações gerais à restrição dos direitos fundamentais (*Gleichheit als Verfassungsfrage*, p. 59).

[180] RÜFNER, "Artikel 3. Gleichheitssatz", mrg. 100, p. 60.

[181] KLOEPFER, *Gleichheit als Verfassungsfrage*, p. 56.

elementos insuficientes para estabelecer uma distinção entre o âmbito de proteção e as intervenções no princípio da isonomia.[182]

4.2.2.1. Reflexos na estrutura normativa do princípio e nos respectivos direitos subjetivos

O modelo exposto corresponde, no plano normativo, à denominada teoria estreita da hipótese normativa, segundo a qual ela é composta unicamente pela "hipótese normativa *stricto sensu*": as restrições não a integram e tampouco há uma hipótese normativa *lato sensu*. As hipóteses *stricto sensu* produzem consequências jurídicas *sempre* que se verifiquem os seus elementos no plano fático. Integram normas jurídicas que se qualificam como *princípios*: constituem mandados de otimização (*Optimierungsgebote*), que determinam a realização de algo na máxima medida possível, dentro das possibilidades fáticas e jurídicas existentes.[183]

Dita concepção é inovadora na sua formulação, mas não na sua essência. Enno Becker, embora vislumbrasse na igualdade uma interdição de arbitrariedade, já considerava que as leis tributárias deveriam ser construídas com apoio na "ideia fundamental da máxima igualdade possível da tributação" (*Grundgedanke möglischster Gleichmäßigkeit der Besteuerung*) e deveriam buscar alcançar a igualdade como um ideal, na máxima medida possível.[184] O *Bundesverfassungsgericht* também exteriorizou claramente essa concepção ao se referir, no importante precedente sobre a tributação dos juros, ao "mandado da imposição igual de todos os contribuintes, na máxima medida possível" (*Gebot der möglichst gleichmäßig Belastung aller Steuerpflichtigen*).[185]

No plano subjetivo, o modelo da intervenção corresponde à denominada "teoria externa" (*Außentheorie*) desenvolvida no âmbito do Direito Civil e da teoria geral dos direitos fundamentais. Essa teoria diferencia o âmbito de proteção (equivalente, na sua dimensão subjetiva, ao direito) das intervenções (ou restrições). Há duas coisas, o direito em si (*Recht an sich*), que não está restrito, e as restrições. Ao se consociar o direito *prima facie* com as restrições, obtém-se o direito restrito (*eingeschränkte Recht*).[186]

Em virtude da possibilidade de intervenção no âmbito de proteção (ou irradiação), os direitos de igualdade qualificam-se como direitos *prima facie*. Por conseguinte, a distinção entre intervenção e violação dos direitos fundamentais assume uma importância singular.[187] Torna-se teoricamente possível o conflito de princípios envolvendo a igualdade jurídica e, por isso, necessária a aplicação do mandado de proporcionalidade.

---

[182] Vide BOROWSKI, *Grundrechte als Prinzipen*, p. 375; ALEXY, *Theorie der Grundrechte*, p. 391, n. 91.
[183] Essa é a conhecida definição de princípios de Alexy (*Theorie der Grundrechte*, p. 75-76).
[184] E. BECKER, "Die Entwicklung des deutschen Steuerrechts durch die Rechtsprechung seit 1928", p. 948.
[185] BVerfGE 84, 239 [271].
[186] ALEXY, *Theorie der Grundrechte*, p. 250-253.
[187] HUSTER, "Gleichheit und Verhältnismäßigkeit", p. 548. Vide HEUN, "Artikel 3. Gleichheit", mrg. 26, p. 245.

4.2.2.2. Análise crítica

A proposta de Kloepfer coloca em evidência um fato de suma relevância: a existência de conflitos normativos que envolvem o princípio da igualdade jurídica. Conflitos concebidos como a contraposição, em uma determinada situação, de mandados ou interdições *após* a prévia determinação do conteúdo das normas respectivas.[188] Assim, possibilita conferir a tal princípio uma força jurídica efetiva, que deveria ter-lhe sido reconhecida há muito tempo.

4.2.3. Desenvolvimento mediante a distinção entre fins

Não obstante a determinação teleológica do conteúdo da igualdade seja correta, nem todos os fins devem ser considerados para tanto. A igualdade jurídica só pode ser concretizada à luz de fins *específicos*. Por consequência, a distinção entre fins assume um significado fundamental para a dogmática da igualdade, notadamente quando se reconhece a necessidade de se realizar um controle de proporcionalidade das desigualdades jurídicas.

4.2.3.1. Contribuição de Rüfner

A relevância da distinção entre fins para concretizar a igualdade foi ressaltada por Rüfner. Assevera que, no âmbito dos impostos, a finalidade da tributação conforme a capacidade contributiva é a de realizar a *distribuição igual* das cargas públicas e que, desse modo, dita sistemática impositiva se orienta pela "ideia da justiça individual" (*Gedanke der Individualgerechtigkeit*) a fim de concretizar uma igualdade proporcional e adequada. Ou seja, quando se pretende promover uma tributação graduada conforme a capacidade contributiva, o que se almeja é realizar a igualdade, estabelecendo uma regulação orientada pelos critérios que resultam do princípio correlato, sem que outros fundamentos afetem a vinculação a tal princípio. A justificação dos tratamentos díspares deriva do próprio princípio da igualdade, e não de fins políticos, econômicos e sociais. A esse contexto se contrapõe o consciente desvio perante a igualdade com base em fundamentos que contrastam com a justiça individual, isto é, em argumentos de praticabilidade administrativa, de conformação econômica, de proteção ao meio ambiente etc.,[189] que concernem a "fins alheios ao tratamento igual".[190]

No entanto, Rüfner, seguindo Alexy, Pieroth e Schlink, considera que a amplitude universal do princípio da igualdade impede atribuir-lhe um "âmbito de proteção ilimitado" e diferenciar o âmbito de proteção perante as intervenções. Apesar disso, defende um controle de proporcionalidade das desigualdades a ser realizado no próprio exame de igualdade (*Gleichheitsprüfung*) e afirma, claramente, que as medidas contrárias ao conteúdo da igualdade devem ser consideradas *intervenções na igualdade* e controladas mediante o "controle de proporcionalidade" (*Verhältnismäßigkeitsprüfung*), e não ser utilizadas, como propõe Schneider, para definir as relações de

---
[188] Sobre esse conceito de conflito, vide ENDERLEIN, *Abwägung in Recht und Moral*, p. 45.
[189] RÜFNER, "Artikel 3. Gleichheitssatz", mrgs. 92-95, p. 56-57.
[190] RÜFNER, ob. cit., mrg. 97, p. 58.

igualdade e desigualdade.[191] Paradoxalmente, qualifica a situação de contraposição como uma "colisão de distintos princípios de Direito Constitucional".[192]

A sua resistência em adotar uma dogmática de intervenção também se funda no fato de considerar que uma distinção forte entre tais fins somente poderia existir em uma especulação sobre um modelo ideal, pois na prática dificilmente se poderiam identificar regulações dirigidas exclusivamente por um fim, ilustrando essa afirmação justamente com o exemplo dos tributos redistributivos e dirigentes.[193]

Ao analisar criticamente a proposta teórica de Rüfner, há de se reconhecer a singular importância da distinção entre fins para concretizar a noção de igualdade, o que permite identificar e sujeitar a um consciente controle de constitucionalidade as desigualdades resultantes das normas tributárias extrafiscais e de simplificação. No entanto, mesmo que seja correta a sua afirmação com respeito às dificuldades de se realizar uma distinção rígida entre fins, tal constatação não obsta uma distinção clara entre os fins perseguidos no Direito Tributário, sobretudo em vista de *normas tributárias específicas*. Dificilmente se poderá dizer que a regulação do Imposto de Renda persegue exclusivamente a igualdade tributária; contudo, é indubitável que certas normas a perseguem. Por outro lado, em um tributo extrafiscal é possível denunciar, com absoluta segurança, regulações que se desviam do fim da igualdade tributária.

4.2.3.2. Aporte de Huster

Na linha da proposta de Kloepfer, Huster preconiza um modelo dogmático de intervenção para o princípio da igualdade, com a peculiaridade de considerar e desenvolver a distinção entre fins estabelecida por Rüfner, a fim de determinar o âmbito de proteção do princípio e identificar as respectivas intervenções. Funda a sua teoria em uma dicotomia básica, estabelecida entre "fins internos" (*interne Zwecke*) e "externos" (*externe Zwecke*).[194]

---

[191] RÜFNER, ob. cit., mrg. 96, p. 57. Note-se que Müller já identificava uma distinção entre certos interesses buscados pelas leis e o "interesse no tratamento igual", ao sustentar a necessidade de se realizar uma ponderação entre tais interesses. Todavia, considerava que dito controle, mesmo sendo similar ao de proporcionalidade, não se identificava com este ("Der Gleichheitssatz", p. 51-51).

[192] RÜFNER, ob. cit., mrg. 100, p. 101.

[193] RÜFNER, ob. cit., mrg. 98, p. 58-59.

[194] Na realidade, essa distinção não é uma criação do jurista alemão (vide HUSTER, *Rechte und Ziele. Zur Dogmatik des allgemeinen Gleichheitssatzes*, p. 215, n. 197). Ela já estava devidamente desenvolvida nos conhecidos escritos de Dworkin, sob a forma da dicotomia entre princípios e políticas. As políticas (*policies*) estabelecem metas (*goals*) para a sua consecução, "geralmente uma melhoria em algum aspecto econômico, político ou social da comunidade", enquanto os princípios (*principles*) não se destinam a alcançar ou garantir uma situação econômica, política ou social tida por desejável, senão a realizar uma exigência da justiça (*requirement of justice*), equidade (*fairness*) ou de alguma outra dimensão da moralidade (DWORKIN, *Taking rights seriously*, p. 22). Em outra passagem, Dworkin estabelece uma distinção clara e concisa, ao afirmar que: "Princípios são proposições que descrevem direitos; políticas são proposições que descrevem metas" (ob. cit., p. 90). Indica como exemplo de meta coletiva a eficiência econômica perseguida por muitas normas tributárias dirigentes e também determinadas concepções de igualdade (ob. cit., p. 91). Correlata a essa distinção é aquela estabelecida entre argumentos de princípio (*arguments of principle*) e argumentos de políticas (*argumentos of policy*): estes justificam uma decisão "mediante a demonstração de que [tal decisão] promove ou protege alguma meta coletiva (*collective goal*) da comunidade como um todo", como é o caso do argumento segundo o qual um subsídio para a indústria aeronáutica promoverá a defesa nacional; já os argumentos de prin-

Esclarece corretamente que, antes de se indagar acerca da existência de uma justificativa para a disparidade jurídica, tem de se averiguar esta questão: que diferenciações correspondem efetivamente à igualdade?[195] Ao se responder a essa pergunta, será possível delimitar o âmbito de proteção do princípio da igualdade, que é constituído pelos direitos à igualdade das pessoas comparadas, derivados de critérios de justiça (*Gerechtigkeitsmaßstab*). Tais critérios de justiça devem ser determinados à luz do âmbito ou do contexto de aplicação e, portanto, podem variar radicalmente: o critério de justiça para a divisão da carga dos impostos, v.g., é a capacidade contributiva, enquanto que, para a divisão das prestações sociais, é a necessidade. Por consequência, o princípio da igualdade demanda aplicações distintas em vista dos respectivos âmbitos ou contextos.[196]

Os "fins internos" na concepção Huster concernem a aspectos de justiça. Fundamentam tratos diferenciados que se justificam com base em aspectos ligados diretamente às pessoas comparadas e expressam características próprias ou que lhes podem ser, de fato, atribuídas, como a culpa no Direito Penal, a capacidade contributiva no Direito Tributário e a dupla jornada laboral feminina no Direito da Seguridade Social.[197] Entre tais características e os critérios de diferenciação haveria uma "conexão interna" (*innerer Zusammenhang*), a qual possibilita afirmar que a desigualdade de tratamento resulta da "natureza da coisa" (*Natur der Sache*) ou de "regulações que resultam da natureza da própria coisa" (*in der Sache selbst liegenden Gesetzlichkeiten*). Os tratamentos díspares justificar-se-iam, pois, pelo fato de serem justos.[198]

É com base nos fins internos, nas características fáticas e nos respectivos critérios de diferenciação que deverão ser determinados o conteúdo e o âmbito de proteção do princípio da igualdade. Com respeito a tal âmbito, Huster afirma consistir nos tratos correspondentes aos critérios de justiça (*Gerechtigkeitsmaßtab*) e, consequentemente, aos direitos das pessoas comparadas à igualdade (*Gleichheitsrechte der Vergleichenperson*).[199] Determinado o âmbito de proteção, identificar-se-ão facilmente as intervenções, tais como os tratos legislativos paritários ou díspares que se desviam do tratamento igual em sentido jurídico (*Gleichbehandlung im normativen Sinne*).[200]

---

cípio justificam uma decisão pela demonstração de que ela realiza ou garante algum direito individual ou coletivo (*individual or group right*), como ocorre com o argumento a favor de leis antidiscriminação baseado na existência de um direito da minoria a tratamentos iguais (*ibidem*, p. 82).

[195] HUSTER, *Rechte und Ziele. Zur Dogmatik des allgemeinen Gleichheitssatzes*, p. 219.

[196] HUSTER, "Gleichheit und Verhältnismäßigkeit", p. 547.

[197] A doutrina parece não compreender o significado do modelo proposto quando o critica afirmando que os tratos diferenciados não se justificam necessariamente pelo esquema "relação de fim e meio" (*Zweck-Mittel-Relation*), mas sim com base nas características das pessoas, como ocorre com a tributação diferenciada imposta pela disparidade de capacidade contributiva (HEUN, "Artikel 3. Gleichheit", mrg. 25, p. 244). Esse exemplo não indica uma desigualdade jurídica, senão tão somente um trato diferenciado conforme à igualdade ou, mais precisamente, *exigido* pela igualdade tributária *vertical*. O princípio da igualdade não constitui, de forma alguma, um mandado de trato paritário universal, de igualdade aritmética: exige tanto tratos paritários quanto díspares, como destacamos anteriormente. Vide p. 585.

[198] HUSTER, *Rechte und Ziele. Zur Dogmatik des allgemeinen Gleichheitssatzes*, p. 165-167 e 173.

[199] HUSTER, "Gleichheit und Verhältnismäßigkeit", p. 547.

[200] HUSTER, *idem*, p. 548. Eckhoff, ao abordar criticamente a teoria de Huster, nota que os fins "internos" concernem a critérios de diferenciação impostos (*gebotenen Differenzierungskriterien*), enquanto

Por outro lado, os fins externos (*externe Zwecke*) não estariam relacionados às características das pessoas comparadas e tampouco aos tratamentos em si, senão às consequências ou aos efeitos dos tratamentos estabelecidos.[201] Por conseguinte, quando se indaga acerca da necessidade de tratar de modo igual duas pessoas ou situações, os fins externos não levam à análise das igualdades ou desigualdades existentes entre elas, senão da adequação, necessidade e proporcionalidade do tratamento diferenciado para realizar o interesse geral. Ditos tratamentos, que não resultam das diferenças existentes entre as pessoas e situações, em geral deverão ser qualificados como úteis, e não como justos.[202]

Essa tese foi objeto de fortes críticas, mas também logrou adesões relevantes.[203] A respeito, consideramos que a distinção entre objetivos internos e externos possibilita uma delimitação clara do âmbito protegido pelo princípio da igualdade e das respectivas limitações, assumindo singular importância no Direito Tributário, pois permite tratar adequadamente dos árduos temas das normas tributárias extrafiscais e de simplificação tributária. Não obstante isso, deve ser aperfeiçoada em aspectos específicos.

Com respeito à terminologia utilizada, as expressões "fins internos" e "fins externos" não expressam corretamente os significados que lhes são atribuídos. Aparentam denotar os fins internos e externos aos distintos ramos jurídicos – e não os fins de justiça e utilidade social. É recomendável, portanto, substituí-las por expressões mais precisas, que indiquem seu significado com nitidez. Os chamados fins internos correspondem ao fim geral de promover a justiça e, por isso, seriam melhor denominados mediante a expressão "fins de justiça". Por coerência, os respectivos critérios podem ser designados "critérios de justiça". Os fins externos, por outro lado, correspondem a utilidades sociais, bens coletivos e, sobretudo, a fins coletivos, razão pela qual seriam designados com maior correção mediante a expressão "fins coletivos" – ou "fins de utilidade coletiva".

Aplicando essa terminologia ao Direito Tributário, os critérios idôneos para nortear a concretização do princípio da isonomia tributária poderiam ser denominados "critérios de justiça tributária"; e o fim que há de orientar a sua determinação, "fim de justiça tributária", "fim de justa repartição da carga tributária" ou, simplesmente, "justiça tributária".

A dicotomia entre fins internos e externos poderia aplicar-se ao Direito Tributário para indicar justamente os objetivos que lhe são internos e externos, isto é, os objetivos fiscais e não fiscais, respectivamente. A propósito, cabe gizar que há fins internos ao Direito Tributário que não se qualificam como fins de justiça, como ocorre com os fins de arrecadação e simplificação tributária. Estes são fundamental-

---

os fins "externos" são relativos a *tertium comparationis* cuja constitucionalidade deverá ser controlada (*Rechtsanwendungsgleichheit im Steuerrecht*, p. 193). Sua ideia seria expressas com mais clareza mediante a afirmação de que aqueles servem para determinar o conteúdo do princípio da igualdade; e estes, para justificar as desigualdades.

[201] HUSTER, *Rechte und Ziele. Zur Dogmatik des allgemeinen Gleichheitssatzes*, p. 177.

[202] Vide HUSTER, *Rechte und Ziele. Zur Dogmatik des allgemeinen Gleichheitssatzes*, p. 166-168 e 210-215; *idem*, "Gleichheit und Verhältnismäßigkeit", p. 546.

[203] SACHS, "Die Maßstäbe des allgemeinen Gleichheitssatzes – Willkürverbot und sogenannte neue Formel", p. 129; VOGEL, "Die Steuergewalt und ihre Grenzen", p. 542; KULOSA, *Verfassungsrechtliche Grenzen steuerliche Lenkung am Beispiel der Wohnungsgenossenschaften*, p. 30 ss.

mente fins coletivos, de utilidade coletiva, que não possuem relação imediata com a justa repartição da carga tributária.[204]

Em prol da distinção entre fins internos e externos ao Direito Tributário também pesa o fato de que estes fins, os externos, podem efetivamente representar fins de justiça, como se verifica em relação à progressividade redistributiva.[205] Huster reconhece-o; porém, considera que se deve utilizar o fim redistributivo para definir a capacidade contributiva e a justiça tributária, assinalando que ponderações socio-estatais não violam a justa repartição tributária, antes a definem, pois reputa que a *"iustitia distributiva* é indivisível". Entretanto, dito fim não é adequado para orientar a construção do conceito de capacidade contributiva e tampouco o de justiça tributária.[206] Demais disso, é imprescindível diferenciar a "igualdade tributária" e a "justiça tributária" da "igualdade geral" e da "justiça social", sobretudo quando se considera, como faz Huster com apoio na jurisprudência do BVerfG, que o princípio da igualdade deve ser concretizado de forma específica, em vista de âmbitos determinados (*ist bereichsspezifisch zu konkretisieren*).[207]

---

[204] Assim, Vogel, ao aplicar expressamente a dicotomia proposta por Huster entre fins internos e externos (correspondentes, como expusemos, aos fins de justiça e utilidade coletiva), expõe que a finalidade arrecadatória é um "fim (externo) das normas fiscais" ("Die Steuergewalt und ihre Grenzen", p. 542).
[205] HUSTER, *Rechte und Ziele. Zur Dogmatik des allgemeinen Gleichheitssatzes*, p. 415.
[206] Heun critica a distinção entre fins internos e externos, ao destacar, seguindo o próprio Huster, que os critérios de justiça também podem ser expressão do que denomina "fins externos" ou, pelo menos, objetivar realizá-los, exemplificando justamente com as "normas tributárias redistributivas" (*umverteilende Steuernormen*), as quais perseguiriam concomitantemente fins internos e externos. Em seguida, acrescenta que os critérios de justiça, como a capacidade contributiva, também podem ser concretizados à luz de fins externos, ou "fins comunitários dirigentes" (*gesellschaftliche Steuerungszwecke*), tais como o fim do "equilíbrio social" (*sozialer Ausgleich*), a estabilidade econômica, etc. Complementa qualificando a concepção de Huster a respeito de "incompreensível" (*nicht nachvollziehbar*) (HEUN, "Artikel 3. Gleichheit", p. 245, n. 149). A incompreensão de Heun é justificada e deriva do fato de Huster, embora interprete o princípio da igualdade à luz do princípio do Estado Social, afirmar que o fim de promover a igualdade de oportunidades (*Chancengleichheit*) é um fim externo, que colide com o princípio da igualdade (*Rechte und Ziele. Zur Dogmatik des allgemeinen Gleichheitssatzes*, p. 427). A igualdade de oportunidade é justamente aquilo que se há de buscar por meio da tributação redistributiva. A crítica de Heun foi acolhida expressamente por Gubelt ("Art. 3 – Gleichheit", p. 211) e também por Bryde e Kleindiek, que sustentam, com apoio nos aspectos expostos, ser inviável uma dicotomia geral entre fins internos e externos ("Der allgemeine Gleichheitssatz", p. 39).
[207] HUSTER, *Rechte und Ziele. Zur Dogmatik des allgemeinen Gleichheitssatzes*, p. 364.

Capítulo II. Delineamento de uma teoria constitucional da igualdade

1. Noção de igualdade jurídica

1.1. Justiça e igualdade

A igualdade constitui um conceito fundamental das teorias filosóficas e jurídicas sobre a justiça. Mais concretamente, representa o núcleo central e necessário de qualquer concepção séria de justiça, por ser uma condição de sua realização: sem igualdade, não há justiça.[208]

Essa concepção, de que a igualdade representa a essência da justiça, é antiga. Já se encontrava na filosofia pitagórica e adquiriu um significado fundamental na teoria aristotélica da justiça.[209] Em conhecida afirmativa, Aristóteles chega a identificar a justiça à igualdade: "Se o injusto é desigual, o justo é igual, coisa que, sem necessidade de argumentação, todos admitem".[210] Tomás de Aquino, seguindo e desenvolvendo o pensamento do estagirita, afirma que "a forma geral da justiça é a igualdade".[211] Essa ideia permeia amplamente as concepções modernas de justiça, como as de Radbruch, Hart, Perelman, Tammelo, Bobbio, etc.[212]

---

[208] Vide WEINBERGER, *Logische Analyse in der Jurisprudenz*, p. 36 e 146 ss. Weinberger vincula a justiça à igualdade formal, ao expressar esta regra da justiça formal: "É justo julgar e tratar juridicamente iguais de forma igual e desiguais de forma desigual" (ibidem, p. 36). Nesse sentido, vide KLOEPFER, "Gleichheit als Verfassungsproblem", p. 34-36. Contudo, não se pode considerar a igualdade como um "elemento conceitual" da ideia de justiça com respeito a todas as suas exigências, pois há situações nas quais a justiça impõe desvios perante as exigências da igualdade. Vide TAMMELO, *Zur Philosophie der Gerechtigkeit*, p. 69, que pondera ser a igualdade um elemento contingente, e não constitutivo, da justiça, porquanto, embora seja fundamental para as teorias da justiça e deva concretizar-se à luz da noção de justiça, não se harmoniza invariavelmente com a aplicação prática da justiça, notadamente porque os demais elementos de tal noção podem se contrapor à exigência essencial de igualdade e até mesmo superá-la.

[209] Vide TAMMELO, *Zur Philosophie der Gerechtigkeit*, p. 65.

[210] ARISTÓTELES, *Ética a Nicomaco*, p. 74.

[211] AQUINO, *Tratado de la justicia y el derecho*, p. 104.

[212] Radbruch assevera que a "essência da justiça" consiste justamente no tratamento igual dos iguais e desigual dos desiguais (*Rechtsphilosophie*, 3ª ed., p. 70). Hart também assinala que os mandados de tratamento igual e desigual constituem o elemento central da ideia de justiça (*The concept of law*, p. 155). Perelman destaca que a justiça formal consiste na "igualdade (*égalité*) de tratamento" de "todos os membros de uma mesma categoria essencial" e representa a "parte comum às diversas concepções de justiça" (*Justice et raison*, p. 79). Tammelo nota que a igualdade é "uma das ideias fundamentais da justiça" (*Theorie der Gerechtigkeit*, p. 87). E Bobbio giza que o princípio de justiça *suum cuique*

Para chegar a essa ilação é prescindível estudar lógica, ética ou meditar longamente. Trata-se de uma dedução intuitiva ou, melhor dito, de uma noção inata, o que foi magistralmente ilustrado por L. V. Berliri no seu clássico "La giusta imposta": "Dê um chocolate de presente a um garoto e o fará sorrir de alegria; mas para fazê-lo chorar de dor basta dar em seguida dois ao seu irmãozinho. Aquele garoto, que nada sabe de códigos, nem de justiça distributiva, nem de atos normativos, gritará em prantos: 'não é justo'".[213]

Isso também se identifica com clareza no Direito Tributário. A primeira indagação que o contribuinte costuma fazer acerca da justiça do sistema impositivo concerne à igualdade. Se é obrigado a pagar mais que seus iguais e não há uma razão suficientemente forte para tanto, afirmará sem vacilar que o sistema "não é justo".[214]

Portanto, pode-se afirmar com absoluta tranquilidade que a justiça tributária está assentada no princípio da igualdade tributária.[215] [216] A Declaração dos Direitos do Homem e do Cidadão de 1789 já estabelecia que a "contribuição comum" (*con-*

---

tribuere constitui a "máxima expressão da justiça como igualdade" (*Igualdad y libertad*, p. 58). Vide também ALDAG, *Die Gleichheit vor dem Gesetze in der Reichsverfassungs*, p. 42; KAUFMANN, *Analogie und „Natur der Sache"*, p. 22; RÜFNER, "Artikel 3. Gleichheitssatz", p. 9 ss.

[213] BERLIRI, *La giusta imposta*, p. 3. Vide, nessa linha, KLOEPFER, *Gleichheit als Verfassungsfrage*, p. 11, que após referir o sentimento de injustiça resultante dos tratamentos desiguais acrescenta: "Que, em circunstâncias iguais, tem de se tratar os iguais de modo igual, isso poderia pertencer às mais profundas vivências dos sentimentos humanos de justiça".

[214] BERLIRI, *La giusta imposta*, p. 3.

[215] Com respeito à inter-relação entre igualdade e justiça tributária, a literatura jurídica é abundante, sobretudo na Alemanha e na Espanha. Na Alemanha, o BVerfG chega a extrair o mandado de justiça tributária (*Gebot der Steuergerechtigkeit*) do princípio geral da igualdade (BVerfGE 6, 55, 70 ss.). Tipke sublinha que "a igualdade material, ou igual tratamento material, é seguramente o elemento essencial da justiça" (*Die Steuerrechtsordnung*, 1ª ed., v. 1, p. 342), afirmação que estende especificamente à igualdade tributária ("Von der formalen zur materialen Tatbestandslehre", p. 107). Para Kruse, a "justiça é sempre igualdade" ("Über die Gleichmäßigkeit der Besteuerung", p. 329; idem, *Lehrbuch des Steuerrecht*, v. 1, p. 43) ou, em outros termos, "a essência da justiça é a ideia de igualdade" ("Grundfragen der Liebhaberei", p. 231). De acordo com Birk e Barth, o princípio da igualdade é um "elemento fundamental da justiça e, em particular, da justiça tributária" ("§ 4 AO", mrg. 411, p. 187). Cfr. também HUSTER, *Rechte und Ziele. Zur Dogmatik des allgemeinen Gleichheitssatzes*, p. 29 ss.; idem, "Gleichheit und Verhältnismäßigkeit", p. 543-544; PAULICK, *Lehrbuch des allgemeinen Steuerrechts*, p. 9; TIPKE; LANG, *Steuerrecht. Ein systematischer Grundriß*, 18ª ed., p. 78. Na Espanha, Lejeune Valcárcel leciona que o princípio da isonomia tributária é o "principio rector de la justicia tributaria" e, portanto, um sistema tributário será "justo cuando esté inspirado en criterios de igualdad" ("Aproximación al principio constitucional de igualdad tributaria", p. 121 e 158). Para E. González García e T. González, o princípio da igualdade "é a expressão técnica da justiça tributária" (*Derecho Tributario*, v. I, p. 56, nota 3). E Pérez de Ayala considera ser a igualdade tributária um princípio de justiça fiscal, derivado da conjugação da justiça distributiva com a capacidade econômica ("Las cargas públicas: principios constitucionales para su distribución", p. 90 ss.). Vide também CAZORLA PRIETO, "Los principios constitucional-financieros en el nuevo orden jurídico", p. 524; PONT MESTRES, "La justicia tributaria y su formulación constitucional", p. 379; HERRERA MOLINA, "El principio de igualdad financiera y tributaria en la jurisprudencia constitucional", p. 841-842.

[216] Não se pode olvidar que, não obstante a igualdade constitua, em geral, uma condição necessária da justiça, não é uma condição suficiente, isto é, não basta para realizá-la. A justiça tributária, por exemplo, depende do respeito às demais exigências do sistema jurídico-tributário, sobretudo dos princípios constitucionais aplicáveis à matéria tributária. Vide TIPKE, *Die Steuerrechtsordnung*, v. 1, p. 314; SAINZ DE BUJANDA, *Lecciones de Derecho Financiero*, p. 102 ss.; LOBO TORRES, *Os Direitos Humanos e a Tributação. Imunidades e Isonomia*, p. 268 ss.

tribution commune), considerada indispensável para manter a força pública e os gastos administrativos, deveria ser "repartida igualmente" (*également répartie*) entre todos os cidadãos, segundo a sua capacidade (art. 13).[217] Na atualidade, chega-se a estampar em textos constitucionais, como o espanhol, que a igualdade constitui um dos princípios inspiradores do almejado "sistema tributário justo" (art. 31.1).[218]

O princípio da igualdade, no entanto, não proporciona critérios materiais para concretizar a justiça. Pelo contrário, é a ideia de justiça que há de orientar a concretização da igualdade jurídica – e, assim, de parte fundamental do seu significado –, pelas razões que exporemos a seguir.[219]

1.2. Igualdades, desigualdades e juízos de igualdade

1.2.1. Noção de igualdade jurídica

O termo "igualdade" é polissêmico, comportando diversos significados específicos. Designa igualdade formal, substancial, fática, de oportunidades, de resultados, etc. Contudo, em qualquer uma das suas formas a igualdade é conceitualmente indissociável da desigualdade. Só há igualdade se, entre os iguais, há desigualdades. Igualdade em todos os aspectos é identidade, que concerne a um único objeto, pessoa ou situação e obviamente não se confunde com a igualdade (sempre parcial) considerada para formular juízos que envolvem pessoas, situações ou objetos distintos. A respeito, há uma pacífica (e singular) convergência na filosofia e na dogmática da igualdade jurídica.[220]

A falta de clareza sobre essa distinção costuma conduzir a decisões patentemente incorretas, pelos seus fundamentos e/ou conclusões. Como recorda Tipke, o *Bundesfinanzhof* rechaçou a alegação de inconstitucionalidade do Imposto sobre o Champanhe (*Schaumweinsteuer*), baseada na violação do princípio constitucional da igualdade (pois não havia um imposto sobre o vinho, que é um produto similar), arvorando-se em diferenças químicas, das quais derivou a diversidade perante o princípio da isonomia, sem escrever uma única linha sequer sobre a relevância de tais (indiscutíveis e irrelevantes) diferenças químicas. Ou seja, o Tribunal Federal de Finanças confundiu claramente igualdade com identidade, ao afirmar não haver sido

---

[217] Esse foi, segundo nota Delvolve, o primeiro texto oficial em que se afirmou a necessidade de todos os cidadãos contribuírem de modo igual para os gastos públicos (*Le principe d'égalité devant les charges publiques*, p. 10).

[218] Como destacou o Tribunal Constitucional espanhol ao analisar este preceito: "El legislador constituyente ha dejado bien claro que el sistema justo que se proclama no puede separarse, en ningún caso, del principio de progresividad ni del principio de igualdad" (STC 27/1981, de 20 de julho, FJ 4).

[219] Vide sobretudo p. 102 ss.

[220] Vide RADBRUCH, *Rechtsphilosophie*, 3ª ed., p. 70; KAUFMANN, *Analogie und "Natur der Sache"*, p. 22; TAMMELO, *Zur Philosophie der Gerechtigkeit*, p. 66; WEINBERGER, *Logische Analyse in der Jurisprudenz*, p. 148; ZIPPELIUS, *Wertungsprobleme im System der Grundrechte*, p. 33; WAKKE, "Gesetzmäßigkeit und Gleichmäßigkeit", p. 35-36; DÜRIG, "Gleichheit", p. 1068; KLOEPFER, *Gleichheit als Verfassungsfrage*, p. 18; HUSTER, *Rechte und Ziele. Zur Dogmatik des allgemeinen Gleichheitssatzes*, p. 30; ROBBERS, "Der Gleichheitssatz", p. 749; HESSE, "Der Gleichheitsgrundsatz im Staatsrecht", p. 172-173; idem, *Grundzüge des Verfassungsrechts der Bundesrepublik Deutschland*, p. 176-177; RÜFNER, "Artikel 3. Gleichheitssatz", p. 13; ALEXY, *Theorie der Grundrechte*, p. 362; TIPKE, *Die Steuerrechtsordnung*, 1ª ed., v. 1, p. 339; TIPKE; LANG, *Steuerrecht: ein systematischer Grundriß*, 12ª ed., p. 43; SCACCIA, *Gli "strumenti" della ragionevolezza nel giudizio costituzionale*, p. 51.

violado o princípio da isonomia por se tratar de produtos que não são idênticos.[221] É realmente difícil identificar uma situação em que a incompreensão do significado da igualdade jurídica esteja mais escancarada.

Igualdade, no Direito, implica sempre abstração de certas desigualdades sob um determinado ponto de vista jurídico (critério de diferenciação).[222] [223] Unicamente à luz de critérios determinados se torna possível reconhecer igualdades e desigualdades: objetos distintos não são absolutamente iguais (idênticos), mas podem ser igualmente pesados, valiosos, velhos, bons, etc. Ao se mudar a perspectiva, igualdades e desigualdades exsurgem e desaparecem.

Pode-se concluir, pois, que a isonomia jurídica é igualdade (equivalência) em determinadas propriedades relevantes. Por isso, depende de critérios de diferenciação, que estabelecem a relevância das propriedades e fundamentam os juízos de igualdade.[224] Sem critérios para formular juízos de igualdade (ou seja, juízos de relevância jurídica de determinadas características perante o princípio analisado) entre fatos, pessoas ou situações, seria impossível falar de isonomia jurídica, haja vista que sempre se configurarão desigualdades e igualdades.

1.2.2. Os juízos de igualdade

A ilação de que o princípio da igualdade exige o tratamento paritário de determinados sujeitos pressupõe o reconhecimento da relevância jurídica da característica comum (ou das características comuns) entre eles e da irrelevância jurídica de todas as demais características que estejam presentes ou ausentes em apenas um deles.[225] Por outro lado, a conclusão de que se tem de tratar de modo díspar determinados sujeitos pressupõe reconhecer a relevância jurídica de uma ou mais características que os diferenciam e a irrelevância das demais.

---

[221] TIPKE, "Anwendung des Gleichheitssatzes im Steuerrecht – Methode oder irrationale Spekulation", p. 158. O Professor da Universidade de Colônia indica outra possibilidade interpretativa da decisão, que também conduziria a uma conclusão ilegítima: poderiam ser instituídos tributos desiguais, contanto que os recursos angariados fossem necessários. Esta concepção significaria a morte do princípio da igualdade no Direito Tributário (ibidem, p. 158-159).

[222] A respeito, Radbruch, em célebre afirmação, expressa que: "Igualdade é sempre abstração de desigualdades existentes sob um determinado ponto de vista" (*Rechtsphilosophie*, 3ª ed., p. 72). Vide os autores citados na nota 223.

[223] Note-se não ser apenas a igualdade jurídica que pressupõe a abstração de desigualdades existentes e a equiparação com base em critérios determinados: isso é inerente ao Direito. É uma característica do Direito – e, mais precisamente, das leis gerais e abstratas que o integram– a generalização, concebida como a tendência contraposta à individualização normativa (OSTERLOH, "Art. 3. Gleichheit vor dem Gesetz", p. 231). Chega-se a afirmar que "todo o Direito é constituído por diferenciações" (STEIN; FRANK, *Staatsrecht*, p. 393). Também o *Bundesverfassungsgericht* ressalta constituir parte essencial da produção jurídica a decisão concernente às situações fáticas que são iguais com respeito à consequência jurídica estabelecida, haja vista que elas não coincidem em todos os aspectos (BVerfGE 9, 338, 349, apud ECKHOFF, *Rechtsanwendungsgleichheit im Steuerrecht*, p. 71).

[224] WEINBERGER, *Logische Analyse in der Jurisprudenz*, p. 147; ZIPPELIUS, *Wertungsprobleme im System der Grundrechte*, p. 33; HESSE, *Grundzüge des Verfassungsrechts der Bundesrepublik Deutschland*, p. 177.

[225] Vide GHERA, *Il principio di eguaglianza nella Costituzione italiana e nel diritto comunitário*, p. 6-7.

Tais conclusões pressupõem, portanto, valorações[226] ou, para ser mais preciso, *juízos valorativos*. Juízos esses que não se confundem com os descritivos, os quais são inaptos a fundar diretamente preceitos jurídicos, em virtude da impossibilidade de se extrair um "dever ser" de um "ser", tentativa que caracteriza aquilo que os lógicos denominam "falácia naturalista". Daí se infere, como assinala Comanducci, a falácia das deduções apresentadas da seguinte forma: "X e Y são efetivamente distintos, logo não devem ser tratados igualmente".[227]

Esses juízos valorativos são *triádicos*. Não é possível falar de relações de igualdade ou desigualdade jurídica se não se consideram pares de comparação à luz de um *tertium comparationis*. Formalizando tais juízos, poder-se-ia expô-los nestes termos: "a é igual a b com respeito à propriedade P [ou às propriedades P_1, P_2, ..., P_x]".[228]

Os juízos que não compreendem pares de comparação nunca se qualificarão como juízos de igualdade. Isso é o que olvida a teoria que reconduz o princípio da isonomia a uma interdição geral de arbitrariedade, desvinculada da existência de pares de comparação.[229] Tampouco são juízos de igualdade aqueles que não se fundam em uma ou mais propriedades, com base na(s) qual(is) se realiza a comparação. Destarte, os juízos supostamente relativos à igualdade que a reconduzem a uma mera exigência de fundamentação, sem respaldo em propriedades e critérios específicos, nunca poderão se qualificar como tais, isto é, como juízos de igualdade. A aplicação do Direito, em tais hipóteses, não terá qualquer relação específica com a isonomia.

1.2.3. A consequente formação de categorias ou grupos

Da inerente vinculação dos juízos de igualdade a critérios de comparação e propriedades específicas, resulta o estabelecimento de *grupos* ou *categorias* de pessoas ou situações típicas. Como destaca Podlech, não se devem comparar pessoas, senão "classes de pessoas" (na terminologia da lógica)[230] ou, melhor dito, grupos de pessoas ou situações.[231] Grupos que são constituídos em função de critérios de diferenciação, isto é, da presença (ou do grau da presença) de uma determinada característica (ou de mais de uma). Por exemplo, cidadãos com capacidade contributiva são iguais perante a obrigação de contribuir aos gastos públicos, formando o grupo dos contribuintes, mas podem ser desiguais com respeito à intensidade da presença

---

[226] Vide HESSE, "Der allgemeine Gleichheitssatz in der neueren Rechtsprechung des Bundesverfassungsgerichts zur Rechtsetzungsgleichheit", p. 121.

[227] COMANDUCCI, "Su 'uguaglianza'", p. 592, *apud* GHERA, *Il principio di eguaglianza nella Costituzione italiana e nel diritto comunitário*, p. 9, n. 14.

[228] Vide ALEXY, *Theorie der Grundrechte*, p. 362; HUSTER, *Rechte und Ziele. Zur Dogmatik des allgemeinen Gleichheitssatzes*, p. 29; GOMES CANOTILHO, *Direito Constitucional e Teoria da Constituição*, p. 400.

[229] Vide p. 35 ss.

[230] PODLECH, *Gehalt und Funktion des allgemeinen verfassungsrechtlichen Gleichheitssatzes*, p. 64.

[231] Como nota Kirchhof, os juízos de comparação começam pela inserção das pessoas em grupos, inserção essa que se realiza em vista dos fins da comparação (*Vergleichsziele*) e dos respectivos critérios (*Vergleichsmaβstab*) ("Der allgemeine Gleichheitssatz", p. 841). Também Birk e Barth sublinham, na linha de Pieroth e Schlink, a necessidade de se tentar enquadrar os grupos de pessoas ou situações em um "conceito superior" (*Oberbegriff*) ("§ 4 AO", mrg. 434, p. 195).

de tal característica e, portanto, ser incluídos em categorias distintas em vista da obrigação de pagar o Imposto de Renda.

Para o controle de constitucionalidade, a consciência acerca da formação de grupos à luz de fins é essencial, pois ditos elementos (os grupos e os fins) se refletem e se plasmam nas normas jurídicas. Toda norma jurídica abstrata e geral introduz, na sua hipótese, uma diferenciação entre grupos (os abarcados pela norma e os demais) e, no seu consequente, uma expressão, em geral implícita, da finalidade. Destarte, ao averiguar a constitucionalidade de uma norma jurídica, o órgão de controle deverá verificar se os grupos formados pela sua hipótese são compatíveis com o fim da regulação (ou com o fim que ela deveria perseguir à luz da Constituição).[232]

No controle de legitimidade das leis é salutar distinguir entre três grupos de pessoas, fatos ou situações. Aquele abrangido pela regulação legislativa pode ser denominado "grupo abarcado", ou melhor, "destinatário da regulação", enquanto se pode nominar o outro "grupo comparado". Se eles são efetivamente iguais, ambos integrarão um "grupo geral",[233] constituído pelas características juridicamente relevantes e comuns àqueles que o compõem.

Essa terminologia é adequada para identificar e analisar certas desigualdades e se aplica perfeitamente às situações de inconstitucionalidade por omissão parcial, nas quais o legislador ou a Administração limitam uma determinada regulação em contrariedade à igualdade. Nessas hipóteses, a norma é demasiado restrita à luz do princípio da isonomia, haja vista compreender só um grupo parcial (destinatário da norma) do que deveria ser objeto da regulação (grupo geral) e, assim, dela exclui um grupo igual ao regulado (grupo comparado e, nessa hipótese, excluído), que também integra o geral.

Entretanto, com respeito aos tratamentos paritários contrários à igualdade há de se reconhecer classes distintas, pois o grupo destinatário da regulação é o inclusivo, que compreende indevidamente outro grupo. Aquele é consubstanciado pelas características gerais consideradas pela regulação, que engloba duas subclasses: o grupo "beneficiado" e o indevidamente "prejudicado". Entre eles, há uma diferença relevante, que leva o princípio da igualdade a impor um tratamento díspar.

2. Dimensões normativas da igualdade

A noção jurídica de igualdade designa um complexo de noções particulares e estreitamente relacionadas. Tal polissemia do termo se reflete no princípio correlato, conferindo-lhe múltiplas facetas ou conteúdos parciais.[234] Leva a que se aluda não

---

[232] A respeito, Kirchhof assinala, com razão, que a igualdade na formação da hipótese normativa (*Tatbestandsbildung*) depende da respectiva consequência jurídica (*Rechtsfolge*). O princípio da isonomia exige a correspondência de tal formação com a finalidade da regulação ("Der allgemeine Gleichheitssatz", p. 842).

[233] Para designar esses grupos Podlech utiliza, respectivamente, as expressões "classe regulada" (*Behandelte Klasse*), "classe restante" (*Restklasse*) e "classe identificada" (*Gekennzeichnete Klasse*) (*Gehalt und Funktion des allgemeinen verfassungsrechtlichen Gleichheitssatzes*, p. 64 ss.).

[234] Por isso, Dürig afirma não haver no Direito Constitucional "a igualdade", senão um sistema de distintos mandados de tratamento igual (*Gleichbehandlungsgebote*) ("Gleichheit", p. 1071).

apenas às dimensões de igualdade na lei, ante a lei ou através da lei,[235] senão também a regras ou subprincípios específicos.

Ademais dessas projeções específicas, a isonomia ostenta uma dimensão de sobreprincípio, isto é, de princípio "superior", que compreende e coordena as regras e princípios que o especificam.[236]

Dada a relevância da matéria, cumpre aclarar detidamente essas ponderações.

2.1. Dimensão de sobreprincípio

Tal qual o princípio do Estado de Direito, o da igualdade constitui um *sobreprincípio*. Compreende a totalidade das regras e dos princípios que o especificam,[237] sem que nem estes e nem aquele percam a sua autonomia normativa.

A noção de sobreprincípio é, de certo modo, equivalente à de "conceito superior", pois representa uma categoria global, à luz da qual as inferiores têm de se articular.[238] Ao se interpretar e aplicar o princípio específico, é imprescindível recorrer ao superior, de modo a compreendê-lo corretamente. Dessa forma, ambos serão plenamente harmônicos e pesarão a favor da mesma solução jurídica. Somente em casos excepcionais haverá contraposições específicas entre eles, as quais devem ser superadas pela via interpretativa. E quando o antagonismo não puder ser afastado pela exegese, em regra se deverá reconhecer a primazia da norma especial perante o sobreprincípio,[239] pois este só se aplica diretamente quando fracassam as suas concretizações específicas.[240]

Não obstante o sobreprincípio seja equiparável a um conceito superior, ostenta conteúdo mais expressivo que o resultante da soma das suas projeções parciais e atua não só como diretriz interpretativa, mas também como norma diretamente

---

[235] Utilizando a noção de "componentes" da igualdade, o *Bundesverfassungsgericht* indicou em importantíssimo precedente que a igualdade da tributação (*Besteuerungsgleichheit*) tem como componentes a "igualdade da obrigação normativo-tributária" (*Gleichheit der normativen Steuerpflicht*) e a "igualdade na sua realização na arrecadação tributária" (*Gleichheit bei deren Durchsetzung in der Steuererhebung*) (BVerfGE 84, 239, 271). Também aludiu à igualdade na criação do Direito (*Rechtsetzungsgleichheit*) como um "segundo conteúdo parcial (*zweiter Teilinhalt*) da igualdade perante a lei" (BVerfGE 84, 239, 270).

[236] ÁVILA, *Sistema constitucional tributário*, p. 334-335, defende a tese da tridimensionalidade normativa da igualdade. Seria princípio, regra e postulado. Seus conceitos de princípio e regra diferem, contudo, dos que perfilhamos (vide p. 91 e 101). E dela não extraímos a dimensão normativa de postulado (no sentido específico sustentado pelo autor), mas a de sobreprincípio. Sobre a possibilidade de serem extraídos, de um único preceito constitucional, princípios *e* regras, vide também ALEXY, *Theorie der Grundrechte*, p. 121 ss.; e SCHILLING, *Rang und Geltung von Normen in gestuften Rechtsordnungen*, p. 86, n. 163.

[237] Como observa Herzog, o princípio do Estado de Direito é um princípio jurídico peculiar, multifacetado, que compreende subprincípios (*Unterprinzipien*) heterogêneos e atua em planos jurídico-normativos distintos (em MAUNZ; DÜRIG, *Grundgesetz Kommentar*, art. 20, VII, mrg. 3, p. 258). Também SCHULZE-FIELITZ, "Art. 20 (Rechtsstaat)", p. 148 destaca a integração do princípio do Estado de Direito por elementos de qualidades lógico-normativas díspares.

[238] Cabe ressaltar, contudo, que entre o sobreprincípio e os princípios inferiores há diversas relações que vão muito mais além das existentes nas relações interconceituais. Vide SOBOTA, *Das Prinzip Rechtsstaat*, p. 411.

[239] SCHULZE-FIELITZ, "Art. 20 (Rechtsstaat)", p. 149.

[240] DÜRIG, "Gleichheit", p. 1071.

aplicável, ao fundamentar conteúdos jurídicos que não derivam de tais projeções[241] e estabelecer soluções jurídicas específicas nos de conflitos entre os seus elementos normativos parciais.

Essa qualificação do princípio geral da isonomia é importante sobretudo para compreender as tensões entre a igualdade de oportunidades e a jurídica. Isso porque ditas tensões caracterizam um *conflito interno* à igualdade,[242] que deve ser solucionado mediante a ponderação dos subprincípios, no âmbito do sobreprincípio e à luz da ideia geral de isonomia.

Também na igualdade tributária há expressivos conflitos internos. Aludimos às frequentes tensões entre as exigências de estruturação de um sistema tributário justo (ou seja, materialmente igual) e de sua aplicação uniforme, ilustrados com clareza pelas desigualdades resultantes das medidas legislativas de simplificação tributária. Quem vislumbra nessas exigências normas autônomas, há de reconhecer a existência de conflitos entre os princípios da igualdade na lei e na sua aplicação fática, a serem solucionados no âmbito do "sobreprincípio" da isonomia tributária, ponderando-se as exigências contrapostas à luz da ideia geral de igualdade impositiva.

Impende repisar que dita ponderação é *interna* ao sobreprincípio da igualdade e destinada a concretizar as suas exigências na situação concreta. Não se confunde com aquela que se realiza entre a igualdade e os princípios a ela contrapostos numa dada situação.[243] Sob a perspectiva do sobreprincípio, trata-se de uma ponderação no *processo interpretativo ou de concretização*, efetuada para solucionar conflitos entre elementos específicos, como a justiça e a praticabilidade aplicativa.[244] Mas, sob a perspectiva dos subprincípios, trata-se efetivamente de ponderação entre normas distintas.

2.2. O princípio da igualdade e as suas exigências fundamentais

Abstraída a dimensão suprarreferida, o princípio da igualdade constitui fundamental e efetivamente um princípio jurídico, seja na teoria de Dworkin, de Alexy ou de Sieckmann. Além de possuir uma nítida e indubitável "dimensão de peso",[245]

---

[241] Com respeito ao princípio do Estado de Direito, vide MAURER, *Staatsrecht*, p. 210; SOBOTA, *Das Prinzip Rechtsstaat*, p. 411.

[242] Sobre os conflitos internos ao princípio do Estado de Direito, vide, por todos, KUNIG, *Das Rechtsstaatsprinzip*, p. 279 ss.

[243] No que concerne à ponderação na interpretação legislativa e nos conflitos de princípios, vide KOCH, "Die normtheoretische Basis der Abwägung", p. 13 ss.; ENDERLEIN, *Abwägung in Recht und Moral*, p. 45 ss.

[244] Note-se que a ponderação interpretativa gravita essencialmente sobre os conflitos entre finalidades legislativas. Ademais de todas as tensões entre os critérios de interpretação (vontade do legislador, finalidade legislativa, etc.), constatam-se, em diversas regulações, finalidades legislativas complexas e contrapostas, as quais devem ser ponderadas a fim de que se determine o conteúdo da regulação (KOCH, "Die normtheoretische Basis der Abwägung", p. 13). Arndt identificou argutamente essa questão ao tratar da simplificação na aplicação legislativa. Após afirmar que as leis exigem tanto a estrita observância dos seus ditames quanto uma aplicação igual, ressalta que tais imposições costumam se contrapor e devem ser conciliadas no processo interpretativo. Fala, assim, da "praticabilidade no contexto da interpretação teleológica" (*Praktikabilität im Rahmen teleologischer Interpretation*, in: *Praktikabilität und Effizienz*, p. 58 ss.).

[245] DWORKIN, *Taking Rights Seriously*, p. 22 ss.

qualifica-se perfeitamente como um "mandado de otimização"²⁴⁶ e como um "fundamento para a ponderação" concernente a um "dever ser ideal".²⁴⁷

2.2.1. Mandados gerais

O princípio da isonomia determina o estabelecimento de "tratamentos iguais em sentido jurídico" (*Gleichbehandlungen im normativen Sinne*),²⁴⁸ ou seja, de tratos paritários para os iguais e díspares para os desiguais, à luz de um critério jurídico legítimo.

Do princípio da igualdade derivam, portanto, mandados tanto de trato paritário (*Gleichbehandlungsgebote*), quanto de trato díspar (*Ungleichbehandlungsgebote*), ambos dirigidos ao legislador e aos demais aplicadores do Direito. Sob outra perspectiva, o princípio da isonomia proíbe tratar de modo diferenciado os essencialmente iguais e de forma paritária os essencialmente desiguais, estabelecendo tanto proibições de diferenciação (*Differenzierungsverbote*) quanto de tratamento equivalente (*Gleichbehandlungsverbote*).²⁴⁹ ²⁵⁰

Vale repisar a inviabilidade de se extrair do princípio da igualdade tão somente um mandado de trato jurídico uniforme.²⁵¹ Primeiro, porque todos os casos e as pessoas comparadas são *necessariamente diferentes* entre si (em algum aspecto). Segundo, porque a *diferenciação é inerente ao Direito*: todas as normas abstratas implicam diferenciações e cada elemento da hipótese normativa constitui um critério de diferenciação específico para a aplicação jurídica.²⁵² Terceiro, porque o trato

---

²⁴⁶ ALEXY, "Rechtsregeln und Rechtsprinzipien", p. 19. Para Alexy, os princípios são mandados de otimização, isto é, normas que estabelecem imposições *prima facie*, condicionadas às possibilidades fáticas e jurídicas existentes (*Theorie der Grundrechte*, p. 75 ss.; "Zur Struktur der Rechtsprinzipien", p. 32).

²⁴⁷ SIECKMANN, *Regelmodelle und Prinzipienmodelle des Rechtssystems*, p. 86.

²⁴⁸ HUSTER, "Gleichheit und Verhältnismäßigkeit", p. 547.

²⁴⁹ Cfr. STARCK, "Die Anwendung des Gleichheitssatzes", p. 64; HUSTER, "Gleichheit und Verhältnismäßigkeit", p. 547; ALEXY, *Theorie der Grundrechte*, p. 363; HESSE, *Grundzüge des Verfassungsrechts der Bundesrepublik Deutschland*, p. 178.

²⁵⁰ Na Itália, a existência de um mandado de trato desigual foi reconhecida já em uma das primeiras decisões da *Corte Costituzionale* sobre o princípio da igualdade, na qual se externou que a equiparação de relações juridicamente contrapostas o viola. A Corte assinalou que "uma lei que equiparasse situações que são objetivamente distintas, violaria, igualmente, o princípio da igualdade" e que, no caso, era o próprio legislador quem considerava serem distintas as situações (*Sentenza* 53/1958). Com respeito à jurisprudência do Tribunal Constitucional suíço, Ruppe informa o reconhecimento de duas versões da igualdade, ou seja, da igualdade como uma proibição de diferenciações não objetivas e como um mandado de diferenciação ("Steuergleichheit als Grenze der Steuervereinfachung", p. 36).

²⁵¹ No entanto, o Tribunal Constitucional espanhol já se manifestou no sentido de que: "El derecho a la igualdad consagrado en el artículo 14 CE impide tratar de modo desigual a los iguales, pero no excluye la posibilidad de que se trate igualmente a los desiguales. Este precepto constitucional no consagra, sin más, un derecho a la desigualdad de trato" (STC 16/1994, de 20 de janeiro, FJ 5). Renomados juristas, como Rüfner, também sustentam essa posição. Embora exponha ser reconhecida pela firme jurisprudência do BVerfG a existência de um mandado de trato díspar dos desiguais, Rüfner nega que tal mandado possa ser derivado do princípio da igualdade e chega a aludir a uma "fundamental concepção igualitária do princípio da igualdade" (*egalitäre Grundgedanke des Gleichheitssatzes*) ("Artikel 3. Gleichheitssatz", mrgs. 8-9, p. 14-15). Sobre as teses que se orientam pelo (ou se limitam ao) tratamento paritário, vide p. 56 ss.

²⁵² STEIN; FRANK, *Staatsrecht*, p. 393-394. Vide STERN, "Das Gebot zur Ungleichbehandlung", p. 212 ss.

díspar dos desiguais é inerente à ideia de igualdade jurídica, que pressupõe a existência de um critério de diferenciação e leva à formulação de juízos de igualdade apoiados em tais critérios e nas diferenças ou semelhanças da realidade fática.[253] E o mandado de trato diferenciado, como Paulick já assinalava de modo categórico, "não vincula menos o legislador que o mandado de trato igual".[254]

Com respeito ao fundamento de tais mandados, é de se destacar que nem todas as igualdades fáticas impõem ou justificam tratos uniformes, assim como nem todas as desigualdades fáticas impõem ou justificam tratos díspares. As igualdades ou desigualdades hão de ser, necessariamente, juridicamente relevantes (ou essenciais, se se prefere).[255] As demais, juridicamente irrelevantes, devem ser abstraídas, desconsideradas, num processo mental que é inerente aos juízos de igualdade. Para dizê-lo de modo direto, apenas as desigualdades fáticas juridicamente relevantes podem justificar – ou impor – tratos díspares.[256] Como corretamente evidenciou o BVerfG, "o sentido do princípio geral da igualdade consiste, em uma parte essencial, em que nem todas as desigualdades fáticas podem conduzir a tratamentos jurídicos distintos".[257] O legislador não viola o princípio da igualdade quando deixa de considerar especificamente todas as particularidades fáticas da situação regulada, senão quando desconsidera particularidades que, à luz de uma "análise orientada pela ideia de justiça" (*Gerechtigkeitsgedanken orientierte Betrachtungsweise*), sejam "tão significativas (*so bedeutsam*) que o legislador deveria tê-las considerado na sua regulação".[258]

Porém, ao princípio da igualdade na lei não podem estar vinculados unicamente mandados e proibições. É pacificamente reconhecida a necessidade de se concederem ao legislador espaços de decisão (*Entscheidungsspielräume*) para a livre conformação legislativa dos mais distintos âmbitos, baseada em ponderações de natureza política, econômica, social e administrativa. Por conseguinte, há de se admitir que o princípio da igualdade comporta *permissões* de tratos paritários e díspares.[259]

Destarte, podem-se identificar os seguintes mandados, autorizações e proibições concernentes à igualdade jurídica:

a) mandado de tratamento paritário ou proibição de trato díspar;

---

[253] Por ser impossível tratar todas as pessoas de forma paritária, resulta evidente que o mandado de trato igual (ou paritário) nunca poderia existir se não estivesse consociado ao de trato desigual (ou díspar). Vide KELSEN, "Das Problem der Gerechtigkeit", p. 393. Robbers, apoiado no pensamento de Podlech, também pondera que, assim como a igualdade pressupõe a diversidade, a igualdade de trato implica a disparidade de tratamento (*Gerechtigkeit als Rechtsprinzip*, p. 88-89). Nesse sentido, mas sob o ponto de vista das diferenciações impostas pelo princípio constitucional da dignidade humana, vide DÜRIG, "Gleichheit", p. 1068.

[254] PAULICK, "Der Grundsatz der Gleichmässigkeit der Besteuerung – Sein Inhalt und seine Grenzen", p. 167.

[255] TIPKE, *Die Steuerrechtsordnung*, 2ª ed., v. 1, p. 314.

[256] O Tribunal Constitucional espanhol já teve a oportunidade de externar que a igualdade na lei consiste na "obligación del Legislador de no establecer distinciones artificiosas o arbitrarias entre situaciones de hecho cuyas diferencias reales, si existen, carecen de relevancia desde el punto de vista de la razón de ser discernible en la norma" (STC 83/1984, de 24 julho, FJ 3).

[257] BVerfGE 3, 225 [240]; 6, 55 [71].

[258] BVerfGE 1, 264 [275-276]; 2, 118 [119-120]; 9, 124 [130]; 12, 341 [348], entre outras. Cfr. PAULICK, *Lehrbuch des allgemeinen Steuerrechts*, p. 9-10.

[259] Vide ZIPPELIUS, *Wertungsprobleme im System der Grundrechte*, p. 193 ss.; STARCK, "Die Anwendung des Gleichheitssatzes", p. 66.

b) autorização de tratamento uniforme ou díspar; e

c) mandado de tratamento díspar ou proibição de trato paritário.

Ao mandado e à autorização de trato díspar é inerente a *exigência de adequação e proporcionalidade à desigualdade fática existente*. Com efeito, não basta reconhecer a existência de uma determinação ou autorização de tratamento díspar para declarar a legitimidade da disparidade legislativa: é imprescindível que as distinções estabelecidas sejam adequadas, proporcionais e razoáveis. Como destaca o Tribunal Constitucional espanhol, a igualdade na lei implica a "obligación del Legislador de [...] no anudar consecuencias jurídicas arbitrarias o irrazonables a los supuestos de hechos legítimamente dispares".[260]

Cabe observar, ademais, que os mandados e proibições podem conviver perfeitamente com os espaços do legislador, inclusive numa mesma situação específica. Quando o princípio da igualdade impõe um trato díspar, mas não o especifica, o mandado de diferenciação coexiste com espaços de conformação legislativa. Essa situação é extremamente frequente no Direito Tributário, haja vista que a "igualdade vertical" exige a imposição de cargas tributárias diferenciadas, mas não as especifica. Espaços também podem conviver mandados de trato uniforme, permitindo ao legislador escolher a regulação mais adequada, contanto que não institua tratos díspares. Por exemplo, o princípio da isonomia tributária exige que todos os contribuintes do Imposto de Renda possuidores da mesma capacidade contributiva suportem carga tributária idêntica (há um mandado de trato uniforme), mas não estabelece a alíquota a ser aplicada e tampouco a base imponível. Compete ao legislador determiná-las.

Embora convivam com espaços legislativos, ditos mandados não constituem meras recomendações: sujeitam estritamente o legislador, por possuírem *status* constitucional e força vinculante. Atualmente, a tese de que o princípio da igualdade é uma norma programática, desprovida de força jurídica, está pacificamente superada. Já não se aceita a concepção de Giannini segundo a qual, em decorrência da carência de um significado inerente ao princípio da igualdade, até o "mais iníquo" dos impostos seria constitucionalmente legítimo.[261] Portanto, se o legislador inobservá-los e não tiver uma justificativa jurídica suficientemente robusta para fazê-lo, terá editado leis inconstitucionais.

2.2.2. Igualdade normativa

A antiga distinção entre a "igualdade perante a lei" (*Gleichheit vor dem Gesetz, égalité devant la loy*) e a "igualdade da lei" (*Gleichheit des Gesetzes*) ou "na lei" (*Gleichheit im Gesetz, égalité dans la loy*)[262] continua a ser amplamente utilizada pela jurisprudência e pela doutrina. Essa dicotomia é clara e útil, pois toma como ponto de referência dois momentos nitidamente distintos – a criação e a aplicação da lei – e, por consequência, permite separar com acentuada nitidez as exigências e os destinatários do princípio da igualdade: enquanto o Poder Legislativo tem de *editar* leis que tratem paritariamente os iguais e diversamente os desiguais, os Poderes

---

[260] STC 83/1984, de 24 julho, FJ 3.
[261] GIANNINI, *Istituzioni di diritto tributario*, p. 40.
[262] Vide, por todos, ANSCHÜTZ, *Die Verfassung des Deutschen Reichs vom 11. August 1919*, p. 460.

Executivo e Judiciário devem *aplicar* as leis de forma igual, sem estabelecer diferenças não justificadas entre pessoas.

Costuma-se identificar essa dicotomia àquela estabelecida entre a igualdade na criação (*Rechtsetzungsgleichheit*) e aplicação do Direito (*Rechtsanwendungsgleichheit*).[263] Não obstante, tal equiparação é equivocada e enganosa, dado ser impossível estabelecer uma ampla e rígida separação entre a criação e a aplicação do Direito. Como bem observou Kelsen, todas as normas subordinadas à Constituição (e, para ele, até mesmo a Constituição jurídica) se inter-relacionam com normas de hierarquia superior, nas quais encontram fundamento de validade. Especificam-nas. Mas, ao fazê-lo, também acrescentam algo, criam direito. Disso se deduz que a aplicação e a criação normativa estão indissociavelmente vinculadas. A respeito, Kelsen assevera de modo claro e categórico: "Aplicação do Direito é simultaneamente produção do Direito" (*Rechtsanwendung ist zugleich Rechtserzeugung*).[264]

Essa incontestável assertiva evidencia aspectos de suma relevância, geralmente olvidados pela doutrina e pela jurisprudência. Em primeiro lugar, a igualdade na lei também levanta questionamentos concernentes à isonomia na aplicação do Direito, mais especificamente, na aplicação da Constituição. Em segundo lugar, a igualdade perante a lei não envolve apenas questões relativas à aplicação jurídica, senão também à problemática da criação jurídica mediante a interpretação legislativa.[265]

Desse modo, para definir as exigências específicas do princípio da igualdade mostra-se mais atrativa outra distinção, qual seja, a dicotomia estabelecida entre a igualdade normativo-abstrata e a igualdade na aplicação normativa *stricto sensu*. Aquela, que também pode ser denominada "igualdade normativa", compreende a igualdade na edição, modificação e revogação das normas jurídicas abstratas, sejam elas constitucionais, legais ou infralegais. Esta designa os atos de aplicação da Constituição, das leis e das normas infralegais aos casos concretos.

Feitas essas precisões introdutórias, deve-se analisar, em primeiro lugar, a problemática da igualdade normativa, nos planos constitucional, legislativo e infralegal.

Tal qual as leis, a Constituição também tem de respeitar o princípio da isonomia e promover a "igualdade na Constituição". Contudo, em razão de a concepção jurídico-positiva predominante excluir a possibilidade de se reconhecer a inconstitucionalidade de normas constitucionais originais, a problemática suscitada pela igualdade da Constituição limita-se à legitimidade das normas criadas pelo poder constituinte derivado. E no Brasil é inquestionável a necessidade de ditas normas

---

[263] Vide, entre muitos outros, ALEXY, *Theorie der Grundrechte*, p. 357 ss.; BÖCKENFÖRDE, "Diskussionsbeitrag", p. 95; ARNDT, "Gleichheit im Steuerrecht", p. 787; ISENSEE, *Die typisierende Verwaltung*, p. 136-137; idem, "Vom Beruf unserer Zeit für Steuervereinfachung", p. 7-8; TIPKE; LANG, *Steuerrecht. Ein systematischer Grundriß*, 18ª ed., p. 78.
[264] KELSEN, *Reine Rechtslehre*, p. 240.
[265] A respeito, Eckhoff leciona que as exigências de igualdade na criação jurídica (*Rechtssetzungsgleichheit*) também se estendem aos casos em que a igualdade da aplicação jurídica se guia pelos mesmos critérios da legislação (*Rechtsanwendungsgleichheit im Steuerrecht*, p. 3, n. 9), isto é, aos casos nos quais a aplicação jurídica se reveste de características similares às da criação legislativa, como se verifica na edição de regulamentos administrativos.

respeitarem o direito individual dos cidadãos à igualdade, haja vista que tal direito é garantido pela "cláusula pétrea" do art. 60, § 4º, IV, da Constituição de 1988.[266]

Pode-se identificar, outrossim, uma exigência de igualdade "perante a Constituição", dirigida aos órgãos encarregados de aplicá-la. Essa dimensão da isonomia vincula não só o Poder Legislativo, mas também o Executivo e o Judiciário (e inclusive os Tribunais Constitucionais), demandando que todos os atos de aplicação constitucional se orientem pelas ideias de igualdade e justiça. No que concerne ao Poder Legislativo, requer a "igualdade da lei" e, portanto, o exame da "lei perante a igualdade" (*Gesetz vor der Gleichheit*).[267] Aplicada às Cortes Constitucionais, exige, por exemplo, que se estendam a todos os indivíduos os efeitos das decisões declaratórias de inconstitucionalidade, razão pela qual seria realizada de forma ótima mediante um sistema de controle concentrado de constitucionalidade em cujo âmbito as decisões sempre produzissem efeitos *erga omnes*.

Ao se descer um patamar na escala normativa, identifica-se contexto análogo. Quando aplicam as leis, os órgãos estatais têm de observar rigorosamente o princípio da igualdade. Devem editar atos jurídicos com conteúdos isonômicos, quer tenham eles caráter abstrato (atos regulamentares) ou concreto (atos meramente aplicativos). Ao fazê-lo, realizarão a isonomia tanto na concretização normativa das leis quanto na sua aplicação fática.

Tais ponderações são extensíveis a outros níveis normativos, já que, assim como se fala de igualdade perante a Constituição e as leis, é perfeitamente possível falar de igualdade perante os atos normativos infralegais.

2.2.2.1. Igualdade na interpretação jurídica

Costuma-se tratar da igualdade na interpretação jurídica ao se analisar a igualdade "perante a lei" ou, mais precisamente, as vinculações que o princípio correlato impõe à Administração e ao Poder Judiciário. Dessa forma, normalmente são extraídas conclusões que se aplicam em larga medida à própria atividade legislativa, pois vinculações análogas resultam do postulado da preeminência da Constituição – e raramente constituem objeto de estudos doutrinários. Por isso, mostra-se mais adequado tratar a problemática concernente à igualdade na interpretação jurídica de forma conjunta, examinando as diretivas que o princípio da isonomia estabelece para a atividade exegética em geral, seja ela legislativa, administrativa ou judicial.

Pois bem, por constituir um pilar das constituições modernas, o princípio da igualdade há de atuar como um dos princípios-guia da interpretação constitucional (*Leitprinzipen der Verfassungsinterpretation*).[268] Todos os preceitos constitucionais devem ser interpretados à luz do valor fundamental da igualdade. E sempre que haja apenas uma variante interpretativa conforme à igualdade e inexistam fundamentos jurídicos suficientemente fortes para justificar o estabelecimento de tratos anti-isonômicos, o intérprete terá que adotá-la, sob pena de violar a Lei Maior.

---

[266] Eis a sua redação: "§ 4º – Não será objeto de deliberação a proposta de emenda tendente a abolir: [...] IV – os direitos e garantias individuais". Acerca da aplicação dessa garantia no âmbito tributário, vide STF, Pleno, ADI 939, 12.1993.

[267] ISENSEE, *Die typisierende Verwaltung*, p. 137.

[268] Vide KRIELE, "Freiheit und Gleichheit", p. 132-133.

Em razão de ostentar *status* constitucional, o princípio da igualdade também vincula a interpretação da legislação e dos atos normativos infralegais. Já nos primórdios do desenvolvimento científico do Direito Tributário, Enno Becker indicava que o princípio da igualdade é o princípio superior da tributação (*oberster Grundsatz der Besteuerung*) e que, por consequência, as leis devem ser interpretadas em vista dele, conferindo-se prioridade, em caso de dúvida, à interpretação que melhor se harmonize ao mandado de igualdade da tributação.[269]

Em suma, os preceitos constitucionais, legislativos e infralegais devem ser interpretados à luz do princípio da igualdade, buscando-se sempre a variante exegética que o realize de forma ótima.[270] As peculiaridades dessa obrigação serão analisadas oportunamente, na seção dedicada especificamente à igualdade na concretização normativa.[271]

2.2.2.2. Igualdade das leis

O foco central da imposição de igualdade normativa concerne ao estabelecimento dos atos legislativos. Trata-se do mandado de igualdade "na lei" (*Gleichheit im Gesetz*), que se dirige ao legislador e lhe impõe criar um Direito igual para todos. Determina que as leis tenham *conteúdos* isonômicos,[272] considerando as particularidades juridicamente relevantes das pessoas e situações reguladas, de modo a tratar igualmente os iguais e desigualmente (*rectius*: de modo díspar) os desiguais.

É certo que os textos constitucionais frequentemente se limitam a aludir à igualdade ante a lei e a consagrar interdições de discriminação, sem introduzir um mandado dirigido especificamente ao legislador. Não obstante, após a Segunda Guerra Mundial, a promulgação da Lei Fundamental de Bonn[273] e a posse de Leibholz como presidente do BVerfG,[274] a exigência de igualdade na edição das leis passou a ser

---

[269] Ou, mais precisamente, à luz da "ideia fundamental da máxima igualdade possível da tributação" (BECKER, "Die Entwicklung des deutschen Steuerrechts durch die Rechtsprechung seit 1928", p. 948-949). Nessa linha, Lehner fala da necessidade de se interpretarem as normas com finalidade fiscal em vista da noção de igualdade, concretizada com apoio na dignidade humana ("Wirtschaftliche Betrachtungsweise und Besteuerung nach der wirtschaftlichen Leistungsfähigkeit", p. 247 ss.).

[270] Contudo, não se pode aceitar a posição exposta por Leisner, que, considerando exclusivamente o mandado de trato paritário, refere-se à concretização da igualdade mediante a interpretação paritária, niveladora (*egalisierende, nivellierende Interpretation*) das leis, sem ter em conta as especificidades do caso (*Der Gleichheitsstaat*, p. 119). O papel do princípio da igualdade na interpretação legislativa não se limita à imposição de uma interpretação paritária: também compreende a imposição de interpretações diferenciadas, sempre que haja diferenças juridicamente relevantes.

[271] Vide p. 218 ss.

[272] HESSE, *Grundzüge des Verfassungsrechts der Bundesrepublik Deutschland*, p. 176, que denomina a igualdade da lei "igualdade jurídica conteudística" (*inhaltlicher Rechtsgleichheit*). Cfr. ARNDT, *Grundzüge des Allgemeinen Steuerrechts*, p. 66.

[273] A Lei Fundamental alemã estabelece expressamente que os direitos fundamentais por ela consagrados vinculam os três poderes, Legislativo, Executivo e Judiciário, "como Direito imediatamente vigente" (*als unmittelbar geltendes Recht*), ou melhor, "como Direito diretamente aplicável" (art. 1.3). Na Constituição espanhola há uma previsão similar, que expressamente sujeita todos os "poderes públicos a la Constitución y al resto del ordenamiento jurídico" (art. 9.1).

[274] A crítica doutrinária de Leibholz também foi extremamente importante para o reconhecimento da sujeição do legislador ao princípio da igualdade. Na sua clássica monografia, Leibholz funda-se na jurisprudência norte-americana e suíça para enfatizar a ilegitimidade da restrição do seu conteúdo à aplicação das leis pelos Poderes Judiciário e Executivo. Assevera não apenas que dito princípio se impõe diretamente ao Poder Legislativo, mas também que a igualdade é um pressuposto necessário de

reconhecida de forma pacífica na Alemanha[275] e, sob a sua influência, pela *Corte Costituzionale* e pelo Tribunal Constitucional espanhol.[276] Atualmente, não mais se discute acerca da vinculação do legislador ao princípio da isonomia: trata-se de questão pacífica no constitucionalismo contemporâneo.

Portanto, também na criação das leis deve ser observada a clássica fórmula de Aristóteles, segundo a qual "a justiça consiste em igualdade, e assim é, mas não para todos, senão para os iguais; e a desigualdade parece ser justa, e de fato o é, mas não para todos, senão para os desiguais".[277]

2.2.3. Igualdade na aplicação fática do Direito

O reconhecimento de que o princípio da isonomia vincula o legislador, impondo-lhe criar leis com conteúdos iguais, e a dificuldade de determinar o conteúdo de tal vínculo levaram a que os esforços da dogmática jurídica contemporânea se centrassem na igualdade material.

Outro fator que contribuiu para que o problema da isonomia na aplicação legislativa fosse relegado a um plano secundário foi a questionável concepção de que esta exigência, de igualdade aplicativa, se limita a reforçar o mandado de preeminência legislativa e que, por consequência, não é problemática.[278]

Nada obstante, são inúmeras as indagações suscitadas pela igualdade na aplicação fática das leis, que chegam repercutir no plano normativo propriamente dito, conforme reconheceu o BVerfG em recente decisão.[279] Tanto as leis quanto os atos

---

todas as leis. A igualdade perante a lei significaria "valoração igual mediante o Direito (*gleiche Bewertung durch das Recht*) em todas as suas formas de manifestação" (*Die Gleichheit vor dem Gesetz,* p. 34 ss.).

[275] Na Alemanha, a Lei Fundamental limita-se a prever a igualdade perante a lei (art. 3.1), entre homens e mulheres (art. 3.2) e interdições específicas de discriminação (art. 3.3). No entanto, a doutrina e a jurisprudência do BVerfG pacificamente extraem do art. 3.1 a exigência de igualdade na criação das leis. Vide ZIPPELIUS, *Wertungsprobleme im System der Grundrechte*, p. 30; STARCK, "Die Anwendung des Gleichheitssatzes", p. 52-53; HESSE, *Grundzüge des Verfassungsrechts der Bundesrepulik Deutschland*, p. 176; ALEXY, *Theorie der Grundrechte*, p. 359; ARNDT, *Grundzüge des Allgemeinen Steuerrechts*, p. 66; TIPKE; LANG, *Steuerrecht. Ein systematischer Grundriβ*, 18ª ed., p. 78.

[276] Vide RUBIO LLORENTE, "La igualdad en la jurisprudencia del Tribunal Constitucional. Introducción", p. 702, n. 44. Na Espanha, embora a Constituição consagre o princípio da igualdade como um de seus valores superiores (art. 1.1), enuncie os princípios da igualdade real (art. 9.2) e da igualdade perante a lei e estabeleça uma interdição de discriminação em função de fatores determinados (art. 14), não prevê de forma expressa e geral a exigência de igualdade *na lei*. Todavia, ante a reiterada garantia constitucional da igualdade e a cláusula do Estado de Direito (art. 1.1), é indubitável que a Constituição espanhola exige a igualdade das leis. Segundo a jurisprudência do Tribunal Constitucional, seu fundamento jurídico é o art. 14 da CE: "La igualdad ante la Ley que consagra el artículo 14 de la Constitución puede ser entendida también, según reiteradamente hemos declarado, como igualdad en la Ley, es decir: como obligación del Legislador de no establecer distinciones artificiosas o arbitrarias entre situaciones de hecho cuyas diferencias reales, si existen, carecen de relevancia desde el punto de vista de la razón de ser discernible en la norma, o de no anudar consecuencias jurídicas arbitrarias o irrazonables a los supuestos de hechos legítimamente diferenciados. Todo ello, claro está, además de la interdicción de tener en cuenta como criterios de diferenciación aquellos elementos (nacimiento, raza, sexo, etc.), que el precepto expresamente menciona" (STC 83/1984, de 24 de julho, FJ 3).

[277] ARISTÓTELES, *Politica*, p. 83.

[278] Essa postura foi diagnosticada e criticada já em 1968 por Götz ("Das Grundrecht auf Rechtsanwendungsgleichheit und der verwaltungsgerichtliche Rechtsschutz", p 93).

[279] Vide p. 227 ss.

normativos infralegais têm de almejar uma aplicação isonômica, propiciando as condições necessárias para se alcançar a igual implementação do Direito na realidade social.

Essa é uma questão de extrema relevância sobretudo no Direito Tributário, pois tal ramo jurídico constitui um "Direito de massa" e, como tal, possui aguda necessidade de praticabilidade aplicativa, a fim de se projetar de modo igual na realidade normada.

Retornaremos a esse tema ao tratar da igualdade na aplicação das leis tributárias[280] e da problemática relativa à simplificação tributária.[281]

2.3. AS REGRAS DE IGUALDADE

Em geral, as constituições não preveem apenas o princípio geral da igualdade. Além dele, consagram cláusulas específicas de interdição de discriminação ou tratamento prejudicial, que se qualificam como *regras*, pois são semanticamente determinadas, têm caráter definitivo e não podem ser objeto de ponderação.

É de se reconhecer, portanto, que a igualdade também ostenta dimensão de regra,[282] que concebemos como a espécie normativa consubstanciada por uma hipótese específica e um consequente determinado, do qual resulta um mandado definitivo (*definitive Gebote*). O mandado qualifica-se como definitivo porque deve ser observado rigorosamente, em virtude de a regra já considerar na sua formulação as possibilidades fáticas e jurídicas de sua observância.[283]

No que segue, ocupar-nos-emos detidamente dessas interdições, que constituem o "núcleo duro" da igualdade.

2.3.1. Interdições de diferenciações

Após vergonhosas discriminações históricas, as constituições contemporâneas optaram por veicular interdições de discriminação com respeito à raça, ao sexo, à religião, à origem, etc.[284] Tais interdições, de abrangência geral, representam a solidificação jurídico-positiva do êxito na luta contra privilégios e discriminações de grupos sociais, religiosos, etc. Elas não representam apenas projeções específicas da isonomia material, que lhe conferem um conteúdo substantivo relativamente claro,[285] senão o próprio núcleo rígido e fundamental da igualdade, que jamais poderá

---

[280] Vide p. 229 ss.

[281] Vide p. 263 ss.

[282] Observe-se que, mesmo se inexistissem tais cláusulas expressas, seria possível reconhecer as interdições de discriminação com base no próprio preceito que consagra o princípio geral da igualdade, interpretado à luz da cláusula da dignidade humana, pois é teoricamente viável derivar, de um único preceito jusfundamental, regras *e* princípios. Vide ALEXY, *Theorie der Grundrechte*, p. 121 ss.; SCHILLING, *Rang und Geltung von Normen in gestuften Rechtsordnungen*, p. 86, n. 163.

[283] Cfr. ALEXY, "Zur Struktur der Rechtsprinzipien", p. 32.

[284] Vide, por exemplo, as Constituições espanhola (art. 14, *in fine*), italiana (art. 3.1), francesa (art. 1), portuguesa (art. 13.2) e brasileira (art. 3º, IV), assim como a Lei Fundamental alemã (art. 3.3).

[285] Cfr. WEINBERGER, *Logische Analyse in der Jurisprudenz*, p. 155 ss.

ser ignorado ou violado: "Todos têm igual pretensão à liberdade e à dignidade humana".[286]

As interdições de discriminação concretizam o princípio da isonomia mediante a refutação de determinadas características como critérios de diferenciação. Via de consequência, introduzem uma exigência específica, de trato paritário. Por isso também recebem a denominação "interdições de diferenciações" e se distinguem, nesse aspecto, do princípio geral de igualdade, que não exige invariavelmente tratos paritários, antes admite e por vezes exige tratos díspares.[287] Dessas interdições não resultam mandados de tratos diferenciados, senão tão só de tratos uniformes, ou sob outro viés, interdições de tratos díspares baseados nos critérios por elas referidos. A interdição consagrada na Constituição espanhola, por exemplo, obsta qualquer distinção fundada em condições e circunstâncias pessoais ou sociais (art. 14).

Uma primeira precisão com respeito ao significado das cláusulas de interdição de discriminação concerne à impossibilidade de se estabelecerem tratamentos baseados exclusivamente nas características diferenciadoras indicadas, sem se considerar a sua vinculação a uma finalidade específica e não discriminatória. Não se pode instituir, v.g., uma medida tributária desigual (benéfica ou gravosa) fundada no critério da raça (branca, negra, etc.) ou da religião (católica, protestante, islâmica, etc.) pelo simples fato de os contribuintes serem diferentes em tais aspectos.[288] No entanto, essa afirmação pouco esclarece, pois atualmente seria insólita tal forma de discriminação.

De suma importância para a interpretação das cláusulas de interdição de discriminação é a distinção estabelecida por Dworkin entre "tratar as pessoas igualmente" (*treating people equally*) e "tratar as pessoas como iguais" (*treating people as equals*).[289] Tratar as pessoas *como* iguais significa tratá-las com igual respeito (*respect*) e atenção (*concern*), reconhecendo que gozam de "igual pretensão à liberdade e à dignidade humana".[290] A igualdade diz respeito às premissas dos tratamentos concretos, que devem ser estabelecidos com plena consciência de que todas as pessoas merecem o mesmo respeito e atenção. Por outro lado, tratar as pessoas igualmente significa distribuir-lhes as cargas, as oportunidades e os recursos de forma isonômica. Aqui, a igualdade refere-se ao trato estabelecido, e não às suas premissas.

Aplicando essa distinção às interdições de discriminação, resulta possível afirmar que elas proíbem tratar as pessoas como desiguais e exigem que o legislador

---

[286] A expressão citada foi utilizada por Kriele, a fim de sintetizar os valores fundamentais da *Grundgesetz*, quais sejam, a dignidade humana, a liberdade e a igualdade. Kriele reputa ser essa a ideia diretriz e o fim do constitucionalismo contemporâneo ("Freiheit und Gleichheit", p. 129).

[287] Vide RUBIO LLORENTE, "Igualdad", p. 136-137. Sobre os mandados de tratamento díspar, vide p. 132 ss.

[288] Com essas ressalvas, poderíamos concordar com a assertiva de Podlech de que as características referidas nas cláusulas de interdição de discriminação (sexo, origem, raça, língua, religião, etc.) jamais poderiam fundamentar tratos díspares (*Gehalt und Funktion des allgemeinen verfassungsrechtlichen Gleichheitssatzes*, p. 91). Nada obstante, Podlech considera que a fundamentação da legitimidade de um trato díspar deve basear-se necessariamente na análise dos meios (e não dos fins) (ob. cit., p. 117), excluindo, assim, a possibilidade de tais características atuarem como critérios de diferenciação.

[289] DWORKIN, *Taking rights seriously*, p. 226-227; idem, "What is Equality? Part 1: Equality of Welfare", p. 185. Cfr. HUSTER, *Rechte und Ziele. Zur Dogmatik des allgemeinen Gleichheitssatzes*, p. 42.

[290] A expressão é aquela já referida, de Kriele ("Freiheit und Gleichheit", p. 129). Vide a nota 286.

sempre considere todas as pessoas como merecedoras de igual respeito e consideração para estabelecer tratamentos jurídicos – e, obviamente, que os estabeleça de acordo com essa premissa. É evidente ser o objetivo dessas interdições vedar preconceitos e discriminações odiosas, que configuram o tratamento das pessoas como desiguais. Por exemplo, um imposto específico sobre os judeus, como o criado na Alemanha nazista, configura uma discriminação manifesta, pois representa o trato das pessoas como desiguais: não parte do pressuposto de que os alemães judeus são iguais aos demais alemães, mas do pressuposto oposto.

Tal interpretação corresponde à que vincula diretamente as cláusulas de interdição de discriminação ao valor fundamental da dignidade humana, a fim de exteriorizar que o seu real significado corresponde à interdição de tratos contrários à dignidade,[291] como aqueles fundados exclusivamente nas características relativas à individualidade das pessoas.[292]

À luz dessa interpretação, pode-se reconhecer que as interdições de discriminação introduzem *regras jurídicas* propriamente ditas.[293] Compõem o "núcleo duro" da igualdade jurídica e jamais podem ser excepcionadas. Em nenhuma hipótese se justificaria um imposto sobre os judeus, nem sequer em situações extremas de guerra ou calamidade pública. Não há argumentos hábeis a justificar tal discriminação. Uma ponderação de princípios seria impensável e flagrantemente ofensiva aos valores fundamentais que permeiam as constituições contemporâneas.

No Direito Tributário atual, as interdições *gerais* de discriminação (relativas à origem, sexo, religião, etc.) têm uma relevância ínfima, haja vista que o legislador costuma respeitá-las,[294] pela clareza dos seus enunciados, pelo respaldo ético e social de que gozam e pelos severos desgastes políticos que a sua violação acarretaria.

---

[291] Assim, Lindner identifica uma dimensão de igualdade na dignidade humana, que impede *a priori* a valoração e a diferenciação do ser humano enquanto tal. Portanto, atribui à cláusula de interdição de discriminação do art. 3.3 da GG caráter meramente declaratório, por explicitar o que já está contido no seu art. 1.1 (*Theorie der Grundrechtsdogmatik*, p. 189-190, n. 48).

[292] O BVerfG nota que o princípio da igualdade proíbe todos os tratos favoráveis ou desfavoráveis estabelecidos com base nas características condicionadas pela personalidade (*persönlichkeitsbedingter Eigenheiten*) dos destinatários normativos (BVerfGE 99, 88, 94). Essas características da personalidade (ou, de forma mais ampla, da individualidade) integram o conteúdo central das interdições de discriminação, concernentes à descendência, raça, sexo e crença. O Tribunal Constitucional Federal alemão acrescenta, ademais, que as exigências do princípio da igualdade são tanto mais rígidas quanto mais a diferenciação alcance o "indivíduo enquanto pessoa" (*der Einzeln als Person*).

[293] Em sentido contrário, Podlech defende que as cláusulas de interdição de discriminação não estabelecem normas jurídicas (*Rechtsnormen*), mas apenas especificações constitucionais do que não constitui um fundamento adequado para estabelecer tratos díspares ou, em outros termos, critérios negativos para a autorização de tratos desiguais (*Gehalt und Funktion des allgemeinen verfassungsrechtlichen Gleichheitssatzes*, p. 91). Porém, tais critérios negativos implicam clara e invariavelmente interdições de diferenciação, e essas são, sem dúvida alguma, normas jurídicas.

[294] Cfr. TIPKE, *Die Steuerrechtsordnung*, 2ª ed., v. 1, p. 292-293. A respeito, Tipke recorda a relevante decisão concernente ao "Imposto sobre a Segunda Moradia" (*Zweitwohnungsteuer*), declarado inconstitucional pelo BVerfG. O imposto fora instituído pelo Município de Überlingen e gravava apenas os imóveis localizados no Município que fossem de titularidade de sujeitos que não residissem habitualmente nelas e possuíssem outro(s) imóvel(is). Entre outros aspectos, o BVerfG ressaltou a violação da igualdade pelo fato de o imposto gravar somente os não residentes no Município, já que "ninguém pode ser obrigado a pagar impostos mais gravosos em virtude de não ser um habitante local" (BVerfGE 65, 325, 355).

São as interdições *específicas* de discriminação que desempenham uma função de relevo. Costumam ser estabelecidas para abolir discriminações ou privilégios tributários existentes (e, obviamente, obstar a sua adoção futura), como ocorreu com a interdição do art. 150, II, da Constituição de 1988, vocacionada a abolir as isenções do Imposto de Renda outorgadas a juízes e funcionários públicos: proíbe a utilização das características da ocupação profissional e da função desempenhada pelos contribuintes como critérios de diferenciação tributária.[295]

2.3.2. Interdições de desfavorecimento

As interdições de discriminação estão vinculadas, em geral, a características de todos os seres humanos e representam efetivas "interdições de diferenciação" (*Differenzierungsverbote*).[296] Têm, portanto, um *caráter duplo*, impedindo tanto os tratamentos favoráveis como os desfavoráveis. Isso porque o trato favorável de pessoas de uma determinada religião, por exemplo, configuraria necessariamente o trato desfavorável das demais, praticantes de outras religiões, ateus e agnósticos.

Nada obstante, certas cláusulas constitucionais identificadas geralmente como interdições de discriminação não ostentam tal caráter duplo – e qualificam-se como "interdições de desfavorecimento" (*Benachteiligungsverbot*),[297] ou melhor, "interdições de tratamento desfavorável".

Ditas cláusulas não impedem tratamentos favoráveis.[298] Pelo contrário, geralmente os exigem[299] e, com respeito a esta exigência específica, podem qualificar-se como princípios, já que demandam a realização de um ideal na máxima medida possível, dentro das possibilidades fáticas e jurídicas existentes.

3. Concretização do princípio da igualdade

As constituições, por via de regra, consagram o princípio da igualdade ao estabelecer o valor da "igualdade" e impor que se tratem todos como iguais "perante a lei". Fazem-no em preceitos que não especificam critérios para concretizá-lo, salvo quando impedem determinados tratos discriminatórios ou desfavoráveis.[300] Essa omissão suscita indagações relativas à determinação dos critérios de diferenciação,

---

[295] Eis a sua redação: "Art. 150. Sem prejuízo de outras garantias asseguradas ao contribuinte, é vedado à União, aos Estados, ao Distrito Federal e aos Municípios: [...] II – instituir tratamento desigual entre contribuintes que se encontrem em situação equivalente, proibida qualquer distinção em razão de ocupação profissional ou função por eles exercida, independentemente da denominação jurídica dos rendimentos, títulos ou direitos".

[296] BIRK; BARTH, "§ 4 AO", mrg. 416, p. 189-190.

[297] BIRK, *Das Leistungsfähigkeitsprinzip als Maβstab der Steuernormen*, p. 173-174; BIRK; BARTH, "§ 4 AO", mrg. 416, p. 189-190.

[298] Cfr. BIRK, *Das Leistungsfähigkeitsprinzip als Maβstab der Steuernormen*, p. 173.

[299] O BVerfG identifica, no art. 6.1 GG (proteção especial ao matrimônio e à família), tanto mandados (de proteção perante perturbações não estatais e de *promoção* pelos meios adequados) como uma interdição de perturbações estatais (BVerfGE 6, 55, 76 – *Steuersplitting*).

[300] Isso é o que ocorre, por exemplo, nos arts. 1.1 e 14 da Constituição espanhola. Com respeito às interdições de discriminação, vide p. 96 ss.

amplamente reconhecidas como o problema fundamental da especificação da igualdade material.[301]

A doutrina destaca que, por si só, o princípio da igualdade é "vazio",[302] pois não diz nada com respeito aos indivíduos ou situações que devem ser tratados de modo homogêneo ou díspar, nem aos elementos que deverão ser considerados nos juízos de igualdade e, por consequência, não possibilita que se proceda a uma inferência lógica de qualquer relação específica de igualdade.

Que igualdades e desigualdades são juridicamente relevantes? Que tratamento são impostos pelas (des)igualdades juridicamente relevantes?

Não há dúvidas de que, isoladamente considerado, o princípio da isonomia não oferece respostas para essas indagações,[303] haja vista não conter em si critérios para os juízos de igualdade. Fora de um contexto, dito princípio carece de um conteúdo semântico específico e outorga ao legislador um "espaço de conformação absoluto".[304]

O princípio analisado tampouco oferece respostas a tais perguntas na conhecida formulação aristotélica, segundo a qual há de se tratar igualmente os iguais e desigualmente os desiguais. Sem uma especificação correta, dita fórmula permitiria as mais variadas e discriminatórias diferenciações, dado indicar unicamente a forma de tratamento, e não o tratamento específico.[305] Por isso, não pode ser tida como o ponto de chegada da dogmática da igualdade material, senão como uma mera premissa incipiente.

Apesar da correção dessas ponderações, elas limitam-se a explicitar uma obviedade. Ademais, não levam em consideração inúmeros elementos que possibilitam conferir um conteúdo específico ao princípio da igualdade, tais quais a noção de

---

[301] Vide ZIPPELIUS, *Wertungsprobleme im System der Grundrechte*, p. 31; HESSE, *Grundzüge des Verfassungsrechts der Bundesrepublik Deutschland*, p. 177; ALEXY, *Theorie der Grundrechte*, p. 363; TIPKE, *Die Steuerrechtsordnung*, 1ª ed., v. 1, p. 339-340.

[302] Vide, por todos, KELSEN, *Was ist Gerechtigkeit?*, p. 25. Sob a perspectiva da argumentação jurídica, Arndt assinala que, por si só, a exigência de igual tratamento é destituída de todo e qualquer valor argumentativo (*Argumentationswert*) ("Gleichheit im Steuerrecht", p. 788).

[303] A respeito, Vogel e Waldhoff chegam a sustentar que o princípio da igualdade constitui um "instrumento metódico", de caráter "essencialmente formal", sendo, por consequência, "carente de concretização" (*konkretisierungsbedürftig*) (*Grundlagen des Finanzverfassungsrechts: Sonderausgabe des Bonner Kommentars zum Grundgesetz*, p. 341).

[304] Vide PODLECH, *Gehalt und Funktion des allgemeinen verfassungsrechtlichen Gleichheitssatzes*, p. 84.

[305] RADBRUCH, *Rechtsphilosophie*, p. 168. A propósito, Rubio Llorente adverte que a concepção aristotélica vai muito além de uma teoria meramente formal, porquanto exige a consideração da finalidade para se determinar o critério de diferenciação. Nunca admitiria reduções ao absurdo como as feitas com o formalismo puro, no sentido de que seria compatível com um "sistema fiscal que determinase el débito tributario de los ciudadanos en razón de sus centímetros de estatura o del número de su casa o de cualquier otra circunstancia absolutamente objetiva y determinable, pero de todo incongruente con la finalidad de la norma" ("La igualdad en la jurisprudencia del Tribunal Constitucional. Introducción", p. 692). Sem embargo, a mencionada fórmula permite as mais variadas discriminações, pois se compatibiliza com a discriminação atentatória à dignidade humana, com o trato jurídico de homens como animais ou objetos (a escravidão), etc. O que permite conferir um conteúdo material efetivo à concepção aristotélica é a sua vinculação com a ideia de justiça, como expomos na nota 306.

justiça,[306] o sistema e a teleologia da regulação,[307] os próprios ditames legislativos[308] e até mesmo os atos de aplicação legislativa.[309]

Pois bem, a seguir abordaremos detidamente os elementos fundamentais que viabilizam a determinação progressiva da noção jurídica de igualdade, começando por aqueles concernentes à sua concretização constitucional.

3.1. CONCRETIZAÇÃO CONSTITUCIONAL

É evidente que o princípio da igualdade não pode ser concretizado sem um contexto. Mas ainda mais flagrante é a incorreção de tal tentativa, isto é, da pretensão de interpretá-lo insularmente. Dito princípio integra o *sistema* jurídico-constitucional, que não é um arquipélago composto por ilhas separadas e incomunicáveis, senão um todo consubstanciado por normas que se intercomunicam, se inter-relacionam e influenciam reciprocamente a concretização das demais. Como expressou o BVerfG já numa das suas primeiras decisões, os preceitos constitucionais não podem ser concretizados de forma isolada, porquanto integram um "contexto de significado" que evidencia uma "unidade interna":[310] devem ser concretizados iniludivelmente à luz do contexto que compõem e que os conforma.[311]

Destarte, no âmbito de uma dogmática constitucionalmente legítima, a concretização do princípio da igualdade tem de se apoiar sobretudo em especificações constitucionais expressas e em valorações realizadas à luz da axiologia fundamental do sistema constitucional e do fim da regulação.

3.1.1. Especificações constitucionais expressas

Em geral, as constituições veiculam certas especificações do conteúdo do princípio da igualdade. Exemplo clássico são as cláusulas de interdição de discriminação.[312]

Em princípio, tais especificações devem ser aplicadas incondicionalmente, sobretudo quando se harmonizam com o princípio geral, de modo a se respeitar o critério do "predomínio da norma especial".[313] Todavia, até mesmo as interdições

---

[306] Dita possibilidade já se encontrava estruturada na concepção de Aristóteles. De fato, percebe-se facilmente que as exigências da igualdade na teoria do filósofo estagirita (tratamento igual dos iguais e desigual dos desiguais) se fundamentam em concepções de justiça comutativa e distributiva – e são concretizadas à luz delas. Vide STETTNER, "Der Gleichheitssatz", p. 547.

[307] Vide p. 112 ss.

[308] Vide p. 114 ss.

[309] Vide p. 284 ss.

[310] BVerfGE 1, 13 [32].

[311] Hesse ressalta a impossibilidade de se "interpretar" um preceito constitucional isolado. É imprescindível considerar o conjunto global do qual o preceito em foco é um elemento integrante e interdependente (*Grundzüge des Verfassungsrechts der Bundesrepublik Deutschland*, 20ª ed., p. 27).

[312] Vide p. 96 ss.

[313] LEIBHOLZ; RINCK, *Grundgesetz für die Bundesrepublik Deutschland: Kommentar an Hand der Rechtsprechung des Bundesverfassungsgerichts*, p. 66; ZIPPELIUS, "Der Gleichheitssatz", p. 28. Vale ressaltar, ademais, que o critério do predomínio da norma especial pressupõe o respeito a um critério preponderante, qual seja, o critério hierárquico. As especificações jurídico-positivas do princípio da igualdade hão de ser estabelecidas por normas de *status constitucional*, pois constituem interpretações autênticas da Constituição (sobre a questão da interpretação autêntica, vide, entre outros, VANONI,

de discriminação (concretizações da igualdade com caráter absoluto, que jamais podem ser desconsideradas, ponderadas ou violadas) podem deixar de ser aplicadas quando uma interpretação efetuada à luz do princípio geral da igualdade evidencie que a sua *ratio* não se contrapõe ao estabelecimento de tratos díspares, ou seja, que os tratos opostos à sua redação não constituem discriminações e nem mesmo tratos desiguais.[314]

Isso evidencia que a exegese sistemática da Constituição é sempre necessária para a concretização dos preceitos de igualdade, notadamente porque a interpretação da Lei Maior constitui justamente concretização (*Konkretisierung*) constitucional.[315]

Essa ponderação também se aplica ao princípio geral da isonomia, tornando nítida a necessidade de interpretá-lo à luz de *todo* o sistema constitucional e, por consequência, a inviabilidade de se utilizarem, para isso, tão somente especificações explícitas, o que implicaria a negação de todo e qualquer conteúdo autônomo ao princípio estudado, pois as determinações que poderiam ser extraídas dele já resultariam de preceitos constitucionais expressos.[316]

Por conseguinte, o intérprete tem de investigar quais são as diretrizes implícitas que a Constituição oferece e analisar, meticulosamente, o sistema axiológico constitucional de modo a outorgar um conteúdo mais concreto ao princípio da igualdade.

Em suma, se não houver concretizações jurídico-constitucionais expressas, o intérprete deverá recorrer à exegese sistemática da Constituição para determinar o significado do princípio com base nos valores fundamentais que permeiam o sistema jurídico da Carta Política.[317]

3.1.2. Concretização teleológica à luz de fins de justiça

Já foi enfatizada a relevância da análise teleológica para concretizar a noção de igualdade, notadamente porque os critérios de comparação devem corresponder, em geral, aos fins da regulação.[318] Sem embargo, tais fins não bastam para determinar as exigências da igualdade, já que todas as desigualdades podem ser consideradas es-

---

"*Natura ed interpretazione delle leggi tributarie*", p. 307; BONAVIDES, *Curso de Direito Constitucional*, p. 399). Não estamos afirmando, com isso, que as concretizações legislativas sejam inevitavelmente ilegítimas, senão que carecem de força jurídica para vincular o órgão de controle constitucional. A única função que se lhes faculta desempenhar é a de *explicitar* o conteúdo do princípio constitucional: não podem alterar o seu significado normativo, pois o legislador está vinculado à Constituição e carece de competência para reformá-la.

[314] Nesse sentido, Leibholz e Rinck falam de uma "relação de interdependência" entre o princípio geral da igualdade e as suas especificações, pois é necessário interpretá-las em vista do princípio geral, segundo a jurisprudência formada no BVerfG com respeito à igualdade no âmbito eleitoral (*Grundgesetz für die Bundesrepublik Deutschland: Kommentar an Hand der Rechtsprechung des Bundesverfassungsgerichts*, p. 67).

[315] HESSE, *Grundzüge des Verfassungsrechts der Bundesrepublik Deutschland*, 20ª ed., p. 24.

[316] Vide p. 53 ss.

[317] ZIPPELIUS, "Der Gleichheitssatz", p. 36; LEIBHOLZ; RINCK, *Grundgesetz für die Bundesrepublik Deutschland: Kommentar an Hand der Rechtsprechung des Bundesverfassungsgerichts*, p. 64.

[318] Vide p. 66 ss. A respeito, Arndt nota que essa correspondência deve ser estabelecida mediante a determinação dos meios sob o ponto de vista da adequação aos fins (*Gesichtspunkt der Zweckmäßigkeit*) da regulação legislativa (*Grundzüge des Allgemeinen Steuerrechts*, p. 69).

senciais (ou, se se prefere, juridicamente relevantes) sob o ponto de vista da adequação aos fins da regulação.[319] Por exemplo, para perseguir a finalidade de expropriar, mediante o manejo da tributação, o patrimônio dos judeus e redistribuí-lo entre os demais alemães, o pertencer a uma determinada comunidade constitui um critério adequado de diferenciação. O conteúdo do princípio da isonomia tributária, contudo, jamais poderia ser determinado com base no critério referido, pois corresponde a uma finalidade manifestamente injusta. Esse drástico exemplo serve para elucidar a necessidade de se delimitarem os fins que hão de orientar a concretização do princípio da igualdade mediante a análise da adequação teleológica.

Por tal razão, a distinção entre fins assume uma relevância fundamental para a concretização do princípio da igualdade, como assinalou Huster ao estabelecer a dicotomia entre "fins internos" e "externos", que denominamos, respectivamente, "fins de justiça" e de "utilidade coletiva".[320]

São os fins de justiça, e não os de utilidade coletiva, que se mostram aptos a conferir um conteúdo específico ao princípio da isonomia com apoio no sistema constitucional. Isso porque, como exporemos no item seguinte, dito princípio constitui fundamentalmente um "mandado de justiça", que não se compatibiliza com as "injustiças relacionais" derivadas da persecução de utilidades coletivas.

3.1.2.1. O princípio da igualdade enquanto um mandado de justiça

O princípio da igualdade constitui, em essência, um "mandado de justiça" (*Gerechtigkeitsgebot*).[321] Determina que se estabeleçam tratamentos jurídicos justos

---

[319] Cfr. RADBRUCH, *Rechtsphilosophie*, p. 170.

[320] Vide p. 77 ss.

[321] HUSTER, *Rechte und Ziele. Zur Dogmatik des allgemeinen Gleichheitssatzes*, p. 35. Nesse sentido, Weinberger refere-se à igualdade material como "igualdade segundo critérios de justiça" (*Gleichheit nach Gerechtigkeitsgesichtspunkten*) (*Logische Analyse in der Jurisprudenz*, p. 156). P. Kirchhof afirma claramente que o princípio da igualdade estabelece exigências expressas para a atividade estatal como um "mandado geral de justiça" (*allgemeines Gerechtigkeitsgebot*) ou, de acordo como o pensamento do BVerfG, um "mandado de justiça orientado pelas decisões valorativas da Lei Fundamental" (*an der Wertentscheidung des Grundgesetzes orientiertes Gerechtigkeitsgebot*) ("Der allgemeine Gleichheitssatz", p. 923 e 949). Osterloh nota que dito princípio não é um mandado de tratamento formal e cego e tampouco uma mera imposição de trato conforme a lei; pelo contrário, expressa o seu efetivo conteúdo normativo na exigência de se estabelecerem tratos iguais ou desiguais mediante a construção e consequente aplicação de critérios justos de comparação (*gerechten Vergleichsmaßstäbe*) ("Art. 3. Gleichheit vor dem Gesetz", p. 213). Nessa linha, Kloepfer giza que o princípio da igualdade sujeita o legislador a estabelecer tratos paritários ou díspares à luz de "pontos de vista de justiça" (*Gerechtigkeitsgesichtspunkten*) ou, mais precisamente, de pontos de vista de justiça material ("Gleichheit als Verfassungsproblem", p. 41). Böckenförde alude a uma "função de justiça" (*Gerechtigkeitsfunktion*) desempenhada pela exigência de igualdade na lei ("Diskussionsbeitrag", p. 95). Rüfner, na linha dos ensinamentos de Zippelius e Böckenförde, destaca que o princípio analisado contém em si uma "obrigação para com a justiça" (*Verpflichtung zur Gerechtigkeit*), constituindo um "conceito-chave" (*Schlüsselbegriff*), que torna possível e estrutura a pergunta sobre a justiça" (*Gerechtigkeitsfrage*)" ("Artikel 3. Gleichheitssatz", p. 10). Em matéria tributária, Paulick ressalta não só que o princípio da igualdade se desenvolveu a partir da ideia de justiça e é uma expressão parcial do postulado de justiça (*Postulat der Gerechtigkeit*), senão também o significado prático da sua recondução à ideia de justiça (*Gerechtigkeitsidee*), pois somente se pode compreender o seu conteúdo à luz de tal ideia ("Der Grundsatz der Gleichmässigkeit der Besteuerung – Sein Inhalt und seine Grenzen", p. 126). E Birk, após examinar a jurisprudência do BVerfG, refere-se à "ideia de justiça contida no princípio da igualdade" (*im Gleichheitssatz enthaltenen Gerechtigkeitsgedankens*) (*Das Leistungsfähigkeitsprinzip als Maßstab der Steuernormen*, p. 139).

ou, mais precisamente, que se efetuem juízos de igualdade com base em critérios de justiça e, com base neles, se estabeleçam tratamentos jurídicos.

A tarefa de determinar tais critérios mediante a atividade exegética suscita uma questão fundamental de justiça (*Gerechtigkeitsfrage*),[322] pois há de se orientar pelos fins (ou pela ideia) de justiça. O BVerfG é especialmente claro nesse sentido, insistindo na necessidade de se adotar uma "análise orientada pela ideia de justiça" (*Gerechtigkeitsgedanke orientierte Betrachtungsweise*) para concretizar o princípio da igualdade.[323] Utiliza o *Gerechtigkeitsgedanke* para determinar a "essencialidade" (*Wesentlichkeit*) da igualdade ou desigualdade, reputando que a justiça não exige propriamente a igualdade, senão que é a sua "medida". Em algumas decisões, chega a identificar o "mandado de justiça" (*Gerechtigkeitsgebot*) com o princípio da igualdade.[324]

Em matéria tributária, há um consenso expressivo no que concerne à imperatividade de se concretizar o princípio analisado à luz do critério da capacidade contributiva.[325] Por consequência, refere-se à capacidade contributiva como uma "concretização do postulado geral de justiça" (*Konkretisierung des allgemeinen Ge rechtigkeitspostulat*),[326] como um "critério de justiça" (*Gerechtigkeitsmaßstab*)[327] e, mais especificamente, ao princípio da capacidade contributiva como o "princípio fundamental da justiça dos impostos" (*Fundamentalprinzip der Steuergerechtigkeit*).[328]

A propósito, é de se recordar que o BVerfG extrai o "mandado de justiça tributária" (*Gebot der Steuergerechtigkeit*) justamente do princípio geral da igualdade

---

[322] ZIPPELIUS, "Der Gleichheitssatz", p. 23.
[323] BVerfGE 1, 264 [276]. Kruse nota que o princípio da tributação segundo a capacidade contributiva é justamente uma parte dessa ideia de justiça ("Grundfragen der Liebhaberei", p. 232). Cfr. também TIPKE, "Anwendung des Gleichheitssatzes im Steuerrecht – Methode oder irrationale Spekulation", p. 158; RÜFNER, "Artikel 3. Gleichheitssatz", p. 11. Há de se advertir, contudo, que a expressão constantemente repetida pelo BVerfG não é explícita no sentido de que o princípio da igualdade tem de ser concretizado *exclusivamente* com base na noção de justiça. Segundo a fórmula do Tribunal alemão, deve haver uma "análise" que se "oriente" pela ideia de justiça, e não exatamente uma concretização efetuada tão somente à luz de tal ideia. Vide ROBBERS, *Gerechtigkeit als Rechtsprinzip*, p. 90-91; SCHOCH, "Der Gleichheitssatz", p. 877. Portanto, a ideia de justiça parece ter, nessa fórmula, uma função mais débil que na nossa concepção, desenvolvida e explicitada a seguir.
[324] ROBBERS, *Gerechtigkeit als Rechtsprinzip*, p. 61 e 88-90. Acrescenta que, com a obrigação de o legislador efetuar uma *Gerechtigkeitsgedanke orientierte Betrachtungsweise*, o princípio objeto do nosso estudo converte-se num princípio de justiça (*Gerechtigkeitssatz*), que não exige propriamente tratos iguais, senão justos (ob. cit., p. 90). A mesma constatação é expressa por Klaus Stern após expor a jurisprudência do BVerfG sobre a matéria ("Das Gebot zur Ungleichbehandlung", p. 210).
[325] Na Espanha, González García expressa essa posição com clareza: "Para que el impuesto sea justo, es preciso que sea adecuado, proporcionado en su cuantía, a la capacidad económica" ("Reflexiones en torno a los principios de capacidad contributiva e igualdad", p. 1397). Vide também SAINZ DE BUJANDA, *Hacienda y derecho*, v. III, p. 188.
[326] VOGEL, "Steuergerechtigkeit und soziale Gestaltung", p. 412. Albert Hensel já qualificava os princípios da generalidade tributária (*Allgemeinheit der Besteuerung*) e da tributação segundo a capacidade contributiva (*Besteuerung nach der Leistungsfähigkeit*) como "postulados da justiça" (*Postulate der Gerechtigkeit*), que somente se revestem de significado à luz de valores éticos. Por consequência, identificava no art. 134 da Constituição de Weimar um "mandado material de justiça tributária" (*materielle Gebot steuerlicher Gerechtigkeit*) ("Verfassungsrechtliche Bindungen des Steuergesetzgebers. Besteuerung nach der Leistungsfähigkeit – Gleichheit vor dem Gesetz", p. 443-444).
[327] BIRK, "Steuergerechtigkeit und Transfergerechtigkeit", p. 227.
[328] LANG, *Die Bemessungsgrundlage der Einkommensteuer*, p. 97.

constante no art. 3.1 GG;[329] e daquele, o "mandado fundamental da justiça dos impostos", de que a "tributação esteja orientada pela capacidade contributivo-econômica".[330] A derivação de princípios de justiça a partir da cláusula de igualdade não se restringe ao "Direito dos Impostos": o Tribunal de Karlsruhe também identifica, como derivações do princípio geral da isonomia, mandados de "justiça das taxas" (*Gebührengerechtigkeit*), de "justiça das subvenções" (*Subventionsgerechtigkeit*), de "justiça das remunerações" (*Besoldungsgerechtigkeit*), etc.[331]

3.1.2.2. A vinculação do princípio da igualdade à noção constitucional de justiça

Por qualificarmos o princípio da igualdade como um "mandado de justiça", a ser concretizado à luz de "critérios de justiça", incumbe-nos esclarecer o significado do termo "justiça", acentuadamente vago e polissêmico.

A vagueza e a imprecisão semântica do termo "justiça" aparentam tornar extremamente perigosas as tentativas de se reconhecer, com apoio nele, um significado específico ao princípio da igualdade e de efetivamente lhe atribuir força normativa. Isso porque a noção de justiça poderia ser concretizada em vista de concepções particulares, subjetivas, mutáveis e arbitrárias, que vinculariam o legislador e os aplicadores das leis, em razão do *status* constitucional do princípio da isonomia.[332]

Mas a solução oposta é ainda mais perigosa – e, sob um ponto de vista normativo, flagrantemente ilegítima. Consiste na renúncia à concretização do princípio da igualdade, negando-lhe todo e qualquer significado autônomo no ordenamento jurídico. Ante as dificuldades advindas da tentativa de determinar os conteúdos específicos da justiça e da igualdade jurídica, o operador do Direito simplesmente se abstém da sua obrigação jurídica de identificar e respeitar as exigências do princípio constitucional da isonomia e passa a admitir os mais débeis argumentos como fundamentos bastantes para justificar tratamentos desiguais. Deixa de concretizá-lo e,

---

[329] A decisão originária nesse sentido foi proferida em 1976 e tratava da dedução estabelecida no âmbito do Imposto de Renda para os gastos com os filhos (BVerfGE 43, 108, 118). Vide VOGEL, *Verfassungsrechtsprechung zum Steuerrecht*, p. 15-17.

[330] BVerfGE 43, 108 [120]; 61, 319 [343]; 66, 214 [223].

[331] Vide GUZY, "Der Gleichheitsschutz des Grundgesetzes", p. 35; STETTNER, "Der Gleichheitssatz", p. 548. Ante essa vinculação à ideia de justiça, não há como se esposar a crítica de Vogel e Waldhoff à concretização do princípio da igualdade "a partir de si mesmo" que identificam na jurisprudência do BVerfG, quando se deriva, do princípio geral da igualdade, o princípio da justiça tributária e, deste, o da capacidade contributiva. Sustentam não se tratar de efetiva concretização do princípio, senão de mera dedução de conceitos que são vazios e equivalentes entre si (VOGEL, "Grundzüge des Finanzrechts des Grundgesetzes", p. 65 ss.; VOGEL; WALDHOFF, *Grundlagen des Finanzverfassungsrechts: Sonderausgabe des Bonner Kommentars zum Grundgesetz*, p. 345). A simples vinculação do princípio da igualdade à noção de justiça já impede falar de uma mera dedução de conceitos equivalentes, pois acrescenta importante especificação, ao indicar a noção valorativa essencial que há a orientar a identificação dos critérios de diferenciação e, por conseguinte, a sua concretização. A crítica seria correta caso se restringisse à falta de indicação dos elementos valorativos utilizados para a derivação, ou seja, para a dedução do princípio da capacidade contributiva a partir do da igualdade. De fato, é evidente a existência de elementos valorativos implícitos, que o *Bundesverfassungsgericht* não costuma expressar. Uma dedução coerente e completa do "princípio da imposição segundo a capacidade contributiva" pressuporia o recurso à interpretação constitucional sistemática, realizada sobretudo à luz do princípio da solidariedade (ou do Estado Social), como exporemos a seguir. Vide p. 165 ss.

[332] Vide STARCK, "Die Anwendung des Gleichheitssatzes", p. 63.

por consequência, torna-o inócuo, inoperante, vão. Todas as formas de desigualdades e injustiças passam a ser permitidas, contanto que não se contraponham a *outros* preceitos constitucionais.[333] Tal fenômeno está presente com especial intensidade no Direito Tributário, em cujo âmbito se costumam aceitar os mais frágeis argumentos para legitimar a extrafiscalidade, mesmo que ela implique sérias violações à igualdade tributária.

A ilegitimidade dessa postura indolente justifica, ou melhor, impõe que efetivamente se concretize o princípio da igualdade à luz da noção de justiça. Mas de que justiça?

A respeito, há inúmeras propostas doutrinárias, preconizando o recurso a conceitos jusnaturais de justiça, a concepções de justiça dominantes na sociedade ou a valores jurídico-constitucionais. Examinemo-las atentamente.

A tentativa de utilizar um *conceito jusnatural de justiça* para concretizar o princípio jurídico da igualdade[334] teria de superar toda a problemática suscitada há muitos séculos pelo jusnaturalismo, cuja relevância prática se reduziu drasticamente após o amplo reconhecimento constitucional dos direitos fundamentais, que constituem positivações das suas conclusões essenciais. Essa tentativa poderia levar, outrossim, a um raciocínio circular, haja vista que, como destaca Podlech, a justiça é definida, desde Platão e Aristóteles, com a ajuda do conceito de igualdade (utilizado, com frequência, como elemento central) e, portanto, a construção do conteúdo da igualdade jurídica com base num conceito jusnaturalista de justiça poderia caracterizar uma inferência circular, resultante da formulação de construções teóricas vazias e inadequadas.[335] E não há como se olvidar que os estudos de filosofia do Direito evidenciam a inviabilidade de se determinar de forma completamente racional o conteúdo específico da justiça[336] ou, mais exatamente, a inviabilidade de, no âmbito de teorias racionais da justiça, conferir-lhe conteúdos específicos, concretos, que vão além de um núcleo fundamental de limitada relevância prática e, sobretudo, além do que já está positivado nas constituições contemporâneas.

Por outro lado, parte expressiva da doutrina defende que se deve determinar o significado do princípio da igualdade à luz das *convenções de justiça predominan-*

---

[333] Trata-se da ilegítima tese da acessoriedade da igualdade, analisada nas páginas 53 ss.

[334] Na Alemanha, o *Bundesverfassungsgericht* aparenta utilizar uma concepção jusnaturalista para concretizar o princípio da igualdade, primordialmente quando se refere à necessidade de uma "análise orientada pela ideia de justiça" (*Gerechtigkeitsgedanke orientierte Betrachtungsweise*) sem nunca ter explicitado o conceito de justiça que utiliza. Sem embargo, tampouco tentou extrair consequências concretas de um conceito jusnaturalista de justiça; pelo contrário, sempre buscou apoio no texto constitucional para concretizá-lo, o que evidencia a incorreção dessa primeira impressão. Vide a nota 344 e ECKHOFF, *Rechtsanwendungsgleichheit im Steuerrecht*, p. 142, que considera (a nosso juízo de forma incorreta) constituir uma exceção a essa busca arvorada na Constituição a derivação do "princípio geral de justiça tributária" (*Grundsatz der allgemeinen Steuergerechtigkeit*) a partir do princípio da igualdade e a consequente dedução, daquele, do princípio constitucional da tributação segundo a capacidade contributiva.

[335] PODLECH, *Gehalt und Funktion des allgemeinen verfassungsrechtlichen Gleichheitssatzes*, p. 82-83. Vide ECKHOFF, *Rechtsanwendungsgleichheit im Steuerrecht*, p. 145, n. 51. Sobre a inter-relação entre igualdade e justiça, vide a seção intitulada "Justiça e igualdade", na página 81.

[336] A respeito, Perelman chega a afimar que todas as concepções de justiça estão necessariamente fundadas em valores, estipulados de forma arbitrária. Por conseguinte, "não há justiça absoluta, totalmente fundada na razão" (*Justice et raison*, p. 76). Palao Taboada defende expressamente a posição de Perelman no âmbito tributário ("Apogeo y crisis del principio de capacidad contributiva", p. 420, n. 131).

tes no contexto social. Para expressar os parâmetros de justiça que determinarão o conteúdo da igualdade jurídica, utiliza noções como "convicções da sociedade com validade geral" (*allgemein geltenden Anschauungen der Gesellschaft*)[337] ou "concepções valorativas dominantes na sociedade" (*gesselchaftlich-herrschende Wertvorstellungen*).[338]

Tal posição foi exteriorizada em certos precedentes do BVerfG, nos quais se afirmou que o princípio da igualdade impõe ao legislador o respeito às "concepções consolidadas e gerais de justiça da sociedade" (*fundierten allgemeinen Gerechtigke itsvorstellungen der Gemeinschaft*).[339] Tipke também compartilha dessa posição ao sustentar a impossibilidade de se concretizar o princípio analisado só com base nas valorações da Constituição.[340] Não seria possível se centrar e tampouco se limitar a ela, pela imperatividade do recurso à ética "extraconstitucional" (*extra constitutionem*). O conteúdo do princípio da igualdade deveria ser especificado com base nos princípios justos para a matéria regulada (*Sachgerechte Prinzipien*),[341] determinados fundamentalmente à luz da "aceitação", ou seja, do "reconhecimento geral pela sociedade" ou de "convenções de justiça" (*Gerechtigkeitskonventionen*).[342]

Conquanto essa concepção goze de expressiva aceitação, não pode ser esposada. Nos Estados Constitucionais contemporâneos, a concretização do princípio da igualdade não pode se fundar em teorias desvinculadas do sistema constitucional, e sim na própria axiologia da Constituição. Os valores constitucionais são expressões jurídicas do núcleo essencial das teorias da justiça e, via de consequência, servem perfeitamente para nortear a concretização da igualdade.

Destarte, o princípio constitucional da igualdade há de ser concretizado a partir do próprio ordenamento jurídico, ou mais exatamente, da noção de justiça que permeia os sistemas jurídicos contemporâneos, plasmada essencialmente nos valores constitucionais e, sobretudo, nos direitos fundamentais,[343] com a consciência de que, como destaca Müller, tal princípio "vive da inter-relação (*Zusammenspiel*)

---

[337] ALDAG, *Die Gleichheit vor dem Gesetze in der Reichsverfassungs*, p. 42.

[338] A expressão foi empregada por H. Paulick a fim de determinar o conteúdo da proibição de arbitrariedade, que para ele deveria substituir o princípio da igualdade. TIPKE expõe e critica tal concepção (*Die Steuerrechtsordnung*, 1ª ed., v. 1, p. 331-332), mas utiliza as noções de aceitação geral na sociedade e convenção de justiça para justificar os critérios de concretização do princípio da igualdade (*Die Steuerrechtsordnung*, 2ª ed., v. 1, p. 277 ss.).

[339] BVerfGE 9, 338 [349]. Assim, Huster sustenta que se deve concretizar o princípio da igualdade a partir dos critérios constitucionais e da consciência jurídica geral (*allgemeine Rechtsbewuβtsein*) (*Rechte und Ziele. Zur Dogmatik des allgemeinen Gleichheitssatzes*, p. 227). Vide ZACHER, "Soziale Gleichheit", p. 355 ss.

[340] TIPKE, *Die Steuerrechtsordnung*, 2ª ed., v. 1, p. 484. A afirmação é uma crítica à posição de Vogel e Waldhoff, que indicam quatro fundamentos constitucionais para o princípio da tributação conforme a capacidade contributiva.

[341] O termo *Sachgerecht* é polissêmico. Costuma ser utilizado para denotar a adequação à matéria regulada ou a objetividade da regulação. O sentido utilizado por Tipke, sem embargo, pode ser definido com maior precisão, pois ele esclarece que: "O que é justo (*gerecht*) depende da matéria a ser regulada de modo justo; justiça (*Gerechtigkeit*) é sempre justiça com respeito à coisa (*Sachgerechtigkeit*)" (*Die Steuerrechtsordnung*, 2ª ed., v. 1, p. 471).

[342] TIPKE, *Die Steuerrechtsordnung*, 2ª ed., v. 1, p. 277 ss. e 315 ss. Acrescenta que os direitos fundamentais *podem* orientar e limitar a determinação dos princípios objetivamente justos, assim como o pode a comparação com outros sistemas jurídicos (ob. cit., p. 278).

[343] A propósito, Rüfner observa que a Lei Fundamental de Bonn positivou os "elementos essenciais da justiça" ("Artikel 3. Gleichheitssatz", p. 9).

com outras normas constitucionais" e o potencial da interpretação sistemática para concretizá-lo ainda não foi plenamente explorado.[344]

A construção de teorias da justiça pode contribuir para racionalizar e sistematizar essa tarefa, desde que se apoie nos valores constitucionais e se harmonize com o sistema jurídico-constitucional. Isso é perfeitamente factível já que nas constituições contemporâneas "se utiliza muita filosofia jurídica, para não falar em Direito Natural: dignidade humana, direitos de liberdade, compromisso social".[345]

Não se pode olvidar, contudo, que o fundamento da concretização do princípio da igualdade não são as teorias da justiça, senão os valores constitucionais. As teorias da justiça têm de contribuir para a sistematização e compreensão de tais valores, sem se contrapor a eles.

3.1.2.3. A justiça relacional

Consoante se explanou anteriormente, a igualdade e a justiça estão estreitamente inter-relacionadas, pois a igualdade constitui o elemento nuclear da justiça e deve ser concretizada à luz desta.[346] Os critérios utilizados para orientar a especificação de tais noções são fundamentalmente os mesmos, o que leva a uma saudável identidade parcial de conteúdos. Saudável porque a imposição de uma "igualdade" de trato desvinculada da noção de justiça legitimaria o estabelecimento de tratamentos "iguais" e injustos,[347] o que soa algo paradoxal.

Sem embargo, a ideia de igualdade possui algo de específico, particular, perante a de justiça.[348] Essa especificidade resulta da inerente vinculação da isonomia a pares e critérios de comparação e torna viável que ocorram situações de tensão entre a justiça e a igualdade. Por exemplo, mesmo que a segurança jurídica constitua um dos elementos da ideia de justiça e seja um valor relevante para a especificação do princípio da igualdade, é possível que se configurem conflitos entre esses dois elementos da noção de justiça (e, mais precisamente, entre a igualdade e a própria justiça enquanto segurança jurídica) sempre que a segurança jurídica expresse as

---

[344] MÜLLER, "Der Gleichheitssatz", p. 60-61. Nesse sentido, Zippelius preconiza a concretização do princípio da igualdade mediante a interpretação constitucional sistemática ("Der Gleichheitssatz", p. 29). O Tribunal de Karlsruhe também atua nessa linha, pois embora repute que o princípio da igualdade deve ser especificado à luz da ideia de justiça não recorre a concepções de justiça desvinculadas da Lei Fundamental, senão às valorações da Constituição. Exemplo ilustrativo de concretização do princípio da isonomia em vista dos princípios e valores constitucionais é fornecido pelas fortes vinculações que o BVerfG, no domínio do Direito Eleitoral, extrai do princípio referido, especificado à luz do princípio democrático (vide RÜFNER, "Artikel 3. Gleichheitssatz", mrg. 4, p. 11 e mrg. 69, p. 45). Ditas vinculações são muito similares às exigências que o BVerfG extrai, no âmbito impositivo, do princípio da igualdade concretizado à luz da capacidade contributiva.

[345] STARCK, "Die Anwendung des Gleichheitssatzes", p. 110. Por isso, há de se rechaçar a conhecida contraposição entre justiça e Constituição sustentada pelo próprio Starck, ao afirmar que decidiu não "dançar" no "fino gelo das teorias da justiça" e escolheu a "densa camada de gelo da Constituição" para a sua dança (em LINK, *Der Gleichheitssatz im modernen Verfassungsstaat*, p. 100). O sistema axiológico das constituições contemporâneas não costuma se contrapor à justiça; pelo contrário, positiva-a, conferindo-lhe uma dimensão jurídico-constitucional.

[346] Vide *supra* a seção "Justiça e igualdade", p. 81.

[347] TAMMELO, *Zur Philosophie der Gerechtigkeit*, p. 66.

[348] Ibidem.

exigências da justiça no caso concreto e a similitude juridicamente relevante não resulte dela, senão de elemento diverso.

Visto que a noção geral de justiça não é hábil a nortear a especificação da igualdade em todos os âmbitos e situações, torna-se necessário delimitá-la, o que somente se pode fazer à luz da peculiaridade da noção de isonomia, isto é, da sua forçosa união a pares de comparação. A igualdade somente pode ser concretizada à luz da dimensão da justiça que concerne especificamente a tratamentos entre cidadãos, a qual pode ser denominada *justiça relacional*, pois supõe e se limita a relações, à correspondência, à proporcionalidade de algo com algo e, no Direito, fundamentalmente às relações entre cidadãos.

A justiça relacional expressa um conteúdo parcial da justiça, inconfundível com a noção de justiça absoluta. Aquela diz respeito à justiça da paridade ou disparidade de trato entre pessoas ou situações diversas; esta, à justiça do ato em si, isoladamente considerado. Adaptando o exemplo de Lerche,[349] poderíamos dizer que Robinson Crusoé jamais poderia ser tratado de forma anti-isonômica, mas tão somente de forma abitrária. A medida arbitrária violaria a noção de justiça absoluta (que se opõe invariavelmente à arbitrariedade), mas não a de justiça relacional (que veda os tratos anti-isonômicos).

Tal qual a noção geral de justiça, a de justiça relacional deve ser construída à luz dos valores constitucionais fundamentais, que por tal razão se revelam como a fonte última de concretização do princípio da igualdade.[350]

Fontes axiológicas de suma importância são as garantias da dignidade da pessoa e do livre desenvolvimento da personalidade, previstas no art. 10.1 da Constituição espanhola e nos arts. 1.1 e 2.1 da Lei Fundamental de Bonn.[351] Nas liberdades fun-

---

[349] LERCHE, *Übermaß und Verfassungsrecht*, p. 30. O exemplo concerne às diferenças entre a igualdade e a proporcionalidade.

[350] O BVerfG fala de "decisões valorativas jurídico-constitucionais" (*verfassungsrechtlichen Wertentscheidungen*) que não podem deixar de ser consideradas "dentro do contexto do princípio geral da igualdade" (BVerfGE 22, 163, 172). O precedente tratava da garantia de igual tratamento ao filho ilegítimo, prevista no art. 6.5 da GG. Especificamente com respeito ao Direito Tributário, o Tribunal alemão, ao considerar a alegada imposição constitucional de se estabelecer um trato díspar, no âmbito do Imposto de Renda, entre cônjuges com e sem filhos que tenham rendas idênticas, afirmou que se deveria resolver tal questão com base no "mandado de justiça tributária" (extraído do preceito constitucional da igualdade), considerando as "decisões valorativas da Lei Fundamental a favor do matrimônio e da família, assim como o princípio do Estado Social de Direito" (BVerfGE 43, 108, 118). Isto é, há de se utilizar tais elementos para concretizar o mandado de justiça tributária ou, mais precisamente, o princípio da isonomia tributária. No que concerne ao princípio geral de igualdade, vide LEIBHOLZ; RINCK, *Grundgesetz für die Bundesrepublik Deutschland: Kommentar an Hand der Rechtsprechung des Bundesverfassungsgerichts*, p. 64-65.

[351] Dürig, que objetiva concretizar o princípio da igualdade com base na Constituição – e, essencialmente, nos direitos fundamentais consagrados constitucionalmente – expõe que o critério fundamental de todas as equiparações e diferenciações é a "dignidade humana" (*Menschenwürde*), prevista no artigo 1.1 da GG (MAUNZ; DÜRIG, *Grundgesetz Kommentar*, artigos 3, I, mrgs. 3 e 28, p. 10 e 23; DÜRIG, "Gleichheit", p. 1068). Nessa linha, Lindner identifica uma "dimensão de igualdade jurídica" (*gleichheitsrechtliche Dimension*) na garantia da dignidade da pessoa (art. 1.1 da GG), que proíbe todas as diferenciações entre "formas de existência humana", ou seja, todas as diferenciações que estejam apoiadas nas características da "existência como criatura biológica" (*Theorie der Grundrechtsdogmatik*, p. 189) e, seguindo Dürig, anota a possibilidade de se atribuir ao preceito de igualdade um caráter meramente declaratório perante a garantia da dignidade humana (ob. cit., p. 202). Nesse sentido, cfr. ZIPPELIUS, "Der Gleichheitssatz", p. 29.

damentais também se verifica uma "dimensão de igualdade jurídica", sobretudo quando estão garantidas de forma paritária para todos.[352] Os valores inerentes ao princípio do Estado Social[353] expressam, outrossim, a noção de justiça constitucional e ostentam um significado de extrema relevância para determinar o conteúdo jurídico-constitucional do princípio da igualdade, sempre que se refiram à justiça de trato, a tratamentos justos entre cidadãos distintos.

No entanto, há de se ter consciência de um aspecto de relevância extrema: nem todos os preceitos constitucionais podem ser utilizados para concretizar o princípio da igualdade. Somente são aptos para tanto aqueles que expressam o conteúdo axiológico fundamental da Lei Maior e concernem à justiça relacional. Normas que conferem competências tributárias, por exemplo, não costumam expressar a noção de justiça positivada constitucionalmente (ou, para dizê-lo em outros termos, a "moral imanente" à Constituição)[354] e, por consequência, são inaptas a nortear a especificação do princípio analisado.

3.1.3. A imprescindível concretização específica do princípio

Não obstante a concretização do conteúdo e das exigências da igualdade material deva resultar, em essência, da interpretação sistemática do texto constitucional, apoiada nos seus valores fundamentais, ela não pode ser concluída *in abstracto*, sem que se considerem as peculiaridades do âmbito fático regulado[355] e a finalidade da regulação.

Dessa constatação, associada à de que os âmbitos regulados têm inúmeras peculiaridades e as finalidades das regulações jurídicas são expressivamente variadas,

---

[352] Vide LINDNER, *Theorie der Grundrechtsdogmatik*, p. 197.
[353] ZIPPELIUS, "Der Gleichheitssatz", p. 29.
[354] Sobre a questão, vide ALEXY, "Die immanente Moral des Grundgesetzes", p. 100, que reconhece a existência de uma "moral imanente" a todos os sistemas jurídico-constitucionais.
[355] O Tribunal de Karlsruhe ressalta continuamente que, por força do princípio da igualdade, a regulação deve compatibilizar-se com a realidade regulada. Trata-se da exigência de "adequação à realidade" ou, para dizê-lo em outros termos, de "justiça à luz da realidade" (*Sachgerechtigkeit*). O BVerfG também utiliza as expressões "conformidade à realidade" (*sachgemäß* e *sachgerecht*), "alheio à realidade" (*sachfremd*), "justificado objetivamente" (*sachlich gerechtfertigt*), "fundamentos objetivos e suficientes" (*zureichende sachliche Gründe*) para expressar a necessidade de se considerarem as peculiaridades ou "estruturas fáticas" (*Sachstrukturen*), como destaca Zacher ("Soziale Gleichheit", p. 352), ou até mesmo de se oferecer uma justificação objetiva (livre de motivação subjetiva). O conceito de *Sachgerechtigkeit* desempenha um papel central na conhecida obra *Steuergerechtigkeit in Theorie und Praxis* de Klaus Tipke, na qual se afirma serem as leis justas quando se fundam em princípios ou valores objetivos e adequados à realidade (*sachgerecht*) e em premissas verdadeiras (pp. 40 ss.). Na teoria de Kirchhof, a exigência de *Sachgerechtigkeit* constitui um dos quatro conteúdos parciais do princípio da igualdade ("Der allgemeine Gleichheitssatz", p. 929 ss.) e um pressuposto para a aplicação específica desse princípio aos diferentes âmbitos regulados (*Die Verschiedenheit der Menschen und die Gleichheit vor dem Gesetz*, p. 34 ss.). Ao tratar do princípio da isonomia, Heun também se refere a um "princípio de adequação à realidade" (*Grundsatz der Sachgerechtigkeit*) ("Artikel 3. Gleichheit", p. 249). Cabe gizar, por último, que o Tribunal Constitucional Federal alemão alude reiteradamente à obrigação de se considerar a "natureza da coisa" (*Natur der Sache*) (BVerfGE 1, 14, 52; 12, 341, 348; 38, 154, 166; 47, 109, 124; 51, 1, 23; 60, 101, 108; 76, 256, 329), noção que integra a conhecida fórmula da interdição de arbitrariedade expressa por Leibholz. Contudo, não é possível reconhecer a derivação direta de uma juridicidade inerente à natureza que se imporia ao universo jurídico. Não podem ser compartilhadas concepções como a de que o legislador deveria respeitar "regulações que resultam da própria coisa" (*Gesetzlichkeiten, die in der Sache selbst liegen*) (BVerfGE 9, 338, 349).

infere-se *o caráter relativo dos critérios de comparação*. Eles são materialmente adequados para certos âmbitos e finalidades – e inadequados para outros. Por exemplo, a carência econômica fundamenta a concessão de benefícios assistenciais, mas não a de aposentadorias; a capacidade contributiva é o critério fundamental de graduação dos impostos, e não dos incentivos fiscais.

Tal relatividade dos *tertia comparationis* denota a impossibilidade de se atribuir ao princípio da igualdade um conteúdo único, pois leva a que ele ostente significados distintos em âmbitos específicos de aplicação. Conscientes disso, Leibholz e Hesse reputam ser inadequado formular os critérios de diferenciação de modo abstrato e geral: deve-se fazê-lo somente à luz de relações fáticas concretas.[356] Essa afirmação pode ser esposada quanto à impossibilidade de *todos* os *tertia comparationis* serem determinados em abstrato para *todos* os ramos jurídicos, mas não quanto à determinação de *certas* características para ramos jurídicos *específicos*. É perfeitamente factível, por exemplo, afirmar em abstrato (isto é, sem analisar relações fáticas concretas) que no domínio dos impostos tem de se levar em consideração a capacidade contributiva dos sujeitos passivos, enquanto que, para repartir as prestações sociais, é necessário utilizar um critério contraposto, baseado nas necessidades econômicas e sociais dos cidadãos.[357]

Por consequência, o princípio da igualdade assume *projeções* materiais específicas, relativas a finalidades e âmbitos determinados. O Tribunal Constitucional espanhol enfatiza esse fato ao asseverar que o conteúdo de tal princípio "ha de valorarse, en cada caso, teniendo en cuenta el régimen jurídico sustantivo del ámbito de relaciones en que se proyecte" e acrescentar que em matéria tributária "es la propia Constitución la que ha concretado y modulado" o seu alcance "en un precepto (art. 31.1) cuyas determinaciones no pueden dejar de tenerse aquí en cuenta".[358]

O *Bundesverfassungsgericht* é ainda mais claro nesse sentido, ao afirmar que o princípio da igualdade tem de ser aplicado em vista de domínios específicos (*bereichsspezifisch*), tais como o "domínio do Direito dos Impostos".[359] Assim, "o conteúdo normativo do princípio da igualdade especifica-se mediante a consideração das peculiaridades do domínio fático regulado".[360] E embora a Lei Fundamental

---

[356] Vide HESSE, *Grundzüge des Verfassungsrechts der Bundesrepublik Deutschland*, p. 179.

[357] Vide HUSTER, "Gleichheit und Verhältnismäßigkeit", p. 547; BIRK, *Steuerrecht*, p. 48. Por isso, Tipke critica, com acerto, a posição de Leibholz e Hesse, indicando ser viável determinar tais critérios com base nos princípios dos distintos ramos jurídicos, como ocorre no Direito Tributário (*Die Steuerrechtsordnung*, 1ª ed., v. 1, p. 341). Uma concretização puramente jurídico-abstrata, sem embargo, não é suficiente para conferir um significado efetivamente concreto ao princípio constitucional da igualdade. É imprescindível concretizá-lo progressivamente, à luz das questões específicas que o exsurgem. Vide VOGEL; WALDHOFF, *Grundlagen des Finanzverfassungsrechts: Sonderausgabe des Bonner Kommentars zum Grundgesetz*, p. 350. Radicalizando essa posição, Hesse chega a afirmar categoricamente que a concretização (ou interpretação) constitucional somente é possível à luz de problemas concretos: "Não há interpretação constitucional independente de problemas concretos" (*Grundzüge des Verfassungsrechts der Bundesrepublik Deutschland*, 20ª ed., p. 25).

[358] STC 209/1988, de 10 de novembro, FJ 6.

[359] BVerfGE 84, 239 [268]: *Sachbereich des Steuerrechts*.

[360] BVerfGE 75, 108 [157]. Vide BVerfGE 76, 256 [329]; 78, 249 [287]; 84, 239 [268] e OSTERLOH, "Art. 3. Gleichheit vor dem Gesetz", p. 186. O Tribunal ressalta, ademais, que o "princípio geral da igualdade" vige como um "evidente princípio constitucional não escrito em todos os âmbitos jurídicos (BVerfGE 35, 263, 271-272), afirmação que deve ser compreendida como relativa às *projeções* do princípio da igualdade, pois o princípio geral foi acolhido expressamente pela Lei Fundamental.

não se refira especificamente ao princípio da igualdade em matéria tributária, o Tribunal alemão expõe que, no domínio dos impostos, "a igualdade da imposição (*Besteuerungsgleichheit*) adquire contornos claros somente à luz da peculiaridade dos impostos".[361]

3.2. Concretização infraconstitucional

A determinação da igualdade jurídica e das suas exigências não se efetiva somente no altiplano constitucional. Dos atos infraconstitucionais, e sobretudo dos atos legislativos, resultam importantes especificações da isonomia. Há até mesmo especificações da igualdade "na lei" que advêm da própria atividade legislativa (conjugada à vinculação do legislador ao mandado de coerência valorativo-sistemática), aspecto que é amplamente descurado pela doutrina ao tratar da problemática com base na rígida dicotomia entre igualdade "na lei" e "perante a lei".

Não obstante a concretização das exigências do princípio analisado também derive de atos infralegais e judiciais, no que segue nos limitaremos a tratar das especificações resultantes da atividade legislativa, postergando o estudo das concretizações da igualdade perante a lei a uma seção própria, já no contexto do tema específico do nosso estudo.[362]

3.2.1. Igualdade na lei à luz do próprio sistema legislativo

Como se expôs ao tratar das teorias da igualdade jurídica, o princípio da igualdade concretiza-se fundamentalmente no âmbito constitucional, levando a uma vinculação *direta* e *heterônoma* do legislador.

Agora, deve-se averiguar a existência de imposições *indiretas* e *autônomas* advindas do princípio referido, ou mais precisamente, de uma autovinculação do Poder Legislativo à luz do princípio da igualdade. O princípio da isonomia impõe que o legislador respeite as suas *próprias* decisões? Noutros termos, fundamenta uma autovinculação legislativa?

Visto que já adiantamos nossa posição, cabe-nos explicá-la e justificá-la com vagar.

A exigência de coerência legislativa baseia-se na concepção de que a conformação do sistema jurídico deve apoiar-se em princípios fundamentais, determinados não só pela Constituição, mas também pelo legislador, dentro dos amplos espaços que ela lhe confere. Desses princípios são extraídos regras e subprincípios específicos, de modo que a valoração fundamental estabelecida pelo legislador passa a vinculá-lo.[363] Trata-se da exigência de *harmonia valorativa* em toda a regulação legislativa, imprescindível à realização da igualdade jurídica.

Cabe enfatizar que tal imposição representa um mandado constitucional de coerência com os critérios estabelecidos pelo próprio legislador e, em especial, com as decisões legislativas fundamentais. A vinculação resulta diretamente do ato le-

---

[361] BVerfGE 84, 239 [269].

[362] Vide p. 218 ss.

[363] A respeito, Tipke assinala que a "boa legislação consiste na determinação de um princípio fundamental adequado (*sachgerecht Fundamentalprinzip*) e na sua implementação mediante subprincípios e respectivas normas particulares" (*Die Steuerrechtsordnung*, 2ª ed., v. 1, p. 321).

gislativo – e indiretamente da Constituição. Não se trata da "igualdade segundo a Constituição" (*Gleichheit nach Verfassung*), senão da "igualdade segundo a lei" (*Gleichheit nach Gesetz*),[364] ou mais precisamente, segundo o sistema legislativo. A peculiaridade da exigência de coerência legislativa reside no fato de constituir uma imposição de "igualdade *na lei* segundo o sistema legislativo", e não de igualdade "perante a lei", isto é, na aplicação legislativa.

A própria conformação basilar do sistema indica critérios de comparação e permite concretizações significativas das exigências do princípio da igualdade.[365] Apesar de não integrarem o texto da Lei Maior, os critérios legislativos ostentarão significado constitucional sempre que se configure uma situação de contradição sistemática ou valorativa, haja vista que o princípio da isonomia outorga relevância constitucional às contradições valorativas (*Wertungswidersprüche*) verificadas nos âmbitos legislativo e aplicativo. Por consequência, preceitos que não se harmonizem com o sistema implicarão desigualdades por incorrerem no vício de incoerência sistemática – e poderão ser tachados de inconstitucionais mesmo que não afetem qualquer outra disposição da Lei Maior.[366]

Para expressar o significado da imposição de coerência sistemática, pode-se utilizar uma formulação que a doutrina costuma empregar para o mandado de trato paritário advindo do princípio da igualdade. A formulação é esta: "Quando para A vale X, então também para B deve valer X".[367] Ela evidencia que dita imposição representa tão somente uma projeção específica do princípio da isonomia. Não obstante, ostenta uma relevância extrema por extrair de tal princípio exigências concretas que não poderiam ser reconhecidas apenas com base na interpretação constitucional.

Por força dessas exigências concretas, os expressivos espaços de conformação que o princípio da igualdade confere ao legislador (em razão de não se concretizar plenamente na Constituição) reduzem-se significativamente após o exercício da liberdade de conformação legislativa, em virtude da concretização da noção de igualdade resultante da exigência de coerência valorativa e sistemática. Em matéria tributária, por exemplo, o princípio da isonomia demanda que, após tomar uma decisão fundamental com respeito à tributação, o legislador seja coerente com ela

---

[364] As expressões foram utilizadas por Kirchhof a fim de designar a titularidade da competência para estabelecer os critérios de diferenciação ("Der allgemeine Gleichheitssatz", p. 846). O professor da Universidade de Heidelberg também fala de "igualdade constitucional" (*Verfassungsgleichheit*) e "igualdade na criação jurídica" (*Rechtsetzungsgleichheit*), ou melhor, "igualdade de conformação" (*Gestaltungsgleichheit*) legislativa, distinção que leva em consideração a origem dos critérios de diferenciação, isto é, se são constitucionais ou legislativos (*Die Verschiedenheit der Menschen und die Gleichheit vor dem Gesetz*, p. 19-21).

[365] Vide ZIPPELIUS, "Der Gleichheitssatz", p. 29-31.

[366] Canaris sintetiza essa ideia ao afirmar que "normas contrárias ao sistema (*systemwidrige Normen*) podem, em razão das contradições valorativas nelas contidas, violar o princípio constitucional da igualdade e, portanto, ser nulas" (*Systemdenken und Systembegriff in der Jurisprudenz*, p. 125). Vide também KLOEPFER, *Gleichheit als Verfassungsfrage*, p. 57, n. 108. Por isso, não se pode perfilhar a tese de Degenhart, segundo a qual o princípio da isonomia somente poderia configurar uma problemática constitucional, mas não poderia solucioná-la, haja vista que seria mera interdição de arbitrariedade, inapta a fundamentar vinculações às valorações fundamentais do sistema. Tais vinculações, segundo afirma, somente poderiam ser derivadas de preceitos constitucionais distintos do da igualdade (*Systemgerechtigkeit und Selbstbindung des Gesetzgebers als Verfassungspostulat*, p. 51 e 55).

[367] Vide SCHILLING, *Rang und Geltung von Normen in gestuften Rechtsordnungen*, p. 344.

e oriente-se, na estruturação do tributo, pela noção de igualdade, e jamais por interesses individuais ou de grupos.[368] Após a tomada de tal decisão, a liberdade que o legislador tinha de se transformar em autovinculação (*Selbstbindung*)[369] quanto às suas consequências imediatas.

Por derradeiro, impende esclarecer que, a despeito de tais exigências serem relevantes, elas não são absolutas. Ainda que as contradições valorativas invariavelmente afetem o princípio da igualdade, somente caracterizarão efetivas *violações* quando não estejam justificadas por outras normas, valores e fins.[370] Tais contradições podem ser justificadas (ou até mesmo impostas) por princípios como os da legalidade e segurança jurídica, que fundamentam as interdições de analogia.[371]

3.2.2. A igualdade à luz da lei

A "igualdade à luz da lei" costuma ser denominada "igualdade perante a lei" (*Gleichheit vor dem Gesetz*). Constitui uma das exigências fundamentais do Estado de Direito,[372] já prevista na Declaração de Direitos do Homem e do Cidadão da Constituição francesa de 1793: "Tous les hommes sont égaux par la nature et devant la loi" (art. 3º). Segundo a concepção que orientou tal declaração, as leis eram expressão da vontade geral e da razão e, por consequência, eram tidas por materialmente justas. O problema da igualdade somente surgia após a promulgação da lei e gravitava exclusivamente sobre a questão da conformidade dos atos de aplicação aos ditames legais. *Igualdade significava legalidade.*[373] Limitava-se à igual aplicação das leis ou, mais precisamente, à aplicação das leis segundo os seus próprios termos.

De acordo com essa visão, os critérios de comparação considerados nos juízos de igualdade derivavam direta e *exclusivamente* das leis. Eram as características dos suportes fáticos que estabeleciam as relações de igualdade e desigualdade. Os cidadãos eram iguais ou desiguais perante a lei. No entanto, jamais o eram contra ela. A lei era a fonte exclusiva do significado jurídico da igualdade.

Atualmente se reconhece, de forma pacífica, que também o *conteúdo* das leis há de ser igual e, por conseguinte, que o legislador está sujeito ao princípio da isonomia. Destarte, deve-se complementar a exigência de igualdade "perante a lei" com a de igualdade "na lei", ou mais exatamente, tem de se complementar esta com aquela, pois a concretização do princípio analisado não se inicia no plano legislativo, senão no constitucional. A concretização legislativa acrescenta algo à *prévia*

---

[368] BVerfGE 84, 239 [271]; 93, 121 [136]. Cfr. TIPKE; LANG, *Steuerrecht. Ein systematischer Grundriß*, 18ª ed., p. 80.

[369] ISENSEE, *Die typisierende Verwaltung*, p. 166.

[370] Com respeito ao controle de constitucionalidade das desigualdades, vide p. 235 ss.

[371] Não adotamos, portanto, a distinção que Canaris estabelece entre contradições (*Wertungswidersprüche*) e diferenciações valorativas (*Wertungsdifferenzierungen*). Distinção que se apoia no fato de que estas, diversamente daquelas, possuem uma justificação objetiva. Somente as contradições não justificadas consubstanciariam contradições efetivas. Por conseguinte, as contradições seriam *conceitualmente* inconstitucionais (*Systemdenken und Systembegriff in der Jurisprudenz*, p. 113 e 126).

[372] HESSE, *Grundzüge des Verfassungsrechts der Bundesrepublik Deutschland*, p. 176.

[373] STARCK, "Die Anwendung des Gleichheitssatzes", p. 52. Kelsen reforça essa afirmação, ao assinalar que a igualdade perante a lei exaure o seu significado na legalidade ("Das Problem der Gerechtigkeit", p. 396). Vide RUBIO LLORENTE, "Igualdad", p. 137.

concretização que resulta da Constituição, tornando as exigências da igualdade mais ricas e específicas, mas não as estabelece *ab initio*, como se a Carta Política não desempenhasse papel algum, fosse destituída de relevância para a determinação do significado jurídico-positivo da igualdade.

Desse modo, os ditames legislativos tornam mais concreta a noção de isonomia, estabelecendo *novos* critérios de comparação, distintos (ou mais específicos) dos que podem ser identificados mediante a concretização constitucional do princípio correlato. A lei atua em um processo de especificação *progressiva* do princípio da igualdade, que se inicia no altiplano constitucional, desenvolve-se no legislativo e, como veremos, termina nos atos de aplicação concreta das leis.

Portanto, parece mais adequada a expressão "igualdade segundo a lei", ou melhor, "segundo o sistema legislativo", haja vista não denotar uma invariável observância dos preceitos legislativos, senão da lei como fonte (de caráter complementar) de critérios de comparação, o que possibilita superar a clássica e rígida dicotomia entre a igualdade "na lei" e "perante a lei" e chegar a uma compreensão global da isonomia jurídica, cujo conteúdo essencial é expresso com clareza mediante a expressão "igualdade segundo a Constituição e as leis".

Da isonomia na aplicação legislativa nos ocuparemos detidamente mais adiante,[374] dedicando a próxima seção à investigação das inter-relações entre as noções constitucional e legislativa de igualdade.

3.3. AS INTER-RELAÇÕES ENTRE AS NOÇÕES CONSTITUCIONAL E LEGISLATIVA DE IGUALDADE

A consequência lógica da indiscutível superioridade jurídica do princípio constitucional da isonomia perante as normas legislativas é a impossibilidade de se concretizar a noção de igualdade em dissonância do seu significado jurídico-constitucional, que independe da ação do legislador. Ele deve *concretizar* o princípio e a noção constitucional de igualdade, tornando-os *mais* concretos, sem jamais modificá-los, negá-los ou descurá-los.

Sempre que a noção constitucional de igualdade proporcione uma diretriz específica, o seu mandado estará determinado, independentemente de previsão legislativa. Se houver disposições legislativas harmônicas com a diretriz constitucional, elas ostentarão um valor meramente confirmatório, declaratório. A igualdade perante a lei corresponderá à noção jurídico-constitucional e representará a desejada isonomia "segundo a Constituição e as leis". Nessa hipótese, estará configurada uma *relação de apoio recíproco*, de reforço mútuo.

Na situação oposta, em que as disposições legislativas contrariam a diretriz constitucional, elas também se oporão ao princípio da igualdade e, consequentemente, serão materialmente ilegítimas, sempre que sejam destituídas de uma justificação efetivamente idônea. Não haverá um conflito interno ao princípio da isonomia, haja vista que ele não pesará a favor de uma equiparação perante os ditames legislativos, senão da igualdade *na* lei. Ou seja, não atuará como um reforço ao princípio da legalidade, antes exigirá justamente um tratamento oposto ao estabelecido pelo legislador.

---
[374] Vide p. 218 ss.

Os preceitos legislativos contrários à igualdade somente serão legítimos quando estejam fundados em princípios constitucionais de maior peso na situação concreta.[375] Neste caso específico, em que o princípio estudado cede perante outro(s), ele não poderá se manifestar como uma exigência da isonomia *nas* leis, mas continuará disseminando a sua força normativa, com a peculiaridade de se limitar, agora sim, a uma exigência de igualdade perante a lei. Poder-se-ia vislumbrar, nesta situação, uma relação de *substituição*, em que o princípio constitucional já não exige a igualdade da lei (pois na situação específica não ostenta peso suficiente para tanto), senão a *igual aplicação da lei desigual*.

A isonomia à luz da lei também ostentará um significado específico, parcialmente autônomo, quando o respectivo princípio conferir ao legislador espaços de conformação, sem estabelecer prescrições específicas, pois a lei efetivamente concretizará o princípio, acrescentando à noção de igualdade algo que não resulta diretamente do sistema jurídico-constitucional. Nesta hipótese, haverá uma *relação de complementariedade*.

Por último, cabe precisar que, mesmo se no domínio normativo não restarem configuradas tensões entre as acepções da igualdade da lei e perante a lei, elas podem advir de uma dissonância entre a normatividade e a realidade ou, mais precisamente, entre a igualdade jurídica e a igualdade na aplicação *fática* das leis. Nesta situação, efetivamente haverá uma relação de conflito interno ao princípio da igualdade, na qual as dificuldades aplicativas ostentam uma relevância ímpar para se definir a solução jurídica por ele preconizada.[376]

---

[375] A respeito da legitimidade de restrições ao princípio constitucional da igualdade, vide p. 238 ss. e sobretudo p. 242 ss.
[376] Vide p. 263 ss.

Parte II

Significado e exigências do princípio da igualdade tributária

Capítulo I. Dimensão geral do princípio da igualdade tributária

O princípio da igualdade suscita inúmeras indagações em matéria tributária. Entre elas, apresentam relevância geral sobretudo as concernentes à autonomia, significado jurídico específico, funções, mandados gerais, âmbitos de aplicação e exigências particulares do princípio da isonomia tributária.

Enfocaremos essas questões nas seções que seguem e, nas subsequentes, ocuparmo-nos-emos de problemas mais específicos.

1. Doutrinas específicas da igualdade tributária

1.1. IGUALDADE GERAL E TRIBUTÁRIA: A AUTONOMIA NORMATIVA DO PRINCÍPIO DA ISONOMIA TRIBUTÁRIA

O princípio da igualdade figura no cerne do sistema axiológico da Constituição, o que faz com que se irradie a todos os âmbitos do Direito.[1]

Num Estado Constitucional de Direito, nenhuma manifestação jurídico-estatal escapa do influxo desse fundamental princípio constitucional. Todas as dimensões da dinâmica normativa se sujeitam ao imperativo da igualdade, que vincula a integralidade dos atos de produção jurídica, desde os atinentes à reforma constitucional e à criação legislativa, até os relativos à aplicação e implementação concreta e individual das leis. Por conseguinte, a igualdade deverá refletir-se de forma plena na estática jurídica, de modo a concretizar um sistema normativo isonômico, que trate os iguais de forma paritária e os desiguais de modo díspar, na exata medida da desigualdade existente.

Ante essa vastíssima dimensão aplicativa, alude-se à "onipresença" do princípio da igualdade.[2] Embora o princípio da isonomia seja "onipresente", aplicando-se a todos os âmbitos normativos, há disposições constitucionais que garantem igualdades *específicas*, à luz de finalidades e critérios determinados. Tais disposições se de-

---
[1] Vide SACHS, "Besondere Gleichheitsgarantien", p. 1025.
[2] SCHOCH, "Der Gleichheitssatz", p. 864.

nominam "preceitos especiais de igualdade" ou "garantias especiais de igualdade" e fundamentam os "direitos especiais de igualdade" (*besonderen Gleichheitsrechte*).[3]

Por outro lado, o princípio geral deve concretizar-se de modos distintos nos múltiplos domínios regulados pelo Direito,[4] o que leva à formação de normas particulares de igualdade,[5] ou mais precisamente, de *subprincípios* de igualdade, projeções do princípio geral dotadas de conteúdos e âmbitos de aplicação específicos.[6]

Um desses subprincípios é o da igualdade tributária. Tal qual o princípio geral, ele possui *status* constitucional: as constituições contemporâneas consagram-no invariavelmente, mesmo que de forma implícita. Atualmente, seria absurdo conceber que a igualdade tributária carece de supedâneo constitucional e que, por conseguinte, o legislador está autorizado a estabelecer normas tributárias que tratem os iguais de modo díspar e os desiguais de modo paritário.

Tampouco seria adequado negar a sua autonomia normativa. Ao regular especificamente os tratos jurídico-tributários, o princípio da isonomia assume projeções determinadas, derivadas dos seus critérios específicos de diferenciação, que não apenas lhe atribuem um significado particular, mas que também podem fundamentar exigências contrapostas às da igualdade geral, sobretudo no âmbito da tributação extrafiscal.[7]

A autonomia normativa do princípio da igualdade tributária é assinalada com especial ênfase na Espanha, haja vista a Constituição espanhola de 1978 consagrar em preceitos distintos os princípios da igualdade geral (arts. 9.2 e 14) e tributária (art. 31.1)[8] e só admitir o recurso de amparo ao Tribunal Constitucional para a "tutela de las libertades y derechos reconocidos en el artículo 14 y la Sección primera del Capítulo 2º" e do direito à objeção de consciência. Ante tal restrição, a distinção entre a igualdade geral e tributária assume uma singular importância prática na Espanha, levando o Tribunal Constitucional a pronunciá-la com clareza. Como declara rei-

---

[3] Vide, por todos, SACHS, "Besondere Gleichheitsgarantien", p. 1018 ss.

[4] Esse aspecto é constantemente sublinhado pelo Tribunal Constitucional Federal alemão. Vide BVerfGE 75, 108, [157]; 76, 256 [329]; 78, 249 [287] e 84, 239 [268]. Cfr. especialmente as páginas 110 ss.

[5] Vide HUSTER, *Rechte und Ziele. Zur Dogmatik des allgemeinen Gleichheitssatzes*, p. 365. Com respeito às distintas dimensões normativas do princípio da igualdade, vide p. 86 ss.

[6] A doutrina é abundante nesse sentido, como se infere facilmente da consulta aos diversos comentários à *Grundgesetz*. Destacamos o artículo de Hesse publicado em 1984 ("Der Gleichheitssatz in der neueren deutschen Verfassungsentwicklung", p. 183 ss.). Com respeito à especificidade dos âmbitos de aplicação e proteção, cfr. HUSTER, *Rechte und Ziele. Zur Dogmatik des allgemeinen Gleichheitssatzes*, p. 352 ss. Vide também PÉREZ ROYO, *Derecho Financiero y Tributario. Parte General*, p. 56-58. No entanto, é possível identificar posições contrárias. Podlech, por exemplo, reputa haver somente um princípio da igualdade, o princípio *geral*. Nem mesmo as interdições de discriminação introduziriam normas jurídicas específicas (*Gehalt und Funktion des allgemeinen verfassungsrechtlichen Gleichheitssatzes*, p. 91).

[7] Sobre essas relações de tensão, vide p. 292 ss.

[8] O artigo 31.1 é redigido nesses termos: "Todos contribuirán al sostenimiento de los gastos públicos de acuerdo con su capacidad económica mediante un sistema tributario justo inspirado en los principios de igualdad y progresividad que, en ningún caso, tendrá alcance confiscatorio". Também as Constituições argentina e brasileira preveem expressamente o princípio da igualdade em matéria tributária. Aquela estabelece que "la igualdad es la base del impuesto y de las cargas públicas" (art. 16). E a nossa Constituição de 1988 proíbe aos entes políticos "estabelecer tratamento desigual entre contribuintes que se encontrem em situação equivalente, proibida qualquer distinção em razão de ocupação profissional ou função por eles exercida, independentemente da denominação jurídica dos rendimentos, títulos ou direitos" (art. 150, II).

teradamente o Alto Tribunal, a igualdade tributária "va íntimamente enlazada al concepto de capacidad económica y al principio de progresividad" e, portanto, não pode ser "simplemente reconducida a los términos del art. 14 de la Constitución".[9] Por isso, na concepção do Tribunal, espanhol os princípios da igualdade geral e tributária não têm "el mismo alcance, ni poseen la misma eficacia".[10][11]

1.2. O ceticismo com respeito à igualdade tributária

Certos autores expressam um nítido ceticismo com respeito à existência de critérios objetivos que sirvam para concretizar a igualdade tributária e orientar a repartição da carga tributária. Negam a possibilidade de os conteúdos da igualdade e da justiça tributária serem determinados objetivamente. A. Berliri, por exemplo, afirmava que "o problema do imposto ótimo não é um problema suscetível de solução definitiva", senão "só relativamente estável", estando, portanto, "destinado a ser proposto continuamente e a resolver-se de forma sempre distinta à luz das mudanças das concepções políticas, sociais, morais, da preponderância deste ou daquele grupo de poder, da distinta difusão do bem-estar, da renda, etc.". Conforme o contexto predominante, poderiam ser adotados os critérios do benefício, da igualdade do sacrifício, do sacrifício mínimo (individual ou coletivo), da capacidade contributiva, entre outros.[12]

Atualmente, o mais expressivo representante dessa corrente doutrinária é Kruse, um desiludido defensor da justiça tributária[13] que, com base na jurisprudência do BVerfG, passou a manifestar forte ceticismo quanto à igualdade tributária. Já em

---

[9] STC 27/1981, 20 de julho de 1981, FJ 4.
[10] STC 19/1987, de 17 de fevereiro, FJ 6. A posição do Tribunal Constitucional é exposta com clareza neste trecho: "Estos preceptos, el artículo 14 y el 31, como algunos otros que podrían citarse (v. gr. el artículo 9.2) son reflejo del valor superior consagrado en el art. 1, pero no tienen todos ellos el mismo alcance, ni poseen la misma eficacia. Esta razón aconseja examinar separadamente si existe una violación específica del derecho a la igualdad entre la Ley consagrado en el art. 14, como violación autónoma, respecto de la relativa a si existe o no violación del principio de igualdad inspirador del sistema tributario indisociablemente enlazado con el principio de legalidad que en la mencionada materia rige" (FJ 3). Na *Sentencia* 20/1988, de 10 de novembro, acrescentou que: "La igualdad, sin embargo, ha de valorarse, en cada caso, teniendo en cuenta el régimen jurídico sustantivo del ámbito de relaciones en que se proyecte, y en la materia tributaria es la propia Constitución la que ha concretado y modulado el alcance de su art. 14 en un precepto (art. 31.1) cuyas determinaciones no pueden dejar de ser tenidas aquí en cuenta. La igualdad ante la ley – ante la ley tributaria, en ese caso – resulta, pues, indisociable de los principios (generalidad, capacidad, justicia y progresividad, en lo que ahora importa) que se enuncian en el último precepto constitucional citado". Cfr. também a STC 54/1993, de 15 de fevereiro, FJ 1.
[11] Para diferenciar as hipóteses em que uma norma tributária viola de forma específica o art. 14, o Tribunal apoia-se numa questionável dicotomia entre discriminações subjetivas (que violariam os arts. 14 e 31.1) e objetivas (que violariam apenas o art. 31.1). Vide SSTC 159/1997, de 2 de outubro, FJ 4; 183/1997, de 28 de outubro, FJ 3; 55/1998, de 16 de março, FJ 3; 71/1998, de 30 de março, FJ 4; 36/1999, de 22 de março, FJ 3; 84/1999, de 10 de maio, FJ 4; e 200/1999, de 8 de novembro, FJ 3. A respeito, García Añoveros reputa que a distinção carece de fundamento e explica-se "sobre todo por el afán del Tribunal de no dejarse inundar por recursos de amparo en materia de desigualdad tributaria". Destarte, defende que "la igualdad del artículo 31 CE no es más que un caso concreto de la igualdad ante la Ley del artículo 14 CE, que está comprendida en este último" (*Manual del Sistema Tributario Español,* p. 53).
[12] A. BERLIRI, "L'obbligo di contribuire in proporzione della capacità contributiva come limite alla potestà tributaria", p. 518.
[13] No seu "Direito dos Impostos", Kruse referia ser a igualdade uma exigência da justiça e o fundamento do princípio da capacidade contributiva (*Steuerrecht. I – Allgemeiner Teil,* p. 36).

1980, o tributarista alemão sustentava que a fórmula da interdição de arbitrariedade implicava relegar a exigência da tributação segundo a capacidade contributiva a um mero fundamento para justificar tratos díspares, de importância equivalente à de muitos outros fundamentos possíveis. E após analisar a jurisprudência do BVerfG e do BFH sobre o princípio, destacava serem "provas empíricas da falta de uma legislação resultante da realidade (*Sachgesetzlichkeit*) em matéria tributária".[14]

A sua postura cética foi exposta com vagar num artigo publicado em 1990, baseado na premissa de que, por si só, o princípio da igualdade é vazio e destituído de pautas para determinar o seu conteúdo. Ressalta ter o BVerfG permitido ao legislador determiná-lo mediante decisões que não são jurídicas, senão políticas, sempre que a ilegitimidade não seja tão explícita a ponto de se qualificar como arbitrária. Assim, o princípio da isonomia tributária tornou-se pouco efetivo. A origem da "ínfima efetividade" de tal princípio estaria, a seu juízo, na inexistência de critérios objetivos para se formularem os juízos de igualdade. Não haveria fatos que pela sua própria natureza devam (ou não) ser tributados, mas tão só necessidades financeiras a serem satisfeitas. A liberdade de conformação do legislador seria justamente a consequência lógica da inexistência de vinculações diversas da arrecadatória: os fatos jurígenos não careceriam de regulação e, por conseguinte, poderiam sujeitar-se à tributação segundo as necessidades financeiras e a vontade do legislador. Para respeitar o princípio examinado, bastaria que, segundo a dicção do BVerfG, houvesse um "fundamento objetivo e suficiente", que poderia se referir tanto a aspectos orçamentários quanto de economia popular, conjuntura política, política social, técnica impositiva, etc. Noutros termos, não haveria um *numerus clausus* de fundamentos objetivos para as diferenciações impositivas, mas apenas fundamentos inadmissíveis, como, v.g., aqueles ofensivos às decisões valorativas da Lei Fundamental.[15] Os fundamentos fiscais e extrafiscais justificariam da mesma forma as diferenciações, haja vista que o princípio da capacidade contributiva não resultaria da ideia de justiça tributária e tampouco do princípio da igualdade; seria somente um fundamento que pode justificar tratos paritários ou díspares: *pode, e não necessita justificá-los*, pois concorre com outros *tertia comparationis*, sem gozar de qualquer espécie de prioridade. Com respeito à determinação do fundamento prevalente (se o princípio da capacidade contributiva ou os demais), "decide o legislador", já que não haveria uma "conexão natural entre a capacidade contributiva e a tributação" e o princípio da capacidade contributiva seria unicamente um "postulado da Ciência das Finanças, um argumento, e não um princípio jurídico-normativo vigente"; não constituiria, pois, um "princípio fundamental da tributação".[16]

---

[14] KRUSE, "Grundfragen der Liebhaberei", p. 232. Em artigo posterior, reitera que o princípio da capacidade contributiva se degrada a "um de muitos fundamentos possíveis" para justificar um trato desigual dos iguais, única função que pôde desempenhar até então. Conclui sustentando que a sua função é mais ideológica que jurídica ("Steuerspezifische Gründe und Grenzen der Gesetzesbindung", p. 80-81).

[15] KRUSE, "Über die Gleichmäßigkeit der Besteuerung", p. 323-325.

[16] KRUSE, "Über die Gleichmäßigkeit der Besteuerung", p. 325-327. Assim, Arndt, após expor que as posições fundamentais a respeito das relações entre os princípios da igualdade e capacidade contributiva são as de Tipke (segundo a qual o princípio da capacidade contributiva deriva do da igualdade e constitui o princípio fundamental da tributação) e Kruse, esposa a posição deste tributarista e afirma ser a capacidade contributiva tão somente um dos critérios de justificação das diferenças impositivas, tal qual as políticas de saúde e trânsito, por não haver fundamentos jurídicos para alçá-lo à categoria de

Com essa extensa exposição, chegamos ao núcleo do pensamento do Kruse cético. O princípio da capacidade contributiva não serve para concretizar a noção de igualdade e sequer é um princípio jurídico – e ainda que o fosse, poderia ser objeto de uma ponderação legislativa absolutamente livre. Desde que não se apoie em argumentos evidentemente arbitrários, o legislador pode decidir como lhe aprouver, sem estar vinculado ao princípio da igualdade.

É hialina a ilegitimidade dessa posição cética, porquanto suprime todo o conteúdo jurídico autônomo do princípio da isonomia tributária. Embora as exigências dos critérios da capacidade contributiva, equivalência e benefício em muitos casos sejam nebulosas, é indubitável que eles constituem critérios objetivos e idôneos para a graduação da carga tributária. Aplicados como critérios da igualdade, conduzem ao mandado constitucional de tributar igualmente as manifestações de capacidade contributiva ou os benefícios resultantes das atividades estatais que sejam iguais entre si. Arvorado nessa constatação, Tipke critica energicamente a posição do maduro Kruse e indaga ironicamente: como reagiriam os advogados da tese se o legislador tivesse decidido tributar fortemente os professores de Direito Tributário e exonerar os professores de Ciência das Finanças?[17] Diriam que o legislador está autorizado a fazê-lo?

Ademais, a outorga de uma liberdade quase absoluta ao legislador para estabelecer tratos iguais ou desiguais implicaria a negação da exigência de isonomia na criação do Direito, em flagrante ofensa à Constituição. É evidente que o princípio examinado tem um conteúdo determinável e um núcleo duro que nunca poderá ser descurado, nem mesmo em matéria tributária. Como ressalta Alexy, estabelecer deveres militares para as crianças seria manifestamente inapropriado; penas para todos os cidadãos, sem sentido; impostos equivalentes para todos (impostos por cabeça, *Kopfsteuern*), injusto.[18] Certas diferenciações não podem ser estabelecidas nem mesmo pelo legislador, pois é óbvio que o princípio da igualdade não admite tratamentos discriminatórios.[19] Nenhum fim extrafiscal legitimaria a recriação do "tributo sobre o patrimônio judeu" (*Judenvermögensabgabe*), instituído na Alemanha nacional-socialista.

De todo o exposto se infere haver critérios objetivos e apropriados para concretizar o princípio da isonomia tributária. O ceticismo radical com respeito à igualdade na tributação vai manifestamente de encontro à Constituição.

1.3. Negação de uma função específica ao princípio da igualdade tributária

Juristas há que reconduzem o princípio da isonomia tributária a uma manifestação específica do princípio da capacidade contributiva. Pérez de Ayala já afirmou

---

princípio fundamental da imposição ("Gleichheit im Steuerrecht", p. 791). Nesse sentido, Crezelius, apoiado na lição de Schmölders e numa concepção relativa de justiça, defende ser a capacidade contributiva apenas uma "convenção de justiça" e, por consequência, um princípio relativo (*Steuerrechtliche Rechtsanwendung und allgemeine Rechtsordnung*, p. 356).

[17] TIPKE, *Die Steuerrechtsordnung*, 1ª ed., v. 1, p. 338.

[18] ALEXY, *Theorie der Grundrechte*, p. 360. Hensel já afirmava não se poder vislumbrar na igualdade tributária uma exigência absoluta, o que a seu juízo levaria à criação do *Kopfsteuer* ("Verfassungsrechtliche Bindungen des Steuergesetzgebers. Besteuerung nach der Leistungsfähigkeit – Gleichheit vor dem Gesetz", p. 447).

[19] Vide ALEXY, *Theorie der Grundrechte*, p. 360.

serem os princípios da igualdade e universalidade unicamente "reglas de aplicación y desarrollo del principio de capacidad económica". Outros o reconduzem inteiramente a princípios constitucionais específicos, como faz Calvo Ortega ao defender não ser a igualdade tributária "algo distinto de la suma de la generalidad tributaria, capacidad económica y progresividad", perfilhando, assim, a "tesis de la falta de sustantividad propia".[20]

Não obstante haja uma íntima inter-relação entre os princípios da igualdade tributária, generalidade, capacidade contributiva e progressividade, a autonomia normativa daquele princípio é manifesta. Em primeiro lugar, a recondução dos princípios da igualdade e universalidade ao da capacidade contributiva é evidentemente imprópria, haja vista olvidar (ou negar indevidamente) que o princípio da igualdade se aplica, v.g., às taxas e às contribuições de melhoria com base em critérios de graduação distintos do critério da capacidade contributiva.[21] Tal recondução parece inverter os elementos, pois é este princípio que pode (e apenas em parte) ser reconduzido àqueles. Em segundo lugar, a dissolução do princípio da igualdade nos da generalidade, capacidade contributiva e progressividade não leva em consideração o fato de aquele também desempenhar uma relevante função na aplicação dos tributos – olvida toda a problemática da igualdade perante a lei. Em terceiro lugar, a recondução do princípio da igualdade em matéria tributária a princípios setoriais específicos é incompatível com o alcance geral do sobreprincípio da igualdade, ou noutros termos, com a sua "onipresença".

Em suma, o princípio da isonomia tributária não é apenas normativamente autônomo, mas também ostenta um significado jurídico específico, ao desempenhar funções que não se limitam àquelas já exercidas por outros princípios.

1.4. Dissolução da igualdade tributária na financeira

J. Becker defende com clareza uma concepção pressuposta por muitos juristas. Sem sequer se referir a um princípio da igualdade tributária, sustenta que o princípio geral da igualdade não deve se aplicar às "ações estatais em si" (como a atividade de tributação), senão aos seus efeitos, mediante uma consideração global do conjunto das "transferências" tributárias e financeiras entre o Estado e os cidadãos e, assim, da "orientação igual das ações estatais". A averiguação da igualdade na imposição não bastaria para se formular um juízo de igualdade, sendo imprescindível considerar a igualdade financeira.[22]

---

[20] CALVO ORTEGA, *Curso de Derecho Financiero*, v. 1, p. 75.
[21] Vide p. 184 ss.
[22] J. BECKER, *Transfergerechtigkeit und Verfassung*, p. 86-87 e 93. Para analisar tal "orientação igual das ações estatais", J. Becker utiliza um critério único, a "capacidade contributivo-financeira", falando de uma "capacidade contributivo-financeira positiva" (*positive finanzielle Leistungsfähigkeit*) e de uma "carência de capacidade contributivo-financeira" (*fehlende finanzielle Leistungsfähigkeit*). A primeira aplicar-se-ia no âmbito da imposição; e a segunda, no das prestações sociais (ob. cit., 84). Essa concepção já havia sido exposta por Birk, quando afirmou que o critério da igualdade social no sistema impositivo (*Nehmensystem*) é a "efetiva capacidade contributivo-econômica" ou a "capacidade para pagar impostos" (*steuerliche Leistungsfähigkeit*); e no sistema das prestações (*Gebensystem*), a "necessidade social" ("Steuergerechtigkeit und Transfergerechtigkeit", p. 225; idem, *Das Leistungsfähigkeitsprinzip als Maßstab der Steuernormen*, p. 147).

Em que pese a tese exposta seja teoricamente plausível, não é factível e nem mesmo dogmaticamente útil. Em 1979, o próprio Birk enfatizou a inviabilidade de implementá-la: após indicar a inter-relação entre a justiça da imposição e as transferências financeiras, registrou que "uma vinculação no âmbito *jurídico*" seria "dificilmente identificável", haja vista os processos tributários se desenvolverem separadamente, tanto temporal quanto juridicamente.[23] Ademais, a tese não é atrativa por carecer de diferenciações relevantes para a dogmática jurídica. A diferença entre igualdade geral, social, financeira e tributária reveste-se de elevada importância analítica, razão pela qual há de ser aceita e utilizada para viabilizar uma análise mais apurada do fenômeno jurídico, ainda que se repute ser o princípio da igualdade uno e carente de projeções específicas.

1.5. A RESTRIÇÃO DA EXIGÊNCIA DE IGUALDADE AO SISTEMA

La Rosa, arvorado na posição de A. Berliri e Giardina, advoga que o princípio constitucional da igualdade tributária se refere à carga impositiva como um todo e à capacidade contributiva global, e não a cada tributo específico.[24] A importância atualmente reconhecida à persecução tributária de fins não fiscais teria transferido a tutela do princípio da isonomia impositiva do âmbito dos tributos singulares a uma "esfera mais vasta e genérica", isto é, à globalidade do sistema tributário.[25]

Na Alemanha, P. Kirchhof também defendeu essa tese, sustentando a impossibilidade de se tutelar o princípio da igualdade impositiva no âmbito de leis tributárias específicas. Tal princípio não seria um "critério para as hipóteses de incidência específicas", senão para a carga total que resulta da combinação de todas as hipóteses de incidência, motivo pelo qual a igualdade da tributação deveria ser garantida tão somente no âmbito do Direito Tributário como um todo.[26]

Tal qual ocorre com a tese abordada na seção precedente, a impropriedade da posição sustentada por La Rosa e P. Kirchhof não decorre da sua incorreção teórica, senão da sua patente carência de factibilidade. No mundo das especulações teóricas, a tese é correta, haja vista a igualdade ter de ser averiguada à luz da totalidade do sistema tributário: desigualdades na carga tributária global podem lesar o princípio da isonomia e benefícios específicos podem justificar tratos díspares.[27] Sem embargo, um juízo de igualdade precedido, inexoravelmente, do exame da totalidade da carga tributária (ou para dizê-lo em outros termos, do exame da "compensação de desigualdades") seria extremamente complexo e, em muitos casos, impraticável.[28]

---

[23] BIRK, "Steuergerechtigkeit und Transfergerechtigkeit", p. 221.

[24] LA ROSA, *Eguaglianza tributaria ed esenzioni fiscali*, p. 34-35.

[25] Ibidem.

[26] KIRCHHOF, *Besteuerungsgewalt und Grundgesetz*, p. 29. Como exposto, J. Becker defende posição ainda mais radical, limitando-se a analisar a igualdade no âmbito das "transferências financeiras" globais entre o Estado e os cidadãos. As violações ao princípio da igualdade derivariam de "sobrecargas" na totalidade dos gravames estatais, e não de desigualdades tributárias, que podem ser compensadas por vantagens financeiras especiais. Por isso, o reconhecimento de uma violação ao princípio da igualdade deveria ser necessariamente precedido da análise da totalidade das transferências financeiras entre o Estado e os cidadãos (*Transfergerechtigkeit und Verfassung*, p. 93).

[27] BVerfGE 97, 332 [346].

[28] Vide WACKE, "Gesetzmäßigkeit und Gleichmäßigkeit", p. 38. O próprio J. Becker reconhece a impossibilidade de se efetuar a rigorosa análise global que preconiza, porque a autonomia dos entes

Mesmo que se considerem exclusivamente os tributos norteados pela capacidade contributiva, em muitas situações a determinação de uma equivalência rígida será impossível, porquanto a tributação incide sobre bases imponíveis que expressam a capacidade contributiva de formas significativamente diversas (renda, patrimônio e consumo, por exemplo) e, por conseguinte, não podem ser equiparadas completamente.[29] Exigir a realização de tal juízo a fim de que se possam identificar violações ao princípio da igualdade implicaria, sem dúvida alguma, uma debilitação extrema da sua força normativa.

Tampouco é possível esposar a tese diametralmente oposta, sustentada por Wacke, segundo a qual o controle da isonomia há de se restringir ao âmbito de tributos específicos, sendo em princípio inviável se proceder a um juízo de igualdade à luz da totalidade do sistema tributário.[30] Desigualdades no âmbito de tributos determinados são perfeitamente compensáveis, sempre que seja possível estabelecer com segurança um juízo de equivalência.

Destarte, reputamos que a aplicação do princípio da igualdade deve *centrar-se* na sistemática de cada tributo. Quando houver desigualdades no âmbito de outras exações e a comparação for possível, ela deverá ser realizada.[31] Porém, se tal análise se revelar impraticável, haverá de se realizar o juízo de igualdade com base na disparidade de trato identificada, pois a suposição de que eventualmente existam disparidades no regramento de outros tributos que a compensem pode inviabilizar completamente a realização do princípio constitucional da igualdade tributária.

1.6. Síntese conclusiva

A fim de esclarecer a concepção exposta na análise crítica empreendida nas seções precedentes, retomaremos as principais conclusões atinentes ao significado específico e à forma de aplicação do princípio da isonomia tributária.

Tal princípio não só goza de *status* constitucional, mas também é normativamente autônomo perante o princípio geral da igualdade, haja vista concretizar-se de forma específica, assumindo um conteúdo próprio e relativamente determinado, o que se manifesta com especial clareza nos conflitos entre a igualdade tributária e a geral (ou social).[32]

O ceticismo com respeito à igualdade tributária contrasta com o seu significado jurídico-constitucional, sendo fruto da ilegítima tese que reconduz o princípio estudado a uma mera interdição de arbitrariedade.[33] É evidente que há critérios objetivos e específicos para concretizar o princípio da igualdade, os quais devem ser determinados fundamentalmente à luz do sistema axiológico constitucional.[34]

---

políticos parciais implicaria a restrição da vinculação ao princípio da igualdade aos âmbitos territoriais compreendidos pelas suas competências (*Transfergerechtigkeit und Verfassung*, p. 93, nota 157).

[29] Vide SCHMEHL, *Das Äquivalenzprinzip im Recht der Staatsfinanzierung*, p. 106.

[30] WACKE, "Gesetzmäßigkeit und Gleichmäßigkeit", p. 38. Demais disso, Wacke considerava que a questão da igualdade deveria ser enfocada tão somente à luz das "características tributárias estabelecidas nas leis tributárias específicas" (ob. cit., p. 38), pois questionava a possibilidade de o legislador efetivamente se sujeitar ao princípio analisado (ob. cit., p. 34).

[31] Vide SCHMEHL, *Das Äquivalenzprinzip im Recht der Staatsfinanzierung*, p. 107.

[32] Com respeito a tal conflito, configurado na progressividade redistributiva, vide p. 322 ss.

[33] Sobre essa tese, vid. p. 34 ss.

[34] Vide p. 101 ss.

Ademais, o princípio da igualdade tributária não se exaure nos da generalidade, capacidade contributiva e progressividade. Pelo contrário, estes princípios são em larga medida projeções específicas ou critérios de concretização daquele.

No que concerne à forma de aplicação do princípio da isonomia tributária, a igualdade deve ser apurada no âmbito de cada tributo, ainda que a análise possa (e às vezes deva) ir além, estendendo-se a todo o sistema tributário e até à totalidade da atividade financeira. Portanto:

a) malgrado diferenciações no âmbito de tributos específicos possam ser compensadas por desigualdades atinentes a outros tributos, a aplicação do princípio da igualdade tributária há de centrar-se em tributos determinados, pois a averiguação da isonomia no contexto de todo o sistema tributário é extremamente complexa (e, por vezes, inviável); e

b) não obstante desigualdades tributárias excepcionalmente possam ser compensadas por prestações financeiras a análise (realizando-se a igualdade no âmbito financeiro *lato sensu*), não se pode exigir que a análise da totalidade das "transferências financeiras" entre o Estado e os cidadãos seja um pressuposto para a realização dos juízos de igualdade. Via de regra, isso é impraticável.

2. A igualdade entre o Fisco e os contribuintes

Em geral, a igualdade tributária é enfocada somente a partir de uma perspectiva "horizontal". Consideram-se unicamente os tratamentos estabelecidos entre contribuintes. A perspectiva "vertical" costuma ser ignorada ou rechaçada, com base na tese da impossibilidade de se exigir a realização da igualdade entre o Fisco e os contribuintes, pois aquele seria "soberano" perante os seus "súditos".

Tais ponderações recordam os tempos do Estado Absoluto, quando os governantes tudo podiam, desde que respeitassem limitações mínimas e predominantemente formais. Atualmente, é manifesta a impossibilidade de se sustentar a primazia do Estado perante os seus cidadãos, porquanto eles não são súditos, senão aqueles em cujo nome o Estado exerce o seu poder. Por consequência, não se pode simplesmente rechaçar a aplicação do princípio da igualdade às relações estabelecidas entre os cidadãos e o Fisco, notadamente porque eles não são iniludivelmente desiguais: o Estado não é soberano perante os cidadãos; e os contribuintes não são súditos.

No que segue trataremos atentamente desse tema, ocupando-nos, em primeiro lugar, das origens do debate doutrinário, posteriormente da igualdade de partes na lei e perante a lei e, por último, das consequências específicas da exigência de respeito à igualdade entre o Fisco e os contribuintes.

2.1. Debate doutrinário

É polêmica a tese que preconiza a igualdade entre o Fisco e os contribuintes. Já nos anos vinte, Hans Nawiasky, ao tratar das relações jurídico-tributárias fundamentais, defendeu-a e ressaltou as suas peculiaridades. Apesar de enfatizar que a relação tributária é regida por normas de Direito Público, nas quais os interesses públicos costumam ser valorizados sobremaneira, o Professor da Universidade de Munique defendia que tais interesses somente seriam relevantes com respeito ao conteúdo material da relação obrigacional-tributária, jamais aos seus aspectos formais. Sob uma perspectiva formal, a relação tributária seria igual às relações privadas entre credor e devedor: os sujeitos ativo e positivo encontram-se, "formalmente, uno frente al otro [...] en cuanto a sus derechos y a sus obligaciones, están determinados igualitariamente por las normas del ordenamiento jurídico".[35] O fato de o credor ser a pessoa constitucional da qual proveem os atos legislativo-tributários (sujeito ativo do poder tributário normativo) não afeta a exigência de igualdade, pois é a relação obrigacional que há de ser considerada, e esta é uma relação creditícia, não de poder. Pondera ser "falso considerar que el Estado como titular del crédito tributario tiene una posición superior al deudor", pois não pode impor-lhe exigências que careçam de fundamento legal. Superioridade tributária só existiria quanto à emanação da lei impositiva, não no que diz respeito ao crédito tributário.[36]

A tese de Nawiasky obteve significativas adesões dentro e fora da Alemanha.[37] Contudo, as críticas suplantaram-nas expressivamente.[38]

Num célebre simpósio, a polêmica foi posta em termos claros. Enquanto Albert Hensel a defendeu,[39] Ottmar Bühler criticou-a severamente, asseverando que, na relação jurídico-tributária, o Estado está em posição superior à do credor privado, por gozar de privilégios executivos e fiscalizatórios. Bühler chegou a propor o abandono da expressão "credor tributário" (*Steuergläubiger*), para substituí-la por "autoridade tributária" (*Steuerbehörde*) ou "titular da soberania tributária" (*Inhaber der Steuerhoheit*).[40] Após mais de oito décadas de discussões, a doutrina ainda está longe de chegar a um consenso.

A nosso juízo, as ponderações de Nawiasky são irrefutáveis, desde que devidamente compreendidas. O Estado só pode afetar a esfera jurídica dos contribuintes, impondo-lhes obrigações heterônomas, se respeitar o princípio da reserva de lei, atuando na qualidade de legislador. A legitimidade da criação estatal de obrigações jurídicas heterônomas restringe-se à esfera legislativa: na condição de sujeito ativo da relação obrigacional-tributária, o Estado não pode impor a sua vontade aos contribuintes. Tal qual os contribuintes, o Fisco deve estrita obediência aos ditames legais.

Deve-se reconhecer que o princípio da isonomia tributária se projeta nas relações entre o Fisco e os contribuintes, assumindo uma dimensão específica, que

---

[35] NAWIASKY, *Cuestiones fundamentales de Derecho Tributario*, p. 52-53.
[36] NAWIASKY, ob. cit., p. 53-54.
[37] Vide ISENSEE, *Die typisierende Verwaltung*, p. 132; JARACH, *El hecho imponible*, p. 57; VALDÉS COSTA, *Instituciones de Derecho Tributario*, p. 419 ss.
[38] Na própria introdução à versão espanhola do livro de Nawiasky, Vogel anota ser a tese rechaçada pela doutrina predominante na Alemanha, que defende a invariável primazia do Estado perante os contribuintes ("Introducción a la edición española", in NAWIASKY, *Cuestiones fundamentales de Derecho Tributario*, p. XIV).
[39] Hensel observa que o essencial numa "relação de poder" (*Gewaltverhältnis*) é a possibilidade de a vontade de um impor-se à do outro como uma ordem. São os pares conceituais "poder-ordenar (*Befehlen-können*) e dever-obedecer (*Gehorchen-müssen*)", e não "estar autorizado a exigir (*Fordern-dürfen*) e dever cumprir (*Leisten-sollen*)" que designam com nitidez a "contraposição essencial" a respeito ("Der Einfluss des Steuerrechts auf die Begriffsbildung des öffentlichen Rechts", p. 78).
[40] BÜHLER, "Der Einfluss des Steuerrechts auf die Begriffsbildung des öffentlichen Rechts", p. 107-108.

poderia ser denominada "subprincípio da igualdade entre as partes da relação obrigacional-tributária".

Para tratar adequadamente das exigências resultantes de tal princípio, há de se diferenciar as suas diretrizes atinentes à criação, modificação e revogação das leis daquelas relativas à aplicação da legislação tributária.

2.2. Igualdade de partes na lei

O legislador pode estabelecer tratos díspares não apenas entre contribuintes, mas também entre o Fisco e os contribuintes, haja vista que eles nem sempre são iguais em todos os aspectos juridicamente relevantes.

Essa afirmação, contudo, não implica o reconhecimento da inaplicabilidade do princípio da igualdade às relações entre o Fisco e os contribuintes. O legislador pode e deve tratá-los igualmente, sempre que não haja fundamentos suficientes para justificar um trato jurídico díspar.[41]

Por exemplo, nos processos judiciais tributários, em princípio devem ser assegurados os mesmos direitos e obrigações ao Fisco e aos contribuintes. Não obstante seja possível outorgar prerrogativas legais ao Poder Público, que o colocam numa posição "privilegiada" perante os contribuintes, é imprescindível que tais prerrogativas não se qualifiquem como privilégios efetivos (noutros termos, como privilégios odiosos, desprovidos de justificação jurídica), sob pena de configurar-se uma situação de inconstitucionalidade, por violação do princípio da igualdade.

A respeito, há um relevante precedente do Supremo Tribunal Federal, em que se declarou a inconstitucionalidade de medida provisória que havia duplicado o prazo para o Poder Público ajuizar ação rescisória. Como bem ponderou o Tribunal, "A igualdade das partes é imanente ao *procedural due process of law*; quando uma das partes é o Estado, a jurisprudência tem transigido com alguns favores legais que, além da vetustez, tem sido reputados não arbitrários por visarem a compensar dificuldades da defesa em juízo das entidades públicas; se, ao contrário, desafiam a medida da razoabilidade ou da proporcionalidade, caracterizam privilégios inconstitucionais".[42]

Portanto, é perfeitamente possível reconhecer que o princípio da isonomia tributária exige que o Fisco e os contribuintes sejam tratados como iguais, com os mesmos direitos e deveres, quando isso seja adequado à luz da noção de igualdade. Com essa afirmação, não só se estende a aplicação do princípio da isonomia às relações

---

[41] Essa posição não está clara na doutrina de Valdés Costa, para quem o princípio da igualdade de partes concerne à isonomia *perante a lei* (*Instituciones de Derecho Tributario*, p. 419). Chega a enunciar a igualdade de partes nestes termos: "Ambas partes de la relación jurídico-tributaria están igualmente sometidas a la ley y la jurisdicción" (ob. cit., p. 419). Sem embargo, ao avançar na sua exposição indica situações de inconstitucionalidade legislativa por tratos díspares entre o Fisco e os contribuintes.

[42] STF, Pleno, ADI 1910 MC, 4.2004. Prossegue: "parece ser esse o caso na parte em que a nova medida provisória insiste, quanto ao prazo de decadência da ação rescisória, no favorecimento unilateral das entidades estatais, aparentemente não explicável por diferenças reais entre as partes e que, somadas a outras vantagens processuais da Fazenda Pública, agravam a consequência perversa de retardar sem limites a satisfação do direito do particular já reconhecido em juízo. No caminho da efetivação do due process of law – que tem particular relevo na construção sempre inacabada do Estado de direito democrático – a tendência há de ser a da gradativa superação dos privilégios processuais do Estado, à custa da melhoria de suas instituições de defesa em juízo, e nunca a da ampliação deles ou a da criação de outros, como – é preciso dizê-lo – se tem observado neste decênio no Brasil".

entre o Poder Público e os contribuintes, mas também se reconhece a possibilidade de as leis os tratarem de modo díspar.

Esta possibilidade resulta tanto do próprio conteúdo do princípio da igualdade quanto de desvios legítimos perante os seus mandamentos. Em primeiro lugar, quando Fisco e contribuintes apresentarem dessemelhanças juridicamente relevantes, será o próprio princípio da igualdade que exigirá o trato díspar. Em segundo lugar, mesmo quando eles forem iguais em todos os aspectos juridicamente relevantes e o princípio analisado exigir um trato paritário, o legislador poderá estabelecer medidas desiguais, desde que haja fundamentos aptos para sustentar uma restrição legítima da igualdade.

A doutrina do Tribunal Constitucional espanhol orienta-se nesse sentido. Partindo da premissa de que o princípio da isonomia se aplica às relações entre o Fisco e os contribuintes, o Tribunal declarou a constitucionalidade da diferenciação normativa que se estabelecera entre a Administração tributária e os contribuintes mediante o incremento de 25% sobre o percentual legal dos juros de mora em favor daquela, registrando que a finalidade da diferenciação (preservar o interesse público na arrecadação dos tributos, que seria afetado caso os juros de mora fossem demasiado reduzidos) era razoável e de caráter objetivo.[43] As expressões "razoabilidade" e "caráter objetivo" evidenciam a aplicação da reiterada doutrina do Tribunal segundo a qual o princípio da igualdade corresponde à interdição de arbitrariedade.[44] Considerando justamente a existência de desigualdades juridicamente relevantes entre a Administração e os cidadãos, o Tribunal Constitucional declarou a legitimidade da sujeição daquela a juros moratórios mais reduzidos, gizando que a disparidade não resultava de uma posição preeminente da Fazenda, senão de desigualdades fáticas que a justificavam.[45]

Na Itália, a *Corte Costituzionale* também reconhece a aplicabilidade do princípio da igualdade às relações estabelecidas entre a Fazenda e os contribuintes, declarando a inconstitucionalidade de diferenciações normativas desprovidas de fundamento idôneo. Um exemplo relevante é a decisão sobre a proibição de se pos-

---

[43] STC 76/1990, de 26 de abril, FJ 9. Nas palavras do TC: "La clave de la diferenciación normativa – el incremento del 25 por 100 sobre el interés legal en los intereses de demora – se halla, como se ha visto, en evitar el grave perjuicio que para la Hacienda supondría que grupos enteros de contribuyentes dejarán en masa de pagar tempestivamente sus cuotas tributarias porque el coste del retraso le supusiera, de todos modos, un ahorro respecto del interés de mercado del dinero. Evitar este riesgo configura el fin que el legislador trata de lograr. Y no parece que se pueda dudar del carácter objetivo y de la razonabilidad de preservar aquel interés público".

[44] A passagem que segue transcrita é clara nesse sentido, denotando que o Tribunal não só considerou serem as situações desiguais à luz do princípio da igualdade, senão também que a diferença de trato não era arbitrária, injustificada ou desproporcional: "No sólo los supuestos de hecho que se comparan no son homogéneos ni resulta injustificada o arbitraria la finalidad perseguida con la diferenciación normativa, sino que la medida adoptada por el legislador no es tampoco desproporcionada respecto de las consecuencias a que se llega" (STC 76/1990, de 26 de abril, FJ 9).

[45] Como destacou o TC: "No es la posición preeminente de la Hacienda Pública, personificación sectorial de la Administración, como titular de potestades y prerrogativas, el dato determinante del diferente tratamiento respecto de los 'intereses procesales' en ejecución de las Sentencias, sino por el contrario, la minusvalía derivada de los principios de legalidad y de contabilidad pública a los cuales aparece sometida constitucionalmente, que condicionan su actuación y obstaculizan la agilidad de movimientos muy por bajo del nivel de los particulares en el ejercicio de su libertad (autonomía de la voluntad en el campo jurídico). En definitiva, no son iguales las situaciones de la Hacienda Pública y de los demás, en lo que aquí concierne, por las razones más arriba expuestas" (STC 206/1993, de 22 de junho, FJ 4).

tular judicialmente a restituição do indébito antes da interposição dos recursos administrativos, cuja inconstitucionalidade foi pronunciada pela Corte após registrar a inexistência de razões que "justifiquem o privilégio de uma regulação especial, a favor do devedor, da ação de repetição do indébito contra a Fazenda".[46]

Na Alemanha, a jurisprudência constitucional orienta-se no sentido de a "igualdade fundamental de armas (*grundsätzliche Waffengleichheit*)" no processo judicial representar uma imposição jurídico-constitucional dos princípios da igualdade e do Estado de Direito.[47] A exigência da igualdade de armas aplica-se, outrossim, aos processos administrativos[48] e até mesmo aos tributários, como decidiu o BVerfG ao derivar, do princípio objeto do nosso estudo, a exigência de estabelecer-se uma situação equivalente entre o Fisco e os contribuintes com respeito às custas processuais.[49]

2.3. Igualdade de partes perante a lei

O primado da Constituição e das leis, postulado fundamental dos Estados de Direito, submete toda a atividade estatal à juridicidade. Num Estado de Direito, não se tolera a inobservância dos preceitos jurídicos sequer pelos Poderes Públicos. Não há lugar para uma Administração desprovida de limitações jurídicas, não subordinada à lei ou arbitrária.

No Direito Tributário, esse vínculo não se desfaz ou afrouxa. As leis tributárias impõem-se integralmente, tanto ao sujeito passivo quanto ao sujeito ativo da relação obrigacional.[50] Tal qual os cidadãos, a Administração tributária está subordinada aos ditames legais.

As leis vinculam o Fisco em todo o ciclo da obrigação impositiva (nascimento, desenvolvimento e extinção).[51] A obrigação tributária surge pela realização da situação prevista em abstrato na hipótese de incidência, e não por um ato de vontade da Fazenda Pública,[52] pois, como bem anota Jarach, a relação obrigacional-tributária

---

[46] *Corte Costituzionale, Sentenza* 56/1995.
[47] BVerfGE 52, 131 [144].
[48] BVerfGE 35, 263 [276].
[49] BVerfGE 35, 283 [289]. Vide ECKHOFF, *Rechtsanwendungsgleichheit im Steuerrecht*, p. 265 ss.
[50] Embora Isensee defenda a possibilidade de se proceder a uma tipificação administrativa contrária à lei, enfatiza a necessidade de se observar a igualdade entre o Fisco e os contribuintes. Após assinalar a vigência da "igualdade de armas" entre eles, afirma que aquilo que é justo para uma parte da relação administrativa também o é para a outra e, portanto, a relativização do vínculo à lei para o Fisco implica a sua relativização para os contribuintes: "A lealdade à lei não deve ser um sacrifício heróico" (*Die typisierende Verwaltung*, p. 132).
[51] O Tribunal Constitucional espanhol já teve a oportunidade de consignar que: "Una vez perfeccionada la relación jurídica, cualesquiera que fueren su naturaleza, pública o privada y su origen o fuente, la autonomía de la voluntad o la Ley e incluso aunque fuere el reflejo final del ejercicio de una potestad como la tributaria o la sancionadora, la Hacienda es ya uno de sus sujetos activo o pasivo, sin una posición preeminente ni prerrogativa exorbitante alguna, como sucede con el procedimiento para el pago, sometido a los principios de legalidad presupuestaria y de contabilidad pública" (STC 69/1996, de 18 de abril, FJ 5).
[52] HENSEL, "Der Einfluss des Steuerrechts auf die Begriffsbildung des öffentlichen Rechts", p. 80: "A. deve pagar impostos porque realizou a hipótese de incidência, e não por vontade da Administração".

é "uma relação de Direito, e não de poder".[53] A Administração tributária não pode criá-la, modificá-la ou extingui-la (ressalvadas situações específicas, como as autorizações legais para remitir-se a dívida tributária, concederem-se parcelamentos, etc.). Tampouco pode desconsiderar as consequências resultantes do seu nascimento, pois tem de aceitar o pagamento do tributo e, se ele não for realizado espontaneamente, exigi-lo.

Do exposto, resulta claro que o princípio da isonomia preconiza uma igualdade essencial entre o Fisco e os contribuintes perante os ditames constitucionais e legislativos,[54] igualdade essa que, como ressaltou Hensel, é imprescindível para que o "Direito Tributário seja tolerável da perspectiva do Estado de Direito".[55]

2.4. Igualdade de partes na omissão legislativa

Das indagações que a omissão legislativa suscita com respeito à igualdade de partes, a mais relevante concerne às prerrogativas carentes de previsão legislativa. Permite-se que a Administração se outorgue – ou simplesmente exerça – prerrogativas destituídas de respaldo legislativo, fundadas exclusivamente numa relação de superioridade da Administração ou dos fins sociais perante os direitos subjetivos dos cidadãos?

Tal relação de superioridade apriorística não existe. Se houvesse uma superioridade *a priori*, deveria ser dos direitos dos cidadãos perante os interesses do Estado, porque nos Estados Democráticos todo o poder estatal deriva do povo e tem de ser exercido em seu benefício. O Estado é uma instituição jurídico-social de caráter instrumental, criada para servir ao povo, e não para lhe impor a sua vontade arbitrária.

Tampouco é viável fundar as prerrogativas e privilégios da Fazenda no argumento da invariável preponderância dos fins sociais perante os direitos subjetivos. Poder-se-ia admitir tal argumento em Estados totalitários, mas jamais em Estados de Direito, haja vista que, como ressaltou o Tribunal Constitucional espanhol, isso conduziria "ineludiblemente al entero sacrificio de todos los derechos fundamentales de la persona y de todas las libertades públicas a los fines sociales, lo que es inconciliable con los valores superiores del ordenamiento jurídico que nuestra Constitución proclama".[56]

---

[53] JARACH, *El hecho imponible*, p. 57.

[54] Nessa linha, o Tribunal Constitucional espanhol declarou a ilegitimidade de uma interpretação que levava a termos distintos para os juros de mora a favor da Fazenda e dos contribuintes, destacando a necessidade de "ser rechazada de plano la posibilidad de que el ciudadano, cuando trate con las Administraciones públicas y sea su acreedor, resulte peor tratado por no conseguir la íntegra compensación de un derecho de crédito reconocido judicialmente" (STC 69/1996, de 18 de abril, FJ 5). E acrescentou: "No hay, pues, una razón constitucionalmente relevante para justificar un distinto trato en el devengo del interés de demora, según la posición que ocupe la Hacienda Pública y sólo por ella".

[55] HENSEL, "Der Einfluss des Steuerrechts auf die Begriffsbildung des öffentlichen Rechts", p. 80.

[56] STC 22/1984, de 17 de fevereiro, FJ 3. Considerando a existência de prerrogativas legais, o Tribunal Constitucional já se manifestou no sentido de que: "No cabe, en efecto, sostener que la Administración tributaria y el contribuyente se encuentren en la misma situación como si de una relación jurídico-privada se tratara. Como ya se ha visto, esta pretendida igualdad resulta desmentida por el artículo 31.1 de la Constitución que, al configurar el deber tributario como deber constitucional, está autorizando al legislador para que, dentro de un sistema tributario justo, adopte las medidas que sean eficaces y atribuya a la Administración las potestades que sean necesarias para exigir y lograr el

Rechaçada a existência de uma relação de superioridade apriorística do Estado ou dos seus interesses perante os direitos individuais, ainda resta a possibilidade de as prerrogativas desprovidas de respaldo legislativo se fundarem em princípios ou bens constitucionais específicos. Dita possibilidade há de ser reconhecida, pois é perfeitamente viável extrair dos princípios constitucionais mandados ou permissões que não estão previstos expressamente na legislação. Nessa senda, o Tribunal Constitucional espanhol declarou a "constitucionalidad de diversas prerrogativas o de situaciones de superioridad, en general, a las Administraciones Públicas, pero siempre a partir de la existencia de algún bien o principio constitucional cuya preservación justificara su reconocimiento",[57] haja vista existirem "fines sociales, que deben considerarse de rango superior a algunos derechos individuales, pero ha de tratarse de fines sociales que constituyan en sí mismos valores constitucionalmente reconocidos y la prioridad ha de resultar de la propia Constitución".[58]

Portanto, os privilégios administrativo-tributários, que colocam a Fazenda numa situação de superioridade perante os contribuintes, somente podem ser aceitos quando derivem da Constituição ou da lei[59] – e, obviamente, não violem o princípio da igualdade. Privilégios injustificados, odiosos, são manifestamente incompatíveis com os pilares dos Estados de Direito.

2.5. Consequências específicas da exigência de igualdade entre o Fisco e os contribuintes

Aplicado às relações jurídicas estabelecidas entre o Fisco e os contribuintes, o princípio da igualdade traz implicações específicas, relativas tanto à constitucionalidade das leis quanto à sua exegese.

Já referimos que os privilégios concedidos pela legislação ao Fisco podem colidir com o princípio da isonomia e, nessa situação, somente subsistirão se lograrem superar o controle de proporcionalidade. Exemplo esclarecedor é fornecido pela exigência do *solve et repete* (primeiro paga – e somente após discute),[60] declarada inconstitucional pela *Corte Costituzionale* por violar o princípio analisado.[61]

---

exacto cumplimiento de sus obligaciones fiscales por parte de los contribuyentes, potestades que por esencia sitúan a la Administración como potentior persona en una situación de superioridad sobre los contribuyentes" (STC 76/1990, de 26 de abril, FJ 9). Sem embargo, a possibilidade de se conferirem poderes específicos à Administração tributária não implica o reconhecimento de que ela esteja numa situação de invariável superioridade perante os contribuintes, senão tão só de que em certos casos pode encontrar-se em tal situação. Isto é, não há uma ampla e invariável superioridade da Administração perante os contribuintes: o que há são unicamente posições específicas de superioridade, exceções que somente vêm a confirmar a regra.

[57] STC 23/1997, de 11 de fevereiro, FJ 5. Nesse sentido, o Tribunal também reconheceu que o poder de autotutela da Administração ou de autoexecução dos seus atos e resoluções se fundamenta no princípio constitucional da eficiência (art. 103 CE): STC 22/1984, de 17 de fevereiro, FJ 4.

[58] STC 22/1984, de 17 de fevereiro, FJ 3.

[59] Vide VALDÉS COSTA, *Instituciones de Derecho Tributario*, p. 421, que acrescenta: "Esa posibilidad jurídica debería ser utilizada en la menor medida posible, a efectos de no desvirtuar el alcance del principio que tiene su fundamento en que la relación entre el Estado y el individuo se entable respetando la idea de justicia" (ob. cit., p. 421).

[60] Vide VALDÉS COSTA, *Instituciones de Derecho Tributario*, p. 427 ss.

[61] *Corte Costituzionale, Sentenza* 21/1961. No entanto, nessa decisão se declarou a violação ao princípio da igualdade não porque a lei estabelecesse um trato desigual entre o Fisco e os contribuintes,

De outra parte, são ilegítimas as concepções interpretativas apriorísticas que privilegiam a Fazenda ou os contribuintes na aplicação das disposições tributárias, porquanto eles são iguais perante a Constituição e as leis. Referimo-nos não apenas às conhecidas teses do *in dubio pro fisco* e *in dubio contra fiscum*, mas também à concepção de que os preceitos que outorgam isenções têm de ser interpretados restritivamente.[62]

3. Mandados gerais e projeções específicas da igualdade tributária

É possível identificar três normas específicas que resultam do princípio geral da igualdade: as interdições de discriminação, os mandados de "igualdade jurídica segundo critérios de justiça" e o "postulado do equilíbrio social".[63] A igualdade tributária, contudo, não ostenta tal amplitude. Embora compreenda as exigências das interdições de discriminação e da igualdade segundo critérios de justiça, não engloba o princípio da igualdade de oportunidades. Esse princípio concerne a um fim alheio ao Direito Tributário e, por consequência, à isonomia tributária. A igualdade perante os encargos públicos é eminentemente jurídica. Deve ser realizada por medidas que busquem uma repartição justa da carga tributária, e não a realização da isonomia de oportunidades.[64] Por isso, quando o legislador institui uma tributação exacerbadamente progressiva para alcançar a igualdade social, não está concretizando a igualdade tributária, senão nela intervindo para realizar fins não fiscais.[65]

Além de ser estritamente jurídica, a isonomia tributária centra-se fundamentalmente na "igualdade segundo critérios de justiça", cujas principais exigências podem ser bem compreendidas mediante a relevante distinção estabelecida entre a igualdade tributária horizontal e vertical.

3.1. Igualdade tributária horizontal e vertical

Para identificar e especificar os mandados gerais da igualdade em matéria tributária, mostra-se útil a distinção acolhida pela doutrina[66] e pela jurisprudên-

---

senão por tratar desigualmente os contribuintes que podiam pagar imediata e integralmente o tributo – e, assim, ajuizar a ação para discuti-lo – e os demais que não possuíam recursos suficientes para tanto.

[62] Vide VALDÉS COSTA, *Instituciones de Derecho Tributario*, p. 428 ss., para quem seriam ilegítimos até mesmo os julgamentos administrativos, a aplicação de sanções pela Administração, etc. (ob. cit., p. 432 ss.).

[63] WEINBERGER, *Logische Analyse in der Jurisprudenz*, p. 156. Cabe expor que, na Alemanha, a doutrina predominante só reconhece a norma da igualdade jurídica, e não o "postulado do equilíbrio social", ou mais precisamente, o princípio da igualdade de oportunidades, derivando as suas exigências da cláusula do Estado Social. Vide, por todos, SCHOCH, "Der Gleichheitssatz", p. 866, que se refere à doutrina de Starck, Häberle, P. Kirchhof, Kloepfer, Stein, Podlech, entre outros.

[64] Vide DELVOLVE, *Le principe d'égalité devant les charges publiques*, p. 148.

[65] Retornaremos ao tema na seção relativa à progressividade redistributiva. Vide p. 322 ss.

[66] A distinção, já estabelecida no âmbito da Ciência das Finanças, foi transposta ao Direito Tributário por VOGEL, "Steuergerechtigkeit und soziale Gestaltung", p. 411 ss. e recebeu uma ampla acolhida doutrinária. Vide KIRCHHOF, "Rechtsmaßstäbe finanzstaatlichen Handelns", p. 156; idem, "Der Grundrechtsschutz des Steuerpflichtigen", p. 35-36; BIRK, *Das Leistungsfähigkeitsprinzip als Maßstab der Steuernormen*, p. 165 ss.; idem, *Steuerrecht*, p. 49-50; ARNIM, *Staatslehre der Bundesrepublik*

cia[67] alemãs entre "justiça tributária horizontal" e "vertical", cujo conteúdo é expresso com maior precisão mediante as expressões *"igualdade* tributária horizontal" e "vertical",[68] já que nesse contexto a igualdade é a forma de manifestação da justiça.

A igualdade tributária horizontal compreende as exigências do princípio da generalidade, sem por ele ser substituída. Como exporemos mais adiante, a generalidade é uma manifestação específica da isonomia na tributação, e não um critério de justiça tributária distinto da igualdade.[69]

O mandado de trato paritário concerne à igualdade tributária horizontal. Não exige uma mesma imposição a todos os contribuintes (com a instituição de um "imposto por cabeça"), senão que os contribuintes iguais sob um determinado ponto de vista (critério de diferenciação) sejam tributados de modo uniforme. No âmbito dos impostos, onde o critério fundamental de diferenciação é a capacidade contributiva, a igualdade horizontal impõe que contribuintes com capacidades contributivas iguais contribuam com a mesma quantia para os gastos públicos *uti universi*.[70]

A outra dimensão da igualdade tributária é qualificada como "vertical" por constituir uma expressão específica do mandado de trato díspar. Singulariza-se por impor, em geral, tratos diferenciados entre os destinatários normativos sujeitos à tributação (os contribuintes, substitutos, etc.), a serem estabelecidos à luz da intensidade da presença de características fáticas juridicamente relevantes. Note-se não ser a presença de tais características que justifica os tratos tributários díspares, senão a sua *intensidade*, que funda uma *nova* distinção entre iguais e desiguais.[71] Noutros termos, na igualdade vertical é a graduação (e não a presença) da característica juridicamente relevante que atua como critério de discrímen. Quando se trata de im-

---

Deutschland, p. 154; HUSTER, *Rechte und Ziele. Zur Dogmatik des allgemeinen Gleichheitssatzes*, p. 358-359; JACHMANN, *Verfassungsrechtliche Grenzen der Besteuerung*, p. 7, nota 25; OSTERLOH, "Art. 3. Gleichheit vor dem Gesetz", p. 214-215; J. BECKER, *Transfergerechtigkeit und Verfassung*, p. 79. Essa dicotomia também é empregada no Informe Carter, quando trata do princípio da equidade: "Podemos concebir la equidad en dos vertientes. Conforme a la equidad 'horizontal', la carga fiscal que soportan las personas y las familias situadas en circunstancias idénticas ha de ser igual para cada una de ellas. Paralelamente, conforme al principio de equidad 'vertical', los contribuyentes situados en circunstancias diferentes deben soportar una carga tributaria que difiera igualmente" (v. I, p. 5).

[67] Vide, entre muitos outros, BVerfGE 82, 60 [89].

[68] BVerfGE 99, 216 [234]. Vide TIPKE, *Die Steuerrechtsordnung*, 2ª ed., v. 1, p. 324-325; VOGEL; WALDHOFF, *Grundlagen des Finanzverfassungsrechts: Sonderausgabe des Bonner Kommentars zum Grundgesetz*, p. 350; HEUN, "Artikel 3. Gleichheit", p. 266-267. Uckmar utiliza as expressões "igualdade em sentido jurídico" e "igualdade em sentido econômico" para designar, respectivamente, a igualdade horizontal e vertical (*Principi comuni di diritto costituzionale tributario*, p. 45 ss.). Contudo, essa terminologia é equívoca, pois conforme bem expôs Lejeune Varcárcel ambas são formas de igualdade jurídica ("L'eguaglianza", p. 383, nota 2).

[69] A respeito, Pont Mestres distingue entre generalidade, igualdade e equidade como critérios de justiça. Afirma que a "justicia tributaria se orienta a través del principio de generalidad" na "delimitación jurídica de los signos de riqueza económica" (delimitação da hipótese de incidência) e mediante o princípio da igualdade "en la delimitación y estimación, según valoración normativa, del grado o nivel de capacidad de cada presupuesto objetivo que se concreta en la respectiva base imponible" (delimitação da base de cálculo) ("La justicia tributaria y su formulación constitucional", p. 385 ss.).

[70] Sobre a capacidade contributiva como critério de comparação, vide p. 157 ss.

[71] A respeito, Huster indica que a fórmula tradicional da igualdade não considera a graduação das características fáticas, senão apenas a sua presença ou ausência (*Rechte und Ziele. Zur Dogmatik des allgemeinen Gleichheitssatzes*, p. 33).

postos, os possuidores de capacidade contributiva (iguais com respeito à existência de tal característica) serão juridicamente desiguais sempre que houver disparidades na intensidade da capacidade contributiva – e, por consequência, terão de se sujeitar a cargas tributárias diferenciadas. A igualdade vertical representa, pois, a exigência de se tratarem os desiguais de modo desigual, *na exata medida da desigualdade existente*.

Por último, cabe enfatizar ser a igualdade vertical uma autêntica expressão da isonomia tributária, tal qual a horizontal.[72] Não se trata de exigência distinta, que, segundo defende Pont Mestres, extrapolaria o alcance da igualdade para ingressar no âmbito de uma equidade que lhe é alheia.[73]

3.2. Projeções específicas

Já se expôs que a igualdade jurídica tem uma dimensão normativa de sobreprincípio, pois compreende no seu âmbito normas específicas e autônomas entre si.[74] Situação similar ocorre com o princípio da isonomia tributária, do qual derivam diversas exigências específicas, como os princípios da generalidade, da universalidade e da tributação segundo a capacidade contributiva, a equivalência ou o benefício econômico.[75] Sem embargo, tais "princípios" constituem projeções específicas da isonomia tributária, e não propriamente subprincípios, sobretudo porque, além de não se contraporem a este princípio ou entre si, eles limitam-se a expressar conteúdos parciais da igualdade tributária (como o da generalidade) ou suas exigências específicas em âmbitos determinados (como os "princípios" da tributação segundo a capacidade contributiva, a equivalência ou o benefício econômico). Analisemo-los com mais atenção.

3.2.1. Princípio da generalidade

3.2.1.1. Significado e conteúdos fundamentais

Na França, o sistema fiscal do *Ancien Régime* caracterizava-se pela extrema diversidade das cargas e pela preponderância das discriminações perante todas as

---

[72] Em sentido contrário, Neumark restringe o alcance da igualdade à justiça horizontal: afirma ser a igualdade vertical pertinente, tão só, ao princípio da redistribuição (*Principios de la imposición*, p. 107). Não reputamos correta essa restrição, que mutila o alcance do princípio da igualdade, restringindo-o a uma mera exigência de trato paritário.

[73] Como expusemos, Pont Mestres estabelece uma diferenciação entre a generalidade, a igualdade e a equidade, limita a atuação da igualdade à "fijación normativa de la base imponible en razón del grado de capacidad contributiva de cada presupuesto objetivo" (isto é, à delimitação da base de cálculo) e expõe ser a equidade o critério de justiça no que concerne à "fijación de la alícuota individual según la capacidad contributiva de cada sujeto" (estabelecimento da alíquota), que se realiza "con medios técnicos idóneos para la determinación de la cuota tributaria, tales como los tipos impositivos, sea con estructura proporcional o progresiva, la subjetivación de los tributos y las exenciones tributarias en sentido amplio" ("La justicia tributaria y su formulación constitucional", p. 385 ss.). Ocorre que tanto a subjetivação quanto a graduação dos tributos concernem ao princípio da igualdade, que não se limita a impor uma igualdade aritmética entre todos os contribuintes; pelo contrário, admite e até mesmo requer tratos díspares, como a doutrina e a jurisprudência aceitam de forma quase pacífica. A respeito, vide p. 132 ss.

[74] Vide p. 87 ss.

[75] No que concerne à capacidade contributiva, à equivalência e ao benefício como critérios de concretização da igualdade tributária, vide p. 142 ss. e sobretudo p. 147 ss.

tentativas de se uniformizar a tributação. A nobreza e o clero gozavam de privilégios tributários e consideravam ser degradante pagar tributos. Nesse contexto, a generalidade da tributação, voltada justamente contra tais privilégios, foi uma relevante e valiosa conquista da Revolução francesa.[76]

Após a revolução, consignou-se na Declaração dos Direitos do Homem e do Cidadão de 1789 não somente o princípio geral da isonomia (art. 1), mas também os da generalidade e da igualdade tributária, ao se estabelecer que a "contribuição comum" para a manutenção da força pública e para os gastos administrativos deveria ser repartida igualmente entre "todos os cidadãos", segundo as suas capacidades (art. 13). A Constituição francesa de 1793, além de atribuir conotação altamente positiva à obrigação tributária, foi ainda mais clara nesse sentido, ao estabelecer uma interdição expressa de isenções subjetivas: "Nenhum cidadão está dispensado da honrosa obrigação de contribuir aos encargos públicos" (art. 101). A sua influência não demorou em estender-se além das fronteiras francesas. Também a Constituição da Baviera de 1818 consagrou a exigência de generalidade da imposição: "A participação nos encargos estatais é geral para todos os moradores do Império, sem exceções em função de qualquer posição e sem consideração das isenções especiais anteriormente existentes" (Título IV, § 13).[77]

À luz desse significado tradicional, o princípio da generalidade possui índole subjetiva e corresponde a um princípio de universalidade subjetiva.[78] Concerne aos sujeitos passivos e exige que todas as pessoas contributivamente capazes se sujeitem à imposição.

Atualmente, o conteúdo essencial do princípio da generalidade tributária continua sendo justamente a proibição de privilégios tributários, entendidos como os benefícios tributários concedidos em razão da *pessoa* favorecida.[79] Tal princípio exige que todas as pessoas físicas e jurídicas capazes de contribuir aos gastos públicos o façam, independentemente dos grupos sociais que integrem.

Não obstante, certos juristas concebem-no com uma extensão ampla. Dele extraem não só a exigência de universalidade subjetiva, mas também a de uniformidade quantitativa. De acordo com esse significado amplo, o princípio da generalidade demandaria que todas as pessoas contributivamente capazes se sujeitem à tributação (universalidade subjetiva) e que todos os detentores de idêntica capacidade contributiva suportem uma mesma carga tributária (uniformidade quantitativa).[80] Nesta acepção, o conteúdo do princípio da generalidade dilata-se até alcançar a parte mais significativa da igualdade tributária horizontal.

---

[76] Vide DELVOLVE, *Le principe d'égalité devant les charges publiques*, p. 8 ss.; UCKMAR, *Principi comuni di diritto costituzionale tributario*, p. 46-47; TIPKE, *Die Steuerrechtsordnung*, v. 1, p. 316.

[77] Apud KIRCHHOF, *Besteuerung im Verfassungsstaat*, p. 12. Vide BVerfGE 84, 239 [269-270].

[78] Cfr. TIPKE; LANG, *Steuerrecht. Ein systematischer Grundriß*, 18ª ed., p. 81.

[79] Vide LEISNER, "Die Unzulässigkeit steuerlicher Fiskalprivilegien", p. 410.

[80] Gaffuri expõe, de modo categórico, que a "generalidade da imposição, pretendida pelo Constituinte, exige a igualdade na distribuição da carga pública" (*L'attitudine alla contribuzione*, p. 216). Vide também ARNDT, *Grundzüge des Allgemeinen Steuerrechts*, p. 70-71 e JACHMANN, "Besteuerung von Unternehmen als Gleichheitsproblem", p. 11, com referência à posição harmônica de Weber-Grellet, Birk, Wendt, Söhn e Hofmann.

Reconhece-se, outrossim, uma faceta objetiva do princípio da generalidade,[81] identificada por vezes como um princípio autônomo, denominado "princípio da universalidade (objetiva) da tributação". Este princípio concerne às hipóteses de incidência. Demanda a construção de normas que abranjam todos os signos idôneos de capacidade contributiva.[82] Nessa acepção amplíssima, o princípio da generalidade abarca todas as exigências da igualdade horizontal.

Em certas situações, as facetas subjetiva e objetiva do princípio da generalidade estão indissociavelmente vinculadas, haja vista que a conformação das hipóteses de incidência leva à delimitação dos sujeitos passivos.[83] É o que ocorre nos tributos criados para gravar exclusivamente determinados grupos sociais, culturais, religiosos ou profissionais, como o nefasto "tributo sobre o patrimônio judeu" (*Judenvermögensabgabe*) instituído na Alemanha nacional-socialista em 1938: a hipótese de incidência era integrada pela característica da titularidade judaica do patrimônio e, por conseguinte, apenas os judeus figuravam no polo passivo da relação obrigacional tributária. É nítida a incompatibilidade desse tributo com *ambas* facetas do princípio da generalidade da imposição.

3.2.1.2. Inter-relação com a igualdade

O princípio da generalidade da tributação é simplesmente uma especificação do princípio da isonomia tributária ou, mais precisamente, do seu conteúdo central. Constitui tanto um reflexo[84] quanto uma exigência mínima da igualdade, a qual seria claramente malferida por divisões discriminatórias da carga tributária, caracterizadas pela concessão de privilégios tributários ou pela sujeição de determinados grupos de pessoas ao financiamento integral dos gastos públicos, sobretudo quando fundadas unicamente no fato de integrarem tais grupos.[85]

Consciente de que a obrigação de suportar os gastos públicos somente será igual quando se impuser a todos os contributivamente capazes, a doutrina ressalta ser a generalidade um "pressuposto fundamental para uma tributação igual",[86] a primeira "condición para realizar la igualdad en la imposición".[87] Essas afirmações são válidas sobretudo para a faceta subjetiva da generalidade, porquanto não se pode falar de uma tributação efetivamente igual quando há pessoas (físicas ou jurídicas)

---

[81] Vide PONT MESTRES, "La justicia tributaria y su formulación constitucional", p. 385-386; CÓRTES DOMÍNGUEZ; MARTÍN DELGADO, *Ordenamiento tributario español*, v. I, p. 89. Considerando que a tributação deve incidir sobre a propriedade, e não propriamente sobre a renda, Kirchhof externa que, por força do princípio da igualdade, não se deveriam estabelecer formas diferenciadas de tributação para distintos "objetos de propriedade" (*Eigentumgegenständen*), senão uma carga tributária uniforme para as propriedades em geral (*Besteuerungsgewalt und Grundgesetz*, p. 29).

[82] Vide MARTÍN QUERALT; LOZANO SERRANO; CASADO OLLERO; TEJERIZO LÓPEZ, *Curso de Derecho Financiero y Tributario*, p. 106. À luz desse significado amplo do princípio da generalidade, Tipke afirma que os "impostos especiais violam os princípios fundamentais da generalidade e da igualdade da tributação" (*Die Steuerrechtsordnung*, 2ª ed., v. 1, p. 304).

[83] Cfr. PONT MESTRES, "La justicia tributaria y su formulación constitucional", p. 374.

[84] CÓRTES DOMÍNGUEZ; MARTÍN DELGADO, *Ordenamiento tributario español*, v. I, p. 89.

[85] Vide HUSTER, *Rechte und Ziele. Zur Dogmatik des allgemeinen Gleichheitssatzes*, p. 358; RODRÍGUEZ BEREIJO. *Jurisprudencia constitucional y principios de la imposición*, p. 141.

[86] TIPKE, *Die Steuerrechtsordnung*, 1ª ed., v. 1, p. 318: "eine Grundvoraussetzung für eine gleichmäβige Besteuerung".

[87] RODRÍGUEZ BEREIJO. *Jurisprudencia constitucional y principios de la imposición*, p. 141.

que, embora sejam capazes de contribuir, não estão sujeitas ao financiamento dos gastos públicos. Quando há tais privilégios odiosos, a discussão acerca de quais fatos hão de ser tributados ou das exigências específicas da igualdade vertical perde grande parte do seu sentido.

Assim como a generalidade é uma condição da igualdade tributária, esta é uma condição daquela (ao menos na sua acepção mais restrita), haja vista que a tributação somente será geral se alcançar igualmente todos os cidadãos contributivamente capazes.[88] Porém, só se pode reconhecer a igualdade *horizontal* como um pressuposto da generalidade, porquanto esta não exige tratos díspares: limita-se a impor o estabelecimento de tratos paritários. Os tratamentos diferenciados que a igualdade exige são neutros perante a generalidade: não a realizam e, caso não sejam implementados, jamais a violarão. Infere-se, pois, que toda violação da generalidade pressupõe uma concomitante violação da igualdade, sem que a recíproca seja verdadeira.[89]

Também há um paralelo entre a igualdade e a generalidade no que concerne aos momentos em que podem ser violadas. Tal qual ocorre com a igualdade, pode-se lesar a generalidade tanto na criação quanto na aplicação das normas tributárias, já que ela também requer uma aplicação paritária das leis tributárias.[90]

3.2.1.3. Inter-relação com a capacidade contributiva

Ante a íntima relação existente entre a igualdade tributária e a capacidade contributiva, resulta evidente haver inter-relações estreitas entre esta e a generalidade, a qual, como se expôs, não constitui nada além de uma especificação da igualdade impositiva.

Dentre as indagações suscitadas por tais inter-relações, destaca-se a questão da legitimidade das isenções exigidas pelo princípio da capacidade contributiva.

A propósito, vale recordar que economistas da Escola Liberal já a rechaçaram, ao sustentarem, com base numa radical concepção da generalidade impositiva, a impossibilidade de se instituírem isenções para o mínimo vital.[91]

Atualmente, essa tese está amplamente superada. Não se vislumbra haver sequer um conflito entre a generalidade e a capacidade contributiva, visto que aquela é interpretada à luz desta. Hensel já reconhecia uma "conexão interna" entre tais exigências e gizava que a Constituição de Weimar postulava tão só a "generalidade" da tributação segundo os "meios" dos cidadãos.[92] E Sainz de Bujanda foi categórico ao ressaltar que o "principio de generalidad únicamente es comprensible [...] en relación con el de capacidad contributiva".[93]

É nítida a correção dessas afirmações. Como indicamos nas ponderações precedentes, devem ser excluídos do alcance de uma tributação geral todos os cidadãos que careçam de capacidade contributiva, não possuindo aptidão econômica para fi-

---

[88] Vide RASTELLO, *Diritto tributario. Principi generali*, p. 334.
[89] NEUMARK, *Principios de la imposición*, p. 107.
[90] Vide CÓRTES DOMÍNGUEZ; MARTÍN DELGADO, *Ordenamiento tributario español*, v. I, p. 89-90.
[91] Vide NEUMARK, *Principios de la imposición*, p. 95.
[92] HENSEL, "Verfassungsrechtliche Bindungen des Steuergesetzgebers. Besteuerung nach der Leistungsfähigkeit – Gleichheit vor dem Gesetz", p. 459.
[93] SAINZ DE BUJANDA, *Lecciones de Derecho Financiero*, p. 103.

nanciar os gastos públicos.[94] Ao expor o significado do art. 31.1 da Constituição espanhola, o Tribunal Constitucional manifestou-se claramente nesse sentido: "La expresión 'todos' absorbe el deber de cualesquiera personas, físicas o jurídicas, nacionales o extranjeras, residentes o no residentes, que por sus relaciones económicas con o desde nuestro territorio (principio de territorialidad) exteriorizan manifestaciones de capacidad económica, lo que les convierte también, en principio, en titulares de la obligación de contribuir conforme al sistema tributario".[95]

O princípio da capacidade contributiva limita o alcance da exigência de generalidade tributária, convertendo-a basicamente numa interdição de privilégios tributários discriminatórios.[96] Por consequência, quando aquele princípio atua como um requisito para a sujeição passiva tributária, ele impõe-se invariavelmente, sem que se configure sequer uma tensão entre princípios, pois a capacidade contributiva *conforma*, e não restringe, a generalidade tributária.

3.2.1.4. Compatibilidade com as isenções extrafiscais

A constitucionalidade das isenções e dos demais benefícios extrafiscais será analisada atentamente no terceiro capítulo.[97] Aqui, limitar-nos-emos a expor, sob uma perspectiva crítica, as posições que abordam o tema à luz da exigência da generalidade.

Há quem negue que os benefícios extrafiscais se contrapõem à generalidade tributária, com exceção de situações extremas. Nesse diapasão, Calvo Ortega dis-

---

[94] Nesse sentido, vide LEJEUNE VALCÁRCEL, "Aproximación al principio constitucional de igualdad tributaria", p. 125; idem, "L'eguaglianza", p. 383; E. GONZÁLEZ, "Reflexiones en torno a los principios de capacidad contributiva e igualdad", p. 1398; PONT MESTRES, "La justicia tributaria y su formulación constitucional", p. 373; PÉREZ DE AYALA; E. GONZÁLEZ, *Curso de Derecho Tributario*, t. I, p. 176; GARCÍA AÑOVEROS, *Manual del Sistema Tributario Español*, p. 52; RASTELLO, *Diritto tributario. Principi generali*, p. 333; NEUMARK, *Principios de la imposición*, p. 89; TIPKE, *Die Steuerrechtsordnung*, 1ª ed. v. 1, p. 318.

[95] STC 96/2002, de 25 de abril, FJ 7.

[96] Tal concepção é claramente visível nesta decisão do Tribunal Constitucional espanhol, relativa ao princípio da generalidade tributária: "Se trata, a fin de cuentas, de la igualdad de todos ante una exigencia constitucional – el deber de contribuir o la solidaridad en el levantamiento de las cargas públicas – que implica, de un lado, una exigencia directa al legislador, obligado a buscar la riqueza allá donde se encuentre (SSTC 27/1981, de 20 de julio, FJ 4; 150/1990, de 4 de octubre, FJ 9; 221/1992, de 11 de diciembre, FJ 4; y 233/1999, de 16 de diciembre, FJ 14), y, de otra parte, la prohibición en la concesión de privilegios tributarios discriminatorios, es decir, de beneficios tributarios injustificados desde el punto de vista constitucional, al constituir una quiebra del deber genérico de contribuir al sostenimiento de los gastos del Estado [...] la exención o la bonificación – privilegio de su titular – como quiebra del principio de generalidad que rige la materia tributaria (art. 31.1 CE), en cuanto que neutraliza la obligación tributaria derivada de la realización de un hecho generador de capacidad económica, sólo será constitucionalmente válida cuando responda a fines de interés general que la justifiquen (por ejemplo, por motivos de política económica o social, para atender al mínimo de subsistencia, por razones de técnica tributaria, etc.), quedando, en caso contrario, proscrita, pues no hay que olvidar que los principios de igualdad y generalidad se lesionan cuando 'se utiliza un criterio de reparto de las cargas públicas carente de cualquier justificación razonable y, por tanto, incompatible con un sistema tributario justo como el que nuestra Constitución consagra en el art. 31' (STC 34/1996, de 22 de julio, FJ 8)" (STC 96/2002, de 25 de abril, FJ 7). Também o BVerfG expõe que o princípio da igualdade não exige uma contribuição igual de cada cidadão para financiar as despesas públicas, senão que cada um "seja chamado a financiar as atividades estatais gerais de acordo com a sua capacidade contributivo-financeira" (BVerfG, 1 BvL 10/02, de 7.11.2006, Absatz-Nr. 96).

[97] Vide p. 292 ss.

tingue entre sujeição abstrata e concreta, de modo a asseverar que o princípio da generalidade determina a sujeição abstrata de todos os "sujetos (sin excepción)" à tributação e que o princípio da capacidade contributiva impõe a sujeição *in concreto* a tributos determinados. Por consequência, a generalidade não seria afetada por isenções extrafiscais, sempre que elas não constituam "declaraciones de exoneración subjetiva y general". Ditas isenções afetariam somente o princípio da capacidade contributiva.[98] Em que pese seja logicamente aceitável, essa tese não se mostra apropriada, pois suprime a essência do significado prático da exigência de generalidade. A sujeição *in abstracto* de todos ao pagamento dos tributos já resulta do dever constitucional de contribuir para as despesas públicas (previsto expressamente na Espanha, Itália e Portugal) ou da atribuição específica de competências tributárias (técnica utilizada pela Constituição brasileira e pela Lei Fundamental alemã); e "declaraciones de exoneración subjetiva y general" não costumam ser estabelecidas nos Estados contemporâneos de Direito. Para outorgar-lhe alguma função de relevo no sistema constitucional, é imprescindível interpretar a generalidade como uma especificação da igualdade tributária, a qual explicita o que nela está implícito. Ademais, é consabido que a isonomia impositiva não se limita a exigir uma sujeição *abstrata* de todos ao pagamento de tributos, senão uma sujeição concreta, tão concreta que se estende até à extinção da obrigação tributária mediante a efetiva realização do pagamento da dívida tributária. Entendimento diverso inviabilizaria a tradicional função da exigência de generalidade, de coibir a concessão de isenções pela mera *grazia* de um poder supostamente absoluto.[99]

Neumark defende posição similar à de Calvo Ortega, mas com supedâneo em argumentos diversos. Sustenta que o princípio da generalidade só proíbe a "discriminación fiscal realizada de acuerdo con criterios metaeconómicos", tais como a nacionalidade, o estado civil, a classe social, a religião, etc. Dito princípio permitiria exceções à sujeição tributária no marco de impostos específicos, desde que se baseassem em ponderáveis razões de política econômica, social, cultural e sanitária ou em imperativos técnico-tributários.[100] Esta tese leva à recondução do princípio da generalidade a uma interdição de discriminação tributária com aplicação restrita à igualdade horizontal. Não obstante seja mais plausível que a defendida por Calvo Ortega, pois outorga ao princípio em foco um conteúdo específico e relevante, também o limita em demasia, ao excluir do seu âmbito as discriminações econômicas, que atualmente consubstanciam as mais importantes violações da generalidade impositiva.

Apesar dessas manifestações doutrinárias, em geral se reconhece o conflito entre a generalidade e a extrafiscalidade. E propõem-se as mais distintas soluções para superá-lo, que vão desde a refutação apriorística das isenções extrafiscais, até a sua incondicional aceitação.

A radical tese da ilegitimidade *a priori* das isenções extrafiscais por violarem o princípio da generalidade é defendida por Rastello, o qual assevera que a exoneração e a redução de tributos constituem "a negação das regras da igualdade e generalidade da imposição". Seriam invariavelmente inconstitucionais, mesmo que

---

[98] CALVO ORTEGA, *Curso de Derecho Financiero*, v. 1, p. 71-72.
[99] Vide BERLIRI, L. V. *La giusta imposta*, p. 11.
[100] NEUMARK, *Principios de la imposición*, p. 89.

busquem fins legítimos, por ilegitimidade do meio escolhido para persegui-los.[101] Nessa senda, a Constituição mexicana de 1917 chega a estabelecer uma proibição geral de isenções.[102]

A tese exposta por Rastello parte do pressuposto de que os princípios da igualdade, generalidade e capacidade contributiva preponderam *a priori* sobre qualquer outro fim, princípio ou valor constitucional, pressuposto que é refutado pela doutrina e pela jurisprudência predominantes, conscientes de que as constituições modernas admitem a intervenção estatal nos domínios econômico e social, até mesmo mediante o uso dos conceitos, institutos e formas do Direito Tributário.[103]

Portanto, não se pode rechaçar *a priori* as isenções extrafiscais.[104] Contudo, tampouco se pode aceitá-las *a priori*. Tem de se submetê-las a um rigoroso controle de legitimidade constitucional, à luz dos princípios da igualdade, generalidade e capacidade contributiva. A propósito, vale recordar a fórmula desenvolvida em 1980 pelo Tribunal Constitucional Federal alemão e aplicada aos casos de desigualdade de trato entre *grupos de pessoas* (denominada *neue Formel*). De acordo com tal fórmula, para que se reconheça a compatibilidade de um trato díspar entre grupos de pessoa com o princípio da igualdade, impende haver uma "diferença de tal espécie e de tal peso", "que possa permitir o trato díspar".[105] Considera-se que o legislador pode tratar grupos de pessoas distintamente, estabelecendo até mesmo isenções integrais para grupos profissionais, desde que se apoie em critérios objetivos e efetivamente adequados.[106]

Retornaremos a este tema mais adiante, ao tratar da legitimidade constitucional da extrafiscalidade.[107]

3.2.2. As projeções setoriais são princípios autônomos?

Expusemos que os "princípios" da tributação conforme a capacidade contributiva, a equivalência e o benefício econômico constituem, na realidade, projeções

---

[101] RASTELLO, *Diritto tributario. Principi generali*, p. 335 ss. Nesse sentido, vide UCKMAR, *Principi comuni di diritto costituzionale tributario*, p. 50 ss.; SCHIAVOLIN, "Il collegamento soggettivo", p. 93. Sainz de Bujanda também se manifestou contrariamente à legitimidade das isenções extrafiscais, anotando que "el mecanismo que con mayor frecuencia puede acarrear la quiebra del principio de generalidad es el de la exención" (*Lecciones de Derecho Financiero*, p. 104). Posteriormente, contudo, relativiza a sua afirmação, reconhecendo que em certos casos é viável outorgar isenções extrafiscais, contanto que se estabeleçam medidas de compensação (ibidem, p. 104-105).

[102] "Artículo 28. En los Estados Unidos Mexicanos quedan prohibidos los monopolios, las prácticas monopólicas, los estancos y las exenciones de impuestos en los términos y condiciones que fijan las leyes". A referência final ("en los términos y condiciones que fijan las leyes") foi introduzida em 1983, para esclarecer o alcance do preceito. Como destaca Valdés Costa, a Suprema Corte de Justiça conferiu interpretação restritiva à interdição, afirmando aplicar-se exclusivamente às isenções odiosas (de caráter particular) (*Instituciones de Derecho Tributario*, p. 396).

[103] Vide p. 295 ss.

[104] Vide GIANNINI, *I concetti fondamentali del Diritto Tributario*, p. 174-176; MICHELI, *Corso di diritto tributario*, p. 84; PÉREZ DE AYALA, "Los principios de justicia del impuesto en la Constitución española", p. 20; PONT MESTRES, "La justicia tributaria y su formulación constitucional", p. 379; CAZORLA PRIETO, "Los principios constitucional-financieros en el nuevo orden jurídico", p. 524; HERRERA MOLINA, *La exención tributaria*, p. 113-115.

[105] BVerfGE 55, 72 [88]; 60, 123 [133], 65, 104 [113]; 85, 191 [209]; 88, 87 [97]. Vide p. 59 ss.

[106] TIPKE, *Die Steuerrechtsordnung*, 1ª ed., v. 1, p. 327.

[107] Vide p. 305 ss.

específicas do princípio da igualdade em matéria tributária, que se singularizam perante a imposição de generalidade por não expressarem um conteúdo abstrato daquele princípio, senão as suas exigências específicas em setores determinados.

De fato, no âmbito dos impostos, o princípio objeto do nosso estudo concretiza-se à luz do critério da capacidade contributiva e, por consequência, exige uma tributação norteada por tal critério. No âmbito das taxas, o critério de concretização é a equivalência e, portanto, o princípio da igualdade impõe uma tributação conforme tal critério. O mesmo ocorre nas contribuições de melhoria, que devem ser conformadas com base no critério do benefício econômico.[108]

Portanto, a utilização de expressões como "princípio da tributação conforme a capacidade contributiva" ou simplesmente "princípio da capacidade contributiva" costuma representar uma síntese, tornando mais simples a referência ao que realmente se designa, ou seja, ao "princípio da igualdade da tributação em matéria de impostos, que impõe uma graduação impositiva conforme a capacidade contributiva". Designa-se uma projeção específica do princípio da isonomia como princípio autônomo, o que resulta útil para simplificar o discurso – e será adequado sempre que não se olvide o que realmente se está designando.[109]

---

[108] Vid. p. 147 ss.
[109] Ressaltamos que o princípio da capacidade contributiva efetivamente possui um significado jurídico autônomo, pelas razões expostas nas páginas 318 ss.

Capítulo II. Igualdade na criação e modificação dos tributos

A exigência de igualdade na criação e modificação dos tributos é inerente aos Estados de Direito. Invariavelmente, ostenta *status* constitucional. Algumas constituições a estabelecem de modo expresso, como ocorre na Espanha e no Brasil.[110] Outras a consagram implicitamente, qual uma simples projeção específica do princípio geral da igualdade, como sucede na Alemanha e na Itália.

Dita exigência constitui, sem dúvida alguma, o tema fundamental da isonomia tributária, notadamente porque o Direito Tributário vive da lei, à qual é atribuída a tarefa de criar as hipóteses de incidência, definir os sujeitos passivos e estabelecer as alíquotas e bases de cálculo; e, consequentemente, a de instituir e conformar as obrigações tributárias. A problemática da igualdade na lei suscita a questão da justiça tributária com especial ênfase, pois a sua concretização pressupõe uma prévia tomada de posição acerca das teorias da justiça tributária e da adequação destas aos valores basilares dos sistemas jurídicos.

Por tal razão, neste capítulo analisaremos fundamentalmente as teorias da justiça tributária, a sua compatibilidade com as distintas espécies tributárias e as exigências que a igualdade, concretizada à luz de tais teorias, estabelece para a conformação legislativa do sistema tributário.

1. Igualdade segundo critérios de justiça tributária

Já referimos não haver critérios de comparação inerentes à ideia de igualdade jurídica, razão pela qual se diz que ela, por si só, é vazia e axiologicamente neutra. Tão somente à luz da ideia de justiça e de especificações constitucionais explícitas torna-se possível atribuir à exigência de igualdade na lei um conteúdo determinado e controlar a constitucionalidade das disparidades de trato tributário. Serão, portanto, as determinações constitucionais e as concepções acerca da justiça tributária que possibilitarão especificar o conteúdo do princípio da isonomia em matéria tributária.

---

[110] A Constituição espanhola consagra o princípio da igualdade como um dos princípios inspiradores do pretendido "sistema tributário justo" (art. 31.1). A vinculação direta do legislador é inquestionável, especialmente em razão da previsão do artigo intitulado justamente "princípios constitucionais": "Los poderes públicos están sujetos a la Constitución y al resto del ordenamiento jurídico" (art. 9.1). De forma análoga, a Constituição brasileira proíbe expressamente a todos os entes federativos que estabeleçam um "tratamento desigual entre contribuintes que se encontrem em situação equivalente" (art. 150, II).

É conveniente expor desde já algumas premissas básicas que orientarão o exame das propostas teóricas com respeito ao significado constitucional da justiça e da igualdade tributárias. Em primeiro lugar, não se pode determinar a medida da tributação em vista do fim de obter recursos para o Estado,[111] pois tal fim não concerne à divisão das cargas tributárias. A mais desigual conformação do sistema tributário compatibilizar-se-ia com ele, contanto que conduzisse à arrecadação de recursos suficientes para se fazer frente às despesas públicas. Portanto, a concretização do princípio da isonomia tributária há de apoiar-se em *teorias* e *critérios de repartição* das cargas públicas. Em segundo lugar, ditos critérios têm de consistir ou basear-se em elementos econômicos mensuráveis, pela simples razão de que, do contrário, nunca poderiam ser aplicados racionalmente ou com um mínimo de segurança. Foi por descurar esse simples fato que surgiram propostas teóricas flagrantemente inadequadas. Em terceiro lugar, os critérios de repartição devem harmonizar-se com *todas* as espécies tributárias às quais se aplicarão. Por isso e pela relevante diversidade entre os tributos, nenhum critério é apto a aplicar-se a todas as espécies tributárias; ao menos, não sem expressivas ressalvas. Em quarto lugar, a ilegitimidade de uma teoria à luz de uma categoria tributária em particular não implica a sua ilegitimidade como critério de discrímen no âmbito tributário. E a recíproca também é verdadeira: a adequação de uma teoria a determinada espécie tributária não implica, por mais importante que esta seja, a sua adequação para as demais espécies. Em quinto lugar, não obstante haja relevantes especificações constitucionais com respeito ao conteúdo do princípio da isonomia tributária, a atividade exegética jamais será prescindível. Ela sempre será necessária, mesmo que seja só para confirmar a clara redação de preceitos constitucionais específicos.[112]

1.1. Especificações constitucionais e fins de justiça tributária

1.1.1. Especificações constitucionais

Costumam ser poucas e implícitas as especificações relevantes do princípio constitucional da igualdade tributária. Na Alemanha, não há qualquer alusão a respeito: a Lei Fundamental de Bonn não o consagra expressamente e tampouco prevê os princípios ou critérios da capacidade contributiva, benefício, equivalência e progressividade. Na França, a Constituição quase não trata do Direito Tributário, limitando-se a estabelecer a reserva de lei tributária (art. 34). E a Constituição portuguesa veicula tão somente dispositivos de aplicação restrita a tributos específicos (art. 104).

Já a Constituição brasileira, particularmente rica em matéria impositiva, introduz uma interdição de trato tributário discriminatório em razão da ocupação ou função profissional (art. 150, II) e determina expressamente a observância da capacidade contributiva e da progressividade em âmbitos restritos: daquela apenas na regulação dos impostos (art. 145, § 1º) e desta somente na de tributos específicos.

São as Constituições italiana e espanhola as que estatuem de forma expressa especificações de amplo alcance com respeito ao significado do princípio analisado.

---

[111] BVerfGE 84, 239 [268-269]. Vide VOGEL, "Die Steuergewalt und ihre Grenzen", p. 542; KIRCHHOF, *Besteuerung im Verfassungsstaat*, p. 33; idem, "Der Grundrechtsschutz des Steuerpflichtigen", p. 36.
[112] Vide infra.

Aquela impõe a todos a obrigação de concorrer às despesas públicas segundo a sua capacidade contributiva e critérios de progressividade do sistema (art. 53), com o que positiva os princípios da generalidade, capacidade contributiva e progressividade, expressões do princípio da isonomia tributária. Já a Constituição espanhola, além de estabelecer uma disposição que engloba o preceito da italiana, prevê de modo expresso o princípio objeto do nosso estudo (art. 31.1).

No entanto, nem mesmo nas constituições que estabelecem expressamente critérios de graduação tributária há previsão de *tertia comparationis* adequados à aplicação do princípio da igualdade às taxas e contribuições de melhoria. Não obstante uma interpretação literal das Constituições italiana e espanhola leve à aplicação exclusiva dos critérios de capacidade contributiva e progressividade em matéria tributária, essa solução seria claramente ilegítima, porquanto os critérios adequados para orientar a instituição e graduação destes tributos são os da equivalência e benefício.[113] Com essa simples observação, resulta evidente que a concretização do princípio enfocado sempre carecerá de minuciosa interpretação da Constituição. Ainda que existam especificações jurídico-positivas, elas não bastam para tanto.[114]

1.1.2. Fins de justiça tributária

Os fins de justiça na repartição das despesas públicas têm singular relevância para a concretização do princípio da isonomia tributária, sobretudo quando a Constituição não se pronuncia a respeito dos critérios de graduação da carga impositiva. São tais fins que, nessa situação, devem orientar a determinação dos *tertia comparationis* e, por conseguinte, do significado concreto da noção de igualdade jurídico-tributária.

Somente à luz de fins de justiça tributária resulta viável extrair do silente texto constitucional um conteúdo concreto para a noção de igualdade impositiva. Os fins de utilidade pública não servem para tanto: sobretudo o fim tributário genérico de obter recursos para fazer frente aos gastos públicos (fim arrecadatório) é inábil a orientar a concretização do princípio analisado, pois não diz respeito à justiça na repartição dos tributos[115] e nem mesmo a tal repartição.[116] Tampouco os fins não fiscais

---

[113] Vide p. 183 ss.

[114] Vide p. 101 ss.

[115] Nessa esteira, Vogel, aplicando expressamente a dicotomia proposta por Huster entre "fins internos" e "externos" (correspondente à que estabelecemos entre "fins de justiça" e "fins coletivos"), nota ser a finalidade de arrecadação um "fim (externo)" das normas fiscais ("Die Steuergewalt und ihre Grenzen", p. 542). Eckhoff também expõe que o financiamento do Estado representa um "fim coletivo" (*kollektiven Ziel*) da imposição (*Rechtsanwendungsgleichheit im Steuerrecht*, p. 192). No que concerne às premissas fundamentais da eleição de *tertia comparationis* para concretizar o princípio da isonomia tributária, com expressa referência à inaptidão do fim arrecadatório, vide as ponderações introdutórias a este capítulo, p. 142 s.

[116] Por isso, deve-se rechaçar a proposta de Tipke de concretizar as noções de justiça e igualdade tributária à luz do "indiscutível fim da tributação" consistente na arrecadação de recursos públicos, fim que conjugava, para tal tarefa, às concepções gerais de justiça (*Steuergerechtigkeit in Theorie und Praxis*, p. 42). Esse rechaço, contudo, não deve levar à negação da existência de fins de justiça no Direito Tributário, posição que Vogel parece acolher, porque, após expor que a finalidade arrecadatória não propicia a realização de um controle efetivo de proporcionalidade (já que seria alcançada mediante tributos de qualquer expressão e conformação), assevera que "aqui a questão da justiça da diferenciação coloca-se sem a intermediação de um fim" ("Die Steuergewalt und ihre Grenzen", p. 542). É perfeitamente possível tratar da legitimidade constitucional da diferenciação à luz do fim de justiça na divisão

(de utilidade pública ou justiça extrafiscal) são idôneos para concretizar o princípio da isonomia tributária, pela simples razão de serem alheios ao Direito Tributário. Não concernem à justa divisão da carga tributária e conduzem a graduações impositivas que não têm qualquer relação direta com as características dos sujeitos passivos que seriam relevantes para alcançar fins especificamente tributários. O grau de afetação do meio ambiente pela atividade empresarial, por exemplo, jamais poderia ser utilizado para tanto, já que, conquanto seja um critério inquestionavelmente adequado para orientar a graduação dos tributos ambientais, é completamente alheio à justiça na repartição da carga tributária; tal critério é adequado para realizar fins externos ao Direito Tributário (no caso, a proteção do meio ambiente), mas se mostra inapto para a realização do seu fim interno (a justa repartição da carga tributária).

Por consequência, a distinção entre fins de justiça tributária, de justiça social e de utilidade coletiva assume uma importância extrema para a tarefa a que nos dedicamos, porquanto explicita as disparidades de trato geradas pela simplificação tributária e pela extrafiscalidade e, por conseguinte, a inaptidão (total ou parcial) dos respectivos fins para orientar a concretização do princípio da igualdade tributária.

Para identificar corretamente as situações nas quais efetivamente se almeja realizar uma imposição igual, devemos distinguir quatro categorias de fins perseguidos mediante os institutos, conceitos e formas do Direito Tributário:

1) fins de justiça interna ao Direito Tributário (ou mais precisamente, de justiça tributária), que concernem à justa repartição da carga tributária;[117]

2) fins de justiça externa ao Direito Tributário, voltados sobretudo à compensação de situações socialmente anti-isonômicas mediante desigualdades impositivas (promoção da redistribuição de renda mediante uma progressividade tributária exacerbada, por exemplo)[118];

3) fins coletivos internos ao Direito Tributário, perseguidos pelas medidas de simplificação tributária, que, apesar de serem inerentes ao Direito Tributário, são vocacionadas a promover bens coletivos;[119] e

4) fins coletivos externos ao Direito Tributário, almejados pelos tributos extrafiscais, criados para proteger o meio ambiente, a concorrência econômica, etc.

Pois bem, só os fins da primeira categoria são totalmente destinados a alcançar a igualdade tributária. Os demais a afetam, restringem – e, por vezes, a violam. Devem ser excetuados apenas certos fins da terceira categoria que almejem realizar

---

da carga tributária, fim esse que é inerente à categoria denominada por Vogel "normas de repartição de cargas" (*Lastenausteileungsnormen*) (ob. cit., p. 542).

[117] No que toca a tais fins, lê-se no Informe Carter que o "fin primordial y fundamental del Impuesto es obligar a compartir equitativamente la carga de las necesidades del Estado entre todos los individuos y famílias" (v. I, p. 5).

[118] A respeito, Vogel, considerando a contraposição entre a justiça distributiva e a justiça de conformação social mediante a redistribuição (*gestaltenden Gerechtigkeit*), adverte que esses "distintos aspectos do postulado da justiça podem colidir" ("Steuergerechtigkeit und soziale Gestaltung", p. 414, n. 45). Vide também VOGEL; WALDHOFF, *Grundlagen des Finanzverfassungsrechts: Sonderausgabe des Bonner Kommentars zum Grundgesetz*, p. 344. Portanto, não se podem acolher afirmações como a exposta por Ossenbühl, no sentido de que "o postulado da justiça está num plano superior e abarca todos os fins tributários" (K. L. OSSENBÜHL, *Die gerechte Steuerlast*, p. 8).

[119] Nesse sentido, vide HEUN, "Artikel 3. Gleichheit", p. 244-245.

a igualdade na aplicação efetiva da lei, a qual costuma se contrapor à exigência da isonomia normativo-tributária.[120]

1.1.3. Fins de justiça comutativa no Direito Tributário

Estabelecida a premissa de que a noção jurídico-constitucional de igualdade tem de ser determinada à luz da ideia de justiça, exsurge uma indagação de relevo: há de se considerar tão somente a justiça distributiva ou também a comutativa? Mais precisamente, a justiça comutativa serve para orientar a determinação do significado da igualdade tributária?

Primeiramente, devemos precisar os significados das noções de "justiça distributiva" e "comutativa". Na concepção aristotélica, a justiça em sentido específico (ou justiça particular, que se diferencia da geral, caracterizada pelo justo legal) constitui proporção, dividindo-se em justiça na repartição (de honras, dinheiro, ônus, etc.) e no trato dos indivíduos.[121] Aquela é denominada "justiça distributiva", em cujo âmbito o justo é "lo proporcional y lo injusto, lo que va contra lo proporcional", tendo-se em conta uma proporção semelhante à geométrica.[122] Já esta é a "justiça reparadora" ou "comutativa", em cujo âmbito o justo é similar ao aritmeticamente proporcional e a tarefa a ser realizada é o restabelecimento da anterior situação de isonomia.[123] A justiça distributiva constitui fundamentalmente uma igualdade entre pessoas; e a comutativa, uma igualdade entre coisas ou situações. Naquela são consideradas características ligadas diretamente aos cidadãos (como méritos, riqueza, virtudes), enquanto nesta são consideradas relações interpessoais (empréstimos, aluguéis, roubo, etc.).[124] Por isso se afirma que a justiça distributiva concerne às relações entre os cidadãos e o Estado (relações de distribuição); e a justiça comutativa, às relações dos cidadãos entre si (relações de troca).[125]

Sem embargo, essa clássica concepção, repetida por inúmeros tributaristas,[126] não se adapta ao Estado moderno. No âmbito impositivo não se aplica (e tampouco se deve aplicar) exclusivamente a concepção da justiça distributiva, expressa pelo critério de capacidade contributiva ("de cada um segundo a sua capacidade"),[127] senão também a da justiça comutativa, o que se evidencia com especial clareza nas

---

[120] Vide p. 266 ss.
[121] ARISTÓTELES, *Ética a Nicómaco*, p. 72-74, 1130-1131.
[122] Ibidem, p. 75, 1131.
[123] Ibidem, p. 75, 1131-1132.
[124] Conforme destacado por Tomás de Aquino, na justiça distributiva não se determina "el medio según la igualdad de cosa a cosa, sino según la proporción de las cosas a las personas". Contudo, acrescenta, "en los cambios se da algo a una persona particular por la cosa que es de ella recibida, como principalmente se manifiesta en la compra-venta, en la que se halla primariamente la razón de cambio, y por lo mismo es preciso igualar cosa a cosa" (*Tratado de la justicia y el derecho*, p. 104).
[125] AQUINO, *Tratado de la justicia y el derecho*, p. 100-108.
[126] Vide, por todos, KLEIN, *Gleichheitssatz und Steuerrecht*, p. 20, que, após expor a concepção aristotélica, sustenta que a justiça distributiva é justiça do Direito Público, enquanto a comutativa é a justiça do Direito Privado.
[127] Sobre essa regra, vide TIPKE, *Steuergerechtigkeit in Theorie und Praxis*, p. 11 ss. É perfeitamente possível afirmar que a "justiça dos impostos (*Steuergerechtigkeit*) é 'justicia distributiva' (*austeilende Gerechtigkeit*) no sentido de Aristóteles" (VOGEL, "Steuergerechtigkeit und soziale Gestaltung", p. 410), mas não que a justiça tributária seja exclusivamente distributiva, como sugere Vogel (ob. cit., p. 410, n. 8).

taxas, regidas fundamentalmente pelo critério da equivalência, que não poderia ser aplicado caso se seguisse a clássica concepção aristotélica.[128]

É de se destacar, outrossim, que a justiça comutativa atua em matéria tributária da mesma forma que a distributiva, como uma justiça de *repartição*. As atividades estatais remuneradas mediante taxas (e tributos análogos) implicam gastos *públicos*, que devem ser suportados especificamente por quem delas se beneficia diretamente, e não por toda a coletividade – e tampouco por todos os contribuintes. Destarte, a justiça comutativa é plenamente apta para orientar a concretização do princípio da isonomia tributária e a distribuição da carga impositiva no âmbito dos tributos estruturados em vista de critérios sinalagmáticos.

Essas ponderações serão aclaradas nas seções seguintes, nas quais examinamos as teorias fundamentais da justiça tributária e as suas possibilidades aplicativas nos ordenamentos jurídico-constitucionais contemporâneos.

1.2. Teorias fundamentais da justiça tributária

As mais importantes teorias sobre a justiça tributária derivam dos estudos de financistas e economistas. É o que ocorre com as teorias do benefício, da equivalência, do sacrifício e da capacidade contributiva. As contribuições dos juristas a respeito costumam limitar-se à abordagem jurídica da questão, mediante o exame dos fundamentos, da legitimidade e de outros aspectos jurídicos relativos a tais teorias.

Em vista desse contexto, ocupar-nos-emos, no que segue, delas e também de uma teoria menos conhecida, a teoria do "interesse" formulada por L. V. Berliri, cujo mérito reside essencialmente em haver explicitado a necessidade de separar as questões da "justiça" dos impostos e da extrafiscalidade.

1.2.1. Teorias do benefício e da equivalência

Normalmente se utilizam as expressões "teoria do benefício" e "princípio do benefício" como sinônimas, respectivamente, de "teoria da equivalência" e "princípio da equivalência",[129] o que se justifica pela proximidade das suas origens e fundamentos teóricos, mas não implica a impossibilidade de diferenciá-las. Pelo contrário, a identificação das peculiaridades que as singularizam é imprescindível para aprofundar o exame das suas possibilidades aplicativas.

Ante essa proximidade e a necessidade de diferenciá-las, trataremos conjuntamente da construção de tais teorias e, posteriormente, analisaremos as suas peculiaridades e âmbitos de aplicação.

---

[128] SCHMEHL, *Das Äquivalenzprinzip im Recht der Staatsfinanzierung*, p. 39.

[129] A doutrina alemã costuma utilizar a denominação "princípio da equivalência" (*Äquivalenzprinzip*). Haller refere-se ao "princípio da equivalência" como sinônimo de "princípio do benefício" (*Vorteilsprinzip*) (*Die Steuern. Grundlinien eines rationalen Systems öffentlicher Abgaben*, p. 13). Neumark também a utiliza como sinônimo da expressão inglesa *"benefit principle"* (*Grundsätze gerechter und ökonomisch rationaler Steuerpolitik*, p. 122). Nessa linha, Tipke emprega o substantivo alemão *Äquivalenzprinzip* como sinônimo não só da referida expressão inglesa, mas também da francesa *"principe de l'équivalence"* e da espanhola *"principio de beneficio"* (*Die Steuerrechtsordnung*, 2ª ed., v. 1, p. 476).

1.2.1.1. Origem e aspectos gerais

A teoria do benefício baseia-se numa lógica comercial, de justiça comutativa, que, trasladada às relações tributárias,[130] preconiza a graduação dos impostos segundo as vantagens obtidas pelos cidadãos como resultado da atuação estatal. Os bens e serviços estatais têm de ser pagos por quem deles se beneficia, segundo o grau do benefício auferido.[131]

À luz dessa teoria, a igualdade tributária impõe que "deben recibir igual trato quienes obtienen similares beneficios de la actividad estatal, en tanto que la distribución de tributos entre los individuos que logran diferentes beneficios se deberá hacer en proporción con las ventajas que el Estado les proporciona".[132] González García e Pérez de Ayala especificam essa exigência, ressaltando que, nos tributos regidos pelo critério do benefício, "la carga fiscal de cada contribuyente debe ser: *a)* igual, a igualdad de beneficio recibido; *b)* desigual y adecuada al desigual beneficio recibido; *c)* general para todos los que reciben el beneficio de la prestación pública".[133]

No contexto da sua elaboração, em que se tinha a proteção como a principal tarefa do Estado, sustentava-se que os impostos deveriam ser estruturados e graduados segundo aspectos relacionados a tal proteção. Como destaca Seligman: "Los impuestos fueron considerados como primas de seguro que los individuos pagaban á la Sociedad aseguradora colectiva – el Estado – por el disfrute tranquilo y seguro de su propiedad. Consecuencia natural de esta doctrina fue la proporcionalidad de la tributación. Cuanto mayores son el capital ó la renta de un ciudadano, tanto mayores son los beneficios que obtiene de la protección del Estado".[134] Essa variante constitui a denominada "teoria da proteção" ou do "seguro", que preconizava a proporcionalidade da tributação ao capital possuído ou à renda auferida sob a proteção estatal.

Nessa acepção, a teoria do benefício também está consociada, de certa forma, à capacidade contributiva, dado que o capital e a renda eram considerados benefícios auferidos sob a proteção estatal.[135] Isso pode ser identificado com clareza nos três modelos fundamentais da teoria pura do benefício de Lindahl, Bowen e Samuelson, nos quais a carga tributária "varía con la estimación que hace el contribuyente de la cantidad de bienes sociales que a él interesan. La inclinación del contribuyente a pagar viene determinada por su deseo de bienes sociales y por su renta: los ricos, *coeteris paribus,* están dispuestos a pagar más".[136]

---

[130] Cfr. HALLER, *Die Steuern. Grundlinien eines rationalen Systems öffentlicher Abgaben,* p. 13. Como sublinha Ferreiro Lapatza, a teoria "refleja claramente el ideario económico liberal o individualista al que responde. El tributo trata de asimilarse a la imagen del precio pagado libremente entre individuos libres en un mercado de libre concurrencia" (*Curso de derecho financiero español,* p. 323).

[131] SMITH, *An Inquiry into the Nature and Causes of the Wealth of Nations,* p. 825 ss. Vide BIRK, *Steuerrecht,* p. 11.

[132] VILLEGAS, *Manual de Finanzas Públicas,* p. 200.

[133] PÉREZ DE AYALA; GONZÁLEZ GARCÍA, *Curso de Derecho Tributario,* t. I, p. 183.

[134] SELIGMAN, *El Impuesto Progresivo en la Teoría y en la Práctica,* p. 177. Seligman enfoca minuciosamente as distintas propostas relativas à teoria do benefício, chegando a elaborar dois apêndices históricos.

[135] Note-se que a sua formulação moderna remonta a Adam Smith, que a consociou à teoria da capacidade contributiva. A respeito, vide p. 157 ss.

[136] ALLAN, *La teoría de la tributación,* p. 111-112.

1.2.1.2. Análise crítica

O problema central da teoria do benefício não reside exatamente nos seus resultados, que correspondem em larga medida aos preconizados pela teoria da capacidade contributiva – haja vista consistir, em essência, numa forma de justificar a instituição de tributos conforme a capacidade contributiva. O seu problema reside, dizíamos, fundamentalmente nas suas premissas, no cerne da própria teoria, pois os benefícios resultantes da existência do Estado e das prestações estatais não são economicamente mensuráveis; e se o fossem, não seriam diretamente proporcionais ao conteúdo econômico do patrimônio e da renda dos contribuintes.

Os defensores da teoria do benefício parecem olvidar a premissa básica segundo a qual os critérios de graduação tributária têm de consistir ou apoiar-se em elementos economicamente mensuráveis. Somente conciliam a teoria com essa premissa e a tornam factível em virtude de extrairem a equivocada conclusão de que os benefícios derivados das atuações estatais fundamentariam a instituição de impostos proporcionais à renda e ao patrimônio dos cidadãos. Ora, os benefícios estatais não têm qualquer relação imediata e necessária com o conteúdo econômico da renda e do patrimônio dos contribuintes, sobretudo atualmente, quando a atuação estatal se estende muito além da segurança pública. E se tivessem tal relação, ela não seria direta, senão inversamente proporcional, pois os ricos em geral custeiam totalmente a proteção da sua integridade física e do seu patrimônio, assim como a sua educação e saúde, bem como a da sua família.[137] Por consequência, o critério do benefício imporia que se tributassem mais intensamente os cidadãos mais necessitados (já que recebem prestações sociais mais expressivas) que os mais abastados,[138] com o que *inverteria a lógica* que preside a instituição e regulação dos impostos nas sociedades contemporâneas, obstaculizaria a concretização dos direitos sociais e, por conseguinte, implicaria uma grave violação da solidariedade social.

Caso fossem seguidas rigorosamente as premissas da teoria do benefício, ter-se-iam que dimensionar economicamente *os benefícios* provenientes da totalidade da atuação para cada um dos contribuintes, o que é claramente infactível. As vantagens resultantes dos gastos públicos *uti universi* têm a mesma natureza que eles: são indivisíveis; não podem ser medidas econômica e individualmente. Trata-se, em geral, de supostas vantagens psicológicas, que não conduzem logicamente "ni al impuesto proporcional, ni al progresivo, ni al regresivo".[139] No que concerne à impossibilidade de se mensurarem economicamente os benefícios que os indivíduos

---

[137] Como Seligman destaca: "Un hombre que carezca en absoluto de toda renta ó de todo capital, gasta más en sí mismo en las casas de beneficencia que miles de propietarios de rentas moderadas [...] el hombre rico envía sus hijos á escuelas y colegios privados, el pobre educa á su familia en las escuelas públicas. El rico hace barrer su calle por un obrero á quien paga, el pobre la tiene limpiar á expensas de la ciudad [...] Desde el punto de vista del beneficio dispensado, ¿quién se atrevería á decir que el individuo pobre no aprecia tanto como el rico la protección prestada á su vida y á su propiedad? Como acabamos de ver, frecuentemente la aprecia más, porque cuenta en absoluto con el Estado" (*sic*) (*El Impuesto Progresivo en la Teoría y en la Práctica*, 1913). Já Kirchhof considera que a adoção do benefício como critério de graduação da carga tributária conduziria a uma tributação aritmética, com todos pagando a mesma quantia, desde os que carecem de recursos econômicos aos milionários ("Der allgemeine Gleichheitssatz", p. 852).

[138] E. GONZÁLEZ, "Reflexiones en torno a los principios de capacidad contributiva e igualdad", p. 1388; BIRK, *Steuerrecht*, p. 11-12; TIPKE, *Die Steuerrechtsordnung*, 2ª ed., v. 1, p. 476.

[139] SELIGMAN, *El Impuesto Progresivo en la Teoría y en la Práctica*, p. 182.

recebem da satisfação estatal de necessidades indivisíveis, a doutrina converge de forma maciça.[140]

Por isso e pela determinação do art. 53 da Constituição italiana, a *Corte Costituzionale* afirma que a instituição de impostos prescinde de uma "causalidade específica", ou seja, de uma fundamentação econômica ou jurídica baseada na vantagem econômica dos contribuintes com respeito ao fim perseguido institucionalmente pelo ente impositivo, bastando "a ligação da tributação a um pressuposto revelador de riqueza". Não se poderia limitar "o poder impositivo com relação aos benefícios econômicos que os sujeitos eventualmente extraem da atividade pública financiada".[141]

Em virtude das fundadas críticas dirigidas à teoria analisada, ela foi reformulada, desenvolvendo-se uma variante denominada "teoria do custo do serviço", "teoria da troca" ou simplesmente "teoria da equivalência". Essa variante não se apoia no valor econômico dos benefícios advindos das atuações estatais, senão no custo do serviço realizado pela Administração.[142]

Não obstante, tampouco esta teoria se mostra factível no âmbito dos impostos, porquanto os serviços públicos indivisíveis (*uti universi*) não são, por sua própria e necessária definição, divisíveis – e se fossem divididos de forma paritária, conduziriam ao amplamente rechaçado "imposto por cabeça", isto é, à ilegítima igualdade aritmética entre todos os contribuintes.

1.2.1.3. Variantes das teorias do benefício: benefício econômico e equivalência

Da evolução teórica sucintamente exposta, constata-se que a teoria do benefício tem como objetivo implementar uma tributação orientada pela correspondência entre as prestações estatais e as respectivas prestações tributárias dos contribuintes. Ela comporta duas acepções básicas, expressas nas teorias do seguro e do custo.

Essas teorias permitem estabelecer critérios seguros para concretizar o princípio da isonomia tributária. Critérios que não são exatamente projeções específicas dessas teorias, senão aperfeiçoamentos baseados nas dimensões econômicas que consideram, ou seja, no benefício econômico auferido pelo contribuinte e no custo do serviço que o afeta de forma específica. Referimo-nos aos já indicados critérios do benefício e da equivalência, também denominados "princípio do benefício ou utilidade" (*Vorteils- oder Nutzenprinzip*) e "princípio da equivalência" (*Äquivalenzprinzip*).[143]

A diferença entre esses critérios ou princípios foi ressaltada por Haller, que, a despeito de utilizar o princípio da equivalência como gênero, estabelece uma dicotomia entre a "equivalência ao custo" e a "equivalência de mercado". Aquela é preconizada pelo critério da equivalência propriamente dito e corresponde ao denominado "princípio da cobertura dos custos" (*Kostendeckungsgrundsatz*),[144] haja vista levar

---

[140] HALLER, *Die Steuern. Grundlinien eines rationalen Systems öffentlicher Abgaben,* p. 16 ss.; MOSCHETTI, *Il principio della capacità contributiva,* p. 43 ss.; GONZÁLEZ GARCÍA, "Reflexiones en torno a los principios de capacidad contributiva e igualdad", p. 1388.
[141] *Corte Costituzionale, Sentenza* 201/1975.
[142] SELIGMAN, *El Impuesto Progresivo en la Teoría y en la Práctica,* p. 183-184.
[143] Cfr. HALLER, *Die Steuern. Grundlinien eines rationalen Systems öffentlicher Abgaben,* p. 13.
[144] Vide KLOEPFER, "Die lenkende Gebühr", p. 248 ss.

em consideração os custos das prestações estatais. Já esta espécie de equivalência se apoia nos critérios de formação do preço numa economia de mercado, que transfere ao âmbito tributário.[145]

Apesar de a doutrina costumar referir-se a tais critérios mediante o uso de uma única denominação (critério, princípio ou teoria do benefício ou da equivalência), consideramos ser possível e recomendável não só diferenciá-los, senão também restringir o critério do benefício à vantagem economicamente mensurável auferida pelo contribuinte, que leva à instituição das contribuições de melhoria. O critério da equivalência funda-se nos gastos do Poder Público, e não no benefício econômico do contribuinte. Ademais, aquele critério (o da equivalência) é aplicável às taxas e nestas não há necessariamente um benefício, como bem indica Falsitta com base no exemplo da taxa judiciária italiana, exigida até mesmo do cidadão condenado no processo penal: além de cumprir a pena, ele deve "ressarcir o ente de um prejuízo, de um dano".[146]

Utilizaremos essa distinção no que segue, para tratar dos critérios de graduação dos tributos vinculados a atividades estatais específicas.

1.2.1.4. A autonomia do critério do benefício e a proposta de integrá-lo no da capacidade contributiva

Parte da doutrina sustenta a possibilidade – e a necessidade – de se incorporar o critério do benefício ao da capacidade contributiva, de modo a salvaguardar a pretensão de plenitude deste critério. Isso seria possível porque o benefício representa uma manifestação específica de riqueza, um fato-signo de capacidade contributiva.[147]

O exemplo da valorização imobiliária resultante de obras públicas permite esclarecer o conteúdo e os fundamentos dessa tese. É certo que tal valorização constitui nítido benefício econômico e, mais especificamente, um incremento patrimonial – e é precisamente esse incremento que propicia e justifica a tributação específica, mediante a cobrança da contribuição de melhoria. Nessa hipótese, os critérios do benefício e da capacidade contributiva inter-relacionam-se estreitamente: o benefício econômico é justamente o signo de capacidade contributiva, que se agrega a uma capacidade preexistente.[148] Tal benefício, contudo, singulariza-se por ser uma

---

[145] HALLER, *Die Steuern. Grundlinien eines rationalen Systems öffentlicher Abgaben*, p. 13-14.

[146] FALSITTA, *Manuale di diritto tributario. Parte generale*, p. 27. Por isso, não compartilhamos da afirmação de Vogel segundo a qual a "ideia da equivalência" (*Äquivalenzgedanke*) fracassa onde a atividade administrativa não produz uma vantagem para o sujeito passivo ("Grundzüge des Finanzrechts des Grundgesetzes", p. 69).

[147] MARTÍN DELGADO, "Los principios de capacidad económica e igualdad en la Constitución española de 1978", p. 80; CORS MEYA, "Las tasas en el marco de un sistema tributario justo", p. 327 ss. Nas palavras de Martín Delgado, o "principio del beneficio puede ser entendido en el ámbito de la capacidad económica como un incremento de capacidad sobrevenida como consecuencia de una actividad administrativa, solicitada o no por el contribuyente" (ob. cit., p. 80).

[148] Vicente-Arche destaca que o benefício especial, de caráter econômico, constitui um signo de capacidade contributiva que "se superpone a otras manifestaciones previamente existentes de capacidad contributiva de los sujetos pasivos, y que son, precisamente, las que permiten tipificar esa capacidad contributiva especial, que lo es por referencia a una capacidad contributiva preexistente". Em outros termos, o benefício econômico representa um "aumento de capacidad contributiva, que puede considerarse también como una nueva manifestación de la misma" ("Apuntes sobre el instituto del tributo con especial referencia al Derecho español", p. 472).

manifestação específica de capacidade contributiva e por estar indissociavelmente vinculado à atuação estatal, já que deriva dela; por isso, não se confunde com a capacidade contributiva do sujeito passivo, cuja abrangência é muito mais ampla.

Essas são diferenças relativas aos elementos de comparação (benefício econômico e capacidade contributiva), que se somam àquelas concernentes aos respectivos critérios. O *critério* (ou "princípio") do benefício diferencia-se essencialmente do da capacidade contributiva por levar a (ou pelo menos possibilitar) uma tributação que incide sobre a vantagem econômica advinda da atividade estatal, e não diretamente sobre a titularidade da riqueza econômica do contribuinte. Demais disso, não conduz propriamente à graduação da tributação segundo o benefício econômico: fundamenta a *apropriação* estatal do incremento da riqueza experimentado pelo cidadão-contribuinte, o que não seria possível no âmbito dos impostos graduados segundo a capacidade contributiva.[149] E fundamenta tão somente a apropriação estatal de tal incremento de riqueza, pois se o Poder Público se apropriar de um acréscimo patrimonial que não resulta diretamente de uma atividade estatal, não se estará orientando pelo critério do benefício: estará exigindo um imposto com base no critério da capacidade contributiva – ou confiscando mediante o exercício do poder tributário.[150]

1.2.1.5. Integração do critério da equivalência no da capacidade contributiva

A despeito de ser plausível a proposta de incorporar o critério do benefício no da capacidade contributiva, é claramente impossível fazê-lo com respeito ao critério da equivalência, aplicável às taxas. A propósito, Vicente-Arche pondera que a hipótese de incidência da taxa não "refleja en modo alguno la capacidad económica de los sujetos pasivos, porque no constituye una manifestación de fuerza económica. La relación singular del particular con una actividad de la Administración pública, no puede ser nunca una manifestación de fuerza económica que revela la idoneidad del sujeto pasivo para soportar el tributo".[151]

Com efeito, qual é a capacidade contributiva específica que a solicitação de emissão de um documento público (como um passaporte ou uma carteira de identidade) evidencia? Trata-se apenas da solicitação de um serviço público, a qual não denota força econômica alguma, mas fundamenta a cobrança da taxa em razão da correlata prestação estatal específica e divisível, haja vista existir um benefício específico, que em princípio não deve ser remunerado pelos recursos arrecadados de

---

[149] Como nota Albiñana García-Quintana, "el 'beneficio' o el 'aumento de valor' que constituye la materia o el objeto tributable por la contribución especial (y que constituye su causa en sentido técnico-jurídico) no opera como magnitud para determinar el importe de la contribución especial a exigir (deuda tributaria), sino que el propio 'beneficio' o 'aumento de valor' constituye – o debe constituir – el importe de la contribución especial a liquidar. Es decir, la contribución especial debe detraer la propia capacidad económica (adicional) que le sirve de fundamento" (*Derecho Financiero y Tributario. Hacienda Pública II,* v. I, p. 246). Vide também PÉREZ DE AYALA; GONZÁLEZ GARCÍA, *Curso de Derecho Tributario,* t. I, p. 200-201, n. 24. Segundo Cors Meya, tal critério conduziria a ilegítimos efeitos confiscatórios: "La utilización de criterios conmutativos para determinar la cuantía de un tributo" poderia implicar a violação do princípio do não-confisco, por representar uma tributação baseada em alíquota de 100% ("Las tasas en el marco de un sistema tributario justo"*,* p. 328-329).

[150] Cfr. MARTÍN FERNANDEZ, "La incidencia del principio de capacidad económica en las tasas y precios públicos", p. 113.

[151] VICENTE-ARCHE DOMINGO, "Apuntes sobre el instituto del tributo con especial referencia al Derecho español", p. 467.

todos mediante os impostos, senão por taxas específicas, exigidas dos cidadãos beneficiados por tais atividades públicas.

1.2.2. Teoria do interesse

L. V. Berliri buscou superar os inconvenientes da teoria do benefício, construindo uma teoria do imposto justo fulcrada na noção de justiça do homem comum (*l'uomo della strada*), numa "*giustizia semplice e grossa*", a única que considera ser possível.[152] O jurista italiano situou o problema da justiça tributária nestes termos: quais os princípios e critérios que devem basear a repartição, entre os contribuintes, dos encargos financeiros dos serviços públicos quando não se atribui à divisão outro fim que o de custeá-los? Para Berliri, os problemas da justiça tributária e da política econômica (distributiva de riqueza) são distintos[153] e o sistema dos impostos tem de se limitar à divisão dos encargos financeiros do Poder Público.

Dessa forma, o imposto justo deveria ser definido sem se levar em consideração eventual função redistributiva da tributação, a qual seria um desvio perante ele. Tal imposto é concebido como a "quota individual correspondente à justa divisão dos custos de um determinado grupo de serviços públicos, quando a divisão é tida como um fim em si mesma, sem possuir outro objetivo que o de assegurar a cobertura dos custos suportados coletivamente".[154] Jamais seria um imposto redistributivo e tampouco extrafiscal.

A teoria do interesse está assentada em duas premissas: a) a obrigação de contribuir não é um *posterius*, mas um *prius* em relação aos serviços públicos indivisíveis: não se paga por ser beneficiário dos efeitos do serviço, senão pelo *interesse na existência e no funcionamento dos serviços*; b) a medida do imposto justo é correspondente ao interesse do contribuinte no serviço (*quota individuale di interesse alla effettuazione del servizio*).[155]

À teoria de L. V. Berliri podem ser dirigidas todas as críticas já expostas acerca da impossibilidade de se aplicar a teoria do benefício aos impostos. O interesse do contribuinte na existência dos serviços públicos carece de um conteúdo econômico determinado que possa orientar a concretização dos mandados específicos do princípio da isonomia tributária. A conversão do referido interesse em termos quantitativos não é factível, o que obsta a aplicação prática da teoria. Somente se poderia aplicá-la caso se a reconduzisse à teoria da capacidade contributiva, a qual, no entanto, é criticada expressamente pelo seu autor.[156]

Ademais, o alcance da teoria de Berliri é assaz restrito. Engloba somente os *impostos* e, portanto, tão só os serviços indivisíveis. Não estabelece condições jurídico-tributárias para admitir a função redistributiva, que para Berliri é excepcional, mas que, ao menos em determinados sistemas jurídicos, é necessária a fim de promover a igualdade de oportunidades. Restringe-se, outrossim, aos impostos com fins fiscais, sem permitir o controle da legitimidade constitucional dos inúmeros impostos com fins não fiscais atualmente existentes.

---

[152] L. V. BERLIRI, *La giusta imposta*, p. 2.
[153] Ibidem, p. 15.
[154] Ibidem, p. 16.
[155] Ibidem, p. 27 ss.
[156] Ibidem, p. 13, n. 2.

Há de se reconhecer, por outro lado, que uma das significativas contribuições de L. V. Berliri consiste justamente em haver destacado que a persecução de fins não fiscais (incluídos neles os de redistribuição da riqueza) por meio do Direito Tributário leva a desvios perante a *giusta imposta*, ou em termos mais amplos, perante o *giusto tributo*. Seu mérito consistiu em gizar esse fato, o que contribuiu ao desenvolvimento doutrinário do estudo das condições e limites jurídico-tributários à extrafiscalidade.

1.2.3. Teorias do sacrifício

1.2.3.1. Exposição

As teorias da igualdade de sacrifício resultaram da constatação de ser impossível estabelecer uma equação imposto-benefício, o que levou ao estudo das correlações entre a carga dos impostos e o sacrifício dos contribuintes (equações imposto-sacrifício). À luz destas equações, a igualdade tributária não seria determinada pela comparação de quantidades de dinheiro, senão pela "la incomodidad, o sacrificio, o pena, o dolor, sufridos por los ciudadanos como consecuencia del pago de ciertas cantidades de dinero".[157] O sacrifício converte-se, portanto, no critério fundamental de repartição das cargas tributárias.[158]

Tais teorias se apoiam, como destaca Einaudi, no "principio della decrescenza della utilità delle dosi successive della ricchezza",[159] haja vista que "tienen en común la premisa de que las personas adjudican a sus fracciones de riqueza un valor menor a medida que éstas aumentan", isto é, de que "el valor de un mismo monto dinerario disminuye para el que lo recibe en la misma proporción en que aumentan sus ingresos o capital. Esto es así porque, al aumentar los niveles de riqueza (renta o patrimonio), las últimas fracciones (destinadas a la satisfacción de necesidades superfluas o suntuarias) tienen un valor menor que las primeras, destinadas a la satisfacción de las necesidades elementales".[160]

Essas teorias apresentam certas *nuances*, dividindo-se nas teorias do sacrifício igual, do sacrifício proporcional e do sacrifício mínimo para a coletividade, formuladas por Cohen, Stuart e Edgeworth. Para elucidá-las, é válido recorrer a este esquema apresentado e analisado por Einaudi:[161]

	Fulano	Beltrano	Sicrano
VI	5		
V	6	6	
IV	7	7	7
III	8	8	8
II	9	9	9
I	10	10	10

---

[157] EINAUDI, *Mitos y paradojas de la justicia tributaria*, p. 233.
[158] Como sintetiza L. V. Berliri: "la giusta imposta sarebbe senz'altro scaturita dalla formula del sacrificio uguale, o proporzionale, o mínimo" (*La giusta imposta*, p. 13).
[159] EINAUDI, *Principii di Scienza della Finanza*, p. 90.
[160] VILLEGAS, *Manual de Finanzas Públicas*, p. 209. Vide FERREIRO LAPATZA, *Curso de derecho financiero español*, p. 323-326.
[161] EINAUDI, *Mitos y paradojas de la justicia tributaria*, p. 233 ss.

O sacrifício igual seria alcançado mediante o pagamento de somas às quais os contribuintes atribuem valores iguais, de forma que se estabeleceriam juízos de igualdade acerca dos sacrifícios individuais dos contribuintes. Caso fosse exigida uma unidade de riqueza de Fulano, este teria um sacrifício do grau 5, que também deveria ser exigido dos demais. Assim, Beltrano deveria pagar cinco sextos da sua quinta unidade; e Sicrano, cinco sétimos da sua quarta unidade.

O sacrifício mínimo, por outro lado, não está apoiado numa comparação entre sacrifícios individuais (omissão que denota acentuados traços totalitários): preconiza um sacrifício mínimo para a coletividade e, assim, a apropriação estatal das manifestações de riqueza a que os indivíduos atribuem menos valor (ou seja, das rendas mais elevadas dos mais ricos). Esta teoria conduziria à "decapitação" das riquezas mais elevadas. Se o Estado só necessitasse de uma unidade de riqueza, deveria exigi-la exclusivamente de Fulano, porquanto este teria o menor sacrifício (de grau 5); se necessitasse de três unidades de riqueza, haveria de exigir duas de Fulano e uma de Beltrano, de modo que o sacrifício não fosse superior ao grau 6. Dessa forma, impor-se-ia à coletividade como um todo um sacrifício menos elevado que o resultante da tributação proporcional dos patrimônios.

A teoria do sacrifício mínimo não abarca só uma política de tributação, senão também de redistribuição de renda, pois pretende que todos os contribuintes restem, após a tributação e a redistribuição, com igual quantidade de riqueza. Mesmo que o Estado não necessitasse de recursos financeiros, teria que exigir de Fulano sua unidade de riqueza VI, para dá-la a Sicrano, a fim de que todos restem com cinco unidades de riqueza. Por isso, também é denominada "teoria do nivelamento das riquezas".[162]

Segundo a teoria do sacrifício proporcional, as unidades de riqueza de cada contribuinte deveriam ser somadas (ou os índices de utilidade multiplicados pelas unidades de riqueza), para se estabelecer uma tributação proporcional à riqueza total, mediante a aplicação de alíquota uniforme para todos.

1.2.3.2. Análise crítica

É impossível construir uma teoria tributária científica fundada no conceito de "sacrifício".[163] Essa é a primeira e flagrante impropriedade da teoria. Tanto a apreciação que cada cidadão tem por suas unidades de riqueza quanto o sofrimento pela sua perda são claramente subjetivos, por se tratar de elementos psicológicos e, por consequência, economicamente imensuráveis. Esse fato é ressaltado por Einaudi com ironia, ao afirmar que, para as teorias do sacrifício serem viáveis, deveria existir um instrumento introspectivo que fotografasse as reações psicológicas quantitativas de cada um perante a aquisição ou privação das sucessivas unidades de riqueza (instrumento que denomina "psicoscopio"); contudo, o "psicoscopio no existe, y no lo podemos sustituir por el método de la confesión auricular con el funcionario de

---

[162] Para uma análise detida dessas teorias, vide. EINAUDI, *Mitos y paradojas de la justicia tributaria*, p. 233 ss.; idem, *Principii di Scienza della Finanza*, p. 90 ss.; MUSGRAVE, *Teoría de la Hacienda Pública*, p. 99 ss.; ALLAN, *La teoría de la tributación*, p. 148 ss.

[163] L. V. BERLIRI, *La giusta imposta*, p. 23.

Hacienda".¹⁶⁴ Demais disso, não há relação direta e necessária entre a noção subjetiva de sacrifício e a perda de riqueza dos contribuintes, haja vista que, ao perderem um mesmo valor, contribuintes mais ricos e avaros podem suportar um sacrifício subjetivo igual ou até mesmo maior que o de contribuintes menos ricos e mais pródigos.¹⁶⁵

É certo que tal impossibilidade não obsta a aplicação da teoria, porquanto pode se abdicar da perspectiva subjetiva e considerar o sacrifício em termos econômicos, como fazem os seus defensores. Dessa forma, contudo, a teoria do sacrifício é reconduzida, ao menos nos seus aspectos fundamentais, à da capacidade contributiva, o que torna recomendável a sua substituição por esta, sobretudo quando se considera que as teorias do sacrifício nunca ofereceram nada que "fuera más allá de lo exigido por el principio de capacidad de pago, ni tampoco un módulo científico y exacto para la distribución".¹⁶⁶

Além dessas inadequações próprias das teorias ora analisadas, a do sacrifício mínimo é altamente criticável pelas suas peculiaridades. Como expusemos, esta teoria também é denominada "teoria de nivelação das riquezas" porque compreende não só uma política de tributação, senão também uma radical política de redistribuição de renda, objetivando que todos os cidadãos remanesçam com riquezas iguais após a atividade financeira (de tributação e redistribuição da renda). O seu objetivo é o igualitarismo, amplamente rechaçado na teoria geral do Direito, por representar a negação absoluta dos resultados econômicos da iniciativa e da autonomia privadas, assim como dos esforços e méritos correlatos. Daí ser possível afirmar que a teoria do sacrifício mínimo significa a negação dos valores fundamentais das constituições dos países capitalistas contemporâneos.

Poder-se-ia tentar salvar a teoria do sacrifício mínimo mediante o abandono da política de redistribuição da renda, mantendo-se íntegra a sua política impositiva. Não obstante, essa política também se revela inapropriada, por preconizar a decapitação das riquezas mais elevadas, levando à restrição da tributação aos cidadãos mais abastados, que suportariam severamente o peso da carga tributária, enquanto muitos cidadãos com capacidade contributiva seriam desonerados. Tal igualitarismo violaria escancaradamente o princípio fundamental da generalidade da tributação, plasmado de forma expressa nas Constituições da Espanha (art. 31.1), da Itália (art. 53) e do Brasil quanto ao Imposto de Renda (art. 153, § 2º, III). Obviamente, também lesaria os direitos subjetivos à igualdade, à propriedade e à livre iniciativa.

Já as teorias do sacrifício igual e proporcional se mostram mais plausíveis e se harmonizam, em certa medida, com a da capacidade contributiva. Entretanto, como expusemos é recomendável trabalhar com esta, dado não sofrer da debilidade teórica inerente às teorias do sacrifício.

---

¹⁶⁴ EINAUDI, *Mitos y paradojas de la justicia tributaria*, p. 238-239. Vide VALDÉS COSTA, *Instituciones de Derecho Tributario*, p. 456. Portanto, podemos concluir, com Neumark, que "el concepto de 'sacrificio' es poco feliz para tipificar el carácter de las obligaciones fiscales correspondientes a los ciudadanos de nuestros días" (*Principios de la imposición,* 2ª ed., p. 138).

¹⁶⁵ Vide MARONGIU, *I fondamenti costituzionali dell'imposizione tributaria*, p. 142. Conforme ressalta Neumark, "la *capacidad* de contribuir a la financiación de las llamadas necesidades colectivas o públicas aumenta por lo general más que proporcionalmente con el crecimiento de la renta, cosa que *no ocurre* con la *voluntad* (de sacrificio)" (*Principios de la imposición,* 2ª ed., p. 193).

¹⁶⁶ NEUMARK, *Principios de la imposición,* 2ª ed., p. 193.

1.2.4. Teoria da capacidade contributiva

Tal qual as teorias do sacrifício, a da capacidade contributiva constitui expressão da justiça distributiva. Não concebe o tributo como contraprestação economicamente equivalente a uma prestação estatal ou a um benefício econômico resultante de atividade do Estado, senão como obrigação decorrente da sua capacidade de contribuir às despesas públicas, a cuja variação deve ser proporcional.

1.2.4.1. Origem e desenvolvimento

A teoria da capacidade contributiva é antiga, tendo sido esboçada muito antes de se formular o princípio jurídico correlato.[167] Conquanto haja importantes estudos anteriores, destacam-se a análise de Adam Smith e a sua primeira máxima da tributação, segundo a qual todos os cidadãos devem contribuir aos gastos públicos em "proporção à sua capacidade" (*ability*), ou mais especificamente, em proporção às "rendas de que desfruta sob a proteção do Estado", sob pena de se caracterizar uma situação de desigualdade (*inequality*). Em seguida, acrescenta que todos têm de contribuir em proporção ao seu interesse no Estado.[168] É evidente que em tal formulação a teoria da capacidade contributiva ainda estava intensamente vinculada à do benefício, fato que ressai não só pela alusão ao contexto da obtenção das rendas ("sob a proteção do Estado"), senão também ao interesse na existência do Estado.

Essa justaposição de concepções teóricas é facilmente compreensível, haja vista ser a teoria da capacidade contributiva o resultado de um aperfeiçoamento das teorias do benefício e do sacrifício. Perante estas, ostenta a vantagem de permitir abarcar, numa só teoria, os conteúdos básicos de ambas as teorias originárias, visto que, como destaca L. V. Berliri, "quem tem mais deve pagar mais porque, ao ter mais, participa em maior medida nas vantagens da organização coletiva; ou: o que tem mais deve pagar mais porque, ao ter mais, pode pagar com menor sacrifício".[169] Sem embargo, a teoria da capacidade contributiva não constitui propriamente uma síntese, senão uma formulação mais apurada de tais teorias, visto se beneficiar dos seus atrativos, sem padecer das suas intensas debilidades. Aí reside a razão do amplo consenso que logrou.

---

[167] Seligman nota que a "teoría tributaria de las facultades es muy antigua. Que un individuo contribuya á las cargas públicas en proporción á su aptitud ó facultad es un principio que data de la Edad Media, tanto en la literatura teórica como en la legislación positiva, y que en sus principales líneas puede hallarse aun en los escritos de los filósofos griegos" (*sic*) (*El Impuesto Progresivo en la Teoría y en la Práctica*, p. 241).

[168] SMITH, *An Inquiry into the Nature and Causes of the Wealth of Nations*, v. II, p. 825.

[169] L. V. BERLIRI, *La giusta imposta*, p. 13. Em regra, a teoria da capacidade contributiva baseia-se fundamentalmente na consideração do sacrifício econômico do contribuinte. Charles Allan indica que a justificação do princípio da capacidade contributiva "consiste en que el pago de impuestos supone para el individuo una pérdida de utilidad, es decir, un sacrificio. Cuanto mayor es la capacidad de pago, menor es el sacrificio que representa el pago de una unidad de tributación" (*La teoría de la tributación*, p. 147). Também Neumark sublinha esse fato, ao afirmar que a teoria da capacidade contributiva exige que "las pérdidas ocasionadas al individuo por la imposición, en cuanto a sus disponibilidades económico-financieras, puedan ser consideradas como igualmente onerosas en términos relativos" (*Principios de la imposición*, p. 151). Por outro lado, juristas há que mantiveram a fundamentação da capacidade contributiva em ambas as teorias, como Giardina, para quem, malgrado o sacrifício seja um aspecto necessário da capacidade contributiva, não a esgota, pois esta também concerne às vantagens públicas (*Le basi teoriche del principio della capacità contributiva*, p. 55-56).

A integração da teoria da capacidade contributiva no Direito Tributário efetuou-se pelo desenvolvimento do princípio correlato. Princípio que desempenhou um papel fundamental na concepção de Griziotti e dos seus discípulos da denominada "Escola de Pavia",[170] por constituir justamente a causa da obrigação tributária. Na teoria de Griziotti, contudo, a capacidade contributiva ainda estava intensamente vinculada à teoria do benefício e, assim, à prestação dos serviços públicos.[171]

Em vista dessa vinculação, a doutrina majoritária inicialmente repudiou a tese de Griziotti. Criticava, com plena razão, o liame entre a prestação dos serviços públicos e a obrigação tributária e atribuía, indevidamente, débil relevância jurídica ao princípio da capacidade contributiva, consagrado no art. 53 da Constituição italiana de 1948. A. Berliri liderava essa corrente, ao afirmar ser a capacidade contributiva um "conceito parajurídico, que interessa ao economista, mas não ao jurista".[172]

A força jurídica do princípio da capacidade contributiva passou a ser amplamente reconhecida após a primeira decisão da *Corte Costituzionale*, na qual rechaçou a tese adotada pela *Corte di Cassazione* e consignou que a distinção entre normas preceptivas e programáticas não é "decisiva nos juízos de legitimidade constitucional".[173] A posição da *Corte Costituzionale* foi corroborada no plano dogmático com

---

[170] Sobre a origem e a evolução do princípio, vide os notáveis estudos de Giardina (*Le basi teoriche del principio della capacità contributiva*, p. 6 ss.), Palao Taboada ("Apogeo y crisis del principio de capacidad contributiva") e Herrera Molina (*Capacidad económica y sistema fiscal*, p. 23 ss.). Com respeito ao tema, cabe conferir os diversos artigos de Griziotti reproduzidos no livro *Saggi sul rinnovamento dello studio della Scienza delle Finanze e del Diritto Finanziario*.

[171] De acordo com Griziotti, que nesse aspecto se apoia nas lições de Ranelleti, o princípio da capacidade contributiva é a causa última e imediata da obrigação do cidadão de pagar impostos, enquanto os serviços estatais constituem a sua causa primeira. A capacidade contributiva está estreitamente ligada aos serviços públicos, representando um indício indireto das vantagens que os contribuintes gozam sob a proteção estatal ("Intorno al concetto di causa nel Diritto Finanziario", in *Saggi sul rinnovamento dello studio della Scienza delle Finanze e del Diritto Finanziario*, p. 296 ss.).

[172] A. BERLIRI, *Principi di Diritto Tributario*, v. I, p. 255-256, nota 2. Cocivera adotou a posição de A. Berliri, ao defender que o art. 53 da Constituição italiana (que prevê o princípio da capacidade contributiva) não estabeleceria um princípio normativo (norma preceptiva), senão "um simples princípio diretivo que não vincula o legislador" (*Principî di Diritto Tributario*, p. 30). Nessa linha, Giannini, citando Berliri, questionava a possibilidade de se qualificar o princípio da capacidade contributiva como uma norma jurídica e sustentava somente ser possível atribuir-lhe relevância jurídica dentro de limites muito restritos, em decorrência da indeterminação da expressão "capacidade contributiva" (*I concetti fondamentali del Diritto Tributario*, p. 74-75). Até mesmo a *Corte di Cassazione* se pronunciou nesse sentido, nas *Sentenze* de 25 de março de 1954, n. 844, 845 e 846, referidas por Giardina (*Le basi teoriche del principio della capacità contributiva*, p. 428, n. 7).

[173] *Corte Costituzionale*, *Sentenza* 1/1956. Isso porque pode "a ilegitimidade constitucional de uma lei derivar, em determinados casos, até mesmo de sua incompatibilidade com normas denominadas programáticas". Importante precedente no processo de afirmação do caráter vinculante do princípio da capacidade contributiva foi a *Sentenze* de 23 de maio de 1966, n. 44, da *Corte Costituzionale*, em que se declarou inconstitucional uma lei retroativa por violar o princípio da capacidade contributiva, já que alcançava capacidade contributiva não atual (vide PALAO TABOADA, "Apogeo y crisis del principio de capacidad contributiva", p. 386-388). Nas decisões posteriores da Corte, expressa-se claramente que: "À disposição do art. 53, primeiro parágrafo, da Const. deve-se reconhecer valor preceptivo, e não meramente programático" (*Sentenza* 92/1972). O próprio A. Berliri, expoente da tese oposta, admitiu que, em casos-limite, seria viável reconhecer a inconstitucionalidade de uma norma contrária ao princípio constitucional da capacidade contributiva ("Appunti sul fondamento e il contenuto dell'art. 23 della Costituzione", p. 194-195; *Principi di Diritto Tributario*, v. II, p. 353). Com respeito à admissibilidade do controle judicial das violações à capacidade contributiva, cfr. também MICHELI, *Corso di diritto tributario*, p. 82-83; MAFFEZZONI, *Il principio di capacità contributiva nel*

a vinda à luz da clássica obra de Giardina, *Le basi teoriche del principio della capacità contributiva*, na qual o tributarista italiano sustenta ser inviável negar relevância jurídica ao princípio enfocado pelo simples fato de ser vago e indeterminado, sendo necessário conferir-lhe um "conteúdo normativo concreto", que limita, ao menos negativamente, o exercício do poder impositivo estatal. Ainda que se atribuísse caráter programático ao princípio da capacidade contributiva, ele vincularia o legislador e levaria à inconstitucionalidade das leis contrapostas aos seus ditames.[174]

Ante o fato de o princípio da capacidade contributiva ser o único princípio especificamente tributário previsto na Constituição italiana (além daquele outro da progressividade, com o qual se relaciona diretamente), o reconhecimento do seu caráter vinculante levou a que a doutrina italiana lhe atribuísse fundamental relevância não apenas na análise da constitucionalidade das leis tributárias, mas também na formação dogmática do sistema tributário. Foi reconhecido como pressuposto da tributação, como critério-chave para concretizar o princípio da isonomia tributária e até mesmo como fundamento da interdição de retroatividade das leis impositivas.[175] Essa elaboração da doutrina italiana teve uma "notable influencia sobre la doctrina tributaria española, en la que se abrió paso dicho principio como criterio básico de justicia y legitimidad de la imposición y que se ha reflejado incluso en las fórmulas empleadas en los textos positivos".[176]

Os excessos característicos da fase do "apogeu" do princípio da capacidade contributiva foram severamente criticados. Questionou-se tanto a dificuldade de determiná-lo conceitualmente quanto a sua compatibilidade com a realidade da tributação extrafiscal. Tais críticas conduziram, segundo certos juristas, à sua "crise", caracterizada pela rejeição da sua pretensão de exclusividade como critério de justiça tributária e pela significativa redução do seu papel normativo.[177]

---

diritto finanziario, p. 51 ss.; RASTELLO, *Diritto tributario. Principi generali*, p. 305 ss.; MARTÍN DELGADO, "El control constitucional del principio de capacidad económica", p. 1579 ss.; CÓRTES DOMÍNGUEZ, MARTÍN DELGADO, *Ordenamiento tributario español*, v. I, p. 80.

[174] GIARDINA, *Le basi teoriche del principio della capacità contributiva*, p. 428-429. A respeito da importância que a obra de Giardina teve para o reconhecimento do caráter vinculante do princípio da capacidade contributiva, vide, entre outros, ANTONINI, *Dovere tributario, interesse fiscale e diritti costituzionali*, p. 269-270.

[175] MANZONI, *Il principio della capacità contributiva nell'ordinamento costituzionale italiano*, p. 12 ss.

[176] PALAO TABOADA, "Apogeo y crisis del principio de capacidad contributiva", p. 391. De acordo com Palao Taboada, aderiram a ela juristas do porte de Sainz de Bujanda, Cortés Domínguez, Pérez de Ayala e Pont Mestres (ibidem, loc. cit.). Foi Sainz de Bujanda quem atribuiu ao princípio da capacidade contributiva uma importância fundamental (e até mesmo excessiva), ao utilizá-lo como critério de concretização da justiça tributária e afirmar que esta não poderia ceder perante fins não fiscais, de simplificação tributária, etc. (*Hacienda y derecho*, v. III, p. 188).

[177] PALAO TABOADA, "Apogeo y crisis del principio de capacidad contributiva", p. 400. Ressalta que, ao "ponerse de manifiesto la imposibilidad de reducir las posibles discriminaciones en la imposición a diferencias de capacidad contributiva, un sector de la doctrina da un giro decisivo: el principio de capacidad contributiva se desvincula del de igualdad y se trata de señalar a cada uno distintos ámbitos de actuación" (ibidem, loc. cit.). Representante do novo contexto doutrinário, Gaffuri restringe as funções da capacidade contributiva à determinação da medida máxima da tributação e à delimitação das hipóteses de incidência possíveis (*L'attitudine alla contribuzione*, p. 50 ss.). A igualdade da tributação estaria garantida por outros princípios constitucionais e a relação entre a capacidade contributiva e a igualdade tributária seria "meramente acidental", pois se estabeleceria unicamente entre dois casos de tributação previstos por lei, no âmbito de um mesmo tributo (ibidem, p. 220).

Com a adequada identificação das causas da crise, a sua superação se tornou possível, mediante os esforços da doutrina para concretizar o conceito de capacidade contributiva e compatibilizar as suas exigências com o fenômeno da extrafiscalidade. Da superação da crise adveio a fase de "reabilitação", primordialmente na jurisprudência e na doutrina alemãs. Nesta fase, enfatiza-se a qualificação do princípio da capacidade contributiva como o "princípio fundamental de uma tributação justa" e a necessidade de se atenuar a sua rigidez, conjuntamente com a do princípio da isonomia tributária, sobretudo para compatibilizá-los com a persecução tributária de fins não fiscais e com as medidas de simplificação tributária.[178]

Na Espanha, a obra mais ilustrativa da nova fase é a *Capacidad económica y sistema fiscal* de Herrera Molina, na qual se sustenta, com base em recentes precedentes do BVerfG, que a capacidade contributiva é a medida geral da igualdade tributária e que há um direito fundamental dos contribuintes à tributação conforme a capacidade contributiva, além de se insistir na necessidade de se efetuar um controle de proporcionalidade das restrições a tal direito.[179]

1.2.4.2. Inter-relação com a igualdade tributária

Atualmente, a inter-relação entre os princípios da capacidade contributiva e da igualdade tributária é amplamente reconhecida e enfatizada, da mesma forma que o fato de a capacidade contributiva constituir o critério fundamental de diferenciação no âmbito tributário. Exsurgem divergências significativas apenas quando se formulam indagações mais específicas, sobretudo quando se perquire acerca da autonomia e do significado normativo do princípio da capacidade contributiva.

Costuma-se afirmar que este princípio constitui especificação do princípio da isonomia tributária. Ao analisar o art. 134 da Constituição de Weimar, Hensel já observava que a referência à capacidade contributiva constituía "autêntica concretização do princípio da igualdade" e, mais precisamente, tão só uma concretização do referido princípio.[180] Nessa esteira, a despeito de a Lei Fundamental de Bonn não

---

[178] O BVerfG afirma reiteradamente ser "um mandado fundamental (*grundsätzliches Gebot*) da justiça dos impostos (*Steuergerechtigkeit*) que a tributação se oriente pela capacidade contributivo-econômica (BVerfGE 61, 319, 343-344). Na doutrina, destaca-se a concepção de Tipke, que o denomina "princípio primário do Direito dos Impostos" (*Primärgrundsatz des Steuerrechts*) e lhe atribui um papel fundamental no sistema tributário, comparando-o ao que o princípio da autonomia privada desempenha no Direito Civil (TIPKE, *Die Steuerrechtsordnung*, 2ª ed., v. 1, p. 479 ss.; TIPKE; LANG, *Steuerrecht. Ein systematischer Grundriβ*, 18ª ed., p. 83).

[179] HERRERA MOLINA, *Capacidad económica y sistema fiscal*, p. 51 ss. Essa posição não é, sem embargo, pacífica. O crítico mais incisivo é justamente Palao Taboada, que coloca em dúvida a existência de um direito fundamental a contribuir segundo a capacidade contributiva e atribui ao princípio correlato uma "función relativamente modesta de límite al legislador", isto é, "esencialmente negativa de resistencia frente al poder". Isso porque, a seu juízo, "no cabe esperar que del principio de capacidad contributiva, en cuanto principio jurídico, puedan obtenerse unas directrices razonablemente operativas para el diseño del sistema tributario o de impuestos singulares" ("Nueva visita al principio de capacidad contributiva", p. 769).

[180] HENSEL, "Verfassungsrechtliche Bindungen des Steuergesetzgebers. Besteuerung nach der Leistungsfähigkeit – Gleichheit vor dem Gesetz", p. 447. Essa antiga afirmação continua a ser reiterada. Kruse refere-se ao princípio da tributação conforme a capacidade contributiva como uma aplicação específica do princípio geral da igualdade ao Direito Tributário ("Grundfragen der Liebhaberei", p. 231) e defende que serve "apenas para concretizar o princípio da igualdade, para torná-lo aplicável" ("Über die Gleichmäβigkeit der Besteuerung", p. 327). Kirchhof trata do princípio da capacidade contributiva

prever expressamente o princípio da capacidade contributiva, a jurisprudência majoritária do BVerfG reconhece-o como um princípio constitucional implícito, extraído justamente do art. 3º, 1, que consagra o princípio geral da igualdade.[181]

A *Corte Costituzionale* também sublinha constantemente a necessidade de se interpretar o princípio constitucional da capacidade contributiva como uma "harmônica e específica projeção do princípio da igualdade",[182] ou seja, como uma "especificação do princípio geral da igualdade".[183]

como a "medida (*Maβtab*) central para a igualdade da tributação", que representa uma "concretização jurídico-impositiva (*steuerrechtliche Konkretisierung*) do princípio da igualdade" ("Staatliche Einnahmen", p. 138). Friauf assevera que tal princípio atua como um "mandado de igualdade basilar ao sistema" (*systemtragendes Gleichheitgebot*) ("Verfassungsrechtliche Anforderungen an die Gesetzgebung über die Steuern vom Einkommen und vom Ertrag", p. 28). Jachmann identifica no princípio da capacidade contributiva "a medida para uma repartição justa da carga tributária", que constitui "expressão da igualdade proporcional estatuída pelo art. 3.1 da GG" (*Verfassungsrechtliche Grenzen der Besteuerung*, p. 7-8). Tipke sustenta ser a capacidade contributiva o critério de concretização da igualdade no âmbito tributário e, assim, o "princípio da igualdade contributiva" é tão só a denominação sintética do "princípio da igual tributação segundo a capacidade contributiva" (*Die Steuerrechtsordnung*, 2ª ed., v. 1, p. 480). Vide também TIPKE, "Anwendung des Gleichheitssatzes im Steuerrecht – Methode oder irrationale Spekulation", p. 159. Walz defende ser o postulado de uma tributação justa baseada na capacidade contributiva (*Postulat leistungsfähigkeitsgerechter Besteuerung*) uma "expressão" do princípio da igualdade (*Steuergerechtigkeit und Rechtsanwendung*, p. 160). Tesauro é especialmente claro ao gizar que "o princípio da capacidade contributiva integra o da igualdade, por expressar o critério para valorar, em matéria tributária, se duas situações merecem ou não paridade de trato" (*Istituzioni di diritto tributario*, v. 1, p. 75). Birk exterioriza uma posição peculiar a respeito. Apesar de considerar que o princípio da igualdade se concretiza no âmbito dos impostos mediante o da capacidade contributiva ou, em outros termos, que este é concretização do princípio da igualdade (*Konkretisierung des Gleichheitssatzes*) em tal domínio, afirma que podem ser adotados outros critérios de diferenciação, como os princípios da equivalência ou da "autoimposição" (*Selbstbelastungsprinzip*), sem que isso implique necessariamente um desvio perante o princípio da igualdade ("Finanzierungszwecke und Lenkungszwecke in einem verfassungsmäβigen Steuersystem", p. 69-71). Vide também MARTÍN DELGADO, "Los principios de capacidad económica e igualdad en la Constitución española de 1978", p. 92.

[181] De acordo com o Tribunal Constitucional Federal alemão, o princípio da capacidade contributiva é parte integrante do princípio geral da igualdade (art. 3º da GG) e, portanto, do princípio da isonomia tributária (BVerfGE 6, 55, 70; 8, 51, 68 ss.). Afirma ser "um mandado fundamental da justiça dos impostos que a tributação se oriente pela capacidade contributivo-econômica" (BVerfGE 61, 319, 343-344, 66, 214, 223) e vincula a concretização do princípio da igualdade no Direito Tributário ao art. 134 da Constituição de Weimar, que obrigava todos os cidadãos a contribuir às cargas públicas "em proporção aos seus recursos" (*im Verhältnis ihrer Mittel*). Conforme registra o BVerfG, esse mandado chegou a ser valorado como o princípio superior da tributação (BVerfGE 66, 214, 223). Cfr. BVerfGE 82, 60, 86. A doutrina predominante sustenta justamente tal posicionamento. Vide TIPKE; LANG, *Steuerrecht. Ein systematischer Grundriβ*, 18ª ed., p. 83; KRUSE, *Steuerrecht. I – Allgemeiner Teil*, p. 36; OSTERLOH, "Art. 3. Gleichheit vor dem Gesetz", p. 210. Outros autores, como Vogel e Waldhoff, indicam múltiplos fundamentos, como os princípios da igualdade, do Estado de Direito, do Estado Social, etc. (VOGEL; WALDHOFF, *Grundlagen des Finanzverfassungsrechts: Sonderausgabe des Bonner Kommentars zum Grundgesetz*, p. 342-343).

[182] *Corte Costituzionale, Sentenza* 155/1963. Essa concepção pode ser identificada em formulações recentes da Corte: "O princípio constitucional segundo o qual todos hão de concorrer aos gastos públicos de acordo com a sua capacidade contributiva impõe que a situações iguais correspondam regimes impositivos iguais e que a situações diversas correspondam tratos tributários díspares" (*Sentenza* 513/1990). No entanto, não há como se olvidar que a *Corte Costituzionale* reconhece e atribui um significativo papel autônomo ao princípio da capacidade contributiva, no que concerne à função de pressuposto da tributação. Vide LA ROSA, "Riflessioni sugli 'interventi guida' della Corte Costituzionale in tema di eguaglianza e capacità contributiva", p. 191. Com respeito ao art. 53 da Constituição italiana, a Subcomissão de Finanças pretendia que estabelecesse, sob um ponto de vista jurídico, o limite da igualdade à atividade legislativa ("que a situações iguais correspondam tributos iguais"),

Na Espanha, malgrado o Tribunal Constitucional já tenha afirmado ser a capacidade contributiva "la medida de la igualdad" no âmbito do Imposto de Renda,[184] não costuma estender essa assertiva aos demais âmbitos da tributação. Segundo conclui Palao Taboada após analisar os precedentes mais relevantes a respeito, o "Tribunal no adopta una posición teórica definida sobre las relaciones entre los principios de igualdad y capacidad contributiva, sino que unas veces cabe entender que concibe al segundo como una concreción del primero, el desarrollo de la cual ha de realizarse con un método no axiomático, y otras más bien como límite externo al principio de igualdad. En cualquier caso, la capacidad contributiva no sería el único criterio de la igualdad en el ámbito tributário".[185]

A nosso juízo, o princípio da capacidade contributiva possui, sem sombra de dúvidas, um significado normativo específico no que concerne à sua função de pressuposto da tributação. Ao desempenhá-la, introduz uma interdição de tributação de fatos que não denotem a existência de capacidade contributiva e de pessoas que não a tenham, interdição essa que não se costuma extrair do princípio da igualdade. Não obstante, essa visível autonomia não se entremostra quando o princípio da capacidade contributiva atua como critério de graduação da carga tributária.

No que concerne à graduação impositiva, a capacidade contributiva desempenha a função de *critério*, e não propriamente de princípio autônomo: sua função autônoma está restrita, vale sublinhar, à imposição de *limites* à tributação. Por isso, reputamos que o estudo do princípio da isonomia tributária pode desenvolver-se com maior clareza a partir da noção de ser a capacidade contributiva um critério de comparação tributária ou, na dicção de Pérez de Ayala, um "presupuesto lógico y conceptual para dar un contenido técnico" ao princípio da igualdade.[186]

---

conferindo ao legislador, contudo, a liberdade de valorar e decidir quais são os elementos relevantes para equiparar ou diferenciar as posições individuais (vide ANTONINI, *Dovere tributario, interesse fiscale e diritti costituzionali*, p. 275, n. 30).

[183] *Corte Costituzionale, Sentenze* 120/1972 e 73/1996. Vide MARONGIU, "Il principio di capacità contributiva nella giurisprudenza della Corte Costituzionale", p. 21 ss. Paladin, que foi Presidente da *Corte Costituzionale*, sintetiza a jurisprudência da Corte, anotando que ela adota um "amplíssimo conceito de igualdade tributária" que "não se resume mais à interdição de discriminações arbitrárias, senão que termina por abarcar a capacidade contributiva, concebida em termos relacionais" ("Il principio di eguaglianza tributaria nella giurisprudenza costituzionale italiana", p. 307). Sem embargo, há de se reconhecer que a inter-relação entre o princípio da igualdade e a capacidade contributiva "explicita só um aspecto do art. 53" (ANTONINI, *Dovere tributario, interesse fiscale e diritti costituzionali*, p. 336), isto é, do princípio da capacidade contributiva.

[184] STC 209/1988: "El legislador ha de ordenar la tributación sobre la renta en atención a la capacidad económica que muestren los sujetos pasivos del impuesto, al ser la capacidad, en este ámbito, medida de la igualdad".

[185] PALAO TABOADA, "Los principios de capacidad económica e igualdad en la jurisprudencia del Tribunal Constitucional español", p. 641.

[186] PÉREZ DE AYALA, "Las cargas públicas: principios constitucionales para su distribución", p. 94. Todavia, Pérez de Ayala concebe o princípio da capacidade contributiva como o único critério de comparação tributária justa e afirma que, na tributação, "la semejanza de circunstancias viene dada por la semejanza de *poder de disposición de recursos útiles y escasos* para cubrir las respectivas necesidades" (ob. cit., p. 95). Nessa linha, Ferreiro Lapatza ressalta que a capacidade contributiva "más que un tercer principio, es una forma de entender la generalidad y la igualdad tributarias. Es un prisma, un cristal, un punto de vista sobre los principios de igualdad y generalidad. Un modo de aplicarlos que se halla hoy universalmente consagrado" (*Curso de derecho financiero español,* p. 327).

Como leciona Gaffuri, alíquotas distintas para fatos que evidenciam uma mesma força econômica não implicam lesões ao princípio da capacidade contributiva[187] concebido qual um princípio autônomo com respeito ao da igualdade. Implicam, sim, violações ao princípio da igualdade concretizado com base no critério da capacidade contributiva[188] ou, se se prefere, do princípio da capacidade contributiva concebido como mera expressão específica daquele princípio – noutros termos, como a designação sintética do princípio da isonomia tributária concretizado especificamente no domínio dos impostos.[189]

Ademais, a capacidade contributiva não é o único critério de concretização do princípio da isonomia tributária. Poder-se-ia afirmar com segurança que o princípio da capacidade contributiva constitui uma projeção da igualdade no âmbito do Direito dos Impostos (*Steuerrrecht*), como fazem o Tribunal de Karlsruhe e a doutrina alemã. Mas a extensão de tal afirmação a todo o âmbito tributário, realizada pela remansosa jurisprudência da *Corte Costituzionale*, é excessiva e incorreta.

Para elucidar a pertinência dessa crítica, é conveniente destacar a significativa expressão da tese que preconiza a concretização do princípio da isonomia tributária exclusivamente com base no critério da capacidade contributiva. A. Berliri enfatiza que a medida para "estabelecer se duas situações são ou não iguais é unicamente a capacidade contributiva" e, por isso, esta é a "projeção no âmbito tributário do princípio da igualdade".[190] Pérez de Ayala expõe só ser possível dar "un contenido, una sustancia a dicho principio desde el concepto de capacidad económica de pago (o si se prefiere, de capacidad contributiva)".[191] Martín Delgado rechaça a "adopción generalizada de cualquier criterio de imposición contrario a la capacidad económica",[192] posição acolhida expressamente por Cors Meya.[193] Pont Mestres leciona que "la igualdad tributaria nos remite a la capacidad económica o contributiva", pois esta "es el criterio material idóneo en el orden tributario para determinar la existencia de paridad de situación a efectos de concurrir a la financiación del coste de la actividad pública".[194] As citações poder-se-iam estender longamente, mas já são suficientes para evidenciar o peso dessa concepção doutrinária.

---

[187] GAFFURI, *L'attitudine alla contribuzione*, p. 219-220.

[188] Por isso, pode-se acolher, com certas ressalvas, a afirmação de Lang segundo a qual o "princípio da capacidade contributiva" (*Leistungsfähigkeitsprinzip*) é "somente uma *máxima de aplicação* (*Anwendungsmaxime*) do princípio da igualdade", um *tertium comparationis* para concretizar a igualdade (LANG, *Die Bemessungsgrundlage der Einkommensteuer*, p. 124-125, em destaque no texto original).

[189] Vogel e Waldhoff expõem que o princípio da igualdade, concretizado no âmbito dos impostos, é denominado "princípio da tributação conforme à capacidade contributivo-econômica" (*Prinzip der Besteuerung nach der wirtschaftlichen Leistungsfähigkeiten*), ou sinteticamente, "princípio da capacidade contributiva" (*Leistungsfähigkeitsprinzip*) (*Grundlagen des Finanzverfassungsrechts: Sonderausgabe des Bonner Kommentars zum Grundgesetz*, p. 340) e chegam a considerar (aí com certo exagero) que a dedução do princípio da capacidade contributiva a partir do da igualdade não é autêntica concretização, senão derivação efetuada a partir de conceitos equivalentes entre si (idem, p. 345).

[190] A. BERLIRI, *Principi di Diritto Tributario*, 2ª ed., v. I, p. 266-267. Vide A. BERLIRI, "L'obbligo di contribuire in proporzione della capacità contributiva come limite alla potestà tributaria", p. 523-524.

[191] PÉREZ DE AYALA, "Las cargas públicas: principios constitucionales para su distribución", p. 97.

[192] MARTÍN DELGADO, "El control constitucional del principio de capacidad económica", p. 1589.

[193] CORS MEYA, "Las tasas en el marco de un sistema tributario justo", p. 327.

[194] PONT MESTRES, "La justicia tributaria y su formulación constitucional", p. 380.

Reputamos que uma das principais causas de tais ponderações (e da consequente negação de um papel fundamental aos critérios da equivalência e do benefício) é a influência da doutrina estrangeira, mais precisamente, da alemã e da italiana.

Na doutrina alemã, a análise tributária costuma restringir-se aos impostos. O termo *Steuerrecht*, por vezes traduzido como "Direito Tributário", na realidade significa "Direito dos Impostos". Por tal razão, as obras de *Steuerrecht* devem (ou deveriam) limitar-se ao estudo dos impostos. O Direito Tributário propriamente dito chama-se *Abgabenrecht* e está regulado basicamente na Ordenação Tributária alemã (*Abgabenrechtsordnung*).

Fenômeno similar ocorre na Itália. Nos manuais de *Diritto Tributario*, a parte geral com frequência é dedicada exclusivamente aos impostos (*imposte*), com referências pontuais às demais espécies tributárias, fato destacado por Sainz de Bujanda já no seu *Estudio Preliminar* à tradução do clássico *Istituzioni di diritto tributario* de A. D. Giannini.[195]

Essa indevida restrição do foco da doutrina tributária tem de ser superada. Deve-se reconhecer que há limites à atuação do princípio da capacidade contributiva, bem como que existem outros critérios de graduação da carga impositiva e de concretização da igualdade tributária.

1.2.4.3. Conclusões parciais

Após as extensas discussões sobre os critérios adequados para se alcançar uma divisão justa da carga tributária e o desenvolvimento de teorias que preconizam a graduação da tributação à luz dos benefícios, interesses ou sacrifícios dos contribuintes, foram consagrados dois critérios como princípios fundamentais da tributação: os critérios ou princípios da capacidade contributiva (*Leistungsfähigkeitsprinzip*) e da equivalência (*Äquivalenzprinzip*) ou benefício.[196]

Cada um deles possui o seu campo de atuação fundamental: o critério da capacidade contributiva deve ser aplicado aos tributos destinados a custear atuações estatais indivisíveis ou obras públicas em geral (impostos); e o da equivalência ou benefício *lato sensu*, aos tributos concernentes a serviços estatais divisíveis e específicos (taxas) ou a obras públicas que impliquem valorizações específicas (contribuições de melhoria).[197]

1.3. A IGUALDADE NO ÂMBITO DOS IMPOSTOS

O problema da igualdade nos impostos reconduz-se, em essência, ao da capacidade contributiva e, mais especificamente, aos fundamentos e à conformação de

---

[195] SAINZ DE BUJANDA, "Estudio preliminar", in GIANNINI, *Instituciones de derecho tributario*, p. XXVIII-XXXII. A tendência indicada por Sainz de Bujanda estende-se à atualidade. Há nítido desinteresse dogmático pelas taxas (desde a Segunda Guerra Mundial só se publicou uma monografia dedicada especificamente a elas) – e até mesmo propostas de eminentes juristas de limitar o Direito Tributário ao estudo dos impostos. Vide DEL FEDERICO, *Tasse, tributi paracomutativi e prezzi pubblici*, p. 2.

[196] Vide, por todos, HALLER, *Die Steuern. Grundlinien eines rationalen Systems öffentlicher Abgaben*, p. 13 ss.; LANG, *Die Bemessungsgrundlage der Einkommensteuer*, p. 100; BIRK, *Steuerrecht*, p. 11.

[197] Vide LANG, *Die Bemessungsgrundlage der Einkommensteuer*, p. 101.

uma tributação estabelecida e graduada segundo a força econômica dos contribuintes. Contudo, a problemática da progressividade tributária também é relevante no domínio dos impostos, sobretudo na Espanha e na Itália, cujas constituições impõem a conformação de sistemas impositivos progressivos.

Nos próximos itens, analisaremos as questões suscitadas pela exigência de uma tributação orientada pela capacidade contributiva e pelo princípio (*rectius*: pela técnica) da progressividade.

1.3.1. Critério da capacidade contributiva

1.3.1.1. Justificação como critério de graduação dos impostos

Como expusemos, atualmente há um grande consenso sobre a necessidade de que os *impostos* se orientem pela capacidade contributiva. Consenso que, nas palavras de Villegas, explica-se por "razones del más elemental sentido común": "Dentro de la familia, es habitual que cada uno contribuya a los fines comunes de acuerdo con sus posibilidades. La Iglesia solicita fondos de sus feligreses con la idea de que cada cual debe dar en proporción a lo que Dios le ha dado a él. En centenares de empresas colectivas de bien público (entes de beneficencia, instituciones de salud o educación gratuita, Cruz Roja, etc.) se supone que las personas contribuirán según sus medios. Los gobiernos constituyen una de esas empresas colectivas o comunes, que están obligadas a servir a los ciudadanos como un conjunto, a protegerlos y a aumentar el bienestar general. ¿Qué más natural y justo que repartir las cargas del Estado de acuerdo con la capacidad de pago de cada uno?".[198]

Sem embargo, antes de nos filiarmos a tal posição teórica, devemos justificá-la adequadamente. Para tanto, apresentaremos razões ético-sociais, ético-filosóficas, ético-jurídicas e também razões estritamente jurídico-positivas.

Sob uma perspectiva ético-social, a exigência de uma tributação conforme a capacidade contributiva justifica-se por princípios éticos fundamentais que seriam vilipendiados caso se exigissem dos pobres as mesmas prestações tributárias impostas aos economicamente privilegiados. A propósito, Neumark indaga: se os pobres não têm capacidade contributiva e, por consequência, não podem pagar tributos, por que não dar um passo além e admitir a razoabilidade e a justiça da conclusão de que os detentores de uma maior capacidade contributiva também devem pagar *mais* impostos?[199]

Sob um viés ético-filosófico, a graduação dos impostos segundo a capacidade econômica dos contribuintes constitui manifestação específica da *justiça distributiva*, teorizada já na antiguidade por Aristóteles.[200] Representa, mais precisamente, uma projeção da antiga fórmula "a cada um o seu" concretizada à luz do critério da capacidade (ou possibilidade), a qual impõe que o ônus financeiro dos serviços pú-

---

[198] VILLEGAS, *Manual de Finanzas Públicas*, p. 202-203.
[199] NEUMARK, *Principios de la imposición*, p. 140.
[200] Cfr. ARISTÓTELES, *Ética a Nicómaco*, p. 75, 1131. A tributação conforme a capacidade contributiva constitui, como ressalta Radbruch, uma exigência essencial da justiça distributiva na teoria aristotélica e, portanto, uma imposição da justiça do Direito Público (*Rechtsphilosophie*, 3ª ed., p. 31). A propósito, devemos ressaltar que, como expusemos nas páginas 146-147, ao Direito Público também se aplica a justiça comutativa.

blicos seja suportado por todos os cidadãos, conforme as suas possibilidades (*Jedem nach seinen Fähigkeiten*).²⁰¹

De um ponto de vista ético-jurídico, a justificação da tributação orientada pela capacidade contributiva deriva diretamente dos direitos humanos. A Declaração dos Direitos do Homem e do Cidadão de 1789 já a previa, ao estabelecer que a contribuição comum para os gastos públicos deve ser repartida de modo igual (*également*) entre os cidadãos, "segundo as suas possibilidades" (*en raison de leurs facultés*, art. 13). Dita exigência deriva, outrossim, dos direitos humanos à igualdade e à liberdade, bem como da garantia da propriedade.

Sob uma perspectiva estritamente jurídico-constitucional, a imposição de uma tributação conforme à capacidade contributiva possui fundamento expresso ou implícito em todas as constituições contemporâneas. Algumas a preveem expressamente, como ocorre na Espanha,²⁰² Itália,²⁰³ Venezuela²⁰⁴ e Brasil.²⁰⁵ ²⁰⁶ Outras a consagram

---

[201] TIPKE, *Steuergerechtigkeit in Theorie und Praxis*, p. 11 e 19, que com essa regra complementa as seis conhecidas regras da justiça distributiva expressas por Perelman. A sétima regra já fora mencionada por Karl Marx, conjuntamente com a da necessidade (ibidem, p. 17, n. 29).

[202] A Constituição espanhola de 1978 preconiza que: "*Todos contribuirán al sostenimiento de los gastos públicos de acuerdo con su capacidad económica* mediante un sistema tributario justo inspirado en los principios de igualdad y progresividad que, en ningún caso, tendrá alcance confiscatorio" (art. 31.1). A previsão constitucional do princípio da capacidade contributiva constitui uma tradição espanhola, que remonta à Constituição de Cádiz de 1812: "También está obligado todo español, sin distinción alguna, a contribuir en proporción de sus haberes para los gastos del Estado" (art. 8º da Constituição de Cádiz, de 1812); "Todo español está obligado a defender la Patria con las armas cuando sea llamado por la ley, y a contribuir en proporción de su haberes para los gastos del Estado" (art. 6º da Constituição de 1837); "Todo español está obligado a defender la Patria con las armas cuando sea llamado por la ley, y a contribuir en proporción de su haberes" (art. 28 da Constituição de 1869); "Todo español está obligado a defender la Patria con las armas, cuando sea llamado por la ley, y a contribuir, en proporción de su haberes, para los gastos del Estado, de la Provincia y del Municipio" (art. 3º, I, da Constituição de 1876); "Los españoles contribuirán al sostenimiento de las cargas públicas según su capacidad económica" (art. 9, I, do Fuero de los Españoles de 1945).

[203] Na Itália, a Constituição republicana de 1947 dispõe: "Todos são obrigados a concorrer às despesas públicas em razão da sua capacidade contributiva" ("Tutti sono tenuti a concorrere alle spese pubbliche in ragione della loro capacità contributiva", art. 53). A Constituição de 1848 (Estatuto Albertino) dispunha: "Art. 24. – Tutti i regnicoli, qualunque sia il loro titolo o grado, sono eguali dinanzi alla legge. Tutti godono egualmente i diritti civili e politici, e sono ammissibili alle cariche civili, e militari, salve le eccezioni determinate dalle Leggi. Art. 25. – Essi contribuiscono indistintamente, nella proporzione dei loro averi, ai carichi dello Stato".

[204] A Constituição de 2000, repetindo preceito que já constava na de 1961, prevê tanto o princípio da capacidade contributiva quanto o da progressividade: "El sistema tributario procurará la justa distribución de las cargas publicas según la capacidad económica del o la contribuyente, atendiendo al principio de progresividad, así como la protección de la economía nacional y la elevación del nivel de vida de la población; para ello se sustentará en un sistema eficiente para la recaudación de los tributos" (art. 316).

[205] A Constituição de 1988 consagra o princípio da capacidade contributiva num enunciado confuso, que leva a expressivas controvérsias doutrinárias com respeito ao seu âmbito de aplicação: "Sempre que possível, os impostos terão caráter pessoal e serão graduados segundo a capacidade econômica do contribuinte, facultado à administração tributária, especialmente para conferir efetividade a esses objetivos, identificar, respeitados os direitos individuais e nos termos da lei, o patrimônio, os rendimentos e as atividades econômicas do contribuinte" (art. 145, § 1º).

[206] Na Alemanha, o princípio da capacidade contributiva era previsto pela Constituição de Weimar: "Todos os cidadãos contribuirão, sem distinção, aos gravames públicos, em proporção aos seus recursos e de acordo com a lei" ("Alle Staatsbürger ohne Unterschied tragen im Verhältnis ihrer Mittel zu allen öffentlichen Lasten nach Maßgabe der Gesetze bei" – art. 134, *apud* HENSEL, *Steuerrecht*, p. 33).

de modo implícito, ao positivarem a garantia da dignidade humana (fundamento da garantia do mínimo existencial, que indica o parâmetro inicial da tributação), o princípio da isonomia tributária (critério de graduação da imposição) e a garantia da propriedade privada (que atua como pressuposto objetivo e limite máximo da imposição), elementos basilares a todos os Estados Constitucionais de Direito.

A fundamentação dessa exigência no princípio da igualdade é especialmente clara, haja vista que, ao atuar como critério de graduação da carga tributária, o princípio da capacidade contributiva é somente uma projeção específica da isonomia tributária. Por tal razão, as constituições contemporâneas consagram-no invariavelmente, haja vista que preveem o princípio da igualdade no contexto de Estados Sociais de Direito.

É *intuitivo* que o princípio da igualdade seria violado pela exigência da mesma contribuição a cada um dos cidadãos. Um imposto único e igual para todos, que gravasse de forma paritária os milionários e os pobres, seria clara e acentuadamente injusto.[207] Não se pode admitir um imposto por cabeça (*Kopfsteuer*),[208] baseado numa igualdade meramente formal, matemática e desvinculada da capacidade contributiva. Nos impostos, há de se buscar a igualdade proporcional, relativa à justiça distributiva e baseada na capacidade contributiva.[209]

Não obstante, a justificação da capacidade contributiva como critério de concretização do princípio da igualdade há de ir além da simples intuição. Deve ter um fundamento jurídico-positivo claro. Considerando que os impostos não representam contraprestações por benefícios e tampouco correspondem à medida dos interesses individuais, e que é impossível valorar juridicamente os sacrifícios individuais, só se revela adequado fundamentar a imposição orientada pela capacidade contributiva na finalidade de se lograr uma repartição justa das despesas públicas indivisíveis, norteada pelo *princípio da solidariedade*. Como ressalta Moschetti, a solidariedade no plano tributário demanda que o critério de repartição seja a capacidade contributiva, o que conjuga o interesse geral de que todos contribuam às cargas públicas com o interesse individual dos contribuintes de não se sujeitarem à tributação além da sua efetiva capacidade contributiva. O dever tributário é um "dever de solidariedade de todos *que têm* capacidade contributiva e *em razão* de tal capacidade".[210] O princípio

---

No que concerne ao seu significado, vide especialmente HENSEL, "Verfassungsrechtliche Bindungen des Steuergesetzgebers. Besteuerung nach der Leistungsfähigkeit – Gleichheit vor dem Gesetz", p. 442 ss. Cabe esclarecer que a Lei Fundamental de Bonn não se pronunciou a respeito.

[207] Como leciona Einaudi: "O pobre não pode pagar tanto quanto o abastado, nem este tanto quanto o rico, o trabalhador tanto quanto o dono da empresa, o filho tanto quanto o adulto. Igualdade de coisas distintas não é igualdade verdadeira" (*Principii di Scienza della Finanza*, p. 90). Vide KIRCHHOF, *Besteuerung im Verfassungsstaat*, p. 32.

[208] EINAUDI, *Principii di Scienza della Finanza*, p. 90; LARENZ, *Richtiges Recht, Grundzüge einer Rechtsethik*, p. 127; ALEXY, *Theorie der Grundrechte*, p. 360; KIRCHHOF, *Besteuerung im Verfassungsstaat*, p. 33; GOMES CANOTILHO, *Direito Constitucional e Teoria da Constituição*, p. 400.

[209] LARENZ, *Richtiges Recht, Grundzüge einer Rechtsethik*, p. 127-128. Para Birk, "Igualdade no Direito dos Impostos significa cargas diferenciadas conforme à capacidade econômico-contributiva individual" (*Steuerrecht*, p. 48).

[210] MOSCHETTI (Org.), *La capacità contributiva*, p. 6 e 19-20. Moschetti define o dever de solidariedade mediante a indicação dos seus três elementos constitutivos: "a) O sacrifício de um interesse individual; b) a ausência (ou acidentalidade) de contraprestação direta; c) o fim de interesse coletivo" (*Il principio della capacità contributiva*, p. 71). Manzoni também vincula o princípio da capacidade contributiva ao dever de solidariedade econômica e social, que está previsto no art. 2º da Constitui-

da solidariedade proporciona, pois, um conteúdo ético-jurídico mais específico à justiça impositiva e justifica (*rectius:* impõe) a consagração da capacidade contributiva como o critério central de diferenciação no domínio dos impostos.

Isso se constata com especial nitidez no Imposto de Renda, caracterizado por ser um tributo eminentemente social. A propósito, Birk ressalta que a renda como base imponível é fundamentalmente um "conceito social" e, com a introdução do referido imposto, tomou-se uma decisão social, concretizando-se a legítima concepção segundo a qual há de se gravar mais intensamente os ricos e desonerar os pobres.[211]

1.3.1.2. Aplicação às normas e impostos extrafiscais

A doutrina majoritária refuta a aplicação do princípio da capacidade contributiva aos impostos extrafiscais. Até mesmo Klaus Tipke, fervoroso defensor da tese que identifica em tal princípio o critério basilar da justiça no "Direito dos Impostos", perfilha essa concepção.[212] Para fundamentar a inaplicabilidade do princípio da capacidade contributiva às normas interventivas (*Lenkungsnormen*), Tipke assevera não se tratar de normas jurídico-tributárias, mas de normas de Direito Econômico ou de outros ramos jurídicos. Acrescenta que as noções de "subvenção tributária" e "gastos fiscais" (*tax expenditure* ou *dépense fiscale*) expressam com nitidez o fato de as normas tributárias interventivas que reduzem ou eliminam a carga tributária constituírem técnica específica para a outorga de subvenções. Assim como o mencionado princípio não é adequado para orientar a aplicação das subvenções econômicas, tampouco serviria qual critério para as subvenções tributárias. Para as normas tributárias interventivas deveriam ser aplicados outros critérios de comparação: os princípios da necessidade (*Bedürfnisprinzip*), do mérito (*Verdienstprinzip*) ou algum outro adequado.[213]

Essa tese é inapropriada não só no que diz respeito ao caráter tributário das normas interventivas, senão também à aplicação, a elas, do critério da capacidade contributiva.

ção italiana (*Il principio della capacità contributiva nell'ordinamento costituzionale italiano*, p. 20). Acolhendo essa posição na Espanha, vide, por todos, HERRERA MOLINA, *Capacidad económica y sistema fiscal*, p. 92-93. Tal posicionamento também é amplamente aceito na Alemanha. Klein considera constituir a tributação segundo a capacidade contributiva uma expressão do princípio do Estado Social (*Gleichheitssatz und Steuerrecht*, p. 191). Jachmann fundamenta o princípio da capacidade contributiva precisamente no da igualdade concretizado à luz do princípio do Estado Social de Direito (*Steuergesetzgebung zwischen Gleichheit und wirtschaftlicher Freiheit*, p. 11). Após afirmarem que o princípio da capacidade contributiva é mera concretização da igualdade no domínio dos impostos, Vogel e Waldhoff identificam na Lei Fundamental quatro fundamentos específicos para tal mandado, entre os quais se inclui o princípio do Estado Social (*Grundlagen des Finanzverfassungsrechts: Sonderausgabe des Bonner Kommentars zum Grundgesetz*, p. 344).

[211] BIRK, *Das Leistungsfähigkeitsprinzip als Maβstab der Steuernormen*, p. 140-141.
[212] TIPKE, *Die Steuerrechtsordnung*, 2ª ed., v. 1, p. 340; idem, "Sollten Leistungsfähigkeitsprinzip und Steuergrenzen in die Verfassung aufgenommen werden?", p. 59. Contudo, na obra atualizada por Lang, expõe-se a tese oposta, de que também se deve levar em consideração o princípio da capacidade contributiva nos impostos extrafiscais (TIPKE; LANG, *Steuerrecht. Ein systematischer Grundriβ*, 18ª ed., p. 85). Neste sentido, vide BIRK, *Das Leistungsfähigkeitsprinzip als Maβstab der Steuernormen*, p. 240 ss.
[213] TIPKE, *Die Steuerrechtsordnung*, 2ª ed., v. 1, p. 340. Assim, PÉREZ DE AYALA, "Los principios de justicia del impuesto en la Constitución española", p. 20.

As normas tributárias não deixam de sê-lo pelo simples fato de objetivarem alcançar fins não fiscais. Até mesmo as isenções extrafiscais, destituídas de toda e qualquer finalidade arrecadatória, têm caráter tributário, haja vista servirem para moldar o alcance da norma impositiva – e não se pode afirmar que parte da hipótese de incidência é determinada por normas não tributárias. Elas não só possuem natureza tributária, mas também desempenham um papel de extrema relevância no Direito Tributário.

Por outro lado, é incabível negar a aplicação do princípio da capacidade contributiva para concretizar a igualdade tributária com base na mera alegação de se almejar realizar fins não fiscais, como se qualquer fim externo ao Direito Tributário pudesse justificar a restrição (ou violação) do princípio da isonomia tributária.[214] Consoante adverte von Arnim, é imprescindível ponderar os bens em conflito para que o princípio da isonomia não seja exterminado "num passe de mágica".[215] O próprio Tipke reconhece, na segunda edição do seu *Steuerrechtsordnung,* que as normas interventivas somente serão legítimas se o bem público que perseguem tiver um peso superior ao do bem público de uma tributação igual, baseada na capacidade contributiva.[216] Não obstante, parece olvidar-se que, para se ponderar bens ou princípios em conflito, é necessário que eles sejam aplicáveis ao caso.

Em suma, o critério da capacidade contributiva sempre haverá de orientar a concretização da igualdade tributária com respeito aos impostos e às normas que regulam a sua graduação. A despeito da evidente impossibilidade de as normas interventivas realizarem uma imposição plenamente isonômica, tal princípio sempre deverá ser *considerado* no controle da sua legitimidade constitucional. Não influenciará a determinação da carga tributária somente quando ceder completamente perante outros princípios que tenham maior peso na situação específica.

1.3.1.3. Conteúdo fundamental

Como vimos, o princípio da capacidade contributiva é um critério de concretização da igualdade tributária. Todavia, também é indeterminado e, portanto, carente de concretização. Quanto a esse fato, não há divergências. As discordâncias centram-se no grau da sua indeterminação e na possibilidade de o intérprete outorgar-lhe um conteúdo jurídico específico.

Quando se procede à concretização do princípio da capacidade contributiva surgem significativas dificuldades aplicativas. Dificuldades expressas em célebre passagem de Luigi Einaudi, onde manifesta postura evidentemente cética com respeito à possibilidade de se atribuir um conteúdo determinado ou, pelo menos, determinável à noção de capacidade contributiva: "Este par de palabras se escapa entre los dedos, se escurre inaprensible y vuelve a aparecer a cada momento, inesperado y persecutorio. El significado varía según los tiempos, los lugares, los escritores y las diversas páginas de un mismo libro. Con ese par de palabras se explica todo; se hace entrar o salir del concepto de renta o de capital todo lo que se quiere. El economista,

---

[214] Nessa senda, vide a crítica do próprio Lang "Konkretisierungen und Restriktionen des Leistungsfähigkeitsprinzips", p. 324-325.
[215] ARNIM, *Staatslehre der Bundesrepublik Deutschland,* p. 158.
[216] TIPKE, *Die Steuerrechtsordnung,* 2ª ed., v. 1, p. 345-346.

que no sería tal de no ser analizador, odia por ello a éstas y a muchas otras palabras desprovistas de sentido; y las abandona de buena gana al psicólogo, al político y al historiador".[217]

Sem embargo, seria um evidente despropósito acolher, pela mera vagueza semântica da noção ora analisada, a radical posição de Einaudi, segundo a qual o conceito de capacidade contributiva carece de sentido.[218] Malgrado tal conceito seja vago e impreciso, é evidente que pode ser determinado em larga medida. Aliás, há significativas *convergências* doutrinárias com respeito ao seu conteúdo fundamental: tanto na acepção comum quanto na tradição doutrinária, capacidade contributiva "significa possibilidade econômica de pagar o tributo, isto é, posse de uma riqueza suficiente para suportar a carga tributária".[219]

À luz dessa simples constatação, infere-se ter o conceito de capacidade contributiva, como qualquer outro conceito jurídico, um núcleo claro onde o seu significado é indiscutível (a capacidade contributiva de um milionário, por exemplo), uma zona cinzenta, na qual é possível discutir razoavelmente acerca da sua presença ou ausência (a riqueza próxima ao mínimo vital) e uma zona clara de exclusão, onde

---

[217] EINAUDI, *Mitos y paradojas de la justicia tributaria*, p. 72. De fato, mesmo após mais de um século de discussões, os economistas não lograram um consenso no que concerne à expressão concreta da capacidade contributiva (cfr. BIRK, *Steuerrecht*, p. 12).

[218] Giardina é categórico nesse sentido: "Que exista um conceito jurídico de capacidade contributiva nos parece que não se possa negar" (*Le basi teoriche del principio della capacità contributiva,* p. 395). Vide HERRERA MOLINA, *Capacidad económica y sistema fiscal,* p. 145.

[219] GIARDINA, *Le basi teoriche del principio della capacità contributiva*, p. 434. Ao se referir à posse de riqueza suficiente para pagar tributos, já se confere um conteúdo substancial ao conceito de capacidade contributiva, superando-se a crítica de Griziotti de que tal definição de capacidade contributiva não representa senão uma tautologia (GRIZIOTTI, "Il principio della capacità contributiva e sue applicazioni", in *Saggi sul rinnovamento dello studio della Scienza delle Finanze e del Diritto Finanziario*, p. 348). No sentido da doutrina de Giardina, A. Berliri assevera que "capacidade contributiva significa capacidade econômica de concorrer aos gastos públicos" ("L'obbligo di contribuire in proporzione della capacità contributiva come limite alla potestà tributaria", p. 521; *Corso istituzionale di Diritto Tributario*, v. I, p. 126). A respeito, Moschetti indica, com base na jurisprudência da *Corte Costituzionale* e nas contribuições doutrinárias, que a força econômica é um dos elementos essenciais da capacidade contributiva (*La capacità contributiva,* p. 28). Micheli destaca que capacidade contributiva implica "uma valoração da idoneidade abstrata para suportar a carga tributária" (*Corso di diritto tributario,* p. 84). Gaffuri expõe que "a capacidade contributiva [...] indica a idoneidade abstrata para suportar o sacrifício econômico do tributo" (*Lezioni di Diritto Tributario*, p. 32). E Tesauro ressalta a unanimidade da doutrina italiana com respeito à atribuição, à capacidade contributiva, do significado de capacidade econômica (*Istituzioni di diritto tributario*, v. 1, p. 66). Na doutrina espanhola, Martín Delgado leciona: o que "es incontrovertible es que, desde ahora y desde siempre, se la ha identificado [refere-se à capacidade econômica] con la titularidad de riqueza, con la disponibilidad de medios económicos" ("El control constitucional del principio de capacidad económica", p. 1586). Casado Ollero reputa que o "contenido jurídicamente necesario de la capacidad es que ésta debe basarse siempre en la fuerza o potencialidad económica del sujeto pasivo" ("El principio de capacidad y el control constitucional de la imposición indirecta (II). El contenido constitucional de la capacidad económica", p. 191; "Los fines no fiscales de los tributos", p. 120). Pérez de Ayala e Pérez de Ayala Becerril ponderam que "siempre que se habla de capacidad se está aludiendo a una *aptitud*. Y a una aptitud *para*. En nuestro campo, significa la *aptitud* de los ciudadanos *para* pagar los impuestos que les gravan" (*Fundamentos de Derecho Tributario*, p. 65). Na doutrina alemã, para exteriorizar o conteúdo do princípio também se alude à capacidade de pagamento (*Zahlungsfähigkeit*): o princípio da capacidade contributiva impõe a tributação de acordo com tal capacidade (BIRK, *Steuerrecht*, p. 12).

não se pode afirmar, sem malferir a lógica e a razoabilidade, que haja capacidade contributiva (como na situação de uma pessoa em estado de penúria absoluta).[220]

Para demonstrá-lo, Tipke dedica um capítulo específico do seu *Steuerrechtsordnung*, intitulado "Princípio indefinido, mas não indefinível" (*Unbestimmtes, kein unbestimmbares Prinzip*), onde insiste na possibilidade e necessidade de se definir o conteúdo do princípio da capacidade contributiva. Ressalta que tal princípio tem um conteúdo negativo claro, que impede a instituição de uma "tributação por cabeças" (*Besteuerung nach Köpfen*) e a graduação dos impostos segundo o princípio da equivalência (*Äquivalenzprinzip*); e que também tem um conteúdo positivo, que impõe a graduação dos impostos fiscais segundo a capacidade contributivo-impositiva (*steuerliche Leistungsfähigkeit*) dos sujeitos passivos, a qual está baseada na sua capacidade contributivo-econômica (*wirtschaftliche Leistungsfähigkeit*).[221] A concretização específica de que carece tem de ser efetuada pelos Poderes Legislativo e Judiciário, com apoio nos seus subprincípios e nas lições da doutrina,[222] sem se olvidar que ao legislador devem ser outorgados espaços limitados de conformação.

Essas precisões acerca do significado central do conteúdo jurídico da capacidade contributiva (disponibilidade econômica para pagar tributos) são suficientes para desenvolver o tema da justiça tributária, notadamente porque não pretendemos extrair, do respectivo princípio, exigências pormenorizadas para construir sistemas impositivos e tampouco para definir alíquotas específicas de tributos, mas tão somente diretrizes para conformar a *estrutura fundamental* do sistema tributário.[223]

A respeito, é de extrema valia a distinção entre a capacidade contributiva absoluta e a relativa. Aquela é a aptidão em abstrato para contribuir aos gastos públicos. Exige a escolha de hipóteses de incidência que sejam signos efetivos de riqueza.

---

[220] Nessa linha, Vogel, apoiado na lição de Surrey, diferencia entre três grupos de fatos: 1) fatos que correspondem a "elementos necessários do conceito de capacidade contributiva" e, portanto, devem ser considerados na determinação legislativa do conceito de capacidade contributiva; 2) fatos que correspondem a "elementos facultativos do conceito de capacidade contributiva", que o legislador pode ou não considerar, contanto que não se contraponham a decisões legislativas prévias ou, de outro modo, ao sistema constitucional; e 3) fatos que não expressam, de forma alguma, capacidade contributiva ("Steuergerechtigkeit und soziale Gestaltung", p. 412). No que toca ao segundo grupo, seria mais apropriado falar de "elementos nebulosos" do conceito de capacidade contributiva ou, mais precisamente, de fatos situados na zona cinzenta do conceito, resolvendo-se a questão mediante critérios destinados a determinar os espaços legislativos, e não por meio de uma decisão *a priori* no sentido da legitimidade do conceito legislativo.

[221] TIPKE, *Die Steuerrechtsordnung*, 2ª ed., v. 1, p. 492 ss.

[222] TIPKE; LANG, *Steuerrecht. Ein systematischer Grundriß*, 18ª ed., p. 83-84.

[223] Dirigiram-se duras e fundadas críticas aos defensores da capacidade contributiva como critério central do princípio da igualdade, em virtude da clara impossibilidade de serem deduzidos, daquele princípio, os aspectos fundamentais dos sistemas tributários. Por exemplo, Palao Taboada, referindo-se às teorias do "período de apogeu" do princípio da capacidade contributiva (desenvolvidas sobretudo na Itália, durante o terceiro quarto do século XX), reputa que "el principio de capacidad contributiva vendría a ser como una especie de concentrado del sistema tributario querido por la Constitución, que bastaría desarrollar, con métodos dogmáticos, para obtener ese sistema casi hasta sus últimos detalles" ("Nueva visita al principio de capacidad contributiva", p. 769). Contudo, tal crítica se apoia numa obviedade e somente alcança concepções exacerbadas, desenvolvidas fundamentalmente para rechaçar a tese de que o princípio referido não constituiria um preceito jurídico, senão uma mera norma programática, destituída de efeitos jurídicos. Não afeta as teses (corretas, a nosso juízo) de que os impostos devem ser gerais, universais e graduados conforme a capacidade contributiva dos sujeitos passivos, dado que estas não só conferem ampla liberdade de conformação ao legislador, mas também reconhecem a própria indeterminação do princípio com respeito à graduação dos tributos.

Concerne à determinação dos fatos a serem tributados, conferindo fundamento à função de pressuposto que desempenha o princípio correspondente. Já esta é relativa à graduação dos impostos, ao consequente das normas impositivas. Subjaz à função de parâmetro do princípio da capacidade contributiva.[224]

Com relação ao princípio da isonomia tributária, a capacidade contributiva absoluta indica a existência de riquezas que devem ser gravadas, de modo que a determinação das hipóteses de incidência se harmonize com esse princípio constitucional. A capacidade relativa atua proporcionando um critério fundamental para a concretização da igualdade na graduação dos impostos.

1.3.2. A igualdade dos impostos à luz de fins não fiscais

Para refutar a tese de que a capacidade contributiva é o único critério de comparação tributária, parte da doutrina e certos pronunciamentos judiciais destacam a admissibilidade da extrafiscalidade, o que evidenciaria a existência de outros critérios de justiça tributária. Ao fazê-lo, extraem, de uma premissa indiscutível, uma conclusão indevida.

Lejeune Valcárcel, por exemplo, expõe que, quando se perseguem fins não fiscais, o princípio da igualdade deve ser concretizado com base em critérios correspondentes a tais fins, o que excluiria a qualificação do princípio da capacidade contributiva como o único critério de diferenciação tributária.[225]

Nessa senda, o Tribunal Constitucional espanhol declarou expressamente que a necessidade de se respeitar o princípio da capacidade contributiva não significa que "la capacidad contributiva pueda erigirse en criterio exclusivo de justicia tributaria, en la única medida de la justicia de los tributos", o que legitimaria o estabelecimento de impostos "orientados al cumplimiento de fines o a la satisfacción de intereses públicos que la Constitución preconiza o garantiza",[226] isto é, de impostos vocacionados a realizar fins alheios à justa repartição das cargas tributárias.

Como afirmamos inicialmente, tal concepção está baseada numa premissa correta, pois há se de admitir a persecução de fins não fiscais por meio do Direito Tributário.[227] Dessa premissa, contudo, extrai uma conclusão incorreta, de que os fins não fiscais servem para fundar juízos de igualdade tributária.

Deveras, os únicos critérios hábeis a orientar a concretização constitucional do princípio da isonomia tributária são aqueles relativos a fins de justiça tributária, ou

---

[224] Vide, entre muitos outros, CÓRTES DOMÍNGUEZ; MARTÍN DELGADO, *Ordenamiento tributario español*, v. I, p. 74 ss. Parece-nos que o Tribunal Constitucional espanhol considerou exclusivamente a capacidade contributiva absoluta ao expressar a conhecida definição de que "Capacidad económica, a efectos de contribuir a los gastos públicos, significa tanto como la incorporación de una exigencia lógica que obliga a buscar la riqueza allí donde la riqueza se encuentra" (STC 27/1981). Essa formulação foi repetida em diversos precedentes posteriores. Cfr., entre outros: SSTC 150/1990, 221/1992, 214/1994 e 194/2000.

[225] LEJEUNE VALCÁRCEL, "L'eguaglianza", p. 388-389. Lobo Torres considera que: "A igualdade tributária não está presa a um único fundamento, eis que pode se justificar por motivos fiscais ou extrafiscais, financeiros ou políticos, conjunturais ou permanentes" (*Os Direitos Humanos e a Tributação. Imunidades e Isonomia*, p. 268).

[226] STC 221/92, de 11 de dezembro, FJ 4.

[227] Vide p. 295 ss.

seja, à justa divisão das cargas tributárias.[228] Os fins não fiscais não servem para concretizá-lo, senão para fundamentar intervenções nele. É justamente a utilização destes fins para concretizar o princípio da igualdade tributária que constitui a causa central da sua extrema debilidade, haja vista que se utilizam as restrições para conformar (e não para restringir) o princípio, o que acaba por dissimular a existência de desigualdades.

Para arrematar, cabe reiterar que os fins não fiscais jamais podem concretizar o princípio da isonomia tributária, sobretudo porque a extrafiscalidade não é um elemento da justiça tributária – pelo contrário, representa uma das principais causas das desigualdades impositivas.

1.3.3. Progressividade

1.3.3.1. Fundamento

Importante setor da doutrina reputa ser o princípio da progressividade consequência específica da igualdade ou um requisito para a sua realização em matéria tributária.[229] Até mesmo juristas que rechaçam a sua qualificação como princípio, vislumbrando tratar-se de mera técnica tributária, afirmam consistir em exigência derivada da igualdade.[230] Tais afirmações costumam apoiar-se no princípio geral da isonomia, que impõe a busca da igualdade de oportunidades (ou "de fato"), ou no próprio princípio da isonomia tributária concretizado à luz das teorias do sacrifício (aplicadas a este princípio diretamente ou por intermédio da especificação da noção de capacidade contributiva).[231]

---

[228] Vide p. 144 ss.
[229] LEJEUNE VALCÁRCEL, *L'eguaglianza*, p. 389-390; idem, "Aproximación al principio constitucional de igualdad tributaria", p. 127; MARTÍN DELGADO, "Los principios de capacidad económica e igualdad en la Constitución española de 1978", p. 72; E. GONZÁLEZ; T. GONZÁLEZ, *Derecho Tributario*, v. I, p. 56. Lejeune Valcárcel enfatiza essa questão, ao expor que a progressividade não é exigida apenas para excluir a regressividade e tampouco é um critério de natureza ético-política, senão um "instrumento técnico indispensable para salvaguardar la paridad de tratamiento y, además, para no romper esa justa distribución de riqueza", sendo necessária até mesmo numa hipotética sociedade na qual não existisse injustiça na distribuição da riqueza ("Aproximación al principio constitucional de igualdad tributaria", p. 127, n. 14). Acrescenta que "no hay impuesto más regresivo y atentatorio contra la igualdad que aquellos que son de estructura proporcional (salvando, claro está, la hipótesis teórica de un impuesto expresamente regresivo)" (ibidem, p. 159). Para Pérez de Ayala, a sujeição dos contribuintes à tributação progressiva é um "deber de justicia de pagar más que proporcionalmente que el contribuyente *cuya relación entre medios escasos y fines o necesidades* es inferior a la que él (más poderoso económicamente) disfruta" ("Las cargas públicas: principios constitucionales para su distribución", p. 92).
[230] Segundo E. González e T. González, a progressividade "no es tanto un principio tributario autónomo cuanto una técnica jurídica cuya justificación radica en su virtualidad para producir unos efectos económicos coincidentes con los buscados por principio de igualdad [...] Dicho de otra forma, los tributos no tienen que ser progresivos porque exista un principio de progresividad, sino porque solamente siendo de estructura progresiva puede lograrse la realización del fundamental principio de igualdad" (*Derecho Tributario*, v. I, p. 65-66).
[231] Lejeune Valcárcel posiciona-se claramente nesse sentido. Aludindo expressamente à teoria do sacrifício proporcional, giza ser a tributação progressiva necessária para que os contribuintes "experimenten un sacrificio proporcional en la utilidad derivada de sus respectivos niveles de renta" ("Aproximación al principio constitucional de igualdad tributaria", p. 159-160). Por outro lado, E. González e T. González referem-se à teoria do sacrifício igual, asseverando que "la progresividad es una exigencia jurídica si se busca, como no puede ser menos, que la aportación al sostenimiento de las cargas públicas comporte un sacrificio igual" (*Derecho Tributario*, v. I, p. 65).

Tal qual o princípio da igualdade, o da solidariedade pode fundamentar a progressividade tributária. Perante aquele, tem a vantagem de prescindir das problemáticas teorias do sacrifício, que estão amplamente desacreditadas.[232]

Sem embargo, a recondução das distintas formas de progressividade a fundamentos genéricos comuns somente vem a tornar ainda mais nebuloso o tema. Devem ser buscados fundamentos específicos para explicar adequadamente as nuances da progressividade e permitir um exame apurado da sua legitimidade.

Pois bem, conforme a sua intensidade e finalidade, a progressividade encontra justificações imediatas distintas. Graus moderados de progressividade apoiam-se na capacidade contributiva e, portanto, promovem tanto a igualdade geral quanto a tributária. A progressividade redistributiva, contudo, somente pode fundar-se na igualdade de oportunidades, e não na isonomia tributária, que no âmbito dos impostos é concretizada à luz da capacidade contributiva.[233]

Em certos sistemas, a relevância fundamental da busca de um fundamento para a progressividade reside na sua escorreita concretização, pois ela já é consagrada expressamente. As Constituições espanhola, italiana e venezuelana estabelecem que a tributação não será graduada apenas segundo o princípio da capacidade contributiva, senão também à luz do princípio da progressividade.[234] Já a Constituição portuguesa estabelece implicitamente a progressividade da tributação, ao prever que o sistema fiscal tem como objetivo a justa repartição dos rendimentos e das riquezas (art. 103.1). E a Constituição brasileira consagra imposições e autorizações específicas para a tributação progressiva, no que concerne ao Imposto de Renda (art. 153, § 2º, I), ao Imposto Territorial Rural (art. 153, § 4º, I) e ao Imposto Predial e Territorial Urbano (art. 156, § 1º). Nesses sistemas jurídicos, é inquestionável que o legislador tributário deve recorrer à progressividade, mesmo que seja apenas na conformação de certos impostos.

1.3.3.2. Conteúdo

O "princípio" da progressividade veicula exigência altamente imprecisa: nunca leva, por si só, à determinação de alíquotas específicas e tampouco à progressivi-

---

[232] Vide p. 154 ss. No que toca à justificação a partir do princípio da solidariedade, vide MOSCHETTI, *Il principio della capacità contributiva*, p. 70-71; HERRERA MOLINA, *Capacidad económica y sistema fiscal*, p. 127-128; idem, "El principio de igualdad financiera y tributaria en la jurisprudencia constitucional", p. 845.

[233] Com respeito à progressividade redistributiva, Pérez de Ayala assinala não se confundir a progressividade com a igualdade tributária e tampouco ser uma derivação desta: a igualdade tributária seria um princípio fiscal de justiça distributiva; e a progressividade, um princípio fiscal de justiça social ("Las cargas públicas: principios constitucionales para su distribución", p. 90 ss.). Cfr. TIPKE; LANG, *Steuerrecht. Ein systematischer Grundriβ*, 18ª ed., p. 84; KIRCHHOF, *Besteuerung im Verfassungsstaat*, p. 28-30.

[234] Na Espanha, previu-se constitucionalmente a progressividade pela primeira vez na Carta de 1978 (art. 31.1), sob a nítida influência da Constituição italiana de 1947, que dispõe: "O sistema tributário será informado por critérios de progressividade" (art. 53.2). Conforme a dicção constitucional espanhola, a progressividade é um dos princípios inspiradores da justiça tributária, conjuntamente com os princípios da igualdade, capacidade econômica e não confisco: "Todos contribuirán al sostenimiento de los gastos públicos de acuerdo con su capacidad económica mediante un *sistema tributario justo inspirado en los principios de* igualdad *y progresividad* que, en ningún caso, tendrá alcance confiscatorio" (art. 31.1 da Constituição espanhola). Como expôs o Tribunal Constitucional, "El legislador constituyente ha dejado bien claro que el sistema justo que se proclama no puede separarse, en ningún caso, del principio de progresividad ni del principio de igualdad" (STC 27/1981, de 20 julho, FJ 4).

dade de todos os tributos. Tal grau de abstração é inafastável, pois seria um absurdo impor ao legislador vínculos precisos com respeito à quantificação da carga tributária. Suprimir-se-ia a sua margem de liberdade para conformar o sistema jurídico-tributário à luz de imprescindíveis valorações econômicas e financeiras.[235]

No entanto, o princípio não é desprovido de conteúdo – não é uma exigência constitucional vazia. Demanda que os contribuintes mais abastados sejam tributados num patamar proporcionalmente superior ao estipulado para os detentores de força econômica inferior à sua. Exige que o legislador exerça a sua discricionariedade para instituir a progressividade à luz das vicissitudes políticas, econômicas e sociais,[236] sempre com a observância de determinados parâmetros constitucionais. Parâmetros que, cabe ressaltar, impõem-se ao legislador, de modo que é plenamente cabível – e necessário – controlar a constitucionalidade da sua atuação, sobretudo se a progressividade alcançar níveis próximos aos da confiscatoriedade.[237]

Demais, o princípio exige a progressividade do *sistema* impositivo ou de certos tributos, não de todas as exações. Na Itália e na Espanha, há um amplo consenso doutrinário e jurisprudencial sobre essa questão: não é necessário que os tributos sejam progressivos, senão que o sistema o seja, a fim de que a *carga tributária total* varie mais que proporcionalmente à oscilação da capacidade contributiva.[238] Essa é a única posição razoável, além de decorrer da clara dicção das Constituições espanhola e italiana, que aludem à progressividade do sistema, não de tributos isolados.

1.3.3.3. Formas de progressividade

Pode-se utilizar a técnica da progressividade para alcançar finalidades variadas, tanto fiscais quanto não fiscais. A progressividade fiscal está intimamente vinculada à capacidade contributiva, haja vista que se destina a promovê-la. É necessariamente amena, suave. A extrafiscal, por outro lado, costuma ser mais acentuada, ao ponto de contrapor-se ao princípio da capacidade contributiva.

---

[235] GIARDINA, *Le basi teoriche del principio della capacità contributiva,* p. 459-460.

[236] Como leciona Neumark: "Toda estructuración concreta de la progresividad lleva ciertamente una dimensión mayor o menor de arbitrariedad y refleja las ideologías político-económicas y las relaciones de poder dominantes en cada momento" (*Principios de la imposición,* p. 195). Vide GIARDINA, *Le basi teoriche del principio della capacità contributiva,* p. 460.

[237] Vide MARTÍN DELGADO, "Los principios de capacidad económica e igualdad en la Constitución española de 1978", p. 73; MARTÍNEZ LAGO, "Función motivadora de la norma tributaria y prohibición de confiscatoriedad", p. 632 ss.

[238] Vide, entre muitos outros, LEJEUNE VALCÁRCEL, "L'eguaglianza", p. 390-391; idem, "Aproximación al principio constitucional de igualdad tributaria", p. 163; PÉREZ DE AYALA, "Las cargas públicas: principios constitucionales para su distribución", p. 105; MARTÍN DELGADO, "Los principios de capacidad económica e igualdad en la Constitución española de 1978", p. 73-74; PONT MESTRES, "La justicia tributaria y su formulación constitucional", p. 391-392; MAFFEZZONI, *Il principio di capacità contributiva nel diritto finanziario,* p. 306-307; POTITO, *L'ordinamento tributario italiano,* p. 20. García Añoveros acrescenta que a progressividade somente se compatibiliza com os tributos baseados no princípio da capacidade contributiva (impostos) e apenas com aqueles que expressem a globalidade da capacidade econômica, jamais com tributos diversos, como os "impuestos de productos, o parciales sobre el patrimonio, o indirectos sobre el consumo en general" (*Manual del Sistema Tributario Español,* p. 54-55). De Mita critica categoricamente a prática italiana de graduar tributos devidos pela prestação de serviços sociais (*corrispettivi per servizi sociali*) com critérios de progressividade: "A aplicação da progressividade a contribuições distintas dos impostos e agregadas aos impostos não encontra justificativa" ("Capacità contributiva e corrispettivi per servizi sociali", em *Interesse fiscale e tutela del contribuente,* p. 112).

Neumark empreendeu valioso exame da progressividade, classificando-a em três categorias, de distinta intensidade. As duas primeiras estão vinculadas à capacidade contributiva; e a terceira, à redistribuição da renda ou do patrimônio. A primeira espécie destina-se unicamente a compensar os efeitos *regressivos* de certos tributos, mediante a progressividade de outros, sendo necessária inclusive quando se reputa que a capacidade contributiva aumenta tão somente proporcionalmente aos seus indicadores.[239] A segunda é mais acentuada e funda-se na premissa de que a capacidade contributiva cresce mais que proporcionalmente a tais indicadores.[240] [241] Já a última é a mais aguda, dado objetivar a redistribuição da renda ou do patrimônio.[242]

As duas primeiras formas de progressividade têm caráter fiscal. Não objetivam fins alheios à arrecadação e à justa repartição das cargas tributárias.[243] Diversamente, a terceira forma é claramente extrafiscal: vai além da carga tributária que poderia ser exigida com base no critério da capacidade contributiva, sem pretender realizar uma adequada divisão da carga tributária.[244] Seu objetivo é promover a "igualdade

---

[239] Nessa senda, Heun expõe que a progressividade no Imposto de Renda será uma expressão da justiça tributária sempre que se limite a compensar os efeitos regressivos dos impostos indiretos. Além desse ponto, seu fundamento passaria a ser o princípio do Estado Social ("Artikel 3. Gleichheit", p. 268).

[240] Note-se que essa forma de quantificação dos tributos é progressiva de acordo com a capacidade econômica, e não necessariamente com a capacidade contributiva. Segundo o Informe Carter, representa a equidade vertical, pois se destina justamente a fazer com que a carga tributária varie segundo uma "proporção constante" da capacidade contributiva, utilizando-se alíquotas progressivas para que "quede reflejada la importancia relativa decreciente de los gastos 'irreducibles' para aquellos contribuyentes cuya capacidad económica aumenta considerablemente" (v. I, t. 1, p. 6-7). Com base nessa concepção, a conhecida afirmação do BVerfG de que a justiça e a igualdade tributária imporiam que o possuidor de uma capacidade econômica mais significativa (*wirtschaftlich Leistungsfähigere*) pague um imposto com uma alíquota superior à aplicável àquele cuja capacidade econômica é menor (BVerfGE 8, 51, 68-69) poderia ser interpretada no sentido de justificar uma progressividade limitada, que se harmonize com a capacidade *contributiva* efetiva do contribuinte, e não como uma exigência da progressividade redistributiva fundada na justiça social, como muitos autores a interpretam (vide, por exemplo, TIPKE, *Steuergerechtigkeit in Theorie und Praxis*, p. 98, n. 127).

[241] Marongiu, ao expor a fundamentação da progressividade à vista da ideia da utilidade marginal decrescente, anota que: "O imposto deve ser mais que proporcional, ou seja, progressivo à renda, se se pretende que seja proporcional ao sacrifício de cada um" (*I fondamenti costituzionali dell'imposizione tributaria*, p. 141). De acordo com La Rosa, esta seria a forma de progressividade acolhida no art. 53 da Constituição italiana (*Eguaglianza tributaria ed esenzioni fiscali*, p. 37). Contra, afirmando a finalidade redistributiva da progressividade tributária prevista no preceito, vide, entre muitos outros, FALSITTA, *Manuale di diritto tributario. Parte generale*, p. 144.

[242] NEUMARK, *Principios de la imposición*, p. 190. Vide VALDÉS COSTA, *Instituciones de Derecho Tributario*, p. 456-457. Apoiando-se na distinção entre as variadas formas de progressividade para interpretar o artigo 53 da Constituição italiana, Griziotti destacava que "o critério da progressividade no artigo 53 pretende lograr uma distribuição mais equânime dos ônus dos gastos públicos, e não fins redistributivos" ("Il principio della capacità contributiva e sue applicazioni", in *Saggi sul rinnovamento dello studio della Scienza delle Finanze e del Diritto Finanziario*, p. 369).

[243] Jachmann, com fulcro na lição de Neumark, reputa que a igualdade da tributação à luz da capacidade contributiva exige tão somente uma tributação proporcional aos seus indicadores e que uma tributação mais forte caracterizaria a redistribuição e, portanto, careceria de uma justificação especial ("Leistungsfähigkeitsprinzip und Umverteilung", p. 295-296). Nessa linha, vide KIRCHHOF, "Der verfassungsrechtliche Auftrag zur Besteuerung nach der finanziellen Leistungsfähigkeit", p. 325.

[244] Por isso, Tipke e Lang não qualificam as normas que instituem a progressividade no Imposto de Renda como "normas com finalidade fiscal" (*Fiskalzwecknormen*), senão como "normas com finalidade social" (*Sozialzwecknormen*), e mais especificamente, como normas com "finalidade de redistribuição" (*Umverteilungszweck*) e ressaltam que elas não se justificam pelos princípios da igualdade e

através do tributo", e não a "igualdade do tributo".[245] Esse aspecto é de relevância extrema, porquanto a progressividade redistributiva não é uma técnica a serviço da isonomia tributária: o critério central de graduação dos impostos deixa de ser a capacidade contributiva e passa a ser a igualdade de fato. A capacidade contributiva não é promovida, senão sacrificada.[246]

Ao pretender realizar a igualdade geral (mais precisamente, a igualdade de fato), a progressividade que se estende além do preconizado pelo critério da capacidade contributiva contraria o princípio da isonomia tributária.

A progressividade tributária também pode estar a serviço de outros fins não fiscais. Exemplo esclarecedor é fornecido pela progressividade no tempo, que está prevista expressamente na Constituição de 1988 e se destina a promover a função social da propriedade.[247] Em determinadas hipóteses, são imperativos ético-sociais que fundamentam a progressividade, como se verifica no imposto sobre heranças progressivo em função da distância do vínculo entre o *de cujus* e os herdeiros.[248]

Do exposto se infere que somente a progressividade fiscal (isto é, as duas primeiras formas de progressividade) pode ser levada em conta ao se concretizar o princípio da isonomia tributária. A progressividade extrafiscal não serve para tal

---

capacidade contributiva (os quais, segundo expõem, conduzem a uma tributação proporcional), mas pelo do Estado Social. Não realizam: sacrificam a igualdade tributária (*Steuerrecht. Ein systematischer Grundriβ*, 17ª ed., p. 113 e 180). Vide também JACHMANN, *Verfassungsrechtliche Grenzen der Besteuerung*, p. 18; TIPKE, *Steuergerechtigkeit in Theorie und Praxis*, p. 62 ss. e 97. No seu *Steuerrechtsordnung*, Tipke reitera que a tributação progressiva se funda no princípio do Estado Social, e não no da capacidade contributiva, mas acrescenta que este princípio pode ser objeto de uma interpretação conforme a Constituição à luz daquele. Dessa forma, o princípio da capacidade contributiva não imporia a progressividade, mas tampouco seria afetado pela tributação progressiva (*Die Steuerrechtsordnung*, 2ª ed., v. 1, p. 471 ss.).

[245] As expressões entre aspas inspiram-se nas diferenciações estabelecidas entre "égalité *devant* l'impôt" e "égalité *par* l'impôt" (DUVERGER, *Finances Publiques,* p. 116), "igualdad en la ley" e "igualdad por la ley" (VALDÉS COSTA, *Instituciones de Derecho Tributario*, p. 370) e "justicia del impuesto" e "justicia a través del impuesto" (PÉREZ DE AYALA, "Los principios de justicia del impuesto en la Constitución española", p. 22). Maurice Duverger ressalta que a igualdade através do tributo adquire um caráter ativo: não se trata de evitar desigualdades tributárias, senão de remediar desigualdades sociais. Sugere, portanto, que não se utilize a expressão "igualdade tributária" (*égalité fiscal*), adotando-se, no seu lugar, a de "igualitarismo tributário" (*égalitarisme fiscal*, ob. cit., loc. cit.). Nessa senda, Pérez de Ayala esclarece que, na justiça mediante o imposto, "lo más importante no es la adecuación de la carga tributaria a la capacidad económica del contribuyente, sino lo que verdaderamente es importante es que la carga del impuesto que se exige a cada ciudadano permita lograr el efecto final de una distribución más justa de la renta y del patrimonio entre los miembros de la comunidad política" (ob. cit., p. 22-23).

[246] Vide GRIZIOTTI, "Il principio della capacità contributiva e sue applicazioni", in *Saggi sul rinnovamento dello studio della Scienza delle Finanze e del Diritto Finanziario*, p. 358; CÓRTES DOMÍNGUEZ, MARTÍN DELGADO, *Ordenamiento tributario español*, v. I, p. 92; KIRCHHOF, *Besteuerung im Verfassungsstaat*, p. 30. Contra, adotando um conceito de capacidade contributiva que, por não considerar só a força econômica, mas também princípios constitucionais como o da progressividade, abrange a progressividade redistributiva, vide MOSCHETTI, *Il principio della capacità contributiva*, p. 27-28 e 236-239.

[247] Como disposto no art. 153, § 4º, I, o ITR "será progressivo e terá suas alíquotas fixadas de forma a desestimular a manutenção de propriedades improdutivas". Com respeito ao IPTU, há um preceito similar, que faculta o estabelecimento da "progressividade no tempo" para as propriedades que não cumpram a sua função social (art. 182, § 4º, II).

[248] Vide NEUMARK, *Principios de la imposición*, p. 108.

objetivo. Utilizá-la como critério da igualdade no âmbito tributário levaria à distorção do real conteúdo do princípio.[249]

1.3.3.4. Autonomia perante o princípio da capacidade contributiva

É problemático estudar a autonomia do princípio da progressividade perante o da capacidade contributiva, pois tal tarefa pressupõe a determinação do conteúdo desses princípios, tema sobre o qual há expressivas divergências doutrinárias. No que segue, abordaremos o tema à luz das precisões estabelecidas anteriormente, que bastam para uma tomada de posição.

A tese da carência de autonomia funda-se na constatação de que ambos os princípios se destinam a orientar a graduação da carga impositiva. O princípio da progressividade careceria de autonomia, limitando-se a nortear a concretização do conteúdo da capacidade contributiva. Por conseguinte, a intensidade da carga tributária seria determinada pela capacidade contributiva, modulada pela progressividade.[250]

Parece-nos, contudo, tratar-se efetivamente de exigências distintas e autônomas.[251] A progressividade não deriva em toda a sua amplitude da capacidade contributiva. Esta pode conduzir a uma tributação meramente proporcional ou moderadamente progressiva (estabelecida a premissa de que a capacidade contributiva aumenta mais que proporcionalmente à variação do respectivo fato-signo de riqueza). A capacidade contributiva nunca daria respaldo à tributação extrafiscal, da qual a progressividade redistributiva é um exemplo.[252]

---

[249] A respeito, Neumark sublinha a necessidade de se distinguir entre o princípio da progressividade e o "postulado da redistribuição", afirmando que a usual equiparação doutrinária constitui "un error, toda vez que de esta manera se confunde al objetivo con *uno* de los medios o instrumentos destinados a la consecución del mismo" (*Principios de la imposición*, p. 203). Sobre a progressividade redistributiva, cfr. p. 322 ss.

[250] Herrera Molina é especialmente claro nesse sentido: "El principio de capacidad contributiva *ve modulado su contenido* a través de la progresividad [...] La capacidad económica tiene su fundamento en el principio de solidaridad, y en este sentido parece coherente que se interprete como *capacidad económica progresiva*. Desde este punto de vista podría decirse que la mención de la 'progresividad' no añade nada a la capacidad económica; mejor dicho, que constituye un inciso meramente interpretativo, aunque en modo superfluo" (*Capacidad económica y sistema fiscal,* p. 127-128). Para Martín Delgado, a progressividade "significa en esencia una concreción de la igualdad en el sector tributario", consistindo numa "forma de medir la capacidad económica"; sem embargo, propõe uma nítida distinção entre os princípios, ao destacar que "en momento alguno debe entenderse que la proporcionalidad sea consustancial al principio de capacidad económica" e que a progressividade não é "una forma de manifestarse el principio de capacidad económica, como hacía la doctrina tradicional, al menos que se considere que la capacidad económica es una manifestación del principio de igualdad y concluyamos que la progresividad es una forma de entender la igualdad" ("Los principios de capacidad económica e igualdad en la Constitución española de 1978", p. 72-73). Vide MANZONI, *Il principio della capacità contributiva nell'ordinamento costituzionale italiano*, p. 179-182.

[251] Vide LEJEUNE VARCÁRCEL, "Aproximación al principio constitucional de igualdad tributaria", p. 157 ss.; MARTÍN DELGADO, "Los principios de capacidad económica e igualdad en la Constitución española de 1978", p. 73; MAFFEZZONI, *Il principio di capacità contributiva nel diritto finanziario*, p. 292.

[252] A respeito, Lejeune Valcárcel destaca a inoperância da capacidade contributiva como critério de redistribuição: "Del doble mandato del principio de igualdad – mantener las situaciones de igualdad preexistentes y corregir las situaciones de discriminación –, el principio de capacidad económica sólo tiene respuesta para el primero de ellos. Y ello porque tributar con arreglo o en proporción a la capa-

Outrossim, enquanto o princípio da capacidade contributiva há de ser respeitado em cada espécie impositiva (ao menos enquanto um pressuposto subjetivo da tributação), o da progressividade aplica-se somente para determinadas espécies tributárias (como o Imposto de Renda). Eles têm, portanto, formas de atuação e âmbitos aplicativos distintos.[253]

Reconhecida a autonomia dessas exigências, conclui-se ser teoricamente possível haver antinomias entre elas, sobretudo com respeito à progressividade extrafiscal, destinada à redistribuição da riqueza ou a fins alheios à arrecadação de recursos.

Retornaremos ao tema ao analisar os conflitos entre o princípio da isonomia tributária e os fins não fiscais, limitando-nos, por ora, a ressaltar que, na Espanha e na Itália, o critério da progressividade é previsto constitucionalmente ao lado daquele da capacidade contributiva, o que reforça a ilação de se tratar de uma exigência específica, destinada a orientar a graduação da carga tributária mediante atuação concertada com o critério da capacidade contributiva. Esse fato é assinalado pelo Tribunal Constitucional espanhol em inúmeras decisões, nas quais aponta as peculiaridades do princípio da igualdade tributária. De acordo com fórmula constantemente reiterada, a Constituição espanhola "alude, expresamente, al principio de la capacidad contributiva y, además, lo hace sin agotar en ella – como lo hiciera cierta doctrina – el principio de justicia en materia contributiva", introduzindo uma concepção da igualdade tributária que "va íntimamente enlazada al concepto de capacidad económica y al principio de progresividad".[254]

1.4. A IGUALDADE NAS TAXAS

Ao abordar o tema da igualdade tributária, a doutrina não costumar levar em conta – com certas e honrosas exceções – as peculiaridades dos tributos distintos dos impostos, geralmente considerados tributos de menor importância. Analisa só uma espécie tributária e generaliza as conclusões para todo o Direito Tributário, como se as demais espécies não existissem ou não possuíssem peculiaridades relevantes.

Esse lamentável contexto, parcialmente explicado pela influência da doutrina alemã[255] e pela consagração constitucional do princípio da capacidade contributiva,[256] recomenda um enfoque detido dos problemas que os tributos distintos dos impostos suscitam com respeito à igualdade tributária. Comecemos pelas taxas.

---

cidad económica significa producir efectos iguales en la renta y patrimonio de los sujetos sometidos al impuesto, de tal forma que la situación de un sujeto pasivo no se ve alterada proporcionalmente respecto de la de otra una vez que sobre ambos ha incidido un impuesto inspirado en el principio de capacidad económica" ("Aproximación al principio constitucional de igualdad tributaria", p. 145).

[253] Manzoni alude a um distinto *modus operandi* dos princípios (*Il principio della capacità contributiva nell'ordinamento costituzionale italiano*, p. 193). Esposando a posição de Manzoni, Maffezzoni assevera que o princípio da capacidade contributiva concerne à discriminação qualitativa da carga tributária, enquanto o da progressividade se refere à discriminação quantitativa (*Il principio di capacità contributiva nel diritto finanziario*, p. 292 ss.). Vide também GIARDINA, *Le basi teoriche del principio della capacità contributiva*, p. 433.

[254] STC 27/1981, de 20 de julho, FJ 4.

[255] Vide p. 163-164.

[256] Cfr. p. 181 ss.

1.4.1. Graduação das taxas conforme a capacidade contributiva

Há um amplíssimo consenso doutrinário no sentido da aplicação do princípio da capacidade contributiva como pressuposto para se cobrar todo e qualquer tributo.[257] Também há renomados juristas a preconizar que se deve respeitar a capacidade contributiva não só como pressuposto para a cobrança de taxas e contribuições de melhoria, senão também como critério exclusivo ou predominante da sua graduação.[258] Entretanto, prevalece a concepção segundo a qual a capacidade contributiva, quando aplicada a tributos distintos dos impostos, tem de se limitar à sua função de pressuposto de imposição (e, eventualmente, de limite máximo da tributação), orientando-se a graduação das taxas e contribuições de melhoria primordial ou exclusivamente pelo critério da equivalência *lato sensu*.[259] [260]

---

[257] Albiñana García-Quintana defende a possibilidade de o princípio da capacidade econômica aplicar-se às taxas "a título corrector (del principio de 'beneficio')" ("El gasto público", p. 417). García Añoveros já é mais categórico, ao asseverar que o princípio da capacidade contributiva "conduce a delimitar las posibilidades de financiación mediante el principio de equivalencia (precios o tasas): este no puede llevarse hasta la situación en que la utilización de servicios esenciales (concepto de contenido variable) requiera el pago de servicios o tasas por quienes carecen de capacidad económica para hacerles frente" (*Manual del Sistema Tributario Español*, p. 51). Vide PÉREZ DE AYALA; GONZÁLEZ GARCÍA, *Curso de Derecho Tributario*, t. I, p. 183.

[258] Sainz de Bujanda sustentava que a repartição das taxas há de ser efetuada "con un criterio de justicia distributiva, como en cualquier otro tributo", sendo que, se tal graduação se revelar demasiado difícil ou tecnicamente impossível, "deberá reducirse el límite superior de la tasa, incrementándose simultáneamente la fracción de coste del servicio que deba ser sufragada con el impuesto" (*Hacienda y derecho*, v. III, p. 262 e 265). Nesse sentido, Cors Meya afirma que "la igualdad, como criterio de justicia tributaria, no puede inspirar o justificar la articulación de figuras retributivas o conmutativas", e propõe a aplicação do princípio da capacidade contributiva às taxas, após a prévia integração do princípio do benefício no seu âmbito ("Las tasas en el marco de un sistema tributario justo", p. 327 ss.). Lago Montero reputa ser "constitucionalmente posible y exigible que las tarifas de las tasas y precios públicos se gradúen en función de la capacidad económica de los contribuyentes siempre que la estructura del gravamen lo permita [...] Puede defenderse la predominancia clara y contundente del principio de capacidad económica sobre cualquier otro que se formule, o bien la convivencia pacífica del mismo con otros que no contradigan, pero nunca su papel subordinado o subsidiário" ("Un apunte sobre el principio de capacidad contributiva en algunas tasas y precios públicos", p. 91 e 96).

[259] Tipke refere expressamente que o princípio da capacidade contributiva pode aplicar-se tão somente aos impostos (*Steuern*). Não seria correto aplicá-lo às taxas (*Gebühren*) e tampouco às contribuições (*Beiträgen*) (TIPKE, "Sollten Leistungsfähigkeitsprinzip und Steuergrenzen in die Verfassung aufgenommen werden?", p. 59). J. Becker assevera que a graduação dos tributos que não são impostos (*nichtsteuerlichen Abgaben*) segundo a capacidade contributiva é constitucionalmente proibida (*Transfergerechtigkeit und Verfassung*, p. 110). Vide também ENGISCH, *Auf der Suche nach der Gerechtigkeit*, p. 170; GAFFURI, *L'attitudine alla contribuzione*, p. 37-41; NEUMARK, *Principios de la imposición*, p. 137-138; E. GONZÁLEZ; T. GONZÁLEZ, *Derecho Tributario*, v. I, p. 63; CASADO OLLERO, "El principio constitucional y el control constitucional de la imposición indirecta (II). El contenido constitucional de la capacidad económica", p. 231-232. Relativizando essa posição, Casado Ollero e García Añoveros defendem a liberdade do legislador para estruturar outras figuras à luz da capacidade contributiva (CASADO OLLERO, ob. cit., p. 232; GARCÍA AÑOVEROS, ob. cit., p. 51) e García Frias, a despeito de constatar que, nas taxas, não se "utiliza como parámetro fundamental la capacidad contributiva, sino el coste del servicio", considera que "ésta se deba tener en cuenta por su carácter de tributo a la hora de fijar la cuantía de la prestación" ("Los fines extrafiscales en las tasas", p. 174).

[260] Na Espanha, a Lei 8/1989, denominada "Ley de Tasas y Precios Públicos", dispõe que às taxas devem aplicar-se tanto o princípio da equivalência (art. 7) quanto o da capacidade contributiva (art. 8). Este se aplicaria na fixação das taxas "cuando lo permitan las características del tributo": "Artículo 7. Principio de equivalencia. Las tasas tenderán a cubrir el coste del servicio o de la actividad que cons-

A nosso juízo, essa última posição é a correta, haja vista que a capacidade contributiva "no opera como elemento configurador en las tasas o, si lo hace, es de manera indirecta y remota".[261] Noutros termos, às taxas não se deve aplicar o critério da capacidade contributiva, exceto para se estabelecer o pressuposto subjetivo da tributação (e eventualmente um patamar máximo à imposição). Isso porque a hipótese de incidência das taxas não constitui signo de capacidade contributiva e, por conseguinte, carece de uma dimensão econômica que possa orientar a sua graduação à luz da força econômica dos contribuintes.

Seria concebível utilizar magnitude alheia à hipótese de incidência das taxas para orientar a sua graduação. Contudo, ao fazê-lo estar-se-ia violando a correlação que há de existir entre a hipótese e a base de cálculo. Como exemplifica A. Berliri, seria completamente inapropriada a graduação de uma taxa de vacinação segundo a renda dos contribuintes, já que se assumiria como "hipótese de incidência da obrigação de pagar uma soma determinada segundo a capacidade contributiva um fato (na hipótese, a vacinação) que daquela capacidade contributiva certamente não pode constituir um índice".[262]

Por isso, a tributação orientada pela capacidade contributiva, como bem destaca Vogel, tem de se limitar ao âmbito dos tributos que incidem sobre todos os cidadãos sem que, para isso, haja um pressuposto específico (ou mais precisamente, uma atuação estatal ligada diretamente ao contribuinte). Se os impostos permitem comparações e, eventualmente, equiparações parciais entre as distintas capacidades contributivas, então isso não é necessário no domínio das taxas. E se não o permitem, são as leis dos impostos que devem ser modificadas, não as das taxas.[263]

De todo o exposto se conclui que o princípio da capacidade contributiva regula todo o sistema tributário, tal qual o da igualdade. Ao desempenhar a função de critério de graduação, contudo, tem um âmbito mais restrito, pois se aplica exclusivamente aos impostos, empréstimos compulsórios e às contribuições especiais, e não a todos os tributos, como certos juristas defendem ao recepcionar cega e acriticamente as lições da doutrina alemã e italiana. Aos demais tributos, devem ser aplicados critérios distintos, adequados às suas peculiaridades.[264]

1.4.2. A problemática à luz dos sistemas constitucionais espanhol e italiano

Na Espanha e na Itália, a questão da aplicabilidade do critério da capacidade contributiva para graduar os tributos distintos dos impostos merece ponderações específicas, porquanto as suas Constituições estabelecem que todos contribuirão aos

---

tituya su hecho imponible. Articulo 8. Principio de capacidad económica. En la fijación de las tasas se tendrá en cuenta, cuando lo permitan las características del tributo, la capacidad económica de las personas que deben satisfacerlas".

[261] STC 296/1994, de 10 de novembro, FJ 4.
[262] A. BERLIRI, *Corso istituzionale di Diritto Tributario*, v. I, p. 87.
[263] VOGEL, "Grundzüge des Finanzrechts des Grundgesetzes", p. 71-72.
[264] A respeito, González García leciona que as taxas e as contribuições especiais, "dada la estructura de sus respectivos presupuestos de hecho, se acomodan mejor al principio de beneficio que al de la capacidad contributiva" ("Reflexiones en torno a los principios de capacidad contributiva e igualdad", p. 1396).

gastos públicos segundo a sua capacidade contributiva.[265] Tais disposições suscitam indagações a respeito da legitimidade constitucional de outros critérios de repartição. Seria possível que, em tais países, fossem criados tributos distintos dos impostos? Ou que as taxas e as contribuições de melhoria não fossem graduadas de acordo com os critérios da capacidade contributiva e da progressividade, mas sim segundo os critérios da equivalência e do benefício?

A interpretação *a contrario sensu* dos preceitos (art. 31.1 da Constituição espanhola e art. 53 da italiana) levaria a resposta negativa, perfilhada por alguns (pouquíssimos) juristas que adotam uma exegese radical de tais preceitos constitucionais, concebendo que o princípio da capacidade contributiva impede a criação de tributos distintos dos impostos: as taxas e contribuições de melhoria seriam inconstitucionais. De Mita defende esse questionável posicionamento, ao sustentar serem as taxas um instituto anacrônico, desprovido de justificação e constitucionalmente ilegítimo.[266] Trata-se, todavia, de posição isolada e fundada em argumentos extremamente débeis, sobretudo na interpretação literal de um único preceito constitucional, quando é indubitável que a atividade interpretativa jamais pode limitar-se ao frágil critério literal.

O fato é que as taxas e contribuições de melhoria ostentam peculiaridades que impedem (ou ao menos dificultam intensamente) uma graduação orientada pela capacidade contributiva.[267] Nessa senda, a *Corte Costituzionale* reconhece há muito tempo que o art. 53 da Constituição italiana "incide sobre o conjunto do sistema fiscal, e não sobre todos os tributos", aplicando-se somente aos tributos que constituam remunerações de "prestações de serviços cujo custo não pode ser dividido".[268] Para fundamentar essa posição, a Corte recorre ao "caráter de indivisibilidade" que constitui um "pressuposto necessário para a operatividade do princípio da capacidade contributiva prescrito pela Constituição".[269]

Portanto, parece-nos que a interpretação mais adequada dos preceitos analisados consiste em restringir as suas funções gerais ao estabelecimento dos pressupos-

---

[265] Mais especificamente: "in ragione della loro capacità contributiva", art. 53 da Constituição italiana; e "de acuerdo con su capacidad económica", art. 31.1 da Constituição espanhola.

[266] DE MITA, *Principi di diritto tributario*, p. 9.

[267] Consciente de que os tributos comutativos não devem ser graduados conforme a capacidade econômica, Albiñana García-Quintana chega ao extremo de negar a possibilidade de se construir um sistema tributário, propondo que a análise do art. 31 da Constituição espanhola se dirija ao "sistema impositivo", isto é, ao sistema dos impostos: "si se ha de relacionar la capacidad económica con el sistema tributario, es evidente que este último sólo puede referirse a los impuestos, que son los que se fundan en la capacidad económica. Por consiguiente, se ha de entender la expresión 'sistema tributario' como sinónima de 'sistema impositivo' a efectos del artículo 31 de la Constitución" (ALBIÑANA GARCIA-QUINTANA, "El gasto público", p. 425-426).

[268] *Corte Costituzionale*, *Sentenza* 30/1964. A decisão dizia respeito aos "tributos judiciais" (*tributi giudiziari*), tendo a Corte asseverado que o art. 53 não concerne às despesas judiciais que se medem para cada "ato singular e podem, portanto, gravar individualmente quem os causou", senão tão somente àqueles relativos aos "gastos de organização geral dos serviços judiciais, que o Estado mantém no interesse indistinto de toda a coletividade e que, por consequência, devem onerar indistintamente toda a coletividade, segundo a capacidade contributiva de cada um dos seus membros". Vide *Corte Costituzionale*, *Sentenze* 62/1977 e 96/2001. Tesauro critica expressamente esse posicionamento. Reputa que a imposição só pode se verificar quando a fruição dos serviços públicos seja um signo efetivo de capacidade contributiva, com exceção dos serviços públicos essenciais. Somente os serviços públicos divisíveis e não essenciais poderiam basear-se no princípio do benefício (*Istituzioni di diritto tributario*, v. 1, p. 74-75). Neste sentido, FALSITTA, *Manuale di diritto tributario. Parte generale*, p. 160-161.

[269] *Corte Costituzionale*, *Sentenza* 62/1977.

tos objetivo (para os impostos, empréstimos compulsórios e contribuições especiais) e subjetivo (para todos os tributos), bem como do parâmetro máximo da tributação, reservando-se, no âmbito dos tributos comutativos, as funções de graduação e determinação dos sujeitos passivos aos critérios do benefício e da equivalência.

1.4.3. Critério da equivalência

1.4.3.1. Fundamentação do critério da equivalência lato sensu a partir do princípio constitucional da igualdade

É imprescindível ter consciência de que o critério da equivalência *lato sensu* (que compreende os critérios do benefício e da equivalência *stricto sensu*) pode perfeitamente ser deduzido do princípio da isonomia tributária, assim como o BVerfG extraiu o princípio da capacidade contributiva a partir do princípio geral da igualdade consagrado na Lei Fundamental de Bonn.

Deveras, a igualdade tributária demanda que se aplique dito critério aos âmbitos da atividade estatal que afetam, de modo especial, contribuintes determinados, na medida em que os benefícios específicos derivados da atividade do Estado implicam uma "especial responsabilidade de financiamento" (*besondere Finanzierungsverantwortung*).[270] Auferidos tais benefícios, exsurge uma desigualdade significativa e juridicamente relevante entre esses e os demais cidadãos.

Tal desigualdade não só justifica, antes impõe tratos jurídico-tributários díspares, fundados no critério da equivalência ou do benefício. Desconsiderar injustificadamente tais critérios seria violar escancaradamente o princípio da isonomia tributária.[271]

De todo o exposto se infere que os critérios do benefício e da equivalência possuem, invariavelmente, *status* constitucional. São derivações necessárias do princípio constitucional da igualdade, que desempenha uma função central em todos os Estados de Direito. Constituem, outrossim, pilares da justiça impositiva, de relevância equiparável à do princípio da capacidade contributiva.[272]

---

[270] A respeito, o *Bundesverfassungsgericht* assevera que "quem obtém, de uma instituição pública, utilidades econômicas especiais também deve cobrir os seus custos". Por isso, "o fundamento legitimador das contribuições (*Beiträge*) é o equilíbrio (*Ausgleich*) entre benefícios e cargas" e "o ponto de vista da contraprestação" é essencial para o próprio conceito de contribuição (BVerfGE 42, 223, 228). No que concerne às contribuições para a seguridade social, vide este precedente, referido na decisão comentada: BVerfGE 14, 312 [317]. Na doutrina, F. Kirchhof, entre muitos outros, anota que as taxas e as contribuições servem e se justificam justamente para compensar uma "especial vantagem financeira" do particular ("Vom Steuerstaat zum Abgabenstaat?", p. 152). Vide LANG, *Die Bemessungsgrundlage der Einkommensteuer*, p. 100-101. Na Itália, Del Federico expõe que, para os tributos "paracomutativos" (*paracommutativi*), o equânime e razoável critério de repartição pode consistir unicamente "na responsabilidade individual pelo gasto público, seja pela necessidade de compensar a situação de vantagem que o contribuinte obtém pela execução de um serviço público, seja pelo gozo de um bem público (ou pela realização de uma obra pública)" (*Tasse, tributi paracomutativi e prezzi pubblici*, p. 303). Nessa senda, cabe referir a ponderação de A. Berliri relativa à contribuição de melhoria estabelecida para custear a construção de estrada que beneficia especialmente os proprietários das áreas contíguas: "Nesses casos, se o custo daquela obra fosse suportado integralmente pela coletividade, os indivíduos que obtivéram uma vantagem particular (os proprietários fronteiriços, no caso da estrada), iriam enriquecer, sem uma adequada justificação, em prejuízo da própria coletividade" (*Corso istituzionale di Diritto Tributario*, v. I, p. 66).

[271] J. BECKER, *Transfergerechtigkeit und Verfassung*, p. 101 ss., que analisa a questão sob a ótica do princípio da equivalência.

[272] LANG, *Die Bemessungsgrundlage der Einkommensteuer*, p. 100.

1.4.3.2. Âmbito de aplicação da equivalência stricto sensu

Já se expôs que a teoria do benefício, em cujo âmbito se insere o critério da equivalência, foi amplamente rechaçada pela doutrina como critério-guia da tributação, ante a impossibilidade de ser aplicada para orientar a graduação dos tributos que financiam serviços públicos indivisíveis ou obras públicas não diretamente relacionadas aos contribuintes (impostos). Não obstante, tal impossibilidade não implica a completa ilegitimidade do critério da equivalência como parâmetro da carga tributária. Isso porque, como indica González García, "la aplicación del principio de igualdad de trato en los tributos que no son impuestos, permite la referencia a unos criterios de equivalencia inmediata (reminiscencia de las teorías del cambio) absolutamente inutilizables en el caso de los impuestos, donde excluida por principio toda conexión con los posibles beneficios derivados del gasto público, la igualdad de trato requerida no tiene más punto de apoyo".[273]

De fato, há âmbitos nos quais o critério da equivalência se aplica, não como exigência de correlação mediata entre serviços ou obras indivisíveis e uma prestação tributária concreta, senão de equivalência "concreta e individual" com respeito ao custo ou valor do objeto da relação comutativa.[274]

A equivalência pode e deve nortear a concretização do princípio da igualdade com respeito aos tributos baseados diretamente na noção de contraprestação (taxas).[275] A adequação desse critério às taxas infere-se facilmente das características que lhes são inerentes, dentre as quais se destaca a sua finalidade específica. Finalidade exposta com muita propriedade por Vicente-Arche, com base no pensamento de S. Bartholini: as taxas não satisfazem propriamente "el interés del ente público a la cobertura de sus necesidades financieras, sino su interés a no soportar la carga económica de la actividad desarrollada en beneficio del particular".[276] A despeito de as taxas servirem para custear necessidades financeiras públicas, são vocacionadas a que as atividades desempenhadas em benefício de cidadãos específicos não onerem a coletividade em geral (o que aconteceria se a atividade estatal fosse custeada mediante os recursos arrecadados com impostos), senão exclusivamente tais cidadãos, diretamente beneficiados pela atividade financiada.[277]

---

[273] GONZÁLEZ GARCÍA, "Reflexiones en torno a los principios de capacidad contributiva e igualdad", p. 1388-1389.

[274] Esse é o conteúdo do *Äquivalenzkriterium* em sentido estrito utilizado por Schmehl (*Das Äquivalenzprinzip im Recht der Staatsfinanzierung*, p. 6).

[275] Defendendo a aplicação do princípio da equivalência às taxas, vide TIPKE, "Sollten Leistungsfähigkeitsprinzip und Steuergrenzen in die Verfassung aufgenommen werden?", p. 58-59; OSTERLOH, "Art. 3. Gleichheit vor dem Gesetz", p. 217-218; BIRK, *Steuerrecht*, p. 12; RUSSO, *Manuale di Diritto Tributario*, p. 22; GARCÍA AÑOVEROS, *Manual del Sistema Tributario Español*, p. 50; MARTÍN QUERALT; LOZANO SERRANO; CASADO OLLERO; TEJERIZO LÓPEZ, *Curso de Derecho Financiero y Tributario*, p. 87; LOBO TORRES, *Os Direitos Humanos e a Tributação. Imunidades e Isonomia*, p. 272. Alguns autores propõem a aplicação do princípio do benefício às taxas. Vide, por todos, ALBIÑANA GARCIA-QUINTANA, "El gasto público", p. 412.

[276] VICENTE-ARCHE DOMINGO, "Apuntes sobre el instituto del tributo con especial referencia al Derecho español", p. 461.

[277] Como observa Pasquale Russo, é "inegável a natureza comutativa da taxa [...]; natureza que não pode significar outra coisa senão que a sua justificação resulta do fato de o sujeito por ela gravado ser o específico e singular destinatário da atividade executada pelo ente público no exercício do poder provocado por uma solicitação ou por um comportamento do próprio sujeito" (*Manuale di Diritto Tributario*, p. 20).

Na Alemanha, o BVerfG extrai as exigências do "princípio da equivalência" justamente dos princípios da igualdade e da proporcionalidade, mas lhe atribui um significado débil, limitado à imposição de adequada relação entre o valor da taxa e a correlata prestação estatal.[278] Também o Tribunal Administrativo Federal (*Bundes verwaltungsgericht*) reconhece a existência de um princípio da equivalência aplicável às taxas e exige que haja "uma relação justa" (*ein richtiges Verhältnis*) entre a prestação estatal e a contraprestação; porém, restringe significativamente o controle da observância de tal princípio, limitando-se a pronunciar a ilegitimidade dos atos estatais quando o princípio seja "violado gravemente" (*gröblich verletz*).[279]

Na Espanha, a *Ley de Tasas y Precios Públicos* consagra expressamente o princípio da equivalência (art. 7º), e o Tribunal Constitucional já teve oportunidade de externar que, com as taxas, "se pretende la contraprestación proporcional, más o menos aproximada, del coste de un servicio o realización de actividades en régimen de Derecho público" e, por isso, a alíquota há de ser fixada "esencialmente, atendiendo al coste de la actividad o servicio prestado por la Administración, con los que tiene una relación, más o menos intensa, de contraprestación".[280]

Não se pode olvidar que, a despeito de a equivalência *stricto sensu* ser critério legítimo de diferenciação, tem alcance limitado. Pode aplicar-se tão somente aos tributos que remuneram serviços públicos específicos e divisíveis (taxas). Não obstante se aplique com certas *nuances* e limitações às contribuições de melhoria (como limite à tributação baseada no benefício), jamais poderá se aplicar aos impostos, o que não seria factível e tampouco axiologicamente legítimo. A refutação do princípio da equivalência para os impostos se identifica já na definição de imposto do § 1 da *Reichsabgabenordnung* (RAO), que traz o caráter da contraprestação como nota característica negativa desta espécie tributária, ao prever que os impostos "não constituem uma contraprestação por uma prestação especial" (*nicht eine Gegenleistung für eine besondere Leistung darstellen*).[281] A *Ley General Tributaria* espanhola de 1963 é ainda mais clara a respeito: "Son impuestos los tributos exigidos sin contraprestación, cuyo hecho imponible está constituido por negocios, actos o hechos de naturaleza jurídica o económica, que ponen de manifiesto la capacidad contributiva

---

[278] BVerfGE 50, 217 [227]; 83, 363 [392]. Do princípio geral da igualdade, o BVerfG deriva o referido princípio e, assim, a interdição de que a graduação das taxas seja "completamente independente" dos custos da atuação estatal (BVerfGE 50, 217, 227), mas não um rígido "princípio de cobertura dos custos" (*Kostendeckungsprinzip*); por consequência, autoriza que as taxas sejam superiores ou inferiores a tais custos (BVerfGE 97, 332, 345). Ademais, o Tribunal alemão não proíbe, de forma absoluta, que se graduem as taxas com base na capacidade contributiva ou, em outros termos, com base em "pontos de vista sociais" (*sozialen Gesichtspunkten*). Por isso, a despeito de referir o princípio da equivalência, o BVerfG não vislumbra uma limitação constitucional rígida das taxas aos custos da ação estatal.

[279] Vide VOGEL, "Grundzüge des Finanzrechts des Grundgesetzes", p. 69; SCHMEHL, *Das Äquivalenzprinzip im Recht der Staatsfinanzierung*, p. 113.

[280] STC 296/1994. Isso porque nas taxas "se evidencia, de modo directo e inmediato, un carácter sinalagmático que no se aprecia en otras figuras impositivas" (STC 233/1999).

[281] Essa característica negativa também foi prevista no § 3, 1, da Codificação Tributária alemã de 1977 (*Abgabenordnung* – AO 1977). Sem embargo, tal característica não se contrapõe completamente às teorias da equivalência ou do benefício, já que elas não consideram os impostos propriamente como retribuições pelas prestações estatais especiais, antes pela atividade estatal considerada globalmente. A respeito, cfr. VOGEL; WALDHOFF, *Grundlagen des Finanzverfassungsrechts: Sonderausgabe des Bonner Kommentars zum Grundgesetz*, p. 251.

del sujeto pasivo, como consecuencia de la posesión de un patrimonio, la circulación de los bienes o la adquisición o gasto de la renta" (art. 26.1, c).[282]

1.4.3.3. Equivalência a quê?

O critério da equivalência *stricto sensu* diz respeito aos custos financeiros do Poder Público,[283] e não aos acréscimos patrimoniais do contribuinte, que são a dimensão econômica considerada pelo critério do benefício. Porém, quais são especificamente os custos que o sujeito passivo das taxas há de financiar?

A respeito, F. Kirchhof alude aos princípios especial e geral da cobertura dos custos. O especial exige que as taxas cobradas de cada particular não superem os custos da medida administrativa dirigida especificamente a ele, enquanto o geral considera a totalidade dos custos e requer simplesmente que a totalidade das somas arrecadadas mediante as taxas não seja superior ao gasto global do Estado para desempenhar a atividade em questão, sem estabelecer restrições quanto ao valor a ser exigido de cada contribuinte.[284]

O primeiro princípio resulta da justiça individual na repartição dos custos entre os sujeitos passivos das taxas. Já o princípio geral concerne a uma justiça mais geral e débil na repartição dos custos públicos, limitando-se a tutelar a universalidade dos contribuintes das taxas perante os que são tão somente contribuintes de impostos, haja vista não levar em consideração as desigualdades porventura existentes entre os valores exigidos daqueles contribuintes.

Não obstante, vislumbramos ser mais correto reconhecer a existência de somente um critério (ou se se prefere, princípio), do qual derivam duas limitações específicas: ao custo da atividade dirigida especificamente ao contribuinte (equivalência individual) e ao da atividade global (equivalência global). Este limite, em que pese derive logicamente dos limites individuais, tem um significado prático próprio, pois pode ser determinado de forma mais precisa que o limite individual e, por consequência, é mais apto a alcançar a plenitude da sua força normativa.

1.4.4. Rigidez da equivalência

Há expressivas controvérsias quanto à rigidez da equivalência exigida nas taxas. Costuma-se negar a existência de um critério (ou princípio) rígido de equivalência, por ser impossível segui-lo fielmente. Suscita-se, destarte, problemática similar à concernente ao caráter absoluto do princípio da capacidade contributiva.

A doutrina normalmente defende a existência de uma vinculação débil ao critério da equivalência. Por exemplo, Wilke, na sua conhecida obra sobre o "Direito das Taxas e a Lei Fundamental", não critica tal critério pela sua inadequação às taxas, mas pelo caráter absoluto que lhe atribui e que se contrapõe a todas as ponderações incompatíveis com o "esquema prestação-contraprestação" (*Leistungs-Gegenleistungs-Schema*). Defende não estar o legislador vinculado estritamente ao

---

[282] Previsão similar consta no art. 2.2, *c*, da *Ley General Tributaria* de 2003.
[283] No que concerne ao princípio da equivalência, consagrado no art. 7º da *Ley de Tasas y Precios Públicos*, González García assinala que "marca una clara tendencia en la fijación de las cuotas debidas a título de tasa (la cobertura del coste del servicio)" ("La tasa como especie del genero tributo", p. 29).
[284] F. KIRCHHOF, *Die Höhe der Gebühr*, p. 95 ss. Adotando expressamente a sua classificação, vide VOGEL ("Grundzüge des Finanzrechts des Grundgesetzes", p. 69, n. 407).

critério da equivalência, senão ao princípio da proporcionalidade *stricto sensu*, que imporia uma débil orientação pela equivalência.[285]

Essa tese foi adotada, com certas *nuances*, pelo *Bundesverfassungsgericht*.[286] O Tribunal alemão consigna ser o princípio da equivalência "imanente ao conceito de taxa", mas reputa que ele não exige uma proporcionalidade rígida: requer unicamente que as taxas não estejam numa relação de desproporção (*Miβverhältnis*) com a prestação estatal.[287] A relação com o custo da atividade administrativa é essencial, como externou ao pronunciar, com base no princípio da igualdade, a inconstitucionalidade de uma taxa cujo valor era desproporcional ao custo do serviço financiado.[288]

Não obstante essas premissas sejam corretas, a conclusão não se afigura acertada. É perfeitamente possível reconhecer que o princípio da isonomia demanda uma equivalência rígida, porquanto se trata justamente de um princípio jurídico, isto é, de um mandado de otimização. Embora seja correto negar a possibilidade de se exigir invariavelmente uma equivalência rígida,[289] é perfeitamente possível (e exigível) buscar o ideal da máxima equivalência possível, dentro das possibilidades fáticas e jurídicas existentes. Mesmo que haja princípios jurídicos contrapostos à igualdade concretizada à luz do critério da equivalência (ou simplesmente, ao princípio da equivalência), isso não implica a negação deste princípio, mas apenas a necessidade de se harmonizarem as exigências contrapostas.[290]

Da imposição de uma rígida equivalência entre o *quantum* das taxas e os custos da atividade estatal derivam duas projeções específicas: a interdição de superação dos custos e o mandado do seu custeio integral.

1.4.4.1. Interdição de superação dos custos

Do critério da equivalência aos custos da atividade administrativa resulta a "interdição de superação dos custos" (*Kostenüberschreitungsverbote*).[291] Tal interdição

---

[285] WILKE, *Gebührenrecht und Grundgesetz*, p. 301 ss. Essa não é, na realidade, uma crítica ao princípio da equivalência, mas à sua rigidez e ao seu caráter absoluto. É fácil constatar que Wilke adota o princípio da equivalência, porém considera serem legítimos os desvios ante as suas imposições, sempre que superem o controle de proporcionalidade.

[286] BVerfGE 50, 217 [226 ss.]. Vide VOGEL, "Grundzüge des Finanzrechts des Grundgesetzes", p. 69, n. 408.

[287] BVerfGE 20, 257 [270]. Em decisão posterior, o BVerfG expressou conclusão idêntica, mas para tanto se baseou na premissa de que o princípio da equivalência não é um parâmetro jurídico-constitucional específico, constituindo tão somente expressão, no âmbito das taxas, do princípio da proporcionalidade (BVerfGE 83, 363, 392). Essa aparente contradição entre as premissas das decisões é solvida mediante a tese segundo a qual a Lei Fundamental não contém um "conceito próprio de taxa, do qual possam extrair-se diretamente critérios de controle da constitucionalidade" da conformação das taxas (BVerfGE 50, 217, 225-226). Segundo a concepção do Tribunal, diversamente do que ocorre com o princípio da capacidade contributiva (que constitui um critério constitucional de graduação da tributação, por concretizar o princípio da isonomia tributária), o da equivalência não teria a função de orientar a graduação das taxas, desempenhando somente uma função *negativa*, de coibir desproporcionalidades manifestas na sua conformação.

[288] Cfr. VOGEL, "Grundzüge des Finanzrechts des Grundgesetzes", p. 70.

[289] Vide, por todos, VOGEL, "Grundzüge des Finanzrechts des Grundgesetzes", p. 70.

[290] Sobre o controle de proporcionalidade das desigualdades, vide p. 248 ss.

[291] Vide P. Kirchhof, "Die Finanzierung des Leistungsstaates", p. 512, que diferencia entre o princípio da equivalência (entre a prestação estatal e seu valor e utilidade para o contribuinte) e o da cobertura dos custos, aplicando este à arrecadação total, como um limite superior e absoluto.

leva em consideração os custos previsíveis no momento da instituição da taxa,[292] haja vista ser impossível que o legislador preveja, com exatidão absoluta, os custos de atividade futura. Eventuais oscilações ou divergências poderão embasar ou até mesmo impor modificações do *quantum* da taxa, de modo a adaptá-lo à realidade financeira.

Negar essa proibição significaria autorizar a busca de superávit mediante a instituição de taxas ou até mesmo consagrar um "princípio de lucro" (*Gewinnprinzip*), segundo o qual as taxas têm de superar os custos específicos da atividade estatal, a fim de se lograr superávit para financiar despesas gerais do Estado.[293] Tanto o princípio quanto a autorização de lucros são flagrantemente ilegítimos à luz do princípio da isonomia tributária, pois imporiam a certo grupo de indivíduos o custeio das atividades públicas *uti universi* – que é dever de todos –, violando a justa repartição dos encargos estatais gerais.

1.4.4.2. Exigência de custeio integral

No âmbito das taxas, o princípio da igualdade impõe responsabilidades financeiras especiais aos particulares afetados diretamente pela atividade estatal. Responsabilidades que devem corresponder plenamente aos custos que lhes dizem respeito, sob pena de se sujeitar a coletividade ao custeio de atividades dirigidas especificamente a cidadãos determinados e contributivamente capazes, com nítida violação da isonomia tributária.

Há, portanto, um "mandado de cobertura dos custos" (*Kostendeckungsgebote*), que desempenha relevante papel na repartição dos custos públicos. Trata-se da dimensão positiva do denominado "princípio de cobertura dos custos", a qual tutela os interesses do Fisco e, por consequência, dos demais contribuintes. À luz desse mandado, os custos representam a medida mínima de graduação das taxas.[294] Sob outro ponto de vista, refere-se à "interdição de doações" (*Schenkungsverbot*)[295] que resultariam de prestações estatais gratuitas ou subsidiadas para contribuintes determinados.[296]

---

[292] Vide SCHMEHL, *Das Äquivalenzprinzip im Recht der Staatsfinanzierung*, p. 165 ss. Wendt, que nega a existência de um princípio constitucional da equivalência, recorre ao mandado de proporcionalidade para fundamentar a interdição de as taxas superarem os custos totais ou individuais. Aplica-o às intervenções no direito de propriedade mediante a cobrança de taxas e sustenta jamais ser necessária a taxa que supere os custos do serviço (*Die Gebühr als Lenkungsmittel*, p. 119 ss.).

[293] Vide F. KIRCHHOF, *Die Höhe der Gebühr*, p. 125 ss.

[294] SCHMEHL, *Das Äquivalenzprinzip im Recht der Staatsfinanzierung*, p. 172 ss.

[295] Os fundamentos dessa interdição foram reconhecidos pelo BVerfG ao analisar a privatização da *Volkswagen*, quando afirmou que a sua legitimidade constitucional não libera o Poder Público da obrigação de postular um preço adequado pela alienação do patrimônio público, obrigação que, como expôs, resulta claramente do interesse público. À luz de uma finalidade puramente fiscal, o preço adequado seria o preço de mercado. Ainda que fins não fiscais (econômicos ou sociais) possam justificar um desvio perante tal preço, isso só será possível se forem observados os princípios do Estado de Direito (BVerfGE 12, 354, 364).

[296] Aqueles que negam o *status* constitucional do princípio da cobertura de custos se opõem, por consequência, à existência de um *Schenkungsverbot* com caráter constitucional e absoluto – F. Kirchhof, por exemplo, deriva da Lei Fundamental uma interdição relativa, consistente na débil proibição de prestações estatais sem contraprestações *e* carentes de autorização legal *ou* fundamento objetivo (*Die Höhe der Gebühr*, p. 57 ss.). Dessa forma, rechaçam a dimensão constitucional da interdição (o próprio F. Kirchhof expõe que a sua imprecisão impossibilita atuar como princípio constitucional das taxas),

De todo o acima exposto, infere-se que o princípio da igualdade, aplicado às taxas, exige a realização do ideal de uma equivalência econômica plena entre os custos da prestação estatal e a contraprestação do sujeito passivo. Introduz um mandado de otimização, que exige buscar-se tal ideal na máxima medida possível,[297] mesmo que para tanto seja necessário recorrer à tipificação de taxas destinadas a custear prestações de massa.[298]

1.5. A IGUALDADE NAS CONTRIBUIÇÕES DE MELHORIA

Ao enfocar a temática da isonomia nas taxas, já tratamos do fundamento constitucional dos critérios do benefício e da equivalência[299] e de algumas questões pertinentes às contribuições de melhoria.[300] Agora, devemos analisar certos problemas específicos que o princípio da isonomia tributária suscita com respeito a estes tributos.

Como evidenciamos, há certas atividades estatais que, além de beneficiarem a coletividade, favorecem de modo especial grupos determinados de cidadãos. É o caso das obras públicas que implicam valorizações imobiliárias, para cujo financiamento o Poder Público está autorizado a criar contribuições de melhoria, a incidirem sobre o incremento de valor dos bens imóveis dos contribuintes. Tais contribuições não se confundem com os impostos sobre acréscimos patrimoniais, em razão de pressuporem atividades estatais específicas, das quais resulta a valorização.[301]

Às contribuições de melhoria é plenamente aplicável o critério do benefício,[302] isolada ou conjuntamente com o da equivalência. A observância deste critério, que vem a relativizar a solução indicada pelo do benefício, é exigível quando os incrementos econômicos individuais superam o custo total da obra. Nessa hipótese, a equivalência atua como limite absoluto ao montante global dos recursos a serem arrecadados.[303]

---

conferindo uma autorização quase ilimitada aos Poderes Públicos, pois o legislador somente estaria limitado pela interdição de arbitrariedade e a Administração, pelo âmbito das suas competências. Wilke acolhe posição ainda mais cética: a proibição de "doações" públicas não se aplicaria às taxas por se restringir às vantagens individuais (e as taxas são cobradas por prestações de massa), embora, como nota, seja reconhecida na Alemanha há muito tempo no que diz respeito às subvenções (*Gebührenrecht und Grundgesetz*, p. 155-157). Contudo, a vinculação das taxas a prestações estatais de massa não afeta os fundamentos da interdição e, por conseguinte, não é um argumento válido para excluir a sua aplicação.

[297] Considerando o "princípio da equivalência", Schmehl anota estar "orientado por uma aproximação a uma completa correlação" entre a prestação e a contraprestação (*Das Äquivalenzprinzip im Recht der Staatsfinanzierung*, p. 14).

[298] Vide KIRCHHOF, "Die Finanzierung des Leistungsstaates", p. 513.

[299] Vide p. 183 ss.

[300] Fizemo-lo ao expor a inadequação da capacidade contributiva como critério de graduação dos tributos comutativos. Vide p. 180 ss.

[301] A. BERLIRI, *Corso istituzionale di Diritto Tributario*, v. I, p. 68.

[302] VALDÉS COSTA, *Instituciones de Derecho Tributario*, p. 444-445.

[303] A respeito, A. Berliri preleciona: "Da própria função da contribuição (*contributo*) deriva, como exigência lógica, a sua graduação segundo um parâmetro duplo: a vantagem do indivíduo e os gastos suportados pelo ente público; se falta este segundo parâmetro, a contribuição transforma-se necessariamente num imposto (de duvidosa constitucionalidade) sobre o acréscimo patrimonial (*plusvalore*)" (*Corso istituzionale di Diritto Tributario*, v. I, p. 68).

As limitações resultantes desses dois critérios são expressamente consagradas pelo Código Tributário Nacional, que preceitua terem as contribuições de melhoria "a despesa realizada" como limite total e "o acréscimo de valor que da obra pública resultar para cada imóvel beneficiado" como limite individual (art. 81).

Essas ponderações, atinentes às contribuições de melhoria, em geral são aplicáveis a todas as demais contribuições especiais *espanholas*, conceituadas como "los tributos cuyo hecho imponible consiste en la obtención por el obligado tributario de un beneficio o de un aumento de valor de sus bienes como consecuencia de la realización de obras públicas o del establecimiento o ampliación de servicios públicos" (art. 2.2, b, da L.G.T. de 2003). O benefício é justamente o elemento central dessas contribuições[304] e, portanto, nada mais natural que adotá-lo como critério de graduação.[305]

As contribuições especiais existentes no sistema jurídico-tributário *brasileiro*, contudo, diferem das espanholas em aspectos de suma relevância. Elas devem ser graduadas fundamentalmente à luz do critério da capacidade contributiva, como expomos no tópico que segue.

1.6. A IGUALDADE NAS CONTRIBUIÇÕES ESPECIAIS

No Brasil, as contribuições especiais não têm por hipótese de incidência fatos vinculados ao Poder Público, senão aos próprios contribuintes. Nesse aspecto, assemelham-se aos impostos, a tal ponto de abalizada doutrina sustentar que se trata de mera espécie desta categoria tributária (impostos finalísticos). Tal similitude é inquestionável, como também é a sua afetação a finalidades constitucionalmente definidas, que segundo a remansosa jurisprudência do STF lhes confere autonomia normativa.

No que diz respeito à concretização da igualdade tributária, sobressai a não vinculação da hipótese de incidência das contribuições especiais a atividades estatais, ensejando que o legislador empreenda tal tarefa fundamentalmente à luz do critério da capacidade contributiva.

Porém, a afetação finalística que lhes é inerente também ostenta relevância jurídica para a concretização da isonomia tributária. Por vezes, requer desvios perante as soluções preconizadas pelo critério da capacidade contributiva.

É o que se verifica com especial clareza nas contribuições de *seguridade e previdência social*, que não costumam se orientar por critérios tributários puros, como os da capacidade contributiva e do benefício. Tais exações exigem que ambos os critérios sejam considerados, ao menos nos sistemas fundados tanto em concepções de justiça comutativa quanto distributiva – ou seja, naqueles sistemas que conjugam critérios de equivalência e de solidariedade.[306]

---

[304] O artigo referido corresponde ao preceito do art. 26.1 da L.G.T. de 1963. Ao comentar esse dispositivo, Pérez de Ayala e González García observam que nele estavam "categorías y conceptos procedentes de la Ciencia de la Hacienda (como el principio del beneficio frente al de capacidad de pago)" (*Curso de Derecho Tributario*, t. I, p. 199).

[305] PÉREZ DE AYALA; GONZÁLEZ GARCÍA, *Curso de Derecho Tributario*, t. I, p. 202. Vide ALBIÑANA GARCIA-QUINTANA, "El gasto público", p. 412; VALDÉS COSTA, *Instituciones de Derecho Tributario*, p. 444-445.

[306] De acordo com a jurisprudência do BVerfG, o princípio da igualdade, aplicado à seguridade social, exige que, para se impor a alguém contribuição relativa a benefício que não lhe concerne, haja um

1.7. Harmonização dos critérios de diferenciação à luz da igualdade

O estabelecimento de inter-relações (de apoio ou conflito) entre critérios de concretização da igualdade tributária pressupõe, obviamente, a existência de âmbitos de aplicação total ou parcialmente iguais.[307] Se não há superposição aplicativa, é impossível falar em conflito de critérios.

Tal superposição poderia ser evitada mediante a tese que preconiza a "vinculação a critérios de diferenciação" (*Bindung an Unterscheidungskriterien*), segundo a qual o princípio da igualdade deve ser concretizado à luz de um único critério, com exclusão de todos os demais[308]. Costuma-se identificar tal vinculação na concretização geral da isonomia tributária quando se sustenta, por exemplo, que "el principio de igualdad en el ámbito tributario se traduce en el respeto al principio de capacidad econômica".[309] Pelas razões já expostas nos itens anteriores, essa concepção não pode ser compartilhada.

Após se refutar tal vinculação com respeito ao "princípio geral da igualdade tributária", a questão que exsurge diz respeito à possibilidade (ou imperatividade) de empregá-la em contextos tributários específicos. É possível utilizar mais de um critério de diferenciação num âmbito normativo determinado? Mais precisamente, é viável aplicar dois ou mais *tertia comparationis* para determinar as exigências do princípio da igualdade com respeito a tributos específicos? A igualdade na instituição e na conformação dos impostos, por exemplo, há de realizar-se à luz de um único critério de diferenciação?

De acordo com a jurisprudência do Tribunal Constitucional espanhol, a resposta a tal questionamento é negativa, ao menos no que concerne à conjugação do critério da capacidade contributiva com o da progressividade. Deveras, ao examinar o significado do art. 31.1 da Constituição espanhola, o Tribunal expõe que "la igualdad ante la ley tributaria resulta indisociable de los principios de generalidad,

---

fundamento objetivo idôneo, como uma especial relação de solidariedade ou responsabilidade perante o beneficiário (2 BVR 909/82, em DVBL 1987, p. 942 e 945). Em tal contexto, o BVerfG refere-se, outrossim, ao princípio da asseguração (*Versicherungsprinzip*), que impõe uma "equivalência entre contribuição e prestação", mas que não constitui o único "elemento estrutural" da seguridade social, pois é complementado pelo "princípio da assistência social" (*Prinzip sozialer Fürsorge*) (BVerfGE 79, 87, 101). A respeito, Osterloh nota que os princípios da solidariedade (*Solidarprinzip*) e igualdade de fato (*Prinzip des sozialen Ausgleichen*) justificam a vinculação das contribuições à capacidade contributiva, enquanto as prestações são graduadas com base no critério da necessidade relativizado pelo da equivalência ("Art. 3. Gleichheit vor dem Gesetz", p. 221), ou mais precisamente, do benefício. Nessa senda, F. Kirchhof assevera que, sendo a "equivalência" o critério fundamental das contribuições para a seguridade social (*Sozialversicherungsbeiträge*), há de se considerar o "princípio da solidariedade", que justifica, por exemplo, a contribuição de terceiros (como as empresas) que não recebem benefícios da seguridade social, mas têm uma especial responsabilidade pelos destinatários dos benefícios ("Finanzierung der Sozialversicherung", p. 407).

[307] Com respeito aos princípios da equivalência e capacidade contributiva, cfr. SCHMEHL, *Das Äquivalenzprinzip im Recht der Staatsfinanzierung*, p. 103.

[308] Vide SACHS, "Besondere Gleichheitsgarantien", p. 1024. Note-se que tal concepção vai claramente de encontro à tese da interdição de arbitrariedade, pois esta proíbe adotar um *tertium comparationis* específico (ou mais de um) e deixa aberta a possibilidade de se escolherem quaisquer outros.

[309] MARTÍN QUERALT; LOZANO SERRANO; CASADO OLLERO; TEJERIZO LÓPEZ, *Curso de Derecho Financiero y Tributario*, p. 113.

capacidad, justicia y progresividad, que se enuncian en el último precepto constitucional citado".[310]

Impende, portanto, examinar tais inter-relações à luz da ideia de igualdade, sobretudo as antinomias, pois as relações de apoio recíproco não suscitam problemas. As antinomias são efetivamente problemáticas[311] e devem ser resolvidas mediante a solução harmonizadora que melhor expresse o significado da noção jurídico-constitucional de igualdade, como se exporá a seguir.

Aqui, é de se esclarecer que, sempre quando princípios atuem como *tertia comparationis*, o da igualdade desempenha a função de sobreprincípio, ou seja, de um princípio superior no sentido de que, além de possuir uma amplitude superior à dos inferiores, atua para coordenar as suas inter-relações.[312] No âmbito dos impostos, por exemplo, o princípio da isonomia tributária constitui o marco e a diretriz para solucionar as antinomias aparentes entre a capacidade contributiva e a progressividade não redistributiva. Em vista da singular relevância desse conflito, cabe analisá-lo detidamente.

1.7.1. Capacidade contributiva e progressividade

A definição das inter-relações entre os critérios (ou princípios) da capacidade contributiva e da progressividade é extremamente complexa, pois depende da prévia e problemática especificação das suas exigências concretas.

Como expusemos anteriormente, não há consenso doutrinário com respeito a tais exigências, e os sistemas jurídico-positivos por vezes outorgam conformações distintas aos princípios da capacidade contributiva e da progressividade, o que se reflete nas relações estabelecidas entre eles, levando à formação de concepções teóricas divergentes entre si.

Caso não se reconheça autonomia normativa ao princípio da progressividade, por se conceber que ele se limita a conformar o conteúdo da capacidade contributiva, resultará inviável vislumbrar a existência de conflitos. Por outro lado, quando se reconhece tal autonomia, poderão ser identificadas tanto relações de apoio recíproco quanto de antagonismo. Se se parte da premissa segundo a qual a capacidade contri-

---

[310] STC 96/2002, de 25 de abril, FJ 7. Há diversos precedentes nesse sentido, como refere o Tribunal: SSTC 27/1981, de 20 de julho, FJ 4; 19/1987, de 17 de fevereiro, FJ 3; 209/1988, de 10 de novembro, FJ 6; 45/1989, de 20 de fevereiro, FJ 4; 221/1992, de 11 de dezembro, FJ 4; 54/1993, de 15 de fevereiro, FJ 1; 214/1994, de 14 de julho, FJ 5; 134/1996, de 22 de julho, FJ 6; e 46/2000, de 17 de fevereiro, FJ 4.

[311] No que toca às antinomias entre os critérios do princípio da igualdade, Perelman, em conhecida obra, expressa seis concepções de justiça que correspondem a distintos critérios de concretização e implicam "antinomias da justiça" (*antinomies de la justice*). De acordo com os distintos critérios, o princípio da isonomia atribui: a) a cada um a mesma coisa; b) a cada um segundo os seus méritos; c) a cada um segundo as suas obras; d) a cada um segundo as suas necessidades; e) a cada um segundo a sua classe; e f) a cada um o que a lei lhe atribui (*Justice et raison*, p. 15 ss.). A esses critérios, poderiam ser acrescentados outros, como o da capacidade contributiva (Peczenik, *On law and reason*, p. 103). Perelman indica que essas antinomias da justiça não constituem situações excepcionais, senão a regra geral, e que para superá-las se deve ir além da justiça formal, recorrendo à equidade (*équité*) ou elaborando uma fórmula mais complexa, que compreenda as anteriores e, assim, absorva as antinomias (*Justice et raison*, p. 44 ss.). Quando necessário, deve-se proceder à ponderação (PECZENIK, *On law and reason*, p. 103).

[312] Vide p. 87-88. Cfr. também GODOI, *Justiça, Igualdade e Direito Tributário*, p. 192.

butiva aumenta tão somente proporcionalmente à renda, as soluções exigidas pelos princípios da capacidade contributiva e progressividade quanto à graduação da carga tributária serão invariavelmente divergentes, levando a relações de contraposição. Já a premissa de que a capacidade contributiva aumenta mais que proporcionalmente à renda implica relações tanto de apoio (quando o que se pretende é a justa repartição da carga impositiva) quanto de conflito (quando se objetiva a redistribuição de renda mediante uma tributação acentuadamente progressiva). Poder-se-iam formular outras hipóteses à luz das distintas concepções teóricas existentes, mas as expostas bastam para enfrentar o tema que nos ocupa.

Por reconhecermos a autonomia normativa do critério (ou princípio) da progressividade e distinguirmos a progressividade tributária da extrafiscal, podemos afirmar que, até certa medida, os critérios da capacidade contributiva e da progressividade orientam a tributação numa mesma direção, apoiando-se reciprocamente para fundamentar cargas tributárias mais que proporcionais ao incremento da riqueza. No entanto, em virtude da diversidade de conteúdos e diretrizes, tais critérios podem contrapor-se. É o que ocorre, por exemplo, quando se adota a progressividade nos impostos reais, o que pode implicar desigualdades entre contribuintes com capacidades contributivas iguais.

Exsurge, assim, relevante indagação: que princípio deve prevalecer para determinar o conteúdo da igualdade? No exemplo da progressividade nos impostos reais, é claro que ela não conforma a igualdade, antes a restringe ou viola, por afetar sensivelmente o princípio da isonomia tributária concretizado à luz da capacidade contributiva. Esse exemplo evidencia que o mandado da instituição de um regime de imposição progressiva não serve para determinar o conteúdo da igualdade tributária horizontal – e, a nosso juízo, tampouco o de uma igualdade vertical incompatível com as exigências da capacidade contributiva.

1.7.2. Equivalência, benefício e capacidade contributiva

Tal qual ocorre com respeito à progressividade, a determinação das inter-relações entre o critério da capacidade contributiva e os da equivalência e do benefício depende da especificação dos seus conteúdos, âmbitos de aplicação e consequências jurídicas.

Quem defende a graduação de todos os tributos segundo a capacidade contributiva tem de estabelecer critérios para solucionar as antinomias com os critérios da equivalência e benefício, sempre que os reconheça como critérios legítimos em matéria tributária. Por exemplo, quem concebe que as taxas devem ser quantificadas à luz da capacidade contributiva e da equivalência, deparar-se-á com a questão atinente a qual é o desvio que a capacidade contributiva justifica perante a carga tributária exigida pelo critério da equivalência (ou vice-versa).

Visto refutarmos a aplicação do princípio da capacidade contributiva como critério de graduação das taxas e contribuições de melhoria, reconhecendo tão só a sua função de pressuposto subjetivo para a cobrança desses tributos, não necessitamos responder a essa questão, senão a outra, relativa a como se harmoniza a função de pressuposto subjetivo, exercida pelo princípio da capacidade contributiva, com os critérios da equivalência e do benefício.

Reputamos que o princípio da capacidade contributiva atua na conformação destes critérios (ou ao menos prevalece invariavelmente sobre eles), sempre que desempenhe a referida função de pressuposto subjetivo. Considerando que cidadãos desprovidos de força econômica jamais podem se sujeitar à tributação, é evidente que os critérios da equivalência e do benefício têm seus alcances invariavelmente limitados pelo princípio em foco.

Nessa situação, a isonomia tributária concretiza-se à luz do critério da capacidade contributiva, exigindo o estabelecimento de tratos jurídicos díspares entre cidadãos que recebam idênticos benefícios de atividades estatais – isto é, entre cidadãos que são iguais à luz dos critérios da equivalência e do benefício. Exigir tributos de indivíduos desprovidos de recursos para pagá-los afetaria não só o princípio da capacidade contributiva, mas também o próprio princípio da igualdade tributária.

Enfim, sempre que se trate de estabelecer o pressuposto subjetivo da tributação, o conteúdo da igualdade tributária é determinado à luz da capacidade contributiva, não de critérios comutativos. E com respeito à graduação das taxas e contribuições de melhoria, não se instaura qualquer relação de conflito entre os critérios em questão, pois a capacidade contributiva não deve ser considerada para tanto.

2. Imposições específicas ao legislador

O princípio da isonomia tributária ostenta um significado central no sistema impositivo. Aplica-se a todos os momentos de produção e aplicação das normas tributárias, tanto gerais quanto individuais. Introduz mandados de trato paritário e díspar, estabelecendo diretrizes para a determinação das hipóteses de incidência, bases de cálculo, alíquotas, sujeitos passivos, sistemas de arrecadação, etc.

Nos próximos itens, trataremos dessas diretrizes separadamente, destacando o modo como os distintos critérios de diferenciação concretizam o princípio em foco e lhe atribuem inúmeras exigências específicas. Mas antes de fazê-lo, devemos expor e justificar devidamente uma premissa teórica de fundamental relevância.

Atribuímos um significado amplo ao princípio da igualdade, inclusive no que concerne à vinculação da escolha legislativa das hipóteses de incidência. Tipke defende essa vinculação e nomina a concepção que a fundamenta de "teoria material da hipótese de incidência" (*materiale Tatbestandlehre*). Segundo tal teoria, a construção da hipótese tem de se basear na noção de justiça[313] ou, mais precisamente, no princípio da isonomia tributária concretizado à luz de critérios de justiça. Essa tese

---

[313] TIPKE, "Von der formalen zur materialen Tatbestandslehre", p. 105 ss. Porém, segundo Tipke a única base imponível deveria ser a renda (op. cit., p. 110), posição que, a nosso juízo, não pode ser compartilhada. Com respeito à legitimidade da tributação do patrimônio, o Tribunal Constitucional espanhol declarou expressa e claramente que "es palmario que no existe precepto constitucional alguno que impida el gravamen de otra fuente o manifestación de riqueza que no sea la renta. Por el contrario, el art. 31.1 C.E. vincula la contribución a las cargas públicas a la capacidad económica de los sujetos, capacidad económica que, como hemos señalado en reiteradas ocasiones, 'tanto significa como la incorporación de una exigencia lógica que obliga a buscar la riqueza allí donde la riqueza se encuentra' (SSTC 27/1981, fundamento jurídico 4.; 150/1990, fundamento jurídico 9.; y 221/1992, fundamento jurídico 4.); y no hay duda de que la propiedad de un bien inmueble constituye un índice de riqueza susceptible, como tal, de imposición" (STC 233/1999, de 16 de dezembro, FJ 23).

não é nova: foi desenvolvida nas teorias financeiras e econômicas da tributação. Já Adam Smith expressava a necessidade de se estabelecer uma tributação materialmente ampla, ao preconizar que deveriam ser tributadas todas as manifestações relevantes de riqueza. A tributação de só uma ou de algumas delas seria invariavelmente desigual.[314]

A tal teoria se opõe a "teoria formal da hipótese de incidência" (*formale Tatbestandlehre*), à qual é característica a preocupação exclusiva com o respeito ao princípio da legalidade, sem qualquer imposição acerca do conteúdo da hipótese, de modo que outorga vasta liberdade ao legislador para conformá-la. Por isso, Tipke também a denomina "teoria da permissão de livre escolha do objeto dos impostos". Esta teoria, defendida por Hensel nos primórdios do desenvolvimento científico do Direito Tributário, continua sendo adotada, com certas nuances, por renomados tributaristas, como Kruse,[315] Vogel e P. Kirchhof,[316] assim como pela jurisprudência do Tribunal Constitucional espanhol,[317] do BVerfG[318] e da *Corte Costituzionale*.[319]

Parece-nos evidente a incompatibilidade da teoria formal com o princípio examinado, já que a igualdade não se contenta com uma conformação arbitrária dos tributos; pelo contrário, exige que a regulação de todos os tributos respeite e promova a isonomia, a fim de os contribuintes suportarem uma carga impositiva efetivamente igual. A decisão, por exemplo, de tributar a cerveja e não o vinho implica visível

---

[314] SMITH, *An Inquiry into the Nature and Causes of the Wealth of Nations*, v. II, p. 825. Cabe gizar que Adam Smith considerava a renda privada dos cidadãos, proveniente de três fontes: renda (*rent*), benefícios (*profit*) e salários (*wages*) (ibidem, loc. cit). Nessa senda, Tipke e Lang aludem ao "princípio da totalidade" (*Totalitätsprinzip*), que impõe a tributação de todas as rendas (*Steuerrecht. Ein systematischer Grundriβ*, 18ª ed., p. 81).

[315] Kruse defende a liberdade do legislador para escolher as hipóteses de incidência que considera iguais e pretende tributar, pois essa seria uma decisão política, e não jurídica. Todavia, o próprio Kruse relativiza tal posição em vista da jurisprudência do BVerfG, ao acrescentar que a decisão legislativa estaria limitada pela interdição de arbitrariedade (*Lehrbuch des Steuerrecht*, v. 1, p. 45). Tipke critica essa tese, afirmando ser incompatível com o princípio da igualdade. À luz desse princípio, o legislador deveria escolher hipóteses de incidência que impliquem uma tributação igual, gravando apenas a renda acumulada: esta deveria ser a única base imponível, de modo a propiciar a unidade do ordenamento jurídico-impositivo. Por isso, os impostos especiais, que se limitam a gravar determinados rendimentos, rendas, bens, etc., não se compatibilizariam com o princípio da isonomia (*Die Steuerrechtsordnung*, 2ª ed., v. 1, p. 304 e 326-327).

[316] Vide TIPKE, "Von der formalen zur materialen Tatbestandslehre", p. 105 ss.

[317] O Tribunal Constitucional espanhol também expõe que, dentro "de los límites constitucionales, el legislador tributario goza de un ámbito de libertad de configuración", de modo que "en el legítimo ejercicio de su libertad de opción política" pode optar por gravar ou não gravar determinada manifestação de capacidade contributiva, contanto que não viole a igualdade entre os contribuintes, pois no exercício de tal liberdade "lo que no puede hacer es contravenir los principios establecidos en el art. 14 C.E. y en el art. 31.1 C.E" (STC 134/1996, de 22 de julho, FJ 8).

[318] O BVerfG confere ao legislador relevante margem de liberdade para determinar as hipóteses de incidência e, assim, os "objetos dos impostos" (*Steuergegenstandes*) (BVerfGE 84, 239, 271), ou se se prefere, as "fontes dos impostos" (*Steuerquellen*) (BVerfGE 65, 325, 354). Não considera que o princípio da igualdade imponha ao legislador o dever de gravar todas as manifestações de capacidade contributiva, limitando-se a insistir na necessidade de respeitá-lo após a escolha das materialidades, mediante a estruturação isonômica dos tributos (BVerfGE 23, 242, 256; 84, 239, 271; 93, 121, 136).

[319] De forma análoga, na Itália a *Corte Costituzionale* concebe que: "Confere-se à discricionariedade do legislador a individualização dos índices concretamente reveladores de riqueza a serem adotados como pressuposto da imposição". Não obstante, ressalta a necessidade de serem respeitados os limites "da arbitrariedade e da irrazoabilidade" e a "exigência de igual tratamento quando subsista identidade nas situações fáticas consideradas pela lei" (*Sentenza* 14/1995).

disparidade de trato entre os respectivos produtores, comerciantes e consumidores finais, que se choca com o princípio da igualdade e escancara a duvidosa legitimidade constitucional de muitos impostos especiais.

Essas ponderações serão esclarecidas nos itens que seguem.

2.1. Igualdade na determinação das hipóteses de incidência e dos sujeitos passivos

2.1.1. Determinação das hipóteses de incidência

O princípio da igualdade estabelece importantes diretrizes para a estruturação do sistema tributário. Aplicando-se:

a) aos impostos, exige que incidam sobre todas as manifestações efetivas e relevantes de capacidade contributiva[320] – e que não se sujeitem à tributação fatos que não denotem a força econômica dos contribuintes;

b) às taxas, demanda que os serviços estatais compulsórios, divisíveis e específicos sejam remunerados mediante tal espécie tributária – e que não se estabeleçam taxas sobre serviços estatais indivisíveis e inespecíficos;[321] e

c) às contribuições de melhoria, requer que sejam instituídas para todas as obras públicas que impliquem incrementos patrimoniais significativos – e impede a sua instituição quando da obra pública não advenha valorização imobiliária.

A seguir, enfocaremos detidamente as exigências do princípio da igualdade com respeito aos impostos, taxas e contribuições de melhoria.

2.1.1.1. Impostos

No âmbito dos impostos, identificam-se com clareza duas exigências específicas da igualdade tributária horizontal: a *interdição* de gravar fatos que não expressem capacidade contributiva e a *imposição* de tributar fatos que a denotem (universalidade da tributação).

Visto que o princípio da isonomia exige a instituição de impostos à luz da capacidade contributiva dos sujeitos passivos, é fácil constatar que ofenderia tal princípio a tributação de fatos que não expressem capacidade econômica de contribuir aos gastos públicos. Essa interdição de tributação é tradicionalmente estudada com fundamento no princípio da capacidade contributiva, ao qual se atribuem três funções basilares, de pressuposto, parâmetro e limite máximo da tributação.[322] A capacidade contributiva é um pressuposto necessário, uma condição *sine qua non* para a insti-

---

[320] Nessa linha, Lejeune Valcárcel defende que os princípios da igualdade e capacidade contributiva demandam a invariável existência de tributos "allí donde exista una capacidad contributiva" ("Aproximación al principio constitucional de igualdad tributaria", p. 157-158).

[321] Na Espanha, onde as taxas compreendem não só a prestação dos serviços públicos, mas também a utilização privativa e o aproveitamento especial do domínio público (art. 2, *a*, da LGT de 2003), a afirmação deve ser estendida a estes fatos.

[322] MANZONI, *Il principio della capacità contributiva nell'ordinamento costituzionale italiano*, p. 7 ss.; MOSCHETTI, *La capacità contributiva*, p. 7-8; RASTELLO, *Diritto tributario. Principi generali*, p. 310 ss.; FALSITTA, *Manuale di diritto tributario. Parte generale*, p. 146 ss. Na Espanha, vide CASADO OLLERO, "El principio constitucional y el control constitucional de la imposición indirecta (II). El contenido constitucional de la capacidad económica", p. 190 ss.; E. GONZÁLEZ, "Reflexiones en torno a los principios de capacidad contributiva e igualdad", p. 1396 ss.; PÉREZ DE AYALA;

tuição e arrecadação de tributos, como a *Corte Costituzionale* reconhece há muito tempo, ao asseverar que ela "constitui pressuposto de imposição legítima e, tão só onde esteja presente, torna-se parâmetro de determinação da quantidade do imposto devido".[323] Para respeitar a interdição de tributação introduzida pelos princípios da igualdade tributária e capacidade contributiva, é imprescindível limitar a imposição a fatos que sejam indícios (o consumo, por exemplo) ou manifestações diretas de força econômica (como a renda e o patrimônio).[324] É inviável instituir impostos sobre fatos destituídos de conteúdo econômico (extra-econômicos), como o nascimento, a morte, as férias, o deslocamento físico, etc. Tampouco podem ser instituídos tributos condicionados a características pessoais dos sujeitos passivos: seria um absurdo criar, v.g., impostos sobre os carecas, altos, baixos, loiros, morenos, ateus, cristãos[325] – além de discriminatórios, alcançariam fatos que não expressam força econômica, vilipendiando a interdição em foco. Definitivamente, fatos destituídos de conteúdo econômico não podem se sujeitar à imposição, sob pena de violação aos princípios da igualdade e da capacidade contributiva.[326] Referimo-nos à *violação* (e não à mera afetação) de tais princípios, porque a consequência inexorável da inobservância do referido pressuposto é a ilegitimidade constitucional do imposto.

Além de proibir a instituição de impostos sobre fatos que não tenham conteúdo econômico, o princípio da igualdade demanda que só se sujeitem à tributação manifestações efetivas de capacidade *contributiva*, que é um *plus* perante a econômica. Tomando a tributação da renda como exemplo, pode-se afirmar, com segurança absoluta, que o auferimento de renda evidencia capacidade econômica, mas não necessariamente capacidade contributiva. Quando a renda se limita à dimensão econômica do mínimo existencial, não revela capacidade contributiva e, portanto, tem de ser desonerada da tributação.[327]

Tal exigência, dirigida primordialmente aos impostos, também se aplica aos demais tributos.[328] Só devem ser excepcionadas as taxas, pois as suas hipóteses de

---

GONZÁLEZ, *Curso de Derecho Tributario*, t. I, p. 177 ss.; RODRÍGUEZ BEREIJO, "Jurisprudencia constitucional y principios de la imposición", p. 143-144.
[323] *Corte Costituzionale, Sentenza* 97/1968.
[324] GIARDINA, *Le basi teoriche del principio della capacità contributiva*, p. 439-440; MANZONI, *Il principio della capacità contributiva nell'ordinamento costituzionale italiano*, p. 123 ss.
[325] MANZONI, *Il principio della capacità contributiva nell'ordinamento costituzionale italiano*, p. 123.
[326] A respeito, é esclarecedora a decisão da *Corte Costituzionale* na qual se declarou a inconstitucionalidade da tributação, pelo Imposto sobre a Publicidade (*Imposta sulla pubblicità*), das propagandas ideológicas realizadas diretamente pelos interessados, sem almejar lucro. Rechaçou-se a absurda incidência, após se sublinhar que na exposição de cartazes e na distribuição pessoal de manifestos "não é possível identificar nenhuma manifestação de renda ou de gastos que justifique a imposição" (*Sentenza* 131/1973).
[327] A *Corte Costituzionale* já teve a oportunidade de exteriorizar que a isenção do mínimo existencial "constitui uma concretização do princípio fundamental da igualdade substancial, na qual o Estado deve inspirar-se até mesmo no manejo do instrumento fiscal". Isso porque a remoção dos obstáculos fáticos que limitam a liberdade e a igualdade dos cidadãos pressupõe que "a imposição [não] suprima aqueles recursos que se revelam indispensáveis às exigências fundamentais do homem" (*Sentenza* 97/1968).
[328] Em vista dessa função do princípio da capacidade contributiva, alude-se à capacidade contributiva *absoluta*, que não é determinada mediante comparações entre os contribuintes, senão pela simples análise da aptidão dos fatos para suportarem a incidência tributária (GIARDINA, *Le basi teoriche del principio della capacità contributiva*, p. 53 ss.).

incidência são constituídas por atividades estatais, que não denotam a capacidade contributiva dos sujeitos passivos. Para as taxas, a capacidade contributiva não atua senão como pressuposto para a sujeição passiva. Exerce a função de pressuposto *subjetivo* para a incidência e a arrecadação, como exporemos a seguir.

A realização da igualdade horizontal na conformação das hipóteses de incidência também carece da *tributação* dos fatos que denotam capacidade contributiva. Aqui, o mandado da igualdade horizontal identifica-se com o princípio da generalidade na sua acepção objetiva (universalidade da tributação), impondo o estabelecimento de uma "base de cálculo integral" – ou de bases de cálculo que, consociadas, tenham um alcance universal.[329]

Essa imposição, contudo, não é reconhecida de forma pacífica, pelo menos não em toda a extensão em que deveria sê-lo, conforme indicamos nas ponderações introdutórias a esta seção. Outrossim, há relevantes limitações jurídico-constitucionais a ela, como a delimitação constitucional das competências tributárias, o princípio da reserva de lei, etc.[330]

Em que pese seja controvertida e esteja limitada por outras imposições constitucionais, a exigência de uma tributação materialmente abrangente não é inócua. Expressa o seu significado prático sobretudo nas normas que a excepcionam no contexto de tributos específicos, representadas fundamentalmente pelas *isenções objetivas*. Tais isenções delimitam os fatos submetidos à tributação, afetando a dimensão material da hipótese de incidência – e também podem implicar desigualdades subjetivas, haja vista que a delimitação das hipóteses leva, em regra, à restrição do universo dos sujeitos passivos.[331] [332]

---

[329] A expressão "base de cálculo integral" é utilizada no Informe Carter com um significado específico, relativo à renda tributável. Tal base de cálculo deveria ser adotada para se alcançar a equidade tributária: "Adoptándose una base imponible que comprenda cualquier alteración de la capacidad potencial (utilizada o no) para el consumo de bienes y servicios, se obtendría la certeza y se respetarían las exigencias de la lógica y de la equidad". Assim, "carece de importancia" que o incremento da capacidade contributiva "provenga del trabajo, de las transacciones mercantiles, de la propiedad o transmisión de bienes, o de donaciones otorgadas por un familiar" ou que "se materialice en dinero o en especie, que tal aumento sea previsible o fortuito, ocasional o periódico, o, en fin, que se haya obtenido mediante esfuerzo personal o que se haya recibido a título gratuito" (INFORME CARTER, v. I, t. 1, p. 11). Conforme expressamente indicado no seu bojo, grande parte do relevante informe citado "se circunscribe a la elaboración de recomendaciones precisas destinadas a la adopción de la base imponible integral" (v. I, t. 1, p. 12).

[330] Vide p. 239 ss.

[331] Destarte, ainda que não se reconheça a exigência constitucional de universalidade da tributação, poder-se-á declarar a inconstitucionalidade de desonerações materiais que impliquem desigualdades subjetivas. Nessa senda, o Tribunal Constitucional espanhol pronunciou a inconstitucionalidade da isenção do Imposto de Renda concedida às pensões por incapacidade absoluta no sistema da Seguridade Social, e não no regime de classes passivas. Lê-se na decisão do TC: "En efecto, al declarar exentas las rentas de idéntica naturaleza (pensiones por incapacidad permanente absoluta) cuando el perceptor está en el sistema de la Seguridad Social y no cuando está adscrito al régimen de clases pasivas se vulnera el principio de igualdad tributaria y se utiliza un criterio de reparto de las cargas públicas desprovista de cualquier justificación razonable y, por tanto, incompatible con un sistema tributario justo como el que nuestra Constitución consagra en el art. 31. Pues ello supone una diferencia de trato que, como decimos, hubiera requerido una justificación objetiva y razonable" (STC 134/1996, de 22 de julho, FJ 8). Essa decisão do Tribunal Constitucional também é relevante por tentar conciliar o âmbito de liberdade de conformação do legislador com as exigências do princípio da isonomia, ao ressaltar que, não obstante o legislador pudesse considerar as pensões ou prestações por incapacidade "como riqueza que debe ser objeto de imposición, excluirlas del ámbito del hecho imponible del impuesto

2.1.1.2. Taxas

Aplicado às taxas, o princípio da igualdade demanda que sejam instituídas como contraprestações por todos os serviços estatais divisíveis e específicos – e veda que sejam cobradas por serviços destituídos de tais características.

Deixar de instituir taxas sobre os serviços estatais divisíveis e específicos implicaria a necessidade de financiá-los com recursos provenientes dos impostos, pagos por toda a coletividade. Todos os cidadãos teriam de arcar com o ônus financeiro de serviços que favorecem alguns, o que vai de encontro à isonomia no financiamento das despesas públicas (sempre que os favorecidos não sejam indivíduos destituídos de capacidade contributiva). Também representaria nítida desigualdade horizontal exigir taxas para determinados serviços revestidos dessas características enquanto se dispensam do seu pagamento outros serviços análogos.

Por outro lado, instituir taxas para financiar serviços públicos indivisíveis afetaria claramente a isonomia tributária, visto que os sujeitos passivos da taxa estariam sendo tributados mais intensamente do que os demais, sendo obrigados a pagar um tributo específico para financiar gastos estatais inespecíficos, sem que haja qualquer razão para tanto.

Tal qual a interdição de se instituírem impostos sobre fatos que não expressem capacidade contributiva, a proibição da instituição de taxas sobre serviços estatais que não sejam compulsórios, divisíveis e específicos é definitiva. Não se admite a ponderação de princípios ou razões para superá-la, o que implica a inconstitucionalidade da exação instituída – ou, pelo menos, a desqualificação da anômala "taxa" como tal.

(como ocurrió bajo la vigencia de la derogada Ley 44/1978), o, en fin, como sucede ahora, declararlas exentas", nunca poderia sujeitar à tributação tão somente determinadas pensões ou prestações por incapacidade (STC 134/1996, de 22 de julho, FJ 8). Ou seja, o legislador deve observar a igualdade horizontal até mesmo no exercício da sua liberdade de conformação normativa, tributando de forma paritária as manifestações de capacidade contributiva equivalentes entre si.

[332] Com respeito às isenções objetivas, há um importantíssimo precedente da *Corte Costituzionale*, no qual se pronunciou a incompatibilidade com o princípio da igualdade tanto da tributação dos rendimentos do trabalho autônomo (pois não se qualificam como rendimentos do patrimônio, que constituíam o objeto do imposto) quanto da isenção concedida aos rendimentos resultantes do trabalho dependente (que implicava nítida discriminação perante os rendimentos do trabalho autônomo, os quais estavam abrangidos pelo imposto) no âmbito do ILOR (Imposto Local sobre os Rendimentos). A Corte assinalou que, para se reconhecer a legitimidade constitucional da discriminação tributária qualitativa dos rendimentos, é necessário que "a esta discriminação corresponda uma peculiar e diferenciada capacidade contributiva, própria dos rendimentos sujeitos perante os rendimentos excluídos do tributo" (*Sentenza* 42/1980). A solução adotada pela Corte, contudo, foi a de declarar a inconstitucionalidade da tributação dos rendimentos do trabalho autônomo que não fossem assimiláveis aos da empresa, os quais constituíam o objeto central do imposto. De Mita qualificou essa decisão como "uma notável contribuição à configuração de um sistema que pretenda fundar-se em bases razoáveis e superar certo fiscalismo ainda presente" (*Principi di diritto tributario*, p. 90). Não obstante, a orientação predominante da *Corte Costituzionale* é no sentido de que a concessão e a conformação das isenções se situam no âmbito de liberdade do legislador, que só seria limitado pela interdição de arbitrariedade. Nas palavras da Corte, as "disposições legislativas que veiculem incentivos (*agevolazioni*) e benefícios tributários de qualquer espécie, qualquer que seja a sua finalidade, possuem evidente caráter derrogatório e constituem o fruto de eleições do legislador, a quem compete exclusivamente valorar e decidir não só quanto ao *an*, mas também ao *quantum* e a qualquer outra modalidade e condições vinculadas à determinação dos referidos incentivos". Por consequência, "segundo constante jurisprudência desta Corte, valorações e eleições deste gênero não são sindicáveis pelo Juiz da legitimidade constitucional, exceto quando nitidamente irrazoáveis ou injustificadas" (*Sentenza* 108/1983).

2.1.1.3. Contribuições de melhoria

Situação similar à das taxas se verifica com respeito às contribuições de melhoria. O princípio da igualdade concretizado à luz do critério do benefício econômico exige que sejam instituídas quando se realizam obras públicas que impliquem expressivo incremento no patrimônio imobiliário de cidadãos determinados – e proíbe a sua instituição fora de tal hipótese.

O benefício econômico atua, portanto, como *pressuposto* para a instituição de contribuições de melhoria, assim como a capacidade contributiva atua como requisito para a criação de impostos. A respeito, a *Corte Costituzionale* já se pronunciou no sentido de que, nas contribuições especiais (gênero que, na Itália e na Espanha, abrange as de melhoria), "de forma distinta do que sucede nos impostos, a vantagem do obrigado revela-se um elemento constitutivo do próprio pressuposto", que não se confunde com a capacidade contributiva, mas está estreitamente relacionado com ela.[333]

2.1.2. Determinação dos sujeitos passivos

No que tange à determinação dos sujeitos passivos, o princípio da isonomia tributária também compreende duas exigências básicas, consistentes num mandado e numa interdição.

O mandado costuma ser denominado "princípio da generalidade" e demanda a tributação de todos os indivíduos ligados às hipóteses de incidência estabelecidas pelo legislador.[334] Impõe que se exijam:

a) impostos de todas as pessoas contributivamente capazes que realizem a hipótese de incidência;

b) taxas de todos aqueles afetados diretamente por serviços públicos específicos e divisíveis ou pelo exercício do poder de polícia;

c) contribuições de melhoria de todas as pessoas que verifiquem acréscimo no valor econômico de seus bens imóveis em decorrência da realização de obras públicas.[335]

Costuma-se violar esse mandado mediante a outorga de *isenções subjetivas*, estabelecidas para categorias específicas de contribuintes, que restam excluídas do universo dos sujeitos passivos de determinado tributo. Quando essas isenções não resultam da carência de capacidade contributiva, elas contrapõem-se ao princípio da generalidade da imposição e, por conseguinte, podem incidir no vício de inconstitucionalidade.[336]

---

[333] *Corte Costituzionale, Sentenza* 54/1980.

[334] Segundo expõe o Tribunal Constitucional espanhol, "en los impuestos el sujeto pasivo" há de ser determinado "por la actividad de los contribuyentes" e, nas taxas, "por referencia a la actividad administrativa" (STC 296/1994, de 10 de novembro, FJ 4). Nessa senda, o BVerfG, após expressar a liberdade do legislador para estabelecer ou não uma taxa, destaca que o sujeito passivo tem de ter, necessariamente, uma "especial responsabilidade" pelo serviço remunerado (BVerfGE 91, 207, 223).

[335] Quanto à determinação dos sujeitos passivos das contribuições especiais, vide VICENTE-ARCHE DOMINGO, "Apuntes sobre el instituto del tributo con especial referencia al Derecho español", p. 471-472; PÉREZ DE AYALA; GONZÁLEZ GARCÍA, *Curso de Derecho Tributario*, t. I, p. 183.

[336] A respeito, cabe insistir no fato de não ser o princípio da capacidade contributiva que impõe a arrecadação dos impostos de todos os cidadãos contributivamente capazes, senão o princípio da igualdade ou, mais precisamente, o seu subprincípio da generalidade impositiva. O princípio da capacidade con-

A interdição vincula-se aos limites do subprincípio da generalidade, reconhecidos pela doutrina predominante. Impede exigir tributos das pessoas carentes de capacidade contributiva e, ao fazê-lo, demanda que se considere a aptidão do contribuinte para suportar os gravames impositivos. Aqui, identifica-se nova justaposição das exigências dos princípios da igualdade e da capacidade contributiva: ambos obstam a tributação dos cidadãos que não podem suportar o ônus tributário e, portanto, instituem um pressuposto subjetivo para a imposição.[337]

O princípio da isonomia também introduz interdições de sujeição passiva com respeito às taxas e contribuições de melhoria, proibindo que sejam impostas a cidadãos que não tenham sido afetados por atividades estatais e, especificamente quanto a tais contribuições, que não tenham verificado significativa valorização imobiliária em decorrência de obra pública.

2.2. Igualdade na graduação da carga tributária

No que concerne à graduação da carga impositiva, a igualdade horizontal exige uma mesma tributação para os iguais, enquanto a vertical requer cargas díspares entre os desiguais, segundo a intensidade da desigualdade existente.

A fim de abordar essa questão adequadamente, é mister enfocá-la à luz das peculiaridades que as distintas espécies tributárias ostentam.

2.2.1. Impostos

Ao estabelecer e modificar impostos, o legislador tem de se orientar primordialmente pela capacidade contributiva dos sujeitos passivos, que desempenha a função de *parâmetro* para a determinação do *quantum* das obrigações jurídico-tributárias. Deverá comparar as capacidades dos distintos contribuintes, de modo a instituir uma tributação isonômica. Por isso, alude-se à capacidade contributiva *relativa*, em oposição à *absoluta*, que deve ser considerada quando da instituição das hipóteses de incidência.[338]

2.2.1.1. Igualdade horizontal

No domínio dos impostos, a isonomia horizontal demanda que manifestações idênticas de capacidade contributiva sejam tributadas igualmente. Por isso, é malfe-

---

tributiva atua como pressuposto para a tributação legítima, sem fundamentar a obrigação de o legislador estabelecer uma tributação igual. Nesse sentido, A. Berliri expunha acertadamente que as isenções não se opõem a este princípio, senão ao da igualdade concretizado à luz do critério da capacidade contributiva (*Corso istituzionale di Diritto Tributario*, v. I, p. 123-124).

[337] A necessidade de se observar tal pressuposto é assinalada reiteradamente nos estudos sobre o princípio da capacidade contributiva. Vide GIARDINA, *Le basi teoriche del principio della capacità contributiva*, p. 447 ss.; MANZONI, *Il principio della capacità contributiva nell'ordinamento costituzionale italiano*, p. 13; MOSCHETTI, *La capacità contributiva*, p. 35. Ainda que não se considere que o princípio da capacidade contributiva estabelece um pressuposto subjetivo de incidência tributária, é imprescindível reconhecer que ele leva à delimitação mediata dos sujeitos passivos, ao restringir o universo dos fatos que podem ser tributados. Cfr. MAFFEZZONI, *Profili di una teoria giuridica generale dell'imposta*, p. 19-20.

[338] A qualificação de "relativa" resulta do fato de fundar-se em exames comparativos entre as cargas tributárias individuais (GIARDINA. *Le basi teoriche del principio della capacità contributiva*, p. 55), ou seja, de ser relacional.

rida quando se estabelecem discriminações injustificadas de alíquotas entre materialidades que, embora sendo distintas, expressam capacidade contributiva equivalente. Contrapõe-se à igualdade horizontal, v.g., a instituição de carga fiscal mais pesada para as rendas agrárias que a estabelecida para as demais rendas.[339] Tampouco deve existir, em princípio, discriminação dos rendimentos do trabalho perante os do capital: rendimentos economicamente equivalentes têm de suportar idêntica tributação, ainda que as suas fontes sejam distintas.[340] Igualmente, na tributação do patrimônio não deve haver disparidade de alíquotas ou materialidades e, por tal razão, o tratamento favorável que se costuma conferir à propriedade da riqueza empregada na especulação financeira perante aquela destinada à habitação, a atividades comerciais ou industriais, à produção agrícola, etc., afeta sensivelmente o princípio da isonomia tributária.

Também a avaliação das bases imponíveis há de ser isonômica, sendo realizada à luz de elementos que efetivamente correspondam à realidade. Essa posição foi acolhida em importante precedente do *Bundesverfassungsgericht* concernente ao Imposto sobre as Heranças (*Erbschaftsteuer*), em que se declarou a incompatibilidade, com o princípio em foco, da instituição do imposto com alíquotas uniformes a incidir sobre bases imponíveis díspares. Tal disparidade resultava do sistema de avaliação diferenciada do patrimônio imobiliário e das empresas, assim como da participação em sociedades por ações e em empresas agrícolas e florestais.[341] Concluiu-se

---

[339] O Tribunal Constitucional espanhol, contudo, não acolheu essa posição no Auto 230/1984. Reputou não afetar o princípio da igualdade a tributação mais severa das rendas agrárias, haja vista que "el principio de igualdad consagrado en el art. 14 de la Constitución no impide en modo alguno que el legislador, a efectos fiscales, dé un trato diferente a personas cuya condición social está diferenciada por razones objetivas atinentes a la fuente de sus ingresos o a la cuantía de estos. En consecuencia, y en esta materia, la vulneración del principio de igualdad sólo se producirá, eventualmente, cuando se establezcan de forma arbitraria discriminaciones entre contribuyentes respecto de los cuales no media ninguna razón objetiva de diferenciación. Dicho en otros términos, no cabe establecer, para argumentar la existencia de una discriminación, la comparación entre los perceptores de rentas de otro origen, como en el presente caso se hace, pues la señora Ybarra no se considera discriminada respecto de otros titulares de rentas agrarias, sino frente a quienes las perciben por actividades de otra índole" (Auto 230/1984, de 11 de abril, FJ 2). Nessa decisão, o Tribunal Constitucional considerou equivocadamente que o princípio da igualdade não seria afetado pela simples discriminação das rendas, mas somente pela específica discriminação dos titulares de determinada categoria de renda perante os demais titulares da *mesma* categoria de renda. Em outros termos, o princípio analisado não exigiria uma tributação igual das distintas formas de renda.

[340] Sem embargo, o Tribunal Constitucional espanhol declarou a constitucionalidade de um sistema de imputação de rendas que levava à tributação mais gravosa daquelas provenientes do trabalho que a das advindas do capital, com base numa característica irrelevante para fins tributários: a impossibilidade de transferência da fonte da renda (e não da própria renda) (STC 146/1994, de 12 de maio, FJ 5). Para uma análise mais detida da decisão, cfr. HERRERA MOLINA, *Capacidad económica y sistema fiscal*, p. 303 ss., que a critica acidamente: "El razonamiento del Tribunal es una muestra de la *Äpfel-Birnen-Theorie* denunciada por Friauf: las peras no son manzanas, por lo que deben tributar de modo diferente; la fuente del trabajo es distinta de la fuente del capital, de manera que este puede recibir un tratamiento más favorable. En ambos casos se parte de una nota irrelevante, para construir un trato discriminatorio" (ibidem, p. 305). Se tivesse de haver alíquotas ou bases imponíveis díspares, a disparidade deveria levar à tributação favorecida dos rendimentos da atividade laboral, porquanto as constituições costumam outorgar elevado valor ao trabalho no seu sistema axiológico. Nesta hipótese, Tipke vislumbra um "enobrecimento" do princípio da capacidade contributiva (*Moral tributaria del Estado y de los contribuyentes*, p. 37).

[341] BVerfG, 1 BvL 10/02, de 7.11.2006, Leitsatz 1. Já havia um análogo e importante precedente do BVerfG, relativo à determinação da base imponível no "Direito do Imposto sobre o Patrimônio"

que os métodos de avaliação das bases imponíveis forçosamente têm de conduzir à atribuição, aos objetos patrimoniais, de valores aproximados aos reais.[342]

Ainda que a exigência de conformidade com a realidade possa ser relativizada em prol da praticabilidade, deve-se observar a igualdade horizontal na sistemática de avaliação estabelecida, como destacou o BVerfG ao pronunciar a inconstitucionalidade de lei que, no âmbito da tributação do patrimônio, implicava discriminação indireta entre o patrimônio imobiliário e mobiliário, ao estabelecer técnicas distintas de avaliação da base imponível: tributava o patrimônio imobiliário com base em valores pretéritos; e o mobiliário, pelo seu valor atual. O Tribunal externou que a tributação favorecida da propriedade imobiliária violava o princípio da igualdade, haja vista que, a despeito de o legislador gozar de extensa margem de liberdade para conformar a hipótese de incidência, ele forçosamente tem de estabelecer regulações coerentes com a sua decisão fundamental, sob pena de criar inadmissíveis desigualdades impositivas.[343]

Nessa senda, sempre que se estabeleçam bases imponíveis presumidas ou fictícias, justificadas pela praticabilidade aplicativa, elas haverão de ser aplicadas de modo igual. A respeito, há uma decisão importante da *Corte Costituzionale*, relativa à previsão, no âmbito do Imposto sobre Sucessões, de distintas formas de avaliação presumida de joias, dinheiro e móveis para as empresas agrícolas (considerava-se o valor bruto) e para as empresas industriais e comerciais (levava-se em conta o valor líquido). Conforme acertadamente concluiu a Corte, tal sistemática caracterizava o estabelecimento de "regulações distintas para empresas que, sob uma valoração de natureza tributária, encontram-se, pelo contrário, em situações fáticas objetivamente idênticas. Com isso, resulta violado o princípio garantido pelos artigos 3 e 53 da Constituição".[344]

2.2.1.2. Igualdade vertical

O princípio da isonomia tributária, concretizado à luz do critério da capacidade contributiva, introduz um mandado que pode ser sintetizado nestes termos: "quem tem mais há de pagar mais" (*chi più ha più paghi*).[345] Com isso, contudo, diz-se muito pouco, pois a questão essencial permanece em aberto. Quem tem mais deve pagar *quanto* mais?

É evidente que a proporcionalidade não pode ser inversa, com os detentores de maiores disponibilidades financeiras pagando menos, e tampouco inferior a uma proporção direta (característica dos iníquos impostos regressivos). Somente a proporcionalidade e a progressividade (leve ou moderada) se compatibilizam com o princípio da igualdade no âmbito dos impostos.[346]

(*Vermögensteuerrecht*), no qual se sublinhou ser imprescindível estabelecer avaliações unitárias, a fim de que desigualdades tributárias não sejam criadas mediante determinações das bases imponíveis em dissonância da realidade (BVerfGE 93, 121, 135).

[342] BVerfG, 1 BvL 10/02, de 7.11.2006, Leitsatz 2.

[343] BVerfGE 93, 121 [136].

[344] *Corte Costituzionale, Sentenza* 69/1965.

[345] L. V. BERLIRI, *La giusta imposta*, p. 13. É o que exigem expressamente as Constituições espanhola ("Todos contribuirán al sostenimiento de los gastos públicos de *acuerdo con su capacidad económica...*", art. 34.1) e italiana ("Tutti sono tenuti a concorrere alle spese pubbliche *in ragione della loro capacità contributiva*", art. 53.1).

[346] Vide PONT MESTRES, "La justicia tributaria y su formulación constitucional", p. 390.

Essa singela conclusão já suscita a primeira dificuldade aplicativa. A tributação tem de ser proporcional ou progressiva? Para tal interrogação não há uma resposta geral e *a priori*: somente é possível contestá-la à luz de sistemas jurídicos determinados e das peculiaridades das distintas espécies tributárias.

A progressividade costuma ser aplicada a poucos tributos, convivendo com a tributação proporcional, que é a regra. Os seus âmbitos de aplicação, contudo, variam significativamente em função do sistema jurídico considerado. Até mesmo em países cujas constituições impõem a progressividade do sistema tributário (como ocorre na Itália e na Espanha), só há um consenso: não se exige que todas as espécies tributárias sejam progressivas, mas que o sistema como um todo o seja. Quanto à determinação dos tributos que têm de ser progressivos, as opiniões divergem sensivelmente, sempre que não se trate do Imposto de Renda.

Assentada a premissa de que o imposto há de ser proporcional, poder-se-ia concluir que as exigências da igualdade tributária vertical estariam determinadas, sem suscitarem problemas aplicativos, haja vista que, após se definir a manifestação de capacidade contributiva a ser tributada, a fixação do *quantum* dos impostos passaria a depender de mera operação aritmética: se o contribuinte a aufere rendimentos anuais num valor x, e o contribuinte b, em um valor $2x$, o tributo devido por b deveria representar o dobro daquele a cargo de a. Tal operação aritmética estaria correta caso fosse tributada a capacidade *econômica*, mas não quando se grava a capacidade *contributiva*, pois esta pressupõe o respeito à interdição de tributação do mínimo existencial, que estabelece o patamar inaugural da imposição. Por conseguinte, para se instituir tributação proporcional à capacidade contributiva, é necessário definir o limite entre o seu início e o patamar final da faixa de desoneração requerida pelo mínimo existencial. Ocorre que tal limite não é preciso; pelo contrário, é acentuadamente vago, o que repercute no conteúdo da própria exigência de igualdade vertical. Basta reconhecer a necessidade de se desonerar o mínimo existencial para que o mandado da igualdade vertical se torne altamente impreciso.[347] É fácil perceber que a sua determinação exige muito mais que simples operações aritméticas: demanda valorações, destinadas a especificar a exata medida da disparidade exigida.

Por outro lado, caso se conclua que dado imposto tem de ser progressivo, novos questionamentos exsurgem, relativos à especificação das alíquotas díspares. Como se deve concretizar a progressividade? Ela deverá respeitar a capacidade contributiva ou sacrificá-la para redistribuir renda? Quantas e quais alíquotas haverão de ser estabelecidas? A quais bases de cálculo as alíquotas têm de se aplicar? É necessário corrigir monetariamente as bases de cálculo para manter o real âmbito econômico de aplicação das alíquotas? Qual índice deve ser escolhido? Que alíquotas têm efeitos confiscatórios e, portanto, estão proibidas constitucionalmente?

À evidência, essas são interrogações que não podem ser respondidas com precisão, o que evidencia a acentuada vagueza que acomete o mandado de trato díspar na tributação progressiva.

De todo o exposto, conclui-se que a exata medida da tributação não pode ser extraída por derivações lógico-axiológicas assentadas nos princípios da igualdade,

---

[347] A respeito, a *Corte Costituzionale* assinala, com correção, que apesar de o legislador estar obrigado a reconhecer a isenção do mínimo vital ele pode "estabelecer discricionariamente, à luz de complexas valorações econômicas e sociais, a medida mínima a partir da qual surge a capacidade contributiva" (*Sentenza* 97/1968).

capacidade contributiva e progressividade.[348] Pelo contrário, tais princípios viabilizam a extração de poucas precisões a respeito dos questionamentos suscitados, conferindo ampla margem de liberdade ao legislador para graduar os impostos.[349]

Mesmo sendo amplos, os âmbitos de conformação não são ilimitados. É inviável utilizar a imprecisão do mandado de igualdade vertical para fulminar o seu significado jurídico e, dessa forma, conferir ao legislador liberdade absoluta para graduar a carga tributária ao seu alvedrio. A atividade impositiva tem de se submeter a um controle judicial rigoroso, em cujo âmbito se delimitem os espaços do legislador e se especifiquem, na medida do possível, as exigências concretas da igualdade tributária. Aí reside a importância de se investigarem meticulosamente os critérios de graduação tributária, de modo a assegurar a força normativa do princípio da isonomia frente ao legislador.

Em suma, a despeito de ser relativamente indeterminado, o mandado de trato díspar pode resultar violado, seja por tratos paritários, seja por tratos díspares diversos dos exigidos pelo princípio da igualdade. A consequência será a inconstitucionalidade do preceito legislativo que estabeleceu o trato anti-isonômico.

Note-se que as violações à igualdade vertical não se referem tão somente à determinação da alíquota, senão também à da base de cálculo. Sobre a questão, é esclarecedor um caso apreciado pelo BVerfG concernente à falta de autorização para os pais economicamente ativos e sem companheiros (*berufstätiger Alleinstehender*) deduzirem adequadamente da base de cálculo do Imposto de Renda os gastos com seus filhos. O Tribunal considerou que o legislador não poderia deixar de autorizar tal dedução, sobretudo porque em geral os pais sem companheiros têm de trabalhar e não dispõem de outra pessoa para cuidar dos filhos e tampouco da renda adicional do companheiro. Pronunciou, destarte, a violação do princípio da igualdade (art. 3.1 da GG) conjugado ao da proteção à família (art. 6.1 da GG), visto que a legislação do Imposto de Renda deveria ter considerado o fato de a capacidade contributiva da referida categoria de pais ser inevitavelmente inferior à dos demais pais com renda equivalente.[350] Noutros termos, deveria haver uma *diferenciação tributária* (consistente na autorização para que os pais sem companheiros possam deduzir adequadamente os gastos com seus filhos), de modo a que fossem respeitados os princípios

---

[348] O Tribunal Constitucional espanhol já se manifestou claramente nesse sentido, asseverando que "el principio de capacidad económica no es un axioma del que puedan extraerse, por simple deducción lógica, consecuencias positivas, precisas y concretas, sobre la particular regulación de cada figura tributaria" (STC 221/1992, de 11 de dezembro, FJ 5). No âmbito da Filosofia do Direito, Radbruch ressalta que a noção de justiça distributiva (que, recorde-se, funda a igualdade vertical e a tributação conforme a capacidade contributiva) expressa a ideia de proporção entre as desigualdades fáticas e jurídicas, mas não permite a dedução de tratos específicos: por exemplo, apesar de exigir uma pena mais grave para o roubo que para o furto, não indica qual pena deve ser imposta a cada um desses delitos (RADBRUCH, *Rechtsphilosophie*, p. 126-127).

[349] Como anota constantemente o Tribunal de Karlsruhe, "o legislador tem um amplo espaço de decisão" (*weitreichenden Entscheidungsspielraum*) para determinar as alíquotas dos impostos (BVerfGE 84, 239, 271). Nessa linha, conferir entre muitos outros, ARNIM, *Staatslehre der Bundesrepublik Deutschland*, p. 154; PALAO TABOADA, "Apogeo y crisis del principio de capacidad contributiva", p. 769.

[350] BVerfGE 61, 319 [348-349]. O BVerfG desenvolveu esse posicionamento em decisões posteriores, afirmando, por exemplo, que no Imposto de Renda o legislador não está autorizado a estabelecer "limites alheios à realidade" (*realitätsfremden Grenzen*) para a dedução dos gastos com a prestação de alimentos (BVerfGE 66, 214, 223).

da isonomia e da capacidade contributiva. A inobservância do mandado de diferenciação violou a Lei Fundamental.

2.2.2. Taxas

Consoante supraexposto, a graduação das taxas há de se orientar pelo critério da equivalência, a fim de se lograr uma proporcionalidade estrita entre os gastos suportados em razão das atividades estatais e as contraprestações exigidas dos contribuintes por elas afetados. A respeito, cabe recordar a doutrina do Tribunal Constitucional espanhol, segundo a qual o *quantum* das taxas tem de ser fixado, "esencialmente, atendiendo al coste de la actividad o servicio prestado por la Administración, con los que tiene una relación, más o menos intensa, de contraprestación".[351]

2.2.2.1. Igualdade horizontal

Enquanto para os impostos a igualdade horizontal demanda a tributação isonômica de capacidades contributivas análogas, para as taxas ela requer que atuações estatais idênticas – e, por consequência, idênticos custos estatais – impliquem obrigações tributárias iguais. Ou seja, requer que os contribuintes afetados por serviços idênticos suportem cargas tributárias equivalentes, já que o custo de tais serviços será o mesmo para todos.[352]

Malgrado as taxas exigidas dentro de determinado marco temporal devam ser equivalentes, admitem-se (*rectius*: demandam-se) variações no tempo, pois é natural que o custo dos serviços se altere, repercutindo na contraprestação dos sujeitos passivos. Portanto, o próprio princípio da igualdade exige tais variações, sempre que haja alterações dos custos, ao contrário do que ocorre no âmbito dos impostos, onde as variações no tempo caracterizam desigualdades.

Uma exceção à igualdade tributária horizontal resulta do influxo do princípio da capacidade contributiva enquanto pressuposto subjetivo da tributação. A despeito de receberem os mesmos serviços que outros indivíduos, aqueles que carecem de meios para pagar tributos não podem ser obrigados a fazê-lo. Nessa situação, identifica-se um antagonismo os critérios da equivalência e da capacidade contributiva, que deve resolver-se pela invariável predominância deste, que na sua função de pressuposto subjetivo sempre prepondera sobre os demais critérios de concretização da igualdade.

2.2.2.2. Igualdade vertical

Por outro lado, a igualdade vertical requer que os contribuintes afetados por atividades administrativas distintas suportem cargas tributárias díspares, na exata

---

[351] STC 296/1994, de 10 de novembro, FJ 4.
[352] Cabe observar que essa exigência também se dirige às relações entre os Poderes Públicos. Conforme decidiu o BVerfG, os "Estados (*Länder*) estão constitucionalmente obrigados a tratar os Municípios (*Gemeinden*) e as associações de Municípios (*Gemeindeverbände*) de modo igual. O princípio da igualdade não vale só com respeito aos cidadãos, senão também – como expressão do princípio do Estado de Direito (Art. 28 Abs. 1 Satz 1 GG) – para os titulares de competência entre si" (BVerfGE 83, 363, 393).

proporção da intensidade das atividades que lhes dizem respeito de modo direto e específico.[353]

A acentuada determinação do critério da equivalência propicia que o conteúdo do mandado de trato diferenciado se concretize com maior precisão no âmbito das taxas que no dos impostos. Em certas situações, é perfeitamente possível determinar com exatidão a intensidade da prestação estatal dirigida ao contribuinte e, assim, o *quantum* por ele devido. Tratando-se, por exemplo, de taxa exigida pela limpeza pública e calculada em função da área limpa, seria possível estabelecer relações aritméticas entre a área limpa (x) e o *quantum* da taxa devida (y) e, por conseguinte, afirmar que o Poder Público deve exigi-la no valor $2y$ do contribuinte para quem haja limpado $2xm^2$ se a exige no valor y de outro para quem haja limpado xm^2. Essa é a solução indicada pela igualdade vertical, a qual obviamente há de ser relativizada por razões de praticabilidade administrativa, porquanto são poucas as situações em que se poderá implementar uma proporcionalidade exata, a fim de realizar o ideal exigido pelo princípio da igualdade.

À primeira vista, tal proporcionalidade aritmética poderia ser observada em certas situações que implicam a incidência de taxas fixas, como a emissão de passaportes, visto que cada emissão corresponde a um serviço específico e, obviamente, quem solicita a emissão de dois passaportes estará obrigado a pagar o dobro do valor recolhido pelo contribuinte que solicitou a emissão de apenas um. Contudo, tal hipótese diz respeito à reiteração de fatos jurígenos, e não à simples determinação do *quantum* da taxa.

Enfim, no âmbito das taxas o critério da equivalência concretiza tanto o mandado da igualdade horizontal quanto o da vertical, que exigem uma *proporcionalidade rígida* entre o custo dos serviços dirigidos especificamente ao contribuinte e o valor da taxa respectiva. Essa proporcionalidade rígida é o ideal a ser alcançado, dentro das possibilidades fáticas e jurídicas existentes.[354]

2.2.3. Contribuições de melhoria

Como se expôs ao tratar das teorias do benefício,[355] há obras públicas que sobre beneficiarem a coletividade em geral, também implicam benefícios econômicos di-

---

[353] Em sentido contrário, Kloepfer reconhece a sujeição das taxas ao princípio da igualdade, mas nega caráter constitucional aos critérios que orientam a graduação das taxas e, por conseguinte, que haja um mandado de diferenciação (*Differenzierungsgebot*) para tal espécie tributária. A diferença do custo ou da intensidade do serviço representaria somente um fundamento hábil a justificar tratos díspares ("Die lenkende Gebühr", p. 269). Reputamos, contudo, que há efetivamente um critério de graduação das taxas com *status* constitucional, conforme demonstramos ao tratar dos critérios de concretização do princípio em questão. Vide p. 183 ss.

[354] Vale destacar, novamente, que a limitação à realização do princípio da igualdade pelas possibilidades fáticas e jurídicas é inerente a todos os princípios jurídicos. Recorde-se, a respeito, a célebre definição formulada por Alexy, segundo a qual os princípios jurídicos são mandados de otimização (*Optimierungsgebote*), que determinam a realização de um fim na máxima medida possível, dentro das possibilidades fáticas e jurídicas existentes (*Theorie der Grundrechte*, p. 75). O *Bundesverwaltungsgericht* aplica essa concepção especificamente ao princípio da equivalência (*Äquivalenzprinzip*), ao expor tratar-se de um mandado de otimização que somente atua como limite rígido em casos extremos. Após expor tal posicionamento, Vogel expressa a sua concordância com a posição do Tribunal Administrativo Federal alemão, visto que, conforme afirma, os princípios representam primeiramente a indicação de uma direção e, apenas num segundo momento, uma proibição ("Grundzüge des Finanzrechts des Grundgesetzes", p. 69, n. 405).

[355] Vide p. 184 ss.

retos e determinados para certos contribuintes. Para financiá-las, o Estado deve criar contribuições de melhoria, graduadas segundo o benefício econômico dos afetados. É tal elemento, o benefício econômico, que atua como critério de concretização da igualdade no âmbito das contribuições de melhoria: contribuintes beneficiados da mesma forma hão de pagar a mesma quantia (igualdade horizontal), enquanto os beneficiados de modo díspar deverão pagar quantias distintas, na exata medida da disparidade do benefício (igualdade vertical).[356]

Com respeito à determinação da igualdade vertical, entre o benefício econômico constatado e o custo total da obra poder-se-ia estabelecer uma proporcionalidade estrita ou atenuada. Esta proporcionalidade se apoia no fato de as obras também beneficiarem a coletividade em geral e, por conseguinte, na tese de que o custo total da obra nunca poderia ser financiado apenas com os recursos advindos da contribuição de melhoria.[357] Estabelecida a premissa de que se deve atenuar a proporcionalidade, à problemática da igualdade vertical se agregaria uma dificuldade adicional, concernente à questão de como determinar a parte a ser financiada pela contribuição,[358] tornando acentuadamente vago o mandado de trato tributário díspar.

O que não se admite, de forma alguma, é a cobrança de contribuições de melhoria que não estejam vinculadas ao benefício econômico do contribuinte. Plenamente consciente dessa impossibilidade, a *Corte Costituzionale* declarou a inconstitucionalidade de adicional sobre contribuição de melhoria desvinculado da vantagem econômica resultante da obra pública financiada. Após sublinhar que o pressuposto dessa espécie tributária consiste numa "vantagem individual, relativa a um bem imóvel, em razão de uma intervenção de utilidade geral", rechaçou a possibilidade de a contribuição não estar jungida a tal vantagem, senão a um fato alheio – no caso, o ano de arrecadação da contribuição.[359]

2.3. Igualdade nos tributos indiretos

A determinação das exigências jurídicas do princípio da igualdade com respeito aos tributos indiretos pressupõe uma prévia tomada de posição sobre o complexo tema da translação jurídica e econômica no Direito Tributário. Tema que suscita tormentosas questões relativas à metodologia de análise jurídico-tributária, às inter-relações entre Direito e Economia e, mais especificamente, à relevância jurídica de um fenômeno econômico cuja extensão dificilmente pode ser identificada com exatidão.

Por ser inviável tratar aqui de todas as posições teóricas concernentes à problemática da translação econômica no Direito Tributário, devemo-nos limitar a indicar a existência de tributos que, pelas suas próprias características jurídicas, possibilitam a translação econômica do gravame tributário (os denominados "tributos indiretos") e de outros que não a propiciam, pelo menos não de modo imediato ("tributos diretos"). Nos tributos indiretos, é certo que o ônus tributário não é suportado (só)

---

[356] Note-se que o critério da equivalência impõe um *limite* máximo à contribuição individualmente considerada: os custos suportados para se realizar a obra. A respeito, vide p. 187 ss.

[357] VALDÉS COSTA, *Instituciones de Derecho Tributario*, p. 444.

[358] Na Espanha, a *Ley Reguladora de las Haciendas Locales* estabeleceu o percentual de 90% do custo total como limite máximo das contribuições especiais (art. 31 da Lei 39/1988).

[359] *Corte Costituzionale, Sentenza* 54/1980.

pelo contribuinte, pois em regra repercute parcial ou totalmente no consumidor final ("contribuinte de fato"). Dessa forma, as suas condições pessoais assumem relevância para fins tributários, inclusive para a formação de juízos de igualdade. Nos tributos que incidem sobre o consumo, por exemplo, há de se buscar a capacidade dos contribuintes de fato mediante técnicas como a da *seletividade* dos tributos, de modo a se exonerar os bens fundamentais para a subsistência e gravar de modo mais acentuado os supérfluos ou nocivos.[360]

Em suma, para a realização da isonomia tributária, há de se reconhecer a importância da repercussão do gravame de certos tributos considerando-se sempre que possível a carga impositiva suportada pelo adquirente final.[361]

2.4. A IGUALDADE À LUZ DO SISTEMA

O mandado de coerência sistemática, derivado do princípio constitucional da isonomia, impõe ao legislador extrair todas as consequências das suas decisões valorativas, levando-as até o fim. Demanda que crie normas específicas harmônicas com os valores plasmados nos princípios básicos da regulação legislativa, a fim de formar um sistema jurídico coerente e axiologicamente unitário. Dessa forma, realizar-se-ão os princípios da igualdade tributária e da generalidade impositiva e proteger-se-ão as minorias perante preconceitos e discriminações resultantes da suscetibilidade do legislador às influências dos grupos de pressão.[362]

As imposições do mandado de coerência sistêmica resultam claras sobretudo na regulação de tributos específicos. Por exemplo, após decidir-se pela tributação de certa manifestação de capacidade contributiva, o legislador deverá escolher hipóteses de incidência que a expressem de forma efetiva,[363] respeitando a sua decisão impositiva fundamental.

Sem embargo, a exigência de coerência não se restringe ao âmbito de tributos específicos: estende-se a todo o sistema tributário – e até mesmo à globalidade do sistema jurídico. O legislador tributário tem de estabelecer, em princípio, regulações harmônicas com o restante do ordenamento jurídico. Deve valorar igualmente os mesmos imóveis para a incidência de tributos distintos,[364] veicular estimativas

---

[360] É o que estabelece a Constituição de 1988, ao determinar, nos seus artigos 153, § 3º, I, e 155, § 2º, III, que o IPI e o ICMS serão seletivos em função da essencialidade dos produtos.

[361] Como observou o BVerfG ao tratar da tributação ambiental sobre a energia e o óleo mineral, a igualdade da tributação depende das peculiaridades de cada tributo, sendo que, nos impostos indiretos, não deve limitar-se à ideia da máxima igualdade possível na tributação do sujeito passivo mediante a determinação das hipóteses de incidência: há de levar em conta o consumidor final, pois é ele quem suporta o gravame tributário (BVerfG, 1 BvR 1748/99, de 20.4.2004, Absatz-Nr. 54).

[362] TIPKE, *Die Steuerrechtsordnung*, 2ª ed., v. 1, p. 327.

[363] Foi o que afirmou a *Corte Costituzionale* ao declarar a inconstitucionalidade da sujeição dos rendimentos do trabalho autônomo ao ILOR (Imposto Local sobre os Rendimentos), pois não se enquadravam no objeto do imposto criado pelo legislador (rendimentos patrimoniais) e, ademais, existiam rendimentos do trabalho que não se sujeitavam à exação (os rendimentos do trabalho subordinado) (*Sentenza* 42/1980).

[364] Conforme assinalou a *Corte Costituzionale* ao tratar da avaliação de um imóvel no âmbito de dois impostos distintos (Imposto de Registro e Imposto Municipal sobre o Incremento de Valor dos Imóveis – INVIM): o princípio da igualdade exige que, "no caso de transferências de um imóvel, o valor imponível seja o mesmo para todas as partes interessadas, inclusive se estão sujeitas a impostos distintos, mas conexos"; e o princípio da capacidade contributiva demanda que "a mesma situação de fato

genéricas do mínimo vital compatíveis com as adotadas no âmbito da Seguridade Social,[365] abster-se de estabelecer distinções entre filhos que o Direito Civil trata como iguais,[366] etc.

Infelizmente, o Direito Tributário constitui um campo demasiado fértil para as incoerências sistêmicas, onde elas florescem e proliferam-se, vindo a manifestar-se com frequência e intensidade especialmente agudas. Tais incoerências evidenciam a existência de contradições valorativas e, por consequência, de restrições à igualdade tributária, pois a "contradição emerge de situações que o próprio legislador manifesta considerar iguais".[367]

Por isso, a incoerência sistêmica está sujeita às mesmas condições de legitimidade constitucional que as demais intervenções na isonomia tributária. Será constitucional apenas quando superar o exame de proporcionalidade, revelando-se adequada, necessária e proporcional *stricto sensu*. Necessita, pois, justificar-se com base num princípio que no caso concreto tenha peso superior ao do descumprimento do princípio da igualdade.[368]

2.5. Igualdade do sistema tributário

A exigência de igualdade não se limita ao âmbito de tributos específicos. Estende-se a todo o sistema tributário: a carga tributária global deve ser isonômica.

O problema é que, para formular juízos acerca da igualdade do sistema, não se pode considerar apenas um dos critérios de concretização da isonomia tributária em âmbitos específicos (a capacidade contributiva no domínio dos impostos, a equivalência no das taxas, etc.), mas sim a totalidade de tais critérios e as diferentes formas de imposição. Os juízos de igualdade global devem apoiar-se em juízos setoriais (igualdade em matéria de impostos, taxas, etc.), com os quais em geral se harmoni-

---

seja reveladora da mesma capacidade contributiva e, portanto, de análoga imposição fiscal" (*Sentenza* 473/1995). Com base nesses fundamentos, a Corte declarou ser necessário estender ao INVIM a decisão judicial proferida no âmbito do Imposto de Registro, conferindo preponderância à decisão judicial perante a administrativa.

[365] Isso foi ressaltado pelo Tribunal de Karlsruhe, ao declarar a violação do princípio da isonomia pela omissão do legislador em aumentar o limite da dedução relativa aos gastos com obrigações alimentares, enquanto havia majorado tanto o mínimo isento no Imposto de Renda quanto o direito à ajuda social (BVerfGE 66, 214, 223-225).

[366] Por isso, a *Corte Costituzionale* declarou a inconstitucionalidade do tratamento desfavorável, no âmbito do Imposto sobre Sucessões, dos filhos adotivos perante os legítimos, quando no Direito Civil o legislador os tratava como iguais (*Sentenza* 28/1986).

[367] TESAURO, *Istituzioni di diritto tributario*, v. 1, p. 76. Cabe ressaltar que as incoerências sistêmicas não caracterizam violações de exigências distintas da igualdade, senão uma *forma específica de violação*, a violação por incoerência valorativa. Com respeito à coerência exigida pelos princípios da isonomia tributária e capacidade contributiva, a jurisprudência da *Corte Costituzionale* chega a ser arrojada em determinadas ocasiões. Já se declarou, por exemplo, a ilegitimidade de leis que não estabeleciam propriamente tratos desiguais (pelo menos não de forma direta), mas que continham dispositivos simplesmente irracionais. Foi o que ocorreu com a decisão sobre uma isenção que, diversamente do pretendido pelo legislador, implicava aumento da carga tributária, oportunidade em que a Corte, para evitar "as consequências distorcidas de uma norma que determina irracionalmente o efeito contrário ao resultante da expressa intenção do legislador", declarou-a "ilegítima, por contrariar os princípios constitucionais estabelecidos nos artigos 3 [igualdade] e 53 [capacidade contributiva] da Constituição" (*Sentenza* 233/1993).

[368] TIPKE, *Die Steuerrechtsordnung*, 2ª ed., v. 1, p. 327-328.

zarão. Desigualdades na regulação de um imposto poderão ser "compensadas" com disparidades em outro, mas dificilmente com desigualdades na regulação de uma taxa ou de uma contribuição de melhoria.

É exigível, outrossim, que a regulação do sistema tributário seja coerente e harmônica, com a previsão de institutos e regras uniformes para todos os tributos. Por exemplo, não se devem autorizar remissões ou compensações no Imposto de Renda e negá-las em outros impostos, sobretudo quando isso implicar disparidades indiretas entre grupos de contribuintes.[369]

---

[369] Entretanto, na Itália, a jurisprudência da *Corte Costituzionale* nega-se constantemente a impor a igualdade na regulação de tributos distintos, em razão do "dogma" da "particularidade dos impostos singulares". Dogma que leva à afirmação da impossibilidade de se comparar a regulação de tributos diversos e, por consequência, conduz à aceitação de múltiplas disparidades de trato. Nessa senda, podemos recordar as declarações da Corte referidas por Antonini, segundo as quais: "Não é, em geral, possível a comparação transversal de institutos e normativas de setor para verificar uma disparidade de trato" (*Sentenza* 143/1992); "as situações não são comparáveis, pela diversidade de objeto, natureza e estrutura dos tributos considerados" (IVA e IR) (*Sentenza* 146/1992) (ANTONINI, *Dovere tributario, interesse fiscale e diritti costituzionali*, p. 338). Poucos são os julgados em que a *Corte Costituzionale* rechaçou a disparidade de trato no âmbito de tributos distintos.

Capítulo III. Igualdade na aplicação das leis tributárias

Já tratamos da igualdade na aplicação legislativa no primeiro capítulo, ao propor uma teoria constitucional da isonomia.[370] Porém, tal manifestação da igualdade suscita questionamentos complexos e específicos, distintos dos concernentes à igualdade das leis, a fim de empreender uma análise mais clara que a tradicional.

Pois bem, nas seções seguintes trataremos criticamente das teses fundamentais sobre a isonomia na aplicação legislativa. Após, proporemos critérios para concretizar a manifestação da igualdade que nos ocupa e abordaremos separadamente os problemas específicos suscitados pela isonomia na concretização normativa das leis e na sua aplicação, para buscar um exame mais claro que o tradicional.

1. Teses fundamentais

1.1. Igualdade como exigência de impessoalidade

A exigência de impessoalidade na aplicação normativa constitui projeção específica do princípio da isonomia.[371] Se as pessoas devem ser tratadas igualmente, resta evidente a impossibilidade de os aplicadores do Direito favorecerem ou prejudicarem deliberadamente destinatários normativos específicos.[372]

A despeito da possibilidade de se derivar a exigência de impessoalidade do princípio da igualdade, tal derivação suscita certos problemas, relativos à existência de pares de comparação. É imprescindível que ditos pares estejam presentes para se reconhecer a violação da igualdade na aplicação legislativa?

Embora os juízos de igualdade careçam de pares de comparação, é prescindível que eles se expressem em atos aplicativos, isto é, que consistam em atos efetivos de aplicação legislativa. Até mesmo o primeiro ato aplicativo pode violar a exigência de impessoalidade (e por consequência o princípio da igualdade), porquanto, ao

---

[370] Vide p. 95 ss.

[371] Nessa senda, vale recordar o conteúdo da exigência de igualdade perante a lei na clássica expressão de Anschütz: "As leis devem ser aplicadas sem consideração à pessoa" (ANSCHÜTZ, *Die Verfassung des Deutschen Reichs vom 11. August 1919*, p. 460), isto é, sem que se objetive favorecer ou prejudicar a pessoa específica à qual se aplicam. Vide HESSE, *Grundzüge des Verfassungsrechts der Bundesrepublik Deutschland*, p. 176; DÜRIG, "Gleichheit", p. 1071; ALEXY, *Theorie der Grundrechte*, p. 357-358.

[372] Tal interdição é *absoluta*. O BVerfG nega categoricamente haver exceções à exigência de que se implemente o Direito sem consideração à pessoa dos destinatários normativos. Na dicção do Tribunal, "Das bestehende Recht ist ausnahmslos ohne Ansehen der Person zu verwirklichen" (BVerfGE 66, 331, 335 ss.; *apud* ECKHOFF, *Rechtsanwendungsgleichheit im Steuerrecht*, p. 4).

favorecer ou prejudicar deliberadamente uma pessoa determinada, o aplicador toma decisão distinta da que adotaria com respeito a outra, evidenciando não considerar que o destinatário de sua decisão mereça tutela jurídica igual à dos demais.

Por tal razão, não compartilhamos da concepção que limita a exigência da igualdade perante a lei à reiteração dos atos aplicativos. A preexistência de aplicação legislativa distinta (mais especificamente, de aplicação díspar da lei a situações juridicamente iguais) não é um pressuposto à violação do princípio em exame.[373]

Há de se ter consciência, outrossim, de que o mandado de impessoalidade não exaure as exigências da igualdade perante a lei, como supõe importante parcela da doutrina. Pelo contrário, expressa diminuta parcela do seu significado, conforme se demonstrará nos tópicos que seguem.

1.2. Igualdade como preeminência legislativa

A igualdade perante a lei concebida como exigência de preeminência legislativa constitui expressão do "justo como o legal", ou noutros termos, da justiça como conformidade à regra legislativa geral, a qual representa uma das duas formas básicas de justiça aristotélica e impede que se pratique a "injustiça que consiste em transgredir a lei".[374]

Nessa acepção, o princípio da igualdade tem um conteúdo central claro. Não estabelece exigências quanto aos conteúdos jurídico-legislativos, limitando-se a impor a sua observância. Simplesmente determina que as leis sejam aplicadas com respeito ao seu conteúdo[375] ou, mais precisamente, que sejam aplicadas a todos os casos que configuram as suas hipóteses normativas e a nenhum que não as configure. Dirige-se tão somente aos órgãos que as aplicam (órgãos administrativos e judi-

---

[373] Portanto, não acolhemos a tese expressa por Ollero Tassara, segundo a qual: "Todo análisis sobre posibles vulneraciones de la igualdad implica el previo establecimiento de una relación entre dos casos, para poder dilucidar si se da entre ellos esa 'identidad' que resultaría incompatible con la diversidad de soluciones" ("Igualdad ante la ley y uso alternante del derecho", p. 502-503). O Tribunal Constitucional espanhol perfilha pacificamente essa posição, como consignou neste precedente, referido por Ollero Tassara conjuntamente com muitos outros: a "violación del principio de igualdad en la aplicación de la Ley es un concepto relacional que requiere la presencia de dos elementos esenciales, un término válido de comparación que ponga de manifiesto la identidad sustancial de los supuestos o situaciones determinantes y que se haya producido un cambio de criterio inmotivado o con una motivación 'intuitu personae'" (STC 59/2000, de 2 de março, FJ 2). Ademais, o Tribunal espanhol reputa que somente se pode reconhecer o direito à reiteração da interpretação quando haja jurisprudência consolidada, fato que o contribuinte afetado deverá comprovar: "Este Tribunal viene señalando que recae sobre quien esgrima la desigualdad la carga de aportar los precedentes de los que la resolución atacada se ha separado, exigencia que no queda cubierta con la cita de cualquier precedente o de uno aislado, sino con una concreta y definida orientación jurisprudencial de la que sean predicables los rasgos de generalidad, continuidad y firmeza (SSTC 142/1985, 63/1988, 115/1989 y 90/1990)". Com base nessas premissas, o Tribunal Constitucional negou provimento ao recurso, haja vista o recorrente não haver indicado "término alguno de comparación que permita asegurar que el Juez se haya apartado de manera irreflexiva e inmotivada de la solución dada por él mismo ante idénticos supuestos de hecho" (STC 307/1993, de 25 de outubro, FJ 5).

[374] ARISTÓTELES, Ética a Nicómaco, p. 70-71, 1129-1130.

[375] LEIBHOLZ, Die Gleichheit vor dem Gesetz, p. 31. Nessa linha, Kirchhof refere-se à "igualdade-correspondência" (Entsprechungsgleichheit) ou "igualdade como correspondência" ("Gleichheit in der Funktionenordnung", p. 981). E Wacke, ao tratar da inter-relação entre igualdade e a legalidade, afirma ser aquela um "elemento interno" da exigência de adequação ao suporte fático (Tatbestandmäßigkeit) ("Gesetzmäßigkeit und Gleichmäßigkeit", p. 31).

ciais), sem vincular o legislador.[376] Por isso se afirma que a igualdade perante a lei integra a dimensão *formal* do princípio da igualdade, relativa à "igualdade jurídica formal" (*formelle Rechtsgleichheit*).[377]

À luz dessa teoria, a exigência de igualdade perante a lei constitui mera consequência lógica do caráter geral das normas jurídicas,[378] simples exigência complementar de *preeminência das leis* sobre os órgãos administrativos e judiciais.[379] [380] Dessa forma, todas as violações à exigência de preeminência legislativa também malfeririam o princípio da igualdade.[381] Consciente disso, E. Kaufmann já afirmava que a igualdade perante a lei designa algo "óbvio", uma mera "trivialidade", porquanto tal exigência já resulta dos conceitos de lei e de aplicação legislativa: "aplicar uma lei geral significa aplicá-la de modo igual".[382]

A nosso juízo, a identificação da isonomia na aplicação das leis à exigência de preeminência legislativa está flagrantemente equivocada. Trata-se da vetusta concepção de que igualdade significa legalidade, a qual deveria ter sido superada há muito tempo.

Conquanto privilégios e discriminações contrários aos preceitos legislativos violem o princípio da isonomia, não é todo ato de aplicação contrário à lei que o malfere. A ilegalidade não implica a desigualdade, haja vista que a violação da lei dispensa algo imprescindível aos juízos de igualdade: a existência de pares de comparação.[383]

---

[376] ANSCHÜTZ, *Die Verfassung des Deutschen Reichs vom 11. August 1919*, p. 523; WEINBERGER, *Logische Analyse in der Jurisprudenz*, p. 154; ARNDT, *Grundzüge des Allgemeinen Steuerrechts*, p. 66. Nessa senda, Alexy externa categoricamente que: "O mandado de igualdade na aplicação jurídica por definição só pode vincular os órgãos de aplicação jurídica, e não o legislador" (*Theorie der Grundrechte*, p. 357).

[377] HESSE, *Grundzüge des Verfassungsrechts der Bundesrepublik Deutschland*, p. 176.

[378] KELSEN, "Das Problem der Gerechtigkeit", p. 393. Cfr. LEIBHOLZ, *Die Gleichheit vor dem Gesetz*, p. 31.

[379] KELSEN, *Was ist Gerechtigkeit?*, p. 26-28; idem, "Das Problem der Gerechtigkeit", p. 393; GOMES CANOTILHO, *Direito Constitucional e Teoria da Constituição*, p. 399-400.

[380] No precedente da tributação sobre os juros, o BVerfG ressaltou o reforço que o princípio da isonomia costuma conferir ao da preeminência legislativa, ao aludir à "relação obrigacional tributária moldada pelos princípios da igualdade e da legalidade", à qual correspondem as obrigações do contribuinte e do Fisco de atuar conforme à lei, ou seja, de que aquele pague o tributo segundo os ditames legislativos (*gesetzmäßigen Steuerzahlung*) e este o arrecade nos termos da legislação (*gesetzmäßigen Steuererhebung*) (BVerfGE 84, 239, 271).

[381] Nesse sentido, Dürig assevera que o desvio antijurídico perante os termos da lei necessariamente viola o princípio da igualdade (MAUNZ; DÜRIG, *Grundgesetz Kommentar*, art. 3, mrg. 423, p. 194).

[382] E. KAUFMANN, "Die Gleichheit vor dem Gesetz im Sinne des art. 109 der Reichsverfassungs", p. 6.

[383] Com respeito à estrutura formal de tais juízos, há uma ampla e singular convergência doutrinária no sentido de serem triádicos e carecerem iniludivelmente de pares e critérios de comparação. Vide p. 84 ss. A despeito da referida convergência doutrinária, muitos juristas não são fiéis às suas premissas ao tratar da igualdade perante a lei, haja vista a reconduzirem a um mero reforço do princípio da preeminência legislativa, olvidando a estrutura triádica dos juízos de igualdade. E o Tribunal Constitucional espanhol, considerando a violação do princípio da isonomia que pode resultar da inobservância da preeminência legislativa, procede expressamente ao controle de legalidade das normas regulamentares, por via do recurso de amparo, "desde la perspectiva del principio de igualdad", porquanto "no puede el Reglamento excluir del goce de un derecho a aquellos a quienes la ley no excluyó", sob pena de violação do princípio da igualdade. Em tal caso, o "juicio sobre la licitud constitucional de las diferencias establecidas por una norma reglamentaria requiere así, necesariamente, y sólo desde esta perspectiva, un juicio de legalidad" (STC 209/1987, de 22 de dezembro, FJ 3). Vide STC 78/1990, de 26 de abril, FJ 2.

Por tal razão, se o aplicador afrontar o conteúdo da lei, terá violado a exigência de preeminência legislativa, mas não forçosamente a igualdade.[384]

Tem de se reconhecer que tal crítica seria facilmente refutada mediante a identificação dos próprios elementos da hipótese normativa a *tertia comparationis* (critérios de comparação),[385] o que concilia a tese analisada com a estrutura triádica dos juízos de igualdade. No entanto, é inadequado considerar tão somente os elementos da hipótese normativa como critérios de comparação. Isso conduziria, em primeiro lugar, à ilegítima conclusão de que a concretização desigual da lei[386] ou a adoção de nova variante interpretativa jamais implicariam desigualdades na aplicação legislativa. Em segundo lugar, implicaria a redução da isonomia à legalidade ou levaria a conflitos entre as exigências de igualdade na lei e na sua aplicação (entendida esta como imposição de preeminência legislativa), pois se a lei é o único critério de comparação todos os indivíduos aos quais ela se aplica são considerados iguais, ainda que não o sejam à luz da noção jurídico-constitucional de igualdade.[387]

Ademais, a imposição de igualdade perante a lei, compreendida como mera exigência de preeminência legislativa, não apenas permite discriminações: por vezes, demanda-as. Se o legislador estabeleceu preceitos discriminatórios, tal imposição seria respeitada mediante a aplicação da norma discriminatória a todos os casos que compreende.[388] É por tal razão que Kelsen afirmava, com certo exagero, que o princípio da igualdade dificilmente tem algo a ver com a igualdade.[389]

Em certas situações, a isonomia e a preeminência legislativa contrapõem-se, evidenciando não se tratar de uma única imposição e tampouco de exigências autônomas que sempre se apoiam mutuamente. Por exemplo, ao deixarem de aplicar uma lei discriminatória, a Administração e o Poder Judiciário não violam o princípio da igualdade; pelo contrário, realizam-no. Da mesma forma, um regulamento administrativo que proíba, *ab initio*, a aplicação de lei oposta a certa prática reiterada não afetará o princípio da isonomia; pelo contrário, promoverá a igualdade aplicativa no tempo.

---

[384] À luz dessa premissa, não se pode perfilhar a doutrina do BVerfG, que, estendendo a tese da interdição de arbitrariedade à aplicação legislativa, chegou a reconhecer a existência de uma proibição de aplicação jurídica arbitrária (*Verbot willkürlicher Rechtsanwendung*), dirigida aos casos em que haja graves erros aplicativos ou vícios qualificados, ainda que tais casos não envolvam tratos iguais ou desiguais. O Tribunal de Karlsruhe também fala de decisões que não são compreensíveis à luz da "concepção dominante" (*beherrschender Gedanke*) da Lei Fundamental (BVerfGE 42, 64, 74). Ao proferir seu voto divergente, Geiger critica severamente essa posição, ponderando que nem todos os atos contrários à cláusula do Estado de Direito violam a igualdade, pois não envolvem necessariamente pares de comparação. Como exemplo indica, entre outros, a proibição de jogo aos cidadãos (BVerfGE 42, 64, 80). Vide HESSE, "Der Gleichheitssatz in der neueren deutschen Verfassungsentwicklung", p. 192.
[385] Vide ECKHOFF, *Rechtsanwendungsgleichheit im Steuerrecht*, p. 71; GÖTZ, "Das Grundrecht auf Rechtsanwendungsgleichheit und der verwaltungsgerichtliche Rechtsschutz", p. 94; STEIN; FRANK, *Staatsrecht*, p. 393-394.
[386] A propósito, Ipsen refere-se a uma "interdição de valoração diferenciada" (*Verbot unterschiedler Ermessenshandhabung*) para fatos jurígenos iguais ("Gleichheit", p. 147).
[387] Vide GÖTZ, "Das Grundrecht auf Rechtsanwendungsgleichheit und der verwaltungsgerichtliche Rechtsschutz", p. 94.
[388] ALEXY, *Theorie der Grundrechte*, p. 358.
[389] KELSEN, *Was ist Gerechtigkeit?*, p. 27: "Mit Gleichheit hat dieses Prinzip kaum noch etwas zu tun". Vide KELSEN, "Das Problem der Gerechtigkeit", p. 396; KLOEPFER, "Gleichheit als Verfassungsproblem", p. 41.

Malgrado a igualdade perante a lei usualmente reforce o mandado de preeminência legislativa, não se limita a isso. A propósito, Leibholz, opondo-se às teses que reduzem a igualdade jurídica a mera imposição de legalidade, já observava criticamente que o princípio da isonomia não constitui simples garantia constitucional de aplicação das leis segundo os seus preceitos.[390]

A correção dessa crítica resulta especialmente nítida quando se atenta à *obrigação de realizar a igualdade nos espaços legislativos*. A lei não determina tudo. Não estabelece todos os critérios necessários para a sua aplicação aos inúmeros casos que compreende, pois a realidade é riquíssima em *nuances* – e muitas delas são juridicamente relevantes. Por isso, os órgãos de aplicação legislativa têm espaços de discricionariedade, devendo concretizar a igualdade com base em critérios valorativos.[391] Nos espaços legislativos, a igualdade na aplicação da lei assume um claro e inegável significado autônomo, estabelecendo vinculação mais intensa que a resultante da exigência de preeminência legislativa.[392]

Em suma, *igualdade não significa legalidade*. E se significasse, não se limitaria a isso.

2. A concretização da igualdade na aplicação legislativa

2.1. Critérios constitucionais

A igualdade na aplicação legislativa não está desvinculada da noção constitucional de isonomia. Pelo contrário, tal noção constitui importantíssima diretriz para se concretizar a isonomia na aplicação das leis, pois o princípio analisado embasa, em certa extensão, a equiparação ou diferenciação com independência dos termos legislativos – e, por vezes, até mesmo contra a regulação da lei.[393]

A noção jurídico-constitucional de igualdade desempenha duas funções com respeito à aplicação legislativa. Em primeiro lugar, estabelece um *conteúdo mínimo* que o legislador deve respeitar a fim de não estabelecer preceitos jurídicos inconstitucionais. Em segundo lugar, orienta a *concretização* normativa das leis e impõe a observância da igualdade nos espaços que o legislador confere aos órgãos de aplicação jurídica.

O *conteúdo mínimo* de igualdade representa justamente aquilo que o princípio da isonomia, concretizado no âmbito constitucional, impõe ao legislador ou noutros termos, a noção constitucional de igualdade que ele deve respeitar. Quando tal noção é observada, a questão resulta muito simples, pois os critérios legislativos representarão uma concretização progressiva da igualdade e, por consequência, os órgãos de aplicação legislativa, ao se guiarem pelos preceitos legais, estarão realizando a "igualdade segundo a Constituição e as leis". Por outro lado, se o legislador violar

---

[390] LEIBHOLZ, *Die Gleichheit vor dem Gesetz*, p. 31.

[391] Götz ressalta que, nas situações não reguladas diretamente por lei, o princípio da isonomia atua para colmatar as lacunas, como um "sucedâneo" (*Ersatz*) na falta do instrumento primário do Estado de Direito ("Das Grundrecht auf Rechtsanwendungsgleichheit und der verwaltungsgerichtliche Rechtsschutz", p. 93).

[392] Vide KIRCHHOF, "Gleichheit in der Funktionenordnung", p. 981.

[393] Idem, p. 1007.

o princípio da isonomia, terá editado dispositivos inconstitucionais, que, por razões óbvias, não poderão ser aplicados pela Administração ou pelo Poder Judiciário. A questão torna-se mais complexa quando a contrariedade da legislação ao princípio da isonomia é constitucional, ou seja, quando se configura uma mera restrição, e não uma violação do mencionado princípio. Nesta hipótese, os ditames legislativos não expressarão a noção constitucional de igualdade, mas fundarão novos juízos, apoiados justamente nos critérios legislativos, haja vista que o princípio da isonomia somente manifestará a sua força normativa na exigência de igualdade perante a lei.

Já quando a lei confere ao aplicador espaços para considerar as peculiaridades do caso concreto, sem proporcionar diretrizes específicas para tanto, o princípio objeto desta investigação vincula-o diretamente, exigindo que decida à luz da noção constitucional de igualdade e, posteriormente, que aplique a decisão de modo uniforme para os casos análogos.[394] Até mesmo nos seus espaços de conformação a Administração e o Poder Judiciário estão vinculados aos princípios constitucionais.[395]

Quando os espaços de conformação outorgados pela lei (constitucionalmente legítima) diminuem, a exigência de igualdade restringe-se (proporcionalmente) a um postulado de isonomia na aplicação legislativa, baseado diretamente nos seus preceitos. Os próprios critérios legislativos atuam como *tertia comparationis* para determinar a relação de igualdade (conceito que, na situação específica, equivale ao de legalidade).

Para o aplicador, a determinação semântica da lei (constitucionalmente legítima) implica a redução da questão da igualdade a um problema de igual aplicação e execução legislativa. De outra banda, a indeterminação conceitual torna imprescindível que o aplicador proceda a juízos de igualdade baseados diretamente na Constituição.[396]

2.2. Critérios legislativos

Na seção precedente, tratamos das inter-relações entre as exigências de igualdade no conteúdo e na aplicação das leis tributárias, ressaltando o fato de o princípio correlato demandar o respeito aos mandamentos legais (legítimos) e a realização da noção constitucional de igualdade nos espaços de conformação dos aplicadores das leis.

Essas ponderações evidenciam incumbir à lei o papel central na concretização do significado da isonomia na aplicação legislativa. Os preceitos legais estabelecem *tertia comparationis* para orientar os juízos de igualdade na sua aplicação, que re-

---

[394] Cfr. SCHAUMANN, "Gleichheit und Gesetzmäßigkeitsprinzip", p. 724, que prossegue assinalando a necessidade de se restringirem os âmbitos de conformação dos aplicadores nos ramos jurídicos onde há uma afetação especial da propriedade e da liberdade, como ocorre no Direito Tributário e no Direito Penal.

[395] Nessa senda, o BVerfG destaca que, num Estado de Direito, a atividade da Administração nunca é plenamente livre, pois, ainda que possa proceder conforme as suas valorações nos espaços outorgados pela lei, ela está iniludivelmente "vinculada às exigências gerais do Estado de Direito e primordialmente ao princípio da igualdade" (BVerfGE 18, 353, 363). Portanto, a atividade valorativa da Administração consiste numa valoração vinculada (*pflichtmäßigem Ermessen*) aos princípios constitucionais (BVerfGE 9, 137, 147).

[396] Cfr. STARCK, "Gleichheit der Besteuerung durch amtliche Afa-Tabellen und Sonderbehandlung von Verlustzuweisungsgesellschaften", p. 397.

forçam os critérios constitucionais ou efetivamente vêm a inovar no ordenamento jurídico, conferindo à noção de igualdade significado mais concreto que o resultante da Constituição.

A respeito, impende esclarecer serem os elementos das hipóteses normativas que atuam como critérios de diferenciação. Se um tributo incide, v.g., sobre a industrialização, a qualificação das atividades da empresa como industriais será decisiva para determinar as relações de igualdade perante a lei, pois ela deverá ser aplicada a todas as atividades de industrialização, e somente a elas. Se a Administração não arrecada o tributo de determinada indústria e lei não lhe confere isenção, estará configurada uma situação de desigualdade, entre esta e as demais indústrias sujeitas à incidência do tributo.

Os critérios legislativos atuam como *tertia comparationis* até mesmo na problemática da "igualdade na ilegalidade", com a peculiaridade de que as consequências exigidas pelo princípio da isonomia não são as estabelecidas pelo legislador, senão as que resultam dos atos de aplicação legislativa *contrários* à lei. Sempre que haja significativa disparidade aplicativa, contrária aos preceitos legais e relevante à luz da igualdade, os elementos da hipótese normativa servirão para determinar o grupo dentro do qual se deverá proceder à comparação com respeito à isonomia perante a lei; e a prática aplicativa indicará a consequência jurídica imposta pelo princípio da igualdade, contraposta à exigida pelo da preeminência legislativa.[397]

3. Igualdade na concretização normativa da lei tributária

A doutrina costuma tratar da exigência de igualdade na interpretação jurídica conjuntamente com a de igualdade na aplicação das leis, ao enfocar a temática da "igualdade perante a lei". No entanto, as indagações suscitadas por tais exigências são diversas, o que recomenda abordá-las separadamente.

Para tratar do influxo do princípio da isonomia na atividade interpretativa *lato sensu*, é extremamente útil e adequada a distinção entre desenvolvimento do Direito e interpretação *stricto sensu*, estabelecida por Larenz com base no "sentido literal possível" (*mögliche Wortsinn*) das palavras.[398] A interpretação *stricto sensu* é a atividade exegética efetuada dentro dos limites do sentido literal possível. Tais limites não são insuperáveis, mas a atividade exegética que os extrapola não se qualifica como interpretação *stricto sensu*, antes como desenvolvimento do Direito. Por tal

---

[397] Acerca da igualdade na ilegalidade, vide p. 277 ss.
[398] LARENZ, *Methodenlehre der Rechtswissenschaft*, p. 350 ss. A Associação de Tributaristas Alemães (*Deutsche Steuerjuristiche Gesellschaft*) adotou essa distinção para estremar a interpretação extensiva da analogia e, assim, analisar a possibilidade de utilizá-la no Direito Tributário (TIPKE, "Límites de la integración en el Derecho Tributario", p. 182). É amplamente aceita pela doutrina e utilizada pelo Tribunal Federal de Finanças alemão (*Bundesfinanzhof*), conforme indicam Friauf ("Möglichkeiten und Grenzen der Rechtsfortbildung im Steuerrecht", p. 60) e Woerner ("Verfassungsrecht und Methodenlehre im Steuerrecht", p. 229-230). Também é largamente utilizada pela doutrina tributária, dentre a qual ressaltamos a notável monografia de Barth intitulada justamente "Desenvolvimento Judicial do Direito no Direito Tributário" (*Richterliche Rechtsfortbildung im Steuerrecht*), na qual o autor assevera que o desenvolvimento judicial *stricto sensu* corresponde precisamente às decisões que vão além dos limites do sentido literal possível (ob. cit., p. 34-35).

razão, configura aplicação jurídica *praeter legem*, e não *secundum legem*, sujeitando-se à observância de requisitos específicos.[399]

Essa distinção é especialmente relevante no Direito Tributário. Como ressalta Woerner, magistrado do *Bundesfinanzhof,* a despeito de ser possível sustentar um conceito mais amplo de interpretação, que englobe a aplicação analógica do Direito, o limite do sentido literal possível é razoável e adequado para o Direito Tributário, pois se trata de um "Direito de intervenção" (*Eingriffsrecht*) e a superação de tal limite representa o abandono de uma zona de segurança. Por isso, o abandono não deve apenas ser consciente, mas também há de estar justificado, sobretudo para o "leitor da lei" (*Leser des Gesetzes*), para quem a decisão analógica dificilmente é previsível.[400]

3.1. Diretrizes interpretativas derivadas do princípio da igualdade

Tal qual os demais princípios constitucionais, o da isonomia vincula os aplicadores das leis na sua atividade interpretativa, atuando como um vetor exegético. Impõe que se interprete a legislação à luz da ideia de igualdade.

Certos autores também fundamentam diretrizes exegéticas específicas com base no princípio da isonomia, como a interpretação literal e a polêmica "interpretação econômica". Dada a sua relevância, urge examinar atentamente tais questões.

3.1.1. Interpretação legislativa conforme o princípio da igualdade

O princípio analisado não veda somente ao legislador estabelecer tratos incompatíveis com a noção jurídico-constitucional de igualdade. Também proíbe que os aplicadores das leis o façam.[401] Sob outro viés, impõe que tanto o legislador quanto os Poderes Executivo e Judiciário realizem a igualdade na concretização normativa.

Quando há mais de uma interpretação compatível com o princípio da isonomia, ele exige o acolhimento daquela que o promova de forma ótima, seja ela extensiva, literal ou restritiva.[402] Caso haja tão somente uma variante interpretativa compatível com o princípio analisado, ele obviamente pesará a favor do seu acolhimento. E

---

[399] BARTH, *Richterliche Rechtsfortbildung im Steuerrecht,* p. 44. Como observa, a aplicação jurídica *praeter legem* constitui aplicação à margem da lei: apesar de não se amoldar à sua redação, tampouco se contrapõe a ela (ob. cit., p. 45).

[400] WOERNER, "Verfassungsrecht und Methodenlehre im Steuerrecht", p. 229.

[401] O *Bundesverfassungsgericht* observa com acerto que o princípio da isonomia não é violado apenas quando o legislador trata de forma desigual e injustificada grupos de pessoas, senão também "quando os Tribunais, na interpretação dos preceitos legislativos, chegam a tal diferenciação proibida ao legislador" (BVerfGE 65, 377, 384, com referência a estes precedentes: BVerfGE 58, 369, 374; 59, 52, 59), ou seja, quando acolhem variante interpretativa incompatível com a noção jurídico-constitucional de igualdade.

[402] Com respeito à interpretação extensiva fundada na noção de igualdade, Griziotti já afirmava que o princípio da isonomia orientado pelo critério da capacidade contributiva induz a "crer que deva aplicar-se um imposto por interpretação extensiva a todos os contribuintes possuidores de igual capacidade" ("Il principio della capacità contributiva e sue applicazioni", em *Saggi sul rinnovamento dello studio della Scienza delle Finanze e del Diritto Finanziario,* p. 368).

quando a lei não oferece qualquer possibilidade exegética isonômica e tampouco está baseada em princípios constitucionais que preponderem sobre ele na situação específica, deverá ser declarada inconstitucional.

A interpretação infralegal também tem de se orientar pelo valor da igualdade. No entanto, o influxo desse valor na exegese dos atos normativos infralegais é significativamente limitado, pois a realização da isonomia encontra obstáculos tanto no texto da norma interpretada quanto no princípio da preeminência legislativa, que restringe as variantes exegéticas do ato infralegal às que se harmonizem com os preceitos da lei regulamentada.

3.1.2. Imposição de interpretação literal?

Relevante corrente doutrinária sustenta que o princípio constitucional da isonomia requer interpretações legislativas estritamente literais. Da exigência de igualdade perante a lei derivaria uma máxima exegética segundo a qual os termos jurídicos devem receber interpretação estrita e as diferenciações jurídicas têm de ser estabelecidas expressamente pelas leis: se não o forem, vigeria a presunção de que se adotou um tratamento paritário.[403]

Sem embargo, não é legítimo considerar que o princípio da isonomia demanda interpretações literais e tampouco que proíbe todas as diferenciações que não estejam expressas nos textos legislativos ou que não tenham sido consideradas pelo legislador. O que tal princípio veda são as diferenciações advindas da mera arbitrariedade do aplicador, que opta por favorecer deliberadamente certos indivíduos. As distinções estabelecidas pelo intérprete, que não constam no texto expresso da lei, não se contrapõem necessariamente à igualdade perante a lei.

A nítida e ilegítima consequência dessa tese é a radical supressão do âmbito de liberdade aplicativa, especialmente do Poder Judiciário. Aos aplicadores das leis incumbiria um papel criativo tão somente na concretização dos conceitos jurídicos indeterminados,[404] haja vista que jamais poderiam adotar interpretações restritivas e tampouco atribuir relevância jurídica a peculiaridades não previstas no enunciado normativo.

3.1.3. Fundamentação da interpretação econômica

Enno Becker formulou a teoria da interpretação econômica baseado na concepção de que a finalidade das normas tributárias é a de angariar o máximo possível de recursos e exigir impostos iguais dos economicamente iguais (*wirtschaftlich Gleiche*), o que demandaria a "consideração econômica" (*wirtschaftliche Betrachtungsweise*)

---

[403] WEINBERGER, *Logische Analyse in der Jurisprudenz*, p. 155. Vide KELSEN, *Reine Rechtslehre*, p. 146; VALDÉS COSTA, *Instituciones de Derecho Tributario*, p. 417. R. Thoma afirma ser evidente que os funcionários da Administração e os Tribunais não podem fazer diferenciações não previstas na lei, com base na máxima de que: "Quando a lei não diferencia, tampouco nós devemos diferenciar (*lege non discernente, nec nobis est discernere*)". No entanto, reconhece haver espaços legislativos dentro dos quais os aplicadores estão obrigados a levar em conta as diferenças juridicamente relevantes (THOMA, "Ungleichheit und Gleichheit im Bonner Grundgesetz", p. 456).

[404] Nessa senda, Ipsen defende que a igualdade na aplicação jurídica impõe aos Poderes Executivo e Judiciário "desconsiderar diferenças que a própria lei não faz e respeitar aquelas que a lei consagrou (de modo legítimo)", restringindo a liberdade aplicativa à concretização de conceitos indeterminados ("Gleichheit", p. 147).

na interpretação das leis tributárias. O princípio da isonomia tributária exigiria, portanto, a tributação paritária de fatos com idêntico significado econômico, ainda que para tanto fosse necessário desconsiderar as formas do Direito Civil.[405]

E. Becker foi o autor do anteprojeto da Codificação Tributária do Império alemão (*Reichsabgabenordnung* – RAO), cujo § 4º incorporou a sua doutrina a fim de superar a jurisprudência contrária da Corte Financeira do *Reich*. Eis a sua redação: "Na interpretação das leis tributárias devem ser considerados a sua finalidade, o seu significado econômico e o desenvolvimento das relações".[406]

Por não ser possível aprofundar o estudo da interpretação econômica nos estreitos lindes dessa investigação, devemos nos limitar a tratar da legitimidade desta concepção teórica de E. Becker: o princípio da isonomia tributária requer a tributação paritária de fatos com idêntico conteúdo econômico, ainda que para isso tenham de ser desconsideradas as suas roupagens jurídicas?

Há de se reconhecer que E. Becker indicou um elemento relevante para a aplicação do princípio da igualdade aos impostos: o conteúdo econômicos dos fatos sujeitos à tributação, que é um signo de capacidade contributiva. No entanto, trata-se de um signo imperfeito, que não corresponde rigorosamente à capacidade contributiva dos contribuintes – e é esta que deve orientar a instituição e a graduação dos impostos.

Também é certo que, em geral, o princípio da isonomia pesa a favor da cobrança de impostos iguais sobre fatos que expressam idêntica capacidade contributiva, sem levar em consideração as formas jurídicas.[407] Sem embargo, tal princípio não é absoluto. Convive e tem de se harmonizar com outros princípios constitucionais, tais como o da reserva de lei.[408]

Por ora, cabe esclarecer tão somente que, apesar de não compartilharmos a tese de Enno Becker, consideramos que o princípio da igualdade em regra exige que fatos denotadores de capacidade contributiva idêntica se submetam a cargas tributárias paritárias, sendo irrelevante (à luz do princípio analisado, considerado isoladamente) a diversidade de formas jurídicas.

3.2. Desenvolvimento do Direito à luz da igualdade

O desenvolvimento do Direito (*Rechtsfortbildung*) diferencia-se da interpretação *stricto sensu* por ir além do "sentido literal possível" dos termos legislativos. Também pode extrapolar os parâmetros impostos pelo sistema da lei, qualificando-se

---

[405] BECKER; RIEWALD; KOCH, *Reichsabgabenordnung*, p. 566 ss. Em termos análogos, Wacke referia-se à "igualdade econômica" da tributação, que, compreendida como exigência autônoma com respeito à da legalidade, seria como um "remédio contra a rígida legalidade da hipótese de incidência formal" ("Gesetzmäßigkeit und Gleichmäßigkeit", p. 36). Sustentava, contudo, que quando não fosse possível harmonizar as exigências contrapostas por meio da interpretação, a preponderância seria da legalidade, haja vista que o Direito Tributário tem de ser, conforme Hensel referia, "um direito democrático no sentido estrito do termo" (ob. cit., p. 42-43).
[406] No original: "bei Auslegung der Steuergesetze sind ihr Zweck, ihre wirtschaftliche Bedeutung und die Entwicklung der Verhältnisse zu berücksichtigen" (*apud* HARTZ, *Die Auslegung von Steuergesetzen. Inhalt und Grenzen der wirtschaftlichen Betrachtunsweise*, p. 29).
[407] Vide TIPKE, *Die Steuerrechtsordnung*, 1ª ed., v. 3, p. 1309.
[408] Retornaremos ao tema ao tratar dos conflitos que envolvem a igualdade tributária. Vide p. 240 ss.

como desenvolvimento *contra legem,* ou se limitar a atuar dentro de tais lindes, hipótese em que se qualificará como desenvolvimento *praeter legem.*[409]

No que segue, analisaremos duas formas de desenvolvimento do Direito imanente à lei (*praeter legem*) que se fundam no princípio da igualdade (a analogia e a redução teleológica), bem como o argumento *a contrario*. Mas antes de fazê-lo, advertimos que a análise dessas questões se dá à luz dos conceitos fundamentais utilizados: caso sejam empregados conceitos diversos, poder-se-á chegar a conclusões distintas, sem que se configure necessariamente uma divergência substancial.[410]

3.2.1. Analogia

3.2.1.1. Noção

A analogia jurídica destina-se a preencher lacunas. Se não há lacunas, é inviável empregá-la,[411] por absoluta falta de objeto. Portanto, para se compreender a analogia jurídica é necessário entender previamente como se determinam e colmatam as lacunas jurídicas.

A lacuna legislativa pode ser definida como a "incompletude contrária ao esquema jurídico-positivo" (*planwidrige Unvollständigkeit innerhalb des positiven Rechts*), identificada à luz da totalidade do ordenamento jurídico vigente.[412] Embora a incompletude possa ser determinada com base em elementos diversos da finalidade legislativa, é mister haver verdadeira omissão: se a lei não é meramente omissa,

---

[409] Cfr. CANARIS, *Die Feststellung von Lücken im Gesetz*, p. 17 ss. O desenvolvimento do Direito superador da lei é proibido à Administração, a qual não pode estabelecer diferenciações que configurem correções das determinações legislativas, sob pena de violar o princípio da legalidade, na sua acepção de preeminência legislativa. A respeito, Dürig sustenta a vinculação dos órgãos administrativos até mesmo a leis que violam o princípio da igualdade (MAUNZ; DÜRIG, *Grundgesetz Kommentar*, art. 3, mrg. 412, p. 193). Cabe aclarar, outrossim, que a Administração não se sujeita apenas ao texto legislativo, senão também (e principalmente) à sua finalidade, razão pela qual todas as diferenciações administrativas hão de se harmonizar com a finalidade da lei. Vide LEIBHOLZ; RINCK; HESSELBERGER, *Grundgesetz für die Bundesrepublik Deutschland: Kommentar an Hand der Rechtsprechung des Bundesverfassungsgerichts*, art. 3, mrg. 173-178, p. 47.

[410] Sobretudo na temática da analogia é corriqueiro identificar controvérsias puramente semânticas. Por exemplo, em razão de nos basearmos na noção de "sentido literal possível" para estabelecer a distinção entre interpretação *stricto sensu* e desenvolvimento do Direito, enquadramos a analogia nesta categoria e reputamos que ela se sujeita a condicionamentos específicos, aos quais a interpretação *stricto sensu* não se subordina. Contudo, caso considerássemos que a analogia não representa uma forma de desenvolvimento do Direito e não cria nada que já não estivesse na lei, caracterizando-se como simples processo interpretativo (e não integrativo), poderíamos chegar a conclusões diversas, como a de que a analogia é legítima sempre que inexista proibição expressa. A divergência nas conclusões seria ainda mais intensa se porventura considerássemos que "la analogía nunca opera sobre la semejanza de los supuestos de hecho objeto de comparación" (GONZÁLEZ GARCÍA, *La interpretación de las normas tributarias*, p. 53). No sentido de que a analogia não constitui um processo de produção do Direito, cfr. GONZÁLEZ GARCÍA, "La analogía en el Derecho Tributario", p. 1154 ss.; PÉRES DE AYALA; GONZÁLEZ GARCÍA, *Curso de Derecho Tributario*, v. I, p. 101; GONZÁLEZ GARCÍA; LEJEUNE, *Derecho Tributario*, v. I, p. 114.

[411] CANARIS, *Die Feststellung von Lücken im Gesetz*, p. 25.

[412] CANARIS, ob cit., p. 39. Esse conceito, elaborado por Canaris, permite a utilização de elementos alheios à lei lacunosa para identificar a lacuna jurídica. Diversamente, Larenz reputa ser a lacuna necessariamente imanente à lei e, portanto, define-a como a "incompletude contrária ao esquema da lei" (*planwidrige Unvollständigkeit des Gesetzes*) (*Methodenlehre der Rechtswissenchaft*, p. 358).

mas inconstitucional, resulta inviável reconhecer a existência de uma lacuna e, por conseguinte, proceder à inferência analógica.[413]

Essa ponderação evidencia que a questão das lacunas legislativas e da sua colmatação mediante a analogia concerne fundamentalmente à igualdade na aplicação da lei, e não (diretamente) à isonomia na sua criação. No processo de aplicação da lei, pode-se superar uma suposta violação da exigência de igualdade na lei, sem se contrariar o conteúdo legislativo.

Pois bem, é possível identificar lacunas por meio da aplicação do princípio da isonomia, em conexão com o sentido e a finalidade da regulação.[414] Se certa lei imputa a consequência jurídica C à hipótese normativa H_1, sem estendê-la à análoga hipótese H_2, haverá uma "lacuna descoberta", visto que à luz do princípio analisado também se deveria imputar a consequência C a H_2.[415] Para evitar a violação de tal princípio, recorre-se à analogia.

Com respeito ao conceito de analogia, empregamo-lo na sua acepção comum,[416] descrita de forma concisa e precisa por R. Barth: "Analogia é a equiparação de espécies distintas em virtude da correspondência de certas características".[417] Na analogia jurídica, a equiparação efetua-se mediante a atribuição de consequências jurídicas idênticas. Imputa-se a consequência prevista pela lei (isto é, a da norma pré-analógica) aos fatos similares aos compreendidos na hipótese normativa, criando-se, dessa forma, a norma analógica.[418] A exposição da estrutura lógica da analogia jurídica facilita a sua compreensão:

Premissa maior: Para S_1 vale R
Premissa menor: S_1 é similar a S_2
Conclusão: Para S_2 vale (provavelmente) R[419]

A premissa maior é a regra pré-analógica construída no âmbito da interpretação *stricto sensu*. O intérprete também constrói a premissa menor, fundando-se primordialmente na valoração da relevância jurídica da similitude para o estabeleci-

---

[413] LARENZ, *Methodenlehre der Rechtswissenchaft*, p. 359. Cfr. KLUG, *Juristische Logik*, p. 110.

[414] Vale observar que, além das lacunas identificadas e colmatadas à luz do princípio da igualdade, há lacunas teleológicas (*teleologische Lücken*), reconhecidas e preenchidas em vista do sentido e da finalidade legislativa. Vide BARTH, *Richterliche Rechtsfortbildung im Steuerrecht*, p. 75.

[415] Cfr. CANARIS, *Die Feststellung von Lücken im Gesetz*, p. 71 e 136; LARENZ, *Methodenlehre der Rechtswissenchaft*, p. 362 e 366.

[416] Note-se haver concepções distintas acerca da analogia, que variam segundo a terminologia utilizada. Vide ATIENZA, *Sobre la analogía en el Derecho. Ensayo de análisis de un razonamiento jurídico*, p. 15 ss. Após analisar detidamente o tema, Atienza conclui que: "No existe un único concepto de analogía, sino varios conceptos que tienen en común la idea de semejanza o similitud. Las dos nociones más significativas son: 1) la analogía como proporción, como semejanza entre relaciones; 2) la analogía como argumento que permite pasar de lo particular a lo particular, de lo semejante a lo semejante. Existe además, otra noción de analogía: 3) como atributo que se predica de ciertos términos que no son ni unívocos ni equívocos" (ibidem, p. 179). O conceito mais comum é o segundo, que, conforme indica Atienza, há de ser pressuposto sempre que não se especifique a acepção adotada (ibidem, p. 180).

[417] BARTH, *Richterliche Rechtsfortbildung im Steuerrecht*, p. 84.

[418] As normas analógicas não resultam inexoravelmente das pré-analógicas, mas as pressupõem já completamente determinadas (G. Carcaterra *apud* MELIS, *L'interpretazione nel diritto tributario*, p. 372-373, n. 224).

[419] BARTH, *Richterliche Rechtsfortbildung im Steuerrecht*, p. 87. Cfr. ALEXY, *Theorie der juristischen Argumentation*, p. 343; MELIS, *L'interpretazione nel diritto tributario*, p. 376.

mento de tratos iguais. A conclusão é a norma analógica. Se a norma pré-analógica é uma regra-matriz de incidência, a analógica também o será, restando escancarado o fato de o emprego da técnica analógica ter levado à criação, pelo aplicador do Direito, de nova regra-matriz.[420]

Conclui-se facilmente ser a analogia procedimento eminentemente *produtivo*. Implica a criação de *novas* normas jurídicas, que não se inserem dentre as variantes normativas ofertadas pela interpretação *stricto sensu*. Pela exegese se chega à lacuna, não à norma analógica: esta é fruto exclusivo da inferência analógica.

3.2.1.2. A igualdade como fundamento da analogia jurídica

Se ao estabelecer normas impositivas o legislador instituir regulações demasiado restritas à luz do *mandado de trato paritário*, o princípio da isonomia fundamentará a analogia jurídica, a fim de que se realize a igualdade tributária horizontal. Trata-se da denominada acepção positiva do princípio da igualdade (*positive Gleichheitssatz*), que indica a existência de lacunas jurídicas e exige a sua colmatação.[421]

Atentos a esse fato, os juristas que, ante a ausência de interdição legislativa expressa, defendem o emprego da analogia para criar tributos ou obrigações tributárias, apoiam-se no princípio da igualdade.[422] Nessa senda, é paradigmática a afirmação de Vanoni, segundo a qual "as exigências de generalidade e igualdade explicam e justificam o uso da analogia na interpretação das leis tributárias".[423]

Essa fundamentação da analogia na igualdade jurídica é plenamente correta.[424] O princípio da isonomia não só a fundamenta, antes requer a sua aplicação. É inclusive necessário para a inferência analógica, pois a analogia se apoia na regra de que a fatos juridicamente similares devem ser atribuídas consequências jurídicas idênticas.[425] Portanto, se o princípio da isonomia tributária fosse absoluto, imporia o recur-

---

[420] Cfr. ÁVILA, *Sistema constitucional tributário*, p. 435.

[421] CANARIS, *Die Feststellung von Lücken im Gesetz*, p. 71 ss. Dürig assevera que a inferência analógica "não é nada mais que uma modalidade aplicativa especial do princípio da igualdade" (MAUNZ; DÜRIG, *Grundgesetz Kommentar*, art. 3, mrg. 401, p. 185). O Tribunal Constitucional espanhol já teve a oportunidade de analisar a inter-relação do princípio da isonomia com a analogia jurídica: "Podría cuestionarse – y esta parece haber sido la tesis inicial de la demanda – si el art. 14 de la Constitución puede imponer la aplicación por analogía de determinadas normas legales y reglamentarias a supuestos no contemplados especialmente por ellas. Esta pregunta no puede recibir una respuesta categórica, aunque pueda por lo general admitirse que tal modo de interpretación o integración por vía analógica puede ser un instrumento idóneo para rectificar un trato discriminatorio – y por ende contrario al art. 14 de la Constitución – que a través de otro tipo de interpretación se produjera" (STC 109/1988, 8 de junho, FJ 2).

[422] Cfr., entre muitos outros, TIPKE, *Die Steuerrechtsordnung*, 2ª ed., v. 1, p. 197 ss.

[423] VANONI, "Natura ed interpretazione delle leggi tributarie", p. 299. Nessa linha, Melis destaca que: "A similitude evoca o princípio da igualdade jurídica. A analogia torna-se, nesse sentido, não um simples procedimento lógico-dedutivo, senão uma valoração igual de fatos considerados juridicamente similares" (*L'interpretazione nel diritto tributario*, p. 377-378).

[424] Cfr. CANARIS, *Die Feststellung von Lücken im Gesetz*, p. 25; LARENZ, *Methodenlehre der Rechtswissenschaft*, p. 366; PECZENIK, *On law and reason*, p. 394. A respeito, Falcón y Tella indica diversos fundamentos da analogia, identificando no princípio da igualdade o seu fundamento axiológico (*El argumento analógico en el Derecho*, p. 135-137).

[425] Vide ALEXY, *Theorie der juristischen Argumentation*, p. 344; MARIS, "Milking the meter. On analogy, universalisability and world views", p. 74.

so à analogia até mesmo para a criação de tributos e obrigações jurídico-tributárias específicas. A inexistência de previsão legal para a tributação de determinado fato que, à luz do princípio da isonomia, deveria ser gravado, levaria inexoravelmente à criação, por meio da inferência analógica, de uma hipótese de incidência analógica que o alcançasse.

Retornaremos ao tema ao tratar das limitações ao emprego da analogia impostas por outros princípios constitucionais.[426]

3.2.2. Redução teleológica

Quando a lacuna resulta da ausência de exceção a hipótese normativa demasiado ampla, qualifica-se como "oculta" (*verdeckte Lücke*) e não pode ser suprimida mediante a analogia, senão por meio da redução teleológica.[427]

As lacunas encobertas podem ser identificadas à luz do princípio da igualdade, sempre que o significado literal possível dos enunciados normativos abarque sujeitos ou situações que não deveria alcançar. Como observa Canaris, "não apenas o princípio positivo da igualdade, senão também o mandado de trato díspar para os desiguais pode exigir a complementação da lei".[428] Noutros termos, o *mandado de diferenciação* resultante do princípio analisado denota a existência da lacuna, consistente na ausência da exceção por ele requerida. Por isso, identifica-se na redução teleológica um caso especial de aplicação do princípio constitucional da isonomia.[429]

Pode-se reduzir o alcance da norma com ou sem a criação de normas específicas. Se a mera exclusão de certos sujeitos ou situações do âmbito da norma demasiado abrangente já implica a adoção do trato exigido pelo princípio da igualdade, seria dispensável a criação de qualquer norma adicional. Todavia, se tal princípio demandar trato diverso, pesará a favor da construção de outra norma, que se aplique como regra especial e estabeleça o trato díspar imprescindível à realização da isonomia.

3.2.3. "Argumentum a contrario sensu"

O *argumentum a contrario* (*Umkehrschluß*) apoia-se numa interpretação meramente literal da lei[430] e contrapõe-se frontalmente à analogia, porquanto demanda solução oposta à colmatação da lacuna descoberta, ou seja, contrária à atribuição da consequência da norma a situações juridicamente similares às compreendidas pela sua hipótese.[431]

Há duas variantes do argumento *a contrario*, uma fraca e outra forte. Segundo a variante fraca, o fato de uma situação não estar compreendida pela hipótese normativa *permite* que se afirme a impossibilidade de se lhe imputar a consequência

---

[426] Vide p. 274 ss.
[427] CANARIS, *Die Feststellung von Lücken im Gesetz*, p. 83 e 136-137; BARTH, *Richterliche Rechtsfortbildung im Steuerrecht*, p. 96.
[428] CANARIS, *Die Feststellung von Lücken im Gesetz*, p. 82.
[429] BARTH, *Richterliche Rechtsfortbildung im Steuerrecht*, p. 96.
[430] BYDLINSKI, *Juristische Methodenlehre und Rechtsbegriff*, p. 476.
[431] BARTH, *Richterliche Rechtsfortbildung im Steuerrecht*, p. 95; FALCÓN Y TELLA, *El argumento analógico en el Derecho*, p. 405.

jurídica, mas não impõe tal conclusão. Essa variante é corriqueiramente utilizada na análise e aplicação de todas as normas jurídicas. Já à luz da variante forte, o argumento *a contrario* leva à *proibição* de que se aplique a norma a situações não compreendidas pela sua hipótese,[432] isto é, impõe que o preceito somente seja aplicado aos fatos compreendidos pelo sentido literal possível dos termos que o compõem, com a consequente imputação da solução jurídica contrária aos demais.[433] É essa a concepção que se costuma ter em mente quando se lança mão do argumento.

Ocorre que a acepção forte do argumento *a contrario* não pode se fundar tão somente na interpretação literal do preceito legislativo, na ilegítima máxima *qui dicit de uno negat de altero*. Tem de se apoiar em outros elementos, tais quais a finalidade normativa, o princípio constitucional da legalidade (que fundamenta as interdições de analogia) etc.[434] Isso porque diz respeito a um problema interpretativo, que não pode ser resolvido mediante soluções aprioristicas, mas tão somente pela adequada exegese legislativa e pela ponderação dos princípios constitucionais em conflito (igualdade e legalidade).

Destarte, o problema é reconduzido ao dos conflitos entre tais princípios, que será abordado com vagar no terceiro capítulo.[435]

4. Igualdade na imposição fática

4.1. A EXIGÊNCIA DE IGUALDADE NA APLICAÇÃO EFETIVA DAS LEIS TRIBUTÁRIAS

A igualdade perante a lei requer muito mais que interpretações compatíveis com os seus termos e harmônicas entre si. Demanda uma aplicação efetivamente isonômica das leis, a fim de que suas determinações repercutam de modo uniforme na realidade e reduzam a "divergência entre o dever-ser (*Sollen*) e o ser (*Sein*)" resultante da deficiência na aplicação das normas jurídicas.[436]

A projeção plena de leis tributárias iguais na realidade social constitui o ideal da isonomia jurídico-tributária. Para que se realize tal ideal, há de haver leis que introduzam normas isonômicas, levando ao surgimento de obrigações jurídico-tributárias iguais. A igualdade nas leis, porém, não basta: é mister garanti-la por mecanismos que levem à projeção dos seus comandos na realidade, mediante a identificação e a punição das condutas que deles se desviam. Assim como o Direito, do qual é um elemento fundamental, o princípio da isonomia não é mera recomendação, cuja observância fique à mercê da vontade dos destinatários normativos. É um mandado imperativo, cujas exigências não podem se confinar ao mundo jurídico: têm de se impor coercitivamente no mundo real, a fim de que se logre a igualdade na execução das leis.

---

[432] PECZENIK, *On law and reason*, p. 395-396.
[433] BARTH, *Richterliche Rechtsfortbildung im Steuerrecht*, p. 95.
[434] Vide BARTH, *Richterliche Rechtsfortbildung im Steuerrecht*, p. 95.
[435] Vide p. 273 ss.
[436] TIPKE, *Steuergerechtigkeit in Theorie und Praxis*, p. 43.

Dessa forma, a observância dos preceitos legislativos garante e realiza a igualdade jurídico-tributária, projetando-a na realidade social.[437] Conduz ao que o Tribunal de Karlsruhe denomina "igualdade no resultado da tributação" (*Gleichheit im Belastungserfolg*),[438] manifestação específica da isonomia na aplicação legislativa. Apesar de dizer respeito à aplicação das leis tributárias, representa projeção da igualdade *jurídica* (entendido o conceito em contraposição à igualdade de oportunidades).[439] Não se confunde com a igualdade fática,[440] que objetiva a nivelação social, a igualdade *por meio* do Direito (e não propriamente no Direito), ou mais especificamente, por meio da desigualdade jurídica.

O BVerfG pôs em evidência o postulado de igualdade na aplicação fática das leis tributárias ao expor que o princípio da isonomia impõe a tributação igual dos sujeitos passivos, tanto no âmbito normativo quanto no fático.[441] A relevância desse precedente não reside, obviamente, na afirmação de que se deve promover a igualdade normativa, senão na exigência jurídica de igualdade nos resultados fáticos da imposição. Consiste no reconhecimento de que a isonomia das cargas tributárias depende essencialmente do Direito vivo (*gelebten Recht*), dos efeitos da tributação real (*Besteuerungswirklichkeit*), e não só de leis de papel.[442]

À luz desse contexto, infere-se serem componentes da isonomia tributária tanto a igualdade da obrigação normativo-tributária (*Gleichheit der normativen Steuerplicht*) quanto a da sua implementação na realidade fática (*Gleichheit bei deren Durchsetzung in der Steuererhebung*).[443]

4.1.1. A obrigação de o legislador promover a igualdade na aplicação legislativa

A tradicional análise da igualdade na aplicação fática da legislação como manifestação exclusiva da exigência de paridade "perante a lei" traz consequências lesivas à força normativa do princípio em exame. Tal denominação leva a que se restrinja o rol dos destinatários da exigência de igualdade na implementação das leis aos órgãos de aplicação legislativa, com a indevida exclusão dos órgãos de *criação* das leis.

A igualdade na imposição fática constitui exigência derivada de um princípio *constitucional*, que vincula todos os órgãos estatais. Sujeita não só os Poderes Executivo e Judiciário, mas também o Legislativo: o legislador tributário está obrigado a editar leis que, por seus próprios conteúdos, propiciem condições para que sejam aplicadas de forma isonômica, sob pena de violar a Constituição.

---

[437] A respeito, Isensee alude à garantia de "igualdade das consequências jurídicas" (*Gleichheit der Rechtsfolgen*) (*Die typisierende Verwaltung*, p. 133).

[438] BVerfGE 84, 239, Leitsatz 1.

[439] Vide LINDNER, *Theorie der Grundrechtsdogmatik*, p. 401, n. 44.

[440] Vide BIRK; BARTH, "§ 4 AO", mrg. 413, p. 188.

[441] BVerfGE 84, 239 [268]; 93, 121 [134]. Dada a importância dos precedentes, cabe referir a fórmula do Tribunal alemão na sua expressão original: "Der Gleichheitssatz verlangt für das Steuerrecht, daß die Steuerpflichtigen durch ein Steuergesetz rechtlich und tatsächlich gleich belastet werden". Cfr. KIRCHHOF, *Besteuerung im Verfassungsstaat*, p. 37-38.

[442] TIPKE, *Die Steuerrechtsordnung*, 2ª ed., v. 1, p. 362.

[443] BVerfGE 84, 239 [271].

O *Bundesverfassungsgericht* destacou esse dever na decisão sobre a tributação dos juros proferida em 1991 (*Urteil zur Zinsbesteuerung*),[444] ao asseverar que o "art. 3.1 GG [princípio da igualdade] proíbe uma regulação da arrecadação tributária que não conduza, de antemão, à igualdade nos resultados da imposição" (*Gleichheit des Belastungserfolgs*) e acrescentar em seguida que a "igualdade da imposição exige, por isso, que dentro do possível a lei tributária material traga, em si mesma, a garantia da sua regular aplicação".[445]

Se a legislação não cria condições adequadas de controle e acarreta um déficit estrutural de execução que era previsível pelo legislador, a própria norma jurídica material será inconstitucional. É o que ocorre quando a execução da norma tributária depende fundamentalmente da honestidade dos contribuintes, sem que seja garantida a igualdade na sua implementação por meio de medidas efetivas de controle, ou seja, quando não se complementa devidamente o "princípio da declaração" (*Deklarationsprinzip*) pelo "princípio da verificação" (*Verifikationsprinzip*).[446] Nessa situação, a determinação da obrigação tributária dependerá, na prática, da vontade e da boa-fé dos contribuintes, o que conduz à desigualdade na carga tributária suportada pelos contribuintes leais com o Fisco e por aqueles que não o são. É a própria lei que propicia a configuração de uma situação fática de acentuada desigualdade, prejudicando os contribuintes honestos, que honram plenamente as suas obrigações tributárias – e podem vê-las até mesmo agravadas, para compensar a perda de arrecadação resultante da sonegação dos demais.

Esse julgado do BVerfG suscita a indagação concernente às situações em que a validade da lei tributária é afetada por dificuldades aplicativas[447] criadas por ela própria.

Pois bem, deve-se exigir do legislador que promova a igualdade não só na criação do Direito material (nas obrigações tributárias instituídas por lei), mas também na sua aplicação fática, o que tem de ser propiciado pela apropriada formulação do Direito formal ou procedimental.[448] O legislador está obrigado a editar tanto preceitos materiais compatíveis com o princípio da isonomia quanto disposições formais e procedimentais que propiciem condições adequadas para se lograr uma aplicação igual do Direito material, sob pena de invalidade do tributo inadequadamente estruturado.

O legislador, todavia, costuma menoscabar tal exigência ao editar leis que sequer uma Administração tributária exemplar poderia aplicar de modo uniforme. Ao fazê-lo, promove desigualdades na imposição fática, que beneficiarão unicamente os contribuintes desleais, com flagrante prejuízo aos honestos e cumpridores de seus deveres jurídicos. Viola, portanto, o princípio da isonomia, não em razão do estabelecimento de disposições materialmente desiguais, mas de contextos jurídicos nos

---

[444] BVerfGE 84, 239 [271]. Cfr. ECKHOFF, *Rechtsanwendungsgleichheit im Steuerrecht*, p. 2 ss.; KIRCHHOF, *Besteuerung im Verfassungsstaat*, p. 37-38.

[445] BVerfGE 84, 239 [271].

[446] BVerfGE 84, 239 [271 ss.]. Cfr. BVerfG, 2 BvL 17/02, 9.3.2004, 1. Leitsatz; TIPKE; LANG, *Steuerrecht. Ein systematischer Grundriβ*, 18ª ed., p. 78-79.

[447] ECKHOFF, *Rechtsanwendungsgleichheit im Steuerrecht*, p. 2.

[448] Cfr. TIPKE, *Moral tributaria del Estado y de los contribuyentes*, p. 78.

quais a desigualdade fática certamente prosperará, sem que a Administração tributária possa combatê-la de forma minimamente eficaz.⁴⁴⁹

4.1.2. Superação da rígida dicotomia entre a igualdade "na lei" e "perante a lei"

A necessidade de as leis serem praticáveis, amplamente reconhecida na atualidade,⁴⁵⁰ quebra a rigidez da célebre dicotomia entre a igualdade "na lei" (no conteúdo legislativo, que vincula o legislador) e "perante a lei" (na aplicação legislativa, que sujeita os órgãos de aplicação das leis).

A despeito de claramente se tratar de exigência relativa à igualdade "perante a lei" – ou melhor, à igualdade aplicativa –, dirige-se ao conteúdo legislativo, demandando que a própria lei ofereça condições para que possa ser aplicada de forma isonômica. Noutros termos, exige que o legislador crie contextos normativos que propiciem os pressupostos indispensáveis para se lograr uma aplicação homogênea dos mandamentos legais.

4.2. Pressupostos para se realizar a igualdade na imposição fática

A fim de que as leis se reflitam de modo igual na realidade, é mister que tanto o Direito Tributário material e o formal quanto a organização burocrática do Fisco propiciem as condições necessárias.⁴⁵¹ Há, portanto, duas condições basilares para se realizar a "igualdade nos resultados da tributação": a viabilidade aplicativa do sistema impositivo e a existência de uma estrutura administrativa adequada.

Uma estrutura administrativa adequada e eficiente é imprescindível para conferir efetividade social às normas tributárias, mediante a imposição da sua observância em parcela significativa dos fatos gravados. O Fisco há de contar com estrutura adequada para fiscalizar o regular cumprimento das obrigações fiscais e levar a cabo a execução forçada das dívidas tributárias. Tem de dispor de pessoal capacitado e condições operacionais para fiscalizar e executar, cumprindo o seu poder-dever de aplicar a legislação e, por conseguinte, de realizar o direito fundamental dos contribuintes à igualdade tributária.

Sem embargo, uma estrutura adequada não se confunde com uma estrutura perfeita, que permita a apuração minuciosa de todas as peculiaridades das situações fáticas. Em razão de o Direito Tributário ser um "Direito de massa", a carência estrutural do Fisco é inevitável: ele está fadado a suportar um volume de trabalho que jamais poderá superar de forma plenamente satisfatória. Não obstante isso, há de sempre buscar maximizar os seus recursos materiais e humanos, persistindo na busca do ideal da implementação isonômica das leis tributárias, com o apoio de instrumentos legislativos de praticabilidade tributária.⁴⁵²

---

⁴⁴⁹ Segundo a jurisprudência do BVerfG, a ineficácia empírica das normas jurídicas nem sempre viola a igualdade, diversamente do déficit aplicativo que suprime a efetividade jurídica dos preceitos legislativos (BVerfG, 2 BvL 17/02, 9.3.2004, 2. Leitsatz).
⁴⁵⁰ Com respeito à praticabilidade e à simplificação tributária, vide p. 263 ss.
⁴⁵¹ ECKHOFF, *Rechtsanwendungsgleichheit im Steuerrecht*, p. 7.
⁴⁵² Vide p. 263 ss.

4.3. Igualdade na fiscalização, no lançamento e na arrecadação

O princípio examinado impõe a realização do ideal de igualdade plena na aplicação das leis tributárias e, portanto, de efetiva paridade na formalização e na arrecadação dos créditos fiscais. Isso porque, como bem ressalta Isensee, se depender do acaso se, como e quando será implementada a pretensão legislativo-tributária, restará caracterizado um Direito desigual e, por consequência, a ilegitimidade jurídica da carga tributária.[453]

Esse ideal, no entanto, jamais pode ser alcançado em sua totalidade. Sobretudo na fiscalização é manifesta a impossibilidade de se lograr uma igualdade absoluta. Em razão de o nosso ramo jurídico constituir um "Direito de massa", a fiscalização simultânea de todas as empresas e cidadãos é impensável – e tampouco é viável fiscalizá-los com o mesmo rigor e periodicidade.[454]

Apesar de serem inadmissíveis desigualdades acentuadas na execução das leis tributárias, disparidades específicas podem ser justificadas, mormente quando existam fundamentos razoáveis e proporcionais a embasá-las. Omissões ocasionais do Fisco em fiscalizar certos grupos de contribuintes, por exemplo, não podem fundamentar a pretensão de outros a que não sejam fiscalizados.[455]

Deveras, embora a legitimidade de desigualdades aplicativas possa ser questionável num estudo puramente teórico, não há como deixar de reconhecê-la, notadamente quando se erguem os olhos dos códigos e leis e se toma consciência da dimensão dos encargos impostos à Administração fazendária.

4.3.1. Desigualdades na fiscalização em razão da possível expressão econômica do débito tributário: o critério da relevância fiscal

A frequência e o rigor da atividade fiscalizatória costumam orientar-se pelo critério da relevância arrecadatória, que leva à sujeição das grandes empresas a con-

---

[453] ISENSEE, "Vom Beruf unserer Zeit für Steuervereinfachung", p. 8. Na Alemanha, a *Abgabenordnung* (AO) estabelece expressamente a exigência de igualdade aplicativa na parte inicial do parágrafo intitulado "princípios fundamentais da tributação" (*Besteuerungsgrundsätze*): "As autoridades tributárias têm de lançar e arrecadar os impostos de modo igual, segundo a medida da lei (*nach Maßgabe der Gesetze gleichmäßig*). Têm de assegurar-se, sobretudo, de que os impostos não sejam reduzidos mediante arrecadação ilegal e que as deduções (*Steuererstattungen*) e os reembolsos de impostos (*Steuervergütungen*) não sejam garantidos ou negados ilegitimamente" (§ 85). Por constituir uma concretização dos ditames dos princípios da igualdade e legalidade, esse preceito demanda a aplicação das leis tributárias à luz dos postulados da neutralidade e objetividade – ou na clássica fórmula de Anschütz, "sem consideração da pessoa" (*ohne Ansehung der Person*) – e na sua parte final evidencia que a atividade do Fisco não possui o fim precípuo de obter a maior renda possível, senão a de servir para alcançar a "maior justiça impositiva possível" (*größtmöglichen Steuergerechtigkeit*) (KÜHN; KUTTER; HOFMANN, *Abgabenordnung*, p. 210). Tal disposição explícita, em certa medida, o que já estava implícito no conceito de imposto da RAO (§ 1) e, posteriormente, da própria AO (§ 3), que o define como uma prestação pecuniária imposta "a todos aqueles abrangidos pela hipótese de incidência à qual a lei vincule a obrigação" (*allen auferlegt werden, bei denen der Tatbestand zutrifft, an den das Gesetz die Leistungspflicht knüpft*). Parte da doutrina (vide, por todos, KRUSE, *Lehrbuch des Steuerrecht*, v. 1, p. 42) e até o *Bundesverfassungsgericht* (BVerfGE 84, 239, 270-271) chegam a afirmar que, segundo esse preceito, a igualdade da tributação (*Belastungsgleichheit*) consubstancia característica constitutiva do conceito de imposto.

[454] Cfr. NEUMARK, *Principios de la imposición*, p. 115.

[455] TIPKE; LANG, *Steuerrecht. Ein systematischer Grundriß*, 18ª ed., p. 79. Vide STC 08/1986, de 21 de janeiro.

tínuas e severas inspeções, enquanto as pequenas sofrem controles menos rigorosos e frequentes – ou não sofrem controle algum. Isso faz com que a sonegação fiscal destas se acentue e, por consequência, se forme uma situação de desigualdade competitiva em prejuízo das grandes e médias empresas – e também das pequenas que declaram e pagam regularmente os seus débitos tributários.

É evidente que seria ilegítimo utilizar exclusivamente o critério da relevância fiscal, sobretudo quando ele leva a que as pequenas empresas não sejam fiscalizadas.[456] A Administração tributária não está autorizada a buscar somente a máxima arrecadação possível, olvidando que a obrigação de financiar os gastos públicos é de todos, e não apenas dos contribuintes mais abastados. Não pode se orientar por um raciocínio puramente econômico e desdenhar dos critérios valorativos que permeiam o nosso sistema constitucional, haja vista não ser uma empresa que deva buscar a maior rentabilidade possível – e ainda que fosse, estaria obrigada a respeitar estritamente os preceitos jurídico-positivos.

Destarte, há de se harmonizar o interesse arrecadatório com a exigência de igualdade na tributação, através de medidas que promovam uma arrecadação satisfatória com a mínima restrição possível à isonomia. Entre tais medidas, incluem-se a fiscalização de todos os segmentos econômicos, a consideração dos antecedentes tributários dos contribuintes e de dados sobre a sonegação em setores econômicos específicos.

4.3.2. São legítimos os lançamentos e julgamentos apressados, displicentes?

Considerando as dificuldades enfrentadas pela atividade administrativo-tributária, Tipke reputa que o Fisco deve "centrarse en las cuestiones fundamentales, prescindir en lo posible del examen de la bibliografía y no discutir por cuestiones menores. Si comenzase a analizar cuidadosamente cada uno de los casos, la mayor parte de ellos quedarían sin resolver al cabo del año".[457] Suscita-se, assim, a questão atinente à possibilidade de a Administração tributária efetuar, em razão do excessivo volume de trabalho, lançamentos e julgamentos apressados, displicentes, aceitando a possibilidade de violar os direitos dos contribuintes.

Não se pode perfilhar a ideia do Professor da Universidade de Colônia, haja vista que todas as questões relevantes à aplicação da legislação tributária devem ser devidamente apuradas e analisadas pelo Fisco, sob pena de serem chanceladas violações ao postulado da preeminência legislativa, com a exoneração ilegal de devedores e a exigência de obrigações tributárias desprovidas de fundamento legal. Não há "questões menores" para a aplicação da legislação tributária. O que existem são questões juridicamente relevantes ou irrelevantes. Aquelas sempre devem ser devi-

---

[456] Como informa Tipke, o critério da relevância fiscal é utilizado na Alemanha, onde se rechaça, ademais, o controle adotado na Holanda, baseado nos antecedentes dos contribuintes. A respeito, o Professor da Universidade de Colônia refere a recomendação, introduzida numa instrução da Administração Tributária Superior dos *Länder*, segundo a qual o "tratamiento de los asuntos tributarios debe atenerse a lo esencial. La atención dedicada al tratamiento del caso dependerá de su relevancia fiscal", sendo que "en los demás casos deben admitirse los datos aportados por el contribuyente, en la medida en que sean concluyentes y dignos de crédito" (TIPKE, *Moral tributaria del Estado y de los contribuyentes*, p. 94-95).

[457] TIPKE, *Moral tributaria del Estado y de los contribuyentes*, p. 94.

damente analisadas; já estas hão de ser declaradas como tais, isto é, como juridicamente irrelevantes. Ademais, é óbvio que o Fisco tem de analisar com cautela cada um dos casos que são levados à sua consideração, sob pena de violar o princípio da legalidade, ao aplicar soluções impertinentes aos casos julgados. O que a Fazenda pode e deve fazer é limitar-se aos aspectos necessários ao julgamento do caso e abster-se de analisar questões impertinentes e de elaborar decisões desnecessariamente rebuscadas, eruditas e extensas.

Ressaltamos, por fim, que a tarefa de proceder à simplificação do sistema tributário incumbe fundamentalmente ao legislador, e não ao Fisco, pois este se encontra rigorosamente sujeito aos mandamentos legais: o princípio da preeminência legislativa não permite que os modifique ou ignore tão somente para simplificar o seu trabalho.

4.3.3. Desigualdades nas estimativas das bases imponíveis

Das deficiências administrativas para apurar rigorosamente as bases imponíveis resultam desigualdades de vulto não só nos casos em que há sonegação, senão também naqueles em que tal tarefa é realizada sem o apoio de declarações do sujeito passivo. De fato, para remediar a carência fiscalizatória do Fisco, a lei – ou a própria Fazenda – estabelece presunções com respeito ao conteúdo econômico das bases imponíveis, com o que evita a necessidade de identificar a correspondência das declarações dos contribuintes à realidade. A consequência de tais presunções é o distanciamento da liquidação tributária da realidade, levando à formalização de obrigações tributárias desiguais. Note-se não se tratar de desigualdades resultantes diretamente da lei, dado o conteúdo legislativo não ser desigual: a desigualdade surge da sua aplicação aos fatos tributados com base em elementos alheios à realidade.

Desigualdades análogas advêm da falta de atualização das bases imponíveis dos tributos "periódicos", que incidem continuamente sobre as mesmas materialidades. Quando a Administração se abstém de averiguar a oscilação do valor econômico do bem sobre o qual incide o tributo, admite a imposição dissociada da realidade, em benefício ou prejuízo de certos contribuintes. A respeito, o Tribunal Constitucional espanhol, tendo que analisar a impugnação de um sujeito passivo prejudicado pela desigual aplicação da lei tributária (advinda de revisão cadastral parcial), reconheceu expressamente a possibilidade de se utilizarem critérios de execução que produzam resultados reconhecidamente desiguais, contanto que haja uma "justificación objetiva o razonable" para tanto.[458]

---

[458] STC 08/1986, de 21 de janeiro. A decisão concerne à Contribuição Territorial Rural. A Administração de Valência havia realizado a revisão cadastral determinada pelo Real Decreto-Ley 11/1979 antes das demais cidades e em períodos distintos para as diversas regiões de Valência. O Tribunal Constitucional declarou que: "La igualdad en la aplicación de la ley que dicho precepto constitucional eleva a la categoría de derecho fundamental no ampara, sin más, la pretensión de que la norma jurídica no se aplique a la demandante mientras no se aplique a todas las demás afectadas por aquélla, no supone que necesariamente y, en todo caso, la ley haya de aplicarse simultáneamente a todos los que caen bajo su ámbito subjetivo de aplicación. Pero sí exige que no se adopten criterios para la ejecución de la norma que, habiendo de producir un resultado desigualitario, carezcan de una justificación objetiva o razonable". Como justificação objetiva e razoável, o Tribunal considerou a autonomia das entidades administrativas (para a desigualdade quanto ao momento da realização da revisão, com respeito a outras cidades) e a limitação de recursos administrativos (para a desigualdade dentro da mesma cidade). A despeito de a

Regressaremos ao tema no próximo capítulo, onde trataremos do controle da constitucionalidade das desigualdades geradas pelas medidas de simplificação tributária.[459]

---

desigualdade perante as demais cidades não poder ser sanada, o Tribunal Constitucional poderia ter exigido o respeito ao princípio da isonomia dentro do âmbito territorial de Valência, mediante a declaração de inconstitucionalidade da majoração tributária antes do término da revisão geral.

[459] Vide p. 263 ss.

Parte III

Controle dos atos estatais à luz do princípio da igualdade tributária

Capítulo I. Conflitos e critérios gerais para solucioná-los

Superado o dogma do caráter absoluto do princípio da isonomia – expresso fundamentalmente pela tese que o reconduz à interdição de arbitrariedade –, a questão do controle das desigualdades torna-se particularmente complexa, haja vista se reconhecer que desigualdades jurídicas podem ser constitucionais. Exsurge, por consequência, questão de suma importância: quais são as condições de legitimidade constitucional das desigualdades tributárias?

Este capítulo objetiva responder tal questionamento, mediante a construção de um modelo de controle da constitucionalidade das desigualdades jurídico-tributárias. Para tanto, iniciamos investigando as hipóteses de afetação da igualdade jurídica e as soluções indicadas *in abstracto* pelas constituições para solver a tensão jurídico-constitucional correlata, prosseguimos apresentando critérios gerais para solucioná-la *in concreto* e, por último, ocupamo-nos de situações específicas em que o princípio da igualdade tributária se contrapõe a outros princípios ou regras constitucionais.

1. Formas de afetação da igualdade tributária

Conforme o conteúdo que se atribua ao princípio da igualdade, admitir-se-á ou rechaçar-se-á a possibilidade de que seja legitimamente afetado e, por conseguinte, de que seja ponderado com outros princípios, bens ou direitos. Caso se adote a teoria ampla da hipótese normativa, que inclui as restrições no seu âmbito, obviamente se deverá refutar a existência de restrições legítimas ao princípio em análise.[1] A difundida teoria da igualdade como interdição de arbitrariedade, por exemplo, é

---

[1] Essa posição foi defendida de modo categórico por Francisco Campos, no seu clássico artigo publicado em 1947: "Em relação à igualdade, porém, a Constituição não admite, em caso algum, qualquer derrogação legal ao princípio por ela estabelecido. Êsse princípio ela o enuncia em têrmos absolutos ou plenários [...] Não haverá condições à igualdade perante a lei. A lei será igual para todos e a todos se aplicará com igualdade. É um direito incondicional ou absoluto. Não tolera limitações, não admite exceção, seja qual fôr o motivo invocado; lei alguma, nenhum poder, nenhuma autoridade poderá, direta ou indiretamente, de modo manifestou ou sub-reptício, mediante ação ou omissão, derrogar o princípio de igualdade" ("Igualdade de todos perante a lei", p. 378).

claramente incompatível com a ideia de perturbações ou restrições constitucionalmente legítimas ao princípio da isonomia, haja vista lhe atribuir um conteúdo excessivamente restrito, a fim de poder sustentar o dogma do seu caráter absoluto. Por outro lado, à luz do modelo de intervenção no princípio da isonomia (resultante da aplicação da teoria restrita da hipótese normativa) afigura-se perfeitamente possível haver desigualdades juridicamente relevantes e legítimas.

Em razão de acolhermos esta concepção,[2] incumbe-nos estabelecer certas precisões a respeito.

1.1. INTERVENÇÃO, RESTRIÇÃO E VIOLAÇÃO

A intervenção (*Eingriff*) ou, se se prefere, a afetação (*Beeinträchtigung*) da igualdade jurídica constitui o gênero, do qual as restrições e as violações são espécies. Essa dicotomia leva em consideração a legitimidade das intervenções: as legítimas qualificam-se como restrições; e as ilegítimas, como violações.[3]

Com respeito ao direito intertemporal, impende ressaltar que as normas violadoras do princípio da isonomia são inconstitucionais e, portanto, inválidas. O seu vício não pode ser saneado mediante legitimação constitucional superveniente. Contrariamente, uma norma que restrinja legitimamente o princípio da igualdade pode tornar-se inconstitucional em razão de mudança posterior à sua edição. É o que ocorre quando as razões para a restrição deixam de subsistir ou de ter o peso que a legitimava.[4]

1.2. FORMAS BÁSICAS DE INTERVENÇÃO

No capítulo anterior, foram analisadas as distintas funções dos critérios de comparação tributária, que se refletem nos mandados derivados do princípio da isonomia e concernem tanto à escolha das hipóteses de incidência quanto à determinação dos sujeitos passivos e à graduação da carga tributária. Pois bem, as intervenções na igualdade tributária podem dizer respeito a qualquer uma dessas funções. Podem afetar tanto a igualdade horizontal quanto a vertical e resultar da conformação das hipóteses e bases de cálculo ou da determinação dos sujeitos passivos e das alíquotas. Podem decorrer tanto de normas impositivas (que introduzem no sistema hipóteses

---

[2] Defendemos, assim, "o absurdo" que Einaudi e muitos outros viam e veem na afirmação da possibilidade de se desviar legitimamente da igualdade (cfr. EINAUDI, *Principii di Scienza della Finanza*, p. 89-90).

[3] Aqui não utilizaremos a distinção entre afetação e intervenção nos direitos fundamentais, reconhecida por parte da doutrina alemã (vide por todos SACHS, *Verfassungsrecht II – Grundrechte*, p. 100 ss.), designando todas as formas de afetação do princípio e dos respectivos direitos sob o termo "intervenção", haja vista essa distinção ser secundária para a nossa investigação. Relevante é a diferença entre intervenções e violações, por possuírem consequências jurídicas significativamente diversas. Com respeito à distinção entre intervenção, restrição e violação, com certas nuances em relação à posição que adotamos, vide também BERNAL PULIDO, *El principio de proporcionalidad y los derechos fundamentales*, p. 685-686.

[4] Como anotou o Tribunal Constitucional espanhol: "Es patente que el mantenimiento de una exención como la que se discute, carente de la justificación que la vio nacer, implica la quiebra ilegítima del deber de 'todos' de contribuir a aquel sostenimiento, o, lo que es lo mismo, del principio de generalidad tributaria que el art. 31.1 CE establece" (STC 134/1996, 22 de julho, FJ 8). A decisão trata da isenção concedida às *Cajas de Ahorro* no âmbito do *Impuesto sobre Actividades Económicas*, tendo concluído ser ilegítima com respeito às atividades puramente mercantis, comerciais e financeiras.

de incidência e as suas consequências jurídicas) quanto de normas desonerativas (de isenção, alíquota zero, etc.). A seguir, iremos analisá-las separadamente, tomando os impostos como exemplo.

Ao determinar as hipóteses de incidência, o legislador pode afetar a isonomia por tributar somente determinadas manifestações de capacidade contributiva, sem considerar outras igualmente importantes. Ao fazê-lo, terá estabelecido uma desigualdade tributária por omissão parcial, pois a norma impositiva não compreende todos os fatos que, à luz do princípio da isonomia, deveria alcançar. Situação similar verifica-se nas isenções objetivas, com a peculiaridade de que, ao decretá-las, o legislador não se abstém, antes age editando preceitos específicos destinados a excluir determinados fatos do alcance das normas impositivas. O legislador também poderá pecar pelo excesso oposto, ao tributar fatos que não denotem capacidade contributiva. No entanto, tendo em vista que hoje em dia dificilmente se estabeleceriam tributos que incidam exclusivamente sobre fatos que não evidenciem capacidade contributiva, a problemática advinda desse excesso legislativo não concerne tanto ao estabelecimento de tributos sobre tais fatos, senão à excessiva amplitude das hipóteses de incidência. Trata-se de tema que concerne primordialmente à simplificação legislativa, da qual nos ocuparemos posteriormente.[5]

Por outro lado, o princípio da generalidade exige que todos os cidadãos contribuam ao financiamento das despesas públicas. Atua, pois, no momento da construção das normas impositivas, demandando que o legislador preveja como sujeitos passivos todos os que realizam os fatos previstos nas hipóteses de incidência – sempre que não se adote um sistema de substituição tributária, para gravá-los indiretamente. Também pesa contra a concessão de isenções subjetivas que não estejam apoiadas na carência de capacidade contributiva dos beneficiados.

Com respeito à graduação da carga tributária, exsurgem problemas que vão além da igualdade horizontal. Estendem-se à igualdade vertical,[6] afetada sempre que o legislador estabelece obrigações paritárias a contribuintes com capacidades econômicas díspares.

Analisadas as desigualdades sob a perspectiva da conformação das normas tributárias, urge tratar do tema desde outro ponto de vista, considerando a forma de atuação do legislador. A intervenção por ação é a regra, ocorrendo quando o legislador estabelece preceitos que afetam diretamente o princípio da isonomia, pelos seus próprios conteúdos. A intervenção por omissão resulta, obviamente, de inatividade legislativa e, mais precisamente, da falta do estabelecimento de preceitos necessários à realização da igualdade. Já a intervenção por "omissão parcial" (também denominada "relativa" ou de "segundo grau")[7] não advém da inatividade, senão da atuação do legislador – com a peculiaridade de não serem as imposições legislativas que se contrapõem à igualdade, mas a indevida delimitação das hipóteses normativas. Ou seja, nas omissões parciais se afeta a igualdade em razão de o preceito normativo não alcançar pessoas ou situações juridicamente iguais às abrangidas pela

---

[5] Vide p. 263 ss.

[6] Com respeito aos conceitos de igualdade horizontal e vertical, cfr. p. 132 ss.

[7] Esta denominação deriva do fato de a afetação do princípio da igualdade se verificar unicamente após atuação do legislador que supera a omissão legislativa originária. Vide GROSSO, *Sentenze costituzionali di spesa "che non costino"*, p. 22.

sua hipótese. Se tal delimitação carecer de fundamentos suficientemente sólidos, restará caracterizada a denominada "inconstitucionalidade por omissão parcial".[8]

2. Soluções em abstrato da relação de tensão

Em certas hipóteses, a Constituição resolve *in abstracto* a relação de tensão entre a igualdade e outros bens, regras ou princípios constitucionais, conferindo preponderância *a priori* a estes em face daquela ou vice-versa. Aludimos à outorga de primazia *a priori* em razão de não estar condicionada ao peso que as exigências contrapostas ostentam nas situações concretas. Nesses casos, é inviável proceder à concordância prática entre a igualdade e os bens, regras ou princípios que a ela se contrapõem. A solução já está preestabelecida constitucionalmente, cabendo ao intérprete identificá-la por meio dos usuais critérios de exegese jurídico-constitucional.

2.1. Preponderância *a priori* da igualdade: as regras de igualdade

2.1.1. Interdições de discriminação

As interdições de discriminação obstam que se tratem os destinatários normativos como desiguais, estabelecendo mandados absolutos de trato paritário. Em matéria tributária, obrigam o legislador a partir da premissa de que todas as pessoas merecem igual respeito e atenção e, obviamente, a atuar em conformidade com ela.[9] Vedam, portanto, as diferenciações tributárias estabelecidas com base em características pessoais e históricas dos sujeitos passivos (como raça, sexo, origem, nacionalidade, etc).

Tais cláusulas expressam o núcleo essencial da igualdade jurídica, que jamais poderá ser afetado, sob qualquer fundamento. Nenhuma ponderação, argumentação, justificação é apta a legitimar o estabelecimento de tributos discriminatórios, como o nefasto "tributo sobre o patrimônio judeu" (*Judenvermögensabgabe*) instituído na Alemanha nacional-socialista por um decreto de 12 de novembro de 1938, como forma de reparação pela suposta "atitude hostil do judaísmo contra o povo alemão".[10]

No entanto, tais proibições de diferenciação aportam muito pouco à solução dos problemas de igualdade, sobretudo no Direito Tributário contemporâneo, onde são absolutamente raras as distinções impositivas apoiadas nesses critérios.[11] As

---

[8] À luz da exposição de Guastini sobre as omissões axiológicas identificadas com base no princípio da igualdade (*Lezioni di teoria costituzionale*, p. 200), denuncia-se a inconstitucionalidade por omissão de uma norma ("Se S1, então D") quando o tribunal constitucional considera que, para fins do tratamento "D", S2 é igual a S1. Assim, a norma viola a igualdade por não abarcar S2. A fim de superar a inconstitucionalidade, seria necessário declarar a inconstitucionalidade da norma ou criar outra que dê o mesmo tratamento a S2. Sobre a inconstitucionalidade por omissão parcial, vide também MIRANDA, *Manual de Direito Constitucional*, t. II, p. 295.

[9] Acerca das interdições de discriminação, vide p. 96 ss.

[10] A sua alegada finalidade, a "reparação moral" dos alemães, consistia, na realidade, num nítido designo de *política racista*, discriminatória e, assim, patentemente incompatível com os direitos humanos. Com respeito ao tributo, vide TIPKE, *Die Steuerrechtsordnung*, 1ª ed., v. 1, p. 320; NEUMARK, *Principios de la imposición,* p. 109.

[11] TIPKE, *Die Steuerrechtsordnung*, v. 1, p. 321.

discriminações tributárias entre grupos de pessoas são mais sutis, ocorrendo normalmente sob a forma de medidas de intervenção econômica ou social: gravam fortemente determinadas operações econômicas – e, portanto, grupos de contribuintes – e exoneram outras.[12]

2.1.2. Proibições de tratos desfavoráveis

Também são absolutas certas interdições de tratos desfavoráveis,[13] cujo alcance prático costuma ser muito mais significativo que o das interdições de discriminação. Na Espanha, por exemplo, a Constituição estabelece que os poderes públicos têm de assegurar "la protección social, económica y jurídica de la familia" (art. 39.1) e, por consequência, veda todos os tratos desfavoráveis à instituição da família, inclusive em matéria tributária, fato ressaltado pelo Tribunal Constitucional em dois importantíssimos precedentes.[14] Na Alemanha, o *Bundesverfassungsgericht* vislumbra na "especial proteção da ordem estatal" ao matrimônio e à família do art. 6.1 da Lei Fundamental um "preceito especial de igualdade", o qual proíbe que o matrimônio e a família sejam prejudicados perante outras uniões de vida ou de educação, isto é, que se prejudiquem os cônjuges perante os solteiros, os pais frente aos casais sem filhos, etc. Trata-se, enfim, de uma vedação de tratos desfavoráveis contraposta a todas as diferenciações prejudiciais fundadas no matrimônio ou no exercício do direito dos pais à educação dos seus filhos.[15]

2.2. PRÉDETERMINAÇÕES CONSTITUCIONAIS CONTRÁRIAS À IGUALDADE

2.2.1. Limitações das competências tributárias

Em países cujas constituições estabelecem discriminações rígidas de competências tributárias, é inviável reconhecer a obrigação de o legislador gravar *todas* as manifestações de capacidade contributiva (universalidade da tributação), dado estar limitado pelas competências que lhe foram outorgadas constitucionalmente. São as próprias constituições que impossibilitam a plena realização da igualdade tributária, legitimando relevantes disparidades de trato.[16]

Para exemplificar tal situação, recordamos que a Constituição de 1988 confere poder impositivo aos Estados e ao Distrito Federal para gravar a propriedade de veículos automotores (art. 155, III), mas essa autorização só alcança os veículos terrestres, impossibilitando que se tribute a propriedade dos veículos marítimos e aéreos.[17] Cria-se, assim, flagrante desigualdade, pois se grava a propriedade de carros simples,

---

[12] Cfr. BÖCKLI, *Indirekte Steuern und Lenkungssteuern*, p. 49-52.

[13] Vide p. 99.

[14] STC 209/1988 e 45/1989. Acerca dos precedentes, vide, por todos, GONZÁLEZ GARCÍA, *Tributación individual frente a tributación conjunta en el IRPF*. A propósito, cabe referir que, como se reconheceu na STC 45/1989, o sistema de acumulação de rendas analisado, prejudicial aos cônjuges, ia diretamente "en contra del mandato constitucional que ordena la protección de la familia, a la que, al obrar así, no sólo no se protege, sino que directamente se perjudica".

[15] BVerfGE 99, 216 [232].

[16] Como afirma Rodi, um "tratamento desigual estará justificado sempre que possa se fundamentar no arquétipo (*Typus*) do imposto justificado jurídico-constitucionalmente" (*Die Rechtfertigung von Steuern als Verfassungsproblem*, p. 192).

[17] STF, Pleno, RREE 134.509 e 225.111, 5.2002.

e não a de embarcações e aeronaves de alto luxo. Essa desigualdade, no entanto, não viola a Constituição. Pelo contrário, é pressuposta pelo seu próprio sistema de competências tributárias, interpretado à luz da jurisprudência do Supremo Tribunal Federal.[18] Situação similar ocorre na Alemanha, onde a Lei Fundamental chega até mesmo a prever um Imposto sobre Veículos Automotores (*Kraftfahrzeugsteuer*) no seu art. 105, e o BVerfG afirma que nenhum dos impostos previstos nos arts. 105 e 106 da *Grundgesetz* é apto a violar o princípio da isonomia, haja vista que, além de serem consagrados constitucionalmente, eles constituem exações tradicionais do Direito Tributário alemão.[19]

Por fim, vale gizar que, a despeito de a Constituição já predeterminar a solução, há efetiva relação de tensão entre o princípio da igualdade e as regras que conferem competências tributárias de modo anti-isonômico. Elas não concretizam e tampouco efetivam a isonomia: simplesmente regulam a questão desigualmente.[20]

2.2.2. Reserva de lei tributária e preeminência legislativa

O princípio da isonomia tributária está indissociavelmente vinculado ao da legalidade, o que se denota das suas principais acepções. Fala-se da igualdade "na lei", "perante a lei" e, no âmbito do princípio geral, até mesmo da igualdade "através da lei".[21] Toda a atuação do princípio gravita em torno da lei, pois ele não se impõe

---

[18] Não compartilhamos, portanto, da afirmação de Tipke, de que o "Estado Federal de Direito não pode repartir impostos injustos" (*Die Steuerrechtsordnung*, 2ª ed., v. 1, p. 304). Mesmo que não deva, o certo é que, até certa medida, pode fazê-lo, pois a Lei Maior que o estrutura reparte impostos injustos ou, mais precisamente, desiguais.

[19] BVerfGE 7, 244 [252]. Tipke critica essa concepção, predominante na doutrina e na jurisprudência, ao asseverar que os impostos deveriam corresponder rigorosamente à igualdade e que a única fonte impositiva deveria ser a renda acumulada. Acrescenta que "o preceito central do Direito Constitucional para o Direito Tributário é o art. 3 GG [princípio da igualdade], e não o art. 105 ou o art. 106 GG". A sobrevalorização do art. 105 da Lei Fundamental levaria à inconstitucionalidade da "unidade da ordem jurídico-tributária", à conclusão de que a fragmentação e a particularização do Direito Tributário seriam exigidas constitucionalmente (*Die Steuerrechtsordnung*, 2ª ed., v. 1, p. 300 ss.). No entanto, a sua concepção pressupõe uma hierarquia entre as normas constitucionais e a admissão da inconstitucionalidade de normas constitucionais originais, o que é amplamente rechaçado pela doutrina constitucional contemporânea. O intérprete deve ter por legítimas as restrições constitucionais originais ao princípio da igualdade, sempre que não perfilhe uma concepção jusnaturalista. Como o próprio Tipke recorda, o BVerfG referiu e rechaçou a sua concepção, afirmando ser "nitidamente contrária à jurisprudência consolidada do *Bundesverfassungsgericht*" (ob. cit, p. 303).

[20] Para Klein, as competências são critérios de comparação para determinar o conteúdo do princípio da igualdade (*Gleichheitsmaβstab*), do que resulta um direito subjetivo à observância das competências tributárias (*Gleichheitssatz und Steuerrecht*, p. 169). Essa concepção é questionável, sobretudo quando se diferencia a igualdade material da formal. Nessa situação, a Constituição contraria a igualdade material, ou seja, não realiza a igualdade "da Constituição", mas os elementos das normas de competência atuam efetivamente como *tertia comparationis* para juízos formais de igualdade, isto é, para identificar a igualdade "perante a Constituição". A força jurídica do princípio da igualdade vê-se restrita ao âmbito interpretativo (onde há de se respeitar a igualdade material, sempre que possível) e ao aplicativo, centrando-se fundamentalmente neste. Por exemplo, se somente há competência para tributar os veículos automotores terrestres, seria contrário à igualdade formal (no caso, "perante a Constituição") gravar as embarcações, mas o princípio em foco atuaria materialmente nas hipóteses de dúvida com respeito aos exatos lindes da competência, inclinando-se a favor de uma tributação efetivamente paritária. Acerca da questão no âmbito legal, no qual se configuram tensões entre a igualdade "da lei" e "perante a lei (desigual)", vide p. 115 ss.

[21] Vide p. 91 ss.

por si só:²² é inapto a fundamentar a criação de tributos ou de obrigações tributárias específicas sem a iniludível intermediação legislativa.

Deveras, o princípio da legalidade, na sua acepção de reserva de lei, atribui com exclusividade ao legislador a tarefa de criar tributos. Demanda que somente sejam exigidos quando haja previsão legal e na estrita medida dessa previsão. Por outro lado, na sua acepção de preeminência legislativa, o princípio da legalidade exige que os aplicadores do Direito se limitem a lançar e arrecadar tributos em consonância com os mandamentos da lei. E ninguém deve estranhar tal exigência, haja vista que a lei é a garantia primeira dos contribuintes e, via de consequência, o eixo central da dinâmica jurídico-tributária.

Dissociado da lei, o princípio da isonomia não possibilita que se alcance uma tributação justa, equitativa e igual. Num Estado de Direito, tal tarefa incumbe fundamentalmente ao legislador, que deverá inserir no sistema jurídico-positivo normas impositivas e, ao fazê-lo, respeitar as exigências definitivas estabelecidas pelo princípio referido, sob pena de criar uma legislação nula e destituída de efeitos jurídicos. A igualdade tributária sem lei é mera abstração, e a lei sem igualdade é inválida.²³

Do exposto se infere que, em regra, deve-se realizar a igualdade nos estritos termos da legislação, sem contrariar as exigências da reserva de lei tributária e da preeminência legislativa.

Vislumbramos que essa regra comporta exceções, dado negarmos a preponderância *a priori* do princípio da legalidade perante o da isonomia, preconizada por Wacke ao sustentar que o princípio da legalidade é um "conceito superior" ao de igualdade, prevalecendo sempre que haja um conflito real entre eles.²⁴ Em primeiro lugar, ainda que o princípio da igualdade não seja apto a justificar a arrecadação de tributos sem base legislativa, é perfeitamente apto a impor-se ao legislador, podendo acarretar a invalidade dos preceitos por ele criados, situação em que a igualdade prepondera, sem sombra de dúvida, perante os termos da lei. Em segundo lugar, não é possível afirmar *a priori* o caráter absoluto das exigências da reserva de lei e preeminência legislativa, senão tão somente após uma análise detida do sistema jurídico, notadamente porque tal análise pode conduzir, por exemplo, ao reconhecimento do caráter *relativo* da reserva de lei (que confere à Administração espaços para realizar a igualdade tributária) ou de um direito à igualdade na antijuridicidade (isto é, à aplicação ou extensão isonômica de um costume ilegal), hipótese que o próprio Wacke ressalta.

Retornaremos ao tema ao tratar dos conflitos internos ao Direito Tributário e, mais especificamente, da legitimidade do desenvolvimento judicial do Direito mediante a analogia e a redução teleológica.²⁵

---

²² Cfr. DELVOLVE, *Le principe d'égalité devant les charges publiques*, p. 24-25.

²³ Delvolve ressalta que a igualdade "é um elemento da legalidade" e que a "legalidade das cargas públicas é a primeira condição (*condition première*) da igualdade ante as cargas públicas" (*Le principe d'égalité devant les charges publiques*, p. 24 e 27).

²⁴ WACKE, "Gesetzmäßigkeit und Gleichmäßigkeit", p. 41, que excepciona as hipóteses em que se possa superar o conflito interpretativamente ou em que a igualdade esteja apoiada no direito consuetudinário.

²⁵ Vide p. 273 ss.

3. Controles de constitucionalidade das disparidades de trato à luz da igualdade

Quando inexistem predeterminações acerca da tensão da isonomia tributária com outros bens ou princípios constitucionais, torna-se necessário analisar *in concreto* a legitimidade das desigualdades impositivas, à luz das peculiaridades, dos fundamentos e da intensidade da restrição à igualdade.

Há modelos dogmáticos que implicam um controle único da legitimidade material das disparidades de trato à luz do princípio da isonomia, dentre os quais sobressai a teoria da interdição de arbitrariedade, que se limita a exigir o exame da arbitrariedade (ou seja, da "injustiça evidente") das desigualdades.[26] No entanto, após se superar a indevida confusão entre o *controle* da arbitrariedade e o *conteúdo* do princípio da isonomia e serem identificados outros requisitos de legitimidade das desigualdades, afigura-se possível – e necessário – efetuar controles variados para averiguar a sua constitucionalidade material.[27]

Considerando que, conforme exporemos a seguir, a legitimidade constitucional das desigualdades jurídicas pressupõe que não sejam arbitrárias, desproporcionais, restritas a casos particulares e tampouco afetem o conteúdo essencial dos direitos à igualdade, exsurgem *quatro* formas diferenciadas de controle da legitimidade material das disparidades de trato, consistentes nos controles de arbitrariedade, de proporcionalidade *stricto sensu*, do caráter geral da desigualdade e do respeito ao núcleo essencial da igualdade.[28] Dentre tais controles, o da proporcionalidade ostenta singular importância prática, por se tratar de um controle rigoroso que permite conciliar as exigências contrapostas no caso concreto, pois leva em consideração a necessidade da intervenção na igualdade, o grau da restrição e o peso das exigências antagônicas na situação específica.

---

[26] Com respeito à teoria, vide p. 33 ss.

[27] O Tribunal de Karlsruhe chega a utilizar parâmetros reciprocamente excludentes para controlar as diferenciações legislativas, realizando exames de arbitrariedade ou de proporcionalidade em contextos distintos e conferindo ao legislador, dessa forma, âmbitos de discricionariedade variáveis em função da forma e da espécie de intervenção legislativa. Para uma clara exposição das hipóteses de aplicação de cada controle na jurisprudência alemã, vide GUBELT, "Art. 3 – Gleichheit", p. 209. Essa concepção também é defendida claramente pela doutrina (vide, por todos, HESSE, "Der allgemeine Gleichheitssatz in der neueren Rechtsprechung des Bundesverfassungsgerichts zur Rechtsetzungsgleichheit", p. 121 ss.). Sem embargo, nada impede que se efetuem os controles conjuntamente, sobretudo quando se aceita o parâmetro mais exigente.

[28] Note-se que a interdição de leis para casos particulares e a garantia do conteúdo essencial estão previstas expressamente na Lei Fundamental de Bonn como limitações à possibilidade de o legislador restringir direitos fundamentais, evidenciando a cautela do constituinte em prevenir tais direitos de arbitrariedades já cometidas no passado pelo Poder Legislativo (vide STERN, *Das Staatsrecht der Bundesrepublik Deutschland*, v. III/2, p. 692-693). Na dogmática alemã, costuma-se tratar de tais controles como "limitações a limitações" (*Schranken-Schranken*) de direitos fundamentais. Especificamente sobre as limitações à restrição da igualdade jurídica, vide KLOEPFER, *Gleichheit als Verfassungsfrage*, p. 59 ss.; idem, "Gleichheit als Verfassungsproblem", p. 53; HUSTER, *Rechte und Ziele. Zur Dogmatik des allgemeinen Gleichheitssatzes*, p. 242; e também MARTINI, *Art. 3 Abs. 1 GG als Prinzip absoluter Rechtsgleichheit*, p. 261 ss., o qual aplica tais limitações a um modelo dogmático que trata o princípio da igualdade como um mandado absoluto.

No que segue, ocupar-nos-emos detidamente desses controles, propondo um modelo complexo de fiscalização da constitucionalidade material das desigualdades jurídico-tributárias.

3.1. CONTROLE DE ARBITRARIEDADE

A interdição de arbitrariedade não expressa o significado do princípio da isonomia[29] e tampouco se dirige exclusivamente contra as desigualdades jurídicas. Pelo contrário, constitui uma *limitação geral* às restrições dos direitos fundamentais,[30] cuja inobservância conduz inexoravelmente à inconstitucionalidade da medida arbitrária.

Em razão disso e do fato de a igualdade consubstanciar direito fundamental de relevância ímpar, resulta patente a impossibilidade de se negar a aplicação de tal limitação às restrições dos direitos à isonomia: nenhum direito à igualdade pode ser restrito de modo arbitrário.[31]

3.1.1. Conceito de arbitrariedade

A noção comum de arbitrariedade apoia-se na de arbítrio. Não na acepção positiva, de arbítrio enquanto faculdade que o homem tem de tomar decisões, mas na acepção negativa, de vontade governada pelo capricho ou pelo apetite, e não pela razão. Consiste, segundo os vernáculos, na decisão motivada apenas pela vontade e, na precisa definição do Dicionário da Real Academia Espanhola, no "acto o proceder contrario a la justicia, la razón o las leyes, dictado solo por la voluntat o el capricho". Trata-se, portanto, de noção fundamentalmente subjetiva.[32]

Contudo, é viável identificar no termo "arbitrariedade" um sentido jurídico específico, de caráter *objetivo*. E como bem ressaltou Leibholz, a arbitrariedade jurídica *tem de ser* valorada de modo essencialmente objetivo.[33] De fato, o controle da arbitrariedade não pode se limitar aos tratos consciente e voluntariamente arbitrários. Tem de compreender todas as medidas arbitrárias, inclusive os equívocos involuntários (*schuldlose Irrtum*) dos operadores jurídicos.[34]

Tais ponderações suscitam a indagação atinente ao real conteúdo dessa interdição e, mais precisamente, ao significado da noção de "arbitrariedade objetiva". Malgrado as respostas a essa questão sejam expressivamente variadas, elas orien-

---

[29] Vide p. 33 ss.

[30] Num caso relativo à restrição de direitos de liberdade, o Tribunal Constitucional Federal alemão, após derivar a interdição de arbitrariedade do próprio preceito que consagra o princípio da igualdade, referiu-se a ela como uma "proteção contra a restrição *arbitrária*" da liberdade (BVerfGE 12, 281, 296).

[31] KLOEPFER, *Gleichheit als Verfassungsfrage*, p. 59-60.

[32] Também na Alemanha o conceito comum de arbitrariedade tem nítido conteúdo subjetivo, designando a "escolha segundo a vontade (*Wahl nach Wollen*), decisão e ação de acordo com a própria vontade", como ressalta Kirchhof ao tratar do "mandado de objetividade" ("Der allgemeine Gleichheitssatz", p. 948).

[33] Leibholz afirmava com clareza que se deveria eliminar o elemento "culpa" da noção de arbitrariedade (*Die Gleichheit vor dem Gesetz*, p. 95).

[34] Vide LEIBHOLZ; RINCK, *Grundgesetz für die Bundesrepublik Deutschland: Kommentar an Hand der Rechtsprechung des Bundesverfassungsgerichts*, p. 63; KAPPES, *Gleichheitssatz und Massnahmegesetz*, p. 107; MAUNZ; DÜRIG, *Grundgesetz Kommentar*, art. 3, I, mrg. 334, p. 156.

tam-se no sentido de se tratar de uma *incorreção evidente*, manifesta, inquestionável. Por consequência, o controle de arbitrariedade resta qualificado qual um *controle de evidência*, que gravita em torno do denominado "problema da evidência"[35] e só conduz a declarações de inconstitucionalidade quando a ilegitimidade do tratamento questionado esteja escancarada.[36]

A arbitrariedade constitui uma manifestação de incorreção, de injustiça. Porém, não se confunde com ela, dado ser qualificada pela sua gravidade: trata-se de injustiça manifesta, ululante. Nas palavras de Leibholz, seria uma "violação tão forte contra a exigência de justiça" que deveria haver consenso, entre todos os homens razoáveis, acerca da injustiça da regulação legislativa.[37] O conceito de arbitrariedade ostenta, assim, a conotação de vício extremo, e não de mera incorreção ou de solução distinta da ideal.[38] Representa, em suma, negação insofismável da justiça.[39]

À luz dessas ponderações, infere-se que a injustiça na restrição de direitos fundamentais (ou, se se prefere, a adoção de solução distinta da mais justa) não é hábil a fundamentar pronúncias de inconstitucionalidade no controle de arbitrariedade,[40] sempre que não seja hialina, insofismável.

3.1.2. Manifestações fundamentais da arbitrariedade

No item precedente, conceituamos a arbitrariedade como injustiça evidente. Agora, resta esclarecer em que acepção o termo "injustiça" foi considerado nessa definição.

---

[35] Vide KOKOTT, "Gleichheitssatz und Diskriminierungsverbote in der Rechtsprechung des Bundesverfassungsgerichts", p. 130-131; OSTERLOH, "Art. 3. Gleichheit vor dem Gesetz", p. 187.

[36] Conforme externou claramente o *Bundesverfassungsgericht*, "ao adotar-se unicamente a interdição de arbitrariedade como parâmetro, somente se pode declarar uma violação do art. 3.1 GG [princípio geral da igualdade] quando a inadequação (*Unsachlichkeit*) da diferenciação seja manifesta" (BVerfGE 88, 87, 97).

[37] LEIBHOLZ, "Die Gleichheit vor dem Gesetz und das Bonner Grundgesetz", p. 196.

[38] LEIBHOLZ, *Die Gleichheit vor dem Gesetz,* p. 73. Essa posição de Leibholz exerceu forte influência. Alexy, por exemplo, cita-o para definir a arbitrariedade como "uma forma acentuada de incorreção" (*eine gesteigerte Form der Unrichtigkeit*) (*Theorie der Grundrechte*, p. 375). E na dicção de Kirchhof, a arbitrariedade representa um "grau especial da incorreção", que ao qualificar as regulações jurídicas denota uma "regulação que não só é incorreta, senão que não pode ser justificada de forma alguma" ("Der allgemeine Gleichheitssatz", p. 944). Vide também TAMMELO, *Zur Philosophie der Gerechtigkeit,* p. 68; ECKHOFF, *Rechtsanwendungsgleichheit im Steuerrecht*, p. 136.

[39] A correlação entre justiça e arbitrariedade na jurisprudência do BVerfG restou evidenciada neste precedente, em que a Corte afirma que "os espaços do legislador só terminam onde o trato desigual dos fatos regulados não seja mais compatível com uma consideração orientada pela ideia de justiça, onde, portanto, falte um fundamento plausível (*einleuchtender Grund*) para a diferenciação legislativa (BVerfGE 8, 334, 337). Todavia, consoante remansosa jurisprudência tal arbitrariedade só pode ser imputada a uma regulação legislativa quando a sua inadequação seja evidente (BVerfGE 12, 326, 333; 23, 135, 143)" (BVerfGE 55, 72, 90).

[40] De acordo com fórmula constantemente repetida pelo Tribunal de Karlsruhe, não se pode falar de arbitrariedade do legislador quando, ante várias possibilidades adequadas à solução do caso concreto, ele não adota a "mais harmônica com o fim" (*zweckmäßigste*), "a mais razoável" (*vernünftigste*) ou "a mais justa" (*gerechteste*): somente há arbitrariedade onde inexiste um "fundamento objetivo e plausível" (*sachgerecht*) para a determinação legislativa (BVerfGE 4, 145, 155; 55, 72, 90). Nessa senda, Alexy assevera que um trato díspar escapa da pecha de arbitrário não só quando representa a melhor ou mais justa solução, mas também quando "há fundamentos plausíveis [*plausible Gründe*] para a sua autorização" (*Theorie der Grundrechte*, p. 375).

Assim como recorremos à noção jurídico-constitucional de justiça para concretizar o princípio da igualdade, reputamos que se deva, em princípio, utilizá-la também para orientar a determinação do conceito de arbitrariedade, de modo a especificá-lo fundamentalmente à luz da ordem axiológica da Constituição.[41]

A tal significado há de se agregar a noção de irracionalidade, que sem dúvida alguma representa clara manifestação de arbitrariedade objetiva. Uma hipótese de irracionalidade (e, por conseguinte, de arbitrariedade) legislativa está presente na evidente inadequação da regulação ao objeto regulado[42] ou à realização do seu fim. É inquestionável a arbitrariedade de disparidades de trato desprovidas de fundamento, que não correspondem ou não se harmonizam com o escopo da regulação.[43]

Ao se especificar o conceito de arbitrariedade com o auxílio da noção jurídico-constitucional de justiça, torna-se possível identificar situações de arbitrariedade em disparidades destinadas a alcançar fins incompatíveis com a axiologia constitucional.[44]

3.1.3. Alcance do controle

O exame de arbitrariedade (*Willkürprüfung*) começa propriamente com a averiguação da existência de uma adequada relação entre o critério e o fim da diferenciação,[45] ou seja, com o controle da compatibilidade do meio com o fim. Trata-se de controle teleológico, em cujo âmbito se considera a finalidade da norma questionada a fim de se apurar a existência de justificação objetiva e razoável para as medidas estabelecidas. Caso seja constatada a inadequação da medida para realizar o seu fim, restará caracterizada a arbitrariedade e, via de consequência, a inconstitucionalidade da medida estatal.

Tal controle de arbitrariedade realizado sob um viés teleológico é facilmente identificado na reiterada jurisprudência do Tribunal Constitucional espanhol, segundo a qual "el principio de igualdad en la ley reconocido en el art. 14 CE, 'impone al legislador el deber de dispensar un mismo tratamiento a quienes se encuentran en situaciones jurídicas iguales, con prohibición de toda desigualdad que, desde el punto

---

[41] Vide LEIBHOLZ; RINCK, *Grundgesetz für die Bundesrepublik Deutschland: Kommentar an Hand der Rechtsprechung des Bundesverfassungsgerichts*, p. 64.

[42] Nessa senda, Forsthoff chega a definir a arbitrariedade como a "motivação alheia ao objeto" (*sachfremde Motivation*) (*Lehrbuch des Verwaltungsrechts*, v. I, p. 408) e o BVerfG qualifica como "arbitrariedade em sentido objetivo" (*Willkür im objektiven Sinn*) a "real (*tatsäliche*) e evidente inadequação (*eindeutige Unangemessenheit*) da regulação com respeito ao objeto legislativo a ser regulado" (BVerfGE 4, 145, 155; 36, 174, 187; 55, 72, 90).

[43] Essa constatação já se encontra na obra de Leibholz, onde sustenta se configurar a arbitrariedade quando o fato regulado é "absolutamente incompatível" (*schlechthin unvereinbar*) com a consequência jurídica, quando não há uma "conexão interna" (*innerer Zusammenhang*) entre a determinação jurídica e o fim perseguido ou, mesmo havendo tal conexão, esta é completamente insuficiente (*Die Gleichheit vor dem Gesetz*, p. 76). Gusy também perfilha essa concepção, gizando que a arbitrariedade se caracteriza pela ausência de um fundamento objetivo para o tratamento estabelecido, à luz da finalidade legislativa ("Der Gleichheitsschutz des Grundgesetzes", p. 34). Vide também STEIN; FRANK, *Staatsrecht*, p. 394.

[44] Arndt fala de "fins ilegítimos de diferenciação" (*unzulässige Differenzierungsziele*), tais como a supressão dos meios de vida dos indivíduos (confisco) (*Grundzüge des Allgemeinen Steuerrechts*, p. 69).

[45] ARNDT, *Grundzüge des Allgemeinen Steuerrechts*, p. 69.

de vista de la finalidad de la norma cuestionada, carezca de justificación objetiva y razonable o resulte desproporcionada en relación con dicha justificación'".[46] A finalidade normativa constitui, pois, o elemento que orienta o controle de arbitrariedade: a arbitrariedade da medida legislativa resultará configurada sempre que ela não for adequada para alcançar a sua finalidade.

Na Itália, o exame de adequação das normas jurídicas aos fins buscados por meio delas também é efetuado no âmbito do controle de arbitrariedade (*irragionevolezza*). Controle que pode levar à identificação dos vícios de contradição e impertinência, manifestações específicas da incoerência legislativa: a contradição, no âmbito do controle teleológico, consiste na incompatibilidade das medidas com os objetivos perseguidos; e a impertinência, na inaptidão da norma para alcançar tais objetivos, ou nas palavras de Sandulli, na "falta de correlação lógica (de funcionalidade) do mecanismo legislativo com respeito aos objetivos a serem alcançados".[47] Especificamente em matéria tributária, a *Corte Costituzionale* já se manifestou claramente no sentido de que as "tipificações, qualificações e valorações legais" podem ser "censuradas desde o ponto de vista da falta de razoabilidade, questionando-se que encontrem correspondência na situação socioeconômica em referência à qual foram formuladas, nos fins das leis, ou que estes ou as medidas adotadas com apoio neles sejam congruentes com tais fins".[48]

Em geral, o controle de arbitrariedade limita-se a tal análise. A interdição de arbitrariedade não exige, em princípio, que se controle a necessidade da medida ou a proporcionalidade *stricto sensu* da intervenção, limitando-se a impor a adequação da distinção à realização de fins legítimos.[49] É por isso que, após se reconhecer a adequação do meio à busca de um fim constitucionalmente legítimo, costuma-se declarar a inexistência de arbitrariedade na atuação estatal.

Uma limitação do controle das intervenções na igualdade à averiguação da adequação a fins constitucionalmente legítimos pode ser identificada com nitidez em certas decisões do Tribunal Constitucional espanhol atinentes à legitimidade de benefícios extrafiscais. Segundo o Tribunal, a inobservância da generalidade da tributação será "constitucionalmente válida siempre que responda a fines de interés

---

[46] STC 47/2001, de 15 de fevereiro, FJ 6. A citação realizada pelo Tribunal é da STC 134/1996, de 22 de julho, FJ 5, com referência às SSTC 76/1990, de 26 de abril, FJ 9; 214/1994, de 14 de julho, FJ 8; 117/1998, de 2 de junho, FJ 8; e 46/1999, de 22 de março, FJ 2.

[47] SANDULLI, "Il principio di ragionevolezza nella giurisprudenza costituzionale", p. 673 ss. Sandulli também trata de uma terceira forma de incoerência, consistente na "inadequação", que poderia ser caracterizada pela evidente falta de proporção (ou defeito ou excesso) em relação aos fins perseguidos (ob. cit., p. 678). Em tal definição, contudo, a inadequação se justapõe à proporcionalidade interna à igualdade.

[48] *Corte Costituzionale, Sentenza* 131/1991.

[49] Com respeito a essa limitação, Lothar Michael nota que "o débil controle de arbitrariedade" constitui um exame de proporcionalidade restrito à adequação da medida ("Die drei Argumentationsstrukturen des Grundsatzes der Verhältnismäßigkeit – Zur Dogmatik des Über –und Untermaßverbotes und der Gleichheitssätze", p. 152), afirmação confirmada por Ghera, quem, após analisar a jurisprudência da *Corte Costituzionale*, conclui que em geral se realiza o controle da necessidade do meio tão somente quando se trata da contraposição da legislação a cláusulas de interdição de discriminação: nas demais hipóteses, o controle limita-se à averiguação da adequação (*Il principio di eguaglianza nella Costituzione italiana e nel diritto comunitário*, p. 59).

general que la justifiquen",[50] ou seja, sempre que consista num meio adequado a realizar fins constitucionalmente legítimos. De forma análoga, na STC 146/1994, após reconhecer que a questionada dedução no âmbito do Imposto de Renda fora estabelecida para "discriminar favorablemente a los perceptores de rentas del trabajo por contraposición a los perceptores de otras clases de rentas" e se apoiava em "considerações de política tributária", o Alto Tribunal ressaltou a necessidade de se outorgar ao legislador "una amplia libertad de configuración que deberá respetar, en todo caso, los restantes límites constitucionales", isto é, limites constitucionais outros que não os princípios da igualdade e da capacidade contributiva.[51] Portanto, a mera persecução de um fim extrafiscal mediante meio adequado bastaria para se ter por respeitado o princípio da igualdade, o que evidencia a limitação do controle à análise da adequação do meio (tratamento legislativo) ao respectivo fim.

Seria nefasta a consequência da limitação do controle de constitucionalidade à averiguação da idoneidade da medida escolhida pelo legislador. Implicaria a degeneração do princípio da igualdade a mero mandado de adequação, que não representa nada além de um fragmento do mandado de proporcionalidade *lato sensu*.

Pode-se evitar parcialmente essa ilegítima consequência por meio da extensão do controle de arbitrariedade à análise da necessidade da medida, como defende Kloepfer ao propor um modelo de controle da arbitrariedade em três etapas, relativas, sucessivamente, à constitucionalidade do critério de diferenciação, à legitimidade do fim e, por último, à existência de uma adequada relação entre tais elementos, ou seja, à qualificação do critério como adequado *e* necessário para alcançar a finalidade almejada.[52]

Identifica-se esse controle de necessidade na jurisprudência do Tribunal Constitucional espanhol sobre a própria interdição de arbitrariedade prevista no art. 9.3 da Lei Maior da Espanha. Em duas importantes decisões, o Tribunal, após ressaltar que "el juicio de proporcionalidad no puede hacerse con base en la interdicción de la arbitrariedad del art. 9.3 C.E.", ressaltou que poderia ser feito "cuando la eventual falta de proporción implique un sacrificio excesivo y innecesario que la Constitución garantiza".[53] A extensão do controle de arbitrariedade ao exame de necessidade também pode ser vislumbrada – e com maior clareza – na sua jurisprudência sobre o princípio da igualdade. Em determinados casos, o Alto Tribunal analisa a necessidade da medida a fim de averiguar a existência de igualdade jurídica entre os fatos comparados: se a diferenciação não é necessária para promover o fim

---

[50] "Desde esta perspectiva la exención, como quiebra del principio de generalidad que rige la materia tributaria al neutralizar la obligación tributaria derivada de la realización de un hecho revelador de capacidad económica, es constitucionalmente válida siempre que responda a fines de interés general que la justifiquen (por ejemplo, por motivos de política económica o social, para atender al mínimo de subsistencia, por razones de técnica tributaria, etcétera), quedando, en caso contrario, proscrita, desde el punto de vista constitucional, por cuanto la Constitución a todos impone el deber de contribuir al sostenimiento de los gastos públicos en función de su capacidad económica" (STC 96/2002, de 25 de abril, FJ 7).

[51] STC 146/1994, de 12 de maio, FJ 3.

[52] KLOEPFER, *Gleichheit als Verfassungsfrage*, p. 61 ss. Kloepfer não exclui o controle da relação entre o fim e a intervenção, mas reputa ser objeto da interdição de excesso (*Übermaβverbot*) (ob. cit., p. 62).

[53] SSTC 66/1985, de 23 de maio, FJ 1; 142/1993, de 22 de abril, FJ 9. Com respeito à questão, vide FERNÁNDEZ, *De la arbitrariedad del legislador*, p. 53 ss.

almejado pela norma, afirma-se a existência de uma relação de igualdade, a exigir o estabelecimento de trato jurídico paritário.[54]

Em suma, a interdição de arbitrariedade não deriva e tampouco se confunde com o princípio da isonomia. Resulta, em essência, do princípio do Estado de Direito.[55] Constitui *uma* das limitações às restrições dos direitos à igualdade e, mais precisamente, a cada um dos direitos fundamentais dos cidadãos. Porém, implica um controle evidentemente *insuficiente*. A despeito de se tratar de um controle legítimo e até mesmo necessário, as suas limitações são tão grandes que impossibilitariam reconhecer, v. g., que o princípio da igualdade tem de ser concretizado, no âmbito dos impostos, com base na capacidade contributiva. O legislador poderia adotar qualquer critério de concretização, contanto que não seja arbitrário (isto é, evidentemente inadequado ou desnecessário).

3.2. Controle de proporcionalidade *lato sensu*

A necessidade de se controlar a proporcionalidade das normas tributárias é amplamente aceita,[56] sobretudo quando elas acabam por intervir nas liberdades fundamentais. No entanto, não se costuma reconhecer a possibilidade de se realizar um efetivo controle de proporcionalidade das disparidades tributárias à luz do princípio da isonomia, haja vista que a dogmática tradicional nega a existência de intervenções na igualdade jurídica e, por consequência, a aplicação do mandado de proporcionalidade para controlá-las. Certos juristas chegam a ir mais longe, preconizando um controle de proporcionalidade para conformar o conteúdo do princípio da isonomia, mas tal proposta ainda se restringe a um controle *anômalo* de proporcionalidade, porquanto contrasta com o reconhecimento de intervenções e, assim, de conflitos efetivos entre princípios jurídicos. A consequência é a debilitação do princípio analisado.[57]

Já se evidenciou a ilegitimidade dessa concepção e a necessidade de se aplicar ao princípio da igualdade dogmática similar à desenvolvida para os demais princípios concernentes aos direitos fundamentais, ou seja, uma dogmática de intervenção, assentada na distinção entre o âmbito da proteção e as restrições: à luz dessa dogmática, o princípio da isonomia suporta verdadeiras intervenções, que devem ser controladas não só mediante a averiguação da arbitrariedade da medida escolhida, mas fundamentalmente com base no mandado de proporcionalidade.[58] Agora deve-

---

[54] Essa formulação explicita com nitidez a mencionada posição teórica: "Han de considerarse iguales dos supuestos de hecho, cuando la introducción en uno de ellos de un elemento o factor que permita diferenciarlo del otro, se encuentre carente de fundamento racional y sea, por tanto, arbitraria, porque tal factor diferencial no resulte necesario para la protección de bienes y derechos buscada por el legislador (SSTC 76/1983, 103/1983, 253/1988 y 260/1988, entre otras muchas)" (STC 68/1990, de 5 de abril, FJ 5).

[55] KLOEPFER, "Gleichheit als Verfassungsproblem", p. 51-52.

[56] Vide entre muitos outros, VOGEL, "Die Besonderheit des Steuerrechts", p. 10; BIRK, *Das Leistungsfähigkeitsprinzip als Maβstab der Steuernormen*, p. 197 ss.; KIRCHHOF, "Steuergleichheit", p. 300.

[57] Com respeito a essa concepção, expressa na *neue Formel* do BVerfG, vide p. 59 ss.

[58] Sobre esse modelo dogmático, vide p. 73 ss. Na doutrina alemã se denota crescente consenso acerca da necessidade de se efetuar um controle de proporcionalidade das desigualdades (vide a obra fundamental de HUSTER intitulada *Rechte und Ziele. Zur Dogmatik des allgemeinen Gleichheitssatzes*), o que se constata até mesmo entre os juristas que não acolhem expressamente o modelo dogmático de intervenção (e até mesmo entre alguns que o rechaçam). Nessa senda, Zippelius, a despeito de não

mos tratar com atenção das exigências que tal mandado estabelece com respeito às desigualdades jurídico-tributárias.

3.2.1. O mandado de proporcionalidade

O mandado de proporcionalidade constitui norma jurídica implícita de qualquer sistema jurídico contemporâneo.[59] Resulta tanto do princípio do Estado de Direito e da própria essência dos direitos fundamentais, conforme reconhece o BVerfG,[60] quanto do caráter dos princípios como mandados de otimização, na linha do que defende Alexy.[61]

Tal mandado se destina a solucionar os conflitos estabelecidos entre princípios jurídicos. Sob uma ótica metodológica, qualifica-se como uma metanorma, norma de segundo grau que serve para solucionar os conflitos normativos.[62]

Três regras específicas unem-se para formar o mandado de proporcionalidade, quais sejam: as regras da adequação (*Geeignetheit*), necessidade (*Erforderlichkeit*) e proporcionalidade *stricto sensu* (*Verhältnismäßigkeits im engeren Sinne*).[63]

3.2.2. Condições para o controle

Antes de iniciar o controle de proporcionalidade, há certas *condições* que devem ser preenchidas, dentre as quais sobressai a legitimidade constitucional do fim

---

reconhecer que o princípio da igualdade é relativo e está sujeito a restrições, assevera que as desigualdades não só têm de servir a um fim legítimo, mas também se adequar aos ditames dos mandados de proporcionalidade (*Verhältnismäßigkeit*) e de interdição de excesso (*Übermaßverbot*), revelando-se meios adequados e necessários para alcançar o fim da norma ("Der Gleichheitssatz", p. 23). Em matéria tributária, a obra de Tipke e Lang é especialmente representativa, dado afirmarem claramente que o princípio da igualdade introduz, até mesmo no Direito Tributário, um "mandado de justificação" (*Rechtfertigungsgebot*), o qual demanda que se justifique a sua restrição à luz de outro princípio objetivo e com respeito a todas as exigências do mandado de proporcionalidade, ou seja, de adequação, necessidade e proporcionalidade *stricto sensu* (*Steuerrecht. Ein systematischer Grundriß*, 18ª ed., p. 81). Vide também VOGEL, "Die Steuergewalt und ihre Grenzen", p. 542; RÜFNER, "Artikel 3. Gleichheitssatz", mrg. 97, p. 58; JACHMANN, em v. MANGOLDT/KLEIN/STARCK, *Kommentar zum Grundgesetz*, v. III, Art. 105, mrg. 29, p. 1113; ECKHOFF, *Rechtsanwendungsgleichheit im Steuerrecht*, p. 195-197.

[59] Vide JÄCKEL, *Grundrechtsgeltung und Grundrechtssicherung*, p. 73.

[60] BVerfGE 19, 342 [348 ss.]; 43, 242 [288], apud HIRSCHBERG, *Der Grundsatz der Verhältnismässigkeit*, p. 1. Cfr. GRABITZ, "Der Grundsatz der Verhältnismäßigkeit in der Rechtsprechung des Bundesverfassungsgerichts", p. 584; KOKOTT, "Grundrechtliche Schranken und Schrankenschranken", p. 896.

[61] ALEXY, *Theorie der Grundrechte*, p. 100-104. Vide BOROWSKI, *Grundrechte als Prinzipen*, p. 115. De fato, o mandado de proporcionalidade é essencial à teoria dos princípios de Alexy e à teoria externa dos direitos fundamentais, dado servir para conciliar os princípios em conflito e controlar as restrições aos direitos mencionados.

[62] Vide YI, *Das Gebot der Verhältnismäßigkeit in der grundrechtlichen Argumentation*, p. 106-107, para quem o mandado de proporcionalidade é uma *metanorma* com respeito às regras e aos princípios. Não é um princípio e tampouco uma regra, mas tem *caráter* de regra. Nesse sentido, Alexy já afirmava que o mandado de proporcionalidade e os seus mandados parciais não são princípios, pois não podem ser ponderados e a sua inobservância sempre tem por efeito a inconstitucionalidade. As três máximas parciais, portanto, dever-se-iam qualificar como regras (ob. cit., p. 100, n. 84). Em sentido contrário, vide GRABITZ, "Der Grundsatz der Verhältnismäßigkeit in der Rechtsprechung des Bundesverfassungsgerichts", p. 583.

[63] Vide, por todos, ALEXY, *Theorie der Grundrechte*, p. 100 ss.

e dos meios eleitos.[64] Deveras, tanto os fins almejados quanto os meios utilizados para alcançá-los têm de se harmonizar com a Constituição: não se admite a busca de fins legítimos mediante o manejo de meios inconstitucionais – haja vista aqueles não justificarem estes – e, obviamente, tampouco se consente a utilização de meios legítimos para alcançar fins contrários à Lei Maior.

Com respeito à legitimidade dos meios, o *Bundesverfassungsgericht* afirmou, no precedente sobre a tributação dos juros, que não se pode perseguir a finalidade de estimular o ingresso e a permanência do capital estrangeiro no país mediante a eleição de meios ilegítimos (no caso, a criação da lei tributária material qual uma *lex imperfecta*),[65] ou mais precisamente, mediante o estabelecimento de um tributo sem a previsão de retenção na fonte quando haja grande probabilidade de a sonegação se disseminar impunemente.

No que tange à legitimidade dos fins, o Tribunal Constitucional espanhol ressalta que, para se reconhecer a compatibilidade de diferenciações normativas com o princípio da igualdade, é necessário poder "discernir en ellas una finalidad no contradictoria con la Constitución".[66] Assim, "puede el legislador diferenciar los efectos jurídicos que haya de extraer de supuestos de hechos disímiles, en atención a la consecución de fines constitucionalmente lícitos".[67]

Nessa senda também há um célebre precedente do Tribunal Constitucional Federal alemão, relativo à acumulação forçada dos rendimentos dos cônjuges para fins de incidência do Imposto de Renda (conhecido como *Steuersplitting*). Com a sistemática estabelecida, que levava a um incremento na progressividade do imposto quando ambos cônjuges fossem economicamente ativos, perseguia-se questionável "efeito educativo" consistente em inibir o trabalho fora de casa das mulheres casadas ou, como o BVerfG expressou, "reconduzir a mulher casada ao lar" (*die Ehefrau ins Haus zurückzuführen*).[68] Analisando essa sistemática, o BVerfG firmou as premissas de que somente se podem buscar fins não fiscais que sejam "constitucionalmente neutros" e de que os meios hão de ser inofensivos à Constituição. Aplicando-as à sistemática legislativa, o Tribunal reconheceu que o fim extrafiscal ofendia a garantia de proteção do matrimônio prevista no art. 6.1 da Lei Fundamental.[69]

Nesse precedente, restou evidenciado que a ilegitimidade constitucional dos fins não fiscais implica, por si só, a inconstitucionalidade da regulação tributária, o que prejudica a realização do controle de proporcionalidade.

Pois bem, o grau mais débil de tutela à igualdade é constituído justamente pela restrição do controle à análise dessas condições, notadamente porque elas não derivam do princípio afetado, senão da própria superioridade normativa da Constituição ou, mais precisamente, da superioridade de *outros* preceitos constitucionais. Com efeito, considerando que a persecução de fins inconstitucionais ou de fins legítimos através de meios contrários à Constituição seria inválida mesmo que não afetasse o princípio da igualdade, infere-se facilmente que ele não desempenha papel algum

---

[64] SCACCIA, *Gli "strumenti" della ragionevolezza nel giudizio costituzionale*, p. 271. Cfr. BVerfGE 30, 292 [316]; 81, 156 [192].
[65] BVerfGE 84, 239 [274].
[66] STC 209/1988, de 10 de novembro, FJ 5.
[67] STC 19/1987, de 17 de fevereiro, FJ 3.
[68] BVerfGE 6, 55 [80-81]. Vide ENGISCH, *Auf der Suche nach der Gerechtigkeit*, p. 173.
[69] BVerfGE 6, 55 [81].

no controle dos atos estatais quando o vício de inconstitucionalidade já resulta da ofensa direta a outras normas constitucionais.

A análise das condições do controle de proporcionalidade não tutela propriamente o princípio da igualdade, mas outros preceitos constitucionais. Por conseguinte, uma postura dogmática que restrigisse o controle das desigualdades à legitimidade dos fins e dos meios[70] implicaria a negação absoluta da força normativa do princípio da isonomia.

3.2.3. Adequação do meio ao fim

É lógico que o primeiro exame de proporcionalidade *lato sensu* seja a averiguação da aptidão da medida para alcançar a sua finalidade. Careceria de sentido analisar a necessidade ou proporcionalidade *stricto sensu* da medida legislativa se anteriormente não se houvesse consolidado a premissa de que ela é idônea a realizar a sua finalidade. Somente após se constatar a adequação do meio, o que raramente leva a uma solução definitiva, deve-se ingressar nos exames logicamente sucessivos e mais rigorosos, a fim de investigar a sua necessidade e proporcionalidade *stricto sensu*.[71]

A regra da adequação exige que a medida restritiva seja empiricamente apta a alcançar o fim almejado, impedindo a adoção de medidas restritivas que não sirvam para tanto. Com respeito à igualdade tributária, a proibição que essa regra introduz poderia ser formulada nestes termos: "O legislador não pode afetar a igualdade tributária por meio de medida inadequada à realização do fim pretendido". Essa proibição é lógica, absoluta e imprescindível para que se proceda a uma tributação racional.

A inadequação pode ser absoluta ou relativa. O meio será absolutamente inadequado quando não se mostre apto a promover o fim em extensão alguma: é completamente inapto para tanto e, por consequência, evidentemente incompatível com o fim supostamente buscado.[72] À luz de tal fim, não poderá sequer se qualificar como meio,[73] pois não serve para realizá-lo. Referimo-nos, cabe destacar, à inaptidão, e não à eventual carência de resultados empíricos: o meio não serve de forma alguma para realizar o fim. Se a despeito de ser apto para tanto, não produz resultados empíricos, não se tratará de inadequação, antes de ineficiência, que em princípio é irrelevante para o controle de proporcionalidade, sobretudo quando se restringir a casos isolados.

No entanto, é perfeitamente possível identificar casos de desvio de finalidade em muitas hipóteses de inadequação absoluta do meio. O fim pretendido é outro,

---

[70] Essa posição recebe ampla acolhida na doutrina italiana, sobretudo no que concerne à tributação extrafiscal. Vide p. 308 ss.

[71] Cfr. SCACCIA, *Gli "strumenti" della ragionevolezza nel giudizio costituzionale*, p. 271 e 273.

[72] Essa é a forma da inadequação considerada por Alexy (*Theorie der Grundrechte*, p. 103) e Borowski (*Grundrechte als Prinzipen*, p. 116-117). Nesse sentido, Scaccia, com apoio na jurisprudência do BVerfG, afirma expressamente que os meios somente serão inadequados quando sejam absoluta e objetivamente inúteis e inapropriados no plano da causalidade natural, já que uma realização parcial do fim seria suficiente para superar o controle de adequação (*Gli "strumenti" della ragionevolezza nel giudizio costituzionale*, p. 273).

[73] Com respeito ao conceito de "meio", vide PODLECH, *Gehalt und Funktion des allgemeinen verfassungsrechtlichen Gleichheitssatzes*, p. 110.

um fim oculto e ilegítimo, com respeito ao qual a medida é adequada. Descoberta a real finalidade da medida, o vício estará nela, não na medida. Por conseguinte, o mandado de proporcionalidade não desempenhará função alguma na declaração de inconstitucionalidade, limitando-se a servir para evidenciar o desvio de finalidade.

A inadequação absoluta não suscita questões de relevo, tendo reduzida importância prática. São as medidas relativamente inadequadas que suscitam questionamentos de maior alcance prático. Tais medidas são aptas para alcançar o fim almejado, mas não de modo integral. Só se mostram capazes de realizá-lo em graus limitados ou para algumas das situações fáticas abarcadas.

Visto que em geral o escopo das leis tributárias é regular um amplo universo de fatos, há de se admitir a inadequação para grupos reduzidos de situações,[74] sempre que não seja possível lançar mão de medida mais eficaz e menos lesiva à igualdade. Caso haja tal medida mais adequada e favorável à igualdade ou a inadequação seja demasiado ampla, deverá ser pronunciada a inconstitucionalidade da medida eleita pelo legislador, por violar o mandado da proporcionalidade.

Impende destacar, por fim, que quando se realiza o controle de adequação há de se considerar tanto o contexto existente no momento da emanação do ato quanto os posteriores,[75] porquanto medidas originalmente constitucionais podem tornar-se inconstitucionais por fatores supervenientes (fenômeno da inconstitucionalização).

3.2.4. Necessidade da medida

Após se superar o exame de adequação, torna-se imperativo averiguar se a medida restritiva é efetivamente iniludível, mediante a aplicação da regra da necessidade. Regra que impõe a eleição da medida menos restritiva ao direito fundamental, contanto que seja tão ou mais eficaz na promoção do fim que a acolhida pelo legislador.[76] Ao fazê-lo, proíbe o estabelecimento de medidas desnecessariamente lesivas aos direitos fundamentais. Por isso também é denominada "mandado do meio mais ameno" (*Gebot des mildesten Mittels*).[77] No que concerne ao objeto desta investigação, pode ser formulada nestes termos: "Sempre que haja medidas alternativas igualmente (ou mais) adequadas, o legislador não pode estabelecer a que implique uma restrição mais severa à isonomia tributária".[78]

Tal regra, obviamente, só tem sentido quando há meios alternativos ao escolhido. Caso contrário, carecerá de objeto. A identificação de tais meios, portanto,

---

[74] Cfr. ÁVILA, *Teoria dos princípios*, p. 119.
[75] Em sentido contrário, Scaccia e Ávila defendem que se deve considerar unicamente o momento da prática do ato (SCACCIA, *Gli "strumenti" della ragionevolezza nel giudizio costituzionale*, p. 274; ÁVILA, *Teoria dos princípios*, p. 119). A jurisprudência do BVerfG também se consolidou nesse sentido, como referido por Scaccia (idem, loc. cit.).
[76] Cfr. JACOBS, "Der Grundsatz der Verhältnismäßigkeit", p. 99.
[77] Cfr. ALEXY, *Theorie der Grundrechte*, p. 100; SCACCIA, *Gli "strumenti" della ragionevolezza nel giudizio costituzionale*, p. 271.
[78] No que tange à ilegitimidade de intervenções desnecessárias no princípio da igualdade, vide, por todos, KLOEPFER, *Gleichheit als Verfassungsfrage*, p. 62 ss. Contra, defendendo a impossibilidade de um controle de necessidade no âmbito da igualdade, vide MICHAEL, "Die drei Argumentationsstrukturen des Grundsatzes der Verhältnismäßigkeit – Zur Dogmatik des Über –und Untermaßverbotes und der Gleichheitssätze", p. 154.

integra o exame de necessidade, que é realizado em três etapas, nas quais se afere: a) a existência de meios alternativos; b) a intensidade da realização do fim; e c) a intensidade da restrição aos bens jurídicos contrapostos à realização de tal fim (no caso, da restrição à igualdade jurídica). Identificados meios alternativos tão ou mais adequados e menos restritivos, ter-se-á de declarar a inconstitucionalidade da medida eleita, por violar a regra que proíbe a adoção do meio mais gravoso.[79]

A despeito da sua aparente simplicidade, a regra da necessidade suscita inúmeras dificuldades aplicativas, porquanto em geral as medidas alternativas não são aptas para realizar o fim do mesmo modo. Destarte, havendo medida simultaneamente menos gravosa e adequada, exsurge a indagação: o legislador está obrigado a adotá-la?

Em tal situação, a regra da necessidade não oferece, por si só, resposta alguma. Será imprescindível efetuar uma ponderação específica, considerando os distintos graus de realização das finalidades perseguidas e de intervenção na igualdade tributária.[80] Apesar de não se tratar de ponderação entre princípios (que se realiza no exame da proporcionalidade *stricto sensu*), a dimensão de peso dos princípios em conflito será de extrema relevância para solver esse problema, pois determinará a importância tanto de uma maior realização da finalidade quanto de uma intervenção menos severa no direito fundamental.

Feitas essas ponderações, vale destacar que o Tribunal Constitucional espanhol já procedeu ao controle da necessidade de medidas anti-isonômicas. Na STC 146/1994, que tratava das restrições aos gastos resultantes de contratos com o cônjuge ou com filhos menores, destinadas a impedir manobras fraudulentas para reduzir o débito tributário, o Tribunal declarou que na "medida en que esa misma finalidad puede ser alcanzada fijando otros límites más conformes con la realidad y, por tanto, más respetuosos con la justicia tributaria, debe concluirse que los límites ahora enjuiciados no son proporcionados y, en consecuencia, carecen de la necesaria razonabilidad",[81] ou seja, a existência de outros meios igualmente adequados e menos gravosos desqualifica a medida como necessária e proporcional *lato sensu*.[82]

Na jurisprudência da *Corte Costituzionale*, o controle de necessidade costuma ser realizado tão somente quando se trata da contraposição da legislação à cláusula de interdição de discriminação, de modo que nas demais hipóteses o controle se limita à adequação da medida.[83]

---

[79] Vide ALEXY, *Theorie der Grundrechte*, p. 102.

[80] Eckhoff assevera, com clareza, que a análise da "necessidade pressupõe processos de ponderação (*Abwägungsvorgänge*)", razão pela qual pode ser considerada uma "parte da terceira fase do controle de proporcionalidade" (*Rechtsanwendungsgleichheit im Steuerrecht*, p. 195). Nessa senda, vide SCACCIA, *Gli "strumenti" della ragionevolezza nel giudizio costituzionale*, p. 283; ÁVILA, *Teoria dos princípios*, p. 124.

[81] STC 146/1994, de 12 de maio, FJ 6.

[82] Na linha desse precedente, o Tribunal Constitucional espanhol, ao se pronunciar acerca da legitimidade da proibição de se aplicar a dedução variável nos casos de tributação conjunta quando a fonte da renda seja interna ao círculo familiar (isto é, quando haja uma transferência de rendas de um membro da unidade familiar a outro), reconheceu a violação ao "principio de igualdad en la contribución al sostenimiento de los gastos de Estado (art. 31.1 CE)", dado que essa proibição "niega cualquier efecto fiscal a los contratos entre miembros de una misma família" (STC 255/2004, de 23 de dezembro, FJ 6).

[83] GHERA, *Il principio di eguaglianza nella Costituzione italiana e nel diritto comunitário*, p. 59.

3.2.5. Proporcionalidade *stricto sensu*

Quando se conjuga a dogmática de intervenção com a tese da inexistência de preponderância *a priori* entre princípios constitucionais, faz-se imprescindível estabelecer relações de prevalência *in concreto*, condicionadas a situações específicas. Relações que devem resultar da ponderação dos princípios em conflito, imposta pelo mandado da proporcionalidade *stricto sensu* – o qual constitui um "mandado de ponderação" (*Abwägungsgebot*).[84]

Portanto, quando o princípio da isonomia tributária colide com outros princípios constitucionais, a relação de tensão haverá de ser solucionada mediante o processo de ponderação,[85] levando-se em conta o peso de cada um dos princípios contrapostos no caso concreto[86] e a "lei da ponderação" (*Abwägungsgesetz*), formulada por Alexy nestes termos: "Quanto maior é o grau da não realização ou da restrição de um princípio, tanto maior deve ser a importância da realização do outro".[87] Aplicada aos conflitos que envolvem o princípio da igualdade tributária, tal lei poderia ser expressa da seguinte forma: "Quanto mais intensa é a afetação da igualdade tributária, tanto maior deve ser a importância do princípio contraposto no caso concreto".[88]

Por si só, a lei da ponderação não permite solucionar os conflitos de princípios, limitando-se a indicar o que há de ser analisado em tal procedimento: por um lado, a intensidade da restrição de um princípio; e de outro, a importância da realização do princípio contraposto. Não obstante, é justamente em tal indicação que reside a sua relevância, haja vista exigir uma fundamentação relacionada aos graus de intervenção e à importância da realização dos princípios em jogo: a conclusão extraída à luz da lei da ponderação carece de *fundamentação específica* tanto no que concerne ao seu objeto quanto ao seu método.[89] Em razão dessa "lei", restrições intensas a direitos fundamentais somentem podem ser aceitas quando a realização do princípio contraposto se revele extremamente importante.

Com respeito às restrições à igualdade tributária, é evidente que elas existem (sempre que se admita o modelo de intervenção) e que variam sensivelmente quanto à sua intensidade. Para identificá-las, é mister ter em conta dois elementos: a) a intensidade quantitativa da desigualdade; e b) o número de contribuintes gravados

---

[84] Vide ALEXY, *Theorie der Grundrechte*, p. 100.

[85] Por tal motivo, reputamos que se deve relativizar a afirmação constante no Informe Carter segundo a qual "el respeto escrupuloso al principio de equidad debe primar sobre todos los demás objetivos, cuando se produzca un conflicto entre los diversos fines que se pretenden alcanzar" (v. I, t. I, p. 5). No próprio Informe essa assertiva inicial já é de certo modo relativizada, ao se expor a necessidade de buscar "un compromiso entre crecimiento y equidad" através de soluções alternativas que "estimulen el crecimiento sin amenazar la equidad" (v. I, t. II, p. 44). A equidade (assim como a igualdade) tributária pode, em determinados casos, ceder expressivamente diante de outros objetivos, como exporemos ao aprofundar o estudo das restrições à igualdade tributária.

[86] Vide ARNIM, *Staatslehre der Bundesrepublik Deutschland*, p. 157-159; HUSTER, *Rechte und Ziele. Zur Dogmatik des allgemeinen Gleichheitssatzes*, p. 239 ss.; idem, "Gleichheit und Verhältnismäßigkeit", p. 549; HERRERA MOLINA, *Capacidad económica y sistema fiscal*, p. 86-87; TIPKE, *Die Steuerrechtsordnung*, 2ª ed., v. 1, p. 330-332.

[87] ALEXY, *Theorie der Grundrechte*, p. 146.

[88] Assim, Rüfner defende que os desvios perante a igualdade têm de se justificar, à luz do mandado da proporcionalidade, mediante fundamentos jurídico-constitucionais de importância equivalente à sua intensidade, o que, como ressalta, "é especialmente importante no Direito Tributário" ("Artikel 3. Gleichheitssatz", p. 60).

[89] ALEXY, *Theorie der Grundrechte*, p. 145-150.

desigualmente. É óbvio que a sujeição de dois grupos de contribuintes a uma disparidade tributária de 5% afeta menos intensamente o princípio da igualdade que a sujeição desses grupos a uma diferença impositiva de 50%. Também parece claro que o tratamento desigual imposto a um amplo grupo de contribuintes afeta mais sensivelmente o princípio analisado que tratos desiguais impostos a poucos contribuintes. Essa última constatação, no entanto, leva a conclusões diametralmente opostas quando não se considera o princípio na sua dimensão objetiva, senão subjetiva, isto é, sempre que se considere o direito individual dos contribuintes à igualdade, pois haverá uma afetação mais intensa de tais direitos subjetivos quando a desigualdade seja restrita a parcela ínfima do universo de sujeitos passivos. Mesmo sendo acessório para a análise abstrata dos principais temas relativos à igualdade tributária, tal fato é extremamente relevante para a aplicação de soluções de equidade em casos individuais.[90]

Nos pronunciamentos do Tribunal Constitucional espanhol não se pode identificar com clareza a realização de um controle de proporcionalidade *stricto sensu* das desigualdades tributárias. Em geral, não se realiza tal controle, pois o Tribunal aplica a tese da interdição de arbitrariedade para conformar o conteúdo do princípio da isonomia. Sem embargo, em certas decisões é possível vislumbrar a consideração da intensidade da restrição à isonomia, notadamente quando se trata de medidas contrapostas à generalidade tributária.

Por exemplo, na STC 96/2002, relativa à ajuda estatal concedida aos não residentes que operam no País Basco e em Navarra, o Tribunal Constitucional a despeito de reconhecer que o fim (execução de um mandamento da Comissão Europeia) era legítimo e que o "elemento diferenciador adoptado por el legislador" (a não residência) era adequado à sua persecução, declarou a inconstitucionalidade dessa ajuda após proceder à "análise das suas consequências", as quais qualificou de "irrazonables" e "desproporcionadas con la finalidad perseguida" (FJ 8). A consideração da intensidade da afetação ao princípio da igualdade resultou nítida das afirmações do Tribunal, de que: a) "lo que no le es dable al legislador – desde el punto de vista de la igualdad como garantía básica del sistema tributario – es localizar en una parte del territorio nacional, y para un sector o grupo de sujetos, un beneficio tributario sin una justificación plausible que haga prevalecer la quiebra del genérico deber de contribuir al sostenimiento de los gastos públicos sobre los objetivos de redistribución de la renta (art. 131.1 CE) y de solidaridad (art. 138.1 CE), que la Constitución española propugna y que dotan de contenido al Estado social y democrático de Derecho (art. 1.1 CE; SSTC 19/1987, de 17 de febrero, FJ 4; 182/1997, de 28 de octubre, FJ 9; y 46/2000, de 17 de febrero, FJ 6)" (FJ 8); e b) a referida ajuda estatal "coloca a un colectivo de contribuyentes – el de determinados no residentes en España – ante una situación de absoluto privilegio fiscal por llegar incluso, en ocasiones, a neutralizar totalmente el deber constitucional – de todos – de contribuir a los gastos del Estado de acuerdo con su capacidad, no sólo sin una justificación plausible que la legitime desde el punto de vista de los principios constitucionales del art. 31.1 CE (generalidad, capacidad e igualdad), sino de una forma tan desproporcionada que la convierte en lesiva y contraria a ese deber de todos de contribuir mediante un 'sistema tributario justo'" (FJ 9). Não obstante, o Tribunal reconduziu

---

[90] Com respeito às soluções de equidade, vide p. 270 ss.

o controle de proporcionalidade *stricto sensu* a um controle de adequação, ao afirmar que o meio utilizado não era "adecuado al mismo, en sentido de razonable y proporcionado" (FJ 10).[91]

Na Itália, por outro lado, predomina a concepção de que a graduação da imposição está reservada à discricionariedade do legislador. Não se sujeita ao controle de constitucionalidade, contanto que não se mostre arbitrária ou desarrazoada.[92] A aplicação da tese da interdição de arbitrariedade para a concretização do princípio da isonomia tributária (ou para o controle das desigualdades impositivas) é evidente.

3.2.5.1. Conflitos entre direitos e bens coletivos

Os desvios perante a igualdade tributária costumam advir da busca de bens coletivos, mormente no âmbito da tributação extrafiscal, no qual sobressai a imposição interventiva, voltada a realizar fins econômicos mediante o manejo das normas tributárias. Por isso, jamais poderia ser desenvolvido um exame completo do princípio da isonomia sem que tais bens fossem analisados diretamente.

Os bens coletivos singularizam-se pelo seu caráter não distributivo. Não podem ser divididos e outorgados separadamente aos indivíduos.[93] Essa característica permite diferenciá-los com clareza solar dos direitos individuais, que são conceitualmente autônomos entre si e suscetíveis de serem satisfeitos ou lesados de forma isolada, isto é, sem que os demais sejam afetados. Como exemplos de bens coletivos, podem ser indicados a estabilidade econômica, o equilíbrio da concorrência, a sanidade do meio ambiente, a justiça social, a segurança pública.

Em geral, os bens coletivos harmonizam-se com os direitos subjetivos, sendo promovidos mediante a concomitante realização destes. O bem coletivo da isonomia tributária, v.g., é alcançado por meio do respeito aos direitos subjetivos à igualdade tributária. Não obstante, podem surgir conflitos entre tal bem coletivo e os direitos subjetivos mencionados e, em tal situação, a distinção entre eles assume importância extrema para a tutela dos direitos individuais.

A propósito, vale advertir que os direitos subjetivos à igualdade tributária não podem ser concebidos como meros meios para se realizar o bem coletivo da isonomia geral – ou qualquer outro bem coletivo. Essa concepção excluiria a possibilidade de se verificarem conflitos entre tais direitos e os bens coletivos, dado que os meios (enquanto tais) não possuem autonomia perante os respectivos fins e se justificam unicamente quando servem para alcançá-los. Sempre que houvesse tensões entre o direito à isonomia e um bem coletivo, aquele sucumbiria de forma inexorável; seria, por conseguinte, desprovido de força jurídica própria. Aplica-se ao direito subjetivo à igualdade tributária a advertência de Alexy de que a redução dos direitos individuais a meros instrumentos para a consecução de bens coletivos implicaria a negação da "ideia de que o indivíduo deve ser levado a sério como indivíduo".[94] Trata-se de concepção totalitária, em cujo âmbito o indivíduo não possui significado e importância como tal, mas exclusivamente como integrante do todo, mera peça do sistema social, desdenhável sempre que prejudique a realização de interesses coleti-

---

[91] STC 96/2002, de 25 de abril.
[92] Vide, entre muitos outros, DE MITA, *Principi di diritto tributario*, p. 83.
[93] ALEXY, "Derechos individuales y bienes colectivos", p. 186-187.
[94] Idem, p. 200.

vos. Por isso, não se pode negar a existência e a importância dos direitos subjetivos à igualdade tributária mediante a sua redução a simples instrumentos para a realização de bens coletivos. Tais direitos têm força jurídica própria e, por consequência, são aptos a contrapor-se aos bens coletivos.

Ao se defrontar com uma colisão entre o direito à igualdade tributária e bens coletivos, o aplicador não pode partir da premissa de que estes possuem relevância invariavelmente superior à daquele direito: resulta da própria definição de "direito" a impossibilidade de sucumbir perante todos e quaisquer bens coletivos.[95] Pelo contrário, deve partir da premissa de que o direito à isonomia deve ser respeitado, pois os indivíduos e os seus direitos têm de ser levados a sério. Desse modo, somente poderá admitir desigualdades quando as razões que sustentam a persecução dos bens coletivos sobrepujarem as que o fundamentam, após a realização de um rígido controle de constitucionalidade.[96]

Na ponderação, deverão ser consideradas as dimensões subjetiva e objetiva do princípio da igualdade. E também o fato de que a justiça tributária não é apenas mais um bem coletivo a ser considerado: constitui um bem coletivo de elevada posição na axiologia constitucional dos Estados de Direito.[97]

Dessas considerações se infere a possibilidade – e a necessidade – de se reconhecer uma regra de prevalência *prima facie* do direito à igualdade tributária, sempre que se contraponha a bens coletivos. Regra que constitui projeção específica da que estabelece a prevalência *prima facie* dos direitos perante os interesses coletivos,[98] a impor a carga argumentativa às medidas anti-isonômicas que almejem realizar bens coletivos. Mas não se pode olvidar que, quando resultarem configurados conflitos efetivos entre direitos subjetivos, tal regra carecerá de fundamento, haja vista a impossibilidade de serem apresentados argumentos que justifiquem a preponderância *a priori* do direito à igualdade perante outros direitos individuais.

3.2.5.2. A "lei de colisão" e a igualdade nas valorações jurídico-constitucionais

Toda decisão estatal tem de se apoiar em argumentos "universalizáveis", que aplicados a situações juridicamente similares conduzam a idênticas consequências jurídicas. Apoiado nessa premissa, Alexy formulou a denominada "lei de colisão" (*Kollisiongesetz*), segundo a qual "as condições sob as quais um princípio preponderara sobre outro constituem a hipótese normativa de uma regra que expressa a consequência jurídica do princípio prevalente".[99]

---

[95] Vide DWORKIN, *Taking rights seriously*, p. 92.

[96] A respeito, cabe recordar a doutrina do Tribunal Constitucional espanhol no sentido de que os bens coletivos não preponderam iniludivelmente sobre os direitos subjetivos: "Existen, ciertamente, fines sociales, que deben considerarse de rango superior a algunos derechos individuales, pero ha de tratarse de fines sociales que constituyan en sí mismo valores constitucionalmente reconocidos y la prioridad ha de resultar de la propia Constitución" (STC 22/1984, de 17 de fevereiro, FJ 3).

[97] Cfr. TIPKE, *Die Steuerrechtsordnung*, 2ª ed., v. 1, p. 307.

[98] No que concerne à regra da preponderância *prima facie* dos direitos subjetivos, vide ALEXY, "Derechos individuales y bienes colectivos", p. 207-208 e especificamente sobre a preponderância *prima facie* da "igualdade jurídico-individual" perante bens coletivos, cfr. ALEXY, "Die immanente Moral des Grundgesetzes", p. 115. Huster também defende especificamente a prevalência *prima facie* do direito de igualdade perante os bens coletivos (*Rechte und Ziele. Zur Dogmatik des allgemeinen Gleichheitssatzes*, p. 124-127).

[99] ALEXY, *Theorie der Grundrechte*, p. 83-84.

Portanto, após se reconhecer a preponderância, numa determinada situação, do princípio da igualdade sobre os que sustentam a medida anti-isonômica, haverá de se aplicar solução idêntica nas situações juridicamente análogas à analisada originalmente. Isso também vale para a situação oposta, de preponderância dos princípios opostos à isonomia, o que suscita nova "problemática de igualdade", que não concerne ao desvio perante a isonomia, senão à igualdade nos desvios perante o princípio da isonomia.[100]

Essas ponderações evidenciam o que ocorre em certas decisões judiciais contrárias à igualdade. Por exemplo, quando se reconhece (legitimamente) a impossibilidade de serem cridas obrigações tributárias por meio da analogia (que, como exposto, apoia-se na igualdade jurídica)[101] e se declara a inconstitucionalidade da dívida que não deriva diretamente da lei, o princípio da isonomia resulta afetado. Mas após essa decisão, tal princípio, que não se mostrou apto a fundamentar a realização da igualdade mediante o procedimento analógico, inclinar-se-á a favor da aplicação desse entendimento aos casos análogos.

3.3. Interdição de leis para casos particulares

A terceira forma de controle das desigualdades tributárias concerne à averiguação do caráter geral da disparidade de trato, ou sob outro viés, ao respeito à proibição de leis individuais por parte das medidas anti-isonômicas. Tal controle suscita questionamentos complexos, mas é relevante sobretudo por denunciar, mediante exame específico, a existência de leis de exceção (que outorgam privilégios ou impõem gravames tributários a pessoas ou grupos determinados), facilitando o rechaço às violações à igualdade que delas advêm.

3.3.1. Fundamento constitucional

No artigo que trata das garantias dos direitos fundamentais contra restrições, a Lei Fundamental de Bonn proíbe a sua limitação mediante leis editadas para casos particulares, fartamente utilizadas no regime nacional-socialista. Introduz, assim, a norma denominada pela doutrina "interdição de lei para o caso particular" (*Verbot des Einzelfallgesetzes*).[102] Conforme o art. 19.1 da GG:

> Quando, segundo esta Lei Fundamental, possa restringir-se um direito fundamental mediante uma lei ou com base numa lei, a lei deve vigorar com caráter geral, e não só para o caso particular.[103]

A relevância prática desse preceito costuma ser limitada, pois a imensa maioria das leis não se limita a regular casos particulares, aplicando-se, ao menos potencialmente, a grupos de pessoas.[104] Ademais, a interdição de leis particulares pode

---

[100] Vide J. BECKER, *Transfergerechtigkeit und Verfassung*, p. 76.
[101] Acerca das restrições à analogia em matéria tributária, vide p. 274 ss.
[102] Vide STERN, *Das Staatsrecht der Bundesrepublik Deutschland*, v. III/2, p. 719; MARTINI, *Art. 3 Abs. 1 GG als Prinzip absoluter Rechtsgleichheit*, p. 261.
[103] No texto original: "Soweit nach diesem Grundgesetz ein Grundrecht durch Gesetz oder auf Grund eines Gesetzes eingeschränkt werden kann, muß das Gesetz allgemein und nicht nur für den Einzelfall gelten".
[104] HESSE, *Grundzüge des Verfassungsrechts der Bundesrepublik Deutschland*, 20ª ed., p. 148.

ser perfeitamente derivada do princípio da isonomia.[105] No entanto, mesmo sendo limitada, a sua importância se acentua no Direito Tributário e, justamente por estar vinculada ao princípio da isonomia, essa proibição se estende até mesmo aos sistemas jurídicos que não possuem preceito idêntico ao que figura na *Grundgesetz*.

Conclui-se que a interdição de leis para casos particulares encontra fundamento constitucional em qualquer sistema jurídico, visto advir do princípio da igualdade[106] – ou mais especificamente, do princípio da generalidade (o qual nada mais é que especificação daquele).[107]

3.3.2. Significado jurídico

A interdição de leis restritas a casos particulares (leis concretas) conduz à antiga discussão sobre o próprio conceito de lei e, consequentemente, à questão da característica (ou postulado) da generalidade.[108] Deveras, as leis são concebidas como textos jurídicos abstratos e gerais, editados pelo legislador para regular amplo número de casos, e as leis concretas vão de encontro a esse conceito, em razão do diametral antagonismo existente entre as características da generalidade e da concreção. Por isso, o debate acerca da característica da generalidade assume relevância para que se proceda a uma delimitação inicial do objeto da interdição de leis para casos particulares.

À luz de relevante concepção teórica, uma lei tem o "caráter de um preceito jurídico geral válido para um número grande e indeterminado de casos – e não, portanto, de uma lei para o caso particular – quando, em razão do marco abstrato da hipótese normativa, não se pode determinar a quantos e a quais casos a lei se

---

[105] Ipsen afirmava ser a interdição de leis particulares do art. 19.1 da GG uma "especificação direta do princípio geral da igualdade" ("Gleichheit", p. 142). Nessa senda, Kappes propõe que se determine o conteúdo do preceito à luz do princípio da igualdade (*Gleichheitssatz und Massnahmegesetz*, p. 206 ss.). Vide também HESSE, *Grundzüge des Verfassungsrechts der Bundesrepublik Deutschland*, 20ª ed., p. 148. No entanto, segundo a redação literal do art. 19.1 da GG, tal preceito não se aplica aos direitos de igualdade, pois alcança apenas as restrições de direitos com reserva de lei expressa (BVerfGE 24, 367, 396), e os direitos de igualdade não estão sujeitos à reserva de lei, como já decidiu o Tribunal Constitucional Federal (BVerfGE 25, 371, 399). Dessa forma, tal preceito somente poderia aplicar-se a questões de igualdade quando interpretado justamente como uma projeção do princípio da isonomia, tal qual concebem certos membros do BVerfG, para quem o art. 19.1 proíbe a sujeição *arbitrária* de situações determinadas a regulações de exceção, e não toda e qualquer regulação particular que afete direitos fundamentais (BVerfGE 25, 371, 399). Essa exegese é relevante para os demais sistemas jurídicos, onde não há tal interdição, mas na Alemanha conduziria à negação do significado específico do preceito (vide MARTINI, *Art. 3 Abs. 1 GG als Prinzip absoluter Rechtsgleichheit*, p. 263), que pode ser compreendido como uma "defesa institucional contra o perigo de uma desigualdade de trato legislativo" (BAUERNFEIND, "Zum Verbot von Einzelfallgesetzen gemäß Art. 19 I GG", p. 193), isto é, como uma defesa extremamente rigorosa, que veda o perigo (a mera existência da lei particular) e não exclusivamente a conduta danosa (a edição de lei particular arbitrária, que viole os direitos fundamentais).

[106] Dita possibilidade não se confunde com a de se derivar uma interdição geral de leis particulares do princípio do Estado de Direito, rechaçada pelo Tribunal de Karlsruhe, em razão de tais leis não se revelarem necessariamente incompatíveis com o princípio em questão. Podem ser até mesmo necessárias, sobretudo no âmbito do Direito Econômico e Social (BVerfGE 25, 371, 398). Serão inconstitucionais quando violarem o princípio da igualdade ou, mais precisamente, a interdição específica que dele advém.

[107] Sobre a questão, vide p. 150 ss.

[108] Vide STERN, *Das Staatsrecht der Bundesrepublik Deutschland*, v. III/2, p. 716.

aplica (BVerfGE 10, 234, 242), quando, portanto, não é possível uma só realização da consequência jurídica prevista (BVerfGE 13, 225, 229)".[109] Para identificar a generalidade da lei, essa formulação só considera o seu conteúdo normativo, quando é mais importante averiguar se, além de estar formulada em termos genéricos, ela pode efetivamente aplicar-se de modo geral ou, dito em outros termos, se constitui uma "lei com vigência geral" (*allgemein geltendes Gesetz*), sendo realmente ampla com respeito aos seus destinatários.[110]

Ainda que essa precisão terminológica seja relevante para determinar a noção de "generalidade" e, por conseguinte, a de "lei concreta", o fato de a interdição derivar do princípio da igualdade confere-lhe um significado mais restrito, que não compreende todas as leis editadas para situações concretas, senão apenas as que implicam desigualdades jurídicas e, mais especificamente, aquelas criadas para *pessoas* determinadas.[111] O que se proíbe não é a lei criada para uma única pessoa ou situação, mas a que leve em conta pessoas (ou grupos de pessoas) específicas, objetivando favorecê-las ou prejudicá-las[112] enquanto tais. Mais precisamente, o que se proíbe são as leis que concedem privilégios odiosos ou instituem gravames discriminatórios, geralmente compreendidas sob o conceito de "leis de exceção".

Somente à luz desse significado se torna viável reconhecer que tal interdição atua como limite *absoluto*, fundante de um controle específico das desigualdades jurídicas.

3.4. Garantia do conteúdo essencial

A garantia do "conteúdo essencial" (*Wesengehalt*) dos direitos fundamentais é uma limitação de caráter absoluto às suas restrições. Protegê-los contra a mutilação legislativa, contra leis que afetem os seus significados jurídicos primários, é a sua única função, a razão mesma da existência da salvaguarda última dos direitos básicos dos cidadãos contra abusos legislativos.

Essa garantia, que se encontra prevista expressamente na Lei Fundamental de Bonn[113] e na Constituição espanhola,[114] também se aplica aos demais sistemas jurídi-

---

[109] BVerfGE 25, 371 [396].

[110] Com respeito ao conceito de "lei com vigência geral", vide KAPPES, *Gleichheitssatz und Massnahmegesetz*, p. 206.

[111] Nesse sentido, Stern afirma que o art. 19.1 da GG proíbe que se privilegiem ou discriminem pessoas determinadas ou grupos de pessoas relativamente determináveis, ainda que a lei esteja formulada em termos genéricos e abstratos. (*Das Staatsrecht der Bundesrepublik Deutschland*, v. III/2, p. 743).

[112] BAUERNFEIND, "Zum Verbot von Einzelfallgesetzen gemäß Art. 19 I GG", p. 193 e 195. Tal situação há de ser investigada mediante a interpretação legislativa e a valoração do contexto fático, sendo que na exegese legislativa se deve conferir um valor central para a vontade *objetiva* do legislador, ou seja, para a vontade que foi exteriorizada de modo objetivo no documento legislativo, estando expressa na "redação da determinação legislativa" ou no "contexto de significado" (*Sinnzusammenhang*) legislativo. A concepção subjetiva dos órgãos que participaram do processo legislativo não é, em princípio, decisiva para a interpretação jurídica (BVerfGE 1, 299, 312), mas poderá assumir um significado especial, notadamente quando se refletir no documento normativo.

[113] "Jamais se pode afetar um direito fundamental no seu conteúdo essencial" (art. 19.2). No original: "In keinem Falle darf ein Grundrecht in seinem Wesensgehalt angetastet werden".

[114] A garantia estende-se aos direitos previstos no Capítulo II do Título I e, portanto, ao direito geral de igualdade, reconhecido no art. 14. Esta é a redação da Constituição espanhola: "Los derechos y libertades reconocidos en el Capítulo segundo del presente Título vinculan a todos los poderes públicos. Sólo

cos, por ser consequência necessária do reconhecimento constitucional dos direitos fundamentais, ou melhor dito, um limite inafastável à atuação legislativa resultante dos próprios direitos fundamentais.[115] Deveras, as restrições que afetam o conteúdo essencial de tais direitos os negam, mutilam, violam, revelando-se, por consequência, constitucionalmente ilegítimas.

O controle do respeito ao conteúdo essencial constitui, portanto, um mero controle da preservação do seu significado constitucional mínimo.

Mas a determinação do significado específico de tal garantia é particularmente complexa,[116] sobretudo pela imprecisão semântica da expressão "conteúdo essencial".[117] Tenta-se explicitar o significado da garantia mediante fórmulas como "substância", conteúdo "mínimo", "núcleo" e "coração". Fórmulas que padecem, contudo, da mesma vagueza do termo que se objetiva explicar e servem apenas para evidenciar que a garantia trata do conteúdo central, do núcleo interno dos direitos fundamentais. Não se prestam para concretizá-lo efetivamente,[118] tarefa que somente poderá ser realizada à luz das distintas intervenções que afetam o direito fundamental em questão.

Com respeito aos direitos à igualdade tributária, reputamos que o seu conteúdo essencial compreende, sem dúvida alguma, o direito a não sofrer discriminações impositivas de qualquer espécie, pois a consagração de discriminações na esfera tributária representaria inequívoca negação do direito – ou ao menos da sua eficácia mínima e central.[119] Não se pode criar tributo discriminatório, sob qualquer pretexto.

Também integram o conteúdo essencial do direito à igualdade tributária outros direitos específicos que derivam diretamente do princípio da dignidade da pessoa humana.[120] A principal projeção de tal conteúdo concerne ao direito à exoneração do mínimo vital, exigida pela igualdade vertical concretizada à luz do critério da capacidade contributiva: jamais poderá ser chancelada a desigualdade consistente

---

por ley, que en todo caso deberá respetar su contenido esencial, podrá regularse el ejercicio de tales derechos y libertades, que se tutelarán de acuerdo con lo previsto en el artículo 161.1 a)" (art. 53.1).

[115] Na sua célebre monografia sobre o tema, Häberle sustenta possuir o art. 19.2 da GG um significado meramente declaratório, "complementar" e "redundante" (*Die Wesengehaltgarantie des Art. 19 Abs. 2 Grundgesetz*, p. 234 ss.).

[116] Para determinar o significado da garantia do conteúdo essencial, Stern indica três possibilidades fundamentais, a equiparação ao postulado da proporcionalidade, a identificação com a garantia da dignidade humana e a atribuição de um significado autônomo, rechaçando as duas primeiras por não se compatibilizarem com o texto da Lei Fundamental de Bonn (*Das Staatsrecht der Bundesrepublik Deutschland*, v. III/2, p. 872 ss.). Fora do contexto alemão, onde não há previsão similar à do seu art. 19.2, as duas primeiras possibilidades devem ser rechaçadas com base em fundamento distinto, nomeadamente nos próprios preceitos que consagram os direitos fundamentais, cujos conteúdos não podem ser esvaziados pela ação mutiladora do legislador.

[117] Luhmann chega a sustentar que o preceito pouco ajuda a concretização e defesa dos direitos fundamentais, pois com a negação da ontologia o conceito de essencial se tornou uma fórmula vazia. Conclui que a "essência da essência é desconhecida" (*Grundrechte als Institution*, p. 61-62). Não se pode, contudo, negar a validade de uma garantia constitucional em virtude da mera vagueza do seu conteúdo – e muito menos se admitir a violação do núcleo essencial dos direitos fundamentais.

[118] STERN, *Das Staatsrecht der Bundesrepublik Deutschland*, v. III/2, p. 875.

[119] Vide STERN, *Das Staatsrecht der Bundesrepublik Deutschland*, v. III/2, p. 876, que se refere a uma "proteção da identidade" (*Identitätschutz*) do direito fundamental.

[120] Vinculando a garantia ao princípio mencionado, vide MAUNZ; DÜRIG, *Grundgesetz Kommentar*, art. 3, I, mrg. 21, p. 21; KIRCHHOF, "Der allgemeine Gleichheitssatz", p. 928.

em submeter à tributação cidadãos carentes de meios para contribuir às despesas públicas. Resultam igualmente da dignidade da pessoa humana e integram tal conteúdo a "igual capacidade jurídica" (*gleiche Rechtsfähigkeit*) e a "igualdade de proteção jurídica" (*Rechtsschutzgleichheit*),[121] que jamais poderão ser negadas a qualquer cidadão.

Em suma, é indubitável que a garantia se aplica à isonomia tributária,[122] tutelando, de modo absoluto, um mínimo de igualdade na imposição e fazendo, nesse aspecto, do princípio da isonomia uma regra, que não pode se sujeitar a restrições, a ponderações ou a exceções de espécie alguma.[123]

---

[121] Vide MAUNZ; DÜRIG, *Grundgesetz Kommentar*, art. 3, I, mrgs. 29 ss., p. 23 ss.; MARTINI, *Art. 3 Abs. 1 GG als Prinzip absoluter Rechtsgleichheit*, p. 276.

[122] Com respeito à igualdade geral, vide IPSEN, "Gleichheit", p. 133; KLOEPFER, *Gleichheit als Verfassungsfrage*, p. 59; HUSTER, *Rechte und Ziele. Zur Dogmatik des allgemeinen Gleichheitssatzes*, p. 242; MARTINI, *Art. 3 Abs. 1 GG als Prinzip absoluter Rechtsgleichheit*, p. 275.

[123] Cabe observar que o caráter absoluto da garantia é objeto de intensa divergência doutrinária. A respeito, formaram-se as teorias denominadas "absoluta" e "relativa". À luz da primeira, como a sua denominação evidencia, a garantia jamais poderá ser desconsiderada na sua área de proteção. Por tal razão, pode ser visualizada com a imagem de dois círculos concêntricos: o maior representa o âmbito de proteção do direito; e o menor, o seu núcleo essencial. As intervenções no direito somente podem ser justificadas (mediante um controle de proporcionalidade) até o círculo menor, sem jamais ingressar neste. Portanto, os bens jurídicos ou princípios contrapostos e mais importantes na situação específica que o direito afetado nunca poderão fundamentar intervenções que vão além do núcleo essencial. Nessa senda, Stern assevera que "perante o conteúdo essencial, não há bem de *status* superior" (*Das Staatsrecht der Bundesrepublik Deutschland*, v. III/2, p. 866-867) e Herbert Krüger ressalta a necessidade de que, após a restrição e a realização do controle de proporcionalidade, remanesça não só algo do direito fundamental, senão também o seu conteúdo essencial ("Der Wesengehalt der Grundrechte i. S. des Art. 19 GG", p. 598-599). Vide também LERCHE, *Übermaß und Verfassungsrecht*, p. 79. Diversamente, a teoria "relativa" admite a afetação do conteúdo essencial, contanto que se supere o controle de proporcionalidade. Nessa linha, equiparando a proteção do núcleo essencial ao mandado de proporcionalidade, vide ALEXY, *Theorie der Grundrechte*, p. 269 ss. e HESSE, *Grundzüge des Verfassungsrechts der Bundesrepublik Deutschland*, 20ª ed., p. 148 ss (que sustenta, todavia, também ser absoluta a sua concepção, visto que a concordância prática sempre deve ser observada). A nosso juízo, a tese da recondução da garantia ao mandado de proporcionalidade é ilegítima por duas razões básicas: além de suprimir o seu caráter de garantia adicional, ignora que a relação de meio e fim (*Mittel-und-Zweck-Relation*), controlada pelo mandado de proporcionalidade, constitui, como bem destaca Jäckel, categoria incompatível com a de uma "substância jurídica determinada" (*feste Rechtssubstanz*), tutelada pela garantia do conteúdo essencial (*Grundrechtsgeltung und Grundrechtssicherung*, p. 76).

Capítulo II. Peculiaridades dos conflitos concretos

Já tendo se analisado as formas de afetação à igualdade tributária, as predeterminações constitucionais relativas às tensões que a envolvem e os distintos controles das disparidades de trato à luz da igualdade, faz-se mister tratar das peculiaridades dos conflitos para os quais as constituições não oferecem respostas *in abstracto*, o que permitirá aprofundar e esclarecer as ponderações precedentes à luz de tensões determinadas, que demandam soluções específicas.

Pois bem, as intervenções na igualdade tributária podem advir da colisão do princípio correlato com as normas integrantes do próprio Direito Tributário ou de outros ramos jurídicos. No primeiro caso, tratar-se-á de conflitos internos ao Direito Tributário, como sucede com o problema da analogia no Direito Tributário material, que leva a conflitos entre a igualdade, de um lado, e a legalidade e a segurança jurídica, de outro. No segundo caso, estarão caracterizados conflitos "intersistêmicos" (não limitados ao sistema tributário), verificados sobretudo na tributação extrafiscal, que se configura justamente pela utilização do Direito Tributário para alcançar fins que lhe são alheios, com severas implicações à igualdade impositiva. Ocupemo-nos primeiramente dos internos.

1. Conflitos internos ao Direito Tributário

1.1. SIMPLIFICAÇÃO TRIBUTÁRIA

O Direito Tributário constitui, como Albert Hensel já advertia, um "Direito de massa" (*Massenrecht*),[124] por se aplicar a um vastíssimo universo de fatos jurígenos homogêneos: todos os cidadãos devem concorrer às despesas públicas – e o Fisco está jungido constitucionalmente a exigir, de todos, o cumprimento dessa obrigação cívica.

É fácil constatar que tal ramo jurídico possui aguda necessidade de praticabilidade aplicativa, que no âmbito legislativo pode ser realizada mediante a produção de normas passíveis de serem aplicadas eficazmente a uma imensidão de fatos homogêneos.[125]

---

[124] HENSEL, "Verfassungsrechtliche Bindungen des Steuergesetzgebers. Besteuerung nach der Leistungsfähigkeit – Gleichheit vor dem Gesetz", p. 474.

[125] Cfr. PAULICK, *Lehrbuch des allgemeinen Steuerrechts*, p. 136; KRUSE, *Steuerrecht. I – Allgemeiner Teil*, p. 36. O Tribunal de Karlsruhe sublinha constantemente esse fato, afirmando ter o legislador, sobretudo nos fenômenos de massa (*Massenerscheinungen*), espaços para generalizar (*generalisieren*), tipificar (*typisieren*) e estabelecer estimativas genéricas (*pauschalieren*) (BVerfGE 96, 1, 6; 103, 310, 319).

A respeito da "exortação à simplificação tributária" (*Ruf nach Steuervereinfachung*), há um amplíssimo e harmônico consenso. Consenso que é plenamente justificado, porque "nenhuma pessoa racional pode defender uma complicação do Direito Tributário",[126] ou mais precisamente, ninguém pode defender racionalmente a complexidade do sistema tributário qual um fim a ser alcançado, embora possa perfeitamente preconizar medidas cujos efeitos impliquem inequívoco incremento na complexidade do sistema (como sucede na instituição de tributos e benefícios extrafiscais).

Um vasto elenco de pressupostos que devem ser observados a fim de se implementar adequadamente a simplificação tributária foi exposto por Tipke: o legislador deve respeitar e concretizar princípios axiológicos fundamentais, produzindo leis compreensíveis, coerentes e livres de conflitos internos, cuja linguagem seja a mais clara possível; e, ademais disso, não deve alterar constantemente as leis e tampouco adotar normas dirigentes inadequadas, desnecessárias ou desproporcionais.[127]

Sem embargo, quando se trata do dever de simplificação tributária não se costuma concebê-lo de modo tão amplo. Considera-se o seu significado jurídico central, que pode ser compreendido claramente através do conceito de *praticabilidade*. A reivindicação de simplificação gravita em torno da urgência de se produzirem atos normativos exequíveis (passíveis de serem aplicados de forma eficaz), e não da mera redução da complexidade da legislação. O conteúdo jurídico dessa exigência constitui o denominado "princípio da praticabilidade" (*Praktikabilitätsprinzip*),[128] que confere fundamento às normas de simplificação tributária.

1.1.1. Relações de apoio recíproco e de conflito entre a simplificação e o princípio da igualdade tributária

A simplificação tributária (*Steuervereinfachung*) não é somente um postulado financeiro e econômico. Por ser necessária à implementação fática de princípios e garantias constitucionais (como os princípios da igualdade, da segurança tributária, etc.), também possui uma dimensão jurídico-constitucional.[129]

Não obstante, para enfocar corretamente as inter-relações entre a praticabilidade e os princípios constitucionais, há de se ter plena consciência do fundamento da sua dimensão constitucional. A simplificação tributária é instrumento necessário à implementação de princípios constitucionais, e não um postulado jurídico-constitucional autônomo. Trata-se, como adverte Tipke, de um princípio *técnico*, que não possui a mesma relevância axiológica dos princípios éticos (*etische Prinzipien*).[130]

---

[126] RUPPE, "Steuergleichheit als Grenze der Steuervereinfachung", p. 32.

[127] TIPKE, *Die Steuerrechtsordnung*, 1ª ed., p. 371.

[128] Cfr. TIPKE; LANG, *Steuerrecht. Ein systematischer Grundriß*, p. 100-102. Fala-se também do "topoi" e das "ponderações de praticabilidade" (*Praktikabilitätserwägungen*) (ARNDT, *Praktikabilität und Effizienz*, p. 8 ss.).

[129] RUPPE, "Steuergleichheit als Grenze der Steuervereinfachung", p. 30. Osterloh nota corretamente que a praticabilidade (*Praktikabilität*) e a simplicidade (*Einfachheit*) do Direito são pressupostos necessários para uma aplicação legislativa igual e justa ("Art. 3. Gleichheit vor dem Gesetz", p. 232). Jachmann vislumbra na simplificação um postulado jurídico-filosófico, um fim econômico e uma exigência constitucional ("Grundthesen zu einer Verbesserung der Akzeptanz der Besteuerung, insbesondere durch Vereinfachung des Einkommensteuerrechts", p. 194 ss).

[130] TIPKE, *Die Steuerrechtsordnung*, 1ª ed., p. 371.

Isso não significa que possua importância escassa, senão que a sua força jurídica é *derivada* dos princípios que promove. Por conseguinte, somente poderá justificar restrições a princípios constitucionais e direitos fundamentais quando se apoie em princípios que as fundamentem.

Essas ponderações, essenciais à compreensão tanto das inter-relações entre os princípios constitucionais e a simplificação tributária quanto do controle da sua proporcionalidade *stricto sensu*, serão aclaradas na exposição que segue, especialmente na análise das paradoxais relações entre o princípio da igualdade e a praticabilidade, nas quais tal princípio atua não só como fundamento, mas também como limite da praticabilidade tributária.

1.1.1.1. Relação de apoio recíproco

A praticabilidade do Direito Tributário é, como sublinhamos há pouco, condição imprescindível para que a igualdade tributária se projete sobre a realidade fática. Um sistema tributário excessivamente complexo implicaria iniludivelmente a ineficiência administrativa, contribuiria para o incremento da evasão e, via de consequência, para a desigualdade impositiva.[131]

Há, portanto, evidente relação de apoio recíproco entre a simplificação tributária e o princípio constitucional da isonomia. A igualdade na aplicação tributária requer a criação de leis praticáveis e concretiza-se mediante as condições que elas propiciam.

Destarte, poder-se-ia pensar que o princípio constitucional da igualdade requer a realização da simplificação tributária na máxima medida possível. Mas é fácil constatar a falsidade dessa irrefletida ilação. Seguindo esta via, concretizar-se-ia uma simplificação extrema do sistema tributário mediante a redução de todos os tributos a um único "imposto por cabeças" (*Kopfsteuer*), que representa o grau máximo da generalização normativo-tributária: cada cidadão deve pagar exatamente a mesma soma, sem distinção de espécie alguma. Porém, uma das poucas ideias sobre as quais há unanimidade na dogmática da igualdade tributária concerne precisamente ao fato de que essa sistemática a viola flagrantemente.[132] Seria também altamente praticável orientar toda a tributação aos contribuintes mais abastados, reduzindo radicalmente o universo dos contribuintes e, por consequência, o trabalho da Administração tributária. Contudo, também essa escolha confiscatória é hialinamente ilegítima, violando tanto o princípio da generalidade tributária (que é projeção da igualdade horizontal) quanto a igualdade tributária vertical, concretizada à luz do critério da capacidade contributiva.

Portanto, não se pode conceber que o princípio da isonomia represente tão somente uma "expressão do mandado constitucional de generalização e tipificação".[133]

---

[131] Friauf chega a afirmar que a "simplificação tributária tende fundamentalmente ao incremento da igualdade tributária" ("Steuervereinfachung versus Lenkungsnormen", p. 86). Nessa linha, Kirchhof vislumbra na tipificação legislativa o principal instrumento de garantia da igualdade ("Der allgemeine Gleichheitssatz", p. 967). Vide TIPKE; LANG, *Steuerrecht. Ein systematischer Grundriβ*, p. 101.

[132] Até Kirchhof, que defende vigorosamente a "igualdade através da simplificação" e sustenta a incompatibilidade da legislação individualizadora e especificadora com a igualdade, adverte a clara ilegitimidade do "imposto por cabeças" ("Steuergleichheit durch Steuervereinfachung", p. 11).

[133] Essa posição é sustentada por Eckhoff, que preconiza a "igualdade através da tipificação" (*Gleichheit durch Typisierung*) e considera, por conseguinte, que a tipificação não afeta o princípio da isonomia,

A impossibilidade de serem identificados apenas pontos de apoio recíproco nas inter-relações entre a simplificação e a igualdade é indubitável. Existem situações de conflito manifesto, nas quais os direitos dos contribuintes são afetados pelas medidas de simplificação impositiva.

1.1.1.2. Relações de conflito

A simplificação tributária pode gerar desigualdades e, assim, contrapor-se ao princípio da isonomia. Por vezes, afeta o direito a um tratamento díspar, ao deixar de estabelecer diferenciação exigida pelo princípio da igualdade, tratando os desiguais de forma paritária.[134] Mas também pode se contrapor ao direito a um tratamento paritário, tratando os iguais de modo díspar, o que ocorre, v.g., quando a regulação tipificadora não compreende fatos que deveria alcançar.[135]

O *Bundesverfassungsgericht* evidencia o conflito entre a igualdade e a principal forma de simplificação tributária na Alemanha, ao referir-se à "desigualdade da carga tributária vinculada necessariamente à tipificação" (*der mit der Typisierung notwendig verbundenen Ungleichheit der steuerlichen Belastung*)[136] e à "violação do princípio da igualdade que dela deriva" (*in ihr liegende Vertoß gegen den Gleichheitssatz*).[137] [138]

---

senão a "justiça individual" (*Individualgerechtigkeit*, caracterizada pela consideração da desigualdade no caso concreto) e o princípio fundamental da tributação segundo a capacidade contributiva individual (*Rechtsanwendungsgleichheit im Steuerrecht*, p. 82 e 88). Considerando que a justiça e a capacidade contributiva individual estão, nessa hipótese, vinculadas de modo indissociável à igualdade, não nos parece possível negar que a tipificação *stricto sensu* afete a igualdade tributária.

[134] Segundo Birk, a tipificação é vinculada conceitualmente a desigualdades, justificando-se constitucionalmente somente quando promove, de modo proporcional, a finalidade de simplificação tributária (*Steuerrecht*, p. 58). Pohmer fala de um conflito de fins (*Zielkonflikt*) entre os princípios técnico-tributários (*steuertechnischen Prinzipien*) e aqueles concernentes à justa repartição dos impostos (*Grundsätze gerechter Steuerverlastung*) ("Steuervereinfachung und „gerechte" Steuerlastverteilung", p. 22). E, embora Jachmann afirme que a simplificação não se contrapõe, em princípio, à igualdade tributária, considera corretamente que surgirá um conflito efetivo quando as peculiaridades descuradas representem aspectos de um "sistema tributário conforme a capacidade contributiva" (*leistungsfähigkeitskonformen Besteuerungssystem*) ("Grundlagen einer Steuervereinfachung", p. 1083), isto é, quando sejam peculiaridades juridicamente relevantes à luz do critério da capacidade contributiva. Cfr. também ISENSEE, *Die Typisierende Verwaltung*, p. 97; idem, "Vom Beruf unserer Zeit für Steuervereinfachung", p. 10; WENNRICH, *Die typisierende Betrachtungsweise im Steuerrecht*, p. 99 ss; LAULE, *Der Gleichheitssatz (art. 3 Abs. 1 GG) in der Rechtsprechung der Steuergerichte*, p. 22 ss; TIPKE, *Die Steuerrechtsordnung*, 1ª ed., v. 1, p. 373; TIPKE; LANG, *Steuerrecht. Ein systematischer Grundriß*, 18ª ed., p. 101.
[135] Vide BIRK, "Gleichheit und Gesetzmäßigkeit der Besteuerung", p. 217; RUPPE, "Steuergleichheit als Grenze der Steuervereinfachung", p. 41-42.
[136] BVerfGE 21, 12 [27].
[137] BVerfGE 26, 265 [276]; 45, 376 [390].
[138] Há, contudo, decisões recentes da Segunda Turma do *Bundesverfassungsgericht* segundo as quais débeis disparidades de tratamento não são idôneas nem mesmo a criar uma situação de tensão entre a simplificação tributária e a igualdade, visto que o princípio da isonomia não exigiria uma legislação sempre mais individualizadora e especificadora, que ameaça a igualdade na aplicação legislativa (*Gleichmäßigkeit des Gesetzesvollzugs*), senão apenas uma regulação amplamente compreensível e coerente com o fundamento tributário adotado (BVerfGE 96, 1, 6-7; 101, 297, 309). Essa posição é facilmente atribuível a Kirchhof, que não só a defende em artigos doutrinários, mas também integrava a referida Turma e participou de ambos os julgamentos. Cfr. KIRCHHOF, "Steuergleichheit durch Steuervereinfachung", p. 20 e "Der allgemeine Gleichheitssatz", p. 971, onde afirma que ponderações de

Esse conflito representa projeção específica da tensão existente entre a "justiça do caso" (*Einzelfallgerechtigkeit*) e a denominada "justiça dos tipos" (*Typengerechtigkeit*)[139] ou, em outros termos, entre as tendências de generalização e individualização jurídica,[140] cujas radicalizações conduziriam à absoluta falta de diferenciações (com a instituição do referido imposto por cabeças)[141] ou a distinções excessivas, que obstaculizariam a realização da isonomia na aplicação legislativa. No âmbito do Imposto de Renda, por exemplo, a tendência individualizante (que conduz à persecução da igualdade individual) conduz a uma tributação baseada rigorosamente na capacidade contributiva subjetiva, com a consideração de todas as singularidades da vida (especificidades) do contribuinte que influenciam a sua capacidade contributiva,[142] enquanto a tendência generalizante (a persecução do fim de simplificação tributária) exige que inúmeras de tais singularidades sejam desconsideradas.

Dessas reflexões se infere que a simplificação tributária promove a igualdade, mas ao mesmo tempo a afeta; é um instrumento para realizá-la e impede a sua plena realização; e nela encontra tanto um fundamento quanto um limite.[143] Mas não há evidente contradição nessas conclusões? Ou as constatações são corretas e a simplificação tributária evidencia um insuperável paradoxo de igualdade?

1.1.1.3. Paradoxo de igualdade

Trata-se, a nosso juízo, de *paradoxo aparente*, que pode ser superado tão logo se tome consciência do significado de duas dicotomias, estabelecidas entre a igualdade geral e individual e entre a isonomia na criação ("na lei") e na aplicação legislativa ("ante a lei"). Isso porque a simplificação tributária propicia condições imprescindíveis para alcançar a igualdade geral e a isonomia na aplicação legislativa, mas costuma se contrapor à igualdade individual[144] e à isonomia na lei (como ocorre com a tipificação legislativa).

---

praticabilidade não se contrapõem à igualdade, em virtude de serem destinadas à sua realização. Sobre a influência das posições individuais dos Juízes do *Bundesverfassungsgericht* na sua jurisprudência e especificamente sobre a influência pessoal de Kirchhof na jurisprudência mais recente, vide VOGEL, *Verfassungsrechtsprechung zum Steuerrecht*, p. 7.

[139] Cfr. HUSTER, *Rechte und Ziele. Zur Dogmatik des allgemeinen Gleichheitssatzes*, p. 266 ss.

[140] Vide JACHMANN, "Grundthesen zu einer Verbesserung der Akzeptanz der Besteuerung, insbesondere durch Vereinfachung des Einkommensteuerrechts", p. 204.

[141] POHMER, "Steuervereinfachung und "gerechte" Steuerlastverteilung", p. 22.

[142] Cfr. JACHMANN, "Grundlagen einer Steuervereinfachung", p. 1084.

[143] Vide JACHMANN, "Grundlagen einer Steuervereinfachung", p. 1084, que anota que o princípio da tributação conforme a capacidade contributiva atua concomitantemente como fundamento (*Grund*) e limite (*Grenze*) da tipificação legislativa. A respeito, Lang expõe uma concepção questionável, segundo a qual a justiça tributária não se vincularia a interesses subjetivos, mas aos da coletividade (que preponderariam sobre os interesses individuais) e por isso não haveria conflitos entre a justiça e a simplificação tributária ("Steuergerechtigkeit durch Steuervereinfachung", p. 35-36). Não se pode aceitar tal tese, por se contrapor aos fundamentos das constituições modernas, edificadas sobre os direitos fundamentais dos cidadãos, cuja oposição ao Estado caracteriza um ato de cidadania, não de egoísmo. Há uma diferença essencial entre interesses individuais egoísticos e direitos subjetivos.

[144] Arndt expõe que toda tipificação legislativa se contrapõe necessariamente à justiça individual ("Gleichheit im Steuerrecht", p. 790), porém adverte que a tipificação se destina justamente a estabelecer uma relação adequada entre a justiça individual e os princípios da legalidade e igualdade tributária (*Praktikabilität und Effizienz*, p. 19). Cfr. também RUPPE, "Steuergleichheit als Grenze der Steuervereinfachung", p. 31.

A distinção entre igualdade geral (*generelle Gleichmäßigkeit*) e individual (*individuelle Gleichmäßigkeit*) é de extrema relevância para a análise da simplificação tributária. Já em 1958 o BVerfG reconheceu tal fato, ao afirmar, com base no pensamento de Wacke, que a estimativa genérica no Direito Tributário caracteriza forma de tipificação legislativa na qual se confere prevalência à igualdade geral em detrimento da individual.[145]

A igualdade individual apoia-se na perspectiva de um contribuinte determinado perante os demais e, por isso, implica a formação de direitos subjetivos. Já a igualdade geral decorre do ponto de vista da globalidade dos contribuintes, constituindo fundamentalmente um bem coletivo, que, a despeito de ser assegurado mediante o respeito e a realização dos direitos subjetivos à igualdade de trato, não se confunde com a mera soma de tais direitos.

Pode-se concluir, portanto, que a relação de tensão entre tais dimensões da igualdade caracteriza essencialmente um conflito entre *direitos* e *bens coletivos* e que a persecução da igualdade geral com danos à individual consubstancia restrição de *direitos subjetivos* baseada fundamentalmente num bem coletivo.[146]

Por outro lado, a igualdade na criação legislativa não se confunde, à evidência, com a isonomia na aplicação das leis. Pode-se desrespeitar flagrantemente a exigência de igualdade na lei e concretizar uma isonomia perfeita na sua aplicação, sem que se identifique qualquer paradoxo de igualdade. Retomando o exemplo do tributo sobre o patrimônio judeu (*Judenvermögensabgabe*) criado na Alemanha nacional-socialista em 1938, constata-se que ele ofendia manifestamente a igualdade na criação da lei tributária, mas a sua aplicação a todos os casos que abarcava concretizaria perfeitamente a isonomia na implementação fática da odiosa lei.

Há uma contraposição similar na tipificação legislativa. A lei compreende fatos jurígenos que não deveria alcançar e não abarca outros aos quais deveria aplicar-se, *contrapondo-se* à exigência de igualdade na criação legislativa e afetando, consequentemente, os direitos subjetivos correlatos; mas a sua aplicação a todos os fatos jurígenos que compreende *promove* a igualdade perante a lei. A tensão entre a igualdade na lei e na sua aplicação é cristalina.

Se o princípio da igualdade, *considerado globalmente*, pesa a favor ou contra a simplificação, somente se poderá afirmá-lo à luz da situação específica, considerando o grau de afetação da igualdade individual e de realização da igualdade geral na aplicação fática da lei tributária.

A solução *ideal* seria concretizar amplamente a *isonomia através da simplificação*, realizando não só a igualdade geral, mas também a isonomia individual na criação e na aplicação legislativa. Com efeito, há de se perseguir o ideal da "justiça tributária mediante a simplificação"[147] ou, mais precisamente, da "igualdade tributária através da simplificação" para chegar à "igualdade na aplicação jurídica edificada sobre a igualdade na criação jurídica".[148] Deve-se buscar sempre esse ideal, aproximando a realidade tributária o máximo possível de tal igualdade global, mas

---

[145] BVerfGE 9, 3 [13].

[146] Vide HUSTER, *Rechte und Ziele. Zur Dogmatik des allgemeinen Gleichheitssatzes*, p. 266 ss.

[147] Cfr. LANG, "Steuergerechtigkeit durch Steuervereinfachung", p. 33 ss.; KIRCHHOF, "Steuergleichheit durch Steuervereinfachung", p. 9 ss.

[148] KIRCHHOF, "Der allgemeine Gleichheitssatz", p. 971.

sem jamais se olvidar a impossibilidade de alcançá-la plenamente e a consequente subsistência de conflitos entre a igualdade geral e a individual.

1.1.2. Possibilidades de harmonização das exigências contrapostas

1.1.2.1. A autorização a provar o contrário

Nos quatro institutos fundamentais da simplificação (tipificação, estimativa genérica, presunção e ficção) há uma incompatibilidade (existente ou potencial) com a realidade e, por conseguinte, a possibilidade de serem afetados os princípios da igualdade, da capacidade contributiva e até mesmo as garantias da propriedade e das liberdades individuais.

A mais óbvia solução para tutelar esses princípios e garantias consiste na autorização a que o sujeito prejudicado faça prevalecer a realidade. Pode-se prever tal autorização de modo expresso no próprio diploma normativo que estabeleceu a medida de simplificação, extraí-la mediante interpretação conforme a Constituição (interpretando o texto normativo no sentido da possibilidade de produção da prova, quando sua vagueza semântica o permita) ou através da declaração de inconstitucionalidade da interdição da prova, sob o fundamento de não haver necessidade de se conferir caráter absoluto à medida de simplificação. Nessa última hipótese, será atribuído caráter relativo à tipificação, à estimativa genérica, à presunção ou à ficção[149] originalmente absolutas, tornando-as *superáveis*.[150]

É evidente que tal solução sacrificará a praticabilidade, haja vista que a Administração tributária (ou o Poder Judiciário) será obrigada a averiguar as peculiaridades fáticas reputadas juridicamente relevantes; e o sacrifício poderá ser completo, anulando totalmente as vantagens da medida de simplificação. Ditos efeitos obviamente deverão ser considerados no controle de constitucionalidade, mediante verdadeira ponderação de princípios e efeitos.[151]

Nessa ponderação, há que se ter consciência de um fato de extrema importância: a relativização das medidas de simplificação implica atribuir-lhes efeitos práticos idênticos (ou muito similares) aos resultantes das normas de ônus probatório (*Beweislastnormen*) ou até mesmo a sua qualificação como espécie dessa categoria normativa. Será possível constatar uma identidade jurídica quando a finalidade da medida realmente seja (ou passe a ser) a distribuição do ônus probatório, prevalecendo sobre eventuais ponderações concernentes à tipificação, à presunção ou à ficção.[152] Na situação oposta, estará configurada concretamente uma tipificação,

---

[149] Vale destacar que, embora a incompatibilidade com a realidade seja uma nota conceitual (e não uma situação marginal) das ficções, nada impede que lhes seja atribuído caráter relativo.

[150] Eckhoff nota que a crítica à "consideração tipificadora" (*typisierende Betrachtungsweise*) conduziu o BFH a aceitar a prova do contrário, transformando a tipificação material que adotava em uma tipificação formal, a qual desempenha a função de prova *prima facie* (*Rechtsanwendungsgleichheit im Steuerrecht*, p. 102).

[151] Dessa forma, já se estará procedendo a um controle de proporcionalidade *stricto sensu*, conjuntamente com o exame de necessidade. Sobre tal controle, vide p. 252 ss.

[152] Jachmann, citando Osterloh, afirma que "a tipificação formal deve ser classificada dogmaticamente como regra probatória (*Beweisregel*)" ("Zur Anwendung typisierender Verwaltungsvorschriften im Steuerrecht", p. 349). Sobre a distinção entre tipificação formal (superável) e material (insuperável), cfr. também ANZIGER, *Anscheisbeweis und tatsächliche Vermutung im Ertragsteuerrecht*, p. 201;

presunção ou ficção *com efeitos* práticos que, em geral, se identificam àqueles das regras sobre o ônus probatório.[153]

Essa identidade (ou estreita similitude) de institutos e/ou efeitos possui singular relevância para o controle de constitucionalidade das medidas de simplificação tributária, porquanto torna explícita a possibilidade de se levar a cabo uma *conciliação geral e ampla* entre a exigência de praticabilidade e a garantia dos direitos subjetivos dos contribuintes, permitindo a subsistência de tais normas ao mesmo tempo em que se tutelam os direitos individuais em todas as hipóteses de divergência entre o modelo normativo e a realidade. Trata-se, em essência, da distribuição do ônus probatório.

Uma solução alternativa é a *conciliação geral e restrita* mediante a autorização da decisão por equidade. Restrita porque tais decisões somente podem ser proferidas quando haja sacrifícios *peculiares*, especialmente severos aos direitos subjetivos dos contribuintes. Caso se permitisse a adoção de soluções de "equidade" para todas as divergências entre o parâmetro normativo e a realidade, ter-se-ia simplesmente autorizado, de forma ampla, a produção da prova do contrário.

1.1.2.2. Decisões de equidade

Quando há sacrifícios *graves* aos direitos subjetivos dos contribuintes (à igualdade tributária, à garantia da propriedade, à iniciativa econômica, etc.), é teoricamente possível que o aplicador os tutele sem pronunciar a ilegitimidade constitucional da medida de simplificação tributária, mediante o recurso a decisões de equidade.

A "equidade" (*Billigkeit*) constitui a "justiça do caso particular" (*Gerechtigkeit des Einzelfalles*)[154] ou, em outros termos, a "justiça projetada sobre o caso particular" (*auf den Einzelfall projizierte Gerechtigkeit*).[155] Mas as *decisões de equidade*

OSTERLOH, "Typisierende Verwaltungsvorschriften im Steuerrecht", p. 100-101; JACHMANN, *Die Fiktion im öffentlichen Recht*, p. 144 ss.

[153] As presunções superáveis possuem evidentes efeitos probatórios. Verificada a situação base da presunção (*Vermutungsbasis*), nascerá um ônus probatório para o contribuinte, incumbindo-lhe provar o contrário para evitar a perpetuação da presunção e a imputação das consequências jurídicas correlatas (cfr. SCHMIDT, *Die Problematik der objektiven Beweislast im Steuerrecht*, p. 300). Segundo Isensee, a tipificação superável (*widerlegliche, formelle* ou *hypothetische Typisierung*) caracteriza-se justamente por impor o ônus probatório ao atípico ("Verwaltungsraison gegen Verwaltungsrecht", p. 200). Nessa linha, Kruse e Drüen consideram que, na tipificação formal, a manifestação típica da hipótese de incidência é presumida e a prova do contrário, permitida, situação que a conduz às "proximidades da denominada 'prova *prima facie*'" (*prima-facie-Beweis*) (in TIPKE; KRUSE, *Kommentar zur Abgabenordnung und Finanzgerichtsordnung*, § 4, Rdnr. 386, p. 134). Também há estimativas genéricas com efeitos concernentes ao ônus probatório. Por exemplo, amiúde se utilizam estimativas superáveis (*widerlegbare Pauschalierung*) para determinar as despesas dedutíveis até determinado valor, estabelecendo um limite quantitativo para a renúncia aos controles administrativos com a clara finalidade de promover a simplificação da aplicação legislativa. Essa situação, como bem nota Ruppe, não caracteriza a substituição do conteúdo econômico das despesas por um valor médio típico, senão o estabelecimento de um valor limite para a repartição do ônus probatório ("Steuergleichheit als Grenze der Steuervereinfachung", p. 52). Até o valor estimado (*rectius*: estipulado), o contribuinte não está obrigado a provar as suas despesas efetivas – incumbiria à Administração provar a inferioridade das despesas do contribuinte, mas esta, ainda que fosse autorizada a fazê-lo, não o faria por carecer de interesse econômico; e além dessa soma, incumbe ao contribuinte declarar e provar a superioridade das despesas – e ao Fisco fiscalizar a correção da sua declaração.

[154] KRABBE, in KOCH; SCHOLTZ, *Abgabenordnung – AO 1977*, p. 1357.

[155] KRUSE, "Über Billigkeit und Richtlinien", p. 482.

pressupõem, como supraexposto, um gravame *especialmente severo* à esfera subjetiva dos contribuintes e, portanto, não constituem meios hábeis a fazer com que a justiça particular *sempre* prevaleça perante as tipificações, estimativas genéricas ou presunções jurídicas.[156]

Conforme a intensidade do gravame imposto aos contribuintes, podem ser concebidas, em tese, três soluções diversas com respeito às decisões de equidade: a sua interdição (no caso de um ônus de grau leve), autorização (moderado) ou imposição (severo).[157] Numa sistemática de simplificação impositiva conjugada com uma (ou mais) cláusula de equidade, poder-se-ia, por exemplo, admitir desigualdades amenas e moderadas, interditando a sua reparação com base na equidade, e impor a reparação das desigualdades severas.

Na Alemanha, a possibilidade de se recorrer a decisões por equidade é consagrada expressamente pela *Abgabenordnung* de 1977 (AO), nos seus §§ 163 e 227, segundo os quais as autoridades administrativo-tributárias podem remitir total ou parcialmente o débito tributário quando sua exigência seja iníqua (*unbillig*).[158] Trata-se de cláusulas gerais que autorizam a denominada "remissão de equidade", (*Billigkeitserlaβ*),[159] anteriormente consagradas em termos similares pelo § 131 da *Reichsabgabenordnung* (RAO).[160]

---

[156] Cabe sublinhar ser inerente às cláusulas de equidade o caráter *excepcional* da sua aplicação. Quando as regulações violam direitos fundamentais (ou outros preceitos constitucionais) na generalidade dos casos, há de se declarar a sua inconstitucionalidade, e não buscar uma harmonização por meio da utilização de tais cláusulas. Vide BOPP, "Steuerliche Billigkeitsmaβnahmen aus Verfassungsgründen", p. 216-217 (que analisa criticamente a jurisprudência do BVerfG nesse sentido); LOHMEYER, "Die abweichende Festsetzung von Steuern aus Billigkeitsgründen", p. 258; v. GROLL, in HÜBSCHMANN/HEPP/SPITALER, AO, § 163, mrg. 21, p. 4 e § 227, mrg. 286, p. 82-84; FROTSCHER, in SCHWARZ, *AO*, § 163, mrg. 49, p. 30; e LOOSE, in TIPKE/KRUSE, *AO*, § 227, mrg. 77, p. 62 (com referência a decisões do BVerfG segundo as quais a remissão por equidade é imperativa nos casos *atípicos* para os quais a regulação seja injusta).

[157] Vide BECKER; RIEWALD; KOCH, *Reichsabgabenordnung*, v. I, p. 428, os quais se referem a "injustiças de graus diversos" (*Unbilligkeiten verschiedenen Grades*). Sem embargo, é problemático o reconhecimento de uma autorização de remissão *discricionária* por equidade, haja vista que a obrigação tributária é indisponível: a sua subsistência não pode depender do arbítrio dos agentes administrativos.

[158] Nesses preceitos, o pressuposto da remissão é idêntico: a iniquidade em uma situação específica. A existência de dois dispositivos somente se justifica pela divisão que a AO estabeleceu entre o procedimento de lançamento (*Festsetzungsverfahren*) e o de cobrança (*Erhebungsverfahren*). A remissão é autorizada no primeiro procedimento pelo § 163 e no segundo pelo § 227 da AO. Vide LOHMEYER, "Die abweichende Festsetzung von Steuern aus Billigkeitsgründen", p. 257 e os comentários de LOOSE, in TIPKE/KRUSE, *AO*, § 163, rz. 1, p. 54 e § 227, rz. 1, p. 37; e v. GROLL, in HÜBSCHMANN/HEPP/SPITALER, *AO*, § 163, rz. 1, p. 2.

[159] Cfr. BVerfGE 27, 375 [385], decisão em que o Tribunal se refere à "possibilidade geral de uma remissão por equidade". Vide também HENSEL, "Die Abänderung des Steuertatbestandes durch freies Ermesen und der Grundsatz der Gleichheit vor dem Gesetz", p. 45; e TIPKE; LANG, *Steuerrecht. Ein systematischer Grundriβ*, p. 101.

[160] O parágrafo foi consagrado originariamente pelo § 108 da RAO. Albert Hensel considerava que a introdução de uma cláusula geral de equidade, autorizando a Administração a "modificar a hipótese de incidência dos impostos mediante uma valoração livre" (em realidade, relativamente livre), era um meio jurídico-normativo necessário para tutelar a igualdade no sistema tributário alemão do pós-guerra (posterior à primeira Guerra Mundial), onde a legislação tributária gerava desigualdades insuportáveis. Ressaltava que a necessidade de corrigir as desigualdades cresce com o ônus tributário e, assim, a uma maior pressão fiscal deve corresponder uma técnica legislativa mais refinada. Contudo, em geral era contrário às cláusulas de equidade, por causa da sua vagueza e da respectiva tensão com os princípios

Ditas cláusulas constituem elemento tradicional e importantíssimo do sistema tributário alemão. A sua relevância é tal que, já nos comentários de Enno Becker e Riewald ao § 131 da RAO, se expõe não ser mais concebível a abolição do parágrafo destinado a mitigar os casos de injustiça (*Härteparagraph*).[161] E, com respeito ao significado constitucional dos preceitos previstos na AO, a doutrina assinala que o "corretivo" dos §§ 163 e 227 é imprescindível para realizar a justiça tributária[162] e evitar situações de inconstitucionalidade, caracterizadas, por exemplo, pelo efeito "estrangulador" do tributo em situações específicas.[163] As cláusulas de equidade fundamentam-se, pois, em diversos preceitos constitucionais,[164] sobretudo no princípio da igualdade (art. 3.1 GG)[165] e na cláusula do império da lei e *do Direito* perante os poderes estatais (art. 20.3 GG).[166]

O BVerfG destaca constantemente que tais autorizações de remissão servem ao escopo de tutelar os direitos subjetivos dos contribuintes à igualdade tributária contra generalizações legislativas, administrativas ou judiciais que, em dada situação, contrapõem-se expressivamente à isonomia e à justiça impositiva. Destaca-o em hipóteses nas quais as desigualdades resultantes da tipificação atingem determinados contribuintes de modo especialmente severo, a fim de que possa reconhecer a sua *constitucionalidade*. Por exemplo, ao averiguar a legitimidade constitucional da interdição de as pessoas com obrigações tributárias limitadas (*beschränkt steuerpflichtige Personen*) com respeito ao Imposto sobre o Patrimônio (*Vermögensteuer*) deduzirem, no âmbito do Imposto de Renda (*Einkommensteuer*), o valor daquele tributo, o Tribunal de Karlsruhe, após sublinhar que a tipificação legislativa poderia conduzir a iniquidades (*Härten*) em determinados casos, afirmou expressamente que isso "não implica a inconstitucionalidade" do preceito impugnado, haja vista que para tais situações há a possibilidade de remitir, com base no § 131 da RAO, o débito tributário ou, mais precisamente, o "dever constitucional" (*verfassungsmäßige Pflicht*)

---

inerentes ao Estado de Direito, sobretudo com o princípio da igualdade ante a lei: via nelas mais um perigo que uma solução para a igualdade tributária ("Die Abänderung des Steuertatbestandes durch freies Ermesen und der Grundsatz der Gleichheit vor dem Gesetz", p. 45 ss, especialmente as p. 64-66 e 130). Crítica que se compreende perfeitamente à luz da sua afirmação segundo a qual o princípio da isonomia se funda sobre a ideia fundamental (*Grundgedanke*) da igualdade na implementação das decisões legislativas (op. cit., p. 65), ou seja, sobre a igualdade na aplicação legislativa. Essa concepção de Hensel foi matizada em artigo posterior, onde o tributarista alemão giza a sujeição do legislador ao princípio da igualdade concretizado à luz do critério da capacidade contributiva ("Verfassungsrechtliche Bindungen des Steuergesetzgebers. Besteuerung nach der Leistungsfähigkeit – Gleichheit vor dem Gesetz", p. 442 ss).

[161] BECKER; RIEWALD; KOCH, *Reichsabgabenordnung*, v. I, p. 425.

[162] V. GROLL, in HÜBSCHMANN/HEPP/SPITALER, *AO*, § 163, mrg. 35, p. 22. Vide ISENSEE, "Das Billigkeitskorrektiv des Steuergesetzes", p. 130 ss.

[163] Cfr. FROTSCHER, in SCHWARZ, *AO*, § 163, mrg. 48, p. 30; KIRCHHOF, "Gesetz und Billigkeit im Abgabenrecht", p. 782.

[164] Frotscher, por exemplo, refere a interdição de excesso (art. 2 GG), o princípio da igualdade (art. 3 GG), a proteção constitucional ao matrimônio e à família (art. 6 GG), a garantia da propriedade (art. 14 GG) etc., in SCHWARZ, *AO*, § 163, rz. 48, p. 30. Cfr. também BOPP, "Steuerliche Billigkeitsmaßnahmen aus Verfassungsgründen", p. 217; v. GROLL, in HÜBSCHMANN/HEPP/SPITALER, *AO*, § 227, rz. 287, p. 84-85.

[165] ISENSEE, "Das Billigkeitskorrektiv des Steuergesetzes", p. 143 ss.; BOPP, "Steuerliche Billigkeitsmaßnahmen aus Verfassungsgründen", p. 217 ss.

[166] KIRCHHOF, "Gesetz und Billigkeit im Abgabenrecht", p. 795; v. GROLL, in HÜBSCHMANN/HEPP/SPITALER, *AO*, § 227, mrg. 35, p. 22.

de fazê-lo.[167] Ao controlar a constitucionalidade do Imposto sobre Remunerações (*Lohnsummensteuer*), a Corte identificou, outrossim, a possibilidade de resultar configurada uma violação do princípio da igualdade quando houvesse "cargas extremamente diferenciadas", mas indicou que um "ônus extraordinário" (*außerordentliche Belastung*) poderia ocorrer somente em casos específicos e, assim, tal possibilidade não implicava a inconstitucionalidade do imposto, mas tão somente a inevitabilidade de recorrer à cláusula de equidade do § 131 da RAO.[168]

Dessas reflexões se infere que as cláusulas de equidade são instrumentos teoricamente idôneos a tutelar os direitos subjetivos dos contribuintes afetados severamente por generalizações tributárias, permitindo, por consequência, instituir uma legislação mais abstrata e um sistema em cujo âmbito desigualdades particulares de intensidade débil (ou moderada) são justificadas pela persecução da praticabilidade tributária, enquanto as disparidades mais severas são superadas mediante a tutela no caso concreto.[169]

Sem embargo, não se pode olvidar a já indicada possibilidade de que, pela sua dificuldade aplicativa, ditas cláusulas reduzam ou até mesmo anulem as vantagens das medidas de simplificação[170] e, como já advertia Hensel, ocasionem mais danos que benefícios à igualdade tributária. O recurso à técnica de cláusulas gerais de equidade deve, pois, ser considerado com cautela e prudência, levando-se em conta não só as peculiaridades do sistema jurídico, mas também a realidade social e institucional, dado que a solução alemã pode não ser adequada para outros países, sobretudo para aqueles cujas Administrações tributárias não gozam da idoneidade necessária para dispor do expressivo poder de não aplicar preceitos legislativos gravosos aos contribuintes. Em tais situações, a solução de equidade deverá ser restrita ao âmbito judicial.

1.2. Princípios da legalidade e segurança jurídica

As exigências dos princípios da igualdade e da segurança jurídica nem sempre são harmônicas. Em certos casos, os postulados da isonomia tributária contrapõem-se à previsibilidade e à estabilidade das relações jurídicas garantidas pelo princípio da segurança jurídica,[171] o que se verifica, por exemplo, quando se pretende impor obrigações tributárias que vão além do estabelecido pela legislação. Nessas situações, a afetação do princípio da segurança jurídica consocia-se com a do princípio da legalidade, configurando um conflito complexo de princípios jurídico-constitucionais.

---

[167] BVerfGE 43, 1 [12]. A respeito, cabe aclarar que a desigualdade de tratamento foi estabelecida entre os contribuintes tributados limitadamente no âmbito do Imposto sobre o Patrimônio e aqueles tributados de forma ampla, fundando outra disparidade, no contexto do Imposto de Renda. Tais disparidades eram relativamente equivalentes em determinadas circunstâncias, mas significativamente diversas em outras e, portanto, tornava-se possível ocorrer desigualdades. Sobre a questão da cláusula de equidade, vide BVerfGE 16, 147 [177]; 21, 54 [71]; 31, 8 [26], 32, 78 [86] e 38, 61 [95], citados no precedente.
[168] BVerfGE 21, 54 [71].
[169] Cfr. MEYDING, "Vereinfachender Gesetzesvollzug durch die Verwaltung", p. 227, o qual nota que a ampliação das possibilidades de recorrer a soluções de equidade permite uma maior distância legislativa do caso particular.
[170] Vide HUSTER, *Rechte und Ziele. Zur Dogmatik des allgemeinen Gleichheitssatzes*, p. 289-290.
[171] Cfr. PAULICK, *Lehrbuch des allgemeinen Steuerrechts*, p. 9-10.

Na realidade, o princípio da isonomia entra em choque com o da legalidade sempre que se mostre favorável à aplicação das normas legislativas a fatos não compreendidos por elas ou à sua não aplicação a fatos por elas abrangidos. Na primeira hipótese, alude-se à dimensão positiva da igualdade, que exige a aplicação analógica da consequência jurídica; na segunda, à sua dimensão negativa, que demanda a redução teleológica da norma.

1.2.1. Analogia jurídica

Já se expôs que o princípio da isonomia pesa a favor da inferência analógica para a criação de tributos e obrigações tributárias substantivas.[172] Agora, devemos considerar a existência de princípios contrapostos a tal inferência, ou seja, os princípios da legalidade e da segurança jurídica.

O princípio da legalidade exige que se respeite o sentido literal possível dos preceitos jurídicos, pois o que vai além dos seus limites não integra o objeto da decisão legislativa.[173] Requer, por conseguinte, que se considerem os elementos da hipótese de incidência como condições *necessárias* e *suficientes* para aplicar a consequência jurídico-tributária e, portanto, que ela não seja imposta a situações não previstas pela lei, ainda que sejam juridicamente iguais à situação regulada pela hipótese normativa.[174] Dito em outros termos, o princípio da legalidade proíbe que se utilize a analogia para criar tributos ou obrigações jurídico-tributárias.[175]

Já o princípio da segurança jurídica, que também confere supedâneo a essa proibição, garante os cidadãos perante incertezas acerca da regulação jurídica aplicável e às consequências jurídicas dos seus atos. Demanda, em essência, a promoção da clareza normativa[176] e, assim como o princípio da legalidade, a limitação da sujeição dos contribuintes a obrigações tributárias cognoscíveis a partir do sentido literal possível dos termos e expressões utilizados pelo legislador, tutelando-os contra a imposição de tributos e obrigações não previstos em lei e, portanto, contra o procedimento analógico. De fato, a segurança jurídica, já gravemente ofendida pela complexidade e extrema mutabilidade da legislação tributária, seria violentada se os contribuintes estivessem sujeitos a valorações administrativas e judiciais destinadas a criar normas analógicas, o que levaria a um estado de extrema incerteza acerca do conteúdo das suas obrigações jurídico-tributárias.[177] Por isso, as exigências tri-

---

[172] Vide p. 222 ss.

[173] FRIAUF, "Möglichkeiten und Grenzen der Rechtsfortbildung im Steuerrecht", p. 61.

[174] Nesse sentido, Friauf ressalta que a observância "da normatividade da *lex scripta* representa um mandado essencial do Estado Democrático de Direito" ("Möglichkeiten und Grenzen der Rechtsfortbildung im Steuerrecht", p. 61).

[175] Vide FALCÃO, *Fato gerador da obrigação tributária*, p. 21.

[176] Como expressa o Tribunal Constitucional espanhol: "La seguridad jurídica ha de entenderse como la certeza sobre el ordenamiento jurídico aplicable y los intereses jurídicamente tutelados, procurando 'la claridad y no la confusión normativa' (STC 46/1990, de 15 de marzo, FJ 4), y como 'la expectativa razonablemente fundada del ciudadano en cuál ha de ser la actuación del poder en la aplicación del Derecho' (STC 36/1991, de 14 de febrero, FJ 5)" (STC 96/2002, de 25 de abril, FJ 5).

[177] Baseados nessas ponderações, discordamos da posição de Nabais, para quem seria uma ficção a ideia de que os contribuintes conhecem e compreendem as leis tributárias, pois se limitariam a confiar nos técnicos ou consultores tributários, que acompanhariam as diretrizes da Administração, as obras doutrinárias e a jurisprudência (*O dever fundamental de pagar impostos,* p. 388-389). Nem todos os contribuintes ignoram o conteúdo das leis tributárias, sobretudo o das leis mais relevantes. Ademais,

butárias advindas da inferência analógica são nitidamente opostas ao princípio da segurança jurídica.[178]

Em suma, enquanto o princípio da isonomia exige a aplicação analógica dos tributos, os da reserva de lei e da segurança jurídica vedam-na. Resta nítida a existência de um conflito, a ser solvido mediante a ponderação dos princípios colidentes,[179] haja vista inexistir uma relação de preponderância abstrata entre eles.

Reputamos que nesse conflito específico a prevalência é dos princípios da segurança jurídica e da legalidade, notadamente pela importância ímpar que a garantia da reserva de lei historicamente ostenta no Direito Tributário, a ponto de poder ser reconhecida como o pilar estruturante de todo esse ramo jurídico.

É justamente a preponderância dos princípios da legalidade e segurança jurídica sobre o da igualdade que confere fundamento jurídico-constitucional às interdições legais de analogia, que existem tanto na *Ley General Tributaria* espanhola de 2003 (art. 14)[180] quanto no nosso Código Tributário Nacional (art. 108, § 1º).[181] Tais interdições impossibilitam o preenchimento das lacunas abertas, convertendo-as em "lacunas insanáveis" (*unausfüllbaren Lücken*).[182]

Na realidade, essas interdições carecerão de relevância jurídica autônoma sempre que se reconheça a preponderância supramencionada, porquanto nesse caso a proibição derivará diretamente da Constituição. Somente possuirão um significado jurídico efetivo se tal prevalência não for reconhecida, mas sim a inexistência de uma resposta definitiva no âmbito do balanceamento e, por conseguinte, a existência de espaços de conformação para o legislador vedar ou autorizar a analogia jurídica. Por outro lado, se se conclui que a preponderância é do princípio da igualdade, as interdições legais de analogia revelar-se-ão inconstitucionais.

1.2.2. Princípio da juridicidade

O princípio da juridicidade exige tanto a constitucionalidade da legislação quanto a legalidade dos atos de aplicação legislativa.[183] Abarca, portanto, os princípios da preeminência constitucional e legislativa.

As inter-relações entre esse princípio e o da isonomia suscitam dois questionamentos fundamentais: o princípio da isonomia demanda ou pode demandar a

---

nem todos os contribuintes podem contratar técnicos e consultores tributários. Outros somente podem arcar com os serviços de contadores, que por vezes não têm formação jurídica e ignoram a jurisprudência dos tribunais e as manifestações doutrinárias.

[178] Cfr. GARCÍA NOVOA, *El principio de seguridad jurídica en materia tributaria*, p. 262-269. Vide também CANARIS, *Die Feststellung von Lücken im Gesetz*, p. 183-184, que sustenta ser o princípio da segurança jurídica o único fundamento possível das interdições de analogia.

[179] Sobre a necessidade de se proceder à ponderação para decidir entre a adoção da analogia ou do argumento *a contrario*, vide PECZENIK, *On law and reason*, p. 397.

[180] "Prohibición de la analogía – No se admitirá la analogía para extender más allá de sus términos estrictos el ámbito del hecho imponible, de las exenciones y demás beneficios o incentivos fiscales" (art. 14). Na redação original da LGT 1963, também se proibia a analogia, contanto que não se tratasse de fraude à lei (art. 24.1 e 2).

[181] Esta é a redação do CTN: "§ 1º O emprego da analogia não poderá resultar na exigência de tributo não previsto em lei".

[182] Vide CANARIS, *Die Feststellung von Lücken im Gesetz*, p. 177.

[183] Vide SACHS, "Der Gleichheitssatz als eigenständiges subjektives Grundrecht", p. 321-322.

igualdade em situações de antijuridicidade? E, caso se reconheça tal exigência, ele poderia prevalecer perante os princípios da constitucionalidade e da legalidade?

1.2.2.1. Conflitos entre os princípios da juridicidade e da igualdade

Para que se dê uma resposta adequada à primeira indagação, urge distinguir os conflitos relativos às exigências de preeminência da Constituição e das leis, porque o princípio da isonomia tem *status* constitucional e, portanto, integra o "bloco" dos preceitos cuja observância é imposta pelo princípio da preeminência da Constituição. Destarte, caso se configure uma prática estatal contrária a determinados preceitos constitucionais e o princípio da igualdade pese a favor da extensão de tal prática, não se poderá afirmar *a priori* que eventual equiparação destinada a promover o princípio da isonomia viole a primazia constitucional. O que há em tal situação é um conflito entre o princípio da isonomia e o preceito constitucional inobservado, e não entre aquele e o da juridicidade (ou mais precisamente, da preeminência constitucional).[184] Somente se configuraria um conflito entre o princípio da isonomia e este postulado quando resultasse do sistema constitucional solução contrária à igualdade – e tal conflito deveria ser resolvido invariavelmente mediante a restauração anti-isonômica da primazia da Constituição.

No que concerne à tensão entre os princípios da igualdade e da preeminência legislativa, a concepção doutrinária e jurisprudencial dominante é sintetizada pela célebre expressão de Dürig: "Não há igualdade na antijuridicidade" (*keine Gleichheit im Unrecht*).[185] Segundo essa concepção, jamais haveria conflitos entre os princípios mencionados, eis que a igualdade não demandaria invariavelmente a adoção de tratamentos iguais, senão tão só de um "tratamento igual segundo a Constituição e a lei" (*Gleichbehandlung nach Verfassung und Gesetz*).[186] E a isonomia não exigiria tratos iguais contrários à Constituição ou à lei porque a antijuridicidade "não é um *tertium comparationis* da comparação e valoração".[187] Destarte, ainda que os casos sejam iguais, seria inviável considerar as situações de ilegalidade nos juízos de isonomia: a igualdade jurídica não seria afetada pela atuação estatal que só aplica a lei a diminuta parcela dos fatos por ela abarcados.

Não vislumbramos como perfilhar essa tese, haja vista contrastar com a evidente desigualdade que está presente na aplicação ilegal e díspar da lei[188] e se fundar

---

[184] Vide SACHS, "Der Gleichheitssatz als eigenständiges subjektives Grundrecht", p. 322.
[185] MAUNZ; DÜRIG, *Grundgesetz Kommentar*, art. 3, mrgs. 179-182, p. 89-90. O *Bundesverfassungsgericht* aplica expressamente esta fórmula (BVerfGE 50, 142, 166), assim como o Tribunal Constitucional espanhol ("la Constitución no garantiza la igualdad en la ilegalidad", STC 62/1987, de 20 de maio, FJ 5).
[186] KIRCHHOF, "Gleichheit in der Funktionenordnung", p. 1004, para quem o princípio da igualdade não confere pretensão a uma atuação estatal defeituosa (*fehlerhaft*), à repetição de equívocos (*Fehlerwiederholung*) (ob. cit., p. 1003). Nesse sentido, cfr. também IPSEN, "Gleichheit", p. 148; ARNDT, "Gleichheit im Steuerrecht", p. 787; idem, *Grundzüge des Allgemeinen Steuerrechts*, p. 69; BIRK; BARTH, "§ 4 AO", mrg. 425, p. 192; OSTERLOH, "Art. 3. Gleichheit vor dem Gesetz", p. 221; JACHMANN, "Zur Anwendung typisierender Verwaltungsvorschriften im Steuerrecht", p. 349-353. A igualdade aplicativa somente poderia ser tutelada em detrimento do preconizado pela lei em hipóteses extremamente excepcionais e, ainda assim, sob a perspectiva da proteção da confiança (KIRCHHOF, "Gleichheit in der Funktionenordnung", p. 1008; OSTERLOH, "Art. 3. Gleichheit vor dem Gesetz", p. 221-222).
[187] DÜRIG, *Grundgesetz Kommentar*, art. 3, mrg. 179, p. 89.
[188] Nesse sentido, Götz aponta que a tese criticada conduz à absoluta negação de relevância à violação da igualdade na aplicação jurídica ("Der allgemeine Gleichheitssatz und die Rechtsanwendung im Verwaltungsrecht", p. 1479).

na incorreta premissa de que a exigência de igualdade na aplicação legislativa se identifica com o princípio da preeminência legislativa,[189] a qual olvida não só a essência da ideia de igualdade, mas também a concepção que qualquer cidadão possui acerca do que seja um tratamento igual. Por isso, a tese analisada gera um fundado sentimento de insatisfação quando vem a ser aplicada.[190]

Concebemos que o princípio em foco sempre demanda soluções isonômicas, até mesmo contra a lei. Inclina-se pela resolução paritária da situação de desigualdade jurídica, ainda que esta tenha se originado de violação à lei.

A existência de conflitos entre os princípios da preeminência legislativa e da igualdade mostra-se, pois, perfeitamente possível.[191]

1.2.2.2. A afirmação da igualdade em detrimento de preceitos constitucionais específicos

Quando uma norma, decisão ou práxis se contrapõe à igualdade jurídica e a outros preceitos constitucionais, a tutela da igualdade em detrimento dos preceitos inobservados não caracterizará forçosamente contrariedade à Constituição. Como referimos, só após se extrair do sistema constitucional uma solução específica será possível identificar uma situação de inconstitucionalidade ou antijuridicidade.

A tese contrária, que nega tutela à igualdade sempre que ela se contraponha aos mandados de outro dispositivo constitucional, confere invariável supremacia normativa aos demais preceitos perante o da igualdade, convertendo-o num princípio constitucional axiológica e juridicamente inferior, isto é, num princípio de "segunda classe".[192] O absurdo do resultado basta para evidenciar a incorreção da tese.

Portanto, sempre que inexista determinação constitucional expressa, será necessário harmonizar os princípios contrapostos mediante a ponderação,[193] que poderá perfeitamente levar à preponderância do princípio da isonomia.

1.2.2.3. A igualdade na ilegalidade

Num Estado de Direito, a solução dos conflitos entre o princípio da isonomia e o da preeminência legislativa há de possibilitar, em regra, a correção da práxis apli-

---

[189] Acerca dessa tese, vide p. 213 ss.
[190] OSSENBÜHL, "Administrative Selbstbindung durch gesetzwidrige Verwaltungsübung?", p. 264.
[191] Vide GÖTZ, "Das Grundrecht auf Rechtsanwendungsgleichheit und der verwaltungsgerichtliche Rechtsschutz", p. 95; idem, "Der allgemeine Gleichheitssatz und die Rechtsanwendung im Verwaltungsrecht", p. 1479; KIRCHHOF, "Gleichheit in der Funktionenordnung", p. 1008; WERNSMANN, *Das gleichheitswidrige Steuergesetz – Rechtsfolgen und Rechtsschutz*, p. 296; ECKHOFF, *Rechtsanwendungsgleichheit im Steuerrecht*, p. 553.
[192] Vide WERNSMANN, *Das gleichheitswidrige Steuergesetz – Rechtsfolgen und Rechtsschutz*, p. 288. O BVerfG já aplicou a tese da impossibilidade de se garantir a igualdade na antijuridicidade em matéria legislativa, ao considerar justamente uma situação de omissão parcial do legislador frente à Lei Fundamental (BVerfGE 50, 142, 166). O precedente tratava de norma penal que não tipificava todas as condutas supostamente iguais. Nessa situação, é manifesta a impropriedade da utilização da fórmula "keine Gleichheit im Unrecht", pois a "injuridicidade" decorreria da própria violação do princípio da igualdade pela omissão legislativa.
[193] Vide BLECKMANN, *Die Struktur des allgemeinen Gleichheitssatzes*, p. 106.

cativa ilegal, de modo a se realizar a igualdade através da mudança da práxis, com a aplicação isonômica e legal da lei.[194]

Deveras, é inviável atribuir ao princípio da igualdade inexorável prevalência perante o da legalidade, como se ele sempre impusesse a tutela a pretensões à "atuação estatal defeituosa" e à "repetição de equívocos".[195] A equiparação que impedisse a correção da práxis ilegal seria, em geral, evidentemente inconstitucional, sobretudo por outorgar aos aplicadores do Direito o ilegítimo poder de se liberar das amarras da lei mediante um simples ato contrário aos seus termos, pois desde esse momento eles deixariam de se submeter aos ditames legais e passariam a se vincular à sua aplicação ilegal, levando à revogação ou derrogação do preceito violado.[196]

No entanto, se a alteração da práxis aplicativa não se mostrar viável ou provável, a tutela da igualdade na ilegalidade far-se-á necessária, notadamente porque em tal situação não será a igualdade que estará a obstar o respeito ao princípio da preeminência legislativa.

Destarte, o princípio da isonomia efetivamente fundamenta pretensões à igualdade contra a lei quando se configura uma práxis contrária aos ditames legais cuja superação não seja previsível. Haverá um direito à igualdade na ilegalidade quando: a) a aplicação legislativa ilegal tenha assumido a dimensão de uma práxis estável e relevante à luz do princípio da isonomia; e b) a Administração ou o Poder Judiciário se neguem a modificar a prática e não se possa superar a sua resistência.[197]

Por outro lado, ainda que se solucionem as indagações suscitadas pela correção da práxis ilegal, remanescerá a questão da igualdade no período que lhe antecedeu, cuja solução dependerá essencialmente da ponderação entre as exigências contrapostas.[198] Se realmente havia uma práxis ilegal, estável e juridicamente relevante sob a perspectiva da igualdade, os contribuintes terão um direito *prima facie* à paridade de trato, o qual imporá o tratamento isonômico sempre que a intensidade da sua afetação supere a relevância que o respeito ao princípio da preeminência legislativa ostenta na situação concreta.[199]

---

[194] KIRCHHOF, "Gleichheit in der Funktionenordnung", p. 1009.
[195] Vide KIRCHHOF, "Rechtsstaatliche Anforderungen an den Rechtsschutz in Steuersachen", p. 30.
[196] Na Alemanha, afirma-se corretamente que a tutela ampla da igualdade na antijuridicidade conduziria à quebra do mandado expresso do art. 20. 3 da GG, ou seja, da sujeição da legislação à ordem constitucional e dos Poderes Executivo e Judiciário "à lei e ao Direito" (WERNSMANN, *Das gleichheitswidrige Steuergesetz – Rechtsfolgen und Rechtsschutz*, p. 25; KIRCHHOF, "Rechtsstaatliche Anforderungen an den Rechtsschutz in Steuersachen", p. 30).
[197] KIRCHHOF, "Gleichheit in der Funktionenordnung", p. 1009; idem, "Rechtsstaatliche Anforderungen an den Rechtsschutz in Steuersachen", p. 32. Ao tratar especificamente do Direito Tributário, Kirchhof acrescenta outra condição: a reduzida repercussão orçamentária ("Gleichheit in der Funktionenordnung", p. 1010). Essa concepção é altamente criticável, pois inviabiliza a correção justamente das desigualdades tributárias mais relevantes, pelo mero fato de afetarem os cofres públicos (BIRK; BARTH, "§ 4 AO", mrg. 425, p. 193).
[198] Vide KIRCHHOF, "Rechtsstaatliche Anforderungen an den Rechtsschutz in Steuersachen", p. 32; WERNSMANN, *Das gleichheitswidrige Steuergesetz – Rechtsfolgen und Rechtsschutz*, p. 297.
[199] Nessa senda, o *Bundesgericht* suíço já reconheceu o direito ao igual tratamento jurídico-tributário contrário à lei, numa situação em que a prática ilegal não ocorria em poucos casos, mas em muitos, o que configurava uma práxis geral contrária à lei. Em outros precedentes também efetuou ponderações entre os princípios da igualdade e preeminência legislativa (vide KIRCHHOF, "Rechtsstaatliche Anforderungen an den Rechtsschutz in Steuersachen", p. 31). Já o Tribunal Constitucional espanhol não perfilha essa concepção, orientando-se claramente pela tese expressa por Dürig ("*keine Gleichheit im*

Por conseguinte, em geral se deverá resolver o conflito *in concreto*, levando-se em conta a perspectiva de mudança da práxis aplicativa (com respeito às situações futuras), a intensidade da desigualdade e a importância conferida ao respeito incondicional aos ditames legislativos.

Em certos casos, contudo, será possível solucionar o conflito *in abstracto*. Exemplo de conciliação abstrata entre as exigências dos princípios da igualdade e preeminência legislativa é fornecido por uma importantíssima decisão do BVerfG, na qual a Corte reconheceu que as deficiências aplicativas graves, estruturais e previsíveis implicam a inconstitucionalidade da lei material.[200] Com isso, não só se possibilitou que ambos princípios fossem respeitados, mas também se realizou a igualdade jurídica de modo muito mais amplo que a mera tutela individual de direitos subjetivos à igualdade na ilegalidade, haja vista que a decisão produziu *erga omnes*.[201]

Por fim, vale esclarecer que essas considerações são pertinentes às situações em que há um grave déficit na aplicação legislativa, e não àquelas em que se configura tão somente uma deficiência aplicativa, sem maior extensão. As deficiências aplicativas são inerentes ao Direito, não tendo o condão de conduzir ao reconhecimento de direitos à igualdade na ilegalidade, ou seja, à omissão aplicativa ou à aplicação legislativa contrária aos ditames da lei. Por tal razão, na generalidade dos casos será inviável estender benefícios tributários concedidos ilegalmente a um só

Unrecht"), como se denota destas decisões: "La equiparación en la igualdad, que por propia definición puede solicitar el ciudadano que se sienta discriminado, ha de ser dentro de la legalidad, y sólo ante situaciones idénticas que sean conforme al ordenamiento jurídico, pero nunca fuera de la legalidad, con extensión indebida a la protección de situaciones ilegales" (STC 37/1982, de 16 de junho, FJ 3); "El principio de igualdad ante la ley no puede transformarse en una exigencia de trato igual a todos fuera de la legalidad, pues el incumplimiento de ésta en algunos casos puede ciertamente llevar a pronunciamientos de carácter anulatorio o sancionatorio, pero no puede amparar el incumplimiento de todos ni su cobertura bajo un supuesto principio de igualdad fuera de la ley" (STC 43/1982, de 6 de julho, FJ 2).

[200] Conforme afirmou o Tribunal alemão, "a lei tributária material deve estar inserida num contexto normativo que assegure, em princípio, a igualdade do encargo também com respeito às suas consequências fáticas" e, portanto, quando a regulação da arrecadação se contrapõe estruturalmente à hipótese de incidência a ponto de em geral a pretensão impositiva não poder se aplicar, "a desigualdade produzida de tal forma também conduz à inconstitucionalidade da norma tributária material" (BVerfGE 84, 239). Vale notar que o *Finanzgericht* de Baden-Württemberg havia rechaçado a pretensão do autor da demanda com base no princípio da preeminência legislativa (BVerfGE 82, 239, 254-255) e mais especificamente na fórmula "*keine Gleichheit im Unrecht*" (vide KIRCHHOF, "Rechtsstaatliche Anforderungen an den Rechtsschutz in Steuersachen", p. 30; WERNSMANN, *Das gleichheitswidrige Steuergesetz – Rechtsfolgen und Rechtsschutz*, p. 292). Já o Tribunal de Karlsruhe considerou que a situação não dizia respeito propriamente à igualdade na antijuridicidade, senão na própria juridicidade, versando, mais precisamente, acerca das hipóteses em que é possível se configurar uma violação da igualdade tributária à luz do "fundamento jurídico-material para a arrecadação tributária" (BVerfGE 84, 239, 284).

[201] Há, no entanto, uma peculiaridade relevante na situação concreta: o BVerfG concedeu ao legislador um prazo para estabelecer regulação isonômica, sem tutelar o direito subjetivo do contribuinte (BVerfGE 84, 239, 285). Dessa forma, manteve a situação de desigualdade específica e promoveu a isonomia para todas as situações futuras (isto é, posteriores ao prazo fixado), o que foi possível mediante a opção por uma solução abstrata, que permitiu ao Tribunal alemão a flexível "eleição da consequência jurídica" da ilegitimidade constitucional. Vide WERNSMANN, *Das gleichheitswidrige Steuergesetz – Rechtsfolgen und Rechtsschutz*, p. 295.

contribuinte,[202] deixar de lançar e cobrar tributos instituídos legitimamente pela simples (e corriqueira) existência de fraude à legislação tributária, etc.

1.3. Autonomia dos entes estatais

1.3.1. Tensão com a igualdade tributária

O princípio em análise demanda que todos os contribuintes sejam tributados igualmente, à luz de um critério de comparação específico. Essa exigência vai de encontro às disparidades de trato advindas do exercício, pelos entes estatais, do poder que lhes foi outorgado constitucionalmente para estabelecer e conformar tributos nos seus âmbitos territoriais.

Tal tensão é especialmente clara nas federações, onde exsurge a problemática do "federalismo fiscal", que pressupõe a outorga constitucional de poder aos entes políticos para instituir, conformar e graduar os tributos de sua competência, e viabiliza a produção de desigualdades entre contribuintes submetidos a entes federativos distintos.[203]

Mas a problemática não se limita às federações. Está presente até mesmo em Estado unitários, sempre que haja descentralização do poder de conformação dos tributos, com o reconhecimento de autonomia tributária aos entes territoriais, tal qual ocorre na Itália e na Espanha.[204]

Portanto, quando há separação territorial do poder impositivo, põe-se a questão atinente ao âmbito espacial a ser considerado para aplicar o princípio da isonomia tributária. Tal princípio impõe que se tratem igualmente todos os contribuintes de determinado país? Permite diferenciações baseadas exclusivamente no fato de os contribuintes se sujeitarem ao poder tributário de entes estatais distintos?

Pois bem, não pairam dúvidas acerca da possibilidade de haver cargas diferenciadas entre contribuintes submetidos ao poder impositivo de países distintos. O princípio constitucional da isonomia não exige um mesmo trato para todas as pessoas, mas tão somente para as compreendidas pelo poder impositivo estatal.[205] Contudo, essa obviedade não pode servir de fundamento para se asseverar que, por tal razão, o princípio em foco não demanda que se tratem igualmente os contribuintes sujeitos à tributação por entes federativos distintos, como fazem Tipke e Lang,[206] com apoio na jurisprudência do BVerfG.

Mais apropriado é o argumento de que os legisladores dos Estados, do Distrito Federal e dos Municípios somente estão obrigados a salvaguardar a igualdade dentro da área territorial em que exercem o seu poder,[207] já que a legitimidade das suas re-

---

[202] ARNDT, *Grundzüge des Allgemeinen Steuerrechts*, p. 69-70; TIPKE; LANG, *Steuerrecht. Ein systematischer Grundriβ*, 18ª ed., p. 79.
[203] Cfr. TIPKE; LANG, *Steuerrecht. Ein systematischer Grundriβ*, 18ª ed., p. 82.
[204] Vide MAFFEZZONI, *Il principio di capacità contributiva nel diritto finanziario*, p. 244 ss.
[205] Aplicando tal consideração ao âmbito da Comunidade Europeia, vide BIRK; BARTH, "§ 4 AO", mrg. 428, p. 194.
[206] TIPKE, *Die Steuerrechtsordnung*, 2ª ed., v. 1, p. 363; TIPKE; LANG, *Steuerrecht. Ein systematischer Grundriβ*, 18ª ed., p. 82.
[207] NEUMARK, *Principios de la imposición*, p. 135-136.

gulações não pode depender das soluções jurídicas adotadas pelos demais entes[208] e, em princípio, somente é viável determinar tratos iguais no âmbito em que se estabelece uma regulação.[209] Além de ser absurda, a exigência de uniformidade absoluta na tributação instituída pelos entes federativos parciais congelaria as suas legislações e, por consequência, violaria flagrantemente a sua autonomia impositiva. Por isso, afirma-se que a igualdade tributária termina nas fronteiras dos entes tributantes[210] ou, sob outro viés, que a desigualdade no âmbito da tributação regional foi aceita conscientemente pela Constituição.[211]

No entanto, a correta constatação de a autonomia dos entes parciais fundamentar desigualdades tributárias não conduz necessariamente à conclusão de que são legítimas todas as desigualdades nas cargas tributárias por eles instituídas e tampouco à de que o princípio da isonomia não se inclina a favor de tratos iguais entre contribuintes submetidos ao poder impositivo de entes federativos distintos.

Embora se deva reconhecer que a possibilidade de diferenciação das cargas tributárias constitui consequência necessária da autonomia impositiva,[212] também se há de reconhecer que o princípio constitucional da isonomia tributária não se limita a impor tratos iguais dentro de âmbitos específicos do território nacional: inclina-se a favor do tratamento isonômico de todos os contribuintes submetidos à Constituição Federal.[213] Contrapõe-se, portanto, ao princípio da autonomia dos entes federativos parciais.[214]

---

[208] BVerfGE 10, 354 [371]. Ao analisar a constitucionalidade das disparidades de trato no âmbito do Imposto sobre as Remunerações (*Lohnsummensteuer*), o Tribunal de Karlsruhe reiterou que a pretensão à igualdade se dirige exclusivamente contra o titular da competência exercida e, por tal razão, os Municípios só estão obrigados a garantir a igualdade dentro do seu âmbito territorial (BVerfGE 21, 54, 69). Vide BVerfGE 33, 303 [352]. Klein também adota essa posição (*Gleichheitssatz und Steuerrecht*, p. 192 ss.).

[209] SACHS, "Der Gleichheitssatz als eigenständiges subjektives Grundrecht", p. 317; BIRK; BARTH, "§ 4 AO", mrg. 427, p. 193.

[210] TIPKE, *Die Steuerrechtsordnung*, 2ª ed., v. 1, p. 363; TIPKE; LANG, *Steuerrecht. Ein systematischer Grundriß*, 18ª ed., p. 82. Na dogmática do princípio geral da igualdade também predomina essa concepção. Heun é categórico ao asseverar que o princípio da igualdade vige somente no âmbito da ordem federativa de competências estatais ("Artikel 3. Gleichheit", p. 253). E Podlech chega a formular a regra de que sempre estão justificadas as disparidades de trato estabelecidas por entes diversos no âmbito das suas competências e com respeito a sujeitos distintos (*Gehalt und Funktion des allgemeinen verfassungsrechtlichen Gleichheitssatzes*, p. 130). Vide também SCHOCH, "Der Gleichheitssatz", p. 870.

[211] BIRK; BARTH, "§ 4 AO", mrg. 426, p. 193.

[212] Para Maffezzoni, o poder normativo-tributário autônomo dos entes federativos compreende necessariamente o poder de diferenciar as cargas tributárias no âmbito do território nacional, mesmo entre contribuintes que exteriorizem idêntica capacidade contributiva (*Il principio di capacità contributiva nel diritto finanziario*, p. 245).

[213] O problema é, em essência, o mesmo da exigência de igualdade interpretativa entre órgão judiciais distintos. Vide HEUN, "Artikel 3. Gleichheit", p. 253). Sobre a questão, vide p. 284 ss.

[214] Maffezzoni nega o conflito com base na teoria, amplamente rechaçada na atualidade, de que a igualdade deveria ser concretizada à luz da capacidade contributiva entendida como manifestação do gozo de serviços públicos. Afirma, pois, que fatos com idêntico conteúdo econômico podem constituir manifestações diversas do gozo de serviços públicos, o que viabiliza gravá-los de modo díspar (*Il principio di capacità contributiva nel diritto finanziario*, p. 246).

1.3.2. Controle das desigualdades

É indubitável que o princípio da autonomia tributária costuma preponderar sobre o da isonomia, haja vista que as disparidades impositivas lhe são inerentes, por corriqueiramente advirem do regular exercício do poder impositivo pelos entes federativos parciais. A exigência de igualdade absoluta no território nacional aniquilaria a sua autonomia tributária.

Sem embargo, não vemos como perfilhar a concepção de Dürig, de que as desigualdades regionais representam, além de uma "consequência conceitual" da estruturação federal, o próprio "flanco aberto" da igualdade.[215] A despeito de não impor uma paridade absoluta, o princípio da isonomia estabelece certos limites às desigualdades federativas,[216] porquanto demanda a "similitude" essencial da carga tributária no território nacional[217] ou, nas palavras do Tribunal Constitucional espanhol, "la unidad del sistema tributario en todo el territorio nacional como indeclinable exigencia de la igualdad de los españoles".[218] Há, ademais, hipóteses extremas, em que as desigualdades serão tão intensas que não poderão ser legitimadas pelo princípio da autonomia tributária.[219] Isso evidencia que o conflito entre os princípios mencionados deverá ser solucionado fundamentalmente mediante o controle de proporcionalidade, sempre que inexistam predeterminações constitucionais.

Em tal controle, os primeiros exames do mandado de proporcionalidade são superados facilmente, sobretudo quando se trata de tributos com caráter fiscal. O agravamento ou a redução da arrecadação constituem, em geral, medidas adequadas e necessárias para o ajuste das finanças públicas dos entes federativos parciais, razão pela qual não podem ser obstaculizados pelo princípio da isonomia tributária. Porém, desigualdades extremas na tributação não superam o teste da proporcionalidade *stricto sensu* e, por tal razão, revelam-se inconstitucionais.

1.3.3. Jurisprudência constitucional

Na Espanha, a Constituição de 1978 garante a igualdade de direitos a todos os espanhóis "en cualquier parte del territorio del Estado" (art. 139.1), mas também consagra os princípios da autonomia financeira das comunidades autônomas (art. 156.1) e da suficiência financeira dos entes locais (art. 142). Em razão de a autonomia financeira comportar duas dimensões (atinentes aos gastos e aos ingressos públicos, sendo esta abrangente da capacidade de estabelecer e exigir os seus próprios tributos)[220] e de a suficiência financeira costumar levar ao estabelecimento de cargas tributárias diferenciadas, reconhece-se a possibilidade de ocorrerem conflitos entre esses princípios e o da igualdade tributária. Para a solução de tais conflitos a

---

[215] MAUNZ; DÜRIG, *Grundgesetz Kommentar*, art. 3, mrg. 233, p. 110.

[216] Vide KLOEPFER, "Gleichheit als Verfassungsproblem", p. 39.

[217] Nesse sentido, Hensel já advertia que em todas as federações há uma renúncia consciente à igualdade absoluta, conjugada com a aspiração a uma "similitude" da imposição ("Verfassungsrechtliche Bindungen des Steuergesetzgebers. Besteuerung nach der Leistungsfähigkeit – Gleichheit vor dem Gesetz", p. 455).

[218] STC 19/1987, de 17 de fevereiro, FJ 4.

[219] Vide CAZORLA PRIETO, *Derecho Financiero y Tributario (parte general)*, p. 118.

[220] Vide STC 168/2004, de 2 de outubro, FJ 4.

Constituição espanhola não estabelece definição alguma, remetendo-a à apreciação judicial.

Em 1986, o Tribunal Constitucional analisou a alegação de violação ao princípio da igualdade pela criação de adicional a cargo das sociedades exploradoras de cassinos radicadas em Murcia. Após referir as disposições há pouco citadas, indicou a possibilidade de que, "salvaguardada la identidad básica de derechos y deberes de los españoles", sejam distintas "as cargas fiscais que devem suportar". Reconheceu, portanto, que "la radicación en una Comunidad Autónoma puede ser, obviamente, una circunstancia que justifique un tratamiento fiscal distinto al que se obtendría en otra Comunidad Autónoma"[221] e com base nesse fundamento improveu o recurso.

Em outro relevante precedente, o Tribunal reconheceu a inerência das desigualdades ao princípio da autonomia, destacando a necessidade de aceitá-las para que o princípio possa ser realizado. No entanto, ressaltou novamente que o princípio da isonomia exige uma "igualdad de posiciones jurídicas fundamentales" entre todos os espanhóis, indo de encontro à tese que chancela toda e qualquer disparidade impositiva derivada do exercício das competências dos entes federativos parciais.[222]

Na STC 150/1990, o Tribunal Constitucional espanhol aplicou a diretriz hermenêutica segundo a qual nenhuma das limitações constitucionais ao poder tributário das comunidades autônomas pode ser interpretada de modo a inviabilizar o seu exercício e, com base nela, declarou a constitucionalidade do adicional do Imposto de Renda estabelecido pela Comunidade Autônoma de Madri.[223]

Em suma, o Tribunal Constitucional espanhol reconhece que deve haver uma "dosis inevitable de homogeneidad en el sistema tributario"[224] de modo a se respeitar a "igualdad de posiciones jurídicas fundamentales de los ciudadanos en el cumplimiento de los deberes que les impone el art. 31 de la Constitución".[225] Ressalta, contudo, que o princípio da igualdade não demanda uma paridade absoluta entre contribuintes sujeitos ao poder impositivo de entes federativos distintos e, portanto, não é violado pela mera tributação diferenciada de cidadãos espanhóis.[226]

---

[221] Auto 182/1986, de 26 de fevereiro, FJ 1.

[222] STC 37/1987, de 26 de março, FJ 10.

[223] STC 150/1990, de 4 de outubro.

[224] Após se referir à "igualdad que el artículo 31.1 reclama como principio inspirador de la obligación de contribuir al sostenimiento de los gastos públicos", o Tribunal Constitucional ressaltou que, "en el precepto legal citado, el régimen jurídico de ordenación de los tributos es considerado como un sistema, lo que reclama una dosis inevitable de homogeneidad. Consecuencia del art. 31.1 y también del art. 31.3 es la unidad del sistema tributario en todo el territorio nacional como indeclinable exigencia de la igualdad de los españoles" (STC 19/1987, de 17 de febrero, FJ 4).

[225] STC 150/1990, de 4 de outubro, FJ 7.

[226] STC 150/1990, de 4 de outubro, FJ 7. Nesse precedente se reiterou expressamente o entendimento exteriorizado na STC 37/1987, na qual o Tribunal declarara a legitimidade do adicional do Imposto de Renda instituído pela comunidade autônoma de Madri. Nas palavras do Tribunal, o princípio da igualdade, "según tuvimos ocasión de afirmar en la STC 37/1987, fundamento jurídico 10, no impone que todas las Comunidades Autónomas tengan que ejercer sus competencias 'de una manera o con un contenido y unos resultados idénticos o semejantes'. Menos aún exige que una comunidad autónoma se abstenga de ejercer sus competencias mientras las demás no utilicen las propias o mientras el Estado, en uso de las que le corresponden, no establezca unos límites al ejercicio de las competencias autonómicas que aseguren una sustancial igualdad de resultados al llevarse a efecto estas últimas. 'La autonomía – declarábamos en la citada ocasión – significa precisamente la capacidad de cada nacionalidad o región para decidir cuándo y cómo ejercer sus propias competencias, en el marco de la Constitución y

Também a jurisprudência da *Corte Costituzionale* se orienta no sentido de o princípio da isonomia não impor, em regra, tratos paritários nos territórios de regiões distintas. Giza que os tributos municipais, "pela sua natureza intrínseca, respondem a exigências coletivas típicas do município singular, não raro diversas das dos demais, exigências que determinam a instituição ou não do tributo, a valoração da capacidade contributiva, a alíquota e a forma de pagamento: dessa forma, tem de se observar, em geral, os princípios da igualdade e da justiça só no âmbito local".[227] Ademais, ao tratar da liberdade conferida a alguns entes municipais para tributar os incrementos de valor das áreas edificáveis, sublinhou que tal liberdade não viola o princípio da isonomia, haja vista que "é conforme ao princípio da autonomia dos entes locais, garantido constitucionalmente".[228]

A doutrina do BVerfG inclina-se igualmente na linha de que o legislador não está jungido a realizar a igualdade, salvo dentro da área territorial que deve conformar legislativamente.[229] Sem embargo, a Corte alemã relativiza essa tese em determinadas situações, nas quais efetivamente aplica o princípio da isonomia para restringir a autonomia normativa dos *Länder*. Como ressaltou, ainda que os legisladores dos Estados federados em princípio não estejam obrigados a buscar uma regulação nacionalmente uniforme, tal obrigação se impõe quando o objeto da regulação estatal se estende, por sua própria natureza, além dos limites do Estado e concerne a uma posição jurídica garantida igualmente para todos os cidadãos da federação.[230]

1.4. Evolução do Direito e independência judicial

1.4.1. A unidade da jurisprudência

Os problemas suscitados pela vinculação do Poder Judiciário à realização da igualdade perante a lei gravitam em torno a duas grandes questões: a unidade e a modificação da jurisprudência.[231] De fato, entre as mais relevantes justificativas das

---

del Estatuto. Y si, como es lógico, de dicho ejercicio derivan desigualdades en la posición jurídica de los ciudadanos residentes en cada una de las distintas Comunidades Autónomas, no por ello resultan necesariamente infringidos los arts. 1, 9.2, 14, 139 y 149.1.1ª de la Constitución (ni los arts. 31.1, 38 y 149.1.13ª, cabe añadir ahora), ya que estos preceptos no exigen un tratamiento jurídico uniforme de los derechos y deberes de los ciudadanos en todo tipo de materias y en todo el territorio del Estado, lo que sería frontalmente incompatible con la autonomía, sino, a lo sumo, y por lo que al ejercicio de los derechos y al cumplimiento de los deberes constitucionales se refiere, una igualdad de posiciones jurídicas fundamentales'" (STC 150/1990, de 4 de outubro, FJ 7).

[227] *Corte Costituzionale, Sentenza* 113/1970.
[228] *Corte Costituzionale, Sentenza* 44/1966.
[229] BVerfGE 10, 354 [371].
[230] BVerfGE 33, 303 [352]. Nessa decisão, o Tribunal declarou a incompatibilidade com a Constituição de uma regulação que privilegiava os estudantes originários da comunidade no acesso à universidade, pois a Lei Fundamental de Bonn garante, além da igualdade de todos os alemães (art. 3.1), a livre eleição do centro de formação (*Ausbildungsstätte*, art. 12.1). O *Bundesverfassungsgericht* reconheceu, portanto, a incompatibilidade do privilégio com "o princípio geral da igualdade, a ser aplicado de forma conjugada com o art. 12.1" (BVerfGE 33, 303, 355). Sobre a questão, vide KLOEPFER, "Gleichheit als Verfassungsproblem", p. 39. Adotando a exceção do BVerfG, cfr. BIRK; BARTH, "§ 4 AO", mrg. 427, p. 193-194, que corretamente advertem não ser rara no Direito Tributário a situação analisada pelo Tribunal de Karlsruhe.
[231] Vide MAUNZ; DÜRIG, *Grundgesetz Kommentar*, art. 3, mrgs. 402 ss., p. 185 ss.

divergências interpretativas figuram aspectos relacionados com a estrutura do Poder Judiciário, a independência judicial (que justificam certas quebras na unidade da jurisprudência) e a evolução do Direito (conducente à modificação jurisprudencial).

No que tange à estrutura do Poder Judiciário e à independência funcional dos Juízes, é consabido que os seus órgãos são distintos e independentes. Os Juízes estão "sometidos únicamente al imperio de la ley", conforme prevê expressamente a Constituição espanhola (art. 117.1). E em razão de a garantia da independência dos Magistrados implicar a admissão constitucional da "no homogeneidad" das decisões judiciais,[232] torna-se inviável exigir que um órgão se vincule às decisões dos demais órgãos do mesmo nível judicial, aplicando soluções correspondentes às suas. Tampouco é possível submeter os órgãos judiciais às decisões proferidas pelos órgãos superiores, sempre que não se lhes atribuam, de modo expresso ou implícito, caráter vinculante.

Não se trata de negar a existência de tratos desiguais, pois a desigualdade evidentemente subsiste a despeito da diversidade de órgãos,[233] mas de reconhecer que, com respeito aos órgãos individualmente considerados, o princípio da independência judicial prevalece invariavelmente perante a exigência de unidade da jurisprudência. Tal unidade deve se realizar no *âmbito institucional*, mediante a uniformização da jurisprudência pelos órgãos superiores e, num segundo momento, pela aplicação uniforme da interpretação por eles acolhida.[234] A unidade jurisprudencial subsiste como um "objetivo a alcançar", "a través de las vías procesales que el ordenamiento establece para unificar critérios" interpretativos.[235]

Essa concepção se sedimentou na jurisprudência do Tribunal Constitucional espanhol, que vê na identidade do órgão julgador um requisito para o conhecimento de supostas violações à igualdade perante a lei.[236] A questão, portanto, reconduz-se à possibilidade e às condições da evolução interpretativa.

1.4.2. Mudanças de interpretações judiciais

Em princípio, as mudanças interpretativas são plenamente justificadas pela possibilidade de o Juiz considerar vicissitudes sociais, buscar harmonizar o seu entendimento à jurisprudência dos tribunais superiores, reconsiderar a opção exegética originalmente acolhida após efetuar análise mais detida da questão, etc.

Ao adotar outra possibilidade exegética oferecida pelo texto jurídico, o Juiz produzirá uma mutação mediante a interpretação, que por si só é inteiramente le-

---

[232] Cfr. MAUNZ; DÜRIG, *Grundgesetz Kommentar*, art. 3, mrg. 410, p. 187.

[233] Cfr. OLLERO TASSARA, *Igualdad en la aplicación de la ley y precedente judicial*, p. 22; idem, "Igualdad ante la ley y uso alternante del derecho", p. 498.

[234] Essa é a clara doutrina do Tribunal Constitucional espanhol: "Distinto es el problema de la igualdad en la aplicación de la Ley cuando ésta no se refiere a un único órgano, sino a órganos plurales. Para tales casos, la institución que realiza el principio de igualdad y a través de la que se busca la uniformidad, es la jurisprudencia, encomendada a órganos jurisdiccionales de superior rango, porque el principio de igualdad en la aplicación de la Ley tiene necesariamente que cohonestarse con el principio de independencia de los órganos encargados de la aplicación de la Ley cuando éstos son órganos jurisdiccionales" (STC 49/1982, de 14 de julho, FJ 2).

[235] STC 78/1984, de 9 de julho, FJ 2.

[236] Vide, entre muitas outras, STC 59/2000, de 2 de março, FJ 2.

gítima.[237] Muda "el derecho permaneciendo la ley y nadie debe escandalizarse de ello".[238]

Não obstante, tem de haver razões para a mutação interpretativa, sob pena de se negar completamente a sujeição da exegese judicial ao princípio da igualdade. Para se adotar interpretação distinta da que se havia acolhido originalmente, é recomendável haver justificação específica e expressa com respeito à mudança exegética, o que realiza plenamente a exigência de fundamentação das decisões judiciais e promove a segurança jurídica,[239] evidenciando que a nova postura interpretativa efetivamente resulta de superação consciente, deliberada e razoável do pronunciamento anterior, e não do esquecimento ou da pura arbitrariedade.

A fundamentação mais sólida para uma mudança interpretativa consiste na exteriorização de que a exegese anterior estava equivocada ou era inadequada, pois nessa situação não está presente somente a possibilidade de mudança, senão uma *exigência* decorrente da vinculação do Juiz à lei. Por isso, há que se rechaçar, em princípio, uma "pretensão à repetição de equívocos"[240] e reconhecer que, "na competência para a interpretação legislativa necessariamente também está inclusa a competência para a autocorreção (*Kompetenz zur Selbstkorrektur*)".[241] Nesse sentido, o Tribunal Constitucional espanhol ressalta que:

> La posibilidad de modificar el criterio previamente adoptado constituye incluso exigencia ineludible de la propia función judicial cuando aquél se considera posteriormente erróneo, pues el Juez está sujeto a la Ley y no al precedente y está obligado por mandato constitucional a aplicar aquélla, es decir, el sentido de la misma que reconozca como ajustado en el momento de juzgar.[242]

É sólida, outrossim, a constatação de haver ocorrido modificação juridicamente significativa no contexto social, que recomende – ou até mesmo imponha – a superação da interpretação original.

Outras razões também poderão fundamentar a mutação interpretativa, contanto que não sejam irrazoáveis, irrefletidas ou discriminatórias.

A doutrina do Tribunal Constitucional espanhol reconhece claramente as relativizações que a evolução do Direito impõe à igualdade jurídica: "La igualdad ante la Ley no constituye un mandato de igualdad absoluta que obligue en todo caso al tratamiento igual de supuestos iguales, pues ello sería contrario a la propia dinámica jurídica, una de cuyas manifestaciones es la razonable evolución en la interpretación y aplicación de la legalidad que impide conferir a los precedentes un efecto

---

[237] Sobre a questão, vide HESSE, *Grundzüge des Verfassungsrechts der Bundesrepublik Deutschland*, p. 29.

[238] OLLERO TASSARA, *Igualdad en la aplicación de la ley y precedente judicial*, p. 34. Como destacou o Tribunal Constitucional espanhol: "Ni desde el punto de vista abstracto puede condenarse por inconstitucional la evolución en el criterio de interpretación de la legalidad, que constituye, junto con la modificación normativa, uno de los instrumentos para la adaptación del Derecho a la cambiante realidad, ni puede en concreto impugnarse en la actualidad una modificación conducente a un criterio ya consolidado" (STC 121/1984, FJ 2).

[239] Cfr. STC 49/1985, de 28 de março, FJ 2.

[240] Cfr. MAUNZ; DÜRIG, *Grundgesetz Kommentar*, art. 3, p. 90. Com respeito à questão da igualdade na ilegalidade, vide p. 277 ss.

[241] FRIAUF, "Möglichkeiten und Grenzen der Rechtsfortbildung im Steuerrecht", p. 55.

[242] STC 49/1985, de 28 de março, FJ 2.

de vinculación perpetua y autoriza a un mismo órgano, administrativo o judicial, el modificar criterios anteriores, siempre que ofrezca una fundamentación suficiente y no arbitraria, obtenida a través de razonamientos objetivos y generales".[243]

Sem embargo, a mudança interpretativa não é absolutamente livre. Já numa de suas primeiras manifestações sobre o tema da igualdade, o Alto Tribunal reconheceu a possibilidade de se configurar uma violação da isonomia quando o mesmo preceito for aplicado de formas distintas e a disparidade seja arbitrária. Expressou que na "aplicación jurisdiccional de la Ley puede existir violación del principio de igualdad, cuando un mismo precepto se aplique en casos iguales con notoria desigualdad por motivaciones arbitrarias (esto es, no fundadas en razones jurídicamente atendibles) o con apoyo en alguna de las causas de discriminación explícita o genéricamente incluidas en el art. 14 de la Constitución".[244]

Especificamente com respeito às razões aptas a justificar mutações interpretativas, o Tribunal Constitucional espanhol realiza um controle cauteloso. Inicialmente, vislumbrava que a exigência de igualdade na aplicação da lei impõe "que un mismo órgano no puede modificar de forma arbitraria el sentido de sus decisiones en casos sustancialmente iguales y que cuando el órgano en cuestión considere que debe apartarse de sus precedentes tiene que ofrecer para ello una fundamentación suficiente y razonable".[245] Sem embargo, em precedentes posteriores, chegou a acolher toda e qualquer razão para a mudança, ao expressar que a autonomia judicial lhe impede de "valorar la causa justificadora del cambio de criterio judicial".[246] Felizmente, essa concepção não vingou. Após certas oscilações, o Tribunal consolidou a sua jurisprudência no sentido da constitucionalidade da modificação dos precedentes judiciais, sempre que ela não seja irrefletida, arbitrária ou discriminatória: "En relación con el principio de igualdad en la aplicación de la ley, este Tribunal Constitucional ha establecido una doctrina constante y reiterada según la cual los órganos judiciales

---

[243] STC 62/1987, de 20 de maio, FJ 2.

[244] STC 8/1981, de 30 de março, FJ 6. O Tribunal Constitucional espanhol analisava a alegação de um empresário condenado pelo crime de apropriação indébita, no sentido de que inúmeros outros empresários atuaram como ele sem que tenham sido condenados por isso. Por não ter identificado nenhuma arbitrariedade nessa situação, rejeitou a infundada alegação. Com essa decisão, inaugurou-se, conforme ressalta Ollero Tassara, "la doctrina constitucional sobre el 'principio de igualdad en la aplicación de la ley', aún no bautizado como tal" (*Igualdad en la aplicación de la ley y precedente judicial*, p. 13).

[245] STC 49/1982, de 14 de julho, FJ 2. Com base nessa jurisprudência, o Tribunal Constitucional declarou, já em 1983, a violação da igualdade perante a lei pelo Tribunal Central do Trabalho, por haver proferido duas decisões temporalmente próximas e contraditórias entre si, sem que para tanto houvesse uma justificativa e sequer "una refutación consciente y directa" do conteúdo da primeira decisão pela última. Por consequência, o Tribunal Constitucional anulou a decisão impugnada, a fim de que o Tribunal Central do Trabalho proferisse outra, "acogiendo su doctrina y dictando idéntica resolución o bien manteniendo la misma posición adoptada en la Sentencia aquí anulada pero en este supuesto, haciéndolo de manera razonada y justificada al exponer la fundamentación que le permita jurídicamente apartarse de la doctrina expuesta en aquella otra Sentencia" (STC 2/1983, de 24 de janeiro, FJ 7).

[246] STC 63/1984, de 21 de maio, FJ 4. Não se pode deixar de ressaltar a ilegitimidade dessa concepção formalista, haja vista se compatibilizar com toda e qualquer justificativa, até mesmo com as evidentemente arbitrárias e discriminatórias. Permitiria, por exemplo, que um órgão judicial aplicasse ou deixasse de aplicar uma lei num determinado caso somente porque o destinatário é negro ou judeu: haveria um fundamento, que, segundo a concepção ora criticada, bastaria para justificar a mudança interpretativa. Nem mesmo o Tribunal Constitucional segue fielmente essa concepção, conforme evidencia Ollero Tassara ao expor que, a despeito de não o reconhecer expressamente, o Tribunal por vezes controla a idoneidade da justificação (*Igualdad en la aplicación de la ley y precedente judicial*, p. 52 ss.).

pueden modificar sus propios precedentes, siempre que lo hagan en términos que permitan apreciar que el nuevo criterio interpretativo ha sido adoptado como solución genérica dotada de vocación para ser aplicada en casos futuros y no como cambio inadvertido por el órgano judicial o que sea fruto de voluntarismo selectivo frente a supuestos anteriores resueltos de modo diverso".[247] Constata-se, portanto, serem as decisões irrefletidas[248] ou pessoais (proferidas para favorecer ou prejudicar pessoas determinadas) [249] que violam o princípio da igualdade.

Segundo o Tribunal espanhol, é prescindível que a nova decisão contenha a exposição formal das razões que levaram à mudança interpretativa. Basta que nela haja elementos a evidenciar se tratar de modificação voluntária e consciente, rumo a uma solução mais justa e adequada. Quando tais elementos não estejam presentes, a mudança interpretativa será qualificada como inconsciente ou arbitrária e, consequentemente, restará caracterizada a violação do direito à igualdade na aplicação legislativa.[250]

A ausência de referência expressa ao posicionamento anterior é um indício da desconsideração do princípio da igualdade e da exigência de fundamentação específica. Indício que, como é natural, não é suficiente para justificar, por si só, uma declaração de inconstitucionalidade.

À luz dessas ponderações, infere-se que o princípio da igualdade possui um significado normativo específico quando se aplica às discrepâncias na interpretação

---

[247] STC 201/1991, de 28 de outubro, FJ 2. O Tribunal acrescenta que: "Por lo tanto, lo que prohíbe el principio de igualdad en la aplicación de la ley es el cambio irreflexivo o arbitrario, lo cual equivale a sostener que el cambio es legítimo cuando es razonado, razonable y con vocación de futuro, esto es, destinado a ser mantenido con cierta continuidad con fundamento en razones jurídicas objetivas que excluyan todo significado de resolución *ad personam*, siendo ilegítimo si constituye tan sólo una ruptura ocasional en una línea que se viene manteniendo con normal uniformidad antes de la decisión divergente o se continúa con posterioridad (SSTC 64/1984, 49/1985, 108/1988, 199/1990 y 144/1991, entre otras)".

[248] O desvio perante o precedente "ha de ser consciente y razonablemente fundamentado o, en ausencia de una motivación expresa, ha de resultar patente que existe un efectivo cambio de criterio, bien por inferirse con certeza del contenido de la propia resolución, bien por existir otros elementos de juicio externo que así lo indiquen, lo cual suele ocurrir cuando existen otros pronunciamientos posteriores coincidentes con la línea abierta por la resolución impugnada" (STC 74/2002, de 8 de abril, FJ 3).

[249] O "problema que la divergencia plantea sólo puede ser traído ante nosotros cuando quien se siente víctima de una aplicación discriminatoria de la ley pueda ofrecer razones que le autoricen a pensar que la divergencia interpretativa es simplemente la cobertura formal de una decisión, cuyo sentido diverso al de otras decisiones anteriores, y eventualmente posteriores, se debe realmente al hecho de que se han tomado en consideración circunstancias personales o sociales de las partes, incluso simplemente su propia identidad, que no debieron serlo" (STC 96/1997, de 19 de maio, FJ 5).

[250] Como destacou o Alto Tribunal espanhol, "no siempre que falte la motivación expresa del cambio de criterio ha de entenderse sin más quebrado el principio de igualdad en la aplicación de la Ley. Puede haber casos en los que de la propia lógica interna de la resolución, o de datos externos a ella como podría ser la innovación de la jurisprudencia del órgano jurisdiccional superior del mismo orden en el que esté inserto el juzgador del caso, pueda inferirse con certeza, o, al menos con relativa seguridad, que el cambio objetivamente perceptible es consciente, y que de él queda excluida tanto la arbitrariedad como la inadvertencia. Bien entendido que, como lo naturalmente exigible es la motivación expresa, la tácita sólo podrá admitirse cuando se dé respecto a ella ese alto grado de certeza antes evocado" (STC 49/1985, de 28 de março, FJ 2). No caso em questão, reconheceu-se a violação do princípio da igualdade pela ausência de elementos que justificassem a mudança interpretativa: "No siendo posible apreciar ni una inexistente motivación expresa del cambio de criterio ni otra tácita, para la que falta cualquier base, el cambio judicial de criterio no puede regularse como razonable, sino como arbitrario o inadvertido, supuestos ambos contrarios a la igualdad en la aplicación de la Ley" (FJ 3).

judicial da lei, porquanto impõe aos Juízes vinculações extremamente débeis, limitadas fundamentalmente à exigência de impessoalidade e à interdição de arbitrariedade.[251] Exigências mais rigorosas podem resultar de outros princípios, como os da segurança jurídica e da proteção da confiança.[252]

1.4.3. Mudanças de interpretações administrativas

As considerações precedentes são aplicáveis, com certas *nuances*, à interpretação administrativa. A Administração deve modificar a exegese adotada originalmente quando constatar ser incompatível com a lei ou haver se tornado inadequada em virtude de mudança no contexto jurídico ou social.[253] Por tal razão, inexiste um direito subjetivo à observância inexorável dos precedentes administrativos. De outra banda, tampouco a Administração tributária está autorizada a desconsiderar a existência dos seus precedentes. Pode apresentar justificativas mais singelas – ou até mesmo implícitas –, mas jamais poderá modificar a sua interpretação sem que haja razões suficientes para tanto.

No entanto, a problemática da isonomia ostenta relevantes peculiaridades no âmbito administrativo, porquanto os órgãos administrativos carecem da garantia da independência, o que torna possível realizar a igualdade perante a lei de modo muito mais intenso que na esfera judicial,[254] sobretudo mediante a busca do ideal da unidade interpretativa.

Para alcançar tal ideal, a Administração costuma recorrer, com pleno acerto, ao seu poder normativo, editando prescrições infralegais com caráter interpretativo (*norminterpretierenden Verwaltungsvorschrift*), que expressam a sua exegese dos preceitos legislativos. Também vai além, estabelecendo determinações específicas que não possuem correspondência legislativa concreta, as quais representam efetivas "prescrições administrativas de concretização normativa" (*normkonkretisie-*

---

[251] O Tribunal Constitucional espanhol reconduz claramente a exigencia de igualdade perante a lei à interdição de arbitrariedade: "Cuando se trata de la aplicación de la Ley por un mismo órgano judicial, dicho principio es el de interdicción de la arbitrariedad de los Poderes Públicos que obliga a que las soluciones ofrecidas a los casos individualizados obedezcan a un criterio general de interpretación y aplicación de la legalidad" (STC 63/1984, de 21 de maio, FJ 4). Em outro julgado, acrescenta que: "Es claro que el significado del principio de igualdad en la aplicación de la Ley va a ofrecer un sentido muy diferente del correspondiente al principio de igualdad ante la Ley; mientras este último es de carácter material y pretende garantizar la identidad de trato de los iguales, aquél es predominantemente formal. Lo que el principio de igualdad en la aplicación de la Ley exige no es tanto que la Ley reciba siempre la misma interpretación a efectos de que los sujetos a los que se aplique resulten siempre idénticamente afectados, sino que no se emitan pronunciamientos arbitrarios por incurrir en desigualdad no justificada en un cambio de criterio que pueda reconocerse como tal, es decir, como solución genérica conscientemente diferenciada de la que anteriormente se venía manteniendo y no como respuesta individualizada al concreto supuesto planteado (S. 63/1984). Basta, pues, que exista dicho cambio de criterio para que la Sentencia, que sigue estableciendo un pronunciamiento desigual, no incurra en inconstitucionalidad" (STC 49/1985, de 28 de março, FJ 2).

[252] Cfr. FRIAUF, "Möglichkeiten und Grenzen der Rechtsfortbildung im Steuerrecht", p. 57 ss.

[253] Segundo a jurisprudência pacífica do Tribunal Constitucional espanhol, "la vinculación de la Administración a sus precedentes, regla en la que se traduce, en ese plano o nivel, la norma de la igualdad en la aplicación de la Ley, no puede significar nunca que le quede vedado a los órganos de la Administración del Estado la búsqueda de una interpretación de las normas más ajustadas al ordenamiento en general" (STC 49/1982, de 14 de julho, FJ 2).

[254] Cfr. MAUNZ; DÜRIG, *Grundgesetz Kommentar*, art. 3, mrg. 410, p. 187.

rende Verwaltungsvorschrift).[255] Dessa forma, logra uma unidade interpretativa que jamais poderá ser alcançada no âmbito do Poder Judiciário.

1.4.4. Alterações legislativas

As alterações legislativas são inerentes ao Direito. Se não fossem possíveis, o Direito não poderia acompanhar a evolução e as necessidades da sociedade, e a existência de órgãos legislativos permanentes não teria sentido algum. A respeito, o Tribunal Constitucional espanhol destaca que "es natural potestad del legislador cambiar las leyes y la del autor de una norma modificar ésta".[256] Tal qual a necessidade de se proceder a alterações normativas, é certo que "toda norma jurídica, pela sua própria essência e função (consistente na inovação do ordenamento), comporta necessariamente certas modificações na preexistente organização das situações subjetivas e das relações intersubjetivas"[257] e, portanto, gera disparidades regulatórias no tempo.

Suscitam-se, pois, indagações de extrema relevância. Quais disparidades no tempo configuram desigualdades? O princípio da isonomia pesa contra as mudanças interpretativas e, assim, a favor da igualdade no tempo?

A nosso juízo, a sucessão de regulações no tempo efetivamente implica desigualdades,[258] sempre que elas não se harmonizem com os critérios relevantes para a concretização da igualdade. O aumento de um imposto, por exemplo, implicará desigualdade de trato por não derivar do critério da capacidade contributiva (*tertium comparationis*), diversamente do incremento de taxa advindo do aumento de custos da atividade estatal.

Com respeito às exigências da igualdade, chega-se a afirmar que o respectivo princípio não impede tratos díspares que resultem do próprio fluir do tempo.[259] Apesar de tal afirmação ser correta na maioria das situações, tem de ser relativizada, dado haver casos em que a isonomia realmente exige paridade no tempo – ou ao menos que se atenuem as desigualdades. Por exemplo, nas mudanças normativas que afetam intensamente a esfera jurídica dos contribuintes, o princípio da isonomia pode exigir o estabelecimento de regimes de transição que, ao se aplicarem a fatos que se diferenciam entre si unicamente pelo momento da sua ocorrência, atenuem as disparidades normativas.[260] Tal princípio também pesa a favor da retroatividade, de modo a compatibilizar a exigência de evolução do Direito com as suas: modifica-se a legislação e simultaneamente se estabelecem tratamentos jurídicos iguais entre os fatos anteriores e posteriores à vigência da nova lei.

A retroatividade, contudo, também suscita problemas de igualdade, sobretudo quando é benéfica ao contribuinte e limitada no tempo. Nessa situação, estabele-

---

[255] Cfr. JACHMANN, "Zur Anwendung typisierender Verwaltungsvorschriften im Steuerrecht", p. 348.
[256] STC 123/1987, de 15 de julho, FJ 3.
[257] SANDULLI, "Il principio di ragionevolezza nella giurisprudenza costituzionale", p. 666.
[258] Não perfilhamos, portanto, a assertiva do Tribunal Constitucional espanhol de que "la relación igualdad diferenciación no puede establecerse comparando normas anteriores con normas posteriores" (STC 123/1987, de 15 de julho, FJ 3).
[259] *Corte Costituzionale, Sentenza* 73/1996.
[260] Cfr. RUBIO LLORENTE, "Igualdad", p. 139.

ce-se desigualdade entre situações ocorridas anteriormente ao início da vigência da nova lei, a qual se revela mais questionável que a advinda da mera inovação legislativa sem efeitos retroativos, por não se fundar diretamente na necessidade de evolução do Direito.[261]

1.5. Fim arrecadatório

A busca do fim arrecadatório tem de ser realizada mediante regulações rigorosamente compatíveis com os postulados da igualdade tributária,[262] sobretudo porque tal fim não é apto a justificar disparidades na conformação dos tributos.[263] Com efeito, em virtude de a finalidade arrecadatória poder ser alcançada mediante qualquer forma de imposição minimamente racional, as regulações que implicam obrigações tributárias desiguais são desnecessárias para realizar a sua finalidade – e, portanto, são em princípio inconstitucionais.

Tais ponderações são plenamente aplicáveis à igualdade nas leis impositivas, mas têm de ser relativizadas com respeito à aplicação legislativa e, mais especificamente, à fiscalização tributária, pois certas desigualdades na fiscalização dos contribuintes podem ser justificadas com base na expressão econômica dos débitos tributários. Como indicamos anteriormente, a fiscalização mais rigorosa das empresas e dos cidadãos que aparentam possuir maior capacidade de concorrer aos gastos

---

[261] Com respeito a essa situação, a *Corte Costituzionale* declarou, numa decisão questionável, a constitucionalidade da retroatividade limitada de benefícios tributários, a qual alcançava as construções edilícias já finalizadas, contanto que não se tivesse realizado o pagamento do tributo. Asseverou que "a limitação da eficácia retroativa dos benefícios financeiros e tributários, a qual atua no sentido de negar a possibilidade de fruir dos benefícios em questão aos contribuintes que tenham antecipado o pagamento do imposto, vem indubitavelmente a pô-los numa situação diversa com respeito a todos os outros contribuintes, mas não contrasta com o art. 3º da Constituição [o qual consagra o princípio da igualdade], pois responde a uma valoração que pode ser considerada racional (*non irrazionale*)" (*Sentenza* 45/1968). Porém, a mera racionalidade de disposição contrária à igualdade não implica a sua legitimidade. Mesmo que se concebesse o princípio da isonomia tributária à luz da débil teoria da interdição de arbitrariedade, a inconstitucionalidade da disposição legislativa poderia resultar da sua irrazoabilidade. A respeito, Zagrebelsky enfatiza a distinção entre racionalidade e razoabilidade como expressões específicas da não-arbitrariedade, afirmando que o racional (*razionale, rationnell, vernünftig*) pode ser concebido como "a coerência lógica com um princípio que se estabeleceu", como o coerente, o não-contraditório; e o razoável (*ragionevole, angemessen*), como o adequado "a um valor de justiça" (*La giustizia costituzionale*, p. 148). Demais, segundo a concepção que sustentamos, a inconstitucionalidade da regulação também pode advir da sua desproporcionalidade *stricto* ou *lato sensu*. Tem de haver razões suficientemente fortes para justificar o fato de os contribuintes que atuaram em plena e absoluta conformidade com os ditames legais e pagaram o tributo serem prejudicados perante todos os demais. Se a justificação consiste simplesmente na necessidade de impor um sacrifício limitado às finanças públicas, o legislador deve estabelecer uma retroatividade temporalmente mais ampla e economicamente mais restrita, isto é, há de consagrar benefícios que, apesar de serem inferiores para os contribuintes abrangidos pela regulação pretérita, os alcancem de forma plena.

[262] Vide, por todos, TIPKE, *Die Steuerrechtsordnung*, 2ª ed., v. 1, p. 329-330. Cabe observar que Tipke utiliza o exemplo das disparidades que se apoiam na finalidade arrecadatória para rechaçar a teoria da interdição de arbitrariedade de Leibholz, dado que, segundo essa teoria, basta um fundamento objetivo (que poderia ser a finalidade arrecadatória) para justificar toda e qualquer disparidade de trato.

[263] Como destacou o BVerfG no caso denominado *Steuersplitting*, "a necessidade financeira estatal não é apta a justificar um imposto inconstitucional" (BVerfGE 6, 55, 80).

públicos não é necessariamente inconstitucional;[264] pelo contrário, pode ser razoavelmente justificada com base no interesse arrecadatório do Fisco.

Em tal situação, configura-se um conflito efetivo entre a igualdade na aplicação legislativa e o fim arrecadatório, que haverá de ser solucionado fundamentalmente mediante o controle de proporcionalidade, com a análise tanto da adequação e necessidade da disparidade de trato para alcançar um incremento na arrecadação quanto da sua proporcionalidade *stricto sensu*.

2. Os conflitos intersistêmicos: o controle das desigualdades geradas pela extrafiscalidade

2.1. Noção de extrafiscalidade

O conceito de extrafiscalidade é obtido por contraposição ao de fiscalidade, dado o prefixo "extra" denotar o que está em posição exterior, fora do alcance do substantivo que antecede. Etimologicamente, *extrafiscalidade* designa tudo o que não está vinculado à fiscalidade. No entanto, na linguagem jurídico-tributária não se emprega o termo com tal amplitude, mas com uma delimitação extremamente relevante: a extrafiscalidade compreende unicamente os efeitos e fins alheios à fiscalidade que são produzidos e alcançados mediante a atividade tributária. A extrafiscalidade dissociada da tributação não costuma ser denominada como tal. Extrafiscalidade e tributação, portanto, estão ligadas de forma indissociável, haja vista aquela representar uma manifestação específica desta.

Também se inter-relacionam pela impossibilidade de os seus efeitos serem estremados completamente. Não é possível identificar efeitos fiscais ou extrafiscais puros, inteiramente dissociados entre si, senão tão somente consociados e vinculados, já que todas as normas tributárias produzem efeitos econômicos e sociais secundários: até mesmo as normas que perseguem fins exclusivamente fiscais os produzem.[265] Noutros termos, implicações econômicas e sociais são inerentes ao fenômeno impositivo, embora se produzam em graus muito distintos.

A despeito da indissociabilidade dos efeitos fiscais e extrafiscais, é viável distinguir com relativa nitidez as categorias "fiscalidade" e "extrafiscalidade", por duas razões fundamentais. Primeira, os referidos efeitos secundários são consequências, e

---

[264] Vide p. 230 s.

[265] Como Fichera enfatiza, os aspectos fiscal e extrafiscal da tributação são "incindivelmente conexos" e "coessenciais" para a caracterização do fenômeno impositivo contemporâneo. A extrafiscalidade representa uma característica própria da tributação (*Imposizione ed extrafiscalità nel sistema costituzionale*, p. 85-86). Nessa linha, Manzoni assevera que a existência de tributos exclusivamente fiscais constitui "uma ilusão jurídica", pois "em maior ou menor medida, acidentalmente ou intencionalmente", todos os tributos produzem efeitos extrafiscais (*Il principio della capacità contributiva nell'ordinamento costituzionale italiano*, p. 12 ss.). Casado Ollero também ressalta que a possibilidade de estabelecer tributos exclusivamente fiscais constitui uma "ilusión jurídica, además de financiera" ("Los fines no fiscales de los tributos", p. 103). Vide LEJEUNE VALCÁRCEL, "Aproximación al principio constitucional de igualdad tributaria", p. 171; BIRK, *Das Leistungsfähigkeitsprinzip als Maßstab der Steuernormen*, p. 3; TIPKE; LANG, *Steuerrecht. Ein systematischer Grundriß*, 18ª ed., p. 69.

não fins.²⁶⁶ Segunda, é perfeitamente possível diferenciar os fins fiscais e não fiscais das normas tributárias.²⁶⁷

Infere-se que a dicotomia analisada há de se fundar nos *fins* das normas tributárias.

De modo a obter maior rigor científico na análise da questão, é mister estabelecer uma segunda diferenciação, entre extrafiscalidade *lato* e *stricto sensu*. Aquela se caracteriza pela simples persecução de fins alheios ao Direito Tributário mediante a tributação, em qualquer grau. Nem sempre se contrapõe aos princípios da igualdade tributária e da capacidade contributiva, haja vista que a busca de fins não fiscais pode operar-se dentro dos espaços que tais princípios concedem ao legislador. Por outro lado, a extrafiscalidade *stricto sensu* pressupõe que a persecução de finalidades não fiscais se efetue de forma preponderante e leva a conflitos com os princípios da justiça tributária.²⁶⁸ Doravante, ao aludirmos à extrafiscalidade consideraremos a sua acepção mais rigorosa, isto é, a extrafiscalidade *stricto sensu*.

Pode-se afirmar, portanto, que a fiscalidade se caracteriza pela busca de fins *preponderantemente* fiscais, constituídos basicamente pela arrecadação de recursos para satisfazer as necessidades financeiras estatais. A extrafiscalidade, por outro lado, configura-se pela persecução de fins preponderantemente alheios à arrecadação.²⁶⁹

O emprego de tributos com a finalidade preponderante de regular a economia, v.g., configura um caso claro de tributação extrafiscal. Em tal situação, estabelecem-se normas interventivas que, como sublinha o BVerfG, põem o Direito Tributário a serviço de fins estranhos à atividade impositiva,²⁷⁰ afetando, sem dúvida alguma, os princípios da igualdade e da capacidade contributiva.

É certo que essa classificação enseja certas dificuldades aplicativas, pois nem sempre é fácil identificar o fim predominante da regulação. É possível que o legislador não tenha explicitado a sua vontade, que a tenha explicitado contra a própria finalidade normativa ou que esta (ou a preponderância de uma finalidade) seja pouco clara. Mas ainda que haja tais dificuldades, a solução é simples, ao menos no que concerne ao controle de constitucionalidade: sempre que ocorra um desvio peran-

---

²⁶⁶ Cfr. TIPKE, *Steuergerechtigkeit in Theorie und Praxis*, 57; TIPKE; LANG, *Steuerrecht. Ein systematischer Grundriβ*, 18ª ed., p. 69; CASADO OLLERO, "Los fines no fiscales de los tributos", p. 104.

²⁶⁷ Nessa senda, Birk nota que "não é só conveniente, senão também necessário falar de uma dicotomia de fins" (*Das Leistungsfähigkeitsprinzip als Maβstab der Steuernormen*, p. 69). Portanto, discordamos de Fichera quando, após sublinhar a unidade dos aspectos fiscal e extrafiscal da tributação, sustenta não ser possível distinguir em tributo algum a finalidade fiscal da extrafiscal (*Imposizione ed extrafiscalità nel sistema costituzionale*, p. 85). É evidente que a impossibilidade de separar os efeitos econômicos e sociais não implica a de distinguir os fins jurídicos. A inter-relação entre fiscalidade e extrafiscalidade, corretamente afirmada pelos financistas, não obsta que os juristas identifiquem e analisem a existência de finalidades normativas diferenciadas. Ademais, tampouco pode ser aceita a concepção de Fichera de que não se deve tentar averiguar se os elementos fiscais e extrafiscais são primários ou secundários (ibidem, p. 87): o peso dos fins não fiscais é de extrema relevância para se analisar adequadamente a legitimidade das normas tributárias.

²⁶⁸ Nessa senda, Albiñana García-Quintana, objetivando esclarecer a dicotomia entre impostos fiscais e não fiscais, afirma que "el objetivo o el fin comienza a ser no fiscal cuando ataca a la equidad y, por tanto, a la igualdad, a la generalidad o a la capacidad económica" ("Los impuestos de ordenamiento económico", p. 23).

²⁶⁹ Cfr. BÖCKLI, *Indirekte Steuern und Lenkungssteuern*, p. 44.

²⁷⁰ BVerfGE 93, 121 [147].

te as exigências da igualdade tributária, ele há de ser devidamente justificado[271] e, quando se constatar a persecução em alguma medida de fins não fiscais, terá de se investigar se ela pode sustentar a respectiva desigualdade de trato.

2.2. Tributos e normas extrafiscais

Identifica-se a extrafiscalidade tanto em tributos quanto em normas impositivas que não buscam alcançar primordialmente a finalidade arrecadatória, senão fins não fiscais. Esclarecedor é o exemplo dos tributos ambientais, cujo fim primordial (a tutela do meio ambiente) em geral se realiza de modo proporcionalmente inverso à arrecadação, pois são vocacionados a inibir práticas lesivas ao meio ambiente e, assim, costumam ser graduados segundo o grau de lesão ambiental. Quanto mais intensamente se respeita o fim primordial, menos se arrecada.

Centraremos nossa análise nas *normas* extrafiscais, que constituem o regramento básico dos tributos extrafiscais ou desvios perante o sistema fundamental de tributos fiscais, como ocorre nos benefícios outorgados para alcançar fins não tributários. A respeito, cumpre ressaltar que a distinção entre normas fiscais e extrafiscais[272] é extremamente importante para o "controle de igualdade" (*Gleichheitsprüfung*) da imposição, pois evidencia peculiaridades e efeitos díspares das normas tributárias, os quais demandam justificações constitucionais diferenciadas, sobretudo no que atine à aplicação do mandado de proporcionalidade.[273]

Pois bem, o objetivo das normas com fins primordialmente financeiros – ou simplesmente "normas fiscais" – é, em essência, arrecadar recursos e lograr uma justa divisão da carga tributária. Por tal razão, também são denominadas "normas de repartição de encargos" e se sujeitam integralmente ao influxo do princípio da isonomia tributária, que constitui, sem dúvida alguma, o princípio fundamental da tributação com caráter primordialmente fiscal. Já as "normas extrafiscais" não pretendem alcançar uma justa divisão das cargas tributárias, senão produzir efeitos fundamentalmente ordenadores, de conformação econômica ou social[274] e, por conseguinte, realizam uma inadequada e injusta divisão das cargas impositivas.[275]

---

[271] BIRK, "Finanzierungszwecke und Lenkungszwecke in einem verfassungsmäßigen Steuersystem", p. 76.

[272] Na doutrina alemã e na jurisprudência do BVerfG, diferenciam-se as normas "de repartição de cargas" (*Lastenausteilungsnormen*), com "fins fiscais" (*Fiscalzwecknormen*) ou simplesmente "com fins financeiros" (*Finanzzwecknormen*), das "normas extrafiscais" (*extrafiskalische Normen*), "com fins não fiscais" (*Nicht-Fiskalzwecknormen*), "dirigentes" (*Lenkungsnormen*) ou de "intervenção tributária" (*steuerinterventionistische Normen*). Vide entre muitos outros, VOGEL, "Die Steuergewalt und ihre Grenzen", p. 542.

[273] Vide VOGEL, "Die Steuergewalt und ihre Grenzen", p. 542; TIPKE, *Die Steuerrechtsordnung*, 2ª ed., v. 1, p. 83; KULOSA, *Verfassungsrechtliche Grenzen steuerliche Lenkung am Beispiel der Wohnungsgenossenschaften*, p. 3.

[274] Ademais, podem-se dividir as normas interventivas em função dos efeitos benéficos ou gravosos que produzem para os seus destinatários diretos, estabelecendo-se a dicotomia entre normas interventivas de incentivo (que estabelecem isenções, créditos de imposto, reduções da alíquota ou da base de cálculo, etc.) e de inibição (que criam, v.g., tributos ou adicionais sobre atividades indesejadas). Cfr. CASADO OLLERO, "Los fines no fiscales de los tributos", p. 128.

[275] Vide BLUMENSTEIN, *System des Steuerrechts*, p. 8; KIRCHHOF, "Die Steuerrechtsordnung als Wertordnung", p. 9 ss.; BIRK, *Steuerrecht*, p. 56-57; TIPKE; LANG, *Steuerrecht. Ein systematischer Grundriß*, 18ª ed., p. 69-70.

A despeito de as normas tributárias "ordenadoras" ou "interventivas" representarem a espécie mais significativa do gênero "normas extrafiscais", não o esgotam.[276] Exemplo de normas extrafiscais não interventivas é fornecido pelas que estabelecem a progressividade redistributiva, pois elas não produzem efeitos de condução tributária, servindo unicamente para obter os recursos destinados a viabilizar as políticas *financeiras* de distribuição de renda. A intervenção no meio social e econômico não deriva diretamente da tributação, mas da política financeira redistributiva.[277]

À luz do exposto, é viável estremar as normas fiscais das extrafiscais e dividir estas em interventivas e redistributivas, sem olvidar a terceira categoria, composta pelas normas de simplificação tributária.[278]

2.3. ADMISSIBILIDADE DA EXTRAFISCALIDADE

Delineados os contornos da extrafiscalidade, há de se averiguar a sua admissibilidade à luz da Constituição. Ela era rechaçada durante a fase do "apogeu" do princípio da capacidade contributiva, quando predominava a concepção de que a capacidade econômica seria o único critério hábil a justificar tratos tributários díspares.[279] Assim, a tributação deveria orientar-se estritamente por esse critério de justiça impositiva, sendo econômica e socialmente neutra.

Tal panorama mudou significativamente, pois hoje em dia não só se admite pacificamente a extrafiscalidade, mas também se reconhece que ela constitui uma realidade irreversível nos Estados Sociais de Direito. Ainda há, contudo, divergências relevantes acerca da sua inter-relação com o princípio da isonomia tributária, advindas de concepções distintas a respeito das condições de legitimidade da imposição extrafiscal.

No que segue, pretendemos analisar atentamente o tema da extrafiscalidade e as duas questões básicas que ela suscita à luz da igualdade: é viável estabelecer normas extrafiscais? Quais são as condições específicas de legitimidade jurídico-constitucional que o princípio da isonomia lhes impõe?

Não obstante a primeira indagação possa ser respondida de forma singela, em razão da atual convergência doutrinária e jurisprudencial a respeito da admissibilidade da imposição extrafiscal, reputamos que ela não pode ser ignorada, pois da sua análise advirão premissas fundamentais para a correta compreensão do tema. E a resposta à segunda interrogação requer um exame mais minucioso, pois envolve questões assaz controversas. Por isso, trataremos da extrafiscalidade em dois níveis, analisando separadamente as questões atinentes à sua admissibilidade em geral e aos seus pressupostos de legitimidade à luz da igualdade.

---

[276] Cfr. SCHOUERI, *Normas Tributárias Indutoras e Intervenção Econômica*, p. 32-34.

[277] Por tal razão, propõe-se a terminologia "normas com fins sociais" (*Sozialzwecknormen*) para abarcar todas as normas extrafiscais, ou seja, tanto as normas interventivas como as redistributivas (*Umverteilungsnormen*) (TIPKE; LANG, *Steuerrecht. Ein systematischer Grundriβ*, 18ª ed., p. 69-70). Essa terminologia, contudo, não nos parece apropriada, pois as normas fiscais também buscam fins sociais.

[278] Vide p. 263 ss.

[279] Vide p. 157 ss. Tal tese é exemplificada por esta afirmação categórica de Uckmar: o "único elemento para diferenciar as cargas tributárias entre os distintos sujeitos é a sua capacidade econômica" (*Principi comuni di diritto costituzionale tributario*, p. 59).

2.3.1. Reconhecimento do conflito entre a extrafiscalidade e a igualdade tributária

Alguns juristas negam a existência de conflitos entre a extrafiscalidade e a igualdade, mediante: a redução da capacidade contributiva a um conceito meramente formal (que poderia abarcar qualquer fim não fiscal) ou do seu âmbito de aplicação aos tributos fiscais; a negação de um conteúdo específico ao princípio da isonomia; ou a restrição deste princípio à sua dimensão da igualdade de fato. Reputam, por conseguinte, ser a tributação extrafiscal invariavelmente legítima.

A corrente que preconiza um conceito meramente formal de capacidade contributiva evita o conflito entre a extrafiscalidade e a igualdade no âmbito dos impostos, já que suprime o conteúdo inerente ao seu critério fundamental (a capacidade contributiva) e, por consequência, o conteúdo da própria igualdade tributária. Um paradigmático representante dessa corrente é Dino Jarach, para quem a capacidade econômica não é objetiva, senão "una apreciación o valoración del legislador, en virtud de los fines y propósitos de la tributación".[280] Não haveria, portanto, possibilidade de se configurar uma contraposição entre os fins de política fiscal e o "principio de igualdad identificado con el de la capacidad contributiva", dado que "ésta contempla todos los valores relevantes para la actividad del Estado".[281]

Sem embargo, esse conceito vazio de capacidade contributiva é inadequado. Todos os conceitos possuem conteúdos específicos e determináveis, ainda que sejam acentuadamente vagos. E o conceito de capacidade contributiva não constitui exceção à regra: tem um significado material, embora vago e indeterminado. Apesar de tal conceito carecer de concretização legislativa, não há como negar que ele denota, em essência, "riqueza disponível" para o pagamento de tributos[282] e que não tem relação alguma com os fins não fiscais. O princípio da capacidade contributiva e os que apoiam a extrafiscalidade não possuem somente funções distintas: são princípios independentes, que coexistem e se inter-relacionam, sem que percam a sua autonomia normativa.[283]

Por outro lado, é inviável conferir ao legislador uma ampla liberdade para conformar o princípio da capacidade contributiva à luz dos fins políticos, econômicos e sociais que ele persegue. Já em 1961 Giardina assinalava, com correção, que o elemento representado pela força econômica é essencial ao conceito constitucional de capacidade contributiva e que ele não pode ser preterido a favor de elementos de natureza política, social ou técnica.[284]

---

[280] JARACH, *Curso Superior de Derecho Tributario*, p. 135. Jarach chega a externar que o princípio da capacidade contributiva "corresponde precisamente a los fines y propósitos de la política fiscal" (*Finanzas Públicas y Derecho Tributario*, p. 301). Nessa linha, cfr. GODOI, *Justiça, Igualdade e Direito Tributário*, p. 192.

[281] JARACH, *Curso Superior de Derecho Tributario*, p. 301. Manzoni considera ser a capacidade contributiva o "fruto de um juízo do legislador" com respeito à idoneidade dos distintos elementos da capacidade econômica para orientar a graduação da carga tributária (*Il principio della capacità contributiva nell'ordinamento costituzionale italiano*, p. 84). Moschetti também sustenta posição similar (com algumas nuances, como exporemos a seguir) e afirma que se deve concretizar o princípio da capacidade contributiva à luz dos princípios e fins constitucionais (*La capacità contributiva*, p. 43 ss.).

[282] Vide p. 169 ss.

[283] Cfr. MAFFEZZONI, *Il principio di capacità contributiva nel diritto finanziario*, p. 331 ss.

[284] GIARDINA, *Le basi teoriche del principio della capacità contributiva*, p. 434.

Moschetti sustenta tese mais refinada, asseverando ser a capacidade econômica condição necessária, mas não suficiente, do conceito de capacidade contributiva.[285] O tributarista italiano defende constituir a capacidade contributiva uma manifestação de riqueza, mas só daquela "força econômica que deve ser reputada idônea para concorrer aos gastos públicos, à luz das fundamentais exigências econômicas e sociais acolhidas pela nossa Constituição".[286] Dever-se-ia considerar a riqueza dos contribuintes individuais conjuntamente com as exigências coletivas, o que leva a incrementos ou reduções da capacidade contributiva em virtude de interesses coletivos de caráter econômico ou social. Não haveria, por conseguinte, conflitos entre a extrafiscalidade e a capacidade contributiva, sempre que a função de pressuposto impositivo por ela desempenhada seja respeitada.[287]

Tampouco esta tese merece acolhida. Em que pese não seja viável extrair das constituições um conceito preciso de capacidade contributiva, é indubitável que as valorações político-econômicas do legislador estão numa zona clara de exclusão com respeito a tal conceito: não o integram de forma alguma.[288] E embora a impossibilidade de se determinar com exatidão o conceito de capacidade contributiva por meio da interpretação constitucional imponha o reconhecimento de espaços de conformação legislativa (para o legislador se guiar por considerações de ordem econômica, política e social), não há como confundir decisões econômicas, políticas ou sociais com concretizações ou conformações da capacidade contributiva.[289] Em suma, a tese de Moschetti não considera a existência de espaços legislativos e tampouco a diferença entre determinações normativas e conflitos jurídicos, pretendendo superar estes mediante aquelas. Ao fazê-lo, incorre em grave imprecisão teórica.

---

[285] MOSCHETTI, *Il principio della capacità contributiva*, p. 217 ss.

[286] MOSCHETTI, ob. cit., p. 238. Heun perfilha posição similar com respeito ao princípio geral da igualdade, ao expor que os critérios de justiça relativos a domínios específicos (*sachbereichsbezogenen Gerechtigkeitsmaßstäbe*) – como o critério da capacidade contributiva – são acentuadamente carentes de concretização e que os fins externos (de utilidade coletiva) podem servir tanto para formar o conceito como para concretizá-lo ("Artikel 3. Gleichheit", mrg. 27, p. 245). Nesse sentido, vide GUBELT, "Art. 3 – Gleichheit", p. 211.

[287] MOSCHETTI, *Il principio della capacità contributiva*, p. 239-240. Nessa senda, Maffezzoni, apesar de reconhecer a possibilidade de ocorrerem conflitos entre a capacidade contributiva e os fins não fiscais, considera que entre eles também pode haver uma relação de integração, verificada quando estes sirvam para delimitar o poder discricionário outorgado ao legislador para conformar o princípio da capacidade contributiva (*Il principio di capacità contributiva nel diritto finanziario*, p. 325 ss.).

[288] Ainda que o intérprete não possua certeza acerca dos exatos limites semânticos de um conceito, sempre poderá afirmar com segurança que determinados elementos não o integram. Esses elementos constituem uma zona de exclusão de "total luminosidad", expressão que foi utilizada numa metáfora por Carrió, a fim de ressaltar a existência de "casos centrales o típicos" e de "casos claros de exclusión", com respeito aos quais ninguém vacilaria em aplicar ou não aplicar uma palavra (*Notas sobre Derecho y Lenguaje*, p. 31-32). Esta metáfora é esclarecedora: "Hay un foco de intensidad luminosa donde se agrupan los ejemplos típicos, aquellos frente a los cuales no se duda que la palabra es aplicable. Hay una zona de oscuridad circundante donde caen todos los casos en los que no se duda que no lo es. El tránsito de una zona a otra es gradual; entre la total luminosidad y la oscuridad total hay una zona de penumbra sin límites precisos. Paradójicamente ella no empieza ni termina en ninguna parte, y sin embargo existe" (ob. cit., p. 34).

[289] A respeito, La Rosa preleciona: "sustentar que a capacidade contributiva é fruto de valorações livres deste legislador [o legislador ordinário] significa trair o espírito da teoria econômica da capacidade contributiva e negar que a uniformidade da tributação seja tutelada constitucionalmente" (*Eguaglianza tributaria ed esenzioni fiscali*, p. 33).

Evidenciada a inadequação dos conceitos analisados de capacidade contributiva e estabelecida a premissa de que tal conceito não é composto pelos fins políticos, sociais e econômicos almejados pelo legislador, a primeira tese atinente à inexistência de conflito resulta incorreta, ante o evidente antagonismo entre a extrafiscalidade e os postulados da igualdade tributária.[290]

De acordo com a segunda tese, as normas extrafiscais não afetariam o princípio da igualdade concretizado à luz do critério da capacidade contributiva em razão de tal critério não se aplicar a elas. Como já referimos,[291] Tipke não só nega a aplicação do princípio da capacidade contributiva às normas interventivas, mas também rejeita a natureza tributária de tais normas: "As normas interventivas não são normas *tributárias*; são – como as prescrições acerca de subvenções públicas – normas de Direito Econômico ou de outro ramo jurídico". Seriam "subvenções tributárias", que não poderiam ser objeto de comparação à luz do critério da capacidade contributiva, mas tão somente à luz de outros critérios, como os da necessidade, do merecimento, etc., porque "o princípio da capacidade contributiva não é um princípio adequado para a repartição de subvenções".[292]

Já analisamos essa tese ao expor a impossibilidade de se restringir o âmbito de aplicação do critério da capacidade contributiva às normas fiscais.[293] Consolidada a premissa de que tal critério também deve orientar a concretização do princípio da isonomia tributária com respeito às normas interventivas, o conflito exsurge nítido.

Agora devemos nos debruçar sobre a terceira tese, que nega o conflito em virtude de o princípio da *igualdade* não possuir, em abstrato, conteúdo material algum. Palao Taboada expressa claramente essa posição, ao asseverar que a extrafiscalidade não suscita dificuldades com respeito ao princípio da igualdade, pois "éste no establece *a priori* ningún criterio o contenido material; el legislador puede perseguir cualquier fin mediante la fiscalidad con la condición de que al hacerlo no produzca normas arbitrarias".[294]

---

[290] O fim não fiscal "supone una restricción del derecho a contribuir con arreglo a la capacidad econômica" (HERRERA MOLINA, *Capacidad económica y sistema fiscal,* p. 128) e, consequentemente, do princípio da isonomia tributária. Vide DUVERGER, *Finances Publiques,* p. 114 ss.; MAFFEZZONI, *Il principio di capacità contributiva nel diritto finanziario,* p. 331 ss.; BIRK, *Steuerrecht,* p. 56-57.

[291] Vide p. 168-169.

[292] TIPKE, *Die Steuerrechtsordnung,* 2ª ed., v. 1, p. 340. Nessa senda, Pérez de Ayala reputa que os princípios do art. 31.1 da Constituição espanhola (igualdade, capacidade econômica, progressividade e não confisco) "sólo *valen* y deben observarse si el impuesto se mantiene en su función histórica u originaria de ser medio de obtener dinero, de ser un instrumento *financiero*, con fines *fiscales*. Porque en la medida en que se persigan fines *no fiscales* entra en juego (por así decirlo) el artículo 133 y 'se retira' el 31 (ambos de la Constitución)" ("Los principios de justicia del impuesto en la Constitución española", p. 20). Assim como Tipke, Albiñana García-Quintana considera que os impostos extrafiscais "no son impuestos puesto que prescinden de los principios – generalidad, igualdad, progresividad, etc. – que los caracterizan" (*Sistema tributario español y comparado,* p. 57). Em outro trabalho, reitera que "tales tributos no-fiscales no son impuestos" e poderiam "ser asimilados a 'multas' sin infracción previa, pues cumplen funciones correctoras disminuyendo, moderando u obstaculizando una determinada actividad o conducta humana" ("El gasto público", p. 419).

[293] Vide p. 168-169.

[294] PALAO TABOADA, "Apogeo y crisis del principio de capacidad contributiva", p. 418; idem, "En torno a la jurisprudencia reciente del Tribunal Constitucional en materia financiera y tributaria", p. 446. Cfr. GODOI, *Justiça, Igualdade e Direito Tributário,* p. 192 ss. Nesse sentido, Cazorla Prieto nega haver um conflito entre a igualdade e a extrafiscalidade, sustentando que o princípio da isonomia tributária não esgota o seu "contenido en el principio de capacidad, dado que las discriminaciones

Não obstante, vimos que a capacidade contributiva é um critério inquestionavelmente relevante para a concretização do princípio da igualdade: constitui o seu critério básico no âmbito tributário[295]. Tal princípio não carece, portanto, de conteúdo. O seu significado basilar pode ser determinado até mesmo em abstrato, em vista das peculiaridades do âmbito regulado pelo Direito Tributário. A inadequação da tese de Palao Taboada deriva do fato de acolher a teoria da interdição de arbitrariedade, cuja impropriedade já foi ressaltada. Para evitar tautologias, limitamo-nos a dirigir-lhe as críticas tecidas à teoria mencionada.[296]

Por fim, impende ressaltar a impossibilidade de se restringir o princípio da isonomia à sua dimensão de igualdade de fato, o que ocultaria as desigualdades impositivas advindas das medidas tributárias destinadas a promovê-la. Fichera defende essa restrição à luz do sistema constitucional italiano, asseverando que o princípio da isonomia se identifica com o da igualdade de fato e que não há, por conseguinte, relações de antagonismo entre a igualdade e a extrafiscalidade, senão de apoio recíproco. Com relação ao princípio da isonomia, a extrafiscalidade seria um "momento da sua própria realização efetiva", de modo que se verificaria uma relação "não em termos negativos, de limites externos à extrafiscalidade, senão em termos positivos, de individualização dos vínculos substanciais ao exercício do poder impositivo".[297] O tributarista italiano parece olvidar que a finalidade de promover a igualdade fática não é o único fim não fiscal buscado pelo legislador tributário: não é o único e tampouco é o fim não fiscal mais relevante, pois atualmente a maior expressão

---

son admisibles cuando se produzcan en función de un criterio amparado por el ordenamiento jurídico [...], al no vedar el principio de igualdad ninguna discriminación, sino únicamente aquella que pueda considerarse discriminatoria por carecer de justificación" (*Derecho Financiero y Tributario (parte general)*, p. 116). Com respeito às isenções e benefícios extrafiscais, contudo, Cazorla Prieto considera constituírem efetivas restrições ao princípio da generalidade, por levarem a diferença de trato que "ha de responder a fines de interés general, ha de contar con una justificación razonable y ha de ser proporcionada al fin que se persiga por medio de su establecimiento" (ob. cit., p. 118-119). O Tribunal Constitucional espanhol posiciona-se claramente no sentido da tese de Palao Taboada e Cazorla Prieto, ao expressar que "la recepción del deber constitucional de contribuir al sostenimiento de los gastos públicos" não significa "que la capacidad contributiva pueda erigirse en criterio exclusivo de justicia tributaria, en la única medida de la justicia de los tributos. Como ya indicó este Tribunal en la citada STC 27/1981, la Constitución alude expresamente al principio de capacidad económica, pero lo hace sin agotar en ella el principio de justicia en materia tributaria. Es por tanto constitucionalmente admisible que el legislador establezca impuestos que, sin desconocer o contradecir el principio de capacidad económica, estén orientados al cumplimiento de fines o a la satisfacción de intereses públicos que la Constitución preconiza o garantiza" (STC 221/1992, de 11 de dezembro, FJ 4). Perfilhando expressamente esse entendimento, cfr. MARTÍN QUERALT; LOZANO SERRANO; CASADO OLLERO; TEJERIZO LÓPEZ, *Curso de Derecho Financiero y Tributario*, p. 109. Não obstante, tal qual Cazorla Prieto, o Tribunal Constitucional vislumbra que as isenções e os benefícios extrafiscais representam restrições ou quebras do princípio da generalidade: "La exención, como quiebra del principio de generalidad que rige la materia tributaria al neutralizar la obligación tributaria derivada de la realización de un hecho revelador de capacidad económica, es constitucionalmente válida siempre que responda a fines de interés general que la justifiquen (por ejemplo, por motivos de política económica o social, para atender al mínimo de subsistencia, por razones de técnica tributaria, etcétera)" (STC 10/2005, de 20 de janeiro, FJ 5).

[295] Palao Taboada reconhece esse fato, ao destacar que o princípio da capacidade contributiva é "una especificación del principio de igualdad" ("Apogeo y crisis del principio de capacidad contributiva", p. 422) e, portanto, "un criterio indispensable en el enjuiciamiento de la legislación fiscal desde la perspectiva del principio de igualdad" ("Nueva visita al principio de capacidad contributiva", p. 777).

[296] Vide p. 46 ss.

[297] FICHERA, *Imposizione ed extrafiscalità nel sistema costituzionale*, p. 128-131.

da extrafiscalidade se encontra nas normas interventivas, não nas redistributivas. Essa tese suprime, portanto, toda a força do princípio da isonomia para proteger os cidadãos perante as acentuadas desigualdades resultantes das normas tributárias interventivas, o que bastaria para evidenciar a sua ilegitimidade. Mas a concepção adotada por Fichera também se mostra incompatível com a própria existência do princípio da isonomia tributária, haja vista abarcar unicamente o princípio geral da igualdade, indevidamente reduzido à sua dimensão de igualdade fática. E, ao negar o princípio da isonomia tributária, atribui valor diminuto a critérios de diferenciação que são indiscutivelmente relevantes para a regulação tributária (como a capacidade contributiva, a equivalência e o benefício econômico), excluindo do Direito Tributário, por consequência, a possibilidade de oferecer critérios claros e adequados para lograr uma repartição justa da carga tributária (que segundo a sua opinião deveria ser orientada primordialmente por fins não fiscais, notadamente pelo da igualdade social). Dessa forma, a tese de Fichera não só atribui caráter extrafiscal a todo o Direito Tributário, mas ao fazê-lo termina por suprimir a própria essência da isonomia tributária.[298]

Isso é fruto do olvido ou da indevida negação das distinções entre fiscalidade e extrafiscalidade[299] e entre as atividades impositiva e financeira *stricto sensu*, o que prejudica severamente a análise e a própria estruturação da tributação. Se deve haver igualdade na tributação, então há que se averiguar quais são os critérios que o Direito Tributário oferece para a justa divisão da carga tributária e se reconhecer a existência do princípio da isonomia tributária (concretizado à luz de tais critérios). É por essa razão que enfatizamos a autonomia do princípio mencionado perante o princípio geral da igualdade e a restrição daquele à dimensão jurídica, dado não exigir a extinção e nem mesmo a redução das desigualdades sociais.[300]

Enfim, é possível haver conflitos entre a extrafiscalidade e a igualdade tributária, fato que tem de ser reconhecido a fim de que a legitimidade das normas extrafiscais possa ser controlada adequadamente.[301] Aludimos à *possibilidade* de conflito, porque o antagonismo não está presente em todos os casos de persecução de fins não fiscais:[302] há diversas situações em que o princípio da igualdade tributária não impõe

---

[298] A respeito, Fichera defende que o poder tributário, os tributos em espécie e a totalidade do sistema tributário "são funcionalmente e estruturalmente caracterizados no sentido extrafiscal, tal qual os princípios de ordem teleológica estabelecidos pela Constituição" (*Imposizione ed extrafiscalità nel sistema costituzionale*, p. 131). Ainda que posteriormente Fichera relativize as suas afirmações, ao reconhecer que se há de considerar o princípio da capacidade contributiva, atribui-lhe pouca importância, pois nega a sua função de critério de graduação impositiva, que seria desempenhada unicamente pelos fins não fiscais e pelo princípio da progressividade (ibidem, p. 142 ss., especialmente as p. 151-152).
[299] Com respeito à distinção, vide p. 292 ss.
[300] Vide p. 117 ss. e p. 132 ss.
[301] Vide VOGEL, "Die Abschichtung von Rechtsfolgen im Steuerrecht", p. 106 ss.; KIRCHHOF, "Der verfassungsrechtliche Auftrag zur Besteuerung nach der finanziellen Leistungsfähigkeit", p. 325-326; JACHMANN, *Verfassungsrechtliche Grenzen der Besteuerung*, p. 17; RÜFNER, "Artikel 3. Gleichheitssatz", mrg. 100, p. 60; BIRK; BARTH, "§ 4 AO", mrg. 503, p. 215. Nesse sentido, García Añoveros ressalta que o princípio da igualdade "no tiene carácter absoluto", já que pode "existir fundamentación constitucional para que no sea respetado en sentido estricto", como ocorre na tributação extrafiscal (*Manual del Sistema Tributario Español*, p. 53).
[302] Cfr. SELMER, *Steuerinterventionismus und Verfassungsrecht*, p. 356. Vide também BIRK, "Finanzierungszwecke und Lenkungszwecke in einem verfassungsmäßigen Steuersystem", p. 75, para quem as normas interventivas afetam com muita frequência, mas não sempre, as normas constitucionais de

qualquer solução específica e se limita a veicular autorizações de diferenciação, relegando a conformação da tributação à atuação discricionária do legislador. Sempre que haja tais espaços de conformação, o legislador estará habilitado a orientar-se por fins não fiscais, sem que se configure tensão alguma com o princípio da isonomia tributária. Trata-se da extrafiscalidade *lato sensu*, que nem sempre implica desigualdades tributárias.

Malgrado tais situações existam, não configuram o caso central da extrafiscalidade. Quando se alude à tributação extrafiscal, não se costuma designar a simples busca de fins não fiscais por intermédio da tributação, senão a que é realizada com prejuízo aos postulados da justiça impositiva (concretizada, em geral, à luz da capacidade contributiva).[303] Esta busca caracteriza a "extrafiscalidade *stricto sensu*", que constitui o objeto de nossa análise.[304]

Dessas ponderações se infere que a persecução de fins não fiscais fora do âmbito de liberdade de conformação outorgado ao legislador pelo princípio da isonomia tributária implica *desvios* perante as suas exigências e, por conseguinte, perante a justiça impositiva.[305] Por isso, assiste razão a Birk quando assevera que um sistema impositivo *ideal* deveria ser constituído tão somente por normas com finalidades puramente fiscais, em cujo âmbito a carga tributária fosse repartida à luz de critérios de justiça: perante esse sistema, as normas tributárias interventivas consubstanciam um "corpo estranho".[306]

Evidenciada a existência de conflitos entre a extrafiscalidade e a igualdade tributária, passaremos à análise da tese que preconiza a invariável preponderância desta, reputando ser inadmissível a tributação extrafiscal *stricto sensu*.

2.3.2. Tese da inadmissibilidade

Segundo tese radical e anacrônica, a igualdade tributária concretizada à luz da capacidade contributiva jamais poderia ser descurada ou restrita com base em fins não fiscais. Tratar-se-ia de um princípio absoluto, que sempre prevaleceria sobre os demais, levando invariavelmente à inconstitucionalidade das normas extrafiscais.[307] Sainz de Bujanda é categórico nesse sentido: "La equitativa distribución de la carga fiscal no puede sacrificarse para el logro de otros fines, por muy elevados y

---

repartição tributária ("Finanzierungszwecke und Lenkungszwecke in einem verfassungsmäßigen Steuersystem", p. 75). Em sentido contrário, La Rosa externa haver invariável contradição entre a busca de fins não fiscais e a realização da igualdade tributária: elas seriam "fundamentalmente incompatíveis" porque aquela não poderia ser realizada sem derrogações "mais ou menos relevantes a uma rigorosa atuação da igualdade na distribuição das cargas tributárias" (*Eguaglianza tributaria ed esenzioni fiscali*, p. 1).

[303] Assim, Birk indica a perda de justiça na ordem tributária em razão do aumento das normas interventivas, pois elas se desviam dos critérios de justiça (*Gerechtigkeitsmaßstäbe*) na repartição da carga tributária ("Finanzierungszwecke und Lenkungszwecke in einem verfassungsmäßigen Steuersystem", p. 72 ss.).

[304] Vide p. 293.

[305] Portanto, à extrafiscalidade *stricto sensu* se aplica integralmente a afirmação de L. V. Berliri, segundo a qual "o imposto 'justo' não é o imposto 'político'" (*La giusta imposta*, p. 17).

[306] BIRK, "Finanzierungszwecke und Lenkungszwecke in einem verfassungsmäßigen Steuersystem", p. 81 e 87; KIRCHHOF, "Lenkungsteuern", p. 402.

[307] Vide TIPKE, *Die Steuerrechtsordnung*, 2ª ed., v. 1, p. 337-338, que distingue quatro concepções com respeito à afetação do princípio da igualdade pelas normas interventivas.

atrayentes que éstos sean, porque para ello sería necesario, en España, producir una legislación radicalmente nula".[308]

Tal posição poderia se sustentar no Estado Liberal Clássico, assentado na concepção do *laissez faire,* segundo a qual a atuação estatal tem de ser neutra perante a sociedade e, primordialmente, frente à economia, de modo que a atividade tributária deveria se limitar à busca de fins exclusivamente fiscais (ou seja, à arrecadação de recursos para o custeio das despesas públicas).[309] Não obstante, dito modelo estatal está superado há longa data. As constituições contemporâneas *exigem* a intervenção estatal na sociedade e na economia, a fim de efetivar os direitos sociais e combater as distorções econômicas. Os Estados modernos são intervencionistas, utilizando amplamente a tributação com fins regulatórios.[310]

Até mesmo em países cujas constituições não se pronunciam a respeito, a admissibilidade da extrafiscalidade é reconhecida há muito tempo, pois os preceitos constitucionais impõem a realização de fins alheios ao Direito Tributário e não costumam proibir o emprego da tributação para alcançá-los.

Na Alemanha, a questão da legitimidade da tributação extrafiscal surgiu com vulto peculiar, já que, ao definir os impostos, a Codificação Tributária do *Reich* de 1919 (*Reichsabgabenordnung* – RAO) previa unicamente a finalidade de obtenção de recursos: impostos são "prestações únicas ou contínuas que não constituem uma

---

[308] SAINZ DE BUJANDA, *Hacienda y derecho,* v. III, p. 420. Ao tratar do conflito entre a justiça impositiva e as medidas tributárias destinadas a promover o desenvolvimento econômico, Bujanda acrescenta que: "La injusticia tributaria está, por otra parte, radicalmente vedada por las normas constitucionales de reparto, lo que impide, según vimos, sacrificarla en aras del desarrollo [...] Atiéndase, pues, al crecimiento de los bienes materiales, mas no se olvide nunca que el proceso no es legítimo – ni, a la larga, eficaz – si con él se sacrifica, aunque sea temporalmente, el valor perdurable de la justicia, en cualesquiera de sus especificaciones" (ob. cit., p. 374-375). Contudo, em seguida relativiza as suas afirmações, externando que: "En la medida en que se estimen indispensables [refere-se às isenções extrafiscais], han de coordinarse con otras disposiciones de la política fiscal que tiendan a restablecer la equitativa distribución de la carga que esas exenciones tanto perturban" (ob. cit., p. 421). Nessa linha, Córtez Domínguez e Martín Delgado sustentam que "el tributo es justo en la medida en que no vulnera el principio de capacidad contributiva" e portanto "el principio se viola cada vez que por consideraciones de naturaleza extrafiscal, la existencia o el montante del tributo no responden al repetido criterio de justicia" (*Ordenamiento tributario español,* v. I, p. 71). No entanto, em seguida admitem expressamente a tributação extrafiscal, ao analisar e criticar a posição de Sainz de Bujanda (ob. cit., p. 90 ss.).

[309] Vide CHECA GONZÁLEZ, "Los impuestos con fines no fiscales: Notas sobre las causas que los justifican y sobre su admisibilidad constitucional", p. 506 ss. Lejeune Valcárcel contextualiza historicamente a tese da inadmissibilidade da extrafiscalidade, expondo que a capacidade contributiva era o único critério quando se concebiam os tributos como instrumentos jurídicos destinados exclusivamente à obtenção de recursos públicos, o que fazia com que as isenções extrafiscais gerassem perplexidade ("L'eguaglianza", p. 383). Prossegue asseverando que atualmente tal critério é insuficiente, por não se harmonizar com a extrafiscalidade ou com o princípio da progressividade ("L'eguaglianza", p. 388).

[310] Na Venezuela e no Equador, as respectivas constituições chegam a impor expressamente a busca de fins sociais e econômicos mediante a tributação: "El régimen tributario se regulará por los principios básicos de igualdad, proporcionalidad y generalidad. Los tributos, además de ser medios para la obtención de recursos presupuestarios, servirán como instrumento de política económica general" (art. 256 da Constituição do Equador de 1998); "El sistema tributario procurará la justa distribución de las cargas publicas según la capacidad económica del o la contribuyente, atendiendo al principio de progresividad, así como la protección de la economía nacional y la elevación del nivel de vida de la población" (art. 316 da Constituição venezuelana de 2000). Esse preceito corresponde ao art. 223 da Constituição venezuelana de 1961. A Constituição brasileira de 1988, por outro lado, *impõe* a instituição de contribuição de intervenção no domínio econômico sobre a importação de produtos e serviços estrangeiros (art. 149, § 2º, II).

contraprestação por uma prestação especial e são impostas por uma entidade de Direito Público para a obtenção de ingressos a todos aqueles alcançados pela hipótese de incidência à qual a lei vincule a obrigação" (§ 1).[311] Essa definição não compreendia os impostos extrafiscais, levando a significativos questionamentos doutrinários e jurisprudenciais. Firmada a jurisprudência do BVerfG no sentido da admissibilidade dos impostos extrafiscais,[312] a Codificação Tributária de 1977 (*Abgabenordnung* – AO 1977) consolidou-a ao agregar à definição de imposto da RAO a referência de que a "obtenção de recursos pode ser um fim secundário (*Nebenzweck*)" (§ 3, 1).[313]

A extrafiscalidade também é admitida de forma pacífica na Espanha. A *Ley General Tributaria* de 1963 já a previa, num preceito que não só aceitava, mas até mesmo aparentava exigir a persecução de fins não fiscais pelo Direito Tributário: "Los tributos, además de ser medios para recaudar ingresos públicos, han de servir como instrumentos de la política económica general, atender a las exigencias de estabilidad y progreso sociales y procurar una mejor distribución de la renta nacional" (art. 4º). E a *Ley General Tributaria* de 2003 veicula preceito análogo, em que corrige o inadequado caráter impositivo da redação pretérita: "Los tributos, además de ser medios para obtener los recursos necesarios para el sostenimiento de los gastos públicos, podrán servir como instrumentos de política económica general y atender a la realización de los principios y fines contenidos en la Constitución" (art. 2.1).

O Tribunal Constitucional espanhol sempre reconheceu a legitimidade desses preceitos, por reputar que a função extrafiscal tem fundamento constitucional implícito nos princípios norteadores da política social e econômica: "Es cierto que la función extrafiscal del sistema tributario estatal no aparece explícitamente reconocida en la Constitución, pero dicha función puede derivarse directamente de aquellos

---

[311] Vale a pena referir a redação do preceito: "einmalige oder laufende Geldleistungen, die nicht eine Gegenleistung für eine besondere Leistung darstellen und von einem öffentlich- rechtlichen Gemeinwesen zur Erzielung von Einkünften allen auferlegt werden, bei denen der Tatbestand zutrifft, an den das Gesetz die Leistungspflicht knüpft".

[312] Friauf ressalta que, desde 1963, o Tribunal de Karlsruhe aceita generosamente a intervenção econômica mediante o manejo dos impostos, sem considerar adequadamente as suas implicações constitucionais ("Steuervereinfachung versus Lenkungsnormen", p. 86). Deveras, no *Werkfernverkehrsurteil* o Tribunal Constitucional Federal alemão desconsiderou a afetação da igualdade tributária advinda tributação extrafiscal, limitando-se a afirmar que a "condução político-econômica através de uma lei tributária não representa abuso de forma" (*wirtschaftspolitische Lenkung durch ein Steuergesetz bedeutet keinen Formmißbrauch*) e a enfatizar a necessidade de se utilizar uma medida que não seja inadequada para a realização do fim não fiscal, o que aconteceria na hipótese de se estabelecer um tributo com efeito "estrangulador" (*erdrosselnde Wirkung*) (BVerfGE 16, 147, 147 e 161). De acordo com a jurisprudência do BVerfG, a despeito de a capacidade contributiva ser um relevante critério de graduação da carga tributária, é possível que a imposição seja graduada à luz de outros critérios: concedem-se ao legislador amplos espaços de discricionariedade para alcançar fins de política financeira, economia popular, política social, etc., sem que se evidencie, em princípio, violação alguma à isonomia tributária. Vide BVerfGE 13, 181 [202 ss.]; 49, 343 [360]; 74, 182 [200]; 93, 121 [147]. Na doutrina, conferir, entre muitos outros, FRIAUF, *Verfassungsrechtliche Grenzen der Wirtschaftslenkung und Sozialgestaltung durch Steuergesetze*, p. 10 ss.; idem, "Verfassungsrechtliche Anforderungen an die Gesetzgebung über die Steuern vom Einkommen und vom Ertrag", p. 27 ss.; BIRK, *Steuerrecht*, p. 55 ss.

[313] Com respeito ao tema, cfr. FRIAUF, *Verfassungsrechtliche Grenzen der Wirtschaftslenkung und Sozialgestaltung durch Steuergesetze*, p. 14 ss.; VOGEL, WALDHOFF, *Grundlagen des Finanzverfassungsrechts: Sonderausgabe des Bonner Kommentars zum Grundgesetz*, p. 254 ss.; YEBRA MARTUL-ORTEGA, "Comentarios sobre un precepto olvidado: el artículo cuarto de la Ley General Tributaria", p. 173-175.

preceptos constitucionales en los que se establecen principios rectores de política social y económica (señaladamente, arts. 40.1 y 130.1), dado que tanto el sistema tributario en su conjunto como cada figura tributaria concreta forman parte de los instrumentos de que dispone el Estado para la consecución de los fines económicos y sociales constitucionalmente ordenados".[314] O Tribunal considera, outrossim, que a utilização da tributação para alcançar fins não fiscais é, em princípio, compatível com o princípio da capacidade contributiva, o qual "no impide que el legislador pueda configurar el presupuesto de hecho del tributo teniendo en cuenta consideraciones extrafiscales".[315]

E a doutrina não discrepa dessa concepção, admitindo pacificamente a tributação extrafiscal. Como ressaltam Córtez Domínguez e Martín Delgado, "el instrumento fiscal, desde la revolución que se operó en la Ciencia de la Hacienda por obra de KEYNES y sus seguidores, cumple un papel preponderante en la marcha de la economía de los países y puede y debe ser utilizado para lograr el crecimiento del producto nacional y su mejor distribución".[316]

Tampouco há divergências nos demais países. Na Itália, por exemplo, a doutrina defende em tom uníssono a admissibilidade da tributação extrafiscal,[317] e a *Corte Costituzionale* sempre a reconheceu. É certo que, numa das suas primeiras manifestações sobre a matéria, a Corte evidenciou acentuada cautela para aceitar as isenções extrafiscais, em razão de afetarem a igualdade tributária: "Deve-se recordar que a matéria das isenções é, por si, muito delicada, porque necessariamente implica disparidade de tratamento com respeito a situações e relações similares, as quais devem ser consideradas atentamente e com uma visão geral e unitária: só quem tem diante de si o marco de todas as situações atuais e daquelas possíveis, percebe as diferenças entre umas e outras com relação às categorias de sujeitos e às circunstâncias locais e tem condições de prognosticar as repercussões diretas e indiretas dos benefícios

---

[314] STC 37/1987, de 26 de março, FJ 13.

[315] STC 37/1987, FJ 13. Vide STC 221/92, de 11 dezembro, FJ 4.

[316] CÓRTES DOMÍNGUEZ, MARTÍN DELGADO, *Ordenamiento tributario español*, v. I, p. 90. Vide PALAO TABOADA, "Apogeo y crisis del principio de capacidad contributiva", p. 394; CHECA GONZÁLEZ, "Los impuestos con fines no fiscales: Notas sobre las causas que los justifican y sobre su admisibilidad constitucional", p. 505-516; CASADO OLLERO, "Los fines no fiscales de los tributos", p. 103 ss.; YEBRA MARTUL-ORTEGA, "I fini extrafiscali dell'imposta", p. 655 ss.; LEJEUNE VALCÁRCEL, "Aproximación al principio constitucional de igualdad tributaria", p. 143; GONZÁLEZ, GONZÁLEZ, *Derecho Tributario*, v. I, p. 68 ss.; BAYONA DE PEROGORDO, SOLER ROCH, *Derecho Financiero*, v. I, p. 241.

[317] Griziotti já sustentava a possibilidade de se concederem isenções objetivas ou subjetivas extrafiscais ("Il principio della capacità contributiva e sue applicazioni", in *Saggi sul rinnovamento dello studio della Scienza delle Finanze e del Diritto Finanziario*, p. 367-368) e de fins não fiscais concorrerem com o princípio da capacidade contributiva ("I principi delle entrate extrafiscali", in *Saggi sul rinnovamento dello studio della Scienza delle Finanze e del Diritto Finanziario*, p. 371 ss.). Também Giannini destacava que o fim arrecadatório não é sempre "o único motivo da imposição. Com efeito, o meio do imposto também pode ser utilizado para a realização de finalidades não fiscais" (*I concetti fondamentali del Diritto Tributario*, p. 59). Nessa linha, Maffezzoni indicava a possibilidade de fins não fiscais justificarem a inobservância da exigência de se graduar a tributação conforme a capacidade contributiva (isto é, com base numa "estrita adesão ao conteúdo econômico" do fato imponível) (MAFFEZZONI, *Profili di una teoria giuridica generale dell'imposta*, p. 24-25). Vide MANZONI, *Il principio della capacità contributiva nell'ordinamento costituzionale italiano*, p. 100 ss.; FICHERA, *Imposizione ed extrafiscalità nel sistema costituzionale*, p. 47-49; POTITO, *L'ordinamento tributario italiano*, p. 20-21.

(*agevolazioni*) prospectados, pode considerar-se capaz de concedê-los sem violar os princípios da igualdade e da justiça e sem lesar gravemente interesses merecedores de tutela".[318] Não obstante essa cautela inicial, a sua jurisprudência se consolidou no sentido da admissibilidade das isenções extrafiscais, sem sequer questioná-la. A *Corte Costituzionale* não suscitava e tampouco suscita indagações a respeito da possibilidade de o legislador instituir tributos ou benefícios extrafiscais, mas tão somente da sua legitimidade *in concreto*.[319]

Em suma, com a superação do Estado Liberal e das doutrinas radicais com respeito ao caráter absoluto dos princípios da igualdade tributária e da capacidade contributiva, restou consagrada a tese de que a imposição extrafiscal é admissível. A questão que se põe atualmente não concerne à sua admissibilidade, antes aos seus pressupostos de legitimidade,[320] os quais serão enfocados detidamente a seguir, à luz do princípio constitucional que nos ocupa.

2.4. Controle de constitucionalidade das desigualdades resultantes da extrafiscalidade

Como se expôs na seção precedente, a tributação extrafiscal é admitida pela jurisprudência e pela vasta maioria da doutrina. O legislador pode – e por vezes deve – lançar mão dos institutos e formas do Direito Tributário para buscar fins não fiscais. Sem embargo, admiti-la não significar reconhecer *a priori* a sua legitimidade. A admissibilidade da extrafiscalidade não se confunde com a sua legitimidade[321] e tampouco a implica: do fato de ser viável não se pode inferir que a extrafiscalidade seja incondicionada ou que esteja relegada à inteira arbitrariedade do legislador tributário.[322]

---

[318] *Corte Costituzionale, Sentenza* 76/1958. A Corte acrescenta que: "Situações econômicas de caráter local podem justificar determinações destinadas a não criar posições de privilégio, assim como a restabelecer, nos limites do possível, um equilíbrio turbado e, portanto, a reconduzir as situações desiguais a uma posição de igualdade". Nessa decisão, declarou-se a inconstitucionalidade de preceito que havia prorrogado incentivo fiscal, por implicar um desequilíbrio entre distintas regiões italianas. A respeito, cabe observar que o legislador da reforma tributária italiana também estava consciente do conflito entre os incentivos tributários e as exigências da igualdade tributária e da consequente necessidade de se restringir a concessão de tais benefícios. Como prevê o art. 7º da Lei 825, de 9 de outubro de 1971, na regulação de novos tributos "a matéria das isenções, dos incentivos (*agevolazioni*) e dos regimes substitutivos com caráter de incentivo será regulada com base no critério geral de limitar na maior medida possível as derrogações aos princípios da generalidade e da progressivdade da imposição".

[319] Cfr. FICHERA, *Imposizione ed extrafiscalità nel sistema costituzionale*, p. 56, nota 126, com ampla referência jurisprudencial. Em trabalho posterior, Fichera sintetiza a doutrina da *Corte Costituzionale* nestes termos: a Corte considera que a extrafiscalidade é de certo modo "natural" (no sentido de que o uso do instrumento tributário para alcançar fins não fiscais deriva diretamente dos princípios constitucionais e está vinculado a eles) e coloca no centro da sua jurisprudência um problema ulterior, atinente aos limites e às vinculações às quais o legislador tem de se ater ao perseguir objetivos de política econômica ("La giurisprudenza della Corte costituzionale sul tema dei rapporti tra imposizione ed extrafiscalità", p. 774).

[320] Vide LA ROSA, "Le agevolazioni tributarie", p. 403-404.

[321] Vide KIRCHHOF, "Lenkungsteuern", p. 402.

[322] Identifica-se com clareza essa distinção na jurisprudência do *Bundesverfassungsgericht*. Como expõe o Tribunal alemão, as leis tributárias contrapostas ao princípio da igualdade podem legitimar-se com base no interesse público que o legislador pretende promover mediante a conformação da conduta dos contribuintes. Essa decisão, vale aclarar, tratava de regulação que implicava indiretamente

A constitucionalidade das normas extrafiscais deve ser aferida caso a caso. Ela não decorre da mera compatibilidade do meio com os princípios constitucionais específicos do âmbito regulado (com frequência, os princípios econômicos e ambientais) ou da singela constatação de que a medida extrafiscal atua em prol da comunidade.[323] Além disso, pressupõe a observância de outras regras e princípios constitucionais, dentre os quais sobressai o princípio da isonomia tributária.

Pois bem, a seguir trataremos dos problemas atinentes à qualificação das normas tributárias anti-isonômicas na categoria das normas extrafiscais e às condições de legitimidade advindas do princípio objeto do nosso estudo.

2.4.1. Identificação de uma efetiva busca de fins não fiscais

Tendo em vista que a doutrina e a jurisprudência aceitam relevantes desigualdades impositivas sob o singelo argumento de o legislador almejar fins não fiscais, revela-se extremamente importante identificar a *efetiva* busca de tais fins para se proceder ao controle da legitimidade constitucional das desigualdades tributárias, sobretudo porque nem toda norma incompatível com o princípio da isonomia tributária se qualifica como extrafiscal: pode ser simplesmente uma norma fiscal inconstitucional. E obviamente não pode se admitir que uma suposta persecução de fins não fiscais sirva para justificar a inobservância do princípio da igualdade tributária.

A respeito, o BVerfG considera que, para justificar a afetação da igualdade sob o argumento da busca de fins não fiscais, é imprescindível averiguar, em primeiro lugar, se a realização de tais fins foi realmente almejada pelo legislador. Para colocar o Direito Tributário a serviço de fins que lhe são alheios, seria indispensável haver uma clara decisão do legislador tributário de perseguir fins diversos do arrecadatório.[324] No entanto, essa exigência é extremamente problemática, pois pressupõe a valoração da vontade do legislador e lhe outorga importância elevadíssima, quando a hermenêutica constitucional contemporânea só lhe atribui um papel secundário na interpretação dos preceitos legislativos. Por tal razão, é possível qualificar as normas tributárias como extrafiscais mesmo contra a vontade do legislador,[325] à luz de aspectos como a existência de um trato díspar que promova interesse público distinto da justa repartição da carga tributária. Noutros termos, é a *ratio* da lei que há

---

benefícios tributários e, portanto, desigualdades impositivas (BVerfG, 1 BvL 10/02, de 7.11.2006, Absatz-Nr. 98).

[323] No seu livro *Steuergerechtigkeit in Theorie und Praxis*, Tipke lecionava que "uma violação do princípio da capacidade contributiva através de outro princípio só pode se justificar quando a violação também sirva indiretamente ao interesse público, à coletividade" (p. 59). Essa limitação do controle caracteriza a concepção do princípio da igualdade, no âmbito da extrafiscalidade, como mera interdição de privilégios. Por isso, o Professor da Universidade de Colônia, ao analisar a legitimidade do Imposto sobre Cachorros, limitava-se a indagar acerca da possibilidade de o Estado perseguir o fim de inibir a propriedade de tais quadrúpedes, análise que complementava com a afirmação de que o imposto também estaria fundado no princípio da equivalência (ob. cit., p. 59-60).

[324] BVerfGE 93, 121 [147]. Cfr. BVerfG, 1 BvL 10/02, de 7.11.2006, Absatz-Nr. 100, com referência a BVerfGE 93, 121 [147 s.]; 99, 280 [296]; 105, 73 [112]; 110, 274 [293]. Vide também BIRK, *Steuerrecht*, p. 59.

[325] Cfr. YEBRA MARTUL-ORTEGA, "Comentarios sobre un precepto olvidado: el artículo cuarto de la Ley General Tributaria", p. 177. Para uma posição crítica com respeito à vinculação à decisão do legislador na jurisprudência do BVerfG, vide JACHMANN, *Verfassungsrechtliche Grenzen der Besteuerung*, p. 17-18.

de ser considerada. De qualquer forma, é inegável que a jurisprudência do Tribunal alemão ressalta aspecto de importância extrema: para que uma norma anti-isonômica se legitime com base em fins não fiscais, é imprescindível que esteja clara e efetivamente destinada a realizá-los. Se não se pode identificar com clareza a persecução de um fim não fiscal por norma que se distancia das diretrizes impostas pelo princípio da isonomia tributária, deve-se declarar a sua inconstitucionalidade, e não tentar respaldá-la com base em bens coletivos e princípios que ela não persegue.

Caso a norma seja realmente extrafiscal, o conflito com o princípio da igualdade deverá ser solucionado fundamentalmente à luz do mandado de proporcionalidade, como exporemos a seguir.

2.4.2. Teorias sobre o âmbito de controle

Há concepções muito distintas acerca do âmbito de controle das desigualdades resultantes da imposição extrafiscal. Por influência da tese que reconduz o princípio da isonomia à interdição de arbitrariedade, costuma-se limitar tal controle à análise do caráter não arbitrário da disparidade de trato. Por outro lado, certos juristas defendem que as medidas extrafiscais serão legítimas sempre que os fins e os meios não ofendam a Constituição: propõem um controle restrito à legitimidade constitucional dos fins não fiscais e dos meios utilizados para alcançá-los. E uma corrente mais recente preconiza o efetivo controle de proporcionalidade das desigualdades geradas pela tributação extrafiscal.

Doravante procederemos à análise crítica dessas teorias, bem como da tese específica que torna o princípio da igualdade inócuo perante os benefícios extrafiscais.

2.4.2.1. O controle restrito à arbitrariedade

Quem adota a teoria da interdição de arbitrariedade deve, por coerência, defender um controle extremamente débil das desigualdades advindas das normas extrafiscais, limitado, em geral, à legitimidade constitucional dos meios e fins e à adequação daqueles para alcançar estes.

Com efeito, à luz dessa teoria as desigualdades geradas pelas normas extrafiscais estariam invariavelmente justificadas, contanto que se devam à persecução de fins legítimos mediante meios adequados e constitucionais. Em razão de qualquer fundamento objetivo ser suficiente para se rechaçar o caráter arbitrário da diferenciação legislativa, toda busca minimamente racional de fins não fiscais seria legítima, já que tais fins constituem fundamentos objetivos para a diferenciação. Tanto a necessidade da medida desigual quanto o grau de afetação ao princípio da isonomia seriam irrelevantes, por não se efetuar um controle de proporcionalidade. Via de consequência, fins desnecessários e de menor importância poderiam justificar graves desvios perante a igualdade tributária.

Nessa linha, Selmer defende posição que suprime toda a relevância do princípio da isonomia tributária na imposição extrafiscal. Após afirmar que o legislador pode estabelecer qualquer diferenciação não arbitrária, atribui à finalidade legislativa de intervenção econômica ou social uma "força excludente da arbitrariedade" (*willkürausschließende Kraft*). A abertura valorativa e a carência de concretização do princípio da igualdade conduziriam inexoravelmente à exclusão do caráter arbitrário da medida interventiva, sempre que haja razões de interesse público para sustentá-la, como costuma haver na tributação extrafiscal. Com base nessas premissas, Selmer conclui que "o princípio geral da igualdade não é nem um atual e nem um potencial meio adequado" para o controle das normas tributárias de condução econômica ou conformação social.[326] As desigualdades decorrentes da extrafiscalidade seriam invariavelmente constitucionais.[327]

A impropriedade dessa posição advém da teoria que a sustenta[328] e torna-se especialmente clara quando se identificam os seus resultados, haja vista anularem completamente o princípio da isonomia tributária na imposição extrafiscal, mutilando parte fundamental do seu significado e da sua força jurídica.

2.4.2.2. O controle dos fins e dos meios

Já tratamos da tese que limita o controle das desigualdades à averiguação da constitucionalidade dos meios e dos fins.[329] Agora, devemos investigar a sua aplicação específica à problemática da extrafiscalidade.

Tal tese recebe generosa acolhida na doutrina italiana. De Mita, por exemplo, ao tratar da imposição extrafiscal defende que "uma vez estabelecido que o fim é digno de tutela, a eleição do meio remete-se à valoração discricionária do legislador". A única condição adicional seria a existência de capacidade contributiva enquanto pressuposto impositivo.[330] Quando se persegue um fim digno de tutela e se gravam fatos denotadores de capacidade contributiva, toda e qualquer desigualdade tributária seria constitucional. Nessa senda, Falsitta afirma que os benefícios fiscais são legítimos sempre que busquem alcançar finalidades consagradas constitucionalmente. O conflito com a igualdade resolver-se-ia mediante a aplicação do princípio *lex specialis derogat generali*, que implicaria a invariável preponderância dos preceitos que sustentam a tributação extrafiscal.[331]

Como já se expôs, não reputamos ser possível perfilhar essa tese, pois suprime toda a relevância jurídica do princípio da igualdade, fazendo com que o legislador não se sujeite a tal princípio, mas tão somente aos demais preceitos constitucionais. A consequência é a admissão de todas as desigualdades advindas da tributação extrafiscal.

2.4.2.3. A irrelevância da igualdade tributária nos benefícios extrafiscais

Em matéria de benefícios extrafiscais, a invariável preponderância dos fins não fiscais perante o princípio da isonomia tributária também resulta da tese de que as

---

[326] SELMER, *Steuerinterventionismus und Verfassungsrecht*, p. 357-358 e 361. Aplicando a sua posição às taxas, vide WENDT, *Die Gebühr als Lenkungsmittel*, p. 152.

[327] Essa foi a concepção acolhida pelo BVerfG até a introdução da *neue Formel*, quando o Tribunal alemão deixou de aplicá-la aos tratamentos entre grupos de contribuintes. Vide BVerfGE 16, 147, [161]; 38, 61, [80]. Cfr. TIPKE, *Die Steuerrechtsordnung*, 2ª ed., v. 1, p. 337-338. Para uma análise mais detida da jurisprudência do BVerfG, vide p. 25 ss. e p. 57 ss.

[328] Isto é, da teoria da interdição de arbitrariedade, analisada detidamente no início da nossa investigação. Vide p. 33 ss.

[329] Vide p. 246 ss.

[330] DE MITA, *Principi di diritto tributario*, p. 97.

[331] FALSITTA, *Manuale di diritto tributario. Parte generale*, p. 159-160.

condições de legitimidade constitucional dos benefícios tributários são exatamente as mesmas a que estão sujeitas as subvenções financeiras, dado serem financeiramente equivalentes.[332] Essa tese se apoia na premissa de que as normas concessivas de benefícios extrafiscais só se diferenciam das que concedem subvenções pela técnica utilizada, pois teriam o mesmo conteúdo jurídico.[333] O resultado é a total desconsideração dos princípios da igualdade tributária e da capacidade contributiva no exame de constitucionalidade dos benefícios extrafiscais.

Não se pode conceber que o legislador tenha exatamente a mesma liberdade para conceder benefícios tributários ou subvenções financeiras, pois aqueles, diversamente destas, implicam cargas tributárias desiguais e, por consequência, afetam os princípios da igualdade tributária e da capacidade contributiva. Embora tanto os benefícios tributários quanto as subvenções financeiras gerem os mesmos efeitos econômicos, não são juridicamente idênticos, não integram os mesmos ramos jurídicos e tampouco produzem efeitos jurídicos iguais. Portanto, hão de se sujeitar a controles diferenciados de constitucionalidade.

É oportuno repisar o fato de que as subvenções financeiras, diferentemente dos benefícios extrafiscais, não afetam a igualdade tributária. Por tal razão, esses benefícios carecem de uma justificação dupla: a justificação jurídico-econômica ou jurídico-social da sua concessão; e a justificação da disparidade de trato tributário.[334]

Do exposto se infere a impropriedade da tese da absoluta identidade jurídica entre os benefícios extrafiscais e as subvenções, a qual conduz à preponderância *a priori* dos fins que os justificam perante o princípio da igualdade. Em que pese seja perfeitamente possível reconhecer, em certas situações, a preponderância dos fins não fiscais, é imprescindível levar a cabo um controle de proporcionalidade da medida lesiva à isonomia tributária, inclusive no que atine à necessidade de o Direito Tributário ser utilizado para a concessão de subvenções.[335]

2.4.2.4. A proposta de um controle de proporcionalidade

A ideia de um controle de proporcionalidade das normas extrafiscais não é totalmente nova. Em 1977, Vogel já expunha que as normas interventivas perseguem uma "autêntica finalidade" e que para elas valem não só as regras de interpretação teleológica, mas também as exigências de adequação, necessidade e proporcionalidade.[336] Gizava, ademais, a importância da diferenciação entre as normas de repartição de cargas tributárias, interventivas e de simplificação, justamente por possibilitar submetê-las a controles diferenciados de constitucionalidade.[337]

---

[332] Por isso, os benefícios fiscais se enquadram na categoria de subvenções indiretas ou ocultas (*indirekte oder versteckte Subventionen*). Vide KREUSSLER, *Der allgemeine Gleichheitssatz als Schranke für den Subventionsgesetzgeber unter besonderer Berücksichtigung von wirtschaftspolitischen Differenzierungszielen*, p. 19-21.

[333] Com respeito a essa tese, cfr. TIPKE, *Die Steuerrechtsordnung*, 2ª ed., v. 1, p. 338-339.

[334] LANG, "Konkretisierungen und Restriktionen des Leistungsfähigkeitsprinzips", p. 321 ss.

[335] Vide p. 314 ss.

[336] VOGEL, "Die Besonderheit des Steuerrechts", p. 10.

[337] VOGEL, "Die Abschichtung von Rechtsfolgen im Steuerrecht", p. 116-117. No entanto, Vogel não se referia expressamente ao princípio da igualdade e chegou a rechaçar diretamente o modelo de intervenção na igualdade proposto por Kloepfer ("Diskussionsbeitrage", p. 66-67).

Uma proposta mais específica encontra-se nos escritos de von Armin, que, além de defender a aplicação do mandado de proporcionalidade nos conflitos entre a *justiça tributária* e os fins não fiscais,[338] preconiza a ponderação específica entre o *princípio da igualdade* e os fins mencionados.[339] À luz dessa concepção, os desvios perante os postulados da isonomia tributária somente serão constitucionais se a norma extrafiscal observar os requisitos da adequação, necessidade e proporcionalidade *stricto sensu*. Noutros termos, a norma deverá ser adequada e necessária para alcançar as finalidades não fiscais almejadas, e essas haverão de possuir peso mais acentuado que o do princípio da igualdade.[340] [341]

2.4.3. Peculiaridades do controle de proporcionalidade da extrafiscalidade

Em razão das acentuadas disparidades de trato resultantes da tributação extrafiscal, revela-se necessário realizar um rigoroso controle da sua constitucionalidade à luz do princípio da igualdade, averiguando-se sobretudo se as disparidades obedecem às exigências impostas pelo mandado de proporcionalidade.

A *possibilidade* de se efetuar tal controle resulta da adoção de um modelo de intervenção na igualdade tributária e da constatação de que as normas extrafiscais envolvem não só uma relação específica entre meios e fins, mas também efetivo conflito de bens jurídicos.[342] Já a *necessidade* de realizá-lo advém da cogência e da amplitude do mandado de proporcionalidade. Todos os conflitos entre princípios e bens jurídicos de idêntico *status* normativo têm de se submeter ao controle de pro-

---

[338] ARNIM, *Gemeinwohl und Gruppeninteressen*, p. 300.

[339] ARNIM, "Besteurung und Eigentum", p. 322 e 327. E Birk propôs, na sua tese de habilitação, um amplo controle de proporcionalidade da tributação extrafiscal, no qual as normas tributárias cujos "efeitos imponíveis" se contraponham às normas constitucionais de repartição de cargas (especialmente ao princípio da capacidade contributiva) somente serão legítimas quando os fins não fiscais justifiquem a desigualdade tributária, superando a relevância da igualdade numa ponderação das exigências contrapostas (*Das Leistungsfähigkeitsprinzip als Maßstab der Steuernormen*, p. 244-245). Vide BIRK; BARTH, "§ 4 AO", mrg. 503 ss., p. 215 ss.

[340] Cfr. BIRK, *Das Leistungsfähigkeitsprinzip als Maßstab der Steuernormen*, p. 244-245; idem, "Finanzierungszwecke und Lenkungszwecke in einem verfassungsmäßigen Steuersystem", p. 84 ss.; idem, *Steuerrecht*, p. 57-59; RÜFNER, "Artikel 3. Gleichheitssatz", mrg. 208, p. 114; HUSTER, "Gleichheit und Verhältnismäßigkeit", p. 544; RODI, *Die Rechtfertigung von Steuern als Verfassungsproblem*, p. 53 e 155; FRIAUF, "Verfassungsrechtliche Anforderungen an die Gesetzgebung über die Steuern vom Einkommen und vom Ertrag", p. 27 ss.; HERRERA MOLINA, *Capacidad económica y sistema fiscal*, p. 128-129; TIPKE, *Die Steuerrechtsordnung*, 2ª ed., v. 1, p. 345-346; ECKHOFF, *Rechtsanwendungsgleichheit im Steuerrecht*, p. 194-195; KULOSA, *Verfassungsrechtliche Grenzen steuerliche Lenkung am Beispiel der Wohnungsgenossenschaften*, p. 30 ss.

[341] Note-se que tais condições são necessárias, mas não suficientes para se reconhecer a constitucionalidade das normas extrafiscais. Outros princípios impõem condições diversas, que não serão analisadas aqui por serem alheias ao nosso objeto.

[342] Cumpre ressaltar que as normas *fiscais* têm por objeto o financiamento dos gastos públicos, finalidade que pode ser alcançada com tributos de qualquer peso e conformação. Dessa forma, dificilmente seria viável submetê-las ao controle de proporcionalidade, pois com respeito a elas: a) não se põe a questão relativa à adequação do meio, que sempre estará presente; b) a necessidade também estará presente sempre que os recursos não sejam prescindíveis; e c) a despeito de se configurar um conflito de princípios ou bens jurídicos, a medida sempre seria proporcional, contanto que a tributação não resultasse confiscatória ou atentasse contra outros direitos fundamentais. Cfr. VOGEL, "Die Steuergewalt und ihre Grenzen", p. 542-544; VOGEL, WALDHOFF, *Grundlagen des Finanzverfassungsrechts: Sonderausgabe des Bonner Kommentars zum Grundgesetz*, p. 311; HUSTER, "Gleichheit und Verhältnismäßigkeit", p. 543-544.

porcionalidade, por força do princípio do Estado de Direito e da própria natureza dos princípios jurídicos.[343] E os conflitos que envolvem o princípio da isonomia não constituem, de modo algum, exceção à regra: há de se tutelar o direito à igualdade tributária mediante a aplicação do mandado de proporcionalidade, como qualquer outro direito fundamental.

Por já termos nos ocupado anteriormente do controle de proporcionalidade,[344] devemo-nos limitar a analisar as peculiaridades da sua aplicação à problemática da imposição extrafiscal.

2.4.3.1. Adequação

Num Estado de Direito, apenas podem subsistir as normas extrafiscais efetivamente *adequadas* para alcançar os fins almejados.[345] Seria até mesmo difícil qualificar como extrafiscais normas que, no plano fático, carecem de uma mínima aptidão para realizar os fins não fiscais supostamente perseguidos, haja vista que a correta qualificação jurídica tem de se basear na estrutura normativa e nos efeitos potencialmente produzidos, e não na vontade do legislador ou em outros elementos acessórios.

Exemplo de normas completamente inadequadas para alcançar fins não fiscais é fornecido pelas que produzem inexpressivo incremento da carga tributária, inapto para reduzir ou coibir as condutas submetidas à tributação. Elas atuam, por consequência, como normas de caráter fiscal,[346] singularizando-se justamente pela nota da desigualdade e da injustiça tributária.

Mas há casos de normas efetivamente extrafiscais que são inábeis a alcançar os seus fins. Trata-se de normas relativamente inadequadas, que somente permitem promover em reduzida medida os fins não fiscais almejados.[347] Quando haja outras medidas mais adequadas e menos gravosas à igualdade tributária, a inadequação relativa implicará a sua ilegitimidade constitucional. Também resultam inconsti-

---

[343] Vide p. 249.

[344] Vide p. 248 ss.

[345] A exigência de adequação do meio ao fim na extrafiscalidade foi ressaltada por Moschetti, que ao fazê-lo considerou tanto a adequação como a necessidade da medida, aludindo a uma "idoneidade estrutural", que poderia ser violada tanto por inadequação quanto por excesso (*Il principio della capacità contributiva*, p. 251).

[346] BIRK, "Finanzierungszwecke und Lenkungszwecke in einem verfassungsmäßigen Steuersystem", p. 74. Como exemplo de normas extrafiscais inadequadas, Birk também indica as que aumentam de modo geral a tributação sobre o consumo da energia elétrica a fim de reduzi-lo, dado se tratar de consumo imprescindível e necessário ("Finanzierungszwecke und Lenkungszwecke in einem verfassungsmäßigen Steuersystem", p. 74). Sem embargo, apesar de ser inquestionável que se continuaria consumindo energia elétrica, também é certo que um aumento significativo da tributação é apto a reduzir o seu consumo, pois reduziria o desperdício de energia. Tais normas seriam, portanto, adequadas à persecução do seu fim, ainda que possam ser desnecessárias ou desproporcionais *stricto sensu*. Ainda com respeito à inadequação das normas extrafiscais, vale recordar a decisão em que o BVerfG declarou a incompatibilidade, com o princípio da igualdade, da tributação diferenciada das aposentadorias dos funcionários públicos perante a dos demais aposentados, asseverando que na imposição extrafiscal não se exige apenas uma decisão clara do legislador de perseguir fins não fiscais através da tributação, mas também um mínimo de adequação do meio à finalidade não fiscal, o que tem de advir da correta conformação da hipótese de incidência (BVerfGE 107, 73).

[347] Com respeito à distinção entre adequação absoluta e relativa, vide p. 252 ss.

tucionais as normas que são aptas a alcançar fins não fiscais unicamente mediante efeitos ocasionais, produzidos acidentalmente.[348]

Nas normas interventivas inibitórias, o problema da adequação suscita interrogações mais relevantes, sobretudo com respeito à sua aptidão *jurídica* para realizar os seus fins.[349]

A respeito, cabe distinguir duas finalidades significativamente diversas buscadas por meio das normas inibitórias: a dissuasão de fatos lícitos e ilícitos.[350] O legislador pode buscar, mediante o manejo da tributação, aquela finalidade, mas não esta, pois os tributos são, por definição, prestações pecuniárias que não resultam de atos ilícitos. As suas hipóteses de incidência têm de consistir em fatos lícitos – ou em aspectos lícitos de fatos ilícitos (como a renda advinda do tráfico ilícito de narcóticos).[351] Se porventura forem utilizadas as formas e estruturas tributárias para penalizar conduta tipificada como ilícita em outro ramo jurídico, não se terá criado um tributo, senão uma sanção.[352] Entender o contrário, que se pode desvirtuar o tributo até o ponto de transformá-lo numa sanção por atos ilícitos, representaria inegável e injustificável retrocesso histórico e científico, ao atribuir-lhe o caráter punitivo e odioso que já ostentou em tempos longínquos e, por consequência, suprimir-lhe o seu necessário caráter de meio destinado à obtenção, direta ou indireta, de recursos públicos.[353]

---

[348] Nesse sentido, o BVerfG declarou a ilegitimidade de valorações desiguais das bases imponíveis no âmbito do Imposto sobre as Sucessões, que tinham caráter de benefícios e resultavam da busca de fins não fiscais, pois a regulação implicava uma renúncia, já na primeira etapa de determinação da carga tributária, à realização da máxima igualdade possível entre os destinatários do benefício, criando estruturalmente exonerações ocasionais e arbitrárias (BVerfG, 1 BvL 10/02, de 7.11.2006, Absatz-Nr. 107).

[349] Cumpre advertir que, quando se analisa a adequação *jurídica*, se vai além da concepção tradicional do controle de proporcionalidade, que se satisfaz com a aptidão *fática* do meio para realizar o seu fim. A despeito disso, a didática expositiva aconselha que se trate do tema conjuntamente com a problemática da adequação fática do meio, sem dissociar a análise de questões estreitamente conexas.

[350] Casado Ollero considera apenas a segunda finalidade, ao afirmar que as normas interventivas de dissuasão possuem "carácter materialmente sancionador, asimiladas a 'multas' sin infracción previa" ("Los fines no fiscales de los tributos", p. 129). Não obstante, o caso central de normas interventivas inibitórias costuma ser o primeiro, em que as normas se destinam a reduzir a ocorrência de condutas lícitas e indesejadas.

[351] Essa nota característica é correta e encontra-se prevista de forma expressa no nosso Código Tributário Nacional, que estabelece: "Tributo é toda prestação pecuniária compulsória, em moeda ou cujo valor nela se possa exprimir, que não constitua sanção de ato ilícito, instituída em lei e cobrada mediante atividade administrativa plenamente vinculada" (art. 3º). Com base nessa disposição do CTN, o Supremo Tribunal Federal declarou a ilegitimidade de adicional do IPTU estabelecido como sanção por ilícito administrativo: a omissão em registrar o imóvel na repartição pública competente (STF, 1ª Turma, 1. 1988). Malgrado a Codificação Tributária alemã de 1977 (§ 3, 1) e a LGT espanhola de 2003 (art. 2.1) não se pronunciem a respeito, a licitude do fato imponível dos tributos é uma nota intuitiva.

[352] Cfr. POTITO, *L'ordinamento tributario italiano*, p. 21-22; VOGEL, WALDHOFF, *Grundlagen des Finanzverfassungsrechts: Sonderausgabe des Bonner Kommentars zum Grundgesetz*, p. 257; TIPKE; LANG, *Steuerrecht. Ein systematischer Grundriß*, 18ª ed., p. 48.

[353] CHECA GONZÁLEZ, "El impuesto sobre tierras infrautilizadas de la Comunidad Autónoma Andaluza", p. 671. A respeito, Albiñana García-Quintana chega a sustentar que os *impuestos de ordenamiento* "no son impuestos y que podrían ser asimilados a 'multas' sin infracción previa, pues cumplen funciones correctoras disminuyendo, moderando y obstaculizando una determinada actividad o conducta humana" ("Los impuestos de ordenamiento económico", p. 24). Seguindo a opinião de Albiñana García-Quintana, Checa González ressalta corretamente que: "Si lo que se pretende es reprimir conductas que implican una no adecuada utilización de la propiedad, lo que se debe hacer es imponer las pertinentes sanciones, pero nunca y en ningún caso emplear la vía impositiva para este fin, pues si

A doutrina reconhece que há de se preservar, até mesmo na imposição extrafiscal, a estrutura e a função típica dos tributos,[354] sobretudo na Alemanha e na Espanha, países cujas codificações tributárias vedam a instituição de tributos exclusivamente extrafiscais, sem fins arrecadatórios. Como já se indicou, a Codificação Tributária alemã (*Abgabenordnung* – AO 1977) representou um avanço no reconhecimento da admissibilidade da tributação extrafiscal, ao expressar que o fim fiscal (de arrecadação de recursos) pode ser secundário (§ 3, 1). Também a *Ley General Tributaria* espanhola de 2003 estabelece que os tributos, "además de ser medios para recaudar ingresos públicos", podem perseguir fins não fiscais. Obviamente, tais preceitos pressupõem que se alcance o fim fiscal em alguma medida, sob pena de se desvirtuar completamente a natureza jurídica da exação, suprimindo o seu caráter tributário.[355]

A exigência de se buscar, em alguma medida, o fim arrecadatório também impede a instituição de "impostos estranguladores" (*Erdrosselungsteuern*), que não se destinam a inibir a prática de condutas lícitas, senão a torná-las totalmente proibitivas, dadas as suas extremas repercussões jurídico-tributárias. Noutros termos, não são instituídos para arrecadar recursos financeiros, mas para findar com a prática de condutas socialmente indesejáveis por meio de exação particularmente gravosa.[356] A finalidade extrafiscal é visivelmente incompatível com a fiscal, o que torna manifesta a inviabilidade de se reconhecer o caráter tributário dessas exações e, por conseguinte, de se utilizar o Direito Tributário para perseguir as respectivas finalidades não fiscais.

Com respeito à aptidão jurídica das medidas tributárias extrafiscais, pode-se concluir que: a) é necessário manter a estrutura típica dos tributos até mesmo na imposição extrafiscal, preservando os seus fins arrecadatórios, ainda que em caráter secundário; b) a despeito de ser permitido estabelecer tributos com a finalidade de reduzir a prática de condutas socialmente indesejáveis, não se pode fazê-lo para tornar totalmente proibitiva a prática de condutas lícitas ou para penalizar condutas ilícitas;[357] c) são, portanto, ilegítimos os tributos estranguladores ou sancionadores.

---

así se hiciese ésta quedaría absolutamente desnaturalizada, hasta el punto que las normas que tendiesen bajo el título meramente nominal de impuestos a la consecución de esas metas, deberían ser más propiamente adscritas a la categoría de 'multas' sin previa infracción" ("El impuesto sobre Tierras Infrautilizadas de la Comunidad Autónoma Andaluza", p. 671-672).

[354] Vide, por todos, POTITO, *L'ordinamento tributario italiano*, p. 21.

[355] Cfr. VOGEL, WALDHOFF, *Grundlagen des Finanzverfassungsrechts: Sonderausgabe des Bonner Kommentars zum Grundgesetz,* p. 254-257.

[356] Vide VOGEL, WALDHOFF, *Grundlagen des Finanzverfassungsrechts: Sonderausgabe des Bonner Kommentars zum Grundgesetz,* p. 257-258. A respeito, Birk defende que uma norma interventiva só será legítima quando constitua a "parte não impositiva do programa normativo" (*Unverbindlichkeit Teil des Normprogramms*); se a finalidade normativa é proibir a conduta tributada, a medida será inconstitucional ("Finanzierungszwecke und Lenkungszwecke in einem verfassungsmäßigen Steuersystem", p. 85), pela inadequação do meio jurídico eleito pelo legislador. Nesse sentido, o Tribunal Federal suíço reconhece a existência de uma "interdição de impostos proibitivos" (*Verbot der prohibitiven Steuer*), isto é, de impostos que impeçam o desempenho de atividades econômicas (vide BÖCKLI, *Indirekte Steuern und Lenkungssteuern,* p. 108).

[357] Nessa senda, o BVerfG adverte que a indução tributária é um instrumento para a *aproximação* a um fim, pois pressupõe a aceitação de que ele não será alcançado em todas as situações (BVerfG, 1 BvL 10/02, de 7.11.2006, Absatz-Nr. 99). Noutros termos, através do Direito Tributário só se podem inibir condutas socialmente indesejadas, e não vedá-las.

2.4.3.2. Necessidade

O controle de necessidade das normas extrafiscais ostenta importância extrema, pois elas não apenas se afastam da finalidade essencial da tributação com efeitos nocivos à igualdade e à justiça tributárias, senão que o fazem utilizando o caráter impositivo do Direito Tributário, ramo jurídico que se singulariza por colocar o cidadão-contribuinte numa situação de sujeição perante o poder estatal, levando a restrições significativas das suas garantias individuais.[358]

Por essa razão, em tal controle há que se investigar, em primeiro lugar, a necessidade da própria tributação extrafiscal, a fim de se averiguar a existência de meios *não tributários* alternativos, aptos a realizar o fim almejado com restrição menos severa a direitos e garantias constitucionais.

A despeito de se tratar de um controle complexo, é aconselhável empreendê-lo antes que o da necessidade da medida ante meios fiscais alternativos, pois a tributação extrafiscal é, em princípio, meio *subsidiário* perante as medidas não fiscais: as finalidades alheias à imposição devem ser buscadas, em regra, mediante os institutos e formas dos respectivos ramos jurídicos, e não do Direito Tributário.[359]

Por conseguinte, o legislador somente estará habilitado a estabelecer tributos ou normas extrafiscais quando as medidas não fiscais sejam inadequadas para promover eficazmente o fim ou impliquem restrições mais severas a direitos ou garantias constitucionais.[360] Se o legislador deseja tutelar o meio ambiente, por exemplo, deverá tentar estabelecer, antes de tudo, normas ambientais não fiscais e abster-se de utilizar o Direito Tributário para tal finalidade. Se deseja incentivar financeiramente determinada atividade econômica, em princípio deve conceder subvenções finan-

---

[358] Conforme observa o Tribunal Constitucional espanhol, o dever constitucional de contribuir ao financiamento dos gastos públicos "implica, más allá del genérico sometimiento a la Constitución y al resto del ordenamiento jurídico que el art. 9.1 de la norma fundamental impone, una situación de sujeción y de colaboración con la Administración tributaria en orden al sostenimiento de los gastos públicos cuyo indiscutible y esencial interés público justifica la imposición de limitaciones legales al ejercicio de los derechos individuales. Para los poderes públicos este deber constitucional comporta también exigencias y potestades específicas en orden a la efectividad de su cumplimiento por los contribuyentes" (STC 76/1990, de 26 de abril, FJ 3). Comentando essa decisão, Casado Ollero acrescenta que: "Fuera, por consiguiente, del ámbito de este deber constitucional, que hace posible el tributo como instrumento de contribución, resultarían exorbitantes aquellas 'potestades específicas', e injustificadas, desproporcionadas, estas 'limitaciones a los derechos individuales'", o que não implica a inadmissibilidade da tributação extrafiscal, senão a necessidade de o intérprete se conscientizar da impossibilidade de afirmar que os objetivos de política social e econômica por ela perseguidos "merezcan la misma protección y tutela constitucional, y justifiquen las mismas 'potestades específicas' e idénticas 'limitaciones de los derechos individuales', que el 'bien constitucionalmente protegido' en el artículo 31.1 de la CE" ("Los fines no fiscales de los tributos", p. 132-133).

[359] A respeito, L. V. Berliri já ressaltava que há de se considerar o "imposto político" como "o último meio a recorrer" para alcançar fins não fiscais, "sempre de modo temporário e somente quando todos os demais meios tenham se exaurido ou resultem infactíveis" (*La giusta imposta*, p. 17).

[360] Segundo leciona Yebra Martul-Ortega: "Cuando el legislador utiliza el impuesto para otras finalidades que no sean recaudatorias, debe cuidadosamente probar y considerar si no existen otros medios que conduzcan mejor a tal finalidad extrafiscal. El impuesto, como medio intervencionista, debe ser utilizado con mucho cuidado" ("Comentarios sobre un precepto olvidado: el artículo cuarto de la Ley General Tributaria", p. 175).

ceiras, e não benefícios tributários.[361] O recurso à criação de normas tributárias extrafiscais deve ser uma solução de última *ratio* – e não a regra.[362]

Não obstante isso, é indubitável que se pode recorrer à tributação extrafiscal até mesmo quando haja medidas administrativas alternativas, sobretudo quando elas sejam imperativas (imposições ou proibições). O Direito Tributário constitui instrumento útil para a busca de fins não fiscais precisamente porque permite induzir (e não impor) uma determinada conduta, ao inibir condutas socialmente inconvenientes mediante a criação de gravame especial ou ao estimular condutas desejadas por meio de benefício tributário.[363] Dessa forma, quando se objetiva reprimir uma conduta social ou economicamente indesejável, o âmbito de atuação da tributação extrafiscal deverá ser a redução das condutas *relativamente* indesejáveis, para as quais a proibição seria uma medida excessiva, desproporcional.[364] Em tal situação, o instrumento tributário provavelmente constitua meio necessário para inibir a conduta com a menor restrição possível aos direitos fundamentais dos cidadãos, haja vista ter a vantagem de conceder ao contribuinte a liberdade de escolher entre orientar-se pelas normas interventivas ou suportar o gravame que elas lhe impõem.[365]

Também será legítimo o manejo extrafiscal da tributação quando a concessão de incentivos financeiros, ao invés de desonerações tributárias, se revele irracional ou contraproducente, fazendo com que o Estado cobre tributos de um determinado contribuinte para logo em seguida restituí-los, desempenhando atividades financeiras completamente desnecessárias.

Constatando-se que a tributação extrafiscal é realmente necessária, haverá de se proceder a um segundo exame, relativo à existência de meios *tributários* menos gravosos à igualdade. Isto é, haverá de se efetuar o controle de necessidade da es-

---

[361] Com respeito aos benefícios extrafiscais, vale recordar que o princípio da igualdade tributária pesa contra a sua criação e a favor da outorga de subvenções financeiras, pois essas não o afetam e tampouco se contrapõem invariavelmente ao princípio mais amplo da igualdade financeira. Griziotti, ao tratar das exigências do princípio da capacidade contributiva, já assinalava que: "ao invés de proceder à proteção com impostos sobre mercadorias (*dazi*), é mais econômico e oportuno conceder incentivos (*premi*) aos produtores que efetivamente tenham necessidade de ajuda". Em seguida, estende essa ponderação aos fins redistributivos e assevera que "igualmente, se parte dos gastos públicos é de caráter político-social ou redistributivo, é recomendável prover os meios com instrumentos distintos dos impostos, para favorecer o ótimo rendimento fiscal dos impostos e a realização dos fins políticos e sociais" ("Il principio della capacità contributiva e sue applicazioni", in *Saggi sul rinnovamento dello studio della Scienza delle Finanze e del Diritto Finanziario*, p. 369).

[362] Nesse sentido, Potito afirma que o Estado deve observar o princípio da tipicidade ou da graduação dos instrumentos de intervenção e sempre utilizar os instrumentos mais adequados em função dos seus pressupostos, estrutura e efeitos, sob pena de o instrumento eleito ser qualificado como "'irrazoável' desde a perspectiva da sua congruência com os princípios constitucionais" (*L'ordinamento tributario italiano*, p. 22). Acolhendo expressamente a sua posição, cfr. CASADO OLLERO, "Los fines no fiscales de los tributos", p. 126-127.

[363] Cfr. BVerfG, 1 BvL 10/02, de 7.11.2006, Absatz-Nr. 98.

[364] Vide BIRK, "Finanzierungszwecke und Lenkungszwecke in einem verfassungsmäßigen Steuersystem", p. 86. Mas tampouco a disparidade de trato tributário pode ser desproporcional. Por força do princípio da igualdade, há de existir uma relação adequada entre a diferença das cargas tributárias impostas ao contribuinte "conduzido" e aos demais, isto é, entre a carga tributária geral e o "preço" que o contribuinte está obrigado a pagar por não se guiar pela indução tributária. Uma disparidade inadequada, desnecessária ou desproporcional implicaria a ilegitimidade da regulação. Vide JACHMANN, *Verfassungsrechtliche Grenzen der Besteuerung*, p. 18.

[365] ISMER, *Bildungsaufwand im Steuerrecht*, p. 358.

pecífica medida extrafiscal estabelecida pelo legislador, levando em conta as possibilidades alternativas de tributação extrafiscal e a intensidade da restrição que elas imporiam à igualdade tributária.[366]

À luz dessas ponderações, podem ser extraídas as seguintes conclusões:

a) há que se reconhecer o caráter subsidiário da tributação extrafiscal, perseguindo prioritariamente os fins não fiscais por meio das técnicas, instrumentos e institutos dos respectivos ramos jurídicos;

b) deve-se realizar o controle de necessidade da tributação extrafiscal perante meios não tributários eventualmente existentes;

c) afirmada a necessidade de se editarem normas tributárias extrafiscais, há de se investigar a existência de meios tributários alternativos que impliquem restrições menos severas à igualdade tributária;

d) constatada a desnecessidade da medida extrafiscal e anti-isonômica eleita pelo legislador (ou eventualmente pelos aplicadores das leis tributárias), deverá ser pronunciada a sua inconstitucionalidade.

2.4.3.3. Proporcionalidade "stricto sensu"

Superados os exames de adequação e necessidade, as normas extrafiscais ainda deverão submeter-se a um terceiro controle, de proporcionalidade *stricto sensu*. Somente após se proceder à ponderação entre as exigências em conflito será possível determinar se os fins não fiscais são efetivamente aptos a sustentar a desigualdade que geram.[367] Dito em outros termos, para se afirmar a constitucionalidade das normas extrafiscais, é imprescindível que os fins almejados tenham, na situação específica, peso mais acentuado que o do princípio da igualdade (e dos demais princípios eventualmente afetados).[368]

---

[366] A possibilidade de suprimir os conflitos entre a equidade tributária e a persecução de fins de política econômica foi objeto de análise específica no Informe Carter, no qual se consignou que a "multiplicidad de las formas de intervenir que ofrece el sistema fiscal, nos induce a pensar que es posible evitar un gran número de conflictos aparentes entre los objetivos buscados" (v. I, t. 2, p. 24). No Informe se utiliza um exemplo esclarecedor e se indicam três soluções alternativas para evitar conflitos entre a equidade tributária e o fim não fiscal: "Más adelante, en nuestro INFORME, recomendaremos que las ganancias de capital sean gravadas del mismo modo que las otras fuentes de ingresos con el fin de hacer más equitativo el reparto de las rentas y de los recursos. El impuesto sobre estas ganancias cercenará, quizá, el atractivo de los proyectos de inversión con muchos riesgos, lo que podría limitar el potencial de crecimiento económico. Pero si se reduce el impuesto que recae sobre los otros rendimientos derivados de la propiedad, si las pérdidas comerciales y las pérdidas patrimoniales gozan de un régimen generoso, y si se permite la amortización rápida de los capitales comprometidos en las empresas en que los riesgos son grandes, por no mencionar más que tres de las numerosas formas de compensación, el efecto del gravamen sobre las ganancias de capital provenientes de inversiones arriesgadas, se anulará y el conflicto entre los objetivos de equidad y de crecimiento económico desaparecerá" (ob. cit., p. 25).

[367] Vide BIRK, *Das Leistungsfähigkeitsprinzip als Maßstab der Steuernormen*, p. 244; idem, "Finanzierungszwecke und Lenkungszwecke in einem verfassungsmäßigen Steuersystem", p. 76; JACHMANN, *Verfassungsrechtliche Grenzen der Besteuerung*, p. 18; ISMER, *Bildungsaufwand im Steuerrecht*, p. 359.

[368] Cumpre notar que já em 1972 Kreussler defendia com clareza a necessidade de se efetuar um controle de proporcionalidade *stricto sensu* das subvenções *lato sensu* (conceito que também abarca os benefícios tributários, referidos como formas de subvenções indiretas) à luz da igualdade, ao afirmar que quanto mais uma norma de subvenção represente uma intervenção e quanto mais intensa ela seja, tanto mais severas serão as exigências dirigidas à finalidade que sustenta a disparidade impositiva (*Der*

O Tribunal Constitucional espanhol, contudo, não faz esse controle – ou ao menos não o faz de modo explícito. Não se identifica, na sua jurisprudência, adequada valoração dos princípios da igualdade e da capacidade contributiva. Pelo contrário, a simples qualificação das normas tributárias como extrafiscais parece servir para justificar a absoluta desconsideração de tais princípios, contanto que se respeite a capacidade contributiva na sua função de pressuposto da tributação. Um precedente paradigmático nesse sentido é a STC 37/1987, na qual o Tribunal parece desconsiderar a relevância da capacidade contributiva como critério da igualdade tributária e, por consequência, como diretriz de graduação impositiva, externando que na tributação extrafiscal basta que a "capacidad económica exista, como riqueza o renta real o potencial" para que o princípio constitucional da capacidade contributiva "quede a salvo".[369]

Na jurisprudência do BVerfG, há decisões em que se denota com clareza a realização de um controle de proporcionalidade *stricto sensu* das desigualdades geradas pela imposição extrafiscal, até mesmo antes da elaboração da *neue Formel*.[370] Porém, também há decisões visivelmente incompatíveis com a concepção que perfilhamos.[371] Destarte, malgrado se possa reconhecer que o Tribunal alemão efetua controle mais rígido que o espanhol no que concerne às disparidades na imposição extrafiscal, ainda não é possível identificar uma orientação consolidada nesse sentido.

---

allgemeine Gleichheitssatz als Schranke für den Subventionsgesetzgeber unter besonderer Berücksichtigung von wirtschaftspolitischen Differenzierungszielen, p. 75).

[369] STC 37/1987, de 26 de março, FJ 13; 186/1993, de 7 de junho, FJ 4; 221/1992, FJ 4. Após analisar a primeira sentença referida, Herrera Molina critica a falta de reconhecimento do conflito entre o fim não fiscal e o direito a contribuir segundo a capacidade contributiva, afirmando corretamente que a solução adequada seria proceder a um exame de proporcionalidade, de modo a analisar tanto a idoneidade e a necessidade da medida quanto a sua prevalência sobre a "lesión de la capacidad económica y el peso de los fines perseguidos bajo la perspectiva del interés general" (*Capacidad económica y sistema fiscal*, p. 128). Com base nessa premissa, propõe uma reinterpretação da STC 37/1987, no sentido de haver o Tribunal realizado uma ponderação com o princípio da capacidade contributiva e ter "considerado que – en el caso concreto – el derecho a la capacidad económica puede ceder hasta verse reducido a la existencia de una renta potencial en la generalidad de los supuestos contemplados por el legislador". Em seguida, acrescenta ser criticável que "el Tribunal se ampare en formulaciones genéricas en lugar de admitir el conflicto entre capacidad económica y fines extrafiscales y realizar una cuidadosa ponderación en el supuesto que se planteaba" (ibidem, p. 129). Examinamos mais detidamente essa decisão na nota 378, à p. 320.

[370] Num importante precedente de 1979 relativo às taxas extrafiscais, o Tribunal alemão, após ressaltar a legitimidade da graduação das taxas à luz de fins alheios ao financiamento da atividade estatal, asseverou que tal graduação deveria respeitar o princípio da igualdade e o mandado de proporcionalidade *stricto sensu* e, portanto, os fins buscados mediante a instituição de taxas não poderiam estar "fora de proporção" com respeito à carga imposta aos cidadãos. Dessa forma, todos os fins constitucionalmente legítimos perseguidos por meio das taxas têm de constituir "fatores de ponderação" no controle de proporcionalidade (BVerfGE 50, 217, 227). Com respeito ao controle de proporcionalidade das taxas extrafiscais, vide VOGEL, "Grundzüge des Finanzrechts des Grundgesetzes", p. 71. Já em 1980 o Tribunal de Karlsruhe desenvolveu a "nova fórmula", que, segundo a concepção predominante, leva à integração de um controle de proporcionalidade no exame de igualdade. Vide p. 59 ss.

[371] Em recente decisão, após assinalar que na tributação extrafiscal o legislador está vinculado ao princípio da igualdade, o Tribunal acrescentou que "isso só significa, contudo, que ele não pode dividir as suas prestações segundo pontos de vista inadequados (*unsachlichen*), ou seja, arbitrários" (BVerfG, 1 BvL 10/02, de 7.11.2006, Absatz-Nr. 99).

2.4.4. Conflitos complexos

A tributação extrafiscal não se incompatibiliza apenas com a igualdade impositiva, mas também com os princípios que atuam como critérios de comparação (primordialmente os da capacidade contributiva, equivalência e benefício econômico). Estabelecem-se, dessa forma, conflitos que são inerentes a tal modalidade impositiva, razão pela qual podem ser denominados "conflitos simples de extrafiscalidade", mesmo que não compreendam apenas um princípio em cada braço da "balança".

Com respeito a tais conflitos, deve-se ter consciência de que o princípio da isonomia tributária possui força jurídica autônoma e, por consequência, qualquer restrição a ele imposta é hábil a configurar uma situação de inconstitucionalidade, independentemente da afetação de outros preceitos da Lei Maior.

Há, por outro lado, situações em que as normas extrafiscais não se contrapõem somente à igualdade tributária (e aos seus critérios de comparação), mas igualmente a outros princípios ou regras constitucionais (usualmente, princípios e regras não fiscais),[372] originando "conflitos complexos de extrafiscalidade", que constituem o objeto dos mais relevantes precedentes jurisprudenciais atinentes à legitimidade constitucional da imposição extrafiscal.

Antes de examinarmos mais atentamente os conflitos complexos, cumpre referir que, ao se averiguar a proporcionalidade *stricto sensu* das normas extrafiscais que os produzem, o órgão de controle deverá levar em conta todos os seus efeitos, valorando adequadamente o fato de a restrição à igualdade tributária estar agravada por intervenções simultâneas em outros princípios constitucionais. Por isso, a justificação de tais normas em regra terá de se basear em argumentos mais sólidos que os hábeis a respaldar medidas que afetam tão somente o princípio da isonomia tributária.[373]

2.4.4.1. Capacidade contributiva como pressuposto da tributação

Ao orientar a graduação da carga tributária, o princípio da capacidade contributiva não ostenta uma dimensão de peso própria, a ser considerada separadamente do princípio da igualdade. Tais princípios se consociam para estabelecer diretrizes acerca da quantificação das obrigações tributárias, sem que se possam identificar graus distintos de intervenção, o que é natural dada a estreita relação existente entre

---

[372] A respeito, Friauf nota que "assim como na medicina e na farmacologia, também nas normas impositivas interventivas há riscos e efeitos colaterais" ("Steuervereinfachung versus Lenkungsnormen", p. 97).

[373] Birk considera que, antes da ponderação do princípio da igualdade com os fins não fiscais, dever-se-ia verificar se os efeitos interventivos são conformes aos direitos fundamentais ("Finanzierungszwecke und Lenkungszwecke in einem verfassungsmäßigen Steuersystem", p. 84) e, se houvesse colisão de princípios, obviamente haveria de se averiguar qual é o preponderante. No entanto, ainda que se possa empreender, antes do controle de igualdade, uma ponderação entre os fins não fiscais e os princípios ou bens jurídicos não tributários afetados, superado esse controle não se deverá, na operação sucessiva, ponderar exclusivamente o princípio da igualdade com os fins extrafiscais, senão ampliar a análise para conjugar este princípio aos demais afetados pela medida interventiva, pois os fins não fiscais têm de prevalecer sobre todos eles, considerados conjuntamente. Para esclarecer essas ponderações, poder-se-ia utilizar a imagem da balança: há de se acrescentar o "peso" do princípio da igualdade ao dos demais no braço da balança oposto ao dos fins não fiscais.

eles.[374] Por isso, as normas extrafiscais que se limitam a afetá-los geram conflitos simples, e não complexos.

Diversamente, ao atuar como pressuposto da tributação o princípio da capacidade contributiva manifesta uma dimensão de peso específica e visivelmente distinta daquela do princípio da isonomia. Por consequência, quando medidas extrafiscais afetam aquele princípio na sua função de pressuposto impositivo, restam configurados conflitos complexos, qualificados pela intervenção no "núcleo duro" do direito fundamental que ele tutela.

A doutrina e a jurisprudência também vislumbram uma diferença significativa nas hipóteses mencionadas, haja vista que, embora admitam normas extrafiscais que implicam restrições ou até mesmo a inaplicabilidade do princípio da capacidade contributiva enquanto critério de graduação da carga tributária, rechaçam a possibilidade de desconsiderá-lo na sua função de pressuposto impositivo.[375]

De fato, ainda que seja viável se afastar completamente das exigências dos princípios da igualdade e da capacidade contributiva na exoneração tributária (mediante a concessão, por exemplo, de benefícios extrafiscais a pessoas jurídicas possuidoras de vultosa capacidade contributiva), jamais se poderá desconsiderar completamente a capacidade contributiva na imposição, sob pena de se legitimar a tributação do mínimo existencial[376] e de fatos jurígenos desprovidos de conteúdo econômico. Nessa situação, a intensidade extrema da restrição ao princípio da capacidade contributiva (que se estende até o seu núcleo) faz com que ele prevaleça perante as finalidade não fiscais no controle de proporcionalidade *stricto sensu*.

A imperatividade de se respeitar o princípio da capacidade contributiva na sua função de pressuposto impositivo é constantemente enfatizada pelo Tribunal Constitucional espanhol, para quem a obrigação dos cidadãos de contribuir para o

---

[374] Recorde-se, a propósito, que o BVerfG chega a extrair o princípio da capacidade contributiva do preceito que consagra o princípio da igualdade. Vide p. 104-105.

[375] Observa Herrera Molina que a função de pressuposto desempenhada pelo princípio da capacidade contributiva constitui o seu "contenido esencial", que "debe mantenerse intangible incluso en el caso de un tributo extrafiscal de carácter social" (*Capacidad económica y sistema fiscal*, p. 129). Até mesmo Moschetti, que nega haver conflitos entre a extrafiscalidade e a capacidade contributiva, indica a "effettiva capacità economica" como um pressuposto de legitimidade da imposição extrafiscal (*Il principio della capacità contributiva*, p. 249). Nesse sentido, Casado Ollero assevera que "mientras las exenciones por motivos extrafiscales – o la no imposición por iguales motivos –, desembocan en un tratamiento desigual que puede quedar justificado por el respeto de otros preceptos o principios constitucionales, no habría en cambio justificación posible para la *arbitrariedad* que supone el gravamen – extrafiscal o no – de una situación económica no enmarcada en los límites de la imposición, o que no demuestre capacidad económica alguna" ("El principio de capacidad y el control constitucional de la imposición indirecta (II). El contenido constitucional de la capacidad económica", p. 195). Vide MAFFEZZONI, *Profili di una teoria giuridica generale dell'imposta*, p. 24-26; MARTÍNEZ LAGO, "Una interpretación constitucional de la funcionalidad de la capacidad económica como principio informador del ordenamiento financiero", p. 429; CHECA GONZÁLEZ, "El impuesto sobre tierras infrautilizadas de la Comunidad Autónoma Andaluza", p. 670.

[376] Há no BVerfG uma firme jurisprudência sobre a obrigação de se respeitar o mínimo existencial no âmbito do Imposto sobre a Renda. Na conhecida decisão denominada *Steuerfreies Existenzminimum*, o Tribunal de Karlsruhe afirmou que até o "mínimo existencial da família" (*Existenzminimums der Familie*) tem de restar livre da incidência do imposto, sob pena de serem violados os princípios da dignidade da pessoa humana (art. 1.1 GG), do Estado Social (art. 20.1 GG) e da igualdade (art. 3.1 GG), do qual deriva o princípio da capacidade contributiva (BVerfGE 82,60, 85 ss.). Cfr. BVerfGE 99, 216 [233].

financiamento dos gastos públicos, estabelecida pelo art. 31.1 da Constituição, vem limitada por "fronteras precisas: la de *capacidad económica* de cada uno y la del establecimiento, conservación y mejora de un sistema tributario justo e inspirado en los principios de igualdad y progresividad", entendido o princípio de "capacidad económica a efectos de contribuir a los gastos públicos" como "una exigencia lógica que obliga a buscar la riqueza allí donde la riqueza se encuentra".[377] *A contrario sensu*, não havendo riqueza, o princípio referido impede a incidência tributária, por falta de um pressuposto inarredável à atividade impositiva.[378]

2.4.4.2. Praticabilidade tributária

A utilização do Direito Tributário para alcançar fins não fiscais implica, sem dúvida alguma, um incremento na complexidade do sistema impositivo.[379] A extrafiscalidade introduz nesse sistema finalidades e valores que lhe são alheios, conduzindo não só à criação de novos tributos ou a regulações específicas de tributos já existentes, mas também à necessidade de harmonização entre os princípios fiscais e não fiscais, que têm de conviver num único contexto jurídico.

Tal incremento em complexidade implica inegável perda em praticabilidade. A obrigação de fiscalizar e arrecadar tributos extrafiscais ou de observar regulações específicas nos microssistemas de tributos fiscais amplia consideravelmente o trabalho da Administração tributária. Há de se reconhecer, portanto, a correção da afirmação de Ruppe de que teria pouco sentido "decidir-se por um sistema tributário ambicioso e, portanto, necessariamente complicado quando não se está preparado para aceitar o grau de complexidade que lhe está associado".[380]

---

[377] STC 27/1981, de 20 de julho, FJ 4.

[378] Na STC 37/1987, o Tribunal Constitucional espanhol examinou especificamente a legitimidade de normas extrafiscais. Após indicar a possibilidade de o legislador recorrer à tributação extrafiscal, ressaltou a necessidade de que, ao fazê-lo, respeite o princípio da capacidade contributiva como pressuposto da imposição. Segundo entende o Tribunal espanhol, na tributação extrafiscal bastaria que a "capacidad económica exista, como riqueza o renta real o potencial en la generalidad de los supuestos contemplados por el legislador al crear el impuesto, para que aquel principio constitucional quede a salvo" (STC 37/1987, de 26 de março, FJ 13). Esses fundamentos foram reiterados expressamente na STC 186/1993, de 7 de junho, FJ 4. No entanto, a STC 37/1987 foi forte e acertadamente criticada, por haver admitido a tributação da capacidade contributiva meramente potencial. Para Pérez de Ayala e Pérez de Ayala Becerril, a decisão proferida na STC 37/1987 (relativa ao "mal llamado impuesto sobre tierras infrautilizadas", que, como alegado não tributaria "la percepción de una renta, sino la no producción de una renta"), ademais de ser contraditória com a STC 27/1981, equivoca-se ao considerar a capacidade econômica como potencial, "puesto que los impuestos, aunque tengan una finalidad extrafiscal, siempre buscarán un fin recaudatorio (sería un absurdo negarlo), y es ello, claramente, lo que siempre va a obligar a buscar la existencia de una auténtica riqueza real en los sujetos sobre los que recae aquél" (PÉREZ DE AYALA; PÉREZ DE AYALA BECERRIL, *Fundamentos de Derecho Tributario*, p. 71). E Palao Taboada assevera que o Tribunal Constitucional adotou "una noción de capacidad económica desprovista de todo contenido material", o que, além de errôneo, seria desnecessário para o julgamento do caso ("Los principios de capacidad económica e igualdad en la jurisprudencia del Tribunal Constitucional español", p. 634). Já na STC 221/1992 o Tribunal diferenciou a capacidade contributiva potencial da "inexistente o ficticia" e expôs que, enquanto a tributação daquela é admissível, a desta violaria o princípio correlato (STC 221/1992, de 11 de dezembro, FJ 4). A despeito de estabelecer distinção relevante, esta decisão não representou avanço significativo na jurisprudência do Tribunal Constitucional.

[379] Vide FRIAUF, "Steuervereinfachung versus Lenkungsnormen", p. 85 ss.

[380] RUPPE, "Steuergleichheit als Grenze der Steuervereinfachung", p. 30.

Há nítido conflito entre a extrafiscalidade e a praticabilidade, que também afeta o princípio da isonomia tributária, porquanto as normas extrafiscais costumam se contrapor ao bem coletivo da implementação de um sistema tributário igual, isto é, de um sistema em cujo âmbito as leis tributárias sejam aplicadas de forma isonômica. A própria igualdade impositiva reivindica a abolição de tais normas e a construção de um verdadeiro sistema tributário, baseado em princípios adequados à justa repartição do custo das atividades públicas.[381] De outra banda, os princípios econômicos, ambientais, etc., demandam a realização de seus fins no maior grau possível, mediante a utilização de todos os meios constitucionalmente legítimos.

Não se pode solver esse conflito com facilidade. As determinações legislativas concernentes à estruturação do sistema impositivo (por exemplo, a decisão de criar um imposto extrafiscal) também constituem decisões relativas ao estabelecimento de determinado grau de complexidade do sistema, que somente pode ser reduzido com dificuldades evidentes e dentro de certos limites.[382] E dada a inviabilidade de o princípio da preeminência legislativa ser relativizado em prol da praticabilidade, os aplicadores das leis tributárias estão jungidos a perseguirem-na dentro de limites delgados – e, por conseguinte, nunca poderão superar completamente (e sequer significativamente) o déficit de praticabilidade advindo de uma legislação impregnada de normas extrafiscais.

A tensão entre a extrafiscalidade e a praticabilidade deverá ser resolvida fundamentalmente no âmbito legislativo, cabendo ao legislador buscar a conciliação ótima entre as exigências constitucionais em antagonismo. Ao guardião da Constituição cabe o dever de controlar tal conciliação sempre que esteja presente a possibilidade de algum dos princípios considerados restar violado, submetendo a ponderação legislativa a um efetivo controle de proporcionalidade, que haverá de compreender as exigências da igualdade na lei e na sua aplicação.

2.4.4.3. Liberdades

Não é raro que a tributação extrafiscal afete não só a igualdade impositiva, mas também a liberdade fática ou jurídica dos cidadãos. Com efeito, quando se lança mão do Direito Tributário como instrumento de condução econômica ou social, amiúde se produzem perturbações relevantes à liberdade individual e por vezes até mesmo a liberdades econômicas, como a empresarial. Sempre que tal quadro se configure, há de se exigir uma justificação especial para amparar a medida extrafiscal, apta a legitimar tanto o desvio perante a igualdade tributária quanto a restrição das liberdades dos cidadãos-contribuintes.

---

[381] Nessa senda, Kirchhof expõe que o "mandado de simplificação (*Vereinfachungsgebot*) exige uma redução das normas de condução e de incentivos" ("Steuergleichheit durch Steuervereinfachung", p. 23-24). Friauf também adverte a impossibilidade de uma indução tributária legítima ser normativamente simples, denunciando a consequente relação de "antagonismo natural" entre a indução tributária e a simplificação ("Steuervereinfachung versus Lenkungsnormen", p. 95-97). Por último, pondera com razão que, se almejamos um Direito Tributário simples, temos de resistir à moda e à tentação de utilizar os impostos como remédio para todos os males do mundo (ibidem, p. 98).

[382] Vide RUPPE, "Steuergleichheit als Grenze der Steuervereinfachung", p. 30, para quem a simplificação nunca poderá modificar substancialmente a estrutura e tampouco a conformação básica de espécie tributária alguma, por constituir tão somente um princípio secundário e subsidiário. Afirmação que se afigura correta no que concerne à simplificação aplicativa, mas não pode ser estendida à legislativa.

Em certos casos, o conflito chegará a envolver o princípio geral da igualdade. É o que por vezes ocorre com os impostos relativamente proibitivos, vocacionados a inibir práticas sociais ou econômicas indesejadas, produzindo efeitos socialmente desiguais. É possível que, embora a medida produza efeitos realmente proibitivos para as classes sociais menos favorecidas economicamente, ela não afete as classes sociais mais abastadas (ou não as afete de forma sensível), vindo a incrementar as desigualdades sociais. Tais práticas sociais ou econômicas, consideradas nocivas pelo Estado, continuarão sendo adotadas pelos ricos, que, diversamente dos demais sujeitos sociais, não terão a sua liberdade de ação efetivamente limitada.[383] É fácil perceber que essas medidas criam privilégios sociais e, portanto, carecem de uma justificação especialmente sólida.

2.4.5. A problemática da progressividade extrafiscal (redistributiva): a busca da igualdade de fato em detrimento da tributária

2.4.5.1. Noção de progressividade redistributiva

A delimitação tributária da progressividade redistributiva é complexa, sobretudo nos impostos. Em princípio, os recursos com eles arrecadados não podem estar vinculados a gastos específicos, o que torna particularmente difícil identificar uma *tributação* redistributiva, visto que o fenômeno tributário é complementado pelo financeiro *stricto sensu*, concernente ao destino dos recursos advindos dos impostos. A caracterização da *redistribuição pela tributação* é, portanto, tormentosa, mostrando-se viável tão somente em situações específicas, notadamente quando uma sistemática impositiva acentuadamente progressiva esteja conjugada a amplos benefícios tributários destinados à redistribuição da riqueza.

Pode-se falar, contudo, de tributação ou de progressividade redistributiva num sentido menos rigoroso, designando-se "redistributivos" todos os tributos que, além de não estarem graduados em estrita conformidade com os ditames da capacidade contributiva, sacrificam-na em razão da sua acentuada progressividade.[384] Tais tributos não têm por objeto uma imposição neutra que grave igualmente a capacidade contributiva, senão uma tributação interventiva, que transfira parte da riqueza dos

---

[383] Vide BIRK, "Finanzierungszwecke und Lenkungszwecke in einem verfassungsmäßigen Steuersystem", p. 74.

[384] Griziotti, que vinculava a capacidade contributiva aos benefícios estatais, afirmava que os impostos redistributivos sacrificam a capacidade contributiva de modo tão significativo que se mostram destituídos de qualquer proporção em relação às vantagens resultantes da participação dos contribuintes nos gastos públicos ("Il principio della capacità contributiva e sue applicazioni", in *Saggi sul rinnovamento dello studio della Scienza delle Finanze e del Diritto Finanziario*, p. 358). Jachmann, considerando o aspecto constitucional da questão, leciona que, num sistema que exige uma tributação igual à luz da capacidade contributiva, somente haverá redistribuição relevante para a justificação constitucional-tributária quando se identificar uma desigualdade tributária apoiada em aspectos sociais ("Leistungsfähigkeitsprinzip und Umverteilung", p. 295). Nessa situação Córtez Domínguez vislumbra não só a afetação ao princípio da capacidade contributiva, senão efetiva colisão de princípios: "El legislador 'ideal' puede verse obligado a manejar el instrumento fiscal en contra del principio de capacidad contributiva, para conseguir un mayor grado de justicia en el reparto de la renta. Entonces nos encontraríamos con dos principios, cuya aplicación contemporánea no es posible. Más exactamente, con un sistema que contiene principios contradictorios entre sí" ("El principio de capacidad contributiva en el marco de la técnica jurídica", p. 1007). Vide também CÓRTES DOMÍNGUEZ, MARTÍN DELGADO, *Ordenamiento tributario español*, v. I, p. 92.

contribuintes mais abastados aos cidadãos menos favorecidos economicamente.[385] Promovem fins não fiscais[386] de caráter social e fundam-se, por conseguinte, na justiça social, e não na tributária.[387]

Na classificação das formas de intervenção tributária de Duverger, essa espécie de progressividade denomina-se "intervenção tributária *par redistribution*", caracterizada por implicar a amputação das rendas mais elevadas com o objetivo de facilitar a concessão de benefícios econômicos aos mais pobres.[388] O termo "amputação" é forte, mas designa com clareza a finalidade da progressividade redistributiva: reduzir as rendas mais elevadas (ou partes significativas delas) e distribuí-las aos mais necessitados.

2.4.5.2. Conflito com a igualdade tributária

A igualdade da tributação e a de oportunidades podem apoiar-se reciprocamente, favorecendo as mesmas medidas. É o que ocorre com a exoneração do mínimo existencial, que não é exigida só pelos princípios da igualdade tributária e da capacidade contributiva, senão também pelo da igualdade fática. A *Corte Costituzionale* italiana destacou tal fato em 1968, ao afirmar que a isenção dos rendimentos mínimos, além de ser imposta pelo princípio da capacidade contributiva, constitui consequência "do fundamental princípio da igualdade substancial, no qual o Estado deve inspirar-se até mesmo no uso do instrumento fiscal", porquanto a remoção dos obstáculos que limitam a liberdade e a igualdade dos cidadãos pressupõe que "a imposição não exclua de ninguém aqueles meios que sejam indispensáveis às exigências fundamentais do homem".[389]

Não obstante, ao se acentuar a tributação, a relação de apoio recíproco entre a igualdade tributária e a de oportunidades convola-se numa relação de conflito direto. Isso ocorre quando a progressividade se contrapõe à capacidade contributiva e almeja redistribuir riqueza e alcançar, por conseguinte, tanto a meta coletiva de redução das desigualdades sociais quanto a de implementação fática dos direitos subjetivos a prestações estatais.[390]

---

[385] Vide JACHMANN, "Leistungsfähigkeitsprinzip und Umverteilung", p. 294.

[386] Vide JACHMANN, ob. cit., p. 294.

[387] Vide DUVERGER, *Finances Publiques,* p. 116; PÉREZ DE AYALA, "Las cargas públicas: principios constitucionales para su distribución", p. 90 ss.; GONZÁLEZ GARCÍA, "Reflexiones en torno a los principios de capacidad contributiva e igualdad", p. 1400; VALDÉS COSTA, *Instituciones de Derecho Tributario*, p. 386-387 e 411; PÉREZ ROYO, *Derecho Financiero y Tributario. Parte General*, p. 56; TIPKE; LANG, *Steuerrecht. Ein systematischer Grundriß,* 18ª ed., p. 70.

[388] DUVERGER, *Finances Publiques,* p. 114.

[389] *Corte Costituzionale, Sentenza* 97/1968.

[390] Essa tensão foi identificada com precisão por L. V. Berliri no seu clássico *La giusta imposta*, no qual expõe que a eficácia redistributiva dos impostos caracteriza um desvio perante o "imposto justo" e exclui expressamente o fim de redistribuição dos elementos que orientam a determinação de tal imposto (*La giusta imposta*, p. 16). Nessa senda, Córtez Domínguez e Martín Delgado, ao tratarem da imposição redistributiva, denunciam a existência de um conflito entre a justiça tributária e a social: "Estaríamos ante un supuesto en que un principio ha de sacrificarse a otro: la justicia tributaria deberá ceder a la justicia en el reparto de la renta, o viceversa" (*Ordenamiento tributario español*, v. I, p. 89). Ao se ocuparem da restrição do princípio da capacidade contributiva pela persecução de fins não fiscais, voltam a ressaltar a existência de um conflito de princípios: "Dadas unas ciertas estructuras económicas y políticas, el legislador 'ideal' puede verse obligado a manejar el instrumento fiscal en contra del principio de capacidad económica para conseguir un mayor grado de justicia en el reparto de

Tal conflito deve ser solucionado como todos os demais conflitos entre princípios constitucionais: mediante a aplicação do mandado de proporcionalidade, ou mais precisamente, das suas máximas parciais, de adequação, necessidade e proporcionalidade *stricto sensu*.

Destarte, somente se poderá estabelecer uma progressividade redistributiva quando ela, além de ser adequada e necessária para alcançar o fim de redistribuição da riqueza, também persiga fim com peso mais acentuado que o do princípio da isonomia tributária. O controle de constitucionalidade da progressividade redistributiva há de compreender, portanto, a ponderação entre os princípios da igualdade tributária e de oportunidades, a exemplo do que Peczenik sugere ao tratar das antinomias da justiça.[391]

Ao se empreender tal controle, não se pode olvidar que a progressividade redistributiva, malgrado seja um meio idôneo para promover a igualdade de condições sociais, não constitui meio invariavelmente necessário para tanto. Pelo contrário, a "amputação" das rendas mais elevadas, operada pela progressividade exacerbada, somente poderá ser admitida como solução de última *ratio*. Sempre que seja possível, a redistribuição de riquezas deve ser alcançada mediante o manejo dos gastos públicos, sem afetar a igualdade impositiva.[392]

A proporcionalidade *stricto sensu* da progressividade redistributiva há de ser apurada com base nos valores constitucionais e nas peculiaridades da realidade social, levando-se em consideração sobretudo a relevância que o ordenamento jurídico confere à igualdade de oportunidades e a intensidade tanto da desigualdade existente

---

la renta. Entonces nos encontraríamos con dos principios, cuya aplicación contemporánea no es posible. Más exactamente, con un sistema que contiene principios contradictorios entre sí" (ob. cit., p. 92). Considerando a questão à luz da Constituição espanhola, Rodríguez Bereijo destaca que o seu art. 9.2 requer que se busque a justiça distributiva na repartição das cargas públicas, o que obriga "a un trato desigual ante la Ley para realizar la igualdad material real y efectiva" ("Jurisprudencia constitucional y principios de la imposición", p. 148). No entanto, o Tribunal Constitucional reputa que a progressividade redistributiva não só se harmoniza com o princípio da isonomia tributária, mas também o promove, sustentando-se, evidentemente, na concepção de que tal princípio engloba a igualdade fática: "Aunque una definición valida de lo que debe entenderse por justo, a efectos tributarios, sería una tarea que rebasa el planteamiento que aquí hemos de hacernos, lo que no puede soslayarse es que el legislador constituyente ha dejado bien claro que el sistema justo que se proclama no puede separarse, en ningún caso, del principio de progresividad ni del principio de igualdad. Es por ello – porque la igualdad que aquí se reclama va íntimamente enlazada al concepto de capacidad económica y al principio de progresividad – por lo que no puede ser, a estos efectos, simplemente reconducida a los términos del artículo 14 de la Constitución: una cierta desigualdad cualitativa es indispensable para entender cumplido este principio. Precisamente la que se realiza mediante la progresividad global del sistema tributario en que alienta la aspiración a la redistribución de la renta" (STC 27/1981, de 20 de julho, FJ 4).

[391] PECZENIK, *On law and reason*, p. 103.

[392] Há significativa discrepância nas concepções doutrinárias a respeito, como se denota do cotejo das posições de Abbamonte e L. V. Berliri. Enquanto Abbamonte reputa que a atividade financeira é o instrumento estatal mais adequado para alcançar a igualdade de fato e que, na tributação, o principal instrumento é a progressividade (*Principi di Diritto Finanziario*, p. 21-26 e 74), L. V. Berliri defende que os impostos redistributivos só podem ser estabelecidos como o último meio para efetuar a redistribuição e adverte que uma redistribuição financeira permanente seria irrazoável, complexa e perigosa, imputando aos contribuintes um sentimento de opressão e pondo a sociedade num permanente estado de guerra (*La giusta imposta*, p. 17-19).

no contexto social quanto da disparidade impositiva gerada pela própria progressividade voltada à redistribuição de renda.[393]

2.4.6. O controle da extrafiscalidade à luz do princípio geral da igualdade

O dever de respeito à igualdade persiste até mesmo quando fins não fiscais justificam desvios perante a isonomia tributária, pois o fato de tais fins sustentarem disparidades impositivas não significa que possam fundamentar desigualdades na própria regulação extrafiscal ou nos seus efeitos fora do domínio do Direito Tributário.

Com efeito, tem de haver igualdade na regulação extrafiscal, de modo a alcançar todos os cidadãos que devam se sujeitar à orientação estatal – e tão somente eles. Se o legislador pretende, v.g., coibir uma conduta socialmente indesejada, haverá de estabelecer regulação que compreenda todos os contribuintes aptos a adotá-la,[394] a fim de que a indução extrafiscal não seja parcial. Por outro lado, se o objetivo é incentivar determinada atividade, o legislador deverá promover a máxima igualdade possível entre os destinatários do benefício tributário, o que impõe não apenas que o benefício seja rigorosamente estruturado à luz do fim não fiscal, mas também que, como ressalta o BVerfG, os seus efeitos favoráveis advenham "diretamente da decisão de exoneração do legislador", e não sejam arbitrários, dependendo de casualidades.[395] Noutros termos, tem de haver *generalidade na regulação extrafiscal*, estabelecida à luz do fim não fiscal almejado.

A respeito, cumpre observar que a investigação do caráter geral da regulação extrafiscal deve ir além dos limites do Direito Tributário, haja vista que a opção pelo manejo dos institutos e conceitos de tal ramo jurídico não constitui fundamento para justificar disparidades de trato. Se o legislador opta, por exemplo, pela imposição extrafiscal para conformar condutas, tem de estar apoiado numa razão que justifique a restrição da indução ao universo dos contribuintes de um determinado tributo[396] ou, mais especificamente, dos compreendidos pela norma tributária interventiva. Deve haver, enfim, uma regulação igual entre os destinatários da norma extrafiscal e os demais cidadãos, sob pena de se criar gravame ou privilégio especial para aqueles.

Deve-se respeitar, outrossim, a igualdade *fora do Direito Tributário*, sobretudo porque estão sendo promovidos fins não fiscais: está sendo introduzida regulação fundamentalmente não tributária (do ponto de vista teleológico, obviamente). Por exemplo, quando o legislador restringe liberdades mediante a imposição extrafiscal,

---

[393] Assim, Martín Delgado sustenta que "el grado de progresividad dependerá de la concepción que se tenga del principio de igualdad en todo el Ordenamiento. La mayor o menor progresividad dependerá de la igualdad tendencial del sistema tributario" ("Los principios de capacidad económica e igualdad en la Constitución española de 1978", p. 73).

[394] Obviamente, a regulação não deve compreender os contribuintes que não possam conformar a sua conduta à orientação estatal. A respeito, Kirchhof nota que a capacidade de conformar-se à condução estatal (*Befolgungsfähigkeit*) constitui uma medida de comparação nos impostos interventivos, que afetam a liberdade de ação do contribuinte ("Steuergleichheit", p. 299).

[395] BVerfG, 1 BvL 10/02, de 7.11.2006, Absatz-Nr. 100.

[396] KIRCHHOF, "Steuergleichheit", p. 299.

tem de fazê-lo com respeito à igualdade,[397] sem criar desigualdades não fiscais mediante o manejo do Direito Tributário, como costuma ocorrer em privilégios tributários que perturbam o equilíbrio da concorrência.[398]

---

[397] Como expõe Kloepfer, "as limitações aos direitos fundamentais que não concernem à igualdade (*Nicht-Gleichheits-Grundrechte*) somente são permitidas quando respeitam o princípio da igualdade", ou seja, só são possíveis quando respeitam a "igualdade na criação jurídica" (*Gleichheit als Verfassungsfrage*, p. 51-52).
[398] Segundo Leisner, a liberdade concorrencial constitui uma "interdição especial de diferenciação", significando sempre "igual liberdade de concorrência" (*gleiche Wettbewerbsfreiheit*) ("Die Unzulässigkeit steuerlicher Fiskalprivilegien", p. 410-411).

Conclusões

Concluída a investigação, convém recapitular sistematicamente as principais conclusões extraídas no seu desenrolar, a fim de propiciar ao leitor uma visão clara e abrangente do todo.

1. O princípio da isonomia não constitui mera interdição de arbitrariedade. Equiparar a igualdade à não arbitrariedade significa negar a sua própria essência, porquanto ela pressupõe juízos de similitude jurídica sob uma perspectiva determinada, e não simples exames de arbitrariedade. Tampouco pode o controle das desigualdades se limitar à averiguação do seu caráter arbitrário, eis que essa drástica limitação representaria a outorga ao legislador de uma vasta liberdade para tratar de modo díspar os iguais e paritário os desiguais: ser-lhe-ia autorizado tratar todos os cidadãos desigualmente, contanto que não incorresse no vício extremo da arbitrariedade. Por tais razões, há de se rechaçar a "interpretação minimalista" do princípio da igualdade e reconhecer que a interdição de tratos "desiguais e arbitrários" não representa nada além de uma garantia mínima, inapta a expressar todo o conteúdo normativo do princípio em comento.[399]

A isonomia sequer se limita a uma exigência formal, acessória a outros preceitos constitucionais, ou se restringe à imposição de coerência sistêmica. Tem um significado material que não é apenas autônomo, senão também de suma relevância em todos os Estados contemporâneos, o qual seria aniquilado mediante a acolhida da tese que preconiza a acessoriedade da igualdade.[400] Ademais, apesar de a imposição de coerência valorativa e sistêmica efetivamente derivar do princípio da isonomia, não se confunde com ele: expressa tão somente uma exigência parcial sua, que a exemplo da interdição de arbitrariedade não esgota o seu significado jurídico-constitucional.[401]

A tese da igualdade enquanto paridade preconiza um significado inexato, pois ao concebê-la como invariável exigência de paridade ou como uma carga argumentativa para os tratos díspares implica um "paradoxo de igualdade" em toda a atividade de criação jurídica, olvidando tanto que a isonomia também exige tratos díspares quanto que eles ostentam a mesma dignidade dos paritários. Há uma equivalência axiológica entre os mandados de trato paritário e díspar, que se denota da clássica formulação aristotélica de igualdade e resulta inexoravelmente da estrutura triádica

---
[399] Cfr., p. 33 ss.
[400] Cfr., p. 53 ss.
[401] Cfr., p. 55 ss.

dos juízos correlatos, integrados por critérios de comparação à luz dos quais se determina o significado específico da isonomia jurídica.[402]

Também se mostra inapropriada a proposta teórica de inserir o mandado de proporcionalidade na estrutura do princípio da igualdade. Em primeiro lugar, a isonomia não se confunde com a proporcionalidade, pois diz respeito a similitudes juridicamente relevantes, e não a relações entre meios e fins. Em segundo lugar, nos juízos de igualdade não se realizam (ou melhor, não se devem realizar) exames de proporcionalidade, mas de equivalência. Em terceiro lugar, a integração do mandado de proporcionalidade na hipótese normativa do princípio da isonomia implicaria significativa perda analítica, em razão de prejudicar o reconhecimento de conflitos jurídicos. E dessa perda analítica costuma advir sério déficit de efetividade, eis que com o obscurecimento dos conflitos o aplicador tende a dispensar justificações específicas para os desvios perante os postulados da isonomia e, consequentemente, a chancelar todas as desigualdades que não sejam flagrantemente injustas.[403]

2. O mandado constitucional de isonomia desempenha funções normativas distintas, de sobreprincípio, princípio e regra. Como sobreprincípio, atua não só orientando a concretização e aplicação das normas que compreende, senão também enquanto norma diretamente aplicável, regulando as relações não compreendidas pelas suas especificações. Mas a sua dimensão fundamental é a de princípio, ou seja, de um mandado de otimização da igualdade dentro das possibilidades fáticas e jurídicas, que impõe aos agentes estatais a realização da máxima igualdade possível na criação e aplicação do Direito. E enquanto regra, a igualdade estabelece determinações definitivas, absolutas, que não estão sujeitas à ponderação com princípios, fins ou bens contrapostos, como se denota da análise das cláusulas de interdição de discriminação.[404]

A igualdade concretiza-se progressivamente, em distintos planos normativos. No altiplano constitucional, a concretização opera-se fundamentalmente por especificações expressas e valorações apoiadas no sistema axiológico da Lei Maior. Valorações que devem ser estabelecidas sempre em função das relações reguladas e da finalidade de se realizar a justiça mediante a determinação de tratos paritários ou díspares equitativos, pois o princípio da igualdade constitui, em essência, um mandado de justiça. Portanto, incumbe aos intérpretes concretizá-lo à luz da noção constitucional de justiça, da finalidade da regulação e do âmbito fático regulado. Já no plano legislativo, tal concretização se opera tanto com respeito à exigência de igualdade "na lei" quanto à de isonomia "perante a lei", haja vista que: a) a imposição de coerência sistêmica vincula o legislador a estabelecer uma regulação harmônica com as valorações fundamentais da lei que ele mesmo criou; e b) o princípio da isonomia sujeita a Administração e o Poder Judiciário a aplicar os ditames legislativos com estrita observância dos seus termos, sempre que isso não se contraponha à noção de igualdade advinda da Constituição ou das valorações fundamentais da lei.[405]

3. Com respeito ao princípio da isonomia *tributária*, é inviável perfilhar as propostas teóricas que negam a sua autonomia normativa, suprimem o seu significado

---

[402] Cfr., p. 56 ss.
[403] Cfr., p. 59 ss.
[404] Cfr., p. 86 ss.
[405] Cfr., p. 99 ss.

jurídico específico ou restringem a exigência de igualdade à conformação global do sistema tributário ou da atividade financeira.[406]

Constitui um princípio autônomo não só por se singularizar quanto ao seu âmbito de aplicação, significado normativo e exigências, senão também porque pode chegar a se contrapor ao princípio geral, sobretudo quando se busca alcançar a igualdade de oportunidades mediante o manejo da técnica da progressividade redistributiva.[407] E não obstante os seus critérios de concretização e exigências sejam frequentemente nebulosos e imprecisos, são em larga medida determináveis, o que obsta a negação da sua força jurídica em razão da mera vagueza desses elementos.[408]

Ademais, o seu significado não se esgota na exigência de uma imposição geral à luz do critério da capacidade contributiva (e tampouco essa é uma exigência sua em todos os âmbitos da tributação), pois além de introduzir exigências distintas quando aplicado às taxas e contribuições de melhoria, também ostenta um significado evidentemente próprio quando se dirige aos atos de aplicação legislativa.[409]

Por outro lado, o princípio da isonomia em regra demanda que a regulação de *cada tributo* seja igual. Essa exigência é corroborada pelo fato de a sua aplicação à globalidade da atividade financeira ou do sistema tributário ser demasiado complexa. A sua restrição a tais contextos globais implicaria aguda debilitação da sua força jurídica, convolando-o num princípio quase inócuo para a atividade legiferante. Portanto, a aplicação do princípio da igualdade tributária deve centrar-se na regulação de cada tributo, o que não impede eventual compensação de disparidades na regulação de um tributo com outras, verificadas no bojo de exação diversa.[410]

4. O âmbito aplicativo do princípio em foco estende-se às relações jurídicas formadas entre o Fisco e os contribuintes, e o faz assumir uma concretização particular, que justifica se falar num princípio específico, denominado "subprincípio da igualdade entre as partes da relação obrigacional tributária". Tal princípio impõe que o Fisco e os contribuintes sejam tratados como iguais (e não como soberano e súditos) tanto na criação quanto na aplicação legislativa – o que não significa, contudo, uma imposição de tratos invariavelmente paritários. Proíbe que o Fisco se considere (ou seja considerado) superior aos ditames legislativos, como se eles somente fossem cogentes para os contribuintes; veda que lhe outorguem privilégios odiosos ou que o próprio Fisco se conceda privilégios não previstos em lei; impossibilita que se apliquem na interpretação legislativa as antigas e discriminatórias teses conhecidas como *in dubio pro fisco* e *in dubio contra fiscum*, etc.[411]

5. A igualdade tributária é estritamente jurídica. Malgrado deva se projetar na realidade social, não compreende a isonomia fática, de oportunidades, senão tão somente as exigências de igualdade segundo a Constituição, as leis e os atos de aplicação legislativa. As suas imposições fundamentais são expressas pelos conceitos de igualdade "horizontal" e "vertical", que designam respectivamente os tratos paritá-

---

[406] Cfr., p. 117 ss.
[407] Cfr., p. 117 ss.
[408] Cfr., p. 119 ss.
[409] Cfr., p. 121 ss.
[410] Cfr., p. 122 ss.
[411] Cfr., p. 125 ss.

rios entre contribuintes iguais e díspares entre desiguais à luz de critérios relevantes para a formação de juízos jurídico-tributários.[412]

O princípio da isonomia tributária atua como se fosse um sobreprincípio perante as suas projeções e exigências específicas – tais quais os princípios da generalidade, universalidade e da tributação segundo a capacidade contributiva, equivalência ou benefício econômico –, orientando a sua construção, compreensão e aplicação. Dizemos "como se fosse" um sobreprincípio porque a nosso juízo tais princípios não constituem propriamente princípios autônomos, antes imposições (como a generalidade e a universalidade) ou projeções específicas (como os princípios da tributação segundo a capacidade contributiva, o benefício econômico, etc.) do princípio da isonomia tributária, o que se percebe ao se constatar que eles, além de não se contraporem a tal princípio e tampouco entre si, se limitam a expressar o conteúdo e as exigências da igualdade impositiva. No entanto, caso se reconheça que tais projeções e exigências realmente constituem princípios autônomos, como a doutrina e a jurisprudência costumam fazer, ter-se-á de admitir que o princípio em análise atua efetivamente qual um sobreprincípio perante eles, ou seja, como um princípio "superior" que compreende a totalidade dos seus subprincípios e serve para orientar a sua interpretação, concretização e aplicação.[413]

6. As teorias sobre a justiça impositiva têm uma importância central para a problemática da igualdade tributária, por esta se concretizar fundamentalmente à luz de fins de justiça. Quando não se compreende o significado da justiça impositiva, resta obstaculizada a compreensão da noção de igualdade tributária e, por consequência, a atribuição de um significado adequado ao princípio correlato.[414]

Ao contrário do que se costuma afirmar, a justiça impositiva não se limita à justiça distributiva. Compreende a comutativa, que, por atribuir responsabilidades específicas com respeito ao financiamento de gastos públicos determinados, também constitui uma justiça de repartição dos gravames públicos.[415]

Destarte, ainda que as teorias comutativas do benefício e da equivalência tenham fracassado como teorias do imposto justo – ou seja, como teorias da repartição cogente dos gastos relativos a atividades estatais de caráter indivisível –, são perfeitamente legítimas quando aplicadas aos tributos estruturados à luz de critérios comutativos.[416]

A relevância da teoria do sacrifício limita-se fundamentalmente ao aporte que deu para o desenvolvimento da teoria da capacidade contributiva. Enquanto noção subjetiva, o conceito de sacrifício é economicamente imensurável, levando a critério evidentemente inaplicável; e como noção objetiva, destina-se essencialmente a designar a capacidade econômica, o que faz de modo enganoso e imperfeito, dada a sua imprecisão semântica. Perante a noção de sacrifício, a de capacidade econômica (ou contributiva) tem a inestimável vantagem de propiciar uma análise muito mais clara e precisa.[417]

---

[412] Cfr., p. 132 ss.
[413] Cfr., p. 134 ss.
[414] Cfr., p. 142 ss.
[415] Cfr., p. 146 ss.
[416] Cfr., p. 147 ss.
[417] Cfr., p. 154 ss.

Chegamos assim à teoria fundamental da justiça distributiva em matéria tributária. Referimo-nos à teoria da capacidade contributiva, amplamente aceita como a teoria da conformação justa dos impostos, haja vista que a sua estruturação à luz do critério da capacidade contributiva (compreendida como a disponibilidade de meios para financiar as despesas estatais) justifica-se por relevantes razões ético-sociais, ético-filosóficas, ético-jurídicas e jurídico-políticas, as quais são, em essência, expressões do valor (e do princípio constitucional) da solidariedade.[418]

O critério da capacidade contributiva atua como o *tertium comparationis* do princípio da igualdade em matéria de impostos, norteando a sua concretização até mesmo no que diz respeito aos impostos extrafiscais. É a capacidade contributiva – e não os fins extrafiscais – que orienta os juízos de igualdade no domínio dos impostos e serve para evidenciar as desigualdades tributárias geradas pela busca de tais fins mediante o manejo do Direito Tributário.[419] Mas também há de se ter em conta a progressividade fiscal ao se concretizar a igualdade vertical em matéria de impostos (ou no sistema fiscal como um todo), notadamente quando existe disposição constitucional expressa nesse sentido, tal qual sucede na Espanha e na Itália.[420]

No que tange às taxas, a capacidade contributiva não atua como critério de concretização da igualdade, limitando-se a desempenhar a função de pressuposto para a sujeição tributária. É o critério da equivalência (aos custos da atividade estatal) que orienta a determinação da igualdade nas taxas, seja no que diz respeito à sua graduação, seja no que concerne ao estabelecimento das suas hipóteses de incidência e sujeitos passivos. Tal critério impõe uma equivalência rígida entre os custos da atuação estatal e a contraprestação do sujeito passivo (aplicável nos limites das possibilidades fáticas e jurídicas), razão pela qual funda tanto uma interdição de superação dos custos gerais e específicos quanto um mandado de que eles sejam financiados integralmente mediante a imposição de taxas.[421]

No que concerne às contribuições de melhoria, o critério de concretização do princípio da igualdade é o benefício econômico, que chegou a ser previsto como elemento conceitual desta categoria tributária pela *Ley General Tributaria* espanhola. Somente em vista do benefício econômico será possível estabelecer uma regulação isonômica com respeito às hipóteses de incidência, contribuintes e ao *quantum* destas exações.[422]

O princípio da isonomia impõe, portanto, que o legislador estabeleça não só uma graduação tributária horizontal e verticalmente igual, mas também que realize a igualdade na conformação das hipóteses de incidência e na determinação dos sujeitos passivos, respeitando as exigências de generalidade e universalidade em todos os âmbitos da atividade tributária. Tal princípio exige, outrossim, que ao estabelecer a regulação o legislador seja coerente com as diretrizes básicas do sistema jurídico (ainda que desvios específicos não impliquem necessariamente desigualdades) e sobretudo com as decisões valorativas fundamentais que ele mesmo materializou

---

[418] Cfr., p. 157 ss.
[419] Cfr., p. 164 ss.
[420] Cfr., p. 173 ss.
[421] Cfr., p. 179 ss.
[422] Cfr., p. 189 ss.

na lei impositiva, a fim de criar normas específicas impregnadas pelo espírito dos princípios da regulação legislativa.[423]

E a despeito de ser extremamente complexo realizar juízos de igualdade à luz da totalidade do sistema tributário, o princípio analisado demanda que o sistema como um todo seja igual, de modo que a multiplicidade de exações não leve a uma carga tributária anti-isonômica. Requer a igualdade da imposição global, e não só de tributos específicos.[424]

7. Não obstante o princípio da igualdade exija a aplicação imparcial das leis tributárias e o respeito aos ditames legislativos (legítimos), não constitui mero mandado de imparcialidade na aplicação legislativa e sequer um simples reforço ao princípio da preeminência legislativa, haja vista impor a igualdade "na lei", nos espaços legislativos e, em certas situações, até mesmo contra a lei.[425]

A exigência de isonomia nos espaços legislativos evidencia que os critérios de concretização da igualdade na aplicação legislativa não se limitam, como defendem certos juristas, aos elementos da hipótese normativa. Tal exigência está diretamente vinculada à noção constitucional de igualdade, que além de se sobrepor ao legislador também orienta a atividade de concretização das leis e impõe que os órgãos de aplicação legislativa se guiem pela igualdade até mesmo nos seus âmbitos de liberdade de conformação. Dito em outros termos, os critérios legislativos não são os únicos *tertia comparationis* aptos a determinar o significado da igualdade na aplicação legislativa. Pelo contrário, convivem com critérios superiores, derivados diretamente da Constituição.[426]

Portanto, quando o legislador observa a noção jurídico-constitucional de igualdade, os critérios legislativos representam uma concretização adicional, que se agrega à resultante do sistema constitucional para viabilizar que os órgãos de aplicação legislativa, ao implementarem a lei, realizem a "igualdade segundo a Constituição e as leis". Por outro lado, quando o legislador se desvia legitimamente das exigências do princípio da igualdade, os ditames legislativos, apesar de não expressarem a noção jurídico-constitucional de isonomia, fundarão novos juízos de igualdade, apoiados nos critérios da lei. E por consequência, a força jurídica desse princípio expressar-se-á fundamentalmente na exigência de paridade frente à lei.[427]

Feitas essas precisões preliminares, torna-se viável aprofundar o exame da isonomia na aplicação das leis tributárias, para o que a distinção entre a igualdade "na concretização normativa" e "na imposição fática" ostenta importância fundamental, por permitir um exame mais acurado dos distintos questionamentos suscitados por tais dimensões da isonomia[428].

Com respeito à concretização normativa da lei tributária, o princípio da igualdade atua essencialmente na atividade exegética *lato sensu*, ou seja, na interpretação legislativa *stricto sensu* e no desenvolvimento do Direito. Exige do aplicador orientar-se pela ideia de igualdade, inclinando-se a favor da exegese que a realize

---

[423] Cfr., p. 194 ss.
[424] Cfr., p. 209 ss.
[425] Cfr., p. 212 ss.
[426] Cfr., p. 215 ss.
[427] Cfr., p. 216 ss.
[428] Cfr., p. 218 ss.

de forma ótima e contra as disparidades dissonantes da noção de igualdade advinda da Constituição e das leis. Destarte, conquanto tal princípio não imponha a interpretação literal, de fato requer a cobrança de impostos iguais sobre fatos que denotam idêntica capacidade contributiva e, por conseguinte, neste ponto específico apoia não só a denominada "interpretação econômica", senão também a analogia e a redução teleológica gravosas (ou favoráveis) aos contribuintes.[429]

A isonomia na imposição fática concerne à efetiva aplicação das leis tributárias na realidade social, razão pela qual é denominada "igualdade nos resultados da tributação". Pressupõe tanto uma estrutura administrativa minimamente adequada e eficiente quanto um contexto normativo que viabilize a aplicação geral dos ditames legislativos. Diversamente do que se costuma afirmar, realizá-la não é um dever só dos órgãos de aplicação legislativa, mas também do legislador, que tem de editar leis aptas a serem aplicadas eficazmente à realidade social, sob pena de violar a Constituição. Isso evidencia a inadequação da concepção dogmática tradicional, assentada sobre uma dicotomia rígida entre a igualdade "na lei" e "perante a lei".[430]

8. Enquanto o modelo dogmático tradicional debilita a força jurídica do princípio da isonomia, ao só vislumbrar desigualdades onde elas sejam inquestionavelmente ofensivas à Lei Maior, a tese que rechaça o caráter absoluto de tal princípio escancara a existência de inúmeras desigualdades habitualmente negadas pela doutrina e, por conseguinte, abre espaço para que se controle a sua constitucionalidade. Aí reside a sua importância fundamental.

Visto que nem todas as desigualdades são inconstitucionais, afigura-se salutar diferenciar entre "violação" e "restrição", concebidas como espécies de intervenções nos direitos à igualdade (ou como perturbações do princípio correlato). Espécies que se diferenciam pela sua legitimidade constitucional, presente nesta e ausente naquela.[431]

Para se reconhecer a constitucionalidade de ato estatal contrário à isonomia, é mister que um fundamento constitucional o apoie. Em certas hipóteses, a própria Constituição já estabelece predefinições com respeito às relações de tensão que envolvem o princípio analisado, solucionando-as em abstrato, como ocorre, por exemplo, com as interdições de discriminação e de desfavorecimento (garantias constitucionais com caráter absoluto) e também com certas limitações das competências tributárias.[432] Mas em geral as constituições não oferecem soluções *a priori* para tais conflitos, sendo necessário controlar a legitimidade da disparidade de trato na situação específica.

Considerando que, num Estado de Direito, somente podem ser aceitas desigualdades que não sejam arbitrárias, desproporcionais, restritas a casos particulares e que respeitem o conteúdo essencial dos direitos à igualdade, é mister efetuar um controle complexo das desigualdades jurídico-tributárias, composto pelos exames de arbitrariedade, proporcionalidade *lato sensu*, do caráter geral da desigualdade e do respeito ao núcleo essencial dos direitos subjetivos à igualdade.[433]

---

[429] Cfr., p. 218 ss.
[430] Cfr., p. 226 ss.
[431] Cfr., p. 235 ss.
[432] Cfr., p. 238 ss.
[433] Cfr., p. 242 ss.

A interdição de arbitrariedade, que não se confunde com o princípio da igualdade, constitui uma limitação geral, aplicável a todas as restrições de direitos fundamentais e até mesmo às restrições dos direitos à igualdade jurídico-tributária. Por possuir caráter objetivo, tal interdição não se contrapõe só aos tratos consciente e voluntariamente arbitrários, mas a todos os atos estatais arbitrários, ou seja, a quaisquer atos estatais que padeçam de uma incorreção evidente, manifesta, inquestionável, representando clara negação da justiça.[434]

No entanto, o controle de arbitrariedade é extremamente débil. Carece de complementação por outros, mais rigorosos, sobretudo pelo controle de proporcionalidade *lato sensu*, com as suas três regras parciais (de adequação, necessidade e proporcionalidade *stricto sensu*), as quais exigem que os meios eleitos sejam adequados e necessários para alcançar o fim almejado e que este ostente, na situação específica, relevância superior à da desigualdade por si criada.[435]

Já o terceiro controle se ocupa do caráter geral da disparidade de trato. Malgrado suscite questionamentos complexos, assume importância principalmente por evidenciar, mediante um exame específico, a eventual existência de ilegítimas leis tributárias de exceção (que consideram pessoas ou grupos específicos, objetivando favorecê-los ou prejudicá-los enquanto tais), facilitando o rechaço às severas desigualdades delas advindas.[436]

Tal qual as demais limitações analisadas, a garantia do respeito ao conteúdo essencial dos direitos fundamentais constitui um limite absoluto às suas restrições, representando a sua última proteção contra as mutilações legislativas. Referida garantia, decorrente do próprio reconhecimento constitucional de tais direitos, tutela fundamentalmente os direitos fulcrados imediatamente no princípio da dignidade da pessoa humana e, em matéria tributária, sobretudo os direitos à exoneração do mínimo vital, a não sofrer discriminações impositivas e à igualdade de capacidade e proteção jurídico-tributárias.[437]

9. Feitas essas ponderações gerais, devemos debruçar-nos sobre os principais conflitos que envolvem a igualdade tributária, os quais podem ser divididos em conflitos internos ao Direito Tributário e conflitos intersistêmicos.[438]

Com respeito aos conflitos internos, o mais complexo é, sem dúvida, aquele relativo à simplificação tributária, em razão de o princípio da igualdade atuar não só como fundamento, senão também como limite da simplificação, levando a "paradoxais" relações de apoio recíproco e de conflito. Deveras, embora a isonomia tributária careça de praticabilidade aplicativa para refletir-se na realidade social, costuma ser afetada pelas medidas de simplificação, as quais geram efeitos anti-isonômicos. Isso conduz a um aparente paradoxo, superável à luz do significado de duas relevantes dicotomias, estabelecidas entre a igualdade geral e a individual, e entre a isonomia na criação e na aplicação legislativa, haja vista a simplificação favorecer a igualdade geral em detrimento da individual e sacrificar a isonomia na criação das leis para alcançar uma aplicação legislativa uniforme. Por isso, apenas

---

[434] Cfr., p. 243 ss.
[435] Cfr., p. 248 ss.
[436] Cfr., p. 258 ss.
[437] Cfr., p. 260 ss.
[438] Cfr., p. 263 ss.

diante de situações específicas se pode oferecer uma resposta à questão de se o princípio da igualdade, considerado globalmente, pesa a favor ou contra as medidas de praticabilidade aplicativa. O ideal seria realizar plenamente a isonomia mediante a simplificação, aplicando uniformemente leis iguais, mas tal ideal jamais poderá ser alcançado plenamente e, por consequência, sempre haverá tensões entre as distintas dimensões da isonomia, mesmo que se estabeleçam medidas destinadas a harmonizá-las, como a autorização para se decidir por equidade ou provar o contrário.[439]

Também são extremamente relevantes os conflitos entre o princípio da igualdade e os da legalidade e segurança jurídica, que envolvem questões como a analogia jurídica, a interpretação econômica e a igualdade na ilegalidade.[440]

No que concerne à possibilidade de se utilizar a analogia para criar tributos ou créditos tributários, reputamos que a solução geral, imposta pelos princípios basilares dos Estados de Direito, há de ser a sua interdição, sobretudo porque a igualdade tributária é uma garantia fundamental dos contribuintes – e uma obrigação do Poder Público a ser alcançada mediante o adequado manejo dos instrumentos normativos de uma democracia. É justamente a preponderância dos princípios da legalidade e da segurança jurídica que confere fundamento constitucional às cláusulas legais proibitivas da analogia: se o princípio prevalente fosse o da igualdade, elas seriam invariavelmente inconstitucionais.[441]

Por outro lado, quando a solução indicada pelo princípio da isonomia se contrapor a ditames constitucionais ou legais, não haverá um conflito com o postulado de juridicidade, porquanto o princípio referido também é jurídico e, ademais disso, ostenta *status* constitucional. Na primeira situação, configurar-se-á uma tensão entre exigências constitucionais, a ser superada mediante a sua ponderação, sempre que a própria Constituição não predetermine a solução. Na segunda, ou seja, na problemática da igualdade na ilegalidade, o conflito com o princípio da preeminência legislativa deve ser resolvido mediante a adoção de uma nova prática aplicativa legal e isonômica e, quando isso não seja viável, haverá de ser tutelada a igualdade na ilegalidade, sobretudo porque não será a isonomia que obstará o restabelecimento da legalidade. Quanto ao período anterior à mudança aplicativa (ou à constatação de que ela não ocorrerá), o conflito deve ser resolvido mediante o balanceamento das exigências contrapostas e a consideração dos efeitos práticos decorrentes da ilegal *praxis* aplicativa.[442]

Já nas tensões com a autonomia dos entes federativos parciais, o princípio da isonomia mostra-se extremamente débil, haja vista ela fundamentar relevantes desigualdades tributárias. Não obstante isso, o princípio analisado efetivamente inclina-se a favor de uma paridade impositiva em todo o território nacional, não só impondo que haja uma "similitude" essencial da carga tributária em tal âmbito, mas também vedando desigualdades excessivas, que afetam de modo especialmente intenso os direitos subjetivos dos contribuintes.[443]

---

[439] Cfr., p. 2635 ss.
[440] Cfr., p. 273 ss.
[441] Cfr., p. 274 ss.
[442] Cfr., p. 275 ss.
[443] Cfr., p. 280 ss.

E, por último, a exigência de evolução do Direito e a garantia de independência judicial constituem fortes razões para justificar desigualdades na criação e aplicação das leis tributárias, respectivamente. Tal garantia prepondera sobre o princípio da isonomia no âmbito dos órgãos isoladamente considerados (contanto que o seu exercício não se mostre arbitrário), fazendo com que a igualdade se realize essencialmente na seara institucional, mediante a uniformização da interpretação pelos órgãos superiores. Tais ponderações também se aplicam, com certas *nuances*, às desigualdades advindas de mudanças interpretativas, as quais se mostram legítimas quando há razões idôneas a sustentá-las, como a incorreção da exegese originalmente acolhida, a ocorrência de relevantes vicissitudes sociais, a busca pela harmonia com a jurisprudência dos Tribunais superiores, etc. Da mesma forma, as mudanças legislativas em princípio são legítimas, mas por vezes têm de estar acompanhadas por medidas que suprimam ou atenuem as desigualdades no tempo, tais como a retroatividade de normas benéficas e o estabelecimento de regimes de transição.[444]

10. Embora a extrafiscalidade seja admissível (isto é, não seja invariavelmente inconstitucional), nem sempre é legítima à luz do princípio da isonomia tributária, pois entre eles há significativa tensão, a ser reconhecida e analisada cuidadosamente pelos órgãos encarregados do controle de constitucionalidade das leis.[445]

Acerca de tal controle, impende ressaltar, antes de tudo, que a igualdade não pode ceder perante o mero argumento de que se almeja realizar fins não fiscais. Para justificar desigualdades tributárias, é imprescindível que ao menos a persecução de tais fins seja real, efetiva. Caso contrário, todas as desigualdades impositivas poderiam ser justificadas com base na singela alegação de busca a fins alheios ao Direito Tributário, suprimindo-se de forma quase absoluta a força jurídica do princípio da isonomia tributária.[446]

Demais, o controle de legitimidade das normas extrafiscais não pode se limitar ao exame da constitucionalidade dos fins e dos meios utilizados. Em razão de esse exame já ser imposto por outros preceitos constitucionais, tal limitação levaria à cabal supressão da relevância jurídica do princípio da isonomia e, por conseguinte, à admissão de toda e qualquer desigualdade resultante da imposição extrafiscal.[447]

O controle de constitucionalidade das normas extrafiscais deve ser realizado fundamentalmente mediante a aplicação do mandado de proporcionalidade, com as suas três regras parciais. As medidas extrafiscais não têm de ser apenas aptas a alcançar os seus fins, mas também efetivamente necessárias para tanto, sobretudo porque o Direito Tributário constitui um meio *subsidiário* para lograr a realização de fins não fiscais e, ao utilizá-lo, o legislador deve buscar escolher a medida que implique a menor restrição possível à igualdade tributária. Além disso, os fins não fiscais devem ter importância superior que a igualdade impositiva – e os demais princípios ou bens jurídicos eventualmente afetados –, dado ser inconcebível que o legislador mais lese que promova princípios e valores constitucionais.[448]

---

[444] Cfr., p. 284 ss.
[445] Cfr., p. 292 ss.
[446] Cfr., p. 306 ss.
[447] Cfr., p. 308 ss.
[448] Cfr., p. 310 ss.

Caso se descure a importância que o princípio da isonomia tributária ostenta em cada caso concreto, resultará impossível superar a severa crise da sua força jurídica e outorgar-lhe o papel fundamental que lhe foi reservado pelas Constituições modernas, de pilar de uma tributação justa.

Apêndice

O princípio da igualdade tributária na jurisprudência do STF

Não é singela a tarefa de analisar a concretização dada por uma Corte Constitucional ao princípio da igualdade, haja vista a riqueza do seu conteúdo e a multiplicidade de questões subjacentes. Tal princípio é omnicompreensivo, regulando todos os atos estatais, nas mais variadas áreas do Direito. É natural, portanto, que a sua aplicação se dê com nuances significativas. Não obstante, nele há um núcleo comum, que orienta a sua concretização em todos os âmbitos do Direito.

Frente a esse quadro, optamos por analisar a jurisprudência do Supremo Tribunal Federal primeiro num plano geral e, em seguida, no plano especificamente tributário, tal qual fizemos no curso desta investigação.

Quanto ao princípio geral da isonomia, centramo-nos na teoria que subjaz à imensa maioria das decisões proferidas pelo Pretório Excelso, a teoria da interdição de arbitrariedade, recepcionada e aplicada com relevantes matizes e acréscimos, tais como a interdição de privilégios e discriminações. Tratamos também de decisões de extrema valia para a realização da igualdade na nossa ordem jurídica, como as que recorrem ao princípio da isonomia para fundamentar decisões por equidade e também para obstar efeitos fáticos discriminatórios resultantes de preceitos cujos termos em nada se contrapõem à igualdade.

Em matéria impositiva, procuramos abordar as decisões mais representativas do STF sobre todas as dimensões do princípio da isonomia tributária, enfocando temas tão variados como a igualdade no contexto de exações interligadas e frente à aplicação ilegal da legislação tributária.

1. O princípio geral da isonomia

1.1. Recepção da teoria da interdição de arbitrariedade

A teoria da interdição de arbitrariedade foi desenvolvida sobretudo pela *Supreme Court* norte-americana e pelo Tribunal Federal suíço. Após, foi recepcionada pela jurisprudência do *Bundesverfassungsgericht*, na qual assumiu singular relevância, vindo a influenciar fortemente as demais Cortes Constitucionais.[1]

Situação diversa não se verificou no Brasil. Embora o Supremo Tribunal Federal não costume proclamar expressamente tal concepção teórica, é evidente que a aplica reiteradamente.

---
[1] Vide p. 33 ss.

Isso se denota de inúmeros precedentes em que a Corte afasta a alegação de ofensa ao princípio da igualdade sob o argumento de inexistir "discriminação arbitrária".

Por exemplo, em precedente relativo à exclusão do Simples das sociedades que prestam serviços profissionais legalmente regulamentados, a Suprema Corte chancelou-a em razão de não caracterizar "discriminação arbitrária, porque obedece critérios razoáveis".[2] Postulada a extensão de isenção regional do IPI concedida à industrialização da cana de açúcar, não se vislumbrou ofensa ao princípio da igualdade, vez que a isenção "se acha despojada de qualquer coeficiente de arbitrariedade" e, assim, "não se qualifica [...] como instrumento de ilegítima outorga de privilégios estatais em favor de determinados estratos de contribuintes".[3] Noutros termos: "A ausência de elementos arbitrários no conteúdo intrínseco da norma legal em causa evidencia que se respeitou, no processo de sua formal positivação jurídica, a exigência constitucional que impõe, ao Poder Público, a observância do princípio da igualdade na lei".[4]

Também há casos em que se alude expressamente à teoria. Em voto proferido no relevantíssimo precedente atinente à legitimidade constitucional da EC 41/03 frente ao princípio da isonomia, o Ministro Eros Grau reportou-se expressamente à fórmula da interdição de arbitrariedade do Tribunal Constitucional Federal alemão e à doutrina consentânea de Robert Alexy:

> Procurando dar resposta à indagação à respeito de quais situações e pessoas podem ser discriminadas sem quebra e agressão aos objetivos transfundidos no princípio constitucional da isonomia, a jurisprudência do Tribunal Constitucional alemão toma como fio condutor o seguinte:
> "a máxima da igualdade é violada quando para a diferenciação legal ou para o tratamento legal igual não seja possível encontrar uma razão razoável, que surja da natureza da coisa ou que, de alguma forma, seja compreensível, isto é, quando a disposição tenha de ser qualificada de arbitrária" [apud Robert Alexy, Theorie der Grundrechte, Suhrkamp, Frankfurt am Main, 1986, p. 366].
> Dir-se-á, pois, que uma discriminação será arbitrária quando "não seja possível encontrar, para a diferenciação legal, alguma razão razoável que surja da natureza das coisas ou que, de alguma forma, seja concretamente compreensível" [Alexy, p. 370].[5]

Em seguida, Eros Grau aplica essa concepção ao princípio da isonomia tributária, com supedâneo nas lições do *Justice* Brandeis e de Sampaio Dória:

> Quanto à indagação à respeito de quais contribuintes podem ser discriminados sem quebra e agressão aos objetivos da isonomia tributária, aludindo ao *Justice* Brandeis, da Suprema Corte norte-americana, insiste Sampaio Dória em que se exige meramente que a discriminação seja *razoável*, sendo *razoável* a "classificação que um homem bem informado, inteligente, de bom senso e civilizado possa racionalmente prestigiar".[6]

---

[2] STF, Pleno, ADI 1.643, Rel. Min. Maurício Corrêa, 12.2002, excerto do voto do relator.
[3] STF, Pleno, AI 360.461 AgR, Rel. Min. Celso de Mello, 12.2005.
[4] STF, Pleno, AI 360.461 AgR, Rel. Min. Celso de Mello, 12.2005, excerto do voto do relator.
[5] STF, Pleno, ADI 3.105, Rel. p/ acórdão Min. Cezar Peluso, 8.2004.
[6] Com base nessa concepção minimalista do princípio da igualdade, o Ministro Eros Grau proferiu o seu voto vencido no sentido da legitimidade do trato tributário estabelecido pela EC 41/03 entre os servidores inativados anteriormente e posteriormente à data da sua publicação, concluindo que: "A discriminação é razoável". Para um exame mais detido da decisão, vide p. 355 ss.

Essa também foi a linha acolhida pelo Ministro Gilmar Mendes, que com apoio na lição de Canotilho vê o critério de valoração para a relação de igualdade na:

> [...] proibição geral do arbítrio, de modo que haveria observância da igualdade quando indivíduos ou situações iguais não são arbitrariamente tratados como desiguais. Sobre o tema, ensina Canotilho:
> "Uma possível resposta, sufragada em algumas sentenças do Tribunal Constitucional, reconduz-se à proibição geral do arbítrio: existe observância da igualdade quando indivíduos ou situações iguais não são arbitrariamente (*proibição do arbítrio*) tratados como desiguais. Por outras palavras: o princípio da igualdade é violado quando a desigualdade de tratamento surge como arbitrária. O arbítrio da desigualdade seria condição necessária e suficiente da violação do princípio da igualdade"
> [...] Penso que, nesse ponto, a resposta estaria em tratar a proibição do arbítrio como critério essencialmente negativo, com base no qual são consagrados apenas os casos de flagrante desigualdade.[7]

É hialina a recepção da teoria da interdição de arbitrariedade, que se denota sobretudo da consideração do caráter arbitrário da desigualdade como "condição necessária e suficiente da violação do princípio da igualdade".

1.2. Interdição de privilégios

A doutrina que reconduz o princípio da isonomia à interdição de arbitrariedade é enriquecida pela conjugação desta à vedação de privilégios e discriminações.

Deveras, deparado com alegação de exclusão de benefício em ofensa à isonomia, o Supremo Tribunal Federal externou que o princípio da isonomia "deve ser considerado, em sua precípua função de obstar discriminações e de extinguir privilégios", sendo que a igualdade na lei "constitui exigência destinada ao legislador que, no processo de sua formação, nela não poderá incluir fatores de discriminação, responsáveis pela ruptura da ordem isonômica".[8]

Nessa senda, o Pretório Excelso conjuga o princípio republicano ao da isonomia, de modo a interpretar preceitos constitucionais que objetivam justamente repelir discriminações e privilégios odiosos. Este precedente, relativo à exigência de concurso de âmbito geral para o provimento de cargos públicos, elucida tal orientação:

> A exigência de concurso público, que traduz determinação de índole constitucional (CF, art. 37, II), objetiva impedir que a investidura em cargos, funções ou empregos públicos seja distorcida por práticas estatais discriminatórias, que ofendem, profundamente, o postulado da igualdade e que desrespeitam, de modo frontal, o primado da idéia republicana, cujo valor – impregnado de altíssimo coeficiente ético-jurídico – qualifica-se como expressivo vetor interpretativo das normas que compõem a Lei Fundamental. A República não admite nem tolera privilégios, por-

---

[7] STF, Pleno, ADI 3.105, Rel. p/ acórdão Min. Cezar Peluso, 8.2004.
[8] STF, Pleno, MI 58, Rel. p/ acórdão Min. Celso de Mello, 12.1990. Na esteira dessa concepção, o Ministro Eros Grau externou em voto proferido na ADI 3.105 que: "A igualdade se expressa em *isonomia* [= garantia de condições idênticas asseguradas ao sujeito de direito em igualdade de condições com outro] e na *vedação de privilégios*". Em seguida, aludiu à fórmula da interdição de arbitrariedade do BVerfG.

que, "de todas as formas de governo, é a República a mais própria para o domínio da igualdade, a única compatível com ela" (JOÃO BARBALHO). Precedentes.[9]

Idênticas razões subjazem à regra constitucional que estabelece a obrigatoriedade de licitações públicas, cuja finalidade precípua é coibir favorecimentos nos tratos com a Administração Pública:

> 5. Não podem a lei, o decreto, os atos regimentais ou instruções normativas, e muito menos acordo firmado entre partes, superpor-se a preceito constitucional, instituindo privilégios para uns em detrimento de outros, posto que além de odiosos e iníquos, atentam contra os princípios éticos e morais que precipuamente devem reger os atos relacionados com a Administração Pública. 6. O artigo 37, inciso XXI, da Constituição Federal, de conteúdo conceptual extensível primacialmente aos procedimentos licitatórios, insculpiu o princípio da isonomia assecuratória da igualdade de tratamento entre todos os concorrentes, em sintonia com o seu *caput* – obediência aos critérios da legalidade, impessoalidade e moralidade – e ao de que todos são iguais perante a lei, sem distinção de qualquer natureza. (CF, artigo 5, caput).[10]

No mesmo sentido, cabe recordar a negativa de aplicação da *perpetuatio jurisdictionis* à prerrogativa de foro dos parlamentares, que culminou com o cancelamento da antiga Súmula 394 do Tribunal. Cessado o mandato, cessa automaticamente a prerrogativa de foro, pois ela é garantia decorrente do exercício da função pública, e não privilégio pessoal daqueles que já titularizaram cargos públicos:

> O postulado republicano – que repele privilégios e não tolera discriminações – impede que prevaleça a prerrogativa de foro, perante o Supremo Tribunal Federal, nas infrações penais comuns, mesmo que a prática delituosa tenha ocorrido durante o período de atividade funcional, se sobrevier a cessação da investidura do indiciado, denunciado ou réu no cargo, função ou mandato cuja titularidade (desde que subsistente) qualifica-se como o único fator de legitimação constitucional apto a fazer instaurar a competência penal originária da Suprema Corte (CF, art. 102, I, "b" e "c"). Cancelamento da Súmula 394/STF (RTJ 179/912-913). – Nada pode autorizar o desequilíbrio entre os cidadãos da República. O reconhecimento da prerrogativa de foro, perante o Supremo Tribunal Federal, nos ilícitos penais comuns, em favor de ex-ocupantes de cargos públicos ou de ex-titulares de mandatos eletivos transgride valor fundamental à própria configuração da idéia republicana, que se orienta pelo vetor axiológico da igualdade. – A prerrogativa de foro é outorgada, constitucionalmente, "ratione muneris", a significar, portanto, que é deferida em razão de cargo ou de mandato ainda titularizado por aquele que sofre persecução penal instaurada pelo Estado, sob pena de tal prerrogativa – descaracterizando-se em sua essência mesma – degradar-se à condição de inaceitável privilégio de caráter pessoal. Precedentes.[11]

Ainda no âmbito político, é digna de nota a restrição da imunidade parlamentar material aos atos diretamente relacionados ao exercício do mandato legislativo,

---

[9] STF, Pleno, ADI 917 MC, Rel. Min. Celso de Mello, 11.1993. Prossegue: "Relevância jurídica da tese que sustenta a inconstitucionalidade de resoluções estatais que privilegiam determinadas categorias funcionais, assegurando, aos seus integrantes, o ingresso em cargo público mediante simples prova seletiva interna". Nesse sentido, cfr. STF, Pleno, ADI 1.350, Rel. Min. Celso de Mello, 2.2005: "A razão subjacente ao postulado do concurso público traduz-se na necessidade essencial de o Estado conferir efetividade ao princípio constitucional de que todos são iguais perante a lei, sem distinção de qualquer natureza, vedando-se, desse modo, a prática inaceitável de o Poder Público conceder privilégios a alguns ou de dispensar tratamento discriminatório e arbitrário a outros".

[10] STF, Pleno, MS 22.493, Rel. p/ acórdão Min. Maurício Corrêa, 9.1996.

[11] STF, Pleno, INQ 1.376 AgR, Rel. Min. Celso de Mello, 2.2007.

visto que a sua extensão a atos diversos caracterizaria inaceitável privilégio dos candidatos parlamentares perante os demais candidatos:

> O postulado republicano – que repele privilégios e não tolera discriminações – impede que o parlamentar-candidato tenha, sobre seus concorrentes, qualquer vantagem de ordem jurídico-penal resultante da garantia da imunidade parlamentar, sob pena de dispensar-se, ao congressista, nos pronunciamentos estranhos à atividade legislativa, tratamento diferenciado e seletivo, capaz de gerar, no contexto do processo eleitoral, inaceitável quebra da essencial igualdade que deve existir entre todos aqueles que, parlamentares ou não, disputam mandatos eletivos.[12]

Inúmeros outros precedentes poderiam ser citados nessa linha, evidenciando que o Supremo Tribunal Federal confere ao princípio da isonomia conteúdo mais rico que o advindo da sua mera recondução à interdição de arbitrariedade. Atribui-lhe a relevante função de obstar privilégios e discriminações.

1.3. "Self-restraint"

Em certas matérias, nota-se postura flagrantemente restritiva no controle do respeito ao princípio da isonomia levado a cabo pelo Supremo Tribunal Federal.

Elucidativo exemplo do acanhamento da Suprema Corte identifica-se em recurso fundado na relevante alegação de que a pena do furto qualificado pelo concurso de agentes ofendia o princípio constitucional da isonomia, por ser muito mais grave proporcionalmente que a estipulada para o crime de roubo praticado em idêntica condição:

> RECURSO EXTRAORDINÁRIO CRIMINAL. ANÁLISE SOBRE O FURTO E O ROUBO. CONCURSO DE PESSOAS. PROPORCIONALIDADE ENTRE AS RESPECTIVAS PENAS. Sob o pretexto de ofensa ao artigo 5º, caput, da Constituição Federal (princípios da igualdade e da proporcionalidade), não pode o Judiciário exercer juízo de valor sobre o quantum da sanção penal estipulada no preceito secundário, sob pena de usurpação da atividade legiferante e, por via de conseqüência, incorrer em violação ao princípio da separação dos poderes. Ao Poder Legislativo cabe a adoção de política criminal, em que se estabelece a quantidade de pena em abstrato que recairá sobre o transgressor de norma penal. Recurso Extraordinário conhecido e desprovido.[13]

Com tal postura, o Supremo Tribunal Federal simplesmente nega toda e qualquer relevância ao princípio constitucional da isonomia no estabelecimento das sanções penais, que fica relegado ao total arbítrio do legislador.

Esse excessivo *self-restraint* no controle das desigualdades há de ser revisto pela Corte, a fim de restabelecer ao princípio em foco o papel que lhe foi outorgado pela Constituição, de pilar fundamental da nossa República.

1.4. Igualdade e equidade

Malgrado o STF se oriente prevalentemente pela teoria da interdição de arbitrariedade, não há como deixar de consignar que certas decisões suas extraem do princípio da igualdade relevantes consequências jurídicas, que vão muito além do mero repúdio a atos legislativos arbitrários.

---

[12] STF, Pleno, INQ 400 QO, Rel. Min. Celso de Mello, 12.2002.
[13] STF, 2ª Turma, RE 358.315, Rel. Min. Ellen Gracie, 8.2003.

Tal ocorre no recurso à equidade com supedâneo no princípio da isonomia, a fim de tutelar a justiça no caso concreto mediante o estabelecimento de diferenciações que a norma geral não previu.

Paradigmático é o precedente em que o STF aplicou a equidade para afastar, no caso concreto, a vedação genérica da EC 45/04, que passou a exigir três anos de atividade jurídica para o ingresso na carreira do Ministério Público, diante de situação em que a candidata já integrava a instituição no âmbito estadual e pretendia ingressar no MPF. Fê-lo por entender que a vedação deveria conter exceções e ressalvas, de modo a realizar o princípio da isonomia:

> A ausência de regras de transição para disciplinar situações fáticas não abrangidas pelo novo regime jurídico instituído por emenda constitucional demanda a análise de cada caso concreto à luz do direito enquanto totalidade.
>
> [...]
>
> A igualdade, desde Platão e Aristóteles, consiste em tratar-se de modo desigual os desiguais. Prestigia-se a igualdade, no sentido mencionado quando, no exame de prévia atividade jurídica em concurso público para ingresso no Ministério Público Federal, dá-se tratamento distinto àqueles que já integram o Ministério Público.[14]

Em seu voto, o Ministro Eros Grau pôs de relevo a imperiosidade de o aplicador levar em consideração as particularidades do caso para proceder à correta construção da norma concreta e individual, tarefa que vai muito além da aplicação mecanicista dos preceitos legislativos:

> Estamos aqui, Senhor Presidente, diante daquilo que Vossa Excelência mencionou, em um certo momento e ocasião, como um caso fronteiriço, que reclama uma análise tópica. Eu diria, ainda acrescentando alguns subsídios ao meu voto escrito, que é numa situação como essa que fica muito clara a beleza e nobreza do ofício da interpretação do direito, interpretação do direito como construção da norma. Nós não somos meros leitores de textos normativos. Fôssemos meros leitores de textos normativos, bastaria a nós a alfabetização. Nós fazemos muito mais do que isso porque aqui integramos o ordenamento jurídico. Trabalhamos no segundo momento normativo, no espaço da dimensão normativa, distinto do espaço da dimensão legislativa.[15]

Trata-se de nítido caso de aplicação da equidade com fundamento no princípio da isonomia (ou se se prefere, no princípio da razoabilidade),[16] que demanda o estabelecimento de ressalvas não previstas pelo legislador, a fim de realizar a justiça no caso concreto.

---

[14] STF, Pleno, MS 266.690, Rel. Min. Eros Grau, 9.2008.

[15] O Ministro Carlos Britto acolheu e reforçou as ponderações do relator: "o juiz não é mesmo uma espécie de traça do processo, de ácaro do processo, ele é um ser do mundo e tem de atentar para a vida tal como a vida se nos dá, sempre cambiante, surpreendente, novidadeira, a exigir muitas vezes uma solução exclusiva para o caso. O caso é tão importante que pede uma decisão exclusiva para ele, afeita à singularidade dele, às peculiaridades dele".

[16] Foi a tal princípio que recorreu o Ministro Ricardo Lewandowski, evidenciando que, nesse aspecto específico, o princípio da razoabilidade não exige senão a realização da igualdade. Outro enfoque foi dado pelo Ministro Gilmar Mendes, que adotou a perspectiva do princípio da proporcionalidade: "Não é por acaso que a própria jurisprudência desenvolveu, ao longo dos anos, a tese da proporcionalidade *in concreto*, a idéia de fazer a justeza, a aplicação no caso concreto, fazendo, portanto, um juízo que permite exatamente o que o Tribunal está a fazer que a despeito de se entender que a norma é proporcional, atende a um requisito de proporcionalidade *in abstrato*, também há que se fazer um juízo *in concreto*". Isso é plenamente compreensível diante da íntima inter-relação que há entre a equidade, razoabilidade, justiça e igualdade.

1.5. Igualdade entre o Poder Público e os cidadãos

Em 1979, deparado com alegação de violação ao princípio da isonomia por preceito que negava a possibilidade de o contribuinte interpor recurso ordinário nos executivos fiscais de valor inferior a dez vezes o maior salário mínimo vigente no país (art. 74 do Decreto-Lei 960/38, com a redação dada pelo Decreto-Lei 474/69), o STF rechaçou-a, com base na concepção de que tal princípio não se aplicaria às relações entre o Poder Público e os cidadãos, haja vista que, como exposto pelo Ministro Cordeiro Guerra, ele referir-se-ia "aos direitos individuais, ou seja, deles como pessoas físicas, não os igualando, jamais, aos da União, Estado, Município ou demais pessoas jurídicas de direito público interno". Daí "poder a lei, validamente, introduzir privilégios a tais entidades, com base no interesse público que elas representam e que sobre todos prevalece".[17]

Felizmente, dita concepção, que preconiza a inelutável prevalência dos interesses do Poder Público perante os cidadãos, veio a ser revista à luz da Constituição cidadã de 1988.

De fato, em 1998 o Supremo Tribunal Federal afirmou categoricamente a aplicação do princípio da isonomia às relações estabelecidas entre o Poder Público e os particulares, rechaçando injustificado privilégio processual do primeiro. Lê-se na ementa do lapidar precedente, de relatoria do Ministro Sepúlveda Pertence:

> A igualdade das partes é imanente ao *procedural due process of law*; quando uma das partes é o Estado, a jurisprudência tem transigido com alguns favores legais que, além da vetustez, tem sido reputados não arbitrários por visarem a compensar dificuldades da defesa em juízo das entidades públicas; se, ao contrário, desafiam a medida da razoabilidade ou da proporcionalidade, caracterizam privilégios inconstitucionais: parece ser esse o caso das inovações discutidas, de favorecimento unilateral aparentemente não explicável por diferenças reais entre as partes e que, somadas a outras vantagens processuais da Fazenda Pública, agravam a conseqüência perversa de retardar sem limites a satisfação do direito do particular já reconhecido em juízo.[18]

Como expusemos no curso da investigação, essa concepção é de suma importância nas relações estabelecidas entre o Fisco e os contribuintes, notadamente no Direito Processual Tributário.

1.6. Efeitos anti-isonômicos de medidas não discriminatórias

Significativo avanço na afirmação da força jurídica do princípio da isonomia ocorreu no julgamento da ADI 1.946, em que o STF conferiu interpretação confor-

---

[17] STF, Pleno, RE 83.041, Rel. Min. Cordeiro Guerra, 3.1979.
[18] STF, Pleno, ADI 1.753 MC, Rel. Min. Sepúlveda Pertence, 4.1998. Nessa decisão, suspendeu-se a vigência de preceito (art. 4º da MP 1.577-6/97) que ampliava de dois para cinco anos o prazo para a União, os Estados, o Distrito Federal ou os Municípios e suas respectivas autarquias e fundações públicas ajuizarem ação rescisória. Essa disposição foi modificada nas reedições posteriores da medida provisória impugnada: o prazo ampliado passou de cinco para quatro anos e também veio a beneficiar o Ministério Público. Isso levou a que a ADI 1.753 fosse julgada prejudicada e nova ação fosse ajuizada, na qual a Corte reiterou o seu entendimento, refutando o tratamento anti-isonômico (STF, Pleno, ADI 1.910 MC, Rel. Min. Sepúlveda Pertence, 4.2004). Na ementa deste precedente, o excerto transcrito da decisão proferida na ADI 1.753 MC foi reiterado e a ele foi agregada a seguinte advertência: "No caminho da efetivação do *due process of law* – que tem particular relevo na construção sempre inacabada do Estado de direito democrático – a tendência há de ser a da gradativa superação dos privilégios processuais do Estado, à custa da melhoria de suas instituições de defesa em juízo, e nunca a da ampliação deles ou a da criação de outros, como – é preciso dizê-lo – se tem observado neste decênio no Brasil."

me a Constituição a *emenda constitucional* que, a despeito de não veicular normas anti-isonômicas, certamente levaria a *resultados discriminatórios*, mais precisamente, ao desfavorecimento da mulher no mercado de trabalho. O precedente tratava do art. 14 da EC 20/98, que limitou os benefícios da Previdência Social a R$ 1.200,00 sem ressalvar a licença-gestante, de modo que tal benefício seria custeado, no que excedesse a tal patamar, integralmente pelo empregador e, por consequência, seria relevante fator a inibir a contratação de mulheres. O Ministro Nelson Jobim, ao proferir o seu voto-vista, enfocou a questão com objetividade e argúcia, respaldado por precedentes da *Supreme Court*:

> O que importa são as conseqüências de fato.
> Se produz, ou não, em concreto, a discriminação proibida.
> Não importa qual seja a intenção.
> A análise da situação deve estar centrada nos efeitos ou conseqüências concretas da opção legislativa ou da decisão tomada no caso concreto.
> É necessário que se examinem os fatos e os efeitos que neles se produzem.
> [...]
> No caso, a regra induz à discriminação proibida, como demonstrei.
> Ter-se-ia um resultado contrário à regra constitucional proibitiva da discriminação, em matéria de emprego, de sexo, origem, raça ou profissão.

Dessa forma, o Supremo Tribunal Federal deu interpretação conforme a Constituição ao art. 14 da EC 20/98, no sentido de não abranger a licença-gestante.[19]

Ao considerar as consequências fáticas dos atos normativos perante o princípio da isonomia, tal precedente segue a mesma linha de importantíssimo julgado do BVerfG, em que o Tribunal alemão declarou inconstitucional lei tributária que, pelas deficiências do sistema de fiscalização que criara, não permitia uma aplicação fática uniforme dos seus ditames.[20]

2. Princípio da isonomia tributária

Inúmeras foram as arguições de inconstitucionalidade formuladas perante o Supremo Tribunal Federal por ofensa ao princípio da isonomia tributária.

Ao apreciá-las, o Tribunal pronunciou-se sobre os mais variados aspectos atinentes à igualdade impositiva, tais como a generalidade tributária, as relações entre a igualdade e a capacidade contributiva, os benefícios e privilégios tributários, a isonomia nos impostos, nas taxas e nas contribuições especiais, bem como no contexto de tributos interligados.

2.1. GENERALIDADE IMPOSITIVA

O princípio da isonomia demanda que os tributos alcancem todas as manifestações de capacidade contributiva juridicamente relevantes e, sobretudo, aquelas que o próprio legislador optou por gravar.

---

[19] STF, Pleno, ADI 1.946, Rel. Min. Sydney Sanches, 4.2003. A citação do voto do Ministro Nelson Jobim diz respeito à liminar, julgada em abril de 1999 e chancelada pela Corte quando da análise do mérito.
[20] Vide p. 226 ss.

Essa exigência costuma ser denominada "princípio da generalidade da tributação", o qual nada mais é que uma projeção específica do princípio da isonomia tributária.[21]

O campo próprio de incidência desse princípio é, por razões óbvias, o Direito Tributário, notadamente o Direito Tributário Substantivo. No entanto, ele projeta-se além desse ramo jurídico, vindo a influenciar até mesmo a construção do Direito Penal Tributário.

De fato, em precedente relativo à sonegação fiscal de lucro advindo do tráfico de drogas, a Primeira Turma do Supremo Tribunal Federal aplicou o antigo brocardo do *non olet*, de modo a afirmar a possibilidade de o IR incidir sobre a renda auferida com a atividade criminosa e, consequentemente, a competência da Justiça Federal para processar e julgar o crime conexo, de tráfico interno de entorpecentes. Ao fazê--lo, expôs com argúcia: "A exoneração tributária dos resultados econômicos de fato criminoso – antes de ser corolário do princípio da moralidade – constitui violação do princípio de isonomia fiscal, de manifesta inspiração ética".[22]

É justamente o princípio da generalidade tributária que sustenta inúmeras das pronúncias de inconstitucionalidade de benefícios fiscais anti-isonômicos.

2.2. Privilégios tributários

Os privilégios tributários figuram ao lado das discriminações impositivas no rol das mais graves ofensas à isonomia tributária.

Privilégio que a própria Constituição de 1988 veio a revogar expressamente foi o dos Magistrados, cuja verba de representação era isenta do Imposto de Renda por força de disposição expressa do Decreto-Lei 2.019/83. Para tanto, a Constituição cidadã vedou às pessoas constitucionais "instituir tratamento desigual entre contribuintes que se encontrem em situação equivalente, proibida qualquer distinção em razão de ocupação profissional ou função por eles exercida, independentemente da denominação jurídica dos rendimentos, títulos ou direitos" (art. 150, II).

Cumpre observar que, até o advento da Constituição de 1988, o Supremo Tribunal Federal não havia pronunciado a incompatibilidade de tal isenção com o princípio da isonomia. Pelo contrário, com base nele pronunciara expressamente que a isenção era aplicável a todos os Magistrados, federais ou estaduais, de toda e qualquer instância[23] e que a previsão expressa de sujeição dos vencimentos dos Magistrados "aos impostos gerais, inclusive o de renda" (art. 113, III, da CF/69) não obstava a "concessão de isenção de imposto de renda a uma parcela dos vencimentos dos magistrados".[24]

Mesmo diante da clara redação do art. 150, II, da CF, insistia-se na manutenção da benesse, alegando-se que o preceito constitucional não era autoaplicável. Levada a questão à Corte Constitucional, pronunciou-se a incidência imediata da vedação constitucional (incidência essa estabelecida de forma explícita no art. 34,

---

[21] Cfr. p. 134 ss.
[22] STF, 1ª Turma, HC 77.530, Rel. Min. Sepúlveda Pertence, 8.1998.
[23] STF, Pleno, RP 1.155, Rel. Min. Soares Muñoz, 11.1983.
[24] STF, 1ª Turma, AI 133.360 AgR, Rel. Min. Moreira Alves, 3.1990.

§ 1º, do ADCT) e, por conseguinte, a revogação da isenção do Imposto de Renda sobre a verba de representação dos Magistrados, desde 5 de outubro de 1988.[25]

Interessante é que, para sustentar a subsistência do privilégio até o advento da Constituição cidadã, o Ministro Maurício Corrêa, relator do precedente, expôs que o princípio da isonomia tributária seria "inovação trazida pela Constituição de 1988", que estaria "ausente nas Cartas Pretéritas". Por tal razão, ponderou:

> Nessa circunstância, tenho que toda e qualquer norma tributária – seja de incidência ou isenção – vigente na data da promulgação da Constituição Federal e que estivesse em conflito com o princípio da isonomia foi imediatamente derrogada, na fração ou no todo incompatível [...] Serão igualmente inconstitucionais normas posteriores à Carta de 1988 que instituam isenção em afronta ao mencionado princípio.

Ora, o princípio da isonomia tributária de forma alguma é novidade trazida pela Constituição de 1988. Trata-se de mera projeção normativa do princípio geral da igualdade, fundamento basilar de todas as constituições republicanas.

Mesmo que os privilégios pretéritos possam ser tidos por revogados, aqueles concedidos pela legislação na vigência da Constituição de 1988 não podem ser simplesmente desconsiderados pela Administração Tributária. Devem ser impugnados judicialmente, o que via de regra é feito em sede de controle concentrado de constitucionalidade. Foi o que ocorreu, v.g., com isenção de IPVA concedida exclusivamente a veículos regularizados perante cooperativa municipal de transporte escolar, declarada inconstitucional pelo Supremo Tribunal Federal no julgamento da ADI 1.655 MC.[26]

2.3. IGUALDADE E CAPACIDADE CONTRIBUTIVA

O critério fundamental do princípio da isonomia no domínio dos impostos, empréstimos compulsórios e contribuições especiais é a capacidade contributiva dos sujeitos passivos.[27]

Certos precedentes da Suprema Corte, no entanto, afastam-se de tal critério, acolhendo elementos totalmente irrelevantes para o controle das disparidades tributárias.

Foi o que ocorreu em decisão relativa ao adicional à contribuição sobre a folha de salários a cargo das instituições financeiras, na qual não só se negou a aplicação do princípio da capacidade contributiva às contribuições sociais, mas também se legitimou a disparidade com base na diversidade de segmentos econômicos em que as empresas atuam:

> A regra de que 'os impostos terão caráter pessoal e serão graduados segundo a capacidade econômica do contribuinte' (CF, art. 145, § 1º) não se aplica às contribuições sociais, que não são subespécies do tributo a que alude o dispositivo.
> Por outro lado, não há como pretender que a situação das empresas submetidas à contribuição adicional do art. 3º, § 2º, da L. 7.787/89 [...], seja equivalente à das empresas industriais, comerciais ou prestadoras de serviço, para os fins do art. 150, II, da Constituição. Se existisse

---

[25] STF, 2ª Turma, RE 236.881, Rel, Min. Maurício Corrêa, 2.2002.
[26] STF, Pleno, ADI 1.655 MC, Rel. Min. Maurício Corrêa, 9.1997.
[27] A respeito da capacidade contributiva como critério de concretização da igualdade tributária, cfr. p. 157 ss.

tal equivalência, não faria sentido a tradicional classificação da atividade econômica em segmentos ou setores, de que partiu o legislador para instituir o adicional questionado.[28]

A mera diversidade dos segmentos ou setores de atividade econômica não basta para justificar desigualdades impositivas. E muito menos é critério de concretização do princípio da isonomia em matéria tributária. Trata-se de diversidade fática que, em princípio, é irrelevante para a graduação de tributos.

Felizmente, tal concepção minimalista da igualdade veio a ser revista em precedente de singular importância, atinente à incidência da contribuição previdenciária sobre os inativos e pensionistas do regime estatutário. Nele, o Ministro Cezar Peluso externou, com argúcia, que a contribuição deveria ser conformada à luz do critério da capacidade contributiva:

> As exigências de justiça, no direito tributário, subordinam o tratamento normativo à medida de riqueza manifestada, ou, em rigor técnico, ao conceito de *capacidade contributiva* (art. 145, § 1º, da Constituição da República), de modo que as distinções entre categorias de pessoas devem fundar-se nesse critério, e a adoção de qualquer outro há de manter perceptível e justificada correlação lógico-jurídica com os propósitos normativos e os direitos e garantias fundamentais, sob pena de insulto ao princípio da igualdade.

Essa linha também foi seguida em recente precedente relativo à COSIP, em que a Suprema Corte recorreu ao princípio da capacidade contributiva para pronunciar a constitucionalidade da graduação da contribuição em função do consumo de energia elétrica. Lê-se no voto do relator, Ministro Ricardo Lewandowski:

> No mais, a despeito de o art. 145, § 1º, da Constituição Federal, que alude à capacidade contributiva, fazer referência apenas aos impostos, não há negar que ele consubstancia uma limitação ao poder de imposição fiscal que informa todo o sistema tributário.
> [...] o Município de São José, ao empregar o consumo mensal de energia elétrica de cada imóvel, como parâmetro para ratear entre os contribuintes o gasto com a prestação do serviço de iluminação pública, buscou realizar, na prática, a almejada justiça fiscal, que consiste, precisamente, na materialização, no plano da realidade fática, dos princípios da isonomia tributária e da capacidade contributiva, porquanto é lícito supor que quem tem um consumo maior tem condições de pagar mais.[29]

Apesar de termos reservas quanto à legitimidade da conformação que se deu à contribuição analisada nesse precedente, temos de convir que tal concepção (a qual estende o influxo do princípio da capacidade contributiva a todo o sistema tributário brasileiro) representa significativa evolução na jurisprudência do STF, haja vista ser a capacidade contributiva o critério fundamental da justiça tributária.

2.4. Isonomia no contexto de tributos interligados

É extremamente problemático tutelar a isonomia perante a globalidade do sistema tributário, dada a dificuldade de se estabelecerem juízos de igualdade à luz da nossa complexa e caótica legislação impositiva.[30] Porém, as desigualdades em

---

[28] STF, 1ª Turma, RE-ED 209.014, Rel. Min. Sepúlveda Pertence, 5.2004. A citação é do voto do relator. Quando se fechou esta edição, a questão de fundo ainda estava pendente de análise pelo Plenário do Supremo Tribunal Federal.
[29] STF, Pleno, RE 573.675, Rel. Min. Ricardo Lewandowski, 3.2009.
[30] Sobre a questão, vide p. 123 ss.

grupos de tributos podem ser identificadas – e, portanto, controladas – com maior facilidade.

Exemplo de disparidade no contexto de tributos interligados foi analisado no RE 336.134. A Lei 9.718/98 havia majorado a alíquota da COFINS em cinquenta por cento (de 2% para 3%) e autorizado a compensação de até um terço da contribuição (ou seja, da integralidade da alíquota majorada) com a Contribuição sobre o Lucro Líquido – CSLL. Alegava-se violação aos princípios da isonomia tributária e da capacidade contributiva, em razão de as empresas que não verificavam lucro – e que via de regra enfrentavam dificuldades financeiras – não podiam proceder à compensação, resultando efetivamente agravadas pela alíquota majorada, diversamente das demais, que auferiam lucros e podiam proceder à compensação.

O relator do precedente, Ministro Ilmar Galvão, reputou que se tratava de benefício fiscal concedido às empresas sujeitas a ambas exações e, com base nessa premissa, aplicou a jurisprudência do STF no sentido da impossibilidade de o Poder Judiciário estender benefícios anti-isonômicos:

> Como se vê, trata-se de situações diversas que, por si sós, justificam o tratamento diferenciado, sendo certo, por outro lado, que, não cabendo ao Poder Judiciário conceder benefício fiscal, a solução da controvérsia, sob o prisma da isonomia, só poderia encontrar deslinde na declaração de inconstitucionalidade do § 1º do art. 8º da Lei nº 9.718/98, solução que, entretanto, não atenderia ao interesse da recorrente.

O Plenário, por maioria, acolheu esse entendimento, chancelando a sistemática impugnada.[31]

Interessantes são os votos que enfrentaram diretamente a alegação de violação à isonomia e que acabaram se refletindo na ementa do precedente, assim redigida:

> [...] Por efeito da referida norma, o contribuinte sujeito a ambas as contribuições foi contemplado com uma bonificação representada pelo direito a ver abatido, no pagamento da segunda (COFINS), até um terço do quantum devido, atenuando-se, por esse modo, a carga tributária resultante da dupla tributação. Diversidade entre tal situação e a do contribuinte tributado unicamente pela COFINS, a qual se revela suficiente para justificar o tratamento diferenciado, não havendo que falar, pois, de ofensa ao princípio da isonomia. Não-conhecimento do recurso.

A Ministra Ellen Gracie reputou que havia tratamento paritário tanto no regramento da COFINS quanto no da CSLL e, por conseguinte, rechaçou a alegação de violação à isonomia:

> A compensação em causa, não viola, de qualquer forma, o princípio da isonomia. Isso porque todos aqueles submetidos à contribuição da COFINS continuam recolhendo essa contribuição à alíquota de 3% (três por cento). Esses são iguais entre si. E todos os contribuintes da Contribuição Social sobre o Lucro Líquido podem, eventualmente, compensar parte do valor devido a tal título com aquilo que já foi recolhido a título de COFINS. Portanto são esses a outra categoria de iguais tratados com absoluta isonomia.

Sem embargo, essa linha argumentativa não considera um aspecto de relevo, a desoneração da CSLL em prol de empresas que auferiam lucro, manifestação de capacidade contributiva gravada por tal contribuição. Estas empresas pagariam a COFINS à alíquota de 3% e teriam um abatimento expressivo da CSLL. O problema não residia propriamente na disparidade no contexto da COFINS, mas na desonera-

---

[31] STF, Pleno, RE 336.134, Rel. Min. Ilmar Galvão, 11.2002.

ção (total ou parcial) da CSLL para empresas que auferiam lucro. Essa sistemática contrasta com a generalidade tributária (pois desonera empresas contributivamente capazes) e, consequentemente, com o princípio da isonomia, do qual aquele não é senão uma projeção específica.

Outro viés também poderia ser dado à questão, considerando as inter-relações estabelecidas entre as duas contribuições e, mais precisamente, a razão da concessão do benefício perante a CSLL, que foi justamente a majoração da alíquota da COFINS. Tal viés foi adotado pelo Ministro Carlos Velloso, em voto que abordou a questão com extrema perspicácia:

> A majoração está imbricada, está ligada, está atada ao benefício fiscal (a compensação). A *ratio legis*, o motivo da lei, é este: porque pagarão a COFINS a uma alíquota maior – de 2% para 3% – gozarão do benefício [...]
> Mas o legislador se esqueceu que somente a empresas lucrativa é que paga a CLSS [sic]. As empresas não lucrativa não. Então, o benefício foi dado apenas às lucrativas, sem embargo de que também aquelas, as não lucrativas, pagarão a COFINS à alíquota majorada, de 3%.
> Violou-se, com tal modo de proceder, o princípio da igualdade.

Nessa senda, o Ministro Marco Aurélio evidenciou a inobservância do princípio da capacidade contributiva e, portanto, da isonomia tributária:

> Ao majorar-se a alíquota da COFINS de 2% para 3%, considerou-se o princípio isonômico de maneira inversa. Entre a outorga do benefício a empresas em dificuldade, a empresas que não apresentem lucro e àquelas que se mostram com saúde econômica e financeira invejável, há de entender-se, se assim fosse possível – com alijamento, até mesmo, da ordem jurídica em vigor – pela necessidade de socorrer as primeiras. Foi justamente o contrário o que se verificou na espécie dos autos.

Essa louvável orientação restou vencida. Predominaram, como exposto, os votos pela legitimidade da questionável sistemática instituída pela Lei 9.718/98. Dentre estes, também merece registro aquele proferido pelo Ministro Gilmar Mendes, que refutou a alegação de inconstitucionalidade em razão de não se tratar de discriminação arbitrária, evidenciando a aplicação da tese da igualdade como interdição de arbitrariedade. Lê-se no seu voto:

> O princípio da isonomia pode ser visto tanto como exigência do tratamento igualitário quanto proibição de tratamento discriminatório [...].
> No caso em apreço, mostrou-se claramente que não há lesão ao princípio da isonomia, porque o benefício foi concedido a empresas que preenchem os requisitos devidos, e que não há discrímen arbitrário.

Se não há discrímen arbitrário, não há lesão ao princípio da igualdade. É nítido que tal princípio foi concebido como mera interdição de disparidades arbitrárias.

2.5. IGUALDADE NA ILEGALIDADE

Questão assaz polêmica diz respeito à afirmação da isonomia em casos de aplicação ilegal da legislação tributária.

Essa questão não é nova para o Supremo Tribunal Federal. Já em 1950, o Tribunal pronunciou-se no sentido da impossibilidade de se estender judicialmente favor ilegal. A tutela da isonomia somente seria possível mediante o cancelamento do benefício ilegítimo: "A igualdade perante a lei não justifica a extensão de favor abusivo, mas, ao contrário, exige que se faça cessar tal favor".[32]

No voto do relator, Ministro Hahnemann Guimarães, está explícita a tese da impossibilidade de se impor a realização da isonomia tributária com sacrifício à preeminência legislativa:

> Se a Fazenda Pública requer, de acôrdo com a lei, o pagamento do imposto, o contribuinte não se pode eximir da obrigação, sob o pretexto de que, nas mesmas condições, outras pessoas não suportam o ônus fiscal, ou estão menos oneradas. Este favor é que constituirá ilegalidade, que se deve corrigir.

Reputamos que tal concepção está correta, mas há de admitir certas exceções, sobretudo quando não é o princípio da isonomia que obsta a prevalência dos ditames legais.[33]

2.6. Impostos

Em matéria de impostos, a maioria dos precedentes do Pretório Excelso versa sobre a concessão de benefícios. Poucos julgados dizem respeito à isonomia na conformação das regras impositivas.

Porém, há julgados em tal matéria. Dentre eles, cabe recordar a arguição de inconstitucionalidade no estabelecimento de alíquota mais gravosa para o IPVA de veículos importados. Ao apreciá-la, o Supremo manteve decisão que havia pronunciado a sua ilegitimidade, por contrastar com o princípio da isonomia. Para tanto, recorreu ao preceito do art. 152 da Constituição, que veda "aos Estados, ao Distrito Federal e aos Municípios estabelecer diferença tributária entre bens e serviços, de qualquer natureza, em razão de sua procedência ou destino" (art. 152).[34] Com isso, manteve a alíquota genérica, mais benéfica aos contribuintes.

A decisão é irretocável. Para graduar o IPVA, o legislador há de considerar o valor do veículo, e não fatores exógenos à manifestação de capacidade contributiva tributada.

2.7. Taxas

No domínio das taxas, os precedentes são mais fartos, versando amiúde sobre a inobservância do critério da equivalência, em razão de a graduação do tributo levar em conta a capacidade contributiva dos sujeitos passivos.

Em tais casos, o STF vem chancelando as taxas graduadas com base em indícios de capacidade contributiva, por reputar que o princípio correlato lhes é aplicável.

Foi o que ocorreu com taxa de coleta de lixo graduada mediante a divisão do custo do serviço pela dimensão das áreas construídas dos imóveis beneficiados (no ano de 1990, a taxa fora fixada em NCz$ 1,75 por m^2). Como se consignou na ementa do precedente:

---

[32] STF, 2ª Turma, RE 12.782, Rel. Min. Hahnemann Guimarães, 9.1950. Lê-se na continuação da ementa: "A recorrente não provou que empresas congêneres recebessem tratamento privilegiado, nem que o tributo cobrado fosse indevido".
[33] Cfr. p. 277 ss.
[34] STF, 2ª Turma, AI 203.845 AgR, Rel. Min. Néri da Silveira, 12.1998.

O fato de um dos elementos utilizados na fixação da base de cálculo do IPTU – a metragem da área construída do imóvel – que é o valor do imóvel (CTN, art. 33), ser tomado em linha de conta na determinação da alíquota da taxa de coleta de lixo, não quer dizer que teria essa taxa base de cálculo igual à do IPTU: o custo do serviço constitui a base imponível da taxa. Todavia, para o fim de aferir, em cada caso concreto, a alíquota, utiliza-se a metragem da área construída do imóvel, certo que a alíquota não se confunde com a base imponível do tributo. Tem-se, com isto, também, forma de realização da isonomia tributária e do princípio da capacidade contributiva: C.F., artigos 150, II, 145, § 1º. II. – R.E. não conhecido.[35]

Consta do voto do relator, Ministro Carlos Velloso:

> deve-se entender que o cálculo da taxa de lixo, com base no custo do serviço dividido proporcionalmente às áreas construídas dos imóveis, é forma de realização da isonomia tributária, que resulta na justiça tributária (C.F., art. 150, II). É que a presunção é no sentido de que o imóvel de maior área produzirá mais lixo do que o imóvel menor. O lixo produzido, por exemplo, por imóvel com mil metros quadrados de área construída será maior do que o lixo produzido por imóvel de cem metros quadrados. A presunção é razoável e, de certa forma, realiza, também, o princípio da capacidade contributiva do art. 145, § 1º, da C.F., que, sem embargo de ter como destinatária os impostos, nada impede que possa aplicar-se, na medida do possível, às taxas.

A premissa da aplicação do princípio da capacidade contributiva à graduação das taxas também norteou a pronúncia de inconstitucionalidade da taxa de fiscalização ambiental instituída pela Lei 9.960/00. Nesse julgamento, reconheceu-se a ilegitimidade do tributo em razão de ser fixo, desconsiderando a capacidade contributiva dos sujeitos passivos. Como se consignou na ementa, a taxa era inconstitucional:

> Por não haver indicado as respectivas alíquotas ou o critério a ser utilizado para o cálculo do valor devido, tendo-se limitado a estipular, a forfait, valores uniformes por classe de contribuintes, com flagrante desobediência ao princípio da isonomia, consistente, no caso, na dispensa do mesmo tratamento tributário a contribuintes de expressão econômica extremamente variada.[36]

Seguindo essa orientação, o Supremo Tribunal Federal chancelou a taxa de poder de polícia da CVM instituída pela Lei 7.940/89, que variava em função do patrimônio líquido da instituição financeira fiscalizada.[37] O Ministro Carlos Velloso, relator do precedente, fundamentou o seu voto condutor no princípio da capacidade contributiva, cuja aplicação às taxas teve por legítima:

> O que a lei procura realizar, com a variação do valor da taxa, em função do patrimônio líquido da empresa, é o princípio da capacidade contributiva – C.F., art. 145, § 1º. Esse dispositivo constitucional diz respeito aos impostos, é certo. Não há impedimento, entretanto, na tentativa de aplicá-lo relativamente às taxas.

Debruçando-se novamente sobre a questão, o Tribunal reiterou que a taxa não violou o princípio da isonomia, "haja vista o diploma legal ter estabelecido valores específicos para cada faixa de contribuintes, sendo estes fixados segundo a capacidade contributiva de cada profissional".[38]

---

[35] STF, Pleno, RE 232.393, Rel. Min. Carlos Velloso, 8.1999. A taxa fora fixada em R$ 3.000,00, com desconto de 50% para empresas de pequeno porte, de 90% para microempresas e de 95% para pessoas físicas (art. 17-B da Lei 9.960/00).

[36] STF, Pleno, ADI 2.178 MC, Rel. Min. Ilmar Galvão, 3.2000.

[37] STF, Pleno, RE 177.835, Rel. Min. Carlos Velloso, 4.1999.

[38] STF, Pleno, ADI 453, Rel. Min. Gilmar Mendes, 8.2006. Ficou vencido o Ministro Marco Aurélio, que perfilhou a posição que, a nosso juízo, é correta: "Calcular-se a taxa a partir da grandeza do

A Suprema Corte também se pronunciou sobre a questão da destinação dos recursos angariados com taxas, externando que o seu repasse a instituições privadas ofende o princípio da isonomia, além de desvirtuar a sua finalidade:

> Qualificando-se as custas judiciais e os emolumentos extrajudiciais como taxas (RTJ 141/430), nada pode justificar seja o produto de sua arrecadação afetado ao custeio de serviços públicos diversos daqueles a cuja remuneração tais valores se destinam especificamente (pois, nessa hipótese, a função constitucional da taxa – que é tributo vinculado – restaria descaracterizada) ou, então, à satisfação das necessidades financeiras ou à realização dos objetivos sociais de entidades meramente privadas. É que, em tal situação, subverter-se-ia a própria finalidade institucional do tributo, sem se mencionar o fato de que esse privilegiado (e inaceitável) tratamento dispensado a simples instituições particulares (Associação de Magistrados e Caixa de Assistência dos Advogados) importaria em evidente transgressão estatal ao postulado constitucional da igualdade.[39]

De fato, as taxas, por serem tributos contraprestacionais, devem ter seus recursos afetados ao custeio da atividade pública que são vocacionadas a financiar, sob pena de se abrir larga via para a sua malversação.

2.8. Contribuições especiais

2.8.1. De seguridade social

Nas contribuições especiais há outros fatores que podem vir a se agregar à capacidade contributiva, de modo a orientar a concretização da isonomia tributária.

Na conformação das contribuições de seguridade social, por exemplo, devem ser considerados aspectos do sistema que elas almejam financiar. Dentre tais aspectos, sobressai a responsabilidade do sujeito passivo pelo plexo de benefícios que é chamado a custear.

2.8.1.1. Patronais

As contribuições patronais são aquelas exigidas das empresas para as quais os segurados trabalham ou prestam serviços. Usualmente apresentam certa simetria com as contribuições dos segurados, mas é perfeitamente possível que em certas situações sejam proporcionalmente mais ou menos gravosas do que estas.

Por exemplo, é legítimo graduar a contribuição destinada a custear o seguro de acidentes do trabalho (SAT) em função do grau de exposição dos empregados da empresa a tais acidentes, tomando-se por base de cálculo aquela sobre a qual incidem as contribuições dos segurados (remunerações pagas ou creditadas mensalmente). Foi o que fez a Lei 7.787/89, ao instituir um adicional à contribuição sobre as remunerações, devido pelas empresas cujo índice de acidente de trabalho seja superior à média do respectivo setor. E com razão o Supremo Tribunal Federal negou

---

contribuinte é descaracterizá-la, ensejando-se o arbítrio. Para evitar este último, o legislador deve ter presente a advertência de Pontes de Miranda: 'As taxas têm de ser conforme o que importa como valor do que se presta' ('Comentários à Constituição Federal de 1967') [...] A capacidade econômica do contribuinte mostra-se como balizamento inadequado à espécie de tributo que é a taxa, porquanto o valor respectivo há de ter íntima vinculação com o citado exercício do poder de polícia ou o serviço público prestado ou colocado à disposição do contribuinte".

[39] STF, Pleno, ADI 1.378, Rel. Min. Celso de Mello, 11.1995.

a existência de qualquer mácula no mencionado adicional, por simplesmente "tratar desigualmente aos desiguais".[40]

2.8.1.2. Dos segurados

As contribuições dos segurados devem apresentar traços sinalagmáticos, sendo graduadas em função do valor das prestações securitárias que ensejarão. Porém, o caráter solidário do sistema adotado no Brasil permite que o legislador se afaste razoavelmente de tal norte, considerando fundamentalmente a aptidão econômica do segurado para financiar o sistema – ou seja, a sua capacidade contributiva.

Tais ponderações dizem respeito à isonomia vertical, ou seja, à disparidade que o princípio da igualdade requer no estabelecimento de tratos entre desiguais. Quanto à isonomia horizontal, entre segurados que se encontram em situação análoga,[41] é evidente que o princípio em foco demanda tratos paritários, contrapondo-se a todas disparidades injustificadas entre iguais.

Foi o que asseverou o Supremo Tribunal Federal em precedente de suma importância, no qual afirmou o princípio da isonomia tributária contra disparidade criada por *norma constitucional*, mais precisamente, pelo art. 4º da EC 41/03, emenda que recriou a contribuição a cargo dos inativos e pensionistas, declarada inconstitucional no regime da EC 20/98 (ADI 2.010). Nesse artigo, o poder constituinte derivado estabeleceu que os servidores inativos e pensionistas deveriam participar no custeio do regime de previdência estatutária (*caput*), sendo que aqueles em gozo de benefícios na data de publicação da emenda teriam de arcar com contribuição incidente sobre os valores que ultrapassassem: 50% do limite máximo estabelecido para os benefícios do regime geral, quando vinculados aos Estados, ao Distrito Federal ou aos Municípios (inciso I do parágrafo único); e 60% de tal limite, quando vinculados à União (inciso II do parágrafo único).

Ao fazê-lo, criou três disparidades. A primeira, entre os inativos e pensionistas do regime estatutário e aqueles do regime geral, que não contribuíam. A segunda, entre os inativos e pensionistas da União, que somente contribuíam sobre os valores que superassem 60% do teto dos benefícios do regime geral, e os inativos e pensionistas dos demais entes políticos, cuja contribuição incidia sobre os valores que superassem 50% do referido teto. A terceira, entre os inativos e pensionistas em gozo de benefício na data da publicação da EC 41/03 (alcançados pela regra do seu art. 4º) e aqueles cujos benefícios foram concedidos posteriormente. Os primeiros, ligados à União, eram desfavorecidos perante os inativos e pensionistas do regime geral e do regime estatutário com benefícios posteriores à EC 41/03, pois deveriam contribuir sobre valores que eram imunes para estes. Já os ligados às demais pessoas políticas eram desfavorecidos perante *três* grupos: os inativos e pensionistas do regime geral (que não contribuíam); os inativos e pensionistas do regime estatutário federal em gozo de benefício na data da promulgação da emenda (que, cabe frisar, somente

---

[40] STF, Pleno, RE 343.446, Rel. Min. Carlos Velloso, 3.2003. Note-se que a lei subsequente, Lei 8.212/91, adotou sistema similar ao da Lei 7.787/89, mas ao invés do adicional estabeleceu três alíquotas (de 1%, 2% e 3%), aplicáveis em função do grau de risco de acidentes do trabalho na atividade preponderante da empresa (art. 22, II). A razão da disparidade, contudo, permanece a mesma: a maior responsabilidade da empresa pelo financiamento das prestações que a sua atividade implica.

[41] Quanto às noções de isonomia horizontal e vertical, cfr. p. 132 ss.

contribuíam com o que passasse de 60% do teto do regime geral); e também perante aqueles que se tornaram inativos ou pensionistas após tal data (que contribuiriam apenas sobre o que passasse do teto dos benefícios do regime geral).

Em arguta decisão, cujo relator para o acórdão foi o Ministro Cezar Peluso, o STF reconheceu e afastou duas das três disparidades supramencionadas, pronunciando a inconstitucionalidade das expressões "cinquenta por cento do" e "sessenta por cento do", constantes do art. 4°, parágrafo único, I e II, da EC 41/03,[42] de modo a fazer com que a nova regra permanente (de contribuição incidente sobre os valores que passassem do teto do regime geral) prevalecesse para todos os inativos e pensionistas do regime estatutário.[43]

O Ministro Cezar Peluso afastou a alegação de violação à isonomia pela instituição da contribuição a cargo dos inativos e pensionistas, considerando o fato de os aposentados, diversamente dos ativos, possuírem direito à aposentadoria integral, bem como outros aspectos que envolvem a equidade no financiamento da seguridade social (caráter contributivo do sistema, imperativo de solidariedade social, distribuição equitativa dos encargos do custeio, etc.). Reconheceu-a, contudo, no que diz respeito às disparidades indicadas anteriormente:

> São *flagrantemente inconstitucionais* as exceções que, estipuladas no art. 4°, § único, incs. I e II, da EC 41/2003, reduzem, para algumas pessoas pertencentes à mesma classe dos servidores públicos e pensionistas, o alcance da *imunidade tributária* que a todos abrange e aproveita.
>
> E são-no, porque, ofendendo o princípio constitucional da isonomia tributária (art. 150, II), que é particularização do princípio fundamental da igualdade (art. 5°, *caput* e § 1°), são *arbitrárias* as distinções previstas entre servidores da União e dos demais entes federativos e, para o mesmo efeito normativo-constitucional, a baseada na data das aposentadorias. A Constituição da República não suporta arbitrariedade, ainda quando provenha do constituinte derivado (art. 60, § 4°, inc. IV).

Em seguida, o Ministro Cezar Peluso estabeleceu valiosa diferenciação para a possibilidade de se tutelar a isonomia na hipótese em tela, propondo a solução de pronunciar a inconstitucionalidade das expressões que implicavam a ilegítima discriminação impositiva, de modo a afastar as exceções à imunidade prevista no art. 195, II, da CF, que alberga a integralidade dos benefícios do regime geral e, até esse patamar, aplica-se analogicamente àqueles concedidos no âmbito do regime

---

[42] Eis a redação do art. 4° da EC 41/03: "Art. 4° Os servidores inativos e os pensionistas da União, dos Estados, do Distrito Federal e dos Municípios, incluídas suas autarquias e fundações, em gozo de benefícios na data de publicação desta Emenda, bem como os alcançados pelo disposto no seu art. 3°, contribuirão para o custeio do regime de que trata o art. 40 da Constituição Federal com percentual igual ao estabelecido para os servidores titulares de cargos efetivos.
Parágrafo único. A contribuição previdenciária a que se refere o caput incidirá apenas sobre a parcela dos proventos e das pensões que supere:
I – cinquenta por cento do limite máximo estabelecido para os benefícios do regime geral de previdência social de que trata o art. 201 da Constituição Federal, para os servidores inativos e os pensionistas dos Estados, do Distrito Federal e dos Municípios;
II – sessenta por cento do limite máximo estabelecido para os benefícios do regime geral de previdência social de que trata o art. 201 da Constituição Federal, para os servidores inativos e os pensionistas da União".
[43] STF, Pleno, ADI 3.105, Rel. p/ acórdão Min. Cezar Peluso, 8.2004.

estatutário, justamente por força do princípio da isonomia.⁴⁴ Por consequência, os últimos somente passaram a se sujeitar à tributação a partir do teto dos benefícios concedidos pelo INSS.

Nesse julgado, há dois aspectos de suma relevância a serem assinalados. Primeiro, a extensão de uma imunidade por analogia para realizar a isonomia horizontal, o que representa vultoso avanço na jurisprudência do Supremo Tribunal Federal rumo à justiça tributária. Segundo, o reconhecimento implícito de que a disparidade previdenciária entre servidores inativos e pensionistas do regime geral, de um lado, e do regime estatutário (que recebem benefícios até o teto deste regime, muito superior ao do geral), de outro, legitima que estes paguem contribuições enquanto aqueles são totalmente imunes. O critério não é tão somente a capacidade contributiva, mas sobretudo a disparidade no gozo de benefícios previdenciários. É o Direito Previdenciário a refletir-se na seara tributária.

2.8.2. Cosip

A Contribuição Social de Iluminação Pública (COSIP) foi criada pela EC 39/02, mediante a inserção do art. 149-A no texto da Constituição da República. Veio, indubitavelmente, a substituir a antiga taxa de iluminação pública, declarada inconstitucional pelo STF em reiteradas decisões.

Questionada a legitimidade desse anômalo tributo frente ao princípio da isonomia tributária e a outros princípios constitucionais, o Supremo afirmou-a, asseverando tratar-se de um "tributo de caráter *sui generis*" que pode ser cobrado apenas dos consumidores de energia elétrica sem ofensa ao princípio da igualdade, "ante a impossibilidade de se identificar e tributar todos os beneficiários do serviço de iluminação pública".

Essa foi uma restrição que as dificuldades aplicativas impuseram à realização da isonomia tributária. Como observou o relator do precedente, o Ministro Ricardo Lewandowski:

> Uma vez admitida a constitucionalidade do art. 149-A (mesmo porque jamais foi contestado nesta Suprema Corte), o qual previu a possibilidade de cobrança da contribuição para o custeio de iluminação pública na própria fatura de energia elétrica, o princípio da isonomia, em razão das peculiaridades da exação em tela, há de ser aplicado com o devido temperamento.⁴⁵

Os princípios da isonomia e da capacidade contributiva também foram utilizados pelo relator para fundamentar a legitimidade da graduação do tributo em função do consumo de energia elétrica, o que a nosso juízo é inapropriado, pois tal critério não reflete a capacidade contributiva dos sujeitos passivos.

2.9. Extrafiscalidade

A extrafiscalidade é o domínio onde as desigualdades impositivas imperam. É um dos grandes flancos abertos da isonomia tributária, sobretudo na seara dos benefícios fiscais. Em contrapartida, amiúde é posta a serviço de relevantes objetivos constitucionais, como a igualdade de fato, a proteção do meio ambiente, etc., o que justifica a generosa guarida que as Cortes Constitucionais lhe dão.

---

⁴⁴ Sobre o princípio da igualdade como fundamento da analogia, vide p. 222 ss.

⁴⁵ STF, Pleno, RE 573.675, Rel. Min. Ricardo Lewandowski, 3.2009.

Elucidativo precedente é a ADI 1.276, em que o Supremo Tribunal Federal teve por legítimo incentivo fiscal destinado a promover integração das pessoas com mais de quarenta anos no mercado de trabalho e, assim, a igualdade de oportunidades. Em seu voto, a Ministra Ellen Gracie pôs de relevo a possibilidade de se concederem benefícios fiscais com o fito de alcançar a igualdade de fato (finalidade não fiscal da medida):

> A Casa Legislativa Paulista utilizou-se, legitimamente, do caráter extrafiscal que pode ser conferido aos tributos, para estimular uma conduta por parte do contribuinte, abrindo mão de uma parte da receita do Estado, para tentar equilibrar uma situação de desigualdade social.[46]

Situação análoga, de desoneração com vistas à realização de fins não tributários, foi apreciada no RE 239.397, que versa sobre taxa florestal instituída pelo Estado de Minas Gerais. Consta na ementa do precedente:

> Descabimento da alegação de ofensa ao princípio da isonomia, por razões óbvias, diante do incentivo fiscal, em forma de redução do tributo, previsto para as indústrias que comprovarem a realização de reflorestamento proporcional ao seu consumo de carvão vegetal.[47]

Nessa senda, o Supremo Tribunal Federal refuta alegações de violação à isonomia quando a disparidade tributária é requerida pelas finalidades não fiscais almejadas pelo legislador. Foi o que ocorreu com a exclusão das sociedades de profissionais liberais do SIMPLES. O STF reputou-a legítima, tendo em vista que para tais sociedades não se afiguravam presentes as razões que levaram ao estabelecimento do regime diferenciado de tributação, a saber, os objetivos constitucionais de "protegê-las contra o abuso do poder econômico, de retirá-las da economia informal e de possibilitar-lhes o desenvolvimento do próprio negócio de acordo com a respectiva capacidade financeira e técnica, gerando, desse modo, maior número de empregos". A tal fundamento, o Ministro Maurício Corrêa, relator do precedente, acrescentou que a exclusão impugnada objetivava justamente evitar desigualdades tributárias entre tais sociedades profissionais, de um lado, e os autônomos e assalariados, de outro:

> A exclusão do "Simples", da abrangência dessas sociedades civis, não caracteriza discriminação arbitrária, porque obedece critérios razoáveis adotados com o propósito de compatibilizá--los com o enunciado constitucional.
> Não há falar-se, pois, em ofensa ao princípio da isonomia tributária, visto que a lei tributária – e esse é o caráter da Lei nº 9.317/96 – pode discriminar por motivo extrafiscal entre ramos de atividade econômica, desde que a distinção seja razoável, como na hipótese vertente, derivada de uma finalidade objetiva e se aplique a todas as pessoas da mesma classe ou categoria.
> [...]
> Acrescentam as mesmas informações [prestadas pela Presidência da República]: caso permitido o acesso das empresas de serviços, relacionadas no art. 9º, inc. XIII, da Lei nº 9.317, na sistemática do "Simples", estar-se-ia promovendo um privilégio odioso, uma vez que essa sistemática, por exemplo, concede uma redução a zero da alíquota do imposto de renda para receitas de até cento e vinte mil reais por ano e, acima disso, alíquotas bastante reduzidas, ao passo que os mesmos profissionais autônomos e assalariados estão sujeitos a tributação com base na tabela do imposto de renda das pessoas físicas com isenção de apenas dez mil e oitocentos reais por ano.

---

[46] STF, Pleno, ADI 1.276, Rel. Min. Ellen Gracie, 8.2002.
[47] STF, 1ª Turma, RE 239.397, Rel. Min. Ilmar Galvão, 3.2000.

Em outros julgados atinentes às desigualdades advindas da tributação extrafiscal, a Suprema Corte adota postura conservadora, concedendo generosos espaços ao legislador. Com frequência expressa razões que evidenciam a aplicação da teoria da interdição de arbitrariedade, como se vê nesta decisão de relatoria do Ministro Celso de Mello, relativa à legitimidade de limitação temporal de isenção extrafiscal:

> Vê-se, pois, que a isenção tributária em exame, *em traço que lhe ressalta, claramente, a função extrafiscal*, precisamente porque se acha despojada de qualquer coeficiente de arbitrariedade, não se qualifica, tendo presentes as razões de política governamental que lhe são subjacentes, como instrumento de ilegítima outorga de privilégios estatais em favor de determinados estratos de contribuintes.
>
> A ausência de elementos arbitrários no conteúdo intrínseco da norma legal evidencia que se respeitou, no processo de sua formal positivação jurídica, a exigência constitucional que impõe ao Poder Público a observância do princípio da igualdade *na lei*.[48]

Sem embargo, reputamos ser possível – e necessário – proceder a um controle mais rigoroso das desigualdades causadas pela tributação extrafiscal, notadamente no que diz respeito à necessidade e proporcionalidade *stricto sensu* da medida adotada pelo legislador.[49]

2.10. Disparidades no tempo

As disparidades no tempo são inerentes ao Direito. Toda norma jurídica que inova no ordenamento implica desigualdades temporais. Só não gera desigualdades a norma que seja retroativa, alcançando todos os fatos passados, o que, convenhamos, é a exceção, e não a regra no Direito.

Atento a esse fato, o Supremo Tribunal Federal rechaçou a pretensão à ampliação de isenção do IOF que, concedida por decreto-lei editado em 19 de maio de 1988, somente se aplicava às operações de câmbio relativas a guias de importação expedidas a partir de 1º de julho do mesmo ano. Em voto proferido no RE 188.951, o Ministro Maurício Corrêa externou, com plena razão, ser imprescindível aceitar disparidades no tempo para se propiciar a inovação jurídica:

> No caso vertente, desde 19 de maio de 1988, todos os eventuais interessados sabiam que, a partir de 1º de julho, as importações que fizessem estariam isentas do imposto indicado. Não vejo onde se possa acoimar de ofensivo à igualdade a norma em causa. Se o Decreto-Lei entrasse em vigor no dia de sua publicação, como é comum, o importador que, na véspera, houvesse pago o imposto devido, haveria de alegar tratamento desigual; e amanhã, revogado o art. 6º, ficando as operações de câmbio sujeitas à alíquota fixada pelo Executivo, "nos limites da lei", o importador haveria de insurgir-se alegando tratamento desigual, pois até a véspera, e desde 1º de julho de 1988, os demais importadores dela estavam isentos. Desse modo, o disposto no art. 6º passaria a ser pétreo e inalterável, enquanto o mundo se altera dia a dia.[50]

O Direito não pode petrificar-se em prol de pretensões irrazoadas de isonomia absoluta. Acolhê-las significaria suprimir todo e qualquer espaço às instituições democráticas e até mesmo à evolução jurídica.

---

[48] STF, 1ª Turma, AI 138.344 AgR, Rel. Min. Celso de Mello, 8.1994.

[49] Sobre o controle de proporcionalidade das desigualdades, cfr. p. 248 ss.

[50] STF, 2ª Turma, RE 188.951, Rel. Min. Maurício Corrêa, 5.1995. No mesmo sentido, dentre inúmeros outros precedentes, vide: STF, 1ª Turma, RE 186.589, Rel. Min. Ilmar Galvão, 2.1995. Posteriormente, tal orientação foi referendada pelo Pleno: RE 175.230 EDv, Rel. Min. Néri da Silveira, 4.2002.

2.11. APLICAÇÃO ANALÓGICA DE IMUNIDADES

As imunidades não devem ser interpretadas exclusivamente à luz da fria letra da Constituição. Têm de ser compreendidas essencialmente em vista das suas finalidades. Noutros termos, hão de ser interpretadas teleologicamente, o que pode conduzir a resultados situados além dos limites do sentido literal possível do seu texto – e até mesmo à sua aplicação analógica.

Foi o que efetuou o STF no julgamento da ADI 3.105, estendendo a imunidade do art. 195, II, da CF (concedida aos benefícios previdenciários do regime geral) ao sistema de previdência estatutária, com base na escorreita concepção de que, "embora faça menção apenas às aposentadorias e pensões concedidas pelo *regime geral de previdência*", esse preceito deve ser:

> (...) interpretado de forma teleológica e expansiva, para alcançar, no que sejam compatíveis, também aquelas [aposentadorias e pensões] concedidas *pelo regime dos servidores públicos*, em atenção ao caráter unitário do fim público de ambos os regimes e ao princípio da isonomia.[51]

Essa concepção, externada com clareza em relevantíssimo precedente, representa expressiva evolução na jurisprudência do Supremo Tribunal Federal. Lamentamos apenas que ainda não tenha suplantado a nefasta tese da impossibilidade de a Corte atuar como legislador positivo, tida como argumento suficiente para que o Poder Judiciário se abstenha frente a ofensas flagrantes à igualdade tributária.

2.12. BENEFÍCIOS ANTI-ISONÔMICOS

Como dissemos há pouco, os benefícios anti-isonômicos representam um dos flancos abertos do princípio da igualdade tributária. Por terem impacto financeiro, raramente são estendidos pelo Poder Judiciário. E pelo fato de sua extinção não favorecer, ao menos em regra geral, aqueles que não foram por eles agraciados, com frequência escapam do controle judicial.

2.12.1. Supressão do benefício em sede de controle concentrado

A forma mais eficaz de se tutelar a isonomia frente a benefícios tributários reside, sem dúvida alguma, no recurso ao controle concentrado de constitucionalidade.

Porém, como a legitimidade para ajuizar ações diretas de inconstitucionalidade é restrita ao rol do art. 103 da Constituição da República, as impugnações judiciais são escassas, verificando-se normalmente no bojo da guerra fiscal entre Estados ou de conflitos entre a maioria legislativa e o respectivo governo do Estado.

Foi o que se verificou com a isenção do IPVA concedida a veículos regularizados perante a Cooperativa de Transportes Escolares do Município de Macapá. Essa isenção, escancaradamente ofensiva ao princípio da isonomia tributária, foi impugnada pelo Governador do Estado do Amapá, o que culminou com a sua suspensão[52] e posterior declaração de inconstitucionalidade pelo Plenário do STF.[53]

---

[51] STF, Pleno, ADI 3.105, Rel. p/ acórdão Min. Cezar Peluso, 8.2004.
[52] STF, Pleno, ADI 1.655 MC, Rel. Min. Maurício Corrêa, 9.1997.
[53] STF, Pleno, ADI 1.655, Rel. Min. Maurício Corrêa, 3.2004.

2.12.2. Pretensão à extensão

Ao conceder benefícios, o legislador pode ofender o princípio da isonomia tributária tanto por ação quanto por omissão parcial. Verifica-se esta hipótese quando edita enunciados que simplesmente desconsideram os contribuintes indevidamente excluídos; omitem-se quanto a eles. Já a primeira ocorre quando há expressa exclusão de contribuintes a quem o benefício também deveria alcançar.

2.12.2.1. Extensão mediante aplicação analógica

Atualmente, o problema reside fundamentalmente na hipótese de inconstitucionalidade por omissão parcial, em que a lei é omissa quanto a contribuintes que, por força do princípio da isonomia, também deveriam ser favorecidos pelo benefício por ela concedido.

Em voto sobre a questão, o Ministro Celso de Mello expôs três soluções possíveis frente à inconstitucionalidade por omissão parcial:

> As discussões em torno das possíveis soluções jurídicas, estimuladas pela questão da exclusão de benefício, com ofensa ao princípio da isonomia, permitem vislumbrar três mecanismos destinados a viabilizar a resolução da controvérsia: (a) a extensão dos benefícios ou vantagens às categorias ou grupos inconstitucionalmente excluídos; ou (b) a supressão dos benefícios ou vantagens que foram indevidamente concedidos a terceiros; ou (c) o reconhecimento da existência de uma situação ainda constitucional (situação constitucional imperfeita), ensejando-se, ao Poder Público, em tempo razoável, a edição de lei restabelecedora do dever de integral obediência ao princípio da igualdade, sob pena de progressiva inconstitucionalização do ato estatal, que, embora existente, revela-se insuficiente e incompleto.[54]

Afastando-se a terceira solução, que não é viável quando se reconhece propriamente a *inconstitucionalidade* por omissão parcial, restam apenas duas: a extensão ou supressão do benefício tributário.

Quanto a esta, aqueles que gozam de tais benefícios não têm, obviamente, interesse em vê-los declarados inconstitucionais, e os contribuintes discriminados em princípio carecem de legitimidade para postular a declaração de sua inconstitucionalidade no controle difuso. Destarte, sua impugnação é promovida primordialmente em sede de controle concentrado, pelos legitimados constitucionalmente a instaurá-lo, sobretudo em casos de guerra fiscal.

Já a primeira solução, extensão do benefício, é obstaculizada pela tese da impossibilidade de o Poder Judiciário atuar como legislador positivo, que merece ser analisada com vagar, dada a sua vultosa relevância prática.[55]

Segundo essa tese, o Poder Judiciário não poderia estender vantagens ou benefícios àqueles indevidamente privados de seu gozo, pois ao fazê-lo estaria se imis-

---

[54] STF, 2ª Turma, AI 313.373 AgR, Rel. Min. Celso de Mello, 8.2002.

[55] A propósito, cabe mencionar ter sido essa tese que o STF aplicou no julgamento do AI 313.373 AgR, como se denota dos termos da sua ementa: "O Poder Judiciário – que não dispõe de função legislativa – não pode conceder, a servidores públicos, sob fundamento de isonomia, mesmo que se trate de hipótese de exclusão de benefício, a extensão, por via jurisdicional, de vantagens pecuniárias que foram outorgadas, por lei, a determinada categoria de agentes estatais. – A Súmula 339 do Supremo Tribunal Federal – que consagra específica projeção do princípio da separação de poderes – foi recebida pela Carta Política de 1988, revestindo-se, em consequência, de plena eficácia e de integral aplicabilidade sob a vigente ordem constitucional. Precedentes".

cuindo em atividade própria do Poder Legislativo e, por consequência, afrontando o princípio da separação dos poderes.

Ela é acolhida há longa data pelo Supremo Tribunal Federal, em jurisprudência cristalizada com a edição, em matéria administrativa, da Súmula 339: "Não cabe ao Poder Judiciário, que não tem função legislativa, aumentar vencimentos de servidores públicos, sob fundamento de isonomia". Essa súmula, editada em 1963, continua a ser aplicada sob a égide da Constituição de 1988, frente à qual foi tida por recepcionada.[56]

Aplicando a *ratio* da Súmula 339 aos benefícios tributários anti-isonômicos, o Supremo Tribunal Federal entende não lhe ser permitido estender, com base no princípio da igualdade, isenções ou outros benefícios fiscais aos contribuintes não contemplados pela lei.[57] Chega a afirmar que o tratamento desigual não poderia ser afastado nem mesmo por meio da declaração de inconstitucionalidade da restrição discriminatória.[58]

A tese da impossibilidade de atuação como legislador positivo é bem sintetizada neste precedente, relativo à isenção do IPI concedida a empresas produtoras de cana de açúcar:

> ISENÇÃO TRIBUTÁRIA: RESERVA CONSTITUCIONAL DE LEI EM SENTIDO FORMAL E POSTULADO DA SEPARAÇÃO DE PODERES. – A exigência constitucional de lei em sentido formal para a veiculação ordinária de isenções tributárias impede que o Judiciário estenda semelhante benefício a quem, por razões impregnadas de legitimidade jurídica, não foi contemplado com esse "favor legis". A extensão dos benefícios isencionais, por via jurisdicional, encontra limitação absoluta no dogma da separação de poderes. Os magistrados e Tribunais, que não dispõem de função legislativa – considerado o princípio da divisão funcional do poder –, não podem conceder, ainda que sob fundamento de isonomia, isenção tributária em favor daqueles a quem o legislador, com apoio em critérios impessoais, racionais e objetivos, não quis contemplar com a vantagem desse benefício de ordem legal. Entendimento diverso, que reconhecesse aos magistrados essa anômala função jurídica, equivaleria, em última análise, a converter o Poder Judiciário em inadmissível legislador positivo, condição institucional que lhe recusa a própria Lei Fundamental do Estado. Em tema de controle de constitucionalidade de atos estatais, o Poder Judiciário só deve atuar como legislador negativo.[59]

A Suprema Corte também recorreu a essa tese para negar a extensão de deduções da base de cálculo do PIS/PASEP e da COFINS, que haviam sido autorizadas às instituições financeiras, às cooperativas, às operadoras de planos de saúde e às revendedoras de carros usados:

> O acolhimento da postulação da autora --- extensão do tratamento tributário diferenciado concedido às instituições financeiras, às cooperativas e às revendedoras de carros usados, a título

---

[56] STF, Pleno, RE 173.252, Rel. Min. Moreira Alves, 11.1998. Na ementa desse precedente, foram devidamente expostas as amarras que o STF se impõe em matéria de inconstitucionalidade por omissão parcial: "Contra lei que viola o princípio da isonomia é cabível, no âmbito do controle concentrado, ação direta de inconstitucionalidade por omissão, que, se procedente, dará margem a que dessa declaração seja dada ciência ao Poder Legislativo para que aplique, por lei, o referido princípio constitucional; já na esfera do controle difuso, vício dessa natureza só pode conduzir à declaração de inconstitucionalidade da norma que infringiu esse princípio, o que, eliminando o benefício dado a um cargo quando deveria abranger também outros com atribuições iguais ou assemelhadas, impede a sua extensão a estes".

[57] STF, 1ª Turma, RE 159.026, 8.1994.

[58] Vide p. 364 ss.

[59] STF, 2ª Turma AI 360.461, 12.2005.

do PIS/PASEP e da COFINS --- implicaria converter-se o STF em legislador positivo. Isso porque se pretende, dado ser ínsita a pretensão de ver reconhecida a inconstitucionalidade do preceito, não para eliminá-lo do mundo jurídico, mas com a intenção de, corrigindo eventual tratamento adverso à isonomia, estender os efeitos da norma contida no preceito legal a universo de destinatários nele não contemplados.[60]

Ora, a Constituição de modo algum exige tal postura absenteísta. Pelo contrário, requer a realização plena da igualdade, valor supremo da República por ela instituída (preâmbulo) e direito fundamental de todos os cidadãos brasileiros (art. 5º, *caput* e inciso I).

A independência e a harmonia entre os Poderes (art. 2º da Carta Política) não sujeitam o Poder Judiciário à aplicação mecanicista das leis, como se os seus membros fossem meros autômatos, aplicadores cegos de preceitos gerais criados pelo legislador. Não lhe vedam a possibilidade de inovar no ordenamento jurídico. É a própria Constituição que confere ao Supremo Tribunal Federal papel ativo na construção da sociedade justa e fraterna que almeja tornar realidade, atribuindo-lhe competência para julgar ações de ampla repercussão política e social, como a arguição de descumprimento de preceito fundamental (art. 102, § 1º) e a ação direta de inconstitucionalidade por omissão, voltada a tornar efetivas as normas constitucionais (art. 103, § 2º). A Constituição de 1988 jamais quis um guardião anêmico e descompromissado com a realização dos seus valores fundamentais.

Para elucidar a viabilidade de o STF tutelar os direitos subjetivos à igualdade frente a benefícios anti-isonômicos, cabe mencionar a postura da *Corte Costituzionale* italiana. Embora a Constituição italiana não lhe outorgue competência para julgar ações com tal vulto político como a arguição por descumprimento de preceito fundamental e a ação direta de inconstitucionalidade por omissão, a Corte tutela a igualdade de modo muito mais efetivo que o Supremo Tribunal Federal, já tendo proferido várias decisões que estenderam benefícios tributários. Deveras, a *Corte Costituzionale* declarou: a) a inconstitucionalidade de expressão ("no território do Estado") que limitava os gastos médicos dedutíveis àqueles realizados no território italiano, a fim de estender o alcance da norma estabelecida pelo legislador;[61] b) a inconstitucionalidade da omissão da legislação em prever, para indenizações rescisórias (*indennità premio di fine de servicio*), a dedução prevista para indenizações equivalentes (*indennità di buonuscita*), já que ambas se destinavam a propiciar meios econômicos ao trabalhador para enfrentar o término do vínculo laboral;[62] c) a inconstitucionalidade da não extensão da isenção: c-1) do Imposto de Renda das Pessoas Físicas (I.R.PE.F.) concedida às pensões de guerra a pensão similar, de caráter indenizatório;[63] c-2) dos impostos hipotecários e cadastrais concedida nos casos de divórcio aos de separação judicial, em razão de tal limitação contrastar com

---

[60] STF, 2ª Turma, RE 402.748 AgR, Rel. Min. Eros Grau, 4.2008.
[61] *Corte Costituzionale, Sentenze* 142 e 245/1982.
[62] *Corte Costituzionale, Sentenza* 877/1988. Vide a *Sentenza* 513/1990. A respeito das pronúncias de inconstitucionalidade por omissão, impende recordar a lição de Crisafulli, de que possuem o "efeito de introduzir indiretamente aquela disciplina que faltava (*faceva difetto*): extraindo-a, obviamente, não da fantasia da Corte, mas, por analogia, de outras normas ou princípios constitucionais contidos no sistema" (*Lezioni di diritto costituzionale*. p. 628).
[63] *Corte Costituzionale, Sentenza* 387/1989.

os princípios da razoabilidade e igualdade (sob a perspectiva do tratamento tributário e da tutela do Direito de Família).[64]

Felizmente, parece que o STF vem se conscientizando da envergadura e do relevo do mister que lhe foi outorgado pela Carta Maior. É o que se denota do julgamento da ADI 3.128, em que ampliou analogicamente o alcance da imunidade do art. 195, II, da CF, estendendo-a a cidadãos que não foram por ela contemplados, ao menos não pela sua redação literal.[65]

Incumbe-lhe consolidar essa evolução jurisprudencial, de modo a outorgar efetivamente força jurídica ao princípio constitucional da igualdade tributária.

2.12.2.2. Extensão mediante redução parcial do texto

Aos casos em que contribuintes são expressamente excluídos do alcance do benefício, o Supremo Tribunal Federal já aplicou concepção assaz tímida, reputando não lhe ser dado modificar o sentido de texto jurídico nem mesmo mediante a redução parcial do seu conteúdo. Elucida tal postura a seguinte passagem do voto proferido pelo Ministro Maurício Corrêa no julgamento do RE 188.951, atinente a isenção de caráter extrafiscal:

> Se essa opção de natureza política-econômica fosse inconstitucional, o legislador, ou, no caso, o administrador-legislador, já que se trata de decreto-lei, teria praticado ato inválido. Ora, se para corrigir essa invalidade tivéssemos que ampliar o alcance das isenções, estendendo-as a hipóteses não alcançadas pelo legislador, acabar-se-ia por legislar positivamente. Declarando a inconstitucionalidade pretendida de parte do dispositivo, qual seja, o termo inicial para a concessão do benefício da isenção (01.07.88) [que, vale consignar, era diferido no tempo], não seria ela eliminada do mundo jurídico, mas ser-lhe-ia dada dilatada extensão, de modo a alcançar um universo de destinatários não contemplados pela norma impugnada.
> Neste sentido, o Egrégio Plenário da Corte, quando do julgamento da Representação nº 1.451-7-DF (RTJ 127/789-808), firmou o entendimento segundo o qual, a pretexto de declarar a inconstitucionalidade parcial da lei, não pode o julgar legislador positivamente, de modo a alterar seu sentido inequívoco, criando hipótese diversa daquela pela lei prevista
> [...]
> O que se verifica do julgado dissentido é que, ao eliminar a condição temporal, o Tribunal "a quo" deu uma extensão normativa não desejada pelo legislador, o que lhe era defeso.[66]

Entendia-se que, ao declarar a inconstitucionalidade parcial da lei por ofensa à isonomia, a Corte estaria atuando como legislador positivo, pois a sua decisão teria por efeito estender o alcance do preceito anti-isonômico, que passaria a alcançar "um universo de destinatários não contemplados pela norma impugnada".

Felizmente essa questionável concepção foi revista pelo Pretório Excelso. Isso ocorreu, de modo expresso, no julgamento da ADI 3.105, em que o Ministro Cezar Peluso externou que "o tratamento normativo a adotar [por força do princípio da igualdade] já se acha imanente ao próprio ordenamento constitucional e, pois, será apenas restabelecido com a pronúncia de invalidez das normas de discriminação".

---

[64] *Corte Costituzionale, Sentenza* 176/1992. A Corte assinalou que a tributação "não pode razoavelmente refletir um momento de diversificação dos procedimentos comparados, considerando-se que a exigência de facilitar o acesso à tutela jurisdicional, que motiva e justifica o benefício fiscal com respeito aos atos de divórcio, está presente com evidência ainda mais acentuada nos atos de separação".
[65] Sobre o precedente, vide p. 355 ss.
[66] STF, 2ª Turma, RE 188.951, Rel. Min. Maurício Corrêa, 5.1995.

O efeito seria apenas repristinatório da situação pretérita de igualdade, e não modificativo.[67]

Nesse precedente, o Supremo Tribunal Federal deu importante passo rumo a um controle efetivo das desigualdades jurídicas, ao firmar a concepção de que, quando a restrição anti-isonômica decorre de dispositivo legal expresso, a afirmação ou restauração da isonomia pode advir da mera pronúncia de inconstitucionalidade do preceito ou da expressão restritiva.[68]

2.13. Igualdade na aplicação das leis tributárias

A igualdade na aplicação das leis tributárias costuma ser considerada pelo Supremo Tribunal Federal para fundamentar a legitimidade de técnicas voltadas a promover a praticabilidade da atividade arrecadatória.

Exemplo esclarecedor encontra-se nos precedentes relativos à sistemática de arrecadação instituída pela Lei 9.711/98, em que se impôs às empresas contratantes de serviços executados mediante cessão de mão de obra a obrigação de reter onze por cento do valor bruto da nota fiscal ou fatura e recolher o montante retido, a título de contribuição previdenciária, em nome da empresa cedente. Neles, o STF refutou de modo expresso a alegada violação à isonomia em razão do trato diferenciado imposto aos profissionais contratados mediante o regime de cessão de mão de obra, justamente por se tratar de técnica arrecadatória voltada à realização da igualdade na aplicação das leis tributárias. Como expôs a Ministra Ellen Gracie no RE 349.549 AgR:

> Longe de ofender o princípio da isonomia, essa sistemática deu-lhe efetividade, ao coibir a sonegação de tributos e garantir que todos os contribuintes recolham a contribuição à Previdência Social, independentemente da forma de contratação da mão-de-obra. Não existe, portanto, qualquer tratamento desigual em razão da ocupação profissional do contribuinte.[69]

O problema dessa linha argumentativa é que ela desconsidera a disparidade alegada, que não se dava entre empresas cedentes de mão de obra, antes entre elas e as demais. Esta era a questão a ser respondida: o trato diferenciado imposto unicamente àquelas empresas se justifica perante o princípio da isonomia?

Essa questão remanesceu sem resposta, seja pela Primeira, seja pela Segunda Turma da Suprema Corte. Enquanto esta considerou apenas o grupo tratado de forma díspar,[70] aquela se apegou a singelas dessemelhanças na forma de prestação dos serviços, como se constata desta passagem do voto proferido no RE 453.489 AgR:

> A vedação contida no preceito constitucional obsta o "tratamento desigual entre contribuintes que se encontrem em situação equivalente", circunstância não caracterizada nos autos.
> E assim o é porque empresas prestadoras de serviços que não cedem mão-de-obra não são equivalentes àquelas que o fazem. As cedentes de mão-de-obra têm o mecanismo de atuação

---

[67] No caso, a não tributação dos inativos e pensionistas estatutários dentro da faixa de imunidade dos benefícios concedidos no âmbito do regime geral. Sobre o precedente, vide p. 355 ss.
[68] Foi a solução que se deu, no julgamento da ADI 3.105, à desigualdade entre as contribuições de inativos e pensionistas criada pelo art. 4º da EC 41/03 (vide p. 355 ss).
[69] STF, 2ª Turma, RE 349.549 AgR, Rel. Min. Ellen Gracie, 3.2006. O *leading case* foi o RE 393.946, julgado pelo Plenário em 11.2004. No entanto, nele o Tribunal não analisou a legitimidade da sistemática criada pela Lei 9.711/98 frente ao princípio da isonomia.
[70] RE 349.549 AgR.

no mercado diferenciado daquelas que apenas prestam serviço. Portanto, a suposta ofensa ao princípio da isonomia tributária está descaracterizada em face da inexistência de equivalência entre as empresas mencionadas.[71]

A mera diversidade de mecanismos de atuação no mercado não é hábil a justificar tratos diferenciados na esfera impositiva, haja vista não ter relação alguma com a isonomia tributária. O que deveria ter sido considerado é eventual necessidade de tais empresas se sujeitarem a sistemática arrecadatória mais rigorosa.

3. Conclusões

Inicialmente comprometido com a tese minimalista da interdição de arbitrariedade, o Supremo Tribunal Federal vem dando significativos passos para superá-la, ao efetuar um controle mais rigoroso dos privilégios jurídicos e pôr em xeque a radical tese da impossibilidade de inovar no ordenamento jurídico, que o relegava a um papel assaz passivo, de mero supressor de normas ofensivas à igualdade.

Temos a esperança de que essa evolução se consolidará, culminando com o total abandono da tese da interdição de arbitrariedade, em prol da assunção, pela Corte, de um papel mais ativo na afirmação da igualdade, sobretudo no âmbito da extrafiscalidade e dos benefícios tributários.

---

[71] STF, 1ª Turma, RE 453.489 AgR, Rel. Min. Eros Grau, 2.2006.

Bibliografia

ABBAMONTE, Giuseppe. *Principi di Diritto Finanziario*, Napoli, Liguori, 1975.

ALCHOURRÓN, Carlos E.; BULYGIN, Eugenio. *Introducción a la metodología de las ciencias jurídicas y sociales*, Buenos Aires, Astrea, 1975.

ALDAG, Heinrich. *Die Gleichheit vor dem Gesetze in der Reichsverfassungs. Eine öffentlich-rechtliche Abhandlung auf rechtsvergleichender Grundlage*, Berlin, Carl Heymanns, 1925.

ALLAN, Charles M. *La teoría de la tributación*, Trad. Miguel Paredes, Madrid, Alianza, 1971.

ALBIÑANA GARCIA-QUINTANA, César. *Sistema tributario español y comparado,* Madrid, Tecnos, 1986.

――.*Derecho Financiero y Tributario. Hacienda Pública II*, v. I, Madrid, UNED, 1982.

――. "Los impuestos de ordenamiento económico", *Hacienda Pública Española,* n. 71, 1981, p. 17-29.

――. "El gasto público", in: ALZAGA VILLAAMIL, Oscar (coord.), *Comentarios a la Constitución española de 1978,* t. III, Madrid, Edersa, 1996, p. 403-446.

ALEXY, Robert. *Theorie der juristischen Argumentation*, 3. ed., Frankfurt, Suhrkamp, 1996.

――. *Theorie der Grundrechte*, Frankfurt am Main, Suhrkamp, 1986.

――. "Zum Begriff des Rechtsprinzips", in: *Rechtstheorie 1 (Argumentation und Hermeneutik in der Jurisprudenz)*, Berlin, Dunker & Humblot, 1979, p. 59-87.

――. "Rechtsregeln und Rechtsprinzipien", *Archiv für Rechts- und Sozialphilosophie,* Beiheft 25 [Conditions of Validity and Cognition in Modern Legal Though], 1985, p. 13-29.

――. "Die immanente Moral des Grundgesetzes", *Rechtsethik und Rechtspraxis*, 1990, p. 97-117.

――. "Zur Struktur der Rechtsprinzipien", in: *Regeln, Prinzipien und Elemente im System des Rechts*, Wien, Österreich, 2000, p. 31-52.

――. "Grundrechte als subjektive Rechte und als objektive Normen", *Der Staat,* 1990, p. 49-68.

――. "Derechos individuales y bienes colectivos", in: ALEXY, R., *El concepto y la validez del derecho*, Barcelona, 1994, p. 179-208

―― et. al. *Verfassungsrecht und einfaches Recht: Verfassungsgerichtsbarkeit und Fachgerichtbarkeit*, Berlin, de Gruyter, 2002.

ALONSO GONZÁLEZ, Luiz Manuel. *Jurisprudencia constitucional tributaria,* Madrid, Instituto de Estudios Fiscales, 1993.

ANSCHÜTZ, Gerhard. *Die Verfassung des Deutschen Reichs vom 11. August 1919,* 10ª ed., Berlin, George Stilke, 1929.

ANTONINI, Luca. *Dovere tributario, interesse fiscale e diritti costituzionali*, Milano, Giuffrè, 1996.

ANZIGER, Heribert M. *Anscheisbeweis und tatsächliche Vermutung im Ertragsteuerrecht*, Baden-Baden, Nomos, 2006.

AQUINO, Tomás de. *Tratado de la justicia y el derecho*, t. I, Madrid, Victoriano Suarez, 1942.

ARISTÓTELES. *Política,* Madrid, Instituto de Estudios Políticos, 1951.

――. *Ética a Nicómaco,* Madrid, Instituto de Estudios Políticos, 1959.

ARNDT, Adolf. "Buchbesprechung", *Neue Juristische Wochenschrift*, 1961, p. 2153-2154.

ARNDT, Hanz-Wolfgang. *Praktikabilität und Effizienz,* Köln, Peter Deubner, 1983.

——. *Grundzüge des Allgemeinen Steuerrechts,* München: Vahlen, 1988.

——. "Gleichheit im Steuerrecht", *Neue Zeitschrift für Verwaltungsrecht,* 1988, p. 787-794.

ARNIM, Hans Herbert von. *Gemeinwohl und Gruppeninteressen,* Frankfurt am Main, Alfred Metzner, 1977.

——. *Staatslehre der Bundesrepublik Deutschland,* München: Vahlen, 1984.

——. "Besteurung und Eigentum", in: *Veröffentlichungen der Vereinigung der Deutschen Staatsrechtslehrer,* 39, Berlin, de Gruyter, 1981, p. 286-360.

——. "Der strenge und der formale Gleichheitssatz", *Die öffentliche Verwaltung,* 1984, p. 85-92.

ATIENZA, Manuel. *Sobre la analogia en el Derecho. Ensayo de análisis de un razonamiento jurídico,* Madrid, Civitas, 1986.

ÁVILA, Humberto. *Sistema constitucional tributário.* São Paulo: Saraiva, 2004.

——. *Teoria dos princípios,* 3ª ed., São Paulo, Malheiros, 2004.

BALEEIRO, Aliomar. *Limitações Constitucionais ao Poder de Tributar,* 7ª ed., atualizada por Misabel Abreu Machado Derzi, Rio de Janeiro, Forense, 1997.

BANDEIRA DE MELLO, Celso Antônio. *Conteúdo jurídico do princípio da igualdade,* 3ª ed., São Paulo, Malheiros, 1993.

BARTH, Rainer. *Richterliche Rechtsfortbildung im Steuerrecht,* Berlin, Duncker & Humbolt, 1996.

BAUERNFEIND, Heinz. "Zum Verbot von Einzelfallgesetzen gemäß Art. 19 I GG", *Deutsches Verwaltungsblatt,* 1976, p. 193-198.

BAYONA DE PEROGORDO, Juan José; SOLER ROCH, Maria Teresa. 2ª ed. *Derecho Financiero,* Alicante, Compas, 1989, v. I.

BECKER, Enno. "Die Entwicklung des deutschen Steuerrechts durch die Rechtsprechung seit 1928", *Steuer und Wirtschaft,* 1931, I, p. 944-1002.

BECKER, E.; RIEWALD, A.; KOCH, C. *Reichsabgabenordnung,* Berlin, 1963.

BECKER, Joachim. *Transfergerechtigkeit und Verfassung,* Tübingen, Mohr Siebeck, 2001.

BERLIRI, António. *Principi di Diritto Tributario,* Milano, Giuffrè, 1952, v. I.

——. *Principi di Diritto Tributario,* 2ª ed., Milano, Giuffrè, 1967, v. I.

——. *Principi di Diritto Tributario,* Milano, Giuffrè, 1972, v. II.

——. *Corso istituzionale di Diritto Tributario,* Milano, Giuffrè, 1980, v. I.

——. "Appunti sul fondamento e il contenuto dell'art. 23 della Costituzione", in: *Studi in onore di Achille Donato Giannini,* Milano, Giuffrè, 1961, p. 137-233.

——. "L'obbligo di contribuire in proporzione della capacità contributiva come limite alla potestà tributaria", in: *Scritti scelti di diritto tributario,* Milano, Giuffrè, 1990, p. 490-535.

BERLIRI, Luigi Vittorio. *La giusta imposta,* Milano, Giuffrè, 1975.

BERNAL PULIDO, Carlos. *El principio de proporcionalidad y los derechos fundamentales,* Madrid, Centro de Estudios Políticos y Constitucionales, 2003.

BIRK, Dieter. *Das Leistungsfähigkeitsprinzip als Maßstab der Steuernormen. Ein Beitrag zu den Grundfragen des Verhältnisses Steuerrecht und Verfassungsrechts,* Köln, Peter Deubner, 1983.

——. *Steuerrecht,* 6ª ed., Heidelberg, C. F. Müller.

——. "Steuergerechtigkeit und Transfergerechtigkeit", *Zeitschrift für Rechtspolitik,* 1979, p. 221-227.

——. "Gleichheit und Gesetzmäßigkeit der Besteuerung", *Steuer und Wirtschaft,* 1989, p. 212-218.

——. "Finanzierungszwecke und Lenkungszwecke in einem verfassungsmäßigen Steuersystem", in: *Grundrechtsschutz im Steuerrecht,* Heidelberg, Müller, 2001, p. 68-88.

——; BARTH, Rainer. "§ 4 AO", in: HÜBSCHMANN; HEPP; SPITALER, *Abgabenordnung/ Finanzgerichtsordnung Kommentar,* Köln, Otto Schmidt, 2006.

BLECKMANN, Albert. *Die Struktur des allgemeinen Gleichheitssatzes,* Köln, Heymann, 1995.

——. *Staatsrecht II – Die Grundrechte,* 4ª ed., Köln, Heymmanns, 1997.

BLUMENSTEIN, Ernst. *System des Steuerrechts,* Zürich: Schulthess, 1971.

——. "Der Grundsatz der Gleichheit vor dem Gesetz im schweizerischen Steuerrecht", *Vierteljahresschrift für Steuer- und Finanzrecht,* 1930, p. 329-385.

BOBBIO, Norberto. *Igualdad y libertad,* Barcelona, Paidós, 1993.

BÖCKENFÖRDE, Werner. *Der allgemeine Gleichheitssatz und die Aufgabe des Richters,* Berlin, Walter de Gruyter, 1957.

——. "Diskussionsbeitrag", in: *Veröffentlichungen der Vereinigung der Deutschen Staatsrechtslehrer,* n. 47, p. 95-97.

BÖCKLI, Peter. *Indirekte Steuern und Lenkungssteuern,* Basel, Helbing & Lichtenhahn, 1975.

BONAVIDES, Paulo. *Curso de Direito Constitucional,* 6ª ed., São Paulo, Malheiros, 1996.

BOPP, Gerhard. "Steuerliche Billigkeitsmaβnahmen aus Verfassungsgründen", *Deutsches Steuerrecht,* 1979, p. 215-220.

BOROWSKI, Martin. *Grundrechte als Prinzipen,* Baden-Baden, Nomos, 1998.

BRACZYK, Boris Alexander. *Rechtsgrund und Grundrecht. Grundlegung einer systematischen Grundrechtstheorie,* Berlin, Duncker & Humblot, 1996.

BRYDE, Brun-Otto; KLEINDIEK, Ralf. "Der allgemeine Gleichheitssatz", *JURA,* 1999, p. 36-44.

BÜHLER, Ottmar. "Der Einfluss des Steuerrechts auf die Begriffsbildung des öffentlichen Rechts", *Veröffentlichungen der Vereinigung der Deutschen Staatsrechtslehrer,* 1927, v. 3, p. 102-118.

BYDLINSKI, Franz. *Juristische Methodenlehre und Rechtsbegriff,* Wien, Springer, 1982.

CALVO ORTEGA, Rafael. *Curso de Derecho Financiero,* v. 1, Madrid, Civitas, 1997.

CAMPOS, Francisco. "Igualdade de todos perante a lei", *Revista de Direito Administrativo,* v. X, 1947, p. 376-417.

CANARIS, Claus-Wilhelm. *Systemdenken und Systembegriff in der Jurisprudenz,* Berlin, Duncker & Humblot, 1969.

——. *Die Feststellung von Lücken im Gesetz,* 2ª ed., Berlin, Duncker & Humblot, 1983.

CANO MATA, Antonio. "La garantía constitucional de la igualdad constituye, en el ordenamiento jurídico español, un principio que tiene que ser respetado por cualquiera de los tributos que recaen sobre el sujeto contribuyente y por el conjunto del sistema fiscal", *Revista de Derecho Financiero y de Hacienda Pública,* v. XXXIX, n. 202, 1989, p. 831-850.

CARRAZZA, Roque Antônio. *Curso de Direito Constitucional Tributário,* 18ª ed, São Paulo, Malheiros, 2002.

CARRIÓ, Genaro R. *Notas sobre Derecho y Lenguaje,* 4ª ed., Buenos Aires, Abeledo-Perrot, 1990.

CASADO OLLERO, Gabriel. "El principio de capacidad y el control constitucional de la imposición indirecta (II). El contenido constitucional de la capacidad económica", *Civitas. Revista española de Derecho Financiero,* n. 34, 1982, p. 185-235.

——. "Los fines no fiscales de los tributos", in: *Comentarios a la Ley General Tributaria y líneas para su reforma. Libro-homenaje al Profesor Dr. D. Fernando Sainz de Bujanda,* Madrid, Instituto de Estudios Fiscales, 1991, v. 1, p. 103-152.

CAZORLA PRIETO, Luis Maria. *Derecho Financiero y Tributario (parte general),* 5ª ed., Navarra, Aranzadi, 2004.

——. "Los principios constitucional-financieros en el nuevo orden jurídico", in: *La Constitución española y las fuentes del Derecho,* v. 1, Madrid, Instituto de Estudios Fiscales, 1979, p. 493-533.

CERRI, Augusto. *L'eguaglianza nella giurisprudenza della Corte costituzionale: esame analitico ed ipotesi ricostruttive,* Milano, Giuffrè, 1976.

COCIVERA, Benedeto. *Principî di Diritto Tributario,* Milano, Giuffrè, 1961. v. I.

CHECA GONZÁLEZ, Clemente. "Los impuestos con fines no fiscales: Notas sobre las causas que los justifican y sobre su admisibilidad constitucional", *Civitas. Revista española de Derecho Financiero,* n. 40, 1983, p. 505-516.

——. "El impuesto sobre tierras infrautilizadas de la Comunidad Autónoma Andaluza", *Impuestos,* I, 1987, p. 661-676.

CORS MEYA, F. Javier. "Las tasas en el marco de un sistema tributario justo", *Civitas. Revista española de Derecho Financiero,* n. 51, 1986, p. 325-340.

CÓRTES DOMÍNGUES, Matías. "El principio de capacidad contributiva en el marco de la técnica jurídica", *Revista de Derecho Financiero y de Hacienda Pública,* n. 60, 1965, p. 975-1053.

CÓRTES DOMÍNGUEZ, Matías; MARTÍN DELGADO, José María. *Ordenamiento tributario español,* Madrid, Civitas, 1977, v. I.

CHRISTENSEN, Ralph. *Was heißt Gesetzesbindung? Eine rechtslinguistische Untersuchung,* Berlin, Duncker & Humblot, 1989.

CHRISTOPH LINK, Heinz; RESS, Georg. *Staatszwecke im Verfassungsstaat – nach 40 Jahren Grundgesetz,* Veröffentlichungen der Vereinigung der Deutschen Staatsrechtslehrer, n. 47, Berlin, De Gruyter, 1990.

CREZELIUS, Georg. *Steuerrechtliche Rechtsanwendung und allgemeine Rechtsordnung,* Herne, Neue Wirtschaftsbriefe, 1983.

CRISAFULLI, Vezio. *Lezioni di diritto costituzionale,* 2ª ed., Padova, CEDAM, 1970.

DAX, Günter. *Das Gleichbehandlungsgebot als Grundlage positiver subjektiv-öffentlicher Rechte,* Bonn, Ludwig Röhrscheid, 1969.

DEGENHART, Christoph. *Systemgerechtigkeit und Selbstbindung des Gesetzgebers als Verfassungspostulat,* München, C. H. Beck, 1976.

DE MITA, Enrico. *Interesse fiscale e tutela del contribuente,* 2ª ed., Milano, Giuffrè, 1991.

———. *Principi di diritto tributario,* 4ª ed., Milano, Giuffrè, 2004.

———. *Guida alla giurisprudenza costituzionale tributaria,* Milano, Giuffrè, 2004.

DEL FEDERICO, Lorenzo. *Tasse, tributi paracomutativi e prezzi pubblici,* Torino, G. Giappichelli, 2000.

DELVOLVE, Pierre. *Le principe d'égalité devant les charges publiques,* Paris, Librarie Generale de Droit et de Jurisprudence, 1969.

DERZI, Misabel de Abreu Machado. *Notas* ao livro *Limitações Constitucionais ao Poder de Tributar,* de Aliomar Baleeiro (7ª ed., Rio de Janeiro, Forense, 1997).

———. "Legalidade material, modo de pensar "tipificante" e praticidade no Direito Tributário", in: *Justicia Tributária. IBET. 1º Congresso Internacional de Direito Tributário,* São Paulo, Max Limonad, 1998, p. 627-650.

DWORKIN, Ronald. *Taking rights seriously,* London, Duckworth, 1977.

———. *Taking rights seriously,* Cambridge, Harvard University Press, 2001.

———. "What is Equality? Part 1: Equality of Welfare", *Philosophy & Public Affairs,* v. 10, n. 3, 1981, p. 185-246.

———. "What is Equality? Part 2: Equality of Resources", *Philosophy & Public Affairs,* v. 10, n. 4, 1981, p. 283-345.

DÜRIG, Günter. "Gleichheit", in: *Staatslexikon,* 7ª ed., Freiburg, Herder.

DUVERGER, Maurice. *Finances Publiques,* 6ª ed., Paris, Presses Universitaires de France, 1968.

ECKHOFF, Rolf. *Rechtsanwendungsgleichheit im Steuerrecht. Die Verantwortung des Gesetzgebers für einen gleichmäßigen Vollzug des Einkommensteuerrechts,* Köln, Otto Schmidt, 1999.

EINAUDI, Luigi. *Principii di Scienza della Finanza,* Torino, La riforma Sociale, 1932.

———. *Mitos y paradojas de la justicia tributaria,* Trad. Gabriel Solé Villalonga, Barcelona, Ariel, 1963.

EISENSTEIN, Louis. *Las ideologias de la imposición,* Madrid, Instituto de Estudios Fiscales, 1983.

ENDERLEIN, Wolfgang. *Abwägung in Recht und Moral,* Freiburg, Alber, 1992.

ENGISCH, Karl. *Auf der Suche nach der Gerechtigkeit,* München, R. Piper & Co., 1971.

ESCRIBANO LÓPEZ, Francisco. *Principio de igualdad y deber de contribuir en la Jurisdicción Constitucional,* Madrid, Istituto de Estudios Fiscales, 1989.

FALCÃO, Amílcar. *Fato gerador da obrigação tributária,* 6ª ed., Rio de Janeiro, Forense, 2002.

FALCÓN Y TELLA, María José. *El argumento analógico en el Derecho,* Madrid, Editorial de la Universidad Complutense de Madrid, 1989.

FALSITTA, Gaspare. *Manuale di Diritto Tributario. Parte Generale,* 5ª ed., Padova, Cedam, 2005.

FERNÁNDEZ, Tomás-Ramón, *De la arbitrariedad del legislador,* Madrid, Civitas, 1998.

FERREIRO LAPATZA, José Juan. *Curso de derecho financiero español,* 16ª ed., Madrid, Marcial Pons, 1994.

FICHERA, Franco. *Imposizione ed extrafiscalità nel sistema costituzionale*, [Napoli], Scientifiche Italiane, 1973.

——. "La giurisprudenza della Corte costituzionale sul tema dei rapporti tra imposizione ed extrafiscalità", *Diritto e Pratica Tributaria*, v. XLIV, p. II, 1973, p. 773-780.

FORSTHOFF, Ernst. *Lehrbuch des Verwaltungsrechts*, 10ª ed., München, C. H. Beck'sche, 1973.

FRIAUF, Karl Heinrich. *Verfassungsrechtliche Grenzen der Wirtschaftslenkung und Sozialgestaltung durch Steuergesetze* (Recht und Staat, 325/326), Tübingen, J. C. B. Mohr, 1966.

——. "Möglichkeiten und Grenzen der Rechtsfortbildung im Steuerrecht", in: TIPKE, Klaus (coord.), *Grenzen der Rechtsfortbildung durch Rechtsprechung und Verwaltungsvorschriften im Steuerrecht* (DStJG 5), Köln, Otto Schmidt, 1982, p. 53-69.

——. "Verfassungsrechtliche Anforderungen an die Gesetzgebung über die Steuern vom Einkommen und vom Ertrag", in: FRIAUF, K. H. (coord.), *Steuerrecht und Verfassungsrecht* (DStJG 12), Köln, O. Schmidt, 1989, p. 3-32.

——. "Steuervereinfachung versus Lenkungsnormen", in: FISCHER, Peter (coord.), *Steuervereinfachung*, Köln, Otto Schmidt, 1998, p. 85-105.

GAFFURI, Gianfranco. *L'attitudine alla contribuzione*, Milano, Giuffrè, 1969.

——. *Lezioni di Diritto Tributario*, 4ª ed., Padova, CEDAM, 2002.

——. "Capacità contributiva", in: *Dizionario di Diritto Pubblico*, v. II, Milano, Giuffrè, 2006.

GARCÍA AÑOVEROS, Jaime. *Manual del Sistema Tributario Español*, 2ª ed., Madrid, Civitas, 1994.

GARCÍA DE ENTERRIA, Eduardo. "¿Es inconveniente o inútil la proclamación de la interdicción de arbitrariedad?", *Revista de Administración Pública*, n. 124, 1991, p. 211-228.

GARCÍA FRÍAS, Angeles. "Los fines extrafiscales en las tasas", in: *Tasas y precios públicos en el ordenamiento jurídico español (XV Jornadas Latinoamericanas de Derecho Tributario)*, Madrid, Instituto de Estudios Fiscales, p. 171-183.

GARCÍA MORILLO, Joaquín. "La cláusula general de igualdad", in: LÓPEZ GUERRA, Luis; ESPÍN, Eduardo; GARCÍA MORILLO, Joaquín; PÉREZ TREMPS, Pablo; SATRÚSTEGUI, Miguel. *Derecho Constitucional*, v. I, 6ª ed., Valencia, Tirant lo Blanch, 2003, p. 177-199.

GENTILLI, Giorgio. *Le presunzioni nel Diritto Tributario*, Padova, CEDAM, 1984.

GHERA, Federico. *Il principio di eguaglianza nella Costituzione italiana e nel diritto comunitário*, Padova, CEDAM, 2003.

GIANNINI, Achille Donato. *I concetti fondamentali del Diritto Tributario*, Torino, Torinese, 1956.

——. *Istituzioni di diritto tributario*, 8ª ed., Milano, Giuffrè, 1960.

GIARDINA, Emilio. *Le basi teoriche del principio della capacità contributiva*, Milano, Giuffrè, 1961.

GODOI, Marciano Seabra de. *Justiça, Igualdade e Direito Tributário*, São Paulo, Dialética, 1999.

GOMES CANOTILHO, José Joaquim. *Direito Constitucional e Teoria da Constituição*, 3ª ed., Coimbra, Livraria Almedina, 1999.

GONZÁLEZ GARCÍA, Eusebio. *Tributación individual frente a tributación conjunta en el IRPF*, Madrid, Tecnos, 1991.

——. "La analogía en el Derecho Tributario", *La Ley*, n. 1, 1983, p. 1153-1160.

——. "La admisión de la analogía en los derechos tributarios italiano y alemán", *Hacienda Pública Española*, n. 86, 1984, p. 289-298.

——. "Reflexiones en torno a los principios de capacidad contributiva e igualdad", in: *El principio de igualdad en la Constitución española*, Madrid, Ministerio de Justicia, 1991, v. II, p. 1385-1411.

——. "La tasa como especie del genero tributo", in: *Tasas y precios públicos en el ordenamiento jurídico español (XV Jornadas Latinoamericanas de Derecho Tributario)*, Madrid, Instituto de Estudios Fiscales, p. 21-34.

——. "Interpretación de las normas tributarias", *Revista de Direito Tributário*, São Paulo, n. 76, p. 15-30.

——. *La interpretación de las normas tributarias*, Pamplona, Aranzadi, 1997.

GONZÁLEZ GARCÍA, Eusebio; GONZÁLEZ, Teresa. *Derecho Tributario*, Salamanca, Plaza Universitaria, 2004, v. I.

GÖTZ, Volkmar. "Das Grundrecht auf Rechtsanwendungsgleichheit und der verwaltungsgerichtliche Rechtsschutz", *Deutsches Verwaltungsblatt,* 1968, p. 93-97.

——. "Der allgemeine Gleichheitssatz und die Rechtsanwendung im Verwaltungsrecht", *Neue Juristiche Wochenschrift,* 1979, p. 1478-1483.

GRABITZ, Eberhard. "Der Grundsatz der Verhältnismäßigkeit in der Rechtsprechung des Bundesverfassungsgerichts", *Archiv des öffentlichen Rechts,* n. 98, 1973, p. 568-616.

GRIZIOTTI, Benvenuto. *Saggi sul rinnovamento dello studio della Scienza delle Finanze e del Diritto Finanziario,* Milano, Giuffrè, 1953.

GROSSO, Enrico. *Sentenze costituzionali di spesa "che non costino",* Torino, G. Giappichelli, 1991.

GUASTINI, Riccardo. *Le fonti del Diritto e l'interpretazione,* Milano, Giuffrè, 1993.

——. *Lezioni di teoria costituzionale,* Torino, G. Giappichelli, 2001.

GUBELT, Manfred. "Art. 3 – Gleichheit", in: VON MÜNCH, Ingo; KUNIG, Philip (coord.), *Grundgesetz-Kommentar,* 5ª ed., München, Beck, 2000.

GUIBOURG, Rircardo A. "Igualdad y discriminación", *DOXA,* 19, 1996, p. 87-90.

GUZY, Christoph. "Der Gleichheitsschutz des Grundgesetzes", *Juristische Schulung,* 1982, p. 30-36.

——. "Der Gleichheitssatz", *Neue Juristische Wochenschrift,* 1988, p. 2505-2512.

HÄBERLE, Peter. *Die Wesengehaltgarantie des Art. 19 Abs. 2 Grundgesetz,* 3ª ed., Heidelberg, Müller, 1983.

HALLER, Heinz. *Die Steuern. Grundlinien eines rationalen Systems öffentlicher Abgaben,* 2ª ed., Tübingen, J. C. B. Mohr (Paul Siebeck), 1971.

HAMMERSTEIN, Fritz von. *Der verfassungsrechtliche Schutz der Privatsphäre im Steuerrecht,* Frankfurt am Main, Berlin, 1993.

HART, H. L. A. *The concept of law,* Oxford, Clarendon, 1961.

HARTZ, Wilhelm. *Die Auslegung von Steuergesetzen. Inhalt und Grenzen der wirtschaftlichen Betrachtunsweise.* Herne, 1957.

HAUSMANN, Fritz. "Für und wider die „wirtschaftliche Betrachtungsweise" im Steuerrecht", *Steuer und Wirtschaft,* 1931, I, p. 736-772.

HENSEL, Albert. *Steuerrecht,* 2ª ed., Berlin, Julius Sprinter, 1927.

——. "Die Abänderung des Steuertatbestandes durch freies Ermesen und der Grundsatz der Gleichheit vor dem Gesetz", *Vierteljahresschrift für Steuer- und Finanzrecht,* 1927, p. 39-131.

——. "Verfassungsrechtliche Bindungen des Steuergesetzgebers. Besteuerung nach der Leistungsfähigkeit – Gleichheit vor dem Gesetz", *Vierteljahresschrift für Steuer- und Finanzrecht,* 1931, p. 441-493.

——. "Der Einfluss des Steuerrechts auf die Begriffsbildung des öffentlichen Rechts", *Veröffentlichungen der Vereinigung der Deutschen Staatsrechtslehrer,* 1927, v. 3, p. 63-101.

——."La influencia del Derecho Tributario sobre la construcción de los conceptos del Derecho Publico", *Hacienda Pública Española,* n. 22, 1973, p. 173-197.

HERRERA MOLINA, Pedro M. *La exención tributaria,* Madrid, Colex, 1990.

——. *Capacidad económica y sistema fiscal. Análisis del ordenamiento español a la luz del Derecho Alemán,* Madrid, Marcial Pons, 1998.

——. "El principio de igualdad financiera y tributaria en la jurisprudencia constitucional", in: *El principio de igualdad en la Constitución española,* Madrid, Ministerio de Justicia, 1991, v. I, p. 837-885.

HESSE, Konrad. *Grundzüge des Verfassungsrechts der Bundesrepublik Deutschland,* 18ª ed., Heidelberg, Muller, 1991.

——. *Grundzüge des Verfassungsrechts der Bundesrepublik Deutschland,* 20ª ed., Heidelberg, Muller, 1999 [referido como: *Grundzüge des Verfassungsrechts der Bundesrepublik Deutschland,* 20ª ed.].

——. "Der allgemeine Gleichheitssatz in der neueren Rechtsprechung des Bundesverfassungsgerichts zur Rechtsetzungsgleichheit", in: BADURA, Peter; SCHOLZ, Rupert (coord.), *Wege und Verfahren des Verfassungslebens, Festschrift für Peter Lerche zum 65. Geburtstag,* München, C. H. Beck'sche, 1993, p. 121-131.

——. "Der Gleichheitssatz in der neueren deutschen Verfassungsentwicklung", *Archiv des öffentlichen Rechts*, n. 109, v. 2-3, 1984, p. 174-198.

——. "Der Gleichheitsgrundsatz im Staatsrecht", *Archiv des öffentlichen Rechts*, n. 77, 1951/1952, p. 167-224.

HEUN, Werner. "Artikel 3. Gleichheit", in: DREIER, Horst (coord.), *Grundgesetz kommentar*, Tübingen, Mohr Siebeck, 1996, v. I, p. 228-293.

HIRSCHBERG, Lothar. *Der Grundsatz der Verhältnismässigkeit*, Göttingen, Otto Schwartz & CO, 1981.

HÜBSCHMANN, HEPP, SPITALER (Coord.). *Abgabenordnung/Finanzgerichtsordnung. Kommentar*. Köln, Otto Schmidt, 2006.

HUSTER, Stefan. *Rechte und Ziele. Zur Dogmatik des allgemeinen Gleichheitssatzes*, Berlin, Dunker und Humblot, 1993.

——. "Gleichheit und Verhältnismäßigkeit", *Juristen Zeitung*, n. 11, 1994, p. 541-549.

IPSEN, Hans Peter. "Gleichheit", in: NEUMANN/NIPPERDEY/SCHEUNER, *Die Grundrechte: Handbuch der Theorie und Praxis der Grundrechte*, Berlin, Duncker & Humblot, 1958, v. II, p. 111-198.

ISENSEE, Josef. *Die typisierende Verwaltung: Gesetzesvollzug im Massenverfahren am Beispiel der typisierenden Betrachtungsweise des Steuerrecht*, Berlin, Duncker & Humblot, 1976.

——. "Vom Beruf unserer Zeit für Steuervereinfachung", *Steuer und Wirtschaft*, 1994, p. 3-14.

——. "Das Billigkeitskorrektiv des Steuergesetzes. Rechtfertigung und Reichtweite des Steuererlasses im Rechtssystem des Grundgesetzes", in: *Festschrift für Werner Flume zum 70. Geburtstag*, Köln, Otto Schmidt, v. II, p. 129-147.

ISMER, Roland. *Bildungsaufwand im Steuerrecht*, Köln, Otto Schmidt, 2006.

JACHMANN, Monika. *Verfassungsrechtliche Grenzen der Besteuerung. Sozialstaatliche Steuergesetzgebung im Spannungsverhältnis zwischen Gleichheit und Freiheit*, Aachen, Shaker, 1996.

——. *Die Fiktion im öffentlichen Recht*, Berlin, Duncker & Humblot, 1998

——. *Steuergesetzgebung zwischen Gleichheit und wirtschaftlicher Freiheit*, Stuttgart, Boorberg, 2000.

——. "Zur Anwendung typisierender Verwaltungsvorschriften im Steuerrecht", *Steuer und Wirtschaft*, 1994, p. 347-353.

——. "Leistungsfähigkeitsprinzip und Umverteilung", *Steuer und Wirtschaft*, 1998, p. 293-297.

——. "Grundthesen zu einer Verbesserung der Akzeptanz der Besteuerung, insbesondere durch Vereinfachung des Einkommensteuerrechts", *Steuer und Wirtschaft*, 1998, p. 193-207.

——. "Grundlagen einer Steuervereinfachung", in: *Steuerrechtsprechung, Steuergesetz, Steuerreform, Festschrift für Klaus Offerhaus zum 65 Geburstag*, Köln, Otto Schmidt, 1999, p. 1071-1090.

——. "Besteuerung von Unternehmen als Gleichheitsproblem", in: *Europa- und verfassungsrechtliche Grenzen der Unternehmensbesteuerung* (DStJG 23), PELKA, Jürgen (coord.), Köln, O. Schmidt, 2000, p. 9-65.

JÄCKEL, Harmut. *Grundrechtsgeltung und Grundrechtssicherung*, Berlin, Duncker & Humblot, 1967.

JACOBS, Michael Ch. "Der Grundsatz der Verhältnismäßigkeit", *Deutsches Verwaltungsblatt*, 2/1985, p. 97-102.

JARACH, Dino. *El hecho imponible*, 2ª ed., Buenos Aires, Abeledo-Perrot, 1971.

——. *Curso Superior de Derecho Tributario*, Buenos Aires, Liceo Professional Cima, 1969.

——. *Finanzas Públicas y Derecho Tributario*, 3ª ed., Buenos Aires, Abeledo-Perrot, 1996.

JARASS, Hans D.; PIEROTH, Bodo. *Grundgesetz für die Bundesrepublik Deutschland. Kommentar*, 8ª ed., München, C. H. Beck, 2006.

JHERING, Rudolph von. *Der Zweck im Recht*, Hildesheim, Georg Olms, 1970, v. I.

KAPPES, Franz-Hermann. *Gleichheitssatz und Massnahmegesetz*, München, Charlotte Schön, 1965.

KAUFMANN, Arthur. *Analogie und „Natur der Sache"*, Karlsruhe, C. F. Müller, 1965.

KAUFMANN, Erich. "Die Gleichheit vor dem Gesetz im Sinne des art. 109 der Reichsverfassungs", in: *Veröffentlichungen der Vereinigung der Deutschen Staatsrechtslehrer*, Berlin, Gruyter, n. 3, 1927, p. 2-24.

KELSEN, Hans. *Was ist Gerechtigkeit?*, Wien, Franz Deuticke, 1953.

——. *Reine Rechtslehre*, 2ª ed., Wien, Franz Deuticke, 1960.

——. "Das Problem der Gerechtigkeit", in: *Reine Rechtslehre*, 2ª ed., Wien, Franz Deuticke, 1960.

KIRCHHOF, Ferdinand. *Die Höhe der Gebühr. Grundlagen der Gebührenbemessung*, Berlin, Duncker & Humblot, 1981.

——. "Vom Steuerstaat zum Abgabenstaat?", *Die Verwaltung*, 1988, p. 137-153.

——. "Finanzierung der Sozialversicherung", in: ISENSEE, Josef; KIRCHHOF, Paul (coord.), *Handbuch des Staatsrechts der Bundesrepublik Deutschland*, Heidelberg, C. F. Müller, 1990, v. IV, p. 395-423.

KIRCHHOF, Paul. *Besteuerungsgewalt und Grundgesetz*, Frankfurt am Main, Athenäum, 1973.

——. *Die Verschiedenheit der Menschen und die Gleichheit vor dem Gesetz*, München, Carl Friederich von Siemens Stiftung, 1996.

——. *Besteuerung im Verfassungsstaat,* Tübingen, Mohr Siebeck, 2000.

——. "Rechtsmaβstäbe finanzstaatlichen Handelns", *Juristenzeitung*, 1979, p. 153-159.

——. "Gesetz und Billigkeit im Abgabenrecht", in: *Recht und Staat im sozialen Wandel. Festschrift für Hans Ulrich Scupin zum 80. Geburtstag*, Berlin, Dunker & Humblot, 1983, p. 775-795.

——. "Die Finanzierung des Leistungsstaates. Die verfassungsrechtlichen Grenzen staatlicher Abgabenhoheit", *Jura*, 1983, p. 505-517.

——. "Steuergleichheit", *Steuer und Wirtschaft*, 1984, p. 297-314.

——. "Der verfassungsrechtliche Auftrag zur Besteuerung nach der finanziellen Leistungsfähigkeit", *Steuer und Wirtschaft*, 1985, p. 319-329.

——. "Staatliche Einnahmen", in: ISENSEE, Josef; KIRCHHOF, Paul (coord.), *Handbuch des Staatsrechts der Bundesrepublik Deutschland*, Heidelberg, C. F. Müller, 1990, v. IV, p. 87-233.

——. "Der allgemeine Gleichheitssatz", in: ISENSEE, Josef; KIRCHHOF, Paul, *Handbuch des Staatsrechts*, Heidelberg, C. F. Müller, 1992, v. V, p. 837-972.

——. "Gleichheit in der Funktionenordnung", in: ISENSEE, Josef; KIRCHHOF, Paul, *Handbuch des Staatsrechts*, Heidelberg, C. F. Müller, 1992, v. V, p. 973-1016.

——. "Gleichmaβ und Übermaβ", in: BADURA, Peter; SCHOLZ, Rupert (coord.), *Wege und Verfahren des Verfassungslebens, Festschrift für Peter Lerche zum 65. Geburtstag*, München, C. H. Beck'sche, 1993, p. 133-149.

——. "Steueranspruch und Informationseingriff", in: LANG, Joachim (coord.), *Die Steuerrechtsordnung in der Diskussion. Festschrift für Klaus Tipke zum 70. Geburtstag*, Köln, Otto Schmidt, 1995, p. 27-45.

——. "Rechtsstaatliche Anforderungen an den Rechtsschutz in Steuersachen", in: TRZASKALIK, Christoph (coord.), *Der Rechtsschutz in Steuersachen (DStJG 18)*, Köln, Otto Schmidt, 1995, p. 17-46.

——. "Die Steuerrechtsordnung als Wertordnung", *Steuer und Wirtschaft*, 1996, p. 3-11.

——. "Steuergleichheit durch Steuervereinfachung", in: FISCHER, Peter (coord.), *Steuervereinfachung*, Köln, Otto Schmidt, 1998, p. 9-28.

——. "La influencia de la Constitución alemana en su legislación tributaria", in: *Garantías constitucionales del contribuyente*, Valencia, Tirant lo blanch, 1998, p. 25-49.

——. "Der Grundrechtsschutz des Steuerpflichtigen", *Archiv des öffentlichen Rechts*, n. 128, v. 1, febrero 2003, p. 1-51.

——. "Lenkungsteuern", in: TIPKE, K., SÖHN, H. (coord.), *Gedächtnisschrift für Christoph Trzaskalik*, Köln, Otto Schmidt, 2005, p. 395-409.

KLEIN, Franz. *Gleichheitssatz und Steuerrecht*, Köln, Otto Schmidt, 1966.

KLOEPFER, Michael. "Die lenkende Gebühr", *Archiv des öffentlichen Rechts*, n. 97, 1972, p. 232-275.

——. *Gleichheit als Verfassungsfrage*, Berlin: Duncker & Humblot, 1980.

——. "Gleichheit als Verfassungsproblem", in: HINSKE, Norbert; MANFRED, J. Müller (Org.), *Gleichheit als Problem*, Trier, Universität Trier, 1982, p. 34-53.

——. "Grundrechtstatbestand und Grundrechtsschranken in der Rechtsprechung des Bundesverfassungsgerichts", in: STARCK, Christian (coord.), *Bundesverfassungsgericht und Grundgesetz*, Tübingen, Paul Siebeck, 1972, v. II, p. 405-420.

KLUG, Ulrich. *Juristische Logik*, 4ª ed., Berlin, Springer, 1982.

KOCH, Hans-Joachim. "Die normtheoretische Basis der Abwägung", in: *Abwägung im Recht: Symposium und Verabschiedung von Werner Hoppe am 30. Juni 1995 in Münster aus Anlaβ seiner Emeritierung*, Köln, Heymann, 1996, p. 9-24.

KOKOTT, Juliane. "Gleichheitssatz und Diskriminierungsverbote in der Rechtsprechung des Bundesverfassungsgerichts", in: BADURA, Peter, DREIER, Horst (Org.), *Festschrift 50 Jahre Bundesverfassungsgericht*, Tübingen, Mohr Siebeck, 2001, v. 2, p. 127-162.

——. "Grundrechtliche Schranken und Schrankenschranken", in: MERTEN, Detlef; PAPIER, Hans-Jürgen (Org.), *Handbuch der Grundrechte*, Heidelberg, C. F. Müller, 2004, p. 853-908.

KOMMERS, Donald P. "Der Gleichheitssatz: Neuere Entwicklungen und Probleme im Verfassungsrecht der USA und der Bundesrepublik Deutschland", in: LINK, Christoph (Org.), *Der Gleichheitssatz im modernen Verfassungsstaat, Symposion zum 80. Geburtstag Gerhard Leibholz*. Baden-Baden, Nomos, 1982, p. 31-50.

KREUSSLER, Horst. *Der allgemeine Gleichheitssatz als Schranke für den Subventionsgesetzgeber unter besonderer Berücksichtigung von wirtschaftspolitischen Differenzierungszielen*, Berlin, Duncker & Humblot, 1972.

KRIELE, Martin. "Freiheit und Gleichheit", in: BENDA, Ernst; MAIHOFER, Werner; VOGEL, Hans-Jochen (Org.), *Handbuch des Verfassungsrechts der Bundesrepublik Deutschland*, Berlin, Walter de Gruyter, 1983, p. 129-168.

KRÜGER, Harmut. "Art. 19 – Sicherung der Grundrechte", in: SACHS, Michael (coord.), *Grundgesetz: Kommentar*, München, Beck, 1996, p. 587-620.

KRÜGER, Herbert. "Der Wesengehalt der Grundrechte i. S. des Art. 19 GG", *Die öffentliche Verwaltung*, 1955, p. 597-602.

KRUSE, Heinrich Wilhelm. *Steuerrecht. I – Allgemeiner Teil*, 2ª ed., München, Beck, 1969.

——. *Lehrbuch des Steuerrecht*, München, Beck, 1991, v. 1 (Allgemeiner Teil).

——. "Über Billigkeit und Richtlinien", *Steuer und Wirtschaft*, 1960, p. 478-494.

——. "Grundfragen der Liebhaberei", *Steuer und Wirtschaft*, 1990, p. 226-234.

——. "Steuerspezifische Gründe und Grenzen der Gesetzesbindung", in: TIPKE, Klaus (coord.), *Grenzen der Rechtsfortbildung durch Rechtsprechung und Verwaltungsvorschriften im Steuerrecht* (DStJG 5), Köln, Otto Schmidt, 1982, p. 71-83.

——. "Über die Gleichmäβigkeit der Besteuerung", *Steuer und Wirtschaft*, 1990, p. 322-330.

KÜHN, Rolf; KUTTER, Heinz; HOFMANN, Ruth. *Abgabenordnung*, 15ª ed., Stuttgart, Schäfer, 1987.

KULOSA, Egmont. *Verfassungsrechtliche Grenzen steuerliche Lenkung am Beispiel der Wohnungsgenossenschaften*, Münster, Regensberg, 2000.

KUNIG, Philip. *Das Rechtsstaatsprinzip*, Tübingen, Mohr, 1986.

LA ROSA, Salvatore. *Eguaglianza tributaria ed esenzioni fiscali*, Milano, Giuffrè, 1968.

——. "Le agevolazioni tributarie", in: AMATUCCI, Andrea (Coord.), *Trattato di Diritto Tributario*, v. I, t. I, p. 401-435.

——. "Riflessioni sugli 'interventi guida' della Corte Costituzionale in tema di eguaglianza e capacità contributiva", in: UCKMAR, Antonio; UCKMAR, Victor (coord.), *L'evoluzione dell'ordinamento tributario italiano*, Padova, CEDAM, 2000.

LAGO MONTERO, José Maria. "Un apunte sobre el principio de capacidad contributiva en algunas tasas y precios públicos", in: *Tasas y precios públicos en el ordenamiento jurídico español (XV Jornadas Latinoamericanas de Derecho Tributario)*, Madrid, Instituto de Estudios Fiscales, p. 87-108.

LANG, Joachim. *Die Bemessungsgrundlage der Einkommensteuer*, Köln, O. Schmidt, 1988.

———. "Verantwortung der Rechtswissenschaft für das Steuerrecht", *Steuer und Wirtschaft*, 1989, p. 201-211.

———. "Steuergerechtigkeit durch Steuervereinfachung", in: *Steuervereinfachung, Festschrift für Dietrich Meyding zum 65. Geburstag*, Heidelberg, C. F. Müller, 1994, p. 33-48.

———. "Konkretisierungen und Restriktionen des Leistungsfähigkeitsprinzips", in: DRENSECK, W.; SEER, R. (coord.), *Festschrift für Heinrich Wilhelm Kruse zum 70. Geburtstag*, Köln, Otto Schmidt, 2001, p. 313-338.

LARENZ, Karl. *Methodenlehre der Rechtswissenschaft*, 3ª ed., Berlin, Springer, 1975.

———. *Richtiges Recht, Grundzüge einer Rechtsethik,* München, Beck, 1979.

LASARTE, Javier; RAMÍREZ, Salvador; AGUALLO, Ángel. *Jurisprudencia del Tribunal Constitucional en material financiera y tributaria*, Madrid, Tecnos, 1990.

LAULE, Gerhard. *Der Gleichheitssatz (art. 3 Abs. 1 GG) in der Rechtsprechung der Steuergerichte*, [1961].

LEHNER, Moris. "Wirtschaftliche Betrachtungsweise und Besteuerung nach der wirtschaftlichen Leistungsfähigkeit", in: LANG, Joachim (coord.), *Die Steuerrechtsordnung in der Diskussion. Festschrift für Klaus Tipke zum 70. Geburstag*, Köln, Otto Schmidt, 1995, p. 237-249.

LEIBHOLZ, Gerhard. *Die Gleichheit vor dem Gesetz,* 2ª ed., München/Berlin, C. H. Beck, 1959.

———. "Die Gleichheit vor dem Gesetz und das Bonner Grundgesetz", *Deutsches Verwaltungsblatt*, 1951, p. 192-200.

———; RINCK, Hans J. *Grundgesetz für die Bundesrepublik Deutschland: Kommentar an Hand der Rechtsprechung des Bundesverfassungsgerichts*, 3ª ed., Köln, Otto Schmidt, 1968.

———; RINCK, Hans J.; HESSELBERGER, Dieter. *Grundgesetz für die Bundesrepublik Deutschland: Kommentar an Hand der Rechtsprechung des Bundesverfassungsgerichts*, 7ª ed., Köln, Otto Schmidt, 1993.

LEISNER, Walter. *Der Gleichheitsstaat*, Berlin, Duncker & Humblot, 1980.

———. "Die Unzulässigkeit steuerlicher Fiskalprivilegien", *Der Betriebs-Berater*, 1970, p. 405-413.

LEJEUNE VALCÁRCEL, Ernesto. "Aproximación al principio constitucional de igualdad tributaria", in: *Seis estudios sobre derecho constitucional e internacional tributario*, Madrid, Edersa, 1980, p. 113-180.

———. "L'eguaglianza", in: AMATUCCI, Andrea (Coord.), *Trattato di Diritto Tributario*, v. I, t. I, p. 379-399.

LERCHE, Peter. *Übermaß und Verfassungsrecht*, 2ª ed., Goldbach, Keip, 1999.

LINDNER, Josef Franz. *Theorie der Grundrechtsdogmatik*, Tübingen, Mohr Siebeck, 2005.

LINK, Christoph (Org.). *Der Gleichheitssatz im modernen Verfassungsstaat, Symposion zum 80. Geburstag Gerhard Leibholz*. Baden-Baden, Nomos, 1982.

LOBO TORRES, Ricardo. *Os Direitos Humanos e a Tributação. Imunidades e Isonomia,* Rio de Janeiro: Renovar, 1995.

LOHMEYER, Heinz. "Die abweichende Festsetzung von Steuern aus Billigkeitsgründen", *Deutsche Steuer-Zeitung*, 1982, p. 257-260.

LOZANO SERRANO, Carmelo. *Consecuencias de la jurisprudencia constitucional sobre el Derecho Financiero y Tributario*, Madrid, Civitas, 1990.

LÜBBE-WOLFF, Gertrude. *Die Grundrechte als Eingriffsabwehrrechte*, Baden-Baden, Nomos, 1988.

LUHMANN, Niklas. *Grundrechte als Institution,* Berlin, Duncker & Humblot, 1965.

M. LAGO, Miguel Angel. "Una interpretación constitucional de la funcionalidad de la capacidad económica como principio informador del ordenamiento financiero", *Civitas. Revista española de Derecho Financiero,* n. 55, 1987, p. 379-435.

———. "Función motivadora de la norma tributaria y prohibición de confiscatoriedad", *Civitas. Revista española de Derecho Financiero,* n. 60, 1988, p. 605-646.

MAFFEZZONI, Federico. *Il principio di capacità contributiva nel diritto finanziario*, Torino, Torinese, 1970.

———. *Profili di una teoria giuridica generale dell'imposta*, Milano, Giuffrè, 1969.

MALVÁREZ PASCUAL, L. "La función tributaria en el marco del Estado Social y democrático de Derecho", *Civitas,* n. 109-110, enero-junio/2001, p. 377-438.

MANGOLDT, Herman v.; KLEIN, Friederich; STARCK, Christian (Org.). *Kommentar zum Grundgesetz*, v. III, 5ª ed., München, Franz Vahlen, 2005.

MANZONI, Ignazio. *Il principio della capacità contributiva nell'ordinamento costituzionale italiano,* Torino, Giappichelli, 1965.

MARTÍN DELGADO, José Maria. "Los principios de capacidad económica e igualdad en la Constitución española de 1978", *Hacienda Pública Española*, n. 60, 1979, p. 61-93.

——. "El control constitucional del principio de capacidad económica", in: *El Tribunal Constitucional,* v. II, Madrid, Instituto de Estudios Fiscales, 1981, p. 1571-1618.

MARIS, Cees. "Milking the meter. On analogy, universalisability and world views", in: *Legal knowledge and analogy.* NERHOT, Patrick (ed.), Dordrecht, Kluwer Academic, 1991, p. 71-106.

MARONGIU, Gianni. *I fondamenti costituzionali dell'imposizione tributaria*, Torino, G. Giappichelli, 1991.

——. "Il principio di capacità contributiva nella giurisprudenza della Corte Costituzionale", *Diritto e Pratica Tributaria,* v. LVI, Parte I, 1985, p. 6-28.

MARTÍN FERNANDEZ, F. Javier. "La incidencia del principio de capacidad económica en las tasas y precios públicos", in: *Tasas y precios públicos en el ordenamiento jurídico español (XV Jornadas Latinoamericanas de Derecho Tributario),* Madrid, Instituto de Estudios Fiscales, p. 109-126.

MARTÍN QUERALT, Juan; LOZANO SERRANO, Carmelo; CASADO OLLERO, Gabriel; TEJERIZO LÓPEZ, José J. *Curso de Derecho Financiero y Tributario,* 16ª ed., Madrid, Tecnos, 2005.

MARTINI, Peter. *Art. 3 Abs. 1 GG als Prinzip absoluter Rechtsgleichheit,* Köln, Heymanns, 1997.

MARTUL-ORTEGA, Yebra. "I fini extrafiscali dell'imposta", in: AMATUCCI, Andrea (Org.), *Trattato di Diritto Tributario,* Annuario, p. 655-689.

MAUNZ, Theodor; DÜRIG, Günther. *Grundgesetz Kommentar,* München, C. H. Beck, 2003.

MAURER, Harmut, *Staatsrecht,* München, Beck, 1999.

MELIS, Giuseppe, *L'interpretazione nel diritto tributario,* Padova, CEDAM, 2003.

MEYDING, Dietrich. "Vereinfachender Gesetzesvollzug durch die Verwaltung", in: FISCHER, Peter (Coord.), *Steuervereinfachung,* Köln, Otto Schmidt, 1998, p. 219-231.

MICHAEL, Lothar. *Der allgemeine Gleichheitssatz als Methodennorm komparativer Systeme,* Berlin, Duncker & Humblot, 1997.

——. "Die drei Argumentationsstrukturen des Grundsatzes der Verhältnismäβigkeit – Zur Dogmatik des Über –und Untermaβverbotes und der Gleichheitssätze", *Juristische Schulung,* 2/2001, p. 148-155.

MICHELI, Gian Antonio. *Corso di diritto tributario,* Torino, Torinese, 1970.

——. "Uguaglianza di trattamento, capacità contributiva e presunzioni di legge", in: *Scritti in memoria di Antonino Giuffrè,* Milano, Giuffrè, v. III, p. 611-624.

MIRANDA, Jorge. *Manual de Direito Constitucional,* 2ª ed., Coimbra: Coimbra, 1983, t. II.

MORRONE, Andrea. *Il custode della ragionevolezza,* Milano, Giuffrè, 2001.

MOSCHETTI, Francesco (Org.). *La capacità contributiva,* Milano, CEDAM, 1993.

——. *Il principio della capacità contributiva,* Padova, CEDAM, 1973.

——. "La capacità contributiva", in: AMATUCCI, Andrea (Coord.), *Trattato di Diritto Tributario,* v. I, t. I, p. 223-271.

MÜLLER, Friedrich. *Juristische Methodik,* 3ª ed., Berlin, Duncker & Humblot, 1989.

MÜLLER, Georg. "Der Gleichheitssatz", in: *Veröffentlichungen der Vereinigung der Deutschen Staatsrechtslehrer,* Berlin, Gruyter, n. 47, 1989, p. 37-62.

——. "Diskussionsbeitrage", in: *Veröffentlichungen der Vereinigung der Deutschen Staatsrechtslehrer,* Berlin, Gruyter, n. 47, 1989, p. 88-90.

MUSGRAVE, Richard A. *Teoría de la Hacienda Pública,* trad. por J. M. Lozano Irueste, Madrid, Aguilar, 1967.

NABAIS, José Casalta. *O dever fundamental de pagar impostos. Contributo para a compreensão constitucional do estado fiscal contemporâneo,* Coimbra, Almedina, 1998.

NAWIASKY, Hans. *Cuestiones fundamentales de Derecho Tributario,* Trad. de Juan Ramallo Massanet, Madrid, Istituto de Estudios Fiscales, 1982.

NEUMARK, Fritz. *Grundsätze gerechter und ökonomisch rationaler Steuerpolitik,* Tübingen, J. C. B. Mohr, 1970.

——. *Principios de la imposición,* 2ª ed. española, trad. por Luis Gutiérrez Andrés, Madrid, Instituto de Estudios Fiscales, 1994.

NIPPERDEY, H. C.; SCHNEIDER, H. *Die Steuerprivilegien der Sparkassen,* München, C. H. Beck'sche, 1966.

OLLERO TASSARA, Andrés. *Igualdad en la aplicación de la ley y precedente judicial,* Madrid, Centro de Estudios Constitucionales, 1989.

——. "Igualdad ante la ley y uso alternante del derecho", in: A. A. V. V., *Constitución y derechos fundamentales,* Madrid, Centro de Estudios Políticos y Constitucionales, 2004, p. 493-542.

OSSENBÜHL, Fritz. "Administrative Selbstbindung durch gesetzwidrige Verwaltungsübung?", *Die öffentliche Verwaltung,* 1970, p. 264-267.

OSSENBÜHL, Klaus Hermann. *Die gerechte Steuerlast: Prinzipien der Steuerverteilung unter staatsphilosophischem Aspekt,* Heidelberg, F. H. Kerle, 1972.

OSTERLOH, Lerke. *Gesetzesbindung und Typisierungsspielräume bei der Anwendung der Steuergesetze,* Baden-Baden, Nomos, 1992.

——. "Typisierende Verwaltungsvorschriften im Steuerrecht", *Juristische Schulung,* 1990, p. 100-103.

——. "Art. 3. Gleichheit vor dem Gesetz", in: SACHS, M. (Org.), *Grundgesetz-Kommentar,* 2ª ed., Beck, 1999.

PALADIN, Livio. *Il principio costituzionale d'eguaglianza,* Milano, Giuffrè, 1965.

——."Corte Costituzionale e principio generale d'eguaglianza", *Giurisprudenza costituzionale,* ano XXIX, f. 2, 1984, p. 219-262.

——. "Il principio di eguaglianza tributaria nella giurisprudenza costituzionale italiana", *Rivista di diritto tributario,* n. 20, I, 1997, p. 305-322.

——."Der Steuerrechtliche Gleichheitssatz in der Rechtsprechung des italienischen Verfassungsgericht", in: TIPKE, Klaus; BOZZA, Nadya (coord.), *Besteuerung von Einkommen,* Berlin, Duncker & Humblot, 2000, p. 71-101.

PALAO TABOADA, Carlos. "Apogeo y crisis del principio de capacidad contributiva", in: *Estudios jurídicos en homenaje al Professor Federico de Castro,* Madrid, Tecnos, 1976, p. 374-426.

——. "En torno a la jurisprudencia reciente del Tribunal Constitucional en materia financiera y tributaria", *Civitas, Revista Española de Derecho Financiero,* n. 59, 1988, p. 439-450.

——. "Los principios de capacidad económica e igualdad en la jurisprudencia del Tribunal Constitucional español", *Civitas, Revista Española de Derecho Financiero,* n. 88, 1995, p. 629-642.

——. "Nueva visita al principio de capacidad contributiva", *Civitas, Revista Española de Derecho Financiero,* n. 124, 2004, p. 767-783.

PAULICK, Heinz. "Der Grundsatz der Gleichmässigkeit der Besteuerung – Sein Inhalt und seine Grenzen", in: *Probleme des Finanz-und Steuerrechts, Festschrift für Ottmar Bühler,* Köln, Otto Schmidt, p. 121-184.

——. *Lehrbuch des allgemeinen Steuerrechts,* 2ª ed., Köln, Carl Heymanns, 1972.

PECZENIK, Aleksander. *On law and reason,* Dordrecht, Kluwer Academic, 1989.

PERELMAN, Chaïm. *Justice et raison,* 2ª ed., Bruxelles, Université de Bruxelles, 1972.

PÉREZ DE AYALA, José Luis. *Las ficciones en el Derecho Tributario,* Madrid, Editorial de Derecho Financiero, 1970.

——. "Las cargas públicas: principios constitucionales para su distribución", *Hacienda Pública Española,* n. 59, 1979, p. 87-112.

——. "Los principios de justicia del impuesto en la Constitución española", *Fiscalidad y Constitución,* Madrid, Consejo Superior de Câmaras de Comercio, Industria y Navegación de España, 1986, p. 19-70.

———; GONZÁLEZ GARCÍA, Eusebio. *Curso de Derecho Tributario*, t. I, 6ª ed., Madrid, Edersa, 1991.

———; PÉREZ DE AYALA BECERRIL, Miguel. *Fundamentos de Derecho Tributario*, Madrid, Edersa, 1998.

PÉREZ ROYO, Fernando. *Derecho Financiero y Tributario. Parte General*, 15ª ed., Navarra, 2005.

PÉREZ ROYO, Javier. *Curso de Derecho Constitucional*, 10ª ed., Madrid, Marcial Pons, 2005.

PIETZCKER, Jost. "Zu den Voraussetzungen des Anspruchs auf Gleichbehandlung nach Art. 3 I GG", *Juristen Zeitung*, 1989, p. 305-310.

PODLECH, Adalbert. *Gehalt und Funktion des allgemeinen verfassungsrechtlichen Gleichheitssatzes*, Berlin, Duncker & Humblot, 1971.

POHMER, Dieter. "Steuervereinfachung und „gerechte" Steuerlastverteilung", in: *Steuervereinfachung, Festschrift für Dietrich Meyding zum 65. Geburstag*, Heidelberg, C. F. Müller, 1994, p. 21-31.

PONT MESTRES, Magín. "La justicia tributaria y su formulación constitucional", *Civitas, Revista Española de Derecho Financiero*, n. 31, 1981, p. 365-403.

POTITO, Enrico. *L'ordinamento tributario italiano*, Milano, Giuffrè, 1978.

RADBRUCH, Gustav. *Rechtsphilosophie*, 3ª ed., Leipzig, Von Quelle & Meyer, 1932, in: *Rechtsphilosophie, Studienausgabe*, 2ª ed., Heidelberg, C. F. Müller, 2003. Citado como: "*Rechtsphilosophie*, 3ª ed.".

———. *Rechtsphilosophie*, Studienausgabe, 5ª ed., Stuttgart, K. F. Koehler, 1956.

———. "Gesetzliches Unrecht und übergesetzliches Recht", in: *Rechtsphilosophie, Studienausgabe*, 2ª ed., Heidelberg, C. F. Müller, 2003, p. 211-219.

RASTELLO, Luigi. *Diritto tributario. Principi generali*, Padova, CEDAM, 1980.

RECHENBACH, Peter. "Verfassungsanspruch auf "Gleichbehandlung im Unrecht"?", *Neue Zeitschrift für Verwaltungsrecht*, 1987, p. 383-387.

ROBBERS, Gerhard. *Gerechtigkeit als Rechtsprinzip*, Baden-Baden, Nomos, 1980.

———. "Der Gleichheitssatz", *Die Öffentlich Verwaltung*, 1988, p. 749-758.

RODI, Michael. *Die Rechtfertigung von Steuern als Verfassungsproblem*, München, Beck, 1994.

RODRÍGUEZ BEREIJO, A. "Jurisprudencia constitucional y principios de la imposición", in: *Garantías constitucionales del contribuyente*, Valencia, Tirant lo blanch, 1998, p. 127-155.

ROSSANO, Claudio. *L'eguaglianza giuridica nell'ordinamento costituzionale*, Napoli, Jovene, 1966.

RUBIO LLORENTE, Francisco. "La igualdad en la jurisprudencia del Tribunal Constitucional. Introducción", in: *El principio de igualdad en la Constitución española*, Madrid, Ministerio de Justicia, 1991, v. I, p. 681-709.

———. "Igualdad", in: ARAGÓN REYES, Manuel (coord.), *Temas básicos de Derecho Constitucional*, Madrid, Civitas, 2001, t. III, p. 136-141.

RÜFNER, Wolfgang. "Artikel 3 – Gleichheitssatz", in: *Bonner Kommentar zum Grundgesetz*, Heidelberg, C. F. Müller, 2006.

RUPPE, Hans Georg. "Steuergleichheit als Grenze der Steuervereinfachung", in: FISCHER, Peter (coord.), *Steuervereinfachung*, Köln, Otto Schmidt, 1998, p. 29-65.

RUSSO, Pasquale. *Manuale di Diritto Tributario*, Milano, Giuffrè, 1994.

SACHS, Michael. *Verfassungsrecht II – Grundrechte*, 2ª ed., Berlin, Springer, 2003.

———. "Besondere Gleichheitsgarantien", in: ISENSEE, Josef; KIRCHHOF, Paul, *Handbuch des Staatsrechts*, Heidelberg, C. F. Müller, 1992, v. V, p. 1017-1083.

———. "Die Auswirkungen des allgemeinen Gleichheitssatzes auf die Teilrechtsordnungen", in: ISENSEE, Josef; KIRCHHOF, Paul, *Handbuch des Staatsrechts*, Heidelberg, C. F. Müller, 1992, v. V, p. 1084-1148.

———. "Der Gleichheitssatz als eigenständiges subjektives Grundrecht", in: *Staat, Wirtschaft, Steuern, Festschrift für Karl Heinrich Friauf zum 65. Geburstag*, Heidelberg, Müller, 1996, p. 309-329.

———. "Die Maβstäbe des allgemeinen Gleichheitssatzes – Willkürverbot und sogenannte neue Formel", *JUS*, 1997, 2, p. 124-130.

SÁNCHEZ SERRANO, Luis. *Tratado de Derecho Financiero y Tributario Constitucional*, v. I, Madrid, Marcial Pons, 1997.

SANDULLI, Aldo M. "Il principio di ragionevolezza nella giurisprudenza costituzionale", *Scritti Giuridici*, Napoli, Novene, 1990, v. I.

SAINZ DE BUJANDA, Fernando. *Hacienda y derecho*, Madrid, Instituto de Estudios Politicos, 1975, v. I.

——. *Hacienda y derecho*, Madrid, Instituto de Estudios Politicos, 1963, v. III.

——. *Lecciones de Derecho Financiero*, 2ª ed., Madrid, Universidad Complutense, 1982.

——. "Estudio preliminar", in: GIANNINI, Achille Donato, *Instituciones de derecho tributario*, Trad. por Fernando Sainz de Bujanda, Madrid, Editorial de Derecho Financiero, 1957.

SCACCIA, Gino. *Gli "strumenti" della ragionevolezza nel giudizio costituzionale*, Milano, Giuffrè, 2000.

SCHAUMANN, Wilfried. "Gleichheit und Gesetzmäßigkeitsprinzip", *Juristenzeitung*, 1966, p. 721-727.

SCHEUNER, Ulrich. "Die Funktion der Grundrechte im Sozialstaat", *Die öffentliche Verwaltung*, 1971, p. 503-513.

SCHIAVOLIN, Roberto. "Il collegamento soggettivo", in: MOSCHETTI, Francesco (Org.): *La capacità contributiva*, Milano, CEDAM, 1993, p. 69-100.

SCHILLING, Theodor. *Rang und Geltung von Normen in gestuften Rechtsordnungen*, Berlin, Nomos, 1994.

SCHMEHL, Arndt. *Das Äquivalenzprinzip im Recht der Staatsfinanzierung*, Tübingen, Mohr Siebeck, 2004.

SCHMIDT, Michael. *Die Problematik der objektiven Beweislast im Steuerrecht*, Berlin, Duncker & Humblot, 1998.

SCHOCH, Friedrich. "Der Gleichheitssatz", *Deutsches Verwaltungsblatt*, 1988, p. 863-882.

SCHOLLER, Heinrich. *Die Interpretation des Gleichheitssatzes als Willkürverbot oder als Gebot der Chancengleichheit*, Berlin, Duncker & Humblot, 1969.

SCHOUERI, Luís Eduardo. *Normas Tributárias Indutoras e Intervenção Econômica*, Rio de Janeiro, Forense, 2005.

SCHRECKENBERGER, Waldemar. *Semiótica del discurso jurídico. Análisis retórico de textos constitucionales y judiciales de la República Federal de Alemania*, Trad. Ernesto Garzón Valdés, México, Universidad Nacional Autónoma de México, 1987.

SCHULZE-FIELITZ, Helmuth. "Art. 20 (Rechtsstaat)", in: DREIER, H. (coord.), *Grundgesetz: Kommentar*, Tübingen, Mohr Siebeck, 1998, v. II, p. 128-209.

SCHUR, Wolfgang. *Anspruch, absolutes Recht und Rechtsverhältnis im öffentlichen Recht entwickelt aus dem Zivilrecht*, Berlin, Duncker & Humblot, 1993.

SCHWARZ, Bernhard. *Kommentar zur Abgabenordnung*, Haufe, 2006.

SELIGMAN, Edwin R. A. *El Impuesto Progresivo en la Teoría y en la Práctica*, Trad. L. Victor Paret, Madrid, Victoriano Suárez, 1913.

SELMER, Peter. *Steuerinterventionismus und Verfassungsrecht*, Frankfurt am Main, Athenäum, 1972.

SIECKMANN, Jan-Reinard. *Regelmodelle und Prinzipienmodelle des Rechtssystems*, Baden-Baden, Nomos, 1990.

SMITH, Adam. *An Inquiry into the Nature and Causes of the Wealth of Nations*, Oxford, Clarendon, 1976, v. II.

SOBOTA, Katharina. *Das Prinzip Rechtsstaat*, Tübingen, Mohr Siebeck, 1997.

SOLER ROCH, María Teresa. *Incentivos a la inversion y Justicia Tributaria*, Civitas, Madrid, 1983.

STARCK, Christian. "Die Anwendung des Gleichheitssatzes", in: LINK, Christoph (Org.), *Der Gleichheitssatz im modernen Verfassungsstaat, Symposion zum 80. Geburstag Gerhard Leibholz*. Baden-Baden, Nomos, 1982, p. 51-73.

——. "Gleichheit der Besteuerung durch amtliche Afa-Tabellen und Sonderbehandlung von Verlustzuweisungsgesellschaften", in: *Staaten und Steuern: Festschrift für Klaus Vogel zum 70. Geburstag*, Heidelberg, Muller, 2000, p. 390-403.

——. "Art. 3 (Gleichheit vor dem Gesetz)", in: STARCK, Christian (coord.), *Kommentar zum Grundgesetz*, München, Franz Vahlen, 2005, v. I, p. 281-440.

STEIN, Ekkehart. "Art. 3 (Gleichheit vor dem Gesetz)", in: *Kommentar zum Grundgesetz für die Bundesrepublik Deutschland,* Neuwied, Luchterhand, 1984, v. 1.

STEIN, Ekkehart; FRANK, Götz. *Staatsrecht,* 19ª ed., Tübingen, Mohr Siebeck, 2004.

STERN, Klaus. *Das Staatsrecht der Bundesrepublik Deutschland,* München, Beck, 1977, v. I.

——. *Das Staatsrecht der Bundesrepublik Deutschland,* München, Beck, 1994, v. III/2.

——. "Das Gebot zur Ungleichbehandlung", in: *Das akzeptierte Grundgesetz, Feschrift für Günther Dürig zum 70. Geburstag,* Beck, 1990, p. 207-219.

STETTNER, Rupert. "Der Gleichheitssatz", *Bayerische Verwaltungsblätter,* 1988, p. 545-552.

UCKMAR, Victor. *Principi comuni di diritto costituzionale tributario,* Padova, CEDAM, 1959.

TAMMELO, Ilmar. *Theorie der Gerechtigkeit,* Freiburg, Alber, 1977.

——. *Zur Philosophie der Gerechtigkeit,* Frankfurt am Main, Lang, 1982.

TESAURO, Francesco. *Istituzioni di diritto tributario,* 8ª ed., Torino, UTET, 2004, v. 1.

TIPKE, Klaus. *Steuergerechtigkeit in Theorie und Praxis,* Köln, O. Schmidt, 1981.

——. *Die Steuerrechtsordnung,* Köln, O. Schmidt, 1993, v. 1.

——. *Die Steuerrechtsordnung,* Köln, O. Schmidt, 1993, v. 3.

——. *Die Steuerrechtsordnung,* 2ª ed., Köln, O. Schmidt, 2000, v. 1.

——. *Moral tributaria del Estado y de los contribuyentes,* Trad. del original alemán *Besteuerungsmoral und Steuermoral* por P. M. Herrera Molina, Madrid, Marcial Pons, 2002.

——. "Anwendung des Gleichheitssatzes im Steuerrecht – Methode oder irrationale Spekulation", *Der Betriebes-Berater,* 1973, p. 157-160.

——. "Límites de la integración en el Derecho Tributario", *Civitas. Revista española de Derecho Financiero,* n. 34, 1982, p. 181-184.

——. "La Ordenanza Tributaria alemana de 1977", *Civitas. Revista española de Derecho Financiero,* n. 40, 1983, p. 357-363.

——. "Von der formalen zur materialen Tatbestandslehre", *Steuer und Wirtschaft,* 1993, p. 105-113.

——. "Sollten Leistungsfähigkeitsprinzip und Steuergrenzen in die Verfassung aufgenommen werden?", *Steuer und Wirtschaft,* 1994, p. 58-62.

TIPKE, Klaus; KRUSE, Heinrich Wilhelm. *Kommentar zur Abgabenordnung und Finanzgerichtsordnung,* Köln, Otto Schmidt, [s.d.].

TIPKE, Klaus; LANG, Joachim. *Steuerrecht. Ein systematischer Grundriß,* 18ª ed., Köln, O. Schmidt, 2005.

——. *Steuerrecht. Ein systematischer Grundriß,* 17ª ed., Köln, O. Schmidt, 2002.

——. *Steuerrecht. Ein systematischer Grundriß,* 12ª ed., Köln, O. Schmidt, 1989.

THOMA, Richard. "Ungleichheit und Gleichheit im Bonner Grundgesetz", *Deutsches Verwaltungsblatt,* 1951, p. 457-459.

VALDÉS COSTA, Ramón. *Instituciones de Derecho Tributario,* Buenos Aires, De Palma, [s.d.].

VANONI, Ezio. "Natura ed interpretazione delle leggi tributarie", in: FORTE, F. & LONGOBARDI, C. *Opere giuridiche,* Milano, Giuffrè, 1961, v. 1, p. 1-313.

VICENTE-ARCHE DOMINGO, Fernando. "Apuntes sobre el instituto del tributo con especial referencia al Derecho español", *Civitas. Revista Española de Derecho Financiero,* n. 7, 1975, p. 443-487.

VILLEGAS, Héctor B. *Manual de Finanzas Públicas,* Buenos Aires, De Palma, 2000.

VOGEL, Klaus. *Verfassungsrechtsprechung zum Steuerrecht,* Berlin, Walter de Gruyter, 1999.

——. "Steuergerechtigkeit und soziale Gestaltung", *Deutsche Steuer-Zeitung/Ausgabe A,* 1975, p. 409-415.

——. "Die Besonderheit des Steuerrechts", *Deutsche Steuer-Zeitung,* 1977, p. 5-12.

——. "Die Abschichtung von Rechtsfolgen im Steuerrecht", *Steuer und Wirtschaft,* 1977, p. 97-121.

——. "Der Verlust des Rechtsgedankens im Steuerrecht als Herausforderung an das Verfassungsrecht", in: FRIAUF, Karl Friederich (coord.), *Steuerrecht und Verfassungsrecht (DStJG 12),* Köln, O. Schmidt, 1989, p. 123-144.

——. "Grundzüge des Finanzrechts des Grundgesetzes", in: ISENSEE, Josef; KIRCHHOF, Paul (coord.), *Handbuch des Staatsrechts der Bundesrepublik Deutschland*, Heidelberg, C. F. Müller, 1990, v. IV, p. 3-85.

——. "Die Steuergewalt und ihre Grenzen", in: BADURA, Peter, DREIER, Horst (Org.), *Festschrift 50 Jahre Bundesverfassungsgericht*, Tübingen, Mohr Siebeck, 2001, v. 2, p. 527-558.

——. "Diskussionsbeitrage", in: *Veröffentlichungen der Vereinigung der Deutschen Staatsrechtslehrer*, Berlin, Gruyter, n. 47, 1989, p. 64-67.

VOGEL, Klaus; WALDHOFF, Christian. *Grundlagen des Finanzverfassungsrechts: Sonderausgabe des Bonner Kommentars zum Grundgesetz (Vorbemerkungen zu Art. 104a bis 115 GG)*, Heidelberg, Müller, 1999.

WACKE, Gerhard. "Gesetzmäßigkeit und Gleichmäßigkeit", *Steuer und Wirtschaft*, 1947, p. 22-66.

WALZ, W. Rainer, *Steuergerechtigkeit und Rechtsanwendung*, Heidelberg, v. Decker, 1980.

WEINBERGER, Ota. *Logische Analyse in der Jurisprudenz*, Berlin, Duncker & Humblot, 1979.

——. *Rechtslogik*, 2ª ed., Berlin, Duncker & Humblot, 1989.

WENDT, Rudolf. *Die Gebühr als Lenkungsmittel*, Hamburg, 1974.

——. "Der Gleichheitssatz", *Neue Zeitschrift für Verwaltungsrecht*, 1988, p. 778-786.

WENNRICH, Eberhard. *Die typisierende Betrachtungsweise im Steuerrecht*, [1962].

WERNSMANN, Rainer. *Das gleichheitswidrige Steuergesetz – Rechtsfolgen und Rechtsschutz*, Berlin, Duncker & Humblot, 2000.

WILKE, Dieter. *Gebührenrecht und Grundgesetz. Ein Beitrag zum allgemeinen Abgabenrecht*, München, C. H. Beck, 1973.

WOERNER, Lothar. "Verfassungsrecht und Methodenlehre im Steuerrecht", *Finanz-Rundschau*, 1992, p. 226-233.

WRIGHT, Georg Henrik von. *Normen, Werte und Handlungen*, Franfurt am Main, Suhrkamp, 1994.

YEBRA MARTUL-ORTEGA, Perfecto. "Comentarios sobre un precepto olvidado: el artículo cuarto de la Ley General Tributaria", *Hacienda Pública Española*, n. 32, 1975, p. 145-185.

YI, Zoonil. *Das Gebot der Verhältnismäßigkeit in der grundrechtlichen Argumentation*, Frankfurt am Main, Lang, 1998.

ZACHER, Hans F. "Soziale Gleichheit", *Archiv des öffentlichen Rechts*, v. 93, 1968, p. 341-383.

ZAGREBELSKY, Gustavo. *La giustizia costituzionale*, 2ª ed., Bologna, Il Mulino, 1988.

ZIPPELIUS, Reinhold. *Wertungsprobleme im System der Grundrechte*, München, C. H. Beck, [s.d].

——. "Der Gleichheitssatz", in: *Veröffentlichungen der Vereinigung der Deutschen Staatsrechtslehrer*, Berlin, Gruyter, 1989, n. 47, p. 7-36.

Documentos

INFORME CARTER (Informe de la Real Comisión de Investigación sobre la Fiscalidad), Madrid, Instituto de Estudios Fiscales, 1975, v. I

Impressão:
Evangraf
Rua Waldomiro Schapke, 77 - P. Alegre, RS
Fone: (51) 3336.2466 - Fax: (51) 3336.0422
E-mail: evangraf.adm@terra.com.br